Dr. Andreas Rein
Simmestraße 24
35043 Marburg
Tel.: 0 64 21 / 4 19 04

Hess/Obermüller
Insolvenzplan, Restschuldbefreiung und
Verbraucherinsolvenz

Insolvenzplan, Restschuldbefreiung und Verbraucherinsolvenz

von

Dr. Harald Hess

und

Dr. Manfred Obermüller

3., neu bearbeitete Auflage

C. F. Müller Verlag
Heidelberg

Bibliografische Information Der Deutschen Bibliothek

Die Deutsche Bibliothek verzeichnet diese Publikation
in der Deutschen Nationalbibliografie; detaillierte bibliografische Daten
sind im Internet über <http://dnb.ddb.de> abrufbar.

© 2003 C. F. Müller Verlag, Hüthig GmbH & Co. KG, Heidelberg
Printed in Germany
Satz: Mitterweger & Partner, Plankstadt
Druck: Gulde-Druck, Tübingen
ISBN: 3-8114-2006-2

Vorwort

Die rege wissenschaftliche Diskussion über das Verbraucherinsolvenzverfahren und die Anlaufschwierigkeiten in der Praxis haben den Gesetzgeber zu dem Insolvenzrechtsänderungsgesetz 2001 veranlasst. Die dortigen gesetzgeberischen Maßnahmen beseitigen u.a. die Zugangsschranken des mittellosen Schuldners zur Restschuldbefreiung, so dass zukünftig eine weitere intensive Beschäftigung mit der Materie des Insolvenzrechts erfolgen wird. Das Werk ist vollständig überarbeitet und berücksichtigt die gesetzgeberischen Intentionen und die Lehre und Rechtsprechung bis Juni 2002.

Frankfurt am Main und Mainz, im November 2002 *Die Verfasser*

Vorwort zur 2. Auflage

Über den Insolvenzplan, einen wesentlichen Teil des einheitlichen Insolvenzverfahrens, hat sich eine rege wissenschaftliche Diskussion entwickelt, die eine Überarbeitung des Buches geboten hat.

Das gilt im gleichen Maß auch für die Verbraucherinsolvenzverfahren und die Restschuldbefreiung, mit denen der Gesetzgeber sozialpolitische Zielsetzungen verfolgt, woraus sich ergibt, dass die Rechtsstellung des Schuldners in ein neues Licht gerückt wird.

Die Diskussion zeigt, dass die Praxis das neue Recht annehmen und gestalten wird.

Frankfurt am Main und Mainz, im November 1998 *Die Verfasser*

Vorwort zur 1. Auflage

Mit der am 1.1.1999 in Kraft tretenden Insolvenzordnung löst der Gesetzgeber das geltende Konkurs-, Gesamtvollstreckungs- und Vergleichsrecht ab. Das bisherige Vergleichsrecht findet sich in geänderter Form in den Regeln des Insolvenzplanes wieder. Darüber hinaus trägt der Gesetzgeber einem sozialpolitischen Anliegen Rechnung, indem die Restschuldbefreiung und die Verbraucherinsolvenz eingeführt wird.

Der Aufbruch in ein neues Recht ist geprägt durch eine neue Freiheit, die durch die Verfahrensderegulierung gewonnen wird.

Durch die den Gläubigern eingeräumte Regelungsfreiheit kann das Risiko geringer Praxisorientiertheit der Rechtsregeln überwunden werden.

Jeder Aufbruch in die Freiheit soll nicht an den Gedanken des damit verbundenen Risikos scheitern.

Frankfurt am Main und Mainz, im November 1997 *Die Verfasser*

Bearbeiterverzeichnis

Hess	Rz. 1– 816, Anhang Muster 1–4
Obermüller	Rz. 817–1228, Anhang Muster 5

Inhaltsverzeichnis

	Seite
Vorwort	V
Bearbeiterverzeichnis	VI
Abkürzungsverzeichnis	XVII
Literaturverzeichnis	XXI

Erster Abschnitt
Der Insolvenzplan

	Rz.
A. Einleitung	1– 15a
B. Das Verfahren und die Rechtswirkungen des Insolvenzplans	16–505
I. Die Planinitiative (§§ 218, 240 InsO)	16– 51b
1. Die Vorlage des Insolvenzplans durch den Insolvenzverwalter	16– 23
2. Die Vorlage des Insolvenzplans durch den Schuldner	24– 40
3. Die Vorlage des Insolvenzplans durch den Sachwalter	41– 43
4. Die Vorlage des Insolvenzplans durch die Gläubiger	44– 51b
II. Die Vorprüfung des Insolvenzplans durch das Insolvenzgericht (§ 231 InsO)	52– 65
1. § 231 Abs. 1 Nr. 1 InsO	53– 57a
2. § 231 Abs. 1 Nr. 2 InsO	58– 61
3. § 231 Abs. 1 Nr. 3 InsO	62– 63
4. § 231 Abs. 2 InsO	64– 64a
5. § 231 Abs. 3 InsO	65
III. Der darstellende Teil des Insolvenzplans (§ 220 InsO)	66– 77
IV. Der gestaltende Teil des Insolvenzplans (§ 221 InsO)	78– 94
1. Allgemeines zur Änderung der Rechtsstellung der Beteiligten	78– 88
2. Änderung sachenrechtlicher Verhältnisse (§ 228 InsO)	89– 94
V. Plananlagen (§§ 229, 230, 232 InsO)	95–116
1. Allgemeines	95– 96
2. Vermögensübersicht	97– 98
3. Planbilanzen	99
4. Plan-, Gewinn- und Verlustrechnung	100
5. Planliquiditätsrechnungen	101–109
6. Weitere Plananlagen (§ 230 InsO)	110–116
VI. Die Abstimmung über den Insolvenzplan	117–349
1. Die Vorbereitung des Erörterungs- und Abstimmungstermins (§§ 232, 233, 234 InsO)	117–120b
2. Der einheitliche Erörterungs- und Abstimmungstermin (§§ 235, 236, 240, 241 InsO)	121–131
3. Das Stimmrecht (§ 237 InsO)	132–139

Inhaltsverzeichnis

    4. Der Gleichbehandlungsgrundsatz (§ 226 InsO) .... 140 –152h
       a) Allgemeines .... 140 –140d
       b) Bedeutung des Gleichbehandlungsgrundsatzes .... 141 –144
       c) Verbotene Sonderbegünstigungen .... 145 –152
       d) Die Nichtigkeit von Sonderabkommen 152a–152h
    5. Die Gruppenbildung (§ 222 InsO) .... 153 –246a
       a) Allgemeines .... 153 –210a
          aa) Gerichtliche Kontrolle der Gruppenbildung .... 162 –167
          bb) Die verfassungsmäßige Relevanz der Gruppenbildung .. 168 –178
          cc) Die Bildung mehrerer Gläubigergruppen .... 179 –182
          dd) Die Werthaltigkeit der Forderungen oder die Sicherung des Kriteriums der Gruppenbildung .... 183 –210a
       b) Die Rechte der Absonderungsberechtigten (§ 223 InsO) .... 211 –215
       c) Die Rechte der Insolvenzgläubiger (§ 224 InsO) .... 216 –236
       d) Die Rechte der nachrangigen Gläubiger (§ 225 InsO) .... 237 –246a
          aa) Die mit der Eröffnung des Insolvenzverfahrens laufenden Zinsen .... 238 –240
          bb) Die Kosten der Teilnahme am Verfahren.............. 241 –242
          cc) Geldstrafen, Geldbußen, Ordnungsgelder und Zwangsgelder sowie Nebenfolgen von Straftaten und Ordnungswidrigkeiten, die zur Geldzahlung verpflichten 243
          dd) Leistungen aus Schenkungsversprechen............... 244
          ee) Leistungen aus kapitalersetzenden Darlehen .... 245 –246
          ff) Vereinbarte Nachrangforderungen 246a
    6. Die Abstimmung nach Gruppen (§ 243 InsO) 247
    7. Die Abstimmungsmehrheiten (§ 244 InsO).................. 248 –282a
    8. Das Obstruktionsverbot (§§ 245, 246 InsO) .... 283 –302
       a) Allgemeines .... 283 –283a
       b) § 245 Abs. 1 Nr. 1 InsO .... 284 –302
    9. Die Zustimmung des Schuldners zu dem Insolvenzplan (§ 247 InsO) .... 303 –308
   10. Die Bestätigung des Insolvenzplans durch das Insolvenzgericht (§ 248 InsO) .... 309 –343
   11. Minderheitenschutz (§ 251 InsO) .... 344 –349
VII. Wirkungen des Plans .... 350 –505
    1. Allgemeines (§ 254 InsO)................................. 350 –374
       a) Betroffene Forderungen .... 351 –354
       b) Nicht betroffene Forderungen .... 355 –367
       c) Rechtsänderungen .... 368 –370
       d) Die die Planquote übersteigende Befriedigung des Gläubigers... 371 –374
    2. Haftung des Schuldners (§ 227 InsO)....................... 375 –388
    3. Wiederauflebensklausel (§ 255 InsO) .... 389 –416
       a) Allgemeines .... 389 –391
       b) Zwingendes Recht .... 392 –393
       c) Geltungsbereich 394

         d) Erheblicher Rückstand 395–404
            aa) Fällige Verbindlichkeiten 400
            bb) Mahnung 401–404
         e) Personeller Geltungsbereich 405
         f) Die Rechtsfolgen des erheblichen Rückstandes 406–409
         g) Plansicherheiten 410–413
         h) Neues Insolvenzverfahren 414–416
      4. Streitige Forderungen (§ 256 InsO) 417–428
         a) Streitige Forderungen 418–421
         b) Ausfallforderungen 422–426
         c) Die Wiederauflebensklausel für den Pensions-Sicherungs-
            Verein 427–428
      5. Zustimmungsbedürftige Rechtsgeschäfte (§ 263 InsO) 429–433
      6. Kreditrahmen (§ 264 InsO) 434–446
      7. Nachrang von Neugläubigern (§ 265 InsO) 447–451
      8. Vollstreckung aus dem Insolvenzplan (§ 257 InsO) 452–480
         a) Allgemeines 452–453
         b) Vollstreckungstitel 454–460
         c) Begünstigte Vollstreckungsgläubiger 461
         d) Vollstreckungsschuldner 462–465
         e) Vollstreckung gegen Plangaranten 466–473
         f) Die vollstreckbare Ausfertigung 474–479
         g) Das Vollstreckungsverfahren 480
      9. Die Aufhebung des Insolvenzverfahrens (§ 258 InsO) 481–494
     10. Die Überwachung der Planerfüllung (§§ 260, 261, 262 InsO) .. 495–505

C. Der Inhalt des darstellenden Teils des Insolvenzplans 506–758

I. Einleitung 506–507

II. Die Voraussetzungen eines Insolvenzplans für die Sanierung
    von Unternehmen 508–639
    1. Allgemeines 508–510
    2. Die Unternehmensanalyse als Voraussetzung für den Sanierungs-
       plan – Analyseziel 511–514
    3. Die qualitativen Analysedaten 515–524
       a) Gesamtwirtschaftliche Daten 516
       b) Branchen- und Marktdaten 517
       c) Absatzwirtschaftliche Unternehmensdaten 518
       d) Produktspezifische Daten 519
       e) Leistungs- und Kostendaten- und -kennziffern 520
       f) Finanzwirtschaftliche Kennzahlen 521
       g) Ergebnisdaten und -kennziffern 522
       h) Vermögens- und Kapitalstruktur 523
       i) Unternehmenswerte 524
    4. Quantitative Daten 525–533
       a) Gesamtwirtschaft, Weltwirtschaft 525
       b) Branche 526

c) Absatzmarkt 527
d) Beschaffungsmarkt 528
e) Kapitalmarkt 529
f) Arbeitsmarkt 530
g) Leistungserstellungsbereiche 531
h) Organisation und Führung 532
i) Struktur und Erscheinungsbild 533
5. Die Ermittlung der Unternehmenskrise 534–563
   a) Der Krisenherd 538
   b) Die Krisenart 539–552
   c) Das Krisenstadium 553–563
6. Die Krisenursachen 564–638
   a) Die endogenen strategischen Krisen 565–592
   b) Die endogenen Erfolgskrisen 593–609
   c) Die endogenen Liquiditätskrisen 610–619
   d) Die exogenen strategischen Krisen 620–631
   e) Die exogenen Erfolgskrisen 632–635
   f) Die exogenen Liquiditätskrisen 636–638
7. Die Krisenanalyse 639

III. Der Sanierungsplan 640–743
1. Die Auflösung stiller Reserven 641–642
2. Verkauf des nicht betriebsnotwendigen Vermögens 643
3. Abbau von Vorräten 644–648
4. Abbau von Forderungen 649–654
5. Straffung des Zahlungsverkehrs 655–657
6. Der Ausgabenstopp 658–662
7. Aufwandssenkende Maßnahmen 663–743
   a) Strukturelle Aufwendungen zur Straffung und Erhaltung der Leistungsbereitschaft 666–670
   b) Produktionsabhängige Aufwendungen ohne Personalaufwendungen 671–677
   c) Personalaufwendungen 678–705
   d) Aufwendungen für Administration und Leistungsverwirklichung 706–707
   e) Erlöserhöhende Maßnahmen 708–715
      aa) Preiserhöhungen 709–711
      bb) Außendienstprovisionen 712–713
      cc) Gutschriften 714–715
   f) Strategische Maßnahmen 716–743

IV. Die Sanierung bei Aufgabe der bisherigen Unternehmensform 744–758
1. Fortführungsgesellschaften – Begriffe 746–747
2. Sanierungsgesellschaften 748–751
   a) Das rechtliche Ziel der Sanierungsgesellschaft 749
   b) Rechtsformen der Sanierungsgesellschaften 750
   c) Rechtsnachfolge als Regelfall der Bildung einer Sanierungsgesellschaft 751

3. Betriebsübernahmegesellschaften 752–755
   a) Das rechtliche Ziel der Betriebsübernahmegesellschaft 753
   b) Rechtsformen der Betriebsübernahmegesellschaften 754
   c) Rechtsnachfolge im Falle der Betriebsübernahme-
      gesellschaften 755
4. Auffanggesellschaften 756–758
   a) Das rechtliche Ziel der Auffanggesellschaften 756
   b) Rechtsformen der Auffanggesellschaften 757
   c) Rechtsnachfolge im Falle der Auffanggesellschaften 758

D. Der Inhalt des gestaltenden Insolvenzplans 759–816

I. Allgemeines 759–772

II. Beispiele für den gestaltenden Teil des Insolvenzplans 773–790a
   1. Der Verbindlichkeitenerlass 773–779
   2. Der Verbindlichkeitenerlass und die Liquidation des Schuldner-
      unternehmens 780–781
   3. Die Betriebsfortführung durch den Schuldner 782–783
   4. Betriebsfortführung verbunden mit Gesellschafterwechsel 784–787
   5. Kumulative Sanierungsmaßnahmen 788–790
   6. Die Gestaltung schuldrechtlicher Vorgänge 790a

III. Gesellschaftsrechtliche Vorgänge 791–816
   1. Allgemeines 791–795a
   2. Die BGB-Gesellschaft 796
   3. Die OHG 797–799
   4. Die Kommanditgesellschaft 800–801
   5. Die GmbH & Co. KG 802
   6. Die GmbH 803–809
   7. Die Aktiengesellschaft 810–811
   8. Die stille Beteiligung 812
   9. Sanierungsgeeignete Unternehmensverträge 813
   10. Die Umwandlung von Unternehmensformen 814
   11. Handelsregisteranmeldung 815–816

Zweiter Abschnitt
Restschuldbefreiung und Verbraucherinsolvenzverfahren

A. Einleitung 817–819

B. Von der Schuldknechtschaft zum Null-Plan 820–828

I. Römisches Recht 822

II. Konkursordnung 823–824

III. Gesamtvollstreckungsordnung 825–826

IV. Insolvenzordnung 827–828

V. Übergangsregelung 828a

C. Systematik der Verfahren .... 829 –837

I. Verfahrensschritte .... 830 –832

II. Abgrenzung des Personenkreises........................... 833 –837
   1. Definition des Verbrauchers .... 834 –836f
      a) Vor dem 1.12.2001 eröffnete Verfahren .... 835 –836
      b) Seit dem 1.12.2001 eröffnete Verfahren 836a–836f
   2. Sonstige Schuldner 837

D. Außergerichtliche Schuldenbereinigung für Verbraucher .... 838 –898

I. Form des Plans .... 841 –861
   1. Vermögensverzeichnis .... 843 –845
   2. Schuldenverzeichnis .... 846 –847
   3. Einkommens- und Familienverhältnisse .... 848 –851
   4. Mitwirkung von Beratern............................... 852 –856
   5. Verbraucherkreditgesetz .... 857 –861

II. Inhalt des Plans .... 862 –880
   1. Vorschlag auf Basis der Restschuldbefreiung 865
   2. Null-Plan... 866 –868
   3. Vorschlag mit überobligatorischen Leistungen............. 869 –872
   4. Vorschlag unter Einbeziehung der Leistung Dritter .... 873 –874
   5. Vorschlag einer Stundung 875
   6. Gleichbehandlungsgebot .... 876 –877
   7. Beispiel 877a–880

III. Wirkungen des außergerichtlichen Schuldenbereinigungsversuchs .... 881 –891
   1. Kündigungen .... 882 –886c
   2. Zwangsvollstreckungen .... 887 –887d
   3. Zinsen 888
   4. Antragsrecht des Gläubigers .... 889 –890
   5. Vollständigkeit des Plans 890a–891

IV. Verfahrensgang... 892 –898
   1. Einigung .... 893 –894b
      a) Anspruch auf Zustimmung........................... 893a–893b
      b) Wirkung der Zustimmung .... 894 –894b
   2. Schweigen des Gläubigers .... 895 –896
   3. Ablehnung des Plans .... 897 –898

E. Gerichtliches Schuldenbereinigungsverfahren .... 899 –1001

I. Antrag des Schuldners.................................... 901 –902

II. Antrag eines Gläubigers .... 903 –905

III. Prozesskostenhilfe .... 906 –907t

IV. Inhalt des Antrags eines Schuldners .... 908 –937
   1. Allgemeine Angaben 909

2. Bescheinigung über außergerichtlichen Schuldenbereinigungs-
      versuch .... 910 – 917
      a) Bescheinigung durch Rechtsanwalt..................... 913 – 915
      b) Bescheinigung durch Schuldnerberatungsstelle .... 916 – 917
   3. Antrag auf Restschuldbefreiung........................... 918 – 919
   4. Vermögens- und Schuldenverzeichnis .... 920 – 929a
      a) Inhalt der Verzeichnisse .... 921 – 921a
      b) Unterstützungspflicht der Gläubiger .... 922 – 925
      c) Folgen fehlender Berichtigung der Verzeichnisse.......... 926 – 929
      d) Folgen fehlender Berücksichtigung des Gläubigers im
         Verzeichnis... 929a
   5. Schuldenbereinigungsplan .... 930 – 936
      a) Auswirkungen auf Sicherheiten........................ 932
      b) Besonderheiten bei Lohnabtretung .... 933 – 934
      c) Besonderheiten bei Drittsicherheiten................... 935 – 936
   6. Antragsmuster.. 937
 V. Vorbereitung der Entscheidung über die Schuldenbereinigung ... 938 – 962
   1. Einholen von Auskünften 939
   2. Ergänzung des Antrags 939a– 941
   3. Ruhen des Verfahrens .... 942 – 943
   4. Anordnung von Sicherungsmaßnahmen .... 944 – 955
      a) Allgemeines Verfügungsverbot .... 946 – 949
      b) Kündigungen .... 950 – 951
      c) Zwangsvollstreckungen............................... 952 – 954
      d) Leistungen an den Schuldner.......................... 954a
      e) Zinsen 955
   5. Entscheidung über den Fortgang des Verfahrens............. 956
   6. Benachrichtigung der Gläubiger........................... 957 – 962
      a) Zustellungen.. 958 – 959
      b) Aufforderung an die Gläubiger zur Stellungnahme .... 960 – 961
      c) Fristen 962
VI. Abstimmung .... 963 – 988
   1. Erste Ablehnung 967
   2. Versuch.. 968 – 970
   3. Ersetzung fehlender Zustimmungen .... 971 – 988
      a) Angemessene Beteiligung .... 975 – 981
      b) Benachteiligung gegenüber Restschuldbefreiung.......... 982 – 986
      c) Rechtsbehelfe....................................... 987 – 988
VII. Fortgang des Verfahrens .... 989 –1001
   1. Ablehnung des Plans 990
   2. Annahme des Plans..................................... 991 –1001
      a) Verfahrensfolgen .... 992 – 994
      b) Auswirkung des Plans auf Schuldverhältnisse............. 995 – 996
      c) Verzug mit der Planerfüllung.......................... 997
      d) Aufhebung des Plans................................. 998 – 999
      e) Vollstreckbarkeit des Plans .... 1000 –1001

F. Vereinfachtes Verfahren .... 1002 –1075a

I. Rücknahme des Antrags .... 1003 –1004

II. Zulassung des Antrags .... 1005 –1014a
   1. Insolvenzgründe .... 1006 –1011
      a) Zahlungsunfähigkeit .... 1007 –1010
      b) Zahlungsstockung 1011
   2. Sicherungsmaßnahmen .... 1012 –1013
   3. Kosten .... 1014 –1014a

III. Verfahrensablauf .... 1015 –1019

IV. Wirkungen der Verfahrenseröffnung .... 1020 –1048
   1. Verlust der Verfügungsbefugnis des Schuldners 1021
   2. Massebestandteile .... 1022 –1026
      a) Einkommen 1022a–1022b
      b) Aussonderungsrechte 1023
      c) Absonderungsrechte .... 1024 –1026
   3. Anfechtung .... 1027 –1034
      a) Anfechtungsberechtigter .... 1028 –1030
      b) Anfechtungsgegner .... 1031 –1032
      c) Anfechtungsgrund .... 1033 –1034
   4. Aufrechnung .... 1035 –1039
   5. Verträge .... 1040 –1042
   6. Zwangsvollstreckungen .... 1043 –1048
      a) Zwangsvollstreckungsmaßnahmen nach Verfahrenseröffnung .... 1044 –1045
      b) Zwangsvollstreckungsmaßnahmen vor Verfahrenseröffnung .... 1046 –1048

V. Die Verfahrensbeteiligten .... 1049 –1056
   1. Treuhänder .... 1050 –1051
   2. Gläubigerversammlung .... 1052 –1054
   3. Gläubigerausschuss .... 1055 –1056

VI. Verwertung der Insolvenzmasse .... 1057 –1064
   1. Verwertung durch den Treuhänder 1058
   2. Verwertung durch den Schuldner .... 1059 –1061
   3. Verwertung durch den Gläubiger .... 1062 –1064

VII. Verteilung der Insolvenzmasse .... 1065 –1071
   1. Verteilung bei Abwicklung des Verfahrens .... 1066 –1069
   2. Verteilung bei Einstellung des Verfahrens .... 1070 –1071

VIII. Verfahren nach Verteilung .... 1072 –1075a

G. Restschuldbefreiung .... 1076 –1220

I. Vorrang des Insolvenzverfahrens .... 1079 –1081

II. Zulassungsverfahren .... 1082 –1125
   1. Antrag auf Einleitung des Verfahrens .... 1083 –1085

2. Abtretung des Arbeitsentgelts ... 1086–1107
- a) In-Kraft-Treten der Zession ... 1087b
- b) Bestimmtheit der Zession ... 1088–1090
- c) Umfang der Zession ... 1091–1091a
- d) Wirksamkeit der Zession ... 1092–1093
- e) Abtretungsverbote ... 1094–1096
- f) Frühere Lohnzessionen ... 1097–1100
- g) Zwangsvollstreckungen ... 1101–1105
- h) Unterhaltsverpflichtungen ... 1106
- i) Neue Lohnabtretungen ... 1107

3. Vorschlag für einen Treuhänder ... 1108–1109
4. Versagungsgründe ... 1110–1117
5. Zulassungsbeschluss ... 1118–1125
- a) Versagung der Restschuldbefreiung ... 1120–1121
- b) Zulassung der Restschuldbefreiung ... 1122–1123
- c) Wirkung der Zulassung ... 1124–1125

III. Wohlverhaltensperiode ... 1126–1181
1. Verfügungsbefugnis ... 1127
2. Zwangsvollstreckungen ... 1128–1129
3. Aufrechnungsbefugnis des Arbeitgebers ... 1130–1134
4. Kreditsicherheiten ... 1135–1136
5. Obliegenheiten ... 1137–1151
- a) Erwerbspflichten aus abhängiger Tätigkeit ... 1138–1142a
- b) Erwerbspflichten aus selbstständiger Tätigkeit ... 1143–1145
- c) Erbschaften ... 1146–1148
- d) Unterrichtungspflichten ... 1149–1150
- e) Verbot von Sonderbegünstigungen ... 1151

6. Treuhänder ... 1152–1174
- a) Beginn und Ende der Treuhänderstellung ... 1153–1157
- b) Rechtsstellung ... 1158
- c) Aufgaben ... 1159–1160
- d) Haftung ... 1161–1163
- e) Vergütung ... 1164–1166
- f) Verwaltung der Gelder ... 1167–1174

7. Verteilung der vereinnahmten Beträge ... 1175–1181
- a) Verteilungsmodus ... 1176–1177
- b) Selbstbehalt des Schuldners ... 1178
- c) Sicherungsabtretung ... 1179–1181

IV. Entscheidung über die Erteilung der Restschuldbefreiung ... 1182–1206
1. Vorzeitige Entscheidung ... 1183–1195
- a) Obliegenheitsverletzungen ... 1184–1187
- b) Insolvenzstraftaten ... 1188–1189
- c) Deckung der Treuhändervergütung ... 1190–1192
- d) Wirkung der Versagung ... 1193–1195

2. Entscheidung nach Ablauf der Wohlverhaltensperiode ... 1196–1206
- a) Verfahren ohne Gegenantrag ... 1197

b) Verfahren mit Gegenantrag 1198–1200
c) Bekanntmachung 1201–1202
d) Wirkung der Restschuldbefreiung...................... 1203–1206
V. Widerruf der Restschuldbefreiung............................. 1207–1210
VI. Verborgenes Vermögen...................................... 1211–1219
   1. Zeitraum bis zur Ankündigung der Restschuldbefreiung....... 1212
   2. Zeitraum nach der Ankündigung der Restschuldbefreiung..... 1213–1215
   3. Zeitraum nach Erteilung der Restschuldbefreiung 1216–1219
VII. Insolvenzplan 1220

H. Übergangsregelung bei Zahlungsunfähigkeit am 1.1.1997 1221–1225
  I. Wiederaufnahme der Zahlungen 1222–1224
 II. Überprüfung laufender Konkursverfahren..................... 1225

Anhang 1

Seite

BMF-Schreiben vom 11.1.2002: Kriterien für die Entscheidung über einen Antrag auf außergerichtliche Schuldenbereinigung 279

Muster 1: Insolvenzantrag verbunden mit einem Insolvenzplan.............. 283
Muster 2: Vertrag über den Betrieb einer Schreinerei (kapitalistische Vertragsgestaltung) 292
Muster 3: Vertrag über die Errichtung einer Offenen Handelsgesellschaft durch Eintritt eines persönlich haftenden Gesellschafters in das Geschäft eines Einzelhandelskaufmanns................... 298
Muster 4: Sanierungsplan für ein Heizkraftwerk 300
Muster 5: Vordrucke für das Verbraucherinsolvenzverfahren und Restschuldbefreiungsverfahren 358

Entscheidungsregister 403
Sachregister.. 417

Abkürzungsverzeichnis

a.A.	anderer Ansicht, anderer Auffassung
a.a.O.	am angegebenen Ort
ABM	Arbeitsbeschaffungsmaßnahmen
Abs.	Absatz
AFG	Arbeitsförderungsgesetz
AG	1. Aktiengesellschaft
	2. Amtsgericht
	3. Die Aktiengesellschaft (Zeitschrift)
AGB	Allgemeine Geschäftsbedingungen
AiB	Arbeitsrecht im Betrieb (Zeitschrift)
AktG	Aktiengesetz
AnfG	Anfechtungsgesetz
AnwBl.	Anwaltsblatt
AO	Abgabenordnung
Art.	Artikel
AuA	Arbeit und Arbeitsrecht (Zeitschrift)
Aufl.	Auflage
AuR	Arbeit und Recht (Zeitschrift)
BA	Bundesanstalt für Arbeit
BAG	Bundesarbeitsgericht
BayObLG	Bayerisches Oberstes Landesgericht
BayObLGZ	Entscheidungen des Bayerischen Obersten Landesgerichts in Zivilsachen
BayVBl.	Bayerische Verwaltungsblätter
BB	Der Betriebsberater (Zeitschrift)
BBG Insolvenzrecht	Breutigam/Blersch/Goetsch, Insolvenzrecht
Bd.	Band
Begr.	Begründung
BerHG	Beratungshilfegesetz
BetrAVG	Gesetz zur Verbesserung der betrieblichen Altersversorgung
BetrVG	Betriebsverfassungsgesetz
BfuP	Betriebswirtschaftliche Forschung und Praxis (Zeitschrift)
BGB	Bürgerliches Gesetzbuch
BGBl.	Bundesgesetzblatt
BGH	Bundesgerichtshof
BGHZ	Entscheidungen des Bundesgerichtshofs in Zivilsachen
BlStSozArbR	Blätter für Steuerrecht, Sozialversicherung und Arbeitsrecht
BRAGO	Bundesrechtsanwaltsgebührenordnung
BSHG	Bundessozialhilfegesetz
BT-Drs.	Bundestags-Drucksache
BuW	Betrieb und Wirtschaft (Zeitschrift)
DB	Der Betrieb (Zeitschrift)
DBW	Die Betriebswirtschaft (Zeitschrift)
ders.	derselbe
dgl.	dergleichen

Abkürzungsverzeichnis

DGVZ	Deutsche Gerichtsvollzieher-Zeitung
d.h.	das heißt
dies.	dieselbe (n)
Diss.	Dissertation
DJT	Deutscher Juristentag
DStR	Deutsches Steuerrecht (Zeitschrift)
DStZ	Deutsche Steuer-Zeitung
DSWR	Datenverarbeitung – Steuer – Wirtschaft – Recht (Zeitschrift)
dto.	dito
DtZ	Deutsch-Deutsche Rechts-Zeitschrift
DZWiR	Deutsche Zeitschrift für Wirtschaftsrecht
ebd.	ebenda
EGInsO	Einführungsgesetz zur Insolvenzordnung
einschl.	einschließlich
etc.	et cetera
EWiR	Entscheidungen zum Wirtschaftsrecht (Zeitschrift)
f., ff.	folgend, fortfolgende
FamRZ	Zeitschrift für das gesamte Familienrecht
FAZ	Frankfurter Allgemeine Zeitung
FK InsO	Wimmer (Hrsg.), Frankfurter Kommentar zur Insolvenzordnung
FLF	Finanzierung, Leasing, Factoring (Zeitschrift)
Fn.	Fußnote
FS	Festschrift
GBO	Grundbuchordnung
gem.	gemäß
GenG	Gesetz betr. die Erwerbs- und Wirtschaftsgenossenschaften (Genossenschaftsgesetz)
GesO	Gesamtvollstreckungsordnung
GewArch	Gewerbearchiv (Zeitschrift)
GG	Grundgesetz
ggf.	gegebenenfalls
GmbH	Gesellschaft mit beschränkter Haftung
GmbHG	Gesetz betr. die Gesellschaften mit beschränkter Haftung
GmbHR	GmbH-Rundschau (ab 1984) (Zeitschrift)
GmbH-Rdsch.	GmbH-Rundschau (bis 1983) (Zeitschrift)
HGB	Handelsgesetzbuch
HK InsO	Eickmann u.a., Heidelberger Kommentar zur Insolvenzordnung
hrsg./Hrsg.	herausgegeben/Herausgeber
HWF	Haarmeyer/Wutzke/Förster
HWW InsO	Hess/Weis/Wienberg, Kommentar zur Insolvenzordnung
i.d.F.	in der Fassung
INF	Die Information über Steuer und Wirtschaft (Zeitschrift)
InsO	Insolvenzordnung
InsO-ÄndG	Insolvenzrechtsänderungsgesetz 2001
InsVV	Insolvenzrechtliche Vergütungsverordnung
InVo	Insolvenz und Vollstreckung (Zeitschrift)
Iprax	Praxis des Internationalen Privat- und Verfahrensrechts (Zeitschrift)
i.S.d.	im Sinne des (der)

i.S.v.	im Sinne von
i.V.m.	in Verbindung mit
JA	Juristische Arbeitsblätter (Zeitschrift)
JR	Juristische Rundschau (Zeitschrift)
JuS	Juristische Schulung (Zeitschrift)
JW	Juristische Wochenschrift (Zeitschrift)
JZ	Juristenzeitung (Zeitschrift)
KG	Kommanditgesellschaft
KGaA	Kommanditgesellschaft auf Aktien
KKZ	Kommunal-Kassen-Zeitschrift
KO	Konkursordnung
KP InsO	Kübler/Prütting, Kommentar zur Insolvenzordnung
KTS	Konkurs-, Treuhand- und Schiedsgerichtswesen (Zeitschrift)
KuT	Konkurs- und Treuhandwesen (Zeitschrift)
LG	Landgericht
LM	Lindenmaier/Möhring (Nachschlagewerk des Bundesgerichtshofs)
MDR	Monatsschrift für Deutsches Recht
m.w.N.	mit weiteren Nachweisen
n.F.	neue Fassung
NJW	Neue Juristische Wochenschrift
Nr.	Nummer
NR InsO	Nerlich/Römermann, Insolvenzordnung
NZA	Neue Zeitschrift für Arbeits- und Sozialrecht
o.g.	oben genannt(er)
OHG	Offene Handelsgesellschaft
ÖJZ	Österreichische Juristen-Zeitschrift
OLG	Oberlandesgericht
OLGZ	Entscheidungen der Oberlandesgerichte in Zivilsachen
OWiG	Ordnungswidrigkeitengesetz
PSVaG	Pensions-Sicherungs-Verein auf Gegenseitigkeit
RdA	Recht der Arbeit (Zeitschrift)
RegE	Regierungsentwurf
RG	Reichsgericht
RGZ	Entscheidungen des Reichsgerichts in Zivilsachen
RIW	Recht der Internationalen Wirtschaft (Zeitschrift)
Rpfleger	Der Deutsche Rechtspfleger (Zeitschrift)
RPflG	Rechtspflegergesetz
RWS	RWS-Skript, Verlag Kommunikationsforum, Recht – Wirtschaft – Steuern
Rz.	Randziffer
s.	siehe
S.	Seite
SGb	Die Sozialgerichtsbarkeit (Zeitschrift)
SGB	Sozialgesetzbuch
Sm InsO	Smid (Hrsg.), Insolvenzordnung
sog.	so genannte
Sp.	Spalte
SparkG	Sparkassen-Gesetz
StGB	Strafgesetzbuch

Abkürzungsverzeichnis

st.Rspr.	ständige Rechtsprechung
StuW	Steuer und Wirtschaft (Zeitschrift)
u.a.	unter anderem
UmwG	Umwandlungsgesetz
UStG	Umsatzsteuergesetz
usw.	und so weiter
u.U.	unter Umständen
VersR	Versicherungsrecht (Zeitschrift)
vgl.	vergleiche
VglO	Vergleichsordnung
Vj.	Vorjahr
VKG	Verbraucherkreditgesetz
WiB	Wirtschaftsrechtliche Beratung (Zeitschrift)
WiSt	Wirtschaftswissenschaftliches Studium (Zeitschrift)
WiStG	Wirtschaftsstrafgesetz
wistra	Zeitschrift für Wirtschafts- und Steuerstrafrecht
WM	Wertpapier-Mitteilungen
Wpg	Die Wirtschaftsprüfung (Zeitschrift)
WPK-Mitt.	Wirtschaftsprüfer-Kammer-Mitteilungen
WPrax	Wirtschaftsrecht und Praxis (Zeitschrift)
VR	Verwaltungsrundschau (Zeitschrift)
WuB	Entscheidungssammlung zum Wirtschafts- und Bankrecht
WuW	Wirtschaft und Wettbewerb (Zeitschrift)
ZAP	Zeitschrift für die Anwaltspraxis
ZfgStW, ZgS	Zeitschrift für die gesamte Strafrechtswissenschaft
z.B.	zum Beispiel
ZfB	Zeitschrift für Betriebswirtschaft
ZfbF	Zeitschrift für betriebswirtschaftliche Forschung
ZGR	Zeitschrift für Unternehmens- und Gesellschaftsrecht
ZHR	Zeitschrift für das gesamte Handelsrecht und Wirtschaftsrecht
ZIP	Zeitschrift für Wirtschaftsrecht
ZKW	Zeitschrift für das gesamte Kreditwesen
ZPO	Zivilprozessordnung
ZRP	Zeitschrift für Rechtspolitik
ZVG	Zwangsversteigerungsgesetz
ZVI	Zeitschrift für Verbraucherinsolvenz
zzgl.	zuzüglich
ZZP	Zeitschrift für Zivilprozess

Literaturverzeichnis

I. Allgemeine Literatur

Bley/Mohrbutter, Vergleichsordnung, 4. Aufl. 1979; **Bülow,** VKG, 2. Aufl. 1993; **Bruckner/Ott/Wagner-Wiedenwitt,** VKG. 2. Aufl. 1994; **Dietz/Richardi,** BetrVG, Bd. 1 1981, Bd. 2 1982; **Drescher** VKG und Bankenpraxis, 1994; **Haarmeyer/Wutzke/Förster,** Gesamtvollstreckungsordnung, 4. Aufl. 1998; **Hess,** KO, 5. Aufl. 1995; **Hess/Binz/Wienberg,** Gesamtvollstreckungsordnung, 3. Aufl. 1997; **Jaeger/Weber,** KO, 8. Aufl. 1973; **Kaser,** Das Römische Zivilprozeßrecht, 1966; **Kilger/K. Schmidt,** KO, 16. Aufl. 1993; **Kleineidam,** Die Personalexekution der Zwölf-Tafeln, 1904; **Künne,** Außergerichtliche Vergleichsordnung, 6. Aufl. 1955; **Kuhn/Uhlenbruck,** KO, 11. Aufl. 1994; **Löwisch/Peters/Gössmann,** VKG, 2. Aufl. 1994; **Uhlenbruck,** Die GmbH & Co. KG in Krise, Konkurs und Vergleich, 2. Aufl. 1988; **Uhlenbruck/Delhaes,** Konkurs- und Vergleichsverfahren, 5. Aufl. 1990; **Ulmer,** VKG, 2. Aufl. 1995; **Wenger,** Institutionen des römischen Zivilprozeßrechts, 1925; **Wenzel,** Die Restschuldbefreiung in den neuen Bundesländern, 1994; **Graf von Westphalen/Emmerich/von Rottenburg,** VKG, 2. Aufl. 1996.

II. Literatur zur InsO

1. Kommentare und Monographien: Arbeitskreis für Insolvenzen und Schiedsgerichtswesen (Hrsg.), Kölner Schriften zur Insolvenzordnung, 2. Aufl. 2001; **Balz/Landfermann,** Die neuen Insolvenzgesetze, 1995; **Bork,** Einführung in das neue Insolvenzrecht, 1995; **Braun,** Insolvenzordnung (InsO) Kommentar, 2002; **Braun/Riggert/Kind,** Die Neuregelung der Insolvenzordnung in der Praxis, 2. Aufl. 2000; **Braun/Uhlenbruck,** Unternehmensinsolvenz, Grundlage – Gestaltungsmöglichkeiten nach der Insolvenzordnung, 1997; **Breutigam/Blersch/Goetsch** Insolvenzrecht, Loseblatt (zit. BBG Insolvenzrecht); **Buth/Hermanns** (Hrsg.), Restrukturierung, Sanierung, Insolvenz, 1998; **Eickmann/Flessner/Irschlinger/Kirchhof/Kreft/Landfermann/Marotzke** Insolvenzordnung, Heidelberger Kommentar, 2. Aufl. 2001 (zitiert HK InsO); **Ehlers/Drieling,** Unternehmenssanierung nach dem neuen Insolvenzrecht, 1998; **Haarmeyer/Wutzke/Förster,** Insolvenzordnung InsO/EGInsO, Kommentierte Textausgabe, 1995; **dies.,** Handbuch zur Insolvenzordnung, 3. Aufl. 2001; **Hess,** Kommentar zum InsO-Änderungsgesetz 2001, 2002; **Hess/Obermüller,** Die Rechtsstellung der Verfahrensbeteiligten nach der InsO, 1996; **Hess/Pape,** InsO und EGInsO. Grundzüge des neuen Insolvenzrechts, 1995; **Hess/Weis,** Anfechtungsrecht, 2. Aufl. 2000; **Hess/Weis/Wienberg,** Kommentar zur Insolvenzordnung und EGInsO, 2. Aufl. 2001 (zit. HWW InsO); **Heyer,** Verbraucherinsolvenzverfahren und Restschuldbefreiung, 1997; **Graf-Schlieker/Maus/Uhlenbruck,** Die Unternehmerinsolvenz nach der InsO, 1997; **Kübler/Prütting** (Hrsg.), Das neue Insolvenzrecht, RWS Dokumentation 18, Bd. I 1994, Bd. II 1994; **dies.** (Hrsg.), Insolvenzordnung, Loseblatt (zitiert: KP InsO); **Messner/Hofmeister,** Endlich schuldenfrei – der Weg in die Restschuldbefreiung, 1998; **Nerlich/Römermann,** Insolvenzordnung, Loseblatt (zitiert NR-InsO); **Obermüller,** Insolvenzrecht in der Bankpraxis, 6. Aufl. 2002; **Obermüller/Hess,** InsO, Eine systematische Darstellung unter Berücksichtigung kreditwirtschaftlicher und arbeitsrechtlicher Aspekte, 3. Aufl. 1999; **Schiessler,** Der Insolvenzplan, 1997; **Schmidt-Räntsch,** Insolvenzordnung mit Einführungsgesetz, 1995; **Smid** (Hrsg.), Insolvenzordnung (InsO), 2. Aufl. 2000 (zit. Sm InsO); **Smid/Rattunde,** Der Insolvenzplan, 1998; **Uhlenbruck,** Das neue Insolvenzrecht, Insolvenzordnung und Einführungsgesetz nebst Materialien, 1994; **Weinbörner,** Das neue Insolvenzrecht mit EU-Übereinkommen, 1997; **Wimmer** (Hrsg.), Frankfurter Kommentar zur Insolvenzordnung, 3. Aufl. 2001 (zit. FK InsO).

2. Aufsätze: **Amend,** Vergleichende Übersicht über das geltende und künftige Insolvenzrecht InVo 1/96, E 1, 2, 2/96, E 1, 2, 3/96 E 1, 2, 4/96 E 1, 2; **App,** Die neue Insolvenzordnung und die Stellung öffentlich-rechtlicher Gläubiger im künftigen Verfahren, VR 1994, 402; **ders.,** Einschränkung bei der Vollstreckung von Steuerforderungen durch die Insolvenzordnung, DStR 1995, 1678; **ders.,** Die Stellung der Sozialversicherungsträger im künftigen Insolvenzverfahren, Überblick über die Neuregelung, SGb 1995, 61; **ders.,** Nahestehende Personen im Sinne des neuen Insolvenzrechts und ihre Stellung im neuen Insolvenzrecht und Gläubigeranfechtungsrecht, FamRZ 1996, 1523; **Arnold,** Das Insolvenzverfahren – für Verbraucher und Kleingewerbetreibende nach der Insolvenzordnung von 1994, DGVZ 1996, 129; **Bader,** Neuregelungen im Bereich des Kündigungsschutzgesetzes durch das arbeitsrechtliche Beschäftigungsförderungsgesetz, NZA 1996, 1125; **Berscheid,** Konkursausfallgeld nach dem geltenden und künftigen Recht, WPrax 8/94, 7; **ders.,** Rest- bzw. Übergangsmandat des Betriebsrats nach geltendem und künftigem Recht, WPrax 9/94, 6; **Bichelmeier/Oberhofer,** Neues Arbeitsrecht im Konkurs, AiB 1997, 161; **Bork,** Der Insolvenzplan, ZZP 109 (1996), 473; **Bosch,** Finanztermingeschäfte in der Insolvenz – Zum „Netting" im Insolvenzverfahren, Teil I WM 1995, 365, Teil II WM 1995, 413; **Braun,** Handelsbilanz contra Schlußrechnung entmündigter Rechtspfleger, ZIP 1997, 1013; **Burger,** Das Deutsche „Einheitliche" Insolvenzverfahren unter besonderer Berücksichtigung des Insolvenzplans, Festgabe für O. Karen, 1993, S. 363; **Burger/Schellberg,** Der Insolvenzplan im neuen Insolvenzrecht, DB 1994, 1833; **dies.,** Die Auslösetatbestände im neuen Insolvenzrecht, BB 1995, 201; **dies.,** Die Vermögensverwertung im neuen einheitlichen Insolvenzverfahren, DBW 1995, 693; **dies.,** Zur Vorverlagerung der Insolvenzauslösung durch das neue Insolvenzrecht, KTS 1995, 563; **dies.,** Kreditsicherheiten im neuen Insolvenzrecht, AG 1995, 57; **Burkhardt,** Der Insolvenzplan nach § 217 InsO – erhöhte Anforderungen an Gerichte, Gläubiger und Verwalter, in: Wienberg/Demmer (Hrsg.), Festschrift für K. Fuchs zum 70. Geburtstag, 1996, S. 15; **Canaris,** Inhaberschaft und Verfügungsbefugnis bei Bankkonten, NJW 1973, 831; **ders.,** Die Problematik der Sicherheitenfreigabeklauseln im Hinblick auf § 9 AGBG und § 138 BGB, ZIP 1996, 1109; **Carl,** Die Abberufung des Gesamtvollstreckungsverwalters, DZWiR 1994, 78; **Döbereiner,** Die Restschuldbefreiung nach der Insolvenzordnung, JA 1996, 49; **ders.,** Das Schuldenbereinigungsverfahren nach der neuen Insolvenzordnung, JA 1996, 603; **Drukarczyk,** Verwertungsformen und Kosten der Insolvenz, BFuP 1995, 40; **Ebling,** Gläubigerbanken in der Unternehmenskrise, KTS 1996, 327; **Eckert,** Miete, Pacht und Leasing im neuen Insolvenzrecht, ZIP 1996, 897; **Eickmann,** Die Banken im Gefangenendilemma: Kooperationspflichten und Akkordstörungsverbot im Sanierungsrecht, ZHR 160 (1996), 343; **Eidenmüller,** Der Insolvenzplan als Vertrag, Jahrbuch für neue politische Ökonomie, Bd. 15, 1996, S. 164; **Feuerborn,** Rechtliche Probleme der Unternehmensfortführung durch den Sequester und den vorläufigen Insolvenzverwalter, KTS 1997, 171; **Flessner,** Internationales Insolvenzrecht in Deutschland nach der Reform, IPRax 1997, 1; **Frings,** Die Verwertung von Kreditsicherheiten unter dem Regime der Insolvenzordnung, Sparkasse 1996, 384; **Früh,** Zur Notwendigkeit von Freigabeklauseln in vorformulierten Sicherheitenverträgen, DB 1994, 1860; **ders.,** Anforderungen an den Wirtschaftsprüfer im Vorfeld der Insolvenz, Wpg 1995, 794; **Funke,** Die bestmögliche Befriedigung der Gläubiger als Hauptziel des Insolvenzverfahrens, BFuP 1995, 26; **Ganter,** Die nachträgliche Übersicherung eines Kredits, ZIP 1994, 257: **Gerhardt,** Das neue Insolvenzrecht in Deutschland, Zeitschrift für das gesamte Bank- und Börsenwesen 1995, 325; **ders.,** Die Verfahrenseröffnung nach der Insolvenzordnung und ihre Wirkung, ZZP 109 (1996), 415; **Giesen,** Das Vermieterpfandrecht in der Insolvenz des Mieters, KTS 1995, 579; **Gres,** Das neue Insolvenzrecht, ZAP 1995, 631; **Groß,** Schwerpunkte der neuen Insolvenzordnung, WPK-Mitt. 1997, 2; **Grunsky,**

Probleme des Beschlußverfahrens nach § 126 InsO, in: Verfahrensrecht am Ausgang des 20. Jahrhunderts, Festschrift für G. Lüke, 1997, S. 191; **Haberbauer/Meek,** Handlungsspielraum des Insolvenzverwalters im eröffneten Insolvenzverfahren, DStR 1995, 2005; **Häsemeyer,** Obstruktion gegen Sanierungen und gesellschaftsrechtliche Treuepflichten, ZHR 160 (1996), 109; **Hasselbach,** Die Geltendmachung von Gesamtschadensansprüchen der Gläubiger durch den Insolvenzverwalter, DB 1996, 2213; **Heidel,** Insolvenz und Steuern, InVo 1996, 117; **Henning,** Die praktische Umsetzung des Verbraucherinsolvenzverfahrens, InVo 1996, 289; **Henseler,** Die Neuordnung des Abtretungsverbots, BB 1995, 5; **Herrmann/Buth,** Der Insolvenzplan als Sanierungsplan, DStR 1997, 1178; **Hess,** Die Rechtsstellung der Verfahrensbeteiligten nach der InsO, FLF 1994, 203; **ders.,** Das Insolvenzeröffnungsverfahren nach der InsO, FLF 1995, 12; **ders.,** Die Rechtsnatur der Anfechtung nach der InsO und der EG-InsO, in: Wienberg/Denner (Hrsg.), Festschrift für K. Fuchs zum 70. Geburtstag, 1996, S. 79; **Hess/Weis,** Die neue InsO – ein Überblick, InVo 1996, 1; **dies.,** Die Auswirkung der Insolvenzeröffnungstatbestände nach der InsO, InVo 1996, 29; **dies.,** Die Einbeziehung der absonderungsberechtigten Gläubiger in das Insolvenzverfahren bei Verwertung von Sicherungsgut, InVo 1996, 57; **dies.,** Der Insolvenzplan nach der InsO, InVo 1996, 91; **dies.,** Das Verbraucherinsolvenzverfahren, InVo 1996, 113; **dies.,** Das neue Insolvenzanfechtungsrecht, InVo 1996, 141; **dies.,** Gesellschaftsrechtliche Regelungen im Insolvenzplan, InVo 1996, 169; **dies.,** Die Stellung des Insolvenzgerichts nach der neuen Insolvenzordnung, InVo 1996, 197; **dies.,** Massekredite im Rahmen der Insolvenzordnung, InVo 1996, 225; **dies.,** Die Insolvenzeröffnungsgründe nach der InsO, InVo 1996, 253; **dies.,** Die Neuregelung des Insolvenzrechts, KKZ 3/1996, 41; **dies.,** Die Stellung des Gläubigerausschusses in der Insolvenzordnung, InVo 1997, 1; **dies.,** Die Stellung des Insolvenzverwalters nach der InsO, InVo 1997, 85; **dies.,** Die wesentlichen Gesetzesänderungen durch das Einführungsgesetz zur Insolvenzordnung (EGInsO), InVo 1997, 115; **dies.,** Die sachgerechte Abgrenzung der Gläubigergruppen nach der InsO, InVo 1998, 64; **Heyer,** Der „Null-Plan" im Verbraucherinsolvenzverfahren, JR 1996, 314; **Holzer,** Die Insolvenzanfechtung, WiB 1997, 729; **Jaeger,** Die Zahlungsunfähigkeit im neuen Insolvenzrecht, BB 1997, 1575; **Kalt,** Die Vorausabtretung von Leasingraten und die Verfügung über den Leasinggegenstand beim Mobilien-Leasing im Lichte der Insolvenzordnung, Recht der Internationalen Wirtschaft, BB International, Beil. zu Heft 5/1996, 10; **Klein,** Die Insolvenzrechtsreform, DGVZ 1996, 17; **Kohte,** Schuldenbereinigungsverfahren – ein untauglicher Versuch, ZIP 1994, 184; **Kraemer,** Die Restschuldbefreiung im Spannungsfeld zwischen Steuerrecht und Insolvenzordnung (InsO), DStZ 1995, 399; **Kunz/Mundt,** Rechnungslegungspflichten in der Insolvenz, Teil I DStR 1997, 620; **Lakies,** Zu den seit 1. 10. 1996 geltenden arbeitsrechtlichen Vorschriften der Insolvenzordnung, RdA 1997, 145; **Landfermann,** Der Ablauf eines künftigen Insolvenzverfahrens, BB 1995, 1649; **Lohkemper,** Die Zwangsvollstreckung während der Sequestration und in einem vorläufigen Insolvenzverfahren, ZIP 1995, 1641; **ders.,** Die Bedeutung des neuen Insolvenzrechts für das Arbeitsrecht, KTS 1996, 1; **Löwisch,** Neugestaltung des Interessenausgleichs durch das Arbeitsrechtliche Beschäftigungsförderungsgesetz, RdA 1997, 80; **Maier/Reimer,** Fremdwährungsverbindlichkeiten, NJW 1985, 2049; **Marotzke,** Der Eigentumsvorbehalt im neuen Insolvenzrecht, JZ 1995, 803; **ders.,** Die dinglichen Sicherheiten im neuen Insolvenzrecht, ZZP 109 (1996), 429; **ders.** Kein Gewährleistungsausschluss bei Veräußerung beweglicher Massegegenstände, ZInsO 2002, 501; **Marschner,** Die Haftung der Länder mit Leistungen an Arbeitnehmer auf Grund der neuen Insolvenzordnung, Finanzwirtschaft 1995, 89; **Medicus,** Über die Rückwirkung von Rechtsprechung, NJW 1995, 2577; **Möhlmann,** Grundzüge US-amerikanischer Berichterstellung im insolvenzrechtlichen Reorganisationsverfahren, KTS 1997, 1; **Neef,** Die Neuregelung des Interessenausgleichs und ihre

Folgen, NZA 1997, 65; **Neuhof,** Inhaltskontrolle formularmäßig bestellter Kreditsicherheiten, NJW 1994, 841; **Newiger,** Die neue Insolvenzordnung und ihre Auswirkungen auf die Kreditwirtschaft, Teil 1 Sparkasse 1994, 492, Teil 2 Sparkasse 1994, 534; **Obermüller,** Bestellung von Kreditsicherheiten an einen Treuhänder, DB 1973, 1833; **ders.,** Auswirkungen der Insolvenzrechtsreform auf die Kreditwirtschaft, FLF 1994, 170; **ders.,** Auswirkungen der Insolvenzrechtsreform auf Kreditgeschäft und Kreditsicherheiten, Teil I WM 1994, 1829; Teil II WM 1994, 1869; **ders.,** Verwertung von Kreditsicherheiten nach der InsO, InVo 1996, 143; **Obermüller/Livonius,** Auswirkungen der Insolvenzrechtsreform auf das Leasinggeschäft, DB 1995, 27; **Oepen/Rettmann,** Das Schicksal von Grundstücksübereignungen in einem Konkurs- bzw. Insolvenzverfahren über das Vermögen des Veräußerers, KTS 1995, 609; **Pape,** Neuordnung der Sicherungsmaßnahmen im Insolvenzeröffnungsverfahren, WPrax 1995, 236; **ders.,** Behandlung bei Verfahrenseröffnung nicht vollständig erfüllter gegenseitiger Verträge nach der Insolvenzordnung, WPrax 2/1995, 25; **ders.,** Die Verfahrensabwicklung und Verwalterhaftung bei Masselosigkeit und Massearmut (Masseunzulänglichkeit de lege lata und de lege ferenda), KTS 1995, 189; **ders.,** Zur Regelung der Insolvenz privater Verbraucher nach der Insolvenzordnung (InsO), Rpfleger 1995, 133; **ders.,** Restschuldbefreiung und Masselosigkeit, Rpfleger 1997, 237; **Pfeifer,** Die Verwertung von Kreditsicherheiten, Restschuldbefreiung und Verbraucherinsolvenz nach der neuen Insolvenzordnung, DZWiR 1997, 303; **ders.,** Kreditwirtschaftliche Aspekte der Insolvenzrechtsreform, DZWiR 1996, 391; **Pfeiffer,** Übersicherung, Freigabeanspruch, Freigabeklauseln, WM 1995, 1565; **Pick,** Die (neue) Insolvenzordnung – ein Überblick, NJW 1995, 992; **Prütting,** Der Insolvenzplan im japanischen und deutschen Recht, Festschrift für W. Henckel, 1995, S. 669; **Rodewald/Schröter,** Freigabeklauseln in Allgemeinen Geschäftsbedingungen, WiB 1995, 1022; **Rummel,** Der Interessenausgleich im Konkurs, DB 1997, 774; **Schmidt-Burgh/Ditz,** Die Refinanzierung beim Leasing nach der Insolvenzrechtsreform, ZIP 1996, 1123; **Schmidt, K.** Unterbrechung und Fortsetzung von Prozessen im Konkurs einer Handelsgesellschaft – Fragen und Thesen zu §§ 240 ZPO, 10 ff. KO, (96 ff. InsO), KTS 1994, 309; **Schmidt-Räntsch,** Das neue Verbraucherinsolvenzverfahren, MDR 1994, 321; **Schollmeyer,** Partikularinsolvenzverfahren am Ort der Belegenheit von Massebestandteilen?, IPRax 1995, 150; **Scholz,** Grundzüge des neuen Insolvenzrechts, DZWiR 1994, 278; **ders.,** Verbraucherinsolvenz und Restschuldbefreiung nach der Insolvenzordnung (InsO), Teil 1 FLF 1995, 88, Teil 2 FLF 1995, 145; **ders.,** Verbraucherkonkurs und Restschuldbefreiung nach der neuen Insolvenzordnung, DB 1996, 765; **Schrader,** Übergangsregelungen zum Konkursrecht, NZA 1997, 70; **Schumacher,** Restschuldbefreiung für natürliche Personen nach dem künftigen deutschen Insolvenzrecht, Zeup 1995, 576; **Seifert,** Leasing in der neuen Insolvenzordnung, FLF 1995, 13; **ders.,** Leasing in der neuen Insolvenzordnung, Beil. zu Heft 5/1995 RIW, 11; **Serick,** Nachträgliche Übersicherung eines Kredites, ZIP 1995, 789; **ders.,** Nachträgliche Übersicherung durch fiduziarische Kreditsicherheiten vor dem Bundesgerichtshof und zwingendem Gewohnheitsrecht, WM 1995, 2017; **ders.,** Neues zur formularmäßigen Globalzession, zugleich zur Unentbehrlichkeit eines Spruchs des Großen Senats für Zivilsachen oder des Bundesverfassungsgerichts zum Gewohnheitsrecht, BB 1996, 857; **Smid,** Grundzüge des neuen Insolvenzrechts, DZWiR 1994, 278; **ders.,** Funktion des Sequesters und Aufgaben des Insolvenzgerichts in der Eröffnungsphase nach der verabschiedeten Insolvenzordnung (InsO), WM 1995, 785; **ders.,** Individualzwangsvollstreckung und Insolvenz, JZ 1995, 1150; **ders.,** Zum Recht der Planinitiative gemäß § 218 InsO, WM 1996, 1249; **ders.,** Kontrolle der sachgerechten Abgrenzung von Gläubigergruppen im Insolvenzplanverfahren, InVo 1997, 159; **ders.,** Kontrolle der sachgerechten Abgrenzung von Gläubigergruppen im Insolvenzverfahren, InVo 1997, 169; **ders.,** Die Aufgaben des neuen Insolvenzverfahrens, DZWiR 1997, 307;

ders., Gerichtliche Bestätigung des Insolvenzplans trotz Versagung seiner Annahme durch Abstimmungsgruppen von Gläubigern, Festschrift für Pawlowski, 1997, S. 387; **ders.,** Zum Obstruktionsverbot – § 245 InsO, InVo 1996, 314; **Strobel,** Probleme des Eröffnungsverfahrens nach dem Insolvenzreformgesetz 1994, KTS 1994, 169; **Stüdemann,** Der Gedanke der Fortführung insolvent gewordener Unternehmen und seine Verwirklichung im neuen Insolvenzrecht, BFuP 1995, 1; **Sundermeier,** Strategien zur Sicherung von Bankkrediten im Lichte des neuen Insolvenzrechts, DStR 1997, 1127; **Uhlenbruck, Wilhelm,** Grenzen der Mitwirkung von Gläubigerausschuß und Gläubigerbeirat im Insolvenzverfahren, BB 1976, 1198; **ders.,** Probleme des Eröffnungsverfahrens nach dem Insolvenzrechts-Reformgesetz 1994, KTS 1994, 169; **ders.** Zum Regierungsentwurf einer Insolvenzordnung und dem Entwurf eines Einführungsgesetzes, KTS 1994, 499; **ders.,** Aktuelle Fragen des Insolvenzrechts in der notariellen Praxis – unter besonderer Berücksichtigung des Insolvenzrechtsreformgesetzes, MittRhNotK 1994, 305; **ders.,** Die neue Insolvenzordnung, Auswirkungen auf das Recht der GmbH und GmbH & Co KG, Teil I GmbHR 1995, 81, Teil II GmbHR 1995, 195; **ders.,** Insolvenz als Umverteilungstatbestand?, WM 1996, 811; **ders.,** Die Durchsetzung von Gläubigeransprüchen gegen eine vermögenslose GmbH und deren Organ nach geltendem und neuem Insolvenzrecht, ZIP 1996, 1641; **ders.,** Das Verbot der Einzelzwangsvollstreckung im Insolvenzverfahren, InVo 1996, 85; **ders.,** Rechte und Pflichten des GmbH-Geschäftsführers in der Unternehmenskrise und besonderer Berücksichtigung der Insolvenzrechtsreform, Teil I WiB 1996, 409, Teil II WiB 1996, 466; **ders.,** Strafrechtliche Aspekte der Insolvenzrechtsreform 1994, wistra 1996, 1; **Vallender,** Die Stellung des Verbrauchers im künftigen Insolvenzrecht, WuR 1997, 43; **ders.,** Neue Tätigkeitsfelder für den Gerichtsvollzieher im künftigen Insolvenzverfahren?, DGVZ 1997, 53; **ders.,** Schuldenregulierung in der Verbraucherinsolvenz, DGVZ 1997, 97; **ders.,** Ausweg aus dem modernen Schuldenturm? – Das gesetzliche Restschuldbefreiungsverfahren nach der künftigen Involvenzordnung, VuR 1997, 155; **Vetter,** Der aktuelle Stand der Rechtsprechung zu Freigabe- und Verwertungsklauseln in Sicherungsverträgen, WiB 1995, 986; **Vorpeil,** Aufrechnung bei währungsverschiedenen Forderungen, RIW 1993, 529; **Wagner,** Insolvenzrechtsreform, Neue Wege im Ablauf künftiger Insolvenzverfahren, DStR 1995, 220; **Warrikoff,** Die Stellung der Arbeitnehmer nach der neuen Insolvenzordnung, BB 1994, 2338; **ders.,** Die Möglichkeiten zum Unternehmenserhalt nach dem neuen Insolvenzrecht, KTS 1996, 489; **ders.,** Gestaltungsmöglichkeiten im Insolvenzplan, KTS 1997, 527; **Weber,** Die Rechtsprechung des Bundesgerichtshofs zu Freigabeklauseln bei Kreditsicherheiten, WM 1994, 1549; **Weinbörner,** Das neue Insolvenzrecht, Teil I INF 1995, 18, Teil II INF 1995, 50; **Wiegand/Brunner,** Übersicherung und Freigabeanspruch, NJW 1995, 2513; **Wienberg/Neumann,** § 122 InsO – Möglichkeiten der Beschleunigung oder Hemmschuh bei der Massenentlassung, in: Wienberg/Demmer, Festschrift für K. Fuchs zum 70. Geburtstag, 1996, S. 177; **Wiester,** Das Konkursausfallgeld: Instrument zur Masseanreicherung?, BB 1997, 949; **von Wilmowsky,** Internationales Insolvenzrecht-Plädoyer für eine Neuorientierung, WM 1997, 1465; **Windel,** Die Verteilung der Befugnisse zur Entschuldung über Vermögenswerte zwischen (Gemein-)Schuldner und Konkurs- (Insolvenzverwalter-) bzw. Vollstreckungsgläubiger nach geltendem und künftigem Haftungsrecht, KTS 1995, 367; **With, de** Die Bedeutung und Änderung des § 108 Insolvenzordnung (InsO), FLF 1996, 183; **Wlotzke,** Einschränkungen des Kündigungsschutzes durch Anhebung der Schwellenzahl und Veränderungen bei der Sozialauswahl, BB 1997, 414; **Zahn,** Leasingnehmer und refinanzierende Bank in der Insolvenz des Leasinggebers nach der Insolvenzordnung, Teil I DB 1995, 1597, Teil II DB 1995, 1649; **ders.,** Der Leasingvertrag über Mobilien in der Insolvenz des Leasinggebers nach der Novellierung der InsO, DB 1996, 1393; **Zwanziger,** Insolvenzordnung und materielle Voraussetzungen betriebsbedingter Kündigungen, BB 1997, 42.

III. Literatur zur Sanierung und Restschuldbefreiung

1. Kommentare und Monographien: **Balz,** Sanierung von Unternehmen oder von Unternehmensträgern, 1986; **Adler/Düring/Schmaltz,** Rechnungslegung und Prüfung der Unternehmen, 5. Aufl. 1987; **Agplan** (Hrsg.), Portfolio Management – Ein strategisches Führungskonzept und seine Leistungsfähigkeit, 1982; **Agthe/Simon,** Marktattraktivität, Einflußfaktor der strategischen Planung, in: Szyperski (Hrsg.), Handwörterbuch der Planung, 1989, Sp. 1031; **Albach,** Strategien zur Bewältigung der Wirtschaftskrise mittelständischer Unternehmen, in: Staehle/Stoll (Hrsg.), Betriebswirtschaftslehre und ökonomische Krise – Kontroverse Beiträge zur betriebswirtschaftlichen Krisenbewältigung, 1984, S. 179; **Angermann,** Zivilrechtliche Probleme beim Unternehmenskauf – unter besonderer Berücksichtigung der Erwerbsituation während der Insolvenz, Diss. Hamburg 1987; **Ansoff/Kirsch/Roventa,** Unschärfenpositionierung in der strategischen Portfolio-Analyse, in: Kirsch/Roventa (Hrsg.), Bausteine eines Strategischen Managements – Dialoge zwischen Wissenschaft und Praxis, 1983; **Arndt,** Wirtschaftliche Macht: Tatsachen und Theorien, 3. Aufl. 1980; **ders.,** Macht und Wettbewerb, Markenartikel 1982, 324; **Arnold,** Strategische Beschaffungssubsysteme von Unternehmen, 1982; **Baetge** (Hrsg.), Der Jahresabschluß im Widerstreit der Interessen, 1983; **Balz,** Sanierung von Unternehmensträgern? – Zur Stellung der Eigentümer in einem zukünftigen Reorganisationsverfahren, 1986; **Basty,** Die Interessen der Gläubiger in einem künftigen Sanierungs-, Reorganisationsverfahren, Diss. München 1987; **Baumgartner,** Fortführung eines Unternehmens nach der Konkurseröffnung – Im Hinblick auf den Widerruf des Konkurses, ohne Widerruf des Konkurses zu Veräußerungszwecken – De lege ferenda, 1987; **Becker,** Die Sanierungsfähigkeit der Unternehmung: Ein durch die Kommission für Insolvenzrecht aktualisierter Begriff in betriebswirtschaftlicher Sichtweise, 1986; **Beisel/Klumpp,** Der Unternehmenskauf – Zivil- und steuerrechtliche Entscheidungshilfen, 1985; **Berchthold,** Strategische Unternehmungsplanung: Instrumente zur Umweltanalyse im Rahmen strategischer Unternehmensplanung, 1990; **Brune,** Die Eignung des Zukunftserfolgswertes der Unternehmung zur Auflösung und Durchführung eines gesetzlichen Reorganisationsverfahrens, 1986; **Bleder,** Insolvenzfrüherkennung mittels praktischer Anwendung der Diskriminanz, 1985; **Böckenförde,** Unternehmenssanierung, Kompaktes Wissen für Führungskräfte, 1991; **ders.,** Unternehmenssanierung, 2. Aufl. 1996; **Bönkhoff,** Die Kreditwürdigkeitsprüfung, zugleich ein Beitrag zur Prüfung von Plänen und Prognosen, 1983; **Brandstätter,** Bilanzanalyse am PC, JANUS-Programm zur computergestützten Jahresabschlußanalyse, 1992; **ders.,** Die Prüfung der Sanierungsfähigkeit notleidender Unternehmen, 1993; **Brandt,** Die notleidende Unternehmung als Prüfungsobjekt des Abschlußprüfers, Einbeziehung eines Frühwarnsystems in den Prüfungsprozeß, Diss. Berlin 1984; **Braun,** Die Planbilanz als Instrument der Sanierungsfähigkeit insolventer Unternehmen, Diss. 1983; **ders.,** Betriebswirtschaftliche Checkliste zur Prüfung der Sanierungsfähigkeit von Unternehmen, in: Baetge (Hrsg.), Finanzen und Steuern im neuen Recht, 1990; **Bretzke,** Der Begriff der „drohenden Zahlungsunfähigkeiten" im Konkursstrafrecht – Analyse und Darlegung der Konsequenzen aus betriebswirtschaftlicher Sicht, Diss. München/Köln 1984; **Buchmüller,** Besteuerung und Unternehmenssanierung: Zur Bedeutung des Steuerrechts für die Sanierung von Unternehmen, 1992; **Burkel,** Wirtschaftsprüfung und Insolvenzprophylaxe, 1982; **Busch,** Produktivitätsanalyse: Wege zur Steigerung der Wirtschaftlichkeit, eine Anleitung für Organisation, Controlling und Unternehmensberatung, 3. Aufl. 1991; **Chalnysky/Gunockl,** Unternehmensfortführung im Konkurs, 1985; **Christians** (Hrsg.), Finanzierungshandbuch, 2. Aufl. 1988; **Deichsel/Trampisch,** Clusteranalyse und Diskriminanzanalyse, 1985; **Dietz, B.** Krisenunternehmen – Empirische Identifikation und Finanzierungsverhalten, 1988; **Farr,** Insolvenzproyphylaxe durch Wirtschaftsprüfung, 1986; **Felscher,** Krisenursachen und rechnungsgestützte Früherkennung, 1988; **Fichtelmann,** Die steuerlichen Probleme der Unternehmenssanierung, 2. Aufl. 1990; **Flessner,** Sanierung und Reorganisation, Insolvenzverfahren für Großunternehmen in rechtsvergleichender und rechtspolitischer Untersuchung, 1982; **Forquet,** Sanierungswürdigkeitsanalyse, 1987; **Gebhardt,** Insolvenzprognosen aus aktenrechtlichen Jahresabschlüssen, 1980; **Grenz,** Dimensionen und Typen der Unternehmenskrise – Analysemöglichkeiten auf der Grundlage von Jahresabschlußinformationen, 1987; **Grochla/Vahle/Puhlmann/Lehmann,** Entlastung durch Delegation, Leitfaden zur Anwendung organisatorischer Maßnahmen in mittelständischen Betrieben, 1991; **Groß,** Sanierung durch Fortführungsgesellschaften, 2. Aufl. 1988; **Haegele/Hess/Theobald,** Konkurs, Vergleich, Gläubigeranfechtung, 5. Aufl. 1990; **Hahn/Taylor,** Strategische Unternehmensplanung, 6. Aufl. 1992; **Hauschildt,** Erfolgs-, Finanz- und Bilanzanalyse, 9. Aufl. 1996; **Hess/Fechner/Körner,** Sanierungshandbuch, 3. Aufl. 1997; **Hesselmann/Stefan,** Sanierung oder Zerschlagung insolventer Unternehmen – Betriebswirtschaftliche Überlegungen und empirische Ergebnisse, 1990; **Hoffmann, H.** Wertanalyse: Ein Weg zur Erschließung neuer Rationalisierungsquellen, 2. Aufl. 1983; **Hohenstein,** Cash Flow – Cash Management: Herkunft, Funktion und Anwendung zur Unternehmensbeurteilung, zur Unternehmenssicherung, 2. Aufl. 1994; **Jordan,** Reorganisationsverfahren in der Insolvenzrechtsreform, 1993; **Kämpfer,** Die Stellung von Sanierungskrediten im Insolvenzrecht, Diss. Regensburg 1993; **Kohler-Gehrig,** Außergerichtlicher Vergleich zur Schuldenbereinigung und Sanierung, 1987; **Kosch,** Betriebsfortführung im Konkurs, 1982; **Krebs,** UNEX – Ein Expertensystem für quantitative und qualitative Unternehmensanalysen, 1991; **Krug,** Der Verbraucherkonkurs, 1994; **Krystek,** Krisenbewältigungs-Management und Unternehmensplanung, 1981; **ders.,** Unternehmenskrisen: Beschreibung, Vermeidung und Bewältigung überlebenskritischer Prozesse in Unternehmungen, 1987; **Leber,** Fraktionierende Funkdiagnose von Unternehmenskrisen, 1993; **Leutiger,** Cash-Flow: Entscheidungsgrundlage für die Gestaltung der Unternehmenszukunft, 1987; **Lotz,** Der Weg aus dem „Schuldturm". Rechtsvergleichende Überlegungen zur Ausgestaltung eines effektiven Insolvenzrechts für Privatpersonen, Diss. Bayreuth 1990; **Marschdorf,** Unternehmensverwertung im Vorfeld und im Rahmen gerichtlicher Insolvenzverfahren, 1984; **Meinhold,** Rechtliche Anforderungen an die Reduktion von Entgelten in der Unternehmenskrise, 1988; **Mischon/Mortsiefer,** Zum Stand der Insolvenzprophylaxe in mittelständischen Betrieben, 1981; **Mohrbutter, Harro** (Hrsg.), Handbuch der Insolvenzverwaltung, 7. Aufl. 1996; **Moxter,** Grundsätze ordnungsgemäßer Unternehmensbewertung, 2. Aufl. 1983; **Müller, Rainer** Krisenmanagement in der Unternehmung: Vorgehen, Maßnahmen und Organisation, 2. Aufl. 1986; **Niehaus,** Früherkennung von Unternehmenskrisen, 1987; **Niggemann,** Prüfung der Finanzierung und Sanierung, 2. Aufl. 1981; **Perker,** Das Reorganisationsverfahren im englischen Insolvenzrecht im Vergleich zur geplanten deutschen Insolvenzordnung, 1994; **Picot,** Kauf und Restrukturierung von Unternehmen, 1995; **Reutner,** Turn around: Strategie einer erfolgreichen Umstrukturierung, 3. Aufl. 1991; **Rick,** Insolvenzrechtliche und steuerliche Ansätze zur Lösung des Finanzierungsproblems in einem insolvenzrechtlichen Reorganisationsverfahren, 1985; **Rost,** Die betriebsbedingte Kündigung in der Unternehmenskrise und bei Insolvenz, 1987; **Schimke/Töpfer** (Hrsg.), Krisenmanagement und Sanierungsstrategie, 2. Aufl. 1986; **Schmidt, K.,** Ökonomische Analyse des Insolvenzrechts, 1980; **ders.,** Wege zum Insolvenzrecht der Unternehmen: Befunde, Kritik, Perspektiven, 1990; **Schmidt, Reinhard H.,** Ökonomische Analyse des Insolvenzrechts, 1980; **Schwarz,** Unternehmensbewertung bei Sanierungsfusion, Technologie & Management, 1990; **Siegwart/Mahari/Caytas/Böckenförde** (Hrsg.), Rekonstrukturierungen & Turnarounds, 1990; **Sinz,** Fortführungsvergleich oder Liquidation: Das Konzept der Fortführung, 1990; **Spiegelberger,** Kauf von Krisenunternehmen, 1996; **Staudt/Groeters/Hafkesbrink/Treichel,**

Kennzahlen und Kennzahlensysteme: Grundlagen zur Entwicklung und Anwendung – Bibliographie deutschsprachiger Veröffentlichungen, Praxisorientierte Literaturauswertung, 1985; **Turnheim,** Sanierungsstrategien, 1988; **Uhlenbruck,** Die anwaltliche Beratung bei Konkurs-, Vergleichs- und Gesamtvollstreckungsantrag, 2. Aufl. 1996; **Unterharnscheidt,** Bonitätsanalyse mittelständischer Unternehmen, 1987; **Wegmann,** Die Sanierungsprüfung, 1987; **Wenz/ Schmidt,** Konkurs- und Vergleich: Anzeichen früh erkennen, kompetent beraten, Ansprüche erfolgreich geltend machen, 1989; **Westermann,** Kreditwirtschaft und öffentliche Hand als Partner bei Unternehmenssanierungen, 1982; **Wild,** Grundlagen der Unternehmensplanung, 4. Aufl. 1982; **Witte,** Finanzplanung der Unternehmung, Prognose und Disposition, 4. Aufl. 1983; **Zierau,** Die Stellung der Gläubiger im französischen Sanierungsverfahren im Hinblick auf die Entwicklung des deutschen Insolvenzrechts, 1991.

2. Aufsätze: **Ackmann,** Lebenslängliche Schuldverstrickung oder Schuldbefreiung durch Konkurs?, ZIP 1982, 1266; **ders.,** Neue Wege zur Bereinigung von Verbraucherinsolvenzen?, KTS 1986, 555; **Adam,** Planung in schlechtstrukturierten Entscheidungssituationen mit Hilfe heuriger Vorgehensweise, BFuP 1983, 484; **Ahrend/Förster/Rühmann,** Die ablösende Betriebsvereinbarung – Instrument zur Anpassung von Individualansprüchen durch Betriebsvereinbarung, DB 1982, 224; **Albach,** Kampf ums Überleben: Der Ernstfall als Normalfall für Unternehmen in einer freiheitlichen Wirtschaftsordnung, ZGR 1985, 149; **ders.** Betriebswirtschaftliche Überlegungen zur rechtlichen Neugestaltung der Insolvenz von Konzernen, ZfB 1984, 773; **Arnold,** Modell eines insolvenzrechtlichen Sanierungsverfahrens, Beil. Nr. 8/1982 zu Bundesanzeiger Nr. 34a v. 19. 2. 1982; **ders.,** Das Reorganisationsverfahren im einheitlichen Insolvenzrecht, BFuP 1986, 393; **ders.,** West-Ost-Wanderung zwischen Restschuldbefreiung?, BB 1992, 2227; **Autenrieth,** Die Konkretisierung der Sanierungsbedürftigkeit im Steuerrecht, DStZ 1991, 491; **Badestein,** Sanierung – Bestandteil des Insolvenzrechts, Wirtschaftsrecht 1980, 120; **Baetge,** Betriebswirtschaftliche Möglichkeiten zur Erkennung einer drohenden Insolvenz, in: IDW Beitrag zur Reform des Insolvenzrechts, Vorträge und Diskussionen des IDW-Insolvenz-Symposions am 11. /12. 6. 1987, 1987, S. 61; **ders.,** Früherkennung negativer Entwicklungen der zu prüfenden Unternehmung mit Hilfe von Kennzahlen, Wpg 1980, 651; **Ballwieser,** Sind mit der neuen Generalklausel zur Rechnungslegung auch neue Prüfungspflichten verbunden?, BB 1985, 1034; **ders.,** Die Analyse von Jahresabschlüssen nach neuem Recht, Wpg 1987, 57; **Balz,** Insolvenzverfahren für Verbraucher?, ZRP 1986, 12; **ders.,** Schuldbefreiung in einem künftigen Sanierungs- und Reorganisationsverfahren, VVF 1988, 193; **ders.,** Aufgaben und Struktur des künftigen einheitlichen Insolvenzverfahrens, ZIP 1988, 273; **ders.,** Logik und Grenzen des Insolvenzrechts, ZIP 1988, 1438; **ders.,** Schuldbefreiung durch Insolvenzverfahren, Bewährungshilfe 1989, 103; **ders.,** Schuldbefreiung durch Insolvenzverfahren, FLF 1989, 16; **ders.,** Sanierung von Unternehmen oder von Unternehmensträgern, 1986; **ders.,** Aufgaben und Struktur des künftigen einheitlichen Insolvenzverfahrens, ZIP 1988, 273; **Baumann,** Auffanggesellschaften als Instrument von Sanierungsversuchen, Bankarchiv 1988, 46; **Baun,** Die Prüfung von Sanierungskonzepten, Wpg 1989, 683; **Baur,** Neues Insolvenzrecht für Unternehmen?, JZ 1982, 577; **Bea/Kötzle,** Ursachen von Unternehmenskrisen und Maßnahmen zur Krisenvermeidung, DB 1983, 565; **Belling,** Das Günstigkeitsprinzip im Betriebsverfassungsgesetz, DB 1982, 2513; **Bergan/Schmeisser** Sanierung eines Bauträgers: Ansätze im Rahmen des Insolvenzplanverfahrens, DStR 2001, 270; **Berger, Klaus-Peter** Unternehmensübernahme in Europa, ZIP 1991, 1644; **Berger, Reimund** Sanierung und Konkursabwendung in: Christians (Hrsg.), Finanzierungshandbuch, 1987; **Berges,** Der Konkurs als Kreditschutzmittel des Fremdkapitals, BB 1983, 22; **ders.,** Exekution, Liquidation und Reorganisation, BB 1985, 673; **Berscheid,** Betriebsfortführung in der Insolvenz – Zur Problematik der Arbeitsverhältnisse nach künftigem Insolvenzrecht, in: Gemper

(Hrsg.), Hochschule und Gemeinde (1) – Symbiose oder Konflikt? Förderalismus Demokratie, Marktwirtschaft, Ordnungspolitische Gedanken aus der Siegerländer Werkstatt, 1989; **ders.** Beteiligung des Betriebsrats im Eröffnungsverfahren, nach Verfahrenseröffnung und im Insolvenzplanverfahren, ZInsO 1999, 27; **Beub** Aktuelles zur Insolvenzrechtsreform, InVo 1997, 197; **Bieder** Zur Behandlung von Sanierungskrediten im Insolvenzplan, ZInsO 2000, 531; **Bieg,** Kann der Bankenprüfer die Bonität gewerblicher Bankkreditnehmer beurteilen?, ZfbF 1984, 495; **Bircher,** Früherkennung und Krisenmanagement – Erfolgsprofil: Kompaß zur Vermeidung strategischer Fehler, Gablers Magazin Heft 8/1988, 20; **Blomeyer,** Die ablösende Betriebsvereinbarung im Meinungsstreit, NZA 1985, 641; **ders.,** Die wirtschaftliche Lage des Arbeitnehmers, NZA 1985, 1; **Bodgen,** Das neue schwedische Schuldensanierungsgesetz, ZEUP 1995, 617; **Bolsenkötter,** Prüfung der wirtschaftlichen Verhältnisse und der Ordnungsmäßigkeiten der Geschäftsführung bei öffentlichen Unternehmen, Wpg 1981, 505; **Bork,** Die Wirkungen des Insolvenzplans nach §§ 290–305 RefE, in: Leipold (Hrsg.), Insolvenzrecht im Umbruch, KTS-Schriften zum Insolvenzrecht, Bd. 1, S. 51; **Braun** Das Obstruktionsverbot in der Praxis, NZI 1999, 473; **ders.,** Die Prüfung von Sanierungskonzepten, Wpg 1989, 683; **ders.,** Sanierung im gerichtlichen Gesamtvollstreckungsverfahren der DDR?, DB 1990, 3163; **Bretzke,** Wann ist ein Unternehmen insolvent?, DBW 45 (1985), 405; **Brill,** Die Durchsetzung des allgemeinen Weiterbeschäftigungsanspruches, BB 1982, 621; **Brox,** Berücksichtigung leistungsbezogener oder verhaltensbedingter Gesichtspunkte bei der sozialen Auswahl im Rahmen der betriebsbedingten Kündigung, DB 1983, 388; **ders.,** Der Abbau arbeitsvertraglicher Ansprüche durch Betriebsvereinbarung im System der Mitbestimmung in sozialen Angelegenheiten, DB 1983, 877; **Bruchner,** Restschuldbefreiung, WM 1992, 1268; **Burger,** Zur Reform der konkursrechtlichen Verteilungsregeln, WiSt 1989, 224; **Burgstaller,** Sanierung der natürlichen Person im Konkurs?, Juristische Blätter (Österreich) 1991, 490; **Brunn,** Betriebswirtschaftliche Checkliste zur Prüfung der Sanierungsfähigkeit von Unternehmen in: Baetge (Hrsg.), Finanzen und Steuern im neuen Recht, 1990; **Bühler,** Unternehmenssicherung mittels Problemerkennungssystem – eine Aufgabe moderner Unternehmensführung?, ZfB 1985, 330; **Christmann,** Zur Verfassungsmäßigkeit der Restschuldbefreiung nach der Insolvenzordnung (E), DGVZ 1992, 177; **54. Deutscher Juristentag,** Nürnberg 1982, Abteilung Sanierung von Unternehmen, Bd. 1 Gutachten K. Schmidt D 1–D 135; Hanau E 1–E 120; Bd. 2 Sitzungsberichte, Referat Zeuner M 10–M 35; Beschlüsse M 223–M 241 (dazu **Düttmann** ZIP 1982, 787; **Grunsky** ZIP 1982, 772; **Hanau** KTS 1982, 625); **Clemm,** Frühwarnung durch den Abschlußprüfer, in: Müller, Hans-Erich (Hrsg.), Wirtschaftsprüfung und Mitbestimmung, 1989, S. 59; **Coenenberg,** Entscheidungsorientierte Unternehmensbewertung und „Ertragsschwäche", BFuP 1984, 496; **Däubler,** Verschlechterung der Arbeitsbedingungen durch Betriebsvereinbarung?, AuR 1984, 1; **Delfmann,** Zur Gläubigerentscheidung bei beschränkter Verwertung von Mobiliarsicherheiten im Konkurs, DBW 1984, 629; **Denck,** Betriebsbedingte Kündigung und Kurzarbeitergeld, ZfA 1985, 249; **Dienststühler** Die jüngste Rechtsprechung des BAG zur Anpassung und Kürzung von Betriebsrenten, NZA 1986, 41; **ders.,** Kreditrahmenabreden gem. den §§ 264 ff. InsO, ZInsO 1998, 243; **Dreiss/Eitel-Dreiss,** Steuerliche Verlustbehandlung und Sanierung, DB 1983, 1858; **Drexel,** Ein Frühwarnsystem für die Praxis – dargestellt am Beispiel eines Einzelhandelsunternehmens, ZfB 1984, 89; **Drexel/Kayser,** Überschuldungsfeststellung mittels Monta-Carlo-Simulation, BB 1981, 491; **Drukarczyk,** Reorganisation und Gläubigeransprüche, DBW 1984, 371; **ders.,** Betriebswirtschaftliche Aspekte der Insolvenzrechtsreform, ZfbF 1986, 149; **ders.,** Zum Verhältnis von Markt und Regulierung in einem neuen Insolvenzrecht, DWB 1988, 3; **ders.,** Insolvenzrecht als Versuch marktkonformer Gestaltung von Verwertungsentscheidungen und Verteilungsregeln, ZIP 1989, 341;

ders., Management Buyouts, Wirtschaftswissenschaftliches Studium 1990, S. 545; **ders.,** Kapitalerhaltungsrecht, Überschuldung und Konsistenz, WM 1994, 1737; **Eckhardt,** Die „Vergleichsfall" als Problem der Auslegung adressatenloser Annahmeerklärungen nach § 151 S. 1 BGB, BB 1996, 1945; **Eidenmüller,** Die Banken im Gefangenendilemma, Kooperationspflichten und Akkordstörungsverbot im Sanierungsrecht, ZHR 160 (1996), 343; **ders.,** Gesellschafterstellung und Insolvenzplan, ZGR 2001, 681; **Engeleiter,** Die Portfolio-Technik als Instrument der strategischen Planung, BFuP 1981, 407; **Engerding,** Was leistet der Insolvenzplan im neuen Insolvenzrecht?, DZWiR 1998, 94; **Eser,** Stellung und Aufgaben eines Insolvenzverwalters im neuen Reorganisationsverfahren, KTS 1985, 23; **Fachausschuss Recht des IDW,** Anforderungen an Sanierungskonzepte, in: Die Fachgutachten und Stellungnahmen des Instituts der Wirtschaftsprüfer auf dem Gebiete der Rechnungslegung und Prüfung, Verlautbarungen des Fachausschusses Recht, Stand: Mai 1992, S. 3; **Falkenberg,** Betriebsvereinbarungen als Mittel zur Verschlechterung von Arbeitsbedingungen?, DB 1984, 875; **Faude,** Vorzeitiges Ausscheiden älterer Mitarbeiter, ZRP 1982, 20; **Fichtelmann,** Unternehmenssanierung: Der Steuerberater ist gefordert, DSWR 1991, 283; **Fink,** Insolvenzverfahren als Instrument der Restschuldbefreiung, ÖJZ 1992, 8; **Fischer-Böhnlein/Hörner,** Rechnungslegung von Kapitalgesellschaften im Insolvenzverfahren, BB 2001, 191; **Flessa,** Außergerichtliche Sanierung oder Konkurs?, ZKW 1990, 75; **Flessner,** Das rechtspolitische Für und Wider eines Sanierungsverfahrens, ZIP 1982, 1283; **ders.,** Grundfragen des künftigen Sanierungsrechts, ZIP 1982, 113; **ders.,** Sanierung von Unternehmen, ZRP 1982, 244; **ders.,** Die Analyse von Jahresabschlüssen nach neuem Recht, Wpg 1987, 57; **Franke,** Zur rechtzeitigen Auslösung von Sanierungsverfahren, ZfB 1984, 692; **Friehe,** Das Abwehrrecht des Wettbewerbers gegen die Subventionierung eines Kontrahenten, JuS 1981, 867; **Funke,** Ökonomische Überlegungen zur Gestaltung eines gerichtlichen Sanierungsverfahrens, KTS 1983, 37; **ders.,** Zur rechtzeitigen Auflösung von Sanierungsverfahren, ZfB 1984, 162, 692; **ders.,** Zur Festlegung von Abstimmungsregeln im Insolvenzverfahren, ZfB 1986, 614; **ders.,** Der Insolvenzplan des Entwurfs der Insolvenzordnung im Licht der Erfahrung mit dem amerikanischen Reorganisations- und Schuldenregulierungsrecht, Festschrift für Helmrich, 1994, S. 622; **Frank,** Eigensanierung in der Insolvenz, Der Syndikus 2000, 27; **Fruhner,** Die Novelle zum Verbraucherinsolvenzverfahren, NJ 2002, 11; **Fuchs,** Behandlung und Abgrenzung von Insolvenzanträgen nach §§ 304ff. InsO, ZInsO 1999, 185; **ders.** Erste Erfahrungen mit dem InsO-Änderungsgesetz 2001, ZInsO 2002, 298; **ders.,** Die Anfechtungsbefugnis des Treuhänders im Verbraucherinsolvenzverfahren nach der Änderung des § 313 Abs. 2 Satz 3 InsO durch das InsO-Änderungsgesetz 2001, ZInsO 2002, 358; **Gabele,** Ansatzpunkte für ein betriebswirtschaftliches Krisenmanagement, ZfO 1981, 150; **ders.,** Reorganisation, in: Frese (Hrsg.), Handwörterbuch der Organisation, 3. Aufl. 1992; **Gaier,** Instrumente der Unternehmenssanierung – Handelsrechtliche Varianten und steuerrechtliche Konsequenzen, in: Ruppe (Hrsg.), Rechtsprobleme der Unternehmenssanierung 1983, S. 27; **Gälweiler,** Zur Kontrolle strategischer Pläne, in: Steinmann (Hrsg.), Planung und Kontrolle, Probleme der strategischen Unternehmensführung, 1981, S. 383; **ders.,** Anwendung betriebswirtschaftlicher Planungs- und Prognose-Verfahren zur Fundierung strategischer Unternehmensentscheidungen, BFuP 1983, 495; **Gerhardt,** Insolvenzverfahren für Verbraucher aus der Sicht der Wissenschaft, FLF 1989, 99; **ders.,** Inhalt und Umfang der Sequestrationsanordnungen, ZIP 1982, 1; **van Gistern,** Kreditgefährdung durch Früherkenntnis abwehren, Kreditpraxis 6/1986, 15; **Goerdeler/Lutter/Wiedemann,** Das Unternehmen in der Insolvenz, ZGR 1986, 175; **Göppel,** Unternehmensbewertung und Capital-Asset-Pricing-Theorie, Wpg 1980, 237; **Gottwald,** Rechtliche Möglichkeiten der Unternehmenssanierung im Insolvenzfall, KTS 1984, 1; **ders.,** Das Sanierungsverfahren in einem künftigen Insolvenzrecht, Protokoll der konkursrechtlichen Arbeitstagung der IG Metall am 29. /30. 10. 1981 in Frankfurt, 1982; **Gounalakis**, Auswirkungen des neuen Insolvenzrechts für den Verbraucher, BB 1999, 224; **Gravenbrucher Kreis,** „Große" oder „kleine" Insolvenzrechtsreform?, ZIP 1992, 657; **Grönwaldt,** Das Bilanzrichtlinien-Gesetz und die Pflichten des Registergerichts bei überschuldeter Jahresbilanz, BB 1988, 1494; **Gross,** Grundsatzfragen der Unternehmenssanierung, DStR 1991, 1572; **Groß,** Fortführungsgesellschaften, KTS 1982, 355; **ders.,** Die Prüfung der Sanierungsfähigkeit im Rahmen der Insolvenzordnung, WPK-Sonderheft 1997, 61; **Großfeld/Schemmann,** Versicherungsunternehmen im Reorganisations- und Liquidationsverfahren, ZIP 1985, 1180; **Grote,** Ausgewählte praktische Probleme bei der Umsetzung des Verbraucherinsolvenzverfahrens; **ders.,** Erhöhung der Pfändungsgrenzen nach § 850f ZPO im Insolvenzverfahren, Anm. zu OLG, Beschluß vom 18. 8. 2000 – 2 W 155/00, ZInsO 2000, 490; **Grub,** Neuregelungen der künftigen Insolvenzordnung, AnwBl. 1993, 458; **ders.,** Der Regierungsentwurf der Insolvenzordnung ist sanierungsfreundlich!, ZIP 1993, 393; **ders.,** Insolvenzplan und Eigenverwaltung, AnwBl. 2000, 580; **Grub/Rinn,** Die neue Insolvenzordnung – Ein Freifahrschein für Bankrotteure?, ZIP 1993, 1583; **Grub/ Smid** Verbraucherinsolvenz als Ruin des Schuldners – Strukturprobleme des neuen Insolvenzrechts, DZWiR 1999, 2; **Gruhler,** Indikatoren der Insolvenzhäufigkeit, in: Institut der deutschen Wirtschaft (Hrsg.), IW-Trends 1982, S. 26; **Grüner,** Kriterien staatlicher Hilfen für existenzbedrohte Unternehmen, DB 1986, 682; **Grunsky,** Arbeits- und sozialrechtliche Probleme der Unternehmenssanierung – Besprechung des Gutachtens von Hanau zum 54. Deutschen Juristentag, ZIP 1982, 772; **Gundlach/Frenzel/Schmidt,** Die Anfechtungsbefugnis des Treuhänders, ZVI 2002, 5; **Habighorst/Spoerr,** Treuhandanstalt und Konzernrecht in der Diskussion, ZGR 1992, 498; **Häsemeyer,** Schuldbefreiung und Vollstreckungsschutz, Festschrift für Henckel, 1995, S. 353; **ders.,** Obstruktion gegen Sanierungen und gesellschaftsrechtliche Treu, ZHR 160 (1996), 109; **ders.,** Der Insolvenzplan als Vermögens- und haftungsrechtlicher Vertrag in: Schilken/Becker/Gerhardt (Hrsg.), Festschrift für F. Gaul, 1997, S. 175; **Hanau,** Möglichkeiten der Sanierung von Unternehmen durch Maßnahmen im Unternehmens-, Arbeits-, Sozial- und Insolvenzrecht, Gutachten zum 54. DJT, 1982; **Hantschel,** Insolvenzprophylaxe bei mittelständischen Unternehmen als Aufgabe von Steuerberatern und Wirtschaftsprüfern, DB 1994, 105; **Harbauer,** Unternehmen in der Krise, DB 1993, 2447; **Harrmann,** Cash-flow-Ermittlung, Bedeutung und Aussagefähigkeit, DB 1986, 2612; **ders.,** Ist das Unternehmen noch zu retten? Sanierungsfähigkeitsprüfung, Kreditpraxis 1988, 21; **Hauschildt,** Überlegungen zu einem Diagnosesystem für Unternehmenskrisen, in: Hauschildt (Hrsg.), Krisendiagnose durch Bilanzanalyse, 1988, S. 200; **Hauschildt/Grenz/Gemünden,** Entschlüsselung von Unternehmenskrisen durch Erfolgsspaltung – Vor und nach dem Bilanzrichtlinien-Gesetz, DB 1985, 877; **dies.,** Der Cash Flow – ein Krisensignalwert?, in: Hauschildt (Hrsg.), Krisendiagnose durch Bilanzanalyse, 1988, S. 64; **Hax/Marschdorf,** Anforderungen an ein Insolvenzrecht aus betriebswirtschaftlicher Sicht, BFuB 1983, 112; **Heinze,** Möglichkeiten der Sanierung durch Maßnahmen im Unternehmens-, Arbeits-, Sozial- und Insolvenzrecht, NJW 1982, 1665; **ders.,** Probleme der Insolvenzvermeidung aus rechtsvergleichender Sicht; Die Rolle des Arbeitsrechts, in: Birk/Kreuzer (Hrsg.), Das Unternehmen in der Krise, 1986, S. 75; **Henckel,** Die Verbindungen des Sanierungsverfahrens zum Konkursverfahren, ZIP 1981, 1296; **ders.,** Die Betriebsveräußerung im Konkurs, ZIP 1980, 2; **Hennerkes,** Meinungsspiegel – Sonderfragen der Unternehmensbewertung, BFuP 1981, 156; **Herrmann,** Sanierungsfusion und Behinderungsmißbrauch, AG 1984, 1; **Herschel,** Kündigung im Konkurs, BB 1984, 987; **Hess/Gotters,** Sanierung im Konkurs und § 613a BGB, BlStSozArbR 1984, 74; **Heubeck/ Rössler/Sauerberg,** Die wirtschaftliche Lage des Arbeitgebers bei der Prüfung der Anpassung von Betriebsrenten nach § 16 BetrAVG, BB 1980 Beil. 13; **Hilger/Stumpf,** Ablösung betrieblicher Gratifikationen und Versorgungsordnungen durch Betriebsvereinbarung, in: Festschrift für G. Müller, 1981, S. 209; **Hillebrecht,** Dringende betriebliche Erfordernisse zur Kündigung von Arbeitsverhältnissen durch den Konkursverwalter, ZIP 1985, 257; **Hoffmann, J.,** Sanierung mit externer Beratung, in: Schimke/Töpfer (Hrsg.), Krisenmanagement und Sanierungsstrategien, 1985, S. 118; **Hoffmann, Wolf-Dieter,** Die Sanierung einer Kapitalgesellschaft durch Forderungsverzicht des Gesellschafters, BB 1991, 773; **Hohloch,** „Sanierung durch Sanierungsverfahren"? – ein rechtsvergleichender Beitrag zur Insolvenzrechtsreform, ZGR 1982, 145; **ders.,** Gläubigerpositionen in einem Sanierungsverfahren, Rechtsvergleichende Bemerkungen zur Insolvenzrechtsreform, ZIP 1982, 1029; **Hommelhoff,** Zur Abgrenzung vom Unternehmenskauf und Arbeitserwerb, ZGR 1982, 367; **ders.,** Frühwarnsysteme und Auslösemechanismen für das Insolvenzverfahren, ZfB 1984, 698; **Huff,** Insolvenzrechtsreform und Schuldenbereinigungsplan, WPrax 1994, 7; **Huntemann/Dietrich,** Eigenverwaltung und Sanierungsplan – der verkannte Sanierungsweg, ZInsO 2001, 13; **Immenga,** Privatisierung durch Gesellschaftskredit: Die Treuhandanstalt, NJW 1993, 2471; **Institut der Wirtschaftsprüfer (IDW),** Beitrag zur Reform des Insolvenzrechts, Vorträge und Diskussionen des IDW-Insolvenz-Symposions aus 11/12. 6. 1987, 1987, mit folgenden Beiträgen: a) *K. Busch* Wirtschaftsprüfer und Insolvenzrecht (S. 10), b) *H. Helmrich* Grundlinien einer Gestaltung der Insolvenzrechtsreform aus heutiger Sicht (S. 15), c) *Müller* Begleitung der Insolvenzrechtsreform durch Ergänzung gesellschaftsrechtlicher Normen? (S. 27), d) *Baetge* Betriebswirtschaftliche Möglichkeiten zur Erkennung einer drohenden Insolvenz (S. 61), e) *Knief* Fragen der Abgrenzung und Praktikabilität der neudefinierten Insolvenzauslösungsgründe nach den Vorschlägen der Insolvenzrechtskommission (S. 82), f) *Schaaf* Geschäftsführung während der kritischen Phase (S. 101), g) *Wellensiek* Verwendung der personellen und sachlichen Ressourcen (S. 114), h) *K. Schmidt* Steuerliche Fragen (S. 128), i) *Uhlenbruck* Mitwirkung und Verantwortlichkeit des Insolvenzrichters (S. 139), j) *Schedlbauer* Prüfung der Sanierungsfähigkeit (S. 166); **ders.** (Hrsg.), Die Beurteilung der Sanierungskonzepte von Beteiligungsunternehmen der Treuhandanstalt, IdW-Sonderrundschreiben vom 13. 12. 1990; **Jakobs,** Insolvenzprophylaxe und Reorganisationsverfahren, in: Das Unternehmen in der Krise, 1986, S. 17; **Janke,** Insolvenzen: Warnzeichen – Prophylaxe – Verhinderung, BuW 1996, 193; **Jülicher,** Die allgemeinen Voraussetzungen für die Gewährung von Kurzarbeitergeld, Festschrift für Wannagat, 1981, S. 201; **Jüttner-Kramny,** Staatliche Hilfen für sanierungsbedürftige Unternehmen, DB 1983, 1749; **Kayser,** Sanierung oder Auflösung – Bestimmung der Sanierungsfähigkeit von Unternehmen im Vorfeld der Insolvenz, 1983; **ders.,** Sanierungsfähigkeitsprüfung insolvenzbedrohter Unternehmen, BB 1983, 415; **Kayser/Preisenberger,** Unternehmenssanierung und Jahresabschluß – Eine empirische Analyse, ZfB 1983, 951; **Kilger,** Probleme der Sequestration im Konkurseröffnungsverfahren, in: Einhundert Jahre Konkursordnung 1877–1977, 1977 S. 189; **ders.,** Grundzüge des Reorganisationsverfahrens, ZIP 1982, 779; **ders.,** Thesen zur Sanierung insolvent werdender oder insolventer Unternehmen, ZIP 1982, 884; **ders.,** Die Reorganisation insolventer Gesellschaften, ZRP 1984, 46; **ders.,** Über die Möglichkeit der Geschäftsfortführung insolventer Unternehmen unter dem geltenden Recht und nach dem Diskussionsentwurf einer Insolvenzordnung, KTS 1989, 495; **ders.,** Problematische „Masseschulden" insolvent werdender oder insolventer Unternehmen, NJW 1989, 271; **Kirsch/Börsig,** Reorganisationsprozesse, in: Grochla (Hrsg.), Handwörterbuch der Organisation, 2. Aufl. 1980, Sp. 2027; **Kissel,** Das Spannungsfeld zwischen Betriebsvereinbarung und Tarifvertrag, NZA 1986, 73; **Klausmann,** Betriebliche Frühwarnsysteme im Wandel, ZfO 1983, 39; **Kleindiek,** Haftung, freie Beweiswürdigung und Beweiserleichterung im qualifizierten, faktischen GmbH-Konzern, GmbHR 1992, 574; **Klopp,** Restschuldbefreiung und Schuldenregulierung nach französischem und deutschem Recht, KTS 1992, 348; **Kluth,** Die „übertragende Sanierung" – Risiken und Nebenwirkung einer Packungsbeilage zur Unternehmensveräußerung in der Insolvenz, NZI 2002, 1; **ders.,** Die „wertlosen Gesellschaftsanteile" – der Stein des Anstoßes in Sanierungs-Insolvenz, ZInsO 2002, 258; **Knief,** Der Finanzplan – Zentrales betriebswirtschaftliches Instrument zur Beurteilung des Unternehmens in der Krise, Betriebswirtschaftliche Blätter 1984, 10; **Kögel,** Der Zugang von Unternehmen zum Verbraucherinsolvenzverfahren, DZWiR 1999, 235; **Koober,** Unternehmenssanierung durch die Treuhand – Finanzielle Grenzen und alternative Finanzierungsansätze, DZWiR 1993, 221; **Köster,** Krisen als Chance zur Erneuerung (Teil 1): Im Chaos ist die neue Ordnung verborgen, Gablers Magazin, 1990, 45; **Kraemer,** Die Restschuldbefreiung im Spannungsfeld zwischen Steuerrecht und Insolvenzordnung (InsO), DStZ 1995, 399; **Kraft,** Potentialanalyse des Unternehmens in der Krise, in: Schimke/Töpfer (Hrsg.), Krisenmanagement und Sanierungsstrategien, 1985, S. 16; **Krampe,** Früherkennungssysteme für die strategische Unternehmensführung in rezessiven Perioden, in: Goetzke/Sieben (Hrsg.), Unternehmensstrategien für die Rezession – Bericht von der 9. Kölner BFuP-Tagung am 2. und 3. 7. 1981 in Köln, 1983, S. 11; **Kreft,** Treuhandkonten und Geschäftsführung bei Insolvenz, in: Festschrift für Merz, 1992, S. 313; **Krehl,** Krisendiagnose durch klassische Bilanzkennzahlen?, in: Hauschildt (Hrsg.), Krisendiagnose durch Bilanzanalyse, 1988, S. 17; **Krehl/Hauschildt,** Krisendiagnose durch Finanzflußrechnungen, in: Hauschildt (Hrsg.), Krisendiagnose durch Bilanzanalyse, 1988, S. 91; **Kressin,** Die Einleitung eines Insolvenzverfahrens für Unternehmen – Ursachen, Zeitpunkt und Gründe – Eine Untersuchung unter betriebswirtschaftlichen und juristischen Aspekten, 1990 (Europäische Hochschulschriften Reihe 2: Rechtswissenschaft – 900); **Kretschmer,** Praktische Ansätze für das Management tiefgreifender Reorganisationsprozesse, Management Forum 1984, 31; **Kröger,** Ziele und Erfolgsaussichten von Vergleichsverfahren, BFuP 1983, 145; **Krystek,** Reorganisationsplanung, ZfB 1985, 583; **ders.,** Ursachen von Unternehmenskrisen, Kreditpraxis 1987, 7; **ders.,** Krisenfrüherkennung und Krisenmanagement: Ein aktuelles Führungsproblem, Gablers Magazin Heft 8/1988, 10; **ders.,** Gefahren bei der Rettung von Unternehmen: woran Sanierungen scheitern können, ZfO 1991 Sonderheft, 49; **Kübler,** Sanierungsrecht im Werden?, ZIP 1981, 1387; **ders.,** Sondersituationen bei Unternehmensfortführung und Unternehmenskauf im Konkurs, ZGR 1982, 498; **ders.,** Konzern und Insolvenz, ZGR 1984, 560; **ders.,** Überlegungen zur Eigenhaftung des Unternehmenssanierers aus culpa in contrahendo – Zugleich Besprechung des BGH-Urteils v. 3. 4. 1990 – XI ZR 206/88, in: Festschrift für Kellermann, 1991, S. 243; **Küffner/Kuhlmann/Müller-Heidenreich/Stinner,** Insolvenzen und Sanierung (Wann müssen sie eingreifen?), INF 9/1985, III, 10/1985, IV; **dies.,** Insolvenzen und Sanierung – Praktische Insolvenzprophylaxe, INF 1985, Heft 11, III; **Kuhn,** Bilanzanalyse mit Hilfe des statistischen Verfahrens der Diskriminanzanalyse, DStR 1991, 1504; **Künne,** Vorschläge zur Reform der Vergleichsordnung, DB 1978, 729; **Kupsch,** Zur Problematik der Überschuldungsmessung, BB 1984, 159; **Kußmaul,** Insolvenzplanverfahren: Deprepackaged Plan als Sanierungsalternative, DB 2000, 1849; **Küting,** Externe Liquidationsanalyse auf der Grundlage der Bilanz nach künftigem Bilanzrecht, DB 1985, 1089; **Lachnit,** Betriebliche Früherkennung auf Prognosebasis, in: Jacob (Hrsg.), Früherkennung und Steuerung von Unternehmensentwicklungen, 1986, S. 5; **ders.,** Externe Erfolgsanalyse auf der Grundlage der GuV nach dem Gesamtkostenverfahren, BFuP 1987, 33; **Landfermann,** Sanierungsförderung und Gesamtvollstreckung, ZIP 1991, 826; **ders.,** Der moderne Schuldenturm und das Insolvenzrecht, Schriftenreihe der bankrechtlichen Vereinigung, Bd. 3, 1993, S. 111; **Lauscher/Weßling/Bange,** Musterinsolvenzplan, ZInsO 1999, 5; **Leffson,** Der Einfluß einer erkennbaren Gefährdung der Unternehmung auf die Aussagen im Prüfungsbericht und Bestätigungsvermerk, Wpg 1980, 637; **ders.,** Die Going-Concern-Prämisse bei Unsicherheit über den Fortbestand der Unternehmung, Wpg 1984, 604; **Leibner,** Das Verhältnis des § 295 Abs. 2 InsO, ZInsO 2002, 61; **Lenel,** Staatshilfe für insolvente Großunternehmen?, Das Beispiel AEG, WuW 1983, 429; **Leoprechting,** Insolvenzplan scheitert im Praxistest, DZWiR 2000, 67; **Ley,** Anforderungen an Sanierungskonzepte, Wirtschaftsprüfer-Kammer, Sonderheft 9/1991, 49; **Limbach,** Restschuldbefreiung von Privatpersonen im Insolvenzrecht, FLF 1994, 83; **Lösch,** Die Restschuldbefreiung nach der neuen Insolvenzordnung – ein „Freifahrtschein zum Schuldenmachen", JA 1994, 44; **Loistl,** Zur Reorganisationsplanung, BFuP 1986, 441; **Lutter,** Der Konzern in der Insolvenz, ZfB 1984, 781; **Lutter/Hommelhoff/Timm,** Finanzierungsmaßnahmen zur Krisenabwehr in der Aktiengesellschaft, BB 1980, 737; **Lüttner-Kramny,** Staatliche Hilfe für sanierungsbedürftige Unternehmen?, DB 1983, 1749; **Marotzke,** Kein Gewährleistungsausschluss bei der Veräußerung beweglicher Massegegenstände an Verbraucher?, ZInsO 2002, 501; **Matschke,** Die Bewertung ertragsschwacher Unternehmungen bei der Fusion, BFuP 1984, 544; **Maus,** Sanierungskonzepte als Voraussetzung für den Kauf von Krisenunternehmen, DB 1991, 1133; **Meisel,** Neue Entwicklungen in der Rechtsprechung des Bundesarbeitsgerichts zur sozialen Rechtfertigung einer Kündigung, ZfA 1985, 213; **Merlicke,** Die Kapitalaufbringungsvorschriften als Sanierungsbremse – Ist die deutsche Interpretation des § 27 Abs. 2 AktG richtlinienkonform?, Teil I DB 1989, 1067, Teil II DB 1989, 1119; **Mertens,** Konkursverzögerung durch erfolglose Sanierungsversuche, NJW 1981, 1242; **ders.,** Prognoserechnung – ein Überblick, BFuP 1983, 469; **Meyer-Cording,** Konkursverzögerung durch erfolglose Sanierungsversuche, NJW 1981, 1242; **Möschel,** Privatisierung, Entflechtung, Sanierung von DDR-Unternehmen, Festschrift für Kellermann, 1991, S. 309; **Moxter,** Ist bei drohendem Unternehmenszusammenbruch das bilanzrechtliche Prinzip der Unternehmensfortführung aufzugeben?, Wpg 1980, 345; **Mückenberger,** Der verfassungsrechtliche Schutz des Dauerarbeitsverhältnisses, NZA 1985, 518; **Mülleh,** Gesellschaftsrechtliche Regelungen im Insolvenzplan, KTS 2002, 209; **Müller, Heinz,** Gesetz zur Privatisierung und Reorganisation des volkseigenen Vermögens (Treuhandgesetz), Wpg 1990, 413; **Müller, Holger,** Möglichkeiten und Grenzen in insolvenzbedrohten Unternehmen zur Vermeidung von Massenentlassungen, NZA 1985, 305; **Müller-Gattermann,** Sanierung und Mantelkauf? Ein Widerspruch, DStZ 1991, 597; **Müller-Stevens,** Früherkennung und Krisenmanagement, praktische Umsetzung: Frühaufklärung und PC-Unterstützung, Gablers Magazin Heft 8/1988, 25; **ders.,** Krisenmanagement, Frühaufklärung, Insolvenzen, Management, Krisenmanagement, Risiko-Management, Sanierung, DBW 1989, 639; **Nettenheimer,** Steuerrechtliche Folgen von Sanierungsmaßnahmen, in: Festschrift für Hanisch, 1994; **Neuhof,** „Aktuelle Rechtsfragen der Sicherheitenfreigabe" und „Die Rechte der Kreditinstitute bei der Sanierung von Unternehmen", WM 1994, 1705; **Niehns/Künzel,** Steuerliche Behandlung von Sanierungsmaßnahmen, DB 1987, 246; **Ohle,** Das neue Rechtsinstitut der Restschuldbefreiung, Kreditwesen 1993, 397; **Ott/Zimmermann,** Verbraucherinsolvenzverfahren: Arbeitseinkommen des Schuldners Prüfung für Zuständigkeit des Insolvenzgerichts und Kompetenz des Treuhänders, ZInsO 2000, 421; **Pape,** Muß es eine Restschuldbefreiung in der Insolvenz geben?, ZRP 1993, 285; **ders.,** Rechtsprechungsübersicht: Verbraucherinsolvenzverfahren, Teil I ZInsO 2000, 647, Teil II ZInsO 2001, 25; **ders.,** Bevorstehende Forderungen der InsO nach dem InsOÄndG, ZInsO 2001, 587; **Peemöller/Weigert,** Die Prüfung eines leistungswirtschaftlichen Sanierungskonzepts, BB 1995, 2311; **Plate,** Eignung von Zahlungsunfähigkeit und Überschuldung als Indikatoren für die Insolvenzreife einer Unternehmung, DB 1980, 217; **ders.,** Marketing in der Konkursabwicklung, KTS 1980, 101; **ders.,** Entscheidung zwischen sofortiger Stillegung und einstweiliger Unternehmensfortführung auf der Grundlage einer Deckungsbeitragsrechnung, KTS 1981, 325; **Plöger,** Die Solvenzdiagnose im Gesamtinsolvenzverfahren, dargestellt am Beispiel der

Textilindustrie: Ein branchenspezifischer Ansatz zur Solvenzdiagnose im Rahmen der Reform des Insolvenzrechts, Diss. Münster/Frankfurt/Bern/New York, 1984; **Post,** Sanierung durch Fortführungsgesellschaften – Typen und Begriffe, DB 1984, 280; **Prütting,** Restschuldbefreiung, ZIP 1992, 882; **ders.,** Die Insolvenzordnung ist in Kraft getreten, NJW 1999, 31; **Randow,** Die Erlaßfalle, ZIP 1995, 445; **Reheusser,** Unternehmensfortführung durch den Konkursverwalter, Diss. Regensburg 1985; **Reiß/Kretschmer,** Steuerfreie Sanierungsgewinne, Investitionszulagen und § 15a EStG, DB 1994, 1846; **Rick,** Insolvenzrechtsreform und Sanierungsrücklage nach § 6d EStG, Teil I DB 1985, 2257, Teil II DB 1985, 2309; **Risse,** Wirtschaftliche Beratung des notleidenden Unternehmens unter besonderer Berücksichtigung des Marketing, KTS 1982, 65; **ders.,** Insolvenzrecht und Betriebswirtschaftslehre, KTS 1983, 73; **ders.,** Betriebswirtschaftliche Aspekte der Sanierung durch Unternehmensfortführung nach der Insolvenzordnung, KTS 1994, 465; **Roever,** Gemeinkosten-Wertanalyse – Erfolgreiche Antwort auf die Gemeinkostenproblematik, ZfB 1980, 686; **Roth,** Geschäftsführerpflichten und Gesellschafterhaftung bei Überschuldung der GmbH, GmbHR 1985, 137; **Rümker,** Verhaltenspflichten der Kreditinstitute in der Krise des Kreditnehmers, KTS 1981, 493; **ders.,** Zur Bankenhaftung bei fehlgeschlagenem Sanierungsversuch – Anm. zum Urt. des Schleswig-Holsteinischen OLG am 2. 10. 1981, WM 1982, 286; **Ruppe,** Unternehmenssanierung aus der Sicht der Ertrags- und Umsatzbesteuerung, in: Ruppe (Hrsg.), Rechtsprobleme der Unternehmenssanierung, 1983, S. 257; **Rütschi,** Sanierungsmanagement bei Unternehmenskrisen, Managementzeitschrift – Industrielle Organisation, Heft 2/1989, 34; **Schaaf,** Geschäftsführung während der kritischen Phase, in: IDW-Beitrag zur Reform des Insolvenzrechts, Vorträge und Diskussionen des IDW-Insolvenz-Symposions am 11./12. 6. 1987, 1986, S. 101; **Schaaff/Schimke,** Finanzmanagement in der Krise, in: Schimke/Töpfer (Hrsg.), Krisenmanagement und Sanierungsstrategien, 1985, S. 35; **Schanze,** Sanierungsversuch und Konzernhaftung, AG 1991, 421; **Schedlbauer,** Auslösung und Durchführung von Insolvenzprüfungen, DB 1984, 2205; **ders.,** Sanierungsfähigkeitsprüfung – eine neue Herausforderung für die Beratungspraxis, DStR 1993, 218; **Schewe/Zanker,** Sanierungsberatung: Dimensionen der technologischen Krise in den neuen Bundesländern – Strategien zu ihrer Bewältigung, DSWR 1991, 277; **Schimuna,** Abhängigkeit und faktischer Konzern als Aufgaben der Rechtspolitik, JZ 1992, 856; **Schlecht,** Darf der Staat sanierungsreifen Unternehmen helfen?, Wirtschaftsdienst 1982, 423; **Schmidt, Bernd,** Die „vergessenen" Unterhaltsgläubiger, InVo 2001, 8; **Schmidt, K.,** Organverantwortlichkeit und Sanierung im Insolvenzrecht der Unternehmen, ZIP 1980, 328; **ders.,** Vom Konkursrecht der Gesellschaften zum Insolvenzrecht der Unternehmen, ZIP 1980, 233; **ders.,** Diagnose von Unternehmensentwicklungen auf Basis computergeschützter Inhaltsanalyse, in: Bratschitsch/Schellinger (Hrsg.), Unternehmenskrisen – Ursachen, Frühwarnung, Bewältigung, 1981, S. 353; **ders.,** Die sanierende Kapitalerhöhung im Recht der Aktiengesellschaft, GmbH und Personengesellschaft, ZGR 1982, 519; **ders.,** Sinnwandel und Funktionen des Überschuldungstatbestandes, JZ 1982, 165; **ders.,** Insolvenzprophylaxe durch Wirtschaftsaufsicht? Überlegungen zu den Grenzen des Wirtschaftsverwaltungsrechts, DB 1982, 1044; **ders.,** Die isolierte Verlustdeckungszusage unter verbundenen Unternehmen als Insolvenzabwendungsinstrument, Festschrift Winfried Weru, 1984; **ders.,** Institutionen eines künftigen Insolvenzrechts der Unternehmen, ZIP 1985, 713; **ders.,** Die übertragende Sanierung – Bestandsaufnahme und Ausblicke an der Schwelle der Insolvenzrechtsreform, in: Leipold (Hrsg.), Insolvenzrecht im Umbruch, KTS-Schriften zum Insolvenzrecht, Bd. 1, 1991, S. 67; **Schmidt, Reinhard H.,** Quantitative Ansätze zur Beurteilung der wirtschaftlichen Lage von Unternehmen, BFuP 1980, 544; **Schmidt-Räntsch,** Die Restschuldbefreiung im Regierungsentwurf einer Insolvenzordnung, in: Festschrift für Hanisch, 1994, S. 217; **Schmiedel,** Die Prüfung der Sanierungswürdigkeit unter betriebswirtschaftlichen Gesichtspunkten, ZfB 1984, 761; **Schmoll,** Von der Kreditführung zur Unternehmensdiagnose für Klein- und Mittelbetriebe, Internationales Gewerbearchiv 1989, 166; **Schneider,** Eine Warnung vor Frühwarnsystemen, DB 1985, 1489; **Scholz,** Schwerpunkte einer Verbraucherinsolvenzregelung, ZIP 1988, 1157; **ders.,** Restschuldbefreiung für Verbraucher, MDR 1992, 817; **ders.,** Restschuldbefreiung vor der Verwirklichung? Mehrere Modelle in der Diskussion, FLF 1992, 115; **ders.,** Hauptstreitpunkte bei der „Restschuldbefreiung", BB 1992, 2233; **Schröter/Weber,** Sanierungsverfahren aus der Sicht der Banken, ZIP 1982, 1023; **Schuck-Amend/Walker,** Neue Haftungsrisiken für GmbH-Geschäftsführer durch Pflicht zur Erstellung eines Insolvenzplans?, GmbHR 2001, 375; **Seeger/Kanzler,** Die Sanierungsrücklage nach § 6d EStG 1983, DB 1983, 517; **Shimojima,** Das japanische Gesellschaftssanierungsgesetz, ZIP 1982, 805; **Sieben/Bönig/Hafner,** Expertensysteme zur Bewertung ganzer Unternehmungen, BFuP 1986, 532; **Sieben/Lutz,** Die Bewertung eines ertragsschwachen Unternehmens im Rahmen der Bestimmung der angemessenen Barabfindung beim Abschluß eines Gewinnabführungs- und Beherrschungsvertrages, BFuP 1984, 566; **Sievers,** Die Analyse der Krisenanfälligkeit mittelständischer Betriebe und die Bedeutung der betriebswirtschaftlichen Beratung als Mittel zur Prävention, am Beispiel mittelständischer Kraftfahrzeug-Betriebe, Diss. Köln 1982; **Smid,** Restschuldbefreiung in: Leipold (Hrsg.), Insolvenzrecht im Umbruch, KTS-Schriften zum Insolvenzrecht, Bd. 1 1991, S. 139; **ders.,** Probleme von Unternehmenssanierung und Gesamtvollstreckung, WM 1991, 1621; **ders.,** Verbraucherinsolvenz in der Praxis, ZIP 1993, 1037; **ders.,** Erfahrungen mit der Verbraucherinsolvenz nach der Gesamtvollstreckungsordnung der neuen Bundesländer, DtZ 1993, 98; **ders.,** Die „cram down power" des deutschen Insolvenzgerichts, InVo 2000, 1; **Stadlbauer,** Merkmale erfolgreicher Unternehmenssanierungen, Der Wirtschaftsingenieur 1990, 17; **Stephan** § 850f Abs. 1 ZPO im Verbraucherinsolvenzverfahren und Restschuldbefreiungsverfahren – Kein gesetzgeberischer Handlungsbedarf?, ZInsO 2000, 376; **Ströfer,** Unternehmenssanierung und Steuerrecht, StuW 1982, 231; **Stüdemann,** Der Konkursverwalter als Unternehmer, in: Einhundert Jahre Konkursordnung 1877–1977, 1977, S. 401; **Stürner,** Möglichkeiten der Sanierung von Unternehmen durch Maßnahmen im Unternehmens- und Insolvenzrecht – Eine Auseinandersetzung mit dem Gutachten von Karsten Schmidt zum 54. Deutschen Juristentag, ZIP 1982, 761; **ders.,** Aufstellung und Bestätigung des Insolvenzplans in: Leipold (Hrsg.), Insolvenzrecht im Umbruch, KTS-Schriften zum Insolvenzrecht, Bd. 1, 1991, S. 41; **Swoboda,** Instrumente der Unternehmenssanierung aus betriebswirtschaftlicher Sicht, in: Ruppe (Hrsg.), Rechtsprobleme der Unternehmenssanierung, 1983, S. 3; **ders.,** Die Prüfung der Sanierungsfähigkeit von Unternehmungen, in: Aalbach/Held (Hrsg.), Betriebswirtschaftslehre mittelständischer Unternehmen, Wissenschaftl. Tagung des Verbandes der Hochschullehrer für Betriebswirtschaft e. V., 1984; **Tabias,** Die Annahme des Schuldenbereinigungsplans nach § 308 InsO, DZWiR 1999, 66; **Take/ Schmidt Sperber,** Steuerliche Behandlung der Sanierungsgewinne im Insolvenzplanverfahren, ZInsO 2000, 374; **Terbrack,** Insolvenzpläne betreffend eingetragene Genossenschaften, ZInsO 2001, 1027; **Thomas,** Erkenntnisse aus dem Jahresabschluß für die Bonität von Wirtschaftsunternehmen, in: Baetge (Hrsg.), Der Jahresabschluß im Widerstreit der Interessen, 1983, S. 69; **Timm,** Die Sanierung von Unternehmen – eine Bestandsaufnahme nach dem 54. DJT, 1983, S. 225; **ders.,** Wirtschaftsprüfer und vereidigte Buchprüfer als Unternehmenssanierer, WPK-Mitt., Sonderheft 9/1991, 3; **ders.,** Die Sanierung der sogenannten „Treuhandunternehmen" zwischen Marktkonformität und Insolvenzrecht, ZIP 1991, 413; **Töpfer,** Personalmanagement in der Krise, in: Schimke/Töpfer (Hrsg.), Krisenmanagement und Sanierungsstrategien, 1985, S. 77; **ders.,** Analyse von Insolvenzursachen, ebd., S. 158; **ders.,** Insolvenzursachen Turn-around Erfolgsfaktoren – Über existenzbedrohende Stolpersteine zum Unternehmenserfolg, Teil I ZfO 1990, 323; **Töpfer/Schimke,** Marketingmanagement in der Krise, in: Schimke/Töpfer (Hrsg.), Krisenmanagement und Sanierungsstrategien, 1986; **Trendelenburg** Die Abführung eines angemessenen Betrages durch Selbständige gem. § 295 Abs. 2 InsO, ZInsO 2000, 437; **Trinkner,** Wiedereinführung der altorientalischen Schuldknechtschaft durch die Insolvenzordnung?, BB 1992, 2441; **Uhlenbruck,** Sanierung und Reorganisation als drittes Insolvenzverfahren in einem künftigen Recht, KTS 1981, 513; **ders.,** Krise, Konkurs, Vergleich und Sanierung als neue Aufgabe der Betriebswirtschaftslehre, in: Bratschitzsch/Schnellinger (Hrsg.), Unternehmenskrisen – Ursachen, Früherkennung, Bewältigung, 1981, S. 173; **ders.,** Probleme der Betriebsfortführung im Rahmen eines Insolvenzverfahrens, Festschrift für Hanisch, S. 69; **ders.,** Die Sanierung notleidender Unternehmen als Aufgabe der Insovlenzrechtsreform, AnwBl. 1982, 338; **ders.,** Wirtschaftliche, rechtliche und verfahrensmäßige Grenzen einer Bewältigung von Unternehmenskrisen durch ein Insolvenzrecht-Reformgesetz, BB 1983, 1485; **ders.,** Konzernrecht als Problem der Insolvenzrechtsreform, KTS 1986, 419; **ders.,** Insolvenzverfahren für Verbraucher aus der Sicht der forensischen Rechtspflege, FLF 1989, 11; **ders.,** Die Bedeutung des Diskussionsentwurfs eines Gesetzes zur Reform des Insolvenzrechts für das Gesellschafts- und Unternehmensrecht, GmbHR 1989, 101; **ders.,** Gesetzesentwurf zur Reform des Insolvenzrechts: Die Restschuldbefreiung als geeignetes Mittel der Entschuldung?, MDR 1990, 4; **ders.,** Die Restschuldbefreiung nach dem Regierungsentwurf einer Insolvenzordnung (InsO), DGVZ 1992, 33; **ders.,** Unterhaltsansprüche in einem Restschuldbefreiungsverfahren nach dem Entwurf einer Insolvenzordnung, FamRZ 1993, 1026; **ders.,** Sanieren oder liquidieren? Wege aus der Unternehmenskrise, Der Wirtschaftstreuhänder (Österreich) 1993, 16, 1994, 24; **ders.,** Mit der Insolvenzordnung 1999 in das neue Jahrtausend, NZI 1998, 1; **ders.,** Gerichtliche oder außergerichtliche Sanierung? – Eine Schiedsabfrage notleidender Unternehmen, BB 2001, 1641; **Ulmer,** Die gesellschaftsrechtlichen Regelungsvorschläge der Kommission für Insolvenzrecht, ZHR 1985, 541; **ders.,** Die gesellschaftsrechtlichen Aspekte der neuen Insolvenzordnung, in: Kübler, Neuordnung des Insolvenzrechts, 1989, S. 119; **Vallender,** Die bevorzugte Behandlung von „Abfall-Schuldnern" bei der Restschuldbefreiung, ZIP 1996, 2058; **ders.,** Die vereinfachte Verteilung im Verbraucherinsolvenzverfahren, NZI 1999, 385; **ders.,** Erste gerichtliche Erfahrungen mit dem Verbraucherinsolvenzverfahren, ZIP 1999, 125; **ders.,** Verwertungsrecht des Treuhänders an mit Absonderungsrechten belasteten Immobilien?, NZI 2000, 148; **Vögel,** Sanierungsgewinne – Gewinn oder Grund neuer Insolvenz, ZInsO 2000, 144; **Vogelsang,** Unternehmenskrise – Hauptursache und Wege zu ihrer Überwindung, ZfbF 1988, 100; **Vollmer,** Bestandssicherung existenzgefährdeter Unternehmen durch Kürzung von Löhnen und Leistungen, DB 1982, 1670; **Vollmer/Maurer,** Die Ergänzung von Sanierungsdarlehen zur Abwehr der Überschuldung, DB 1993, 2315; **dies.,** Die Eignung von sanierenden stillen Beteiligungen und Sanierungsgenußscheinen zur Abwehr der Überschuldung, DB 1994, 1173; **Wagner,** Die Anfechtung im Verbraucherinsolvenzverfahren, ZIP 1999, 689; **Walter,** Betriebssanierung – was ist arbeitsrechtlich zu beachten?, AuA 1991, 357; **Weber,** Bilanzanalyse mit dem Ziel der Rentabilitätsermittlung, DB 1980, 1453; **Wegmann,** Die Sanierungsprüfung (Reorganisationsprüfung). Möglichkeiten der formellen und materiellen Konkretisierung, DB 1987, 1839, 1901; **ders.,** Die Unternehmensbewertung als Grundlage der Sanierungsprüfung, BB 1988, 801; **ders.,** Grundlagen betriebswirtschaftlicher Sanierungsprüfung (Reorganisationsprüfung), KTS 1989, 71; **Weimar,** Treuhandanstalt und Treuhandunternehmen: Qualifizierte und faktische Konzernverhandlungen?, ZGR 1992, 476; **Weinrich,** Bilanzanalyse aus Finanzsicht – ein zukunftsorientiertes Instrumentarium zur Unternehmensdiagnose, Wpg 1993, 225; **Wellensiek,** Sanieren oder liquidieren – Unternehmensfortführung und -sanierung im Rahmen der neuen

Insolvenzordnung, WM 1999, 410; **ders.,** Ein Jahr Insolvenzordnung – Erste Praxiserfahrungen mit dem neuen Recht, BB 2000, 1; **ders.,** Übertragende Sanierung, NZI 2002, 234; **Wenzel,** Restschuldbefreiung bei Insolvenzen natürlicher Personen, DB 1990, 975; **ders.,** Interlokaler Restschuldtourismus, MDR 1992, 1023; **ders.,** Die Neuregelung der Verbraucherinsolvenz in der Gesamtvollstreckungsordnung, DtZ 1992, 343; **ders.,** Die Restschuldbefreiung in der deutschen und österreichischen Insolvenzrechtsreform, KTS 1993, 187; **ders.,** Der private Konkurs nach der Insolvenzrechtsreform, ZRP 1993, 161; **ders.,** Die Verfassungsmäßigkeit der Restschuldbefreiung, DGVZ 1993, 81; **Wessel,** Die Reduzierung des Haftungsrisikos des Konkursverwalters bei Fortführung der Geschäfte nach Konkurseröffnung durch Aufnahme eines stillen Gesellschafters, KTS 1980, 301; **Westrick,** Die Anlagen zum Insolvenzplan, DStR 1998, 1879; **Wimmer,** Gesellschaftsrechtliche Maßnahmen zur Sanierung von Unternehmen, DStR 1996, 1249; **Witte,** Die Unternehmenskrise – Anfang vom Ende oder Neubeginn?, in: Bratschitsch/Schnellinger (Hrsg.), Unternehmenskrisen – Ursachen, Frühwarnung, Bewältigung, 1981, S. 7; **Wittig,** Obstruktionsverbot und Cram down, ZInsO 1999, 373; **Wochner,** Gedanken zur Restschuldbefreiung nach dem Entwurf zum Gesetz zur Reform des Insolvenzrechts, BB 1989, 1065; **ders.,** Die neue Schuldknechtschaft, BB 1989, 1354; **Woeste,** Vorbeugende Maßnahmen gegen (finanzielle) Krisen im Unternehmen, ZfB 1980, 620; **Wutzke,** Der fehlgeschlagene Plan – Aspekte der praktischen Undurchführbarkeit von Insolvenzplänen, ZInsO 1999, 1; **Zeuner,** Auswahlrichtlinien für Personalmaßnahmen, in: Festschrift für G. Müller, 1981, S. 665; **ders.,** Möglichkeiten der Sanierung von Unternehmen durch Maßnahmen im Unternehmens-, Arbeits-, Sozial- und Insolvenzrecht, Sitzungsbericht M zum 54. Deutschen Juristentag Nürnberg 1982.

Erster Abschnitt
Der Insolvenzplan

A. Einleitung

Die beklagten Missstände des früheren Insolvenzrechts (Konkurs- und Vergleichsrecht sowie Gesamtvollstreckungsordnung), bei denen bis zu 65 % aller Verfahren mangels einer die Verfahrenskosten deckenden Masse abgelehnt oder eingestellt wurden, und das unterschiedliche Recht für die neuen und die alten Bundesländer haben den Gesetzgeber veranlasst, mit der Insolvenzordnung (InsO) ein einheitliches, alle Insolvenzen betreffendes Recht zu schaffen. **1**

Die InsO soll eine flexible Insolvenzabwicklung unter Einbeziehung aller Beteiligten, auch der gesicherten Gläubiger und des Schuldners, ermöglichen. **2**

Mit der InsO wird angestrebt, der Funktionsfähigkeit des Insolvenzrechts zum Durchbruch zu verhelfen. Des Weiteren soll durch Verschärfung des Anfechtungsrechts die Masse angereichert und die Verteilungsgerechtigkeit erhöht werden, wozu die Vorrechte der Insolvenzgläubiger abgeschafft werden. **3**

Zur Verfolgung weitergehender sozialpolitisch motivierter Zwecke ist im Rahmen der InsO auch das Verbraucherinsolvenzverfahren (s. Rz. 817 ff.) und die Restschuldbefreiung (s. Rz. 1076 ff.) aufgenommen worden. **4**

Das frühere Vergleichsrecht und der in der früheren KO geregelte Zwangsvergleich sowie der Vergleich nach dem früheren in den neuen Bundesländern geltenden § 16 GesO werden in dem Insolvenzplan geregelt. Während die bisherigen Formen des Vergleichs im Wesentlichen auf eine Schuldenregulierung gerichtet waren, strebt das Insolvenzplanverfahren die finanzielle und leistungswirtschaftliche Sanierung an (*Maus* Kölner Schrift zur Insolvenzordnung, S. 707), ohne dass es darauf ankommt, ob der Schuldner für eine Sanierung würdig erscheint. Hintergrund dieser Überlegung ist es, dass zwischen den Gläubigern und den Schuldnern in bestimmten volkswirtschaftlichen Situationen durchsetzbare Kooperationspflichten bestehen können (s. hierzu eingehend *Eidenmüller* ZHR 160 (1996), 343). **5**

Wie der Zwangsvergleich (zu der Frage des Urteils- oder des Vertragscharakters s. *Hess* in HWW, InsO, § 217 Rz. 12 ff.) enthält der Insolvenzplan vertragliche und prozessuale Momente. Da der Insolvenzplan auf der freien Vereinbarung zwischen den Gläubigern beruht, hat der Insolvenzplan eher einen vertragstypischen als urteilstypischen Charakter (*Hess* a.a.O., Rz. 15; s. hierzu auch *Häsemeyer* FS für Gaul, S. 175; **a.A.** *Braun/Uhlenbruck* Unternehmensinsolvenz, S. 464). Auch wenn die Bestätigung des Gerichts Wirksamkeitsvoraussetzung ist, kommt eine Überprüfung in Bezug auf materielle Mängel nicht infrage. Zu Recht gehen deshalb *Braun/Uhlenbruck* (a.a.O. S. 467, 468) davon aus, dass es sich um einen mehrseitigen Verwertungsvertrag der Insolvenzgläubiger über das Schuldnervermögen handelt (s. auch *Eidenmüller* Jahrbuch für politische Ökonomie, Bd. 15, S. 164; *Braun* in NR InsO, vor § 217 Rz. 80 ff.). **5a**

Das einheitliche Insolvenzrecht ist zweispurig aufgebaut. Wird das einheitliche Insolvenzverfahren auf Antrag eines Gläubigers oder des Schuldners eröffnet, wird im Berichtstermin (§ 187 InsO) die Entscheidung über den Verfahrensfortgang getrof- **6** fen, nämlich entweder die Vermögensverwertung und -verteilung nach Maßgabe der gesetzlichen Vorschriften (§ 159 InsO) durch Liquidation und Befriedigung der Gläubigeransprüche aus der Insolvenzmasse oder Vermögensverwertung und Verteilung gemäß einem Insolvenzplan und Befriedigung der Gläubigeransprüche aus den Überschüssen des fortgeführten Unternehmens. Daraus ergibt sich auch, dass bei einer Abweisung des Insolvenzverfahrens mangels Masse (§ 207 InsO) der Insolvenzplan nicht infrage kommt.

7 Der Insolvenzplan kann ein Übertragungsplan, ein Sanierungsplan oder ein sonstiger Plan, bei dem es sich auch um einen Liquidationsplan handeln kann, sein (s. hierzu das Schema bei *Maus* Kölner Schrift zur Insolvenzordnung, S. 707, 709; *Hess* in HWW InsO, § 217 Rz. 33 m.w.N.; zu der Adaption wesentlicher Elemente aus dem amerikanischen Chapter 11-Verfahren – s. *Braun/Uhlenbruck* Unternehmensinsolvenz, S. 434 ff.).

8 Der Übertragungsplan und der Sanierungsplan können zu einer übertragenden Sanierung führen. Die Sanierung kann auch im Rahmen einer Betriebsfortführung durch den Schuldner erfolgen (zur Sanierungsfähigkeitsprüfung im Rahmen des Insolvenzplans s. *Groß* WPK Mitt. Sonderheft 1997, 63).

9 Selbst der Liquidationsplan kann eine vorläufige Betriebsfortführung (§ 157 InsO) beinhalten, damit das Unternehmen als ganzes verwertet werden kann (zu den strategischen Fragen und der Gliederung des Insolvenzplans s. *Braun/Uhlenbruck* a.a.O., S. 653 ff., 679 ff.).

10 Im Insolvenzplan kann die Befriedigung der Gläubiger (sowohl der absonderungsberechtigten als auch der ungesicherten), die Verwertung und Verteilung der Insolvenzmasse und die Haftung des Schuldners nach Beendigung des Verfahrens abweichend von der gesetzlichen Regelung geregelt werden (§ 217 InsO; zu den Planungselementen des Insolvenzplans, wie Zukunftsgerichtetheit, Systematisierung und Zielorientierung, s. *Braun/Uhlenbruck* a.a.O., S. 440 ff. sowie zu den Zielvorgaben der optimalen Gläubigerbefriedigung, der Gleichbehandlung der Beteiligten, der Erfüllbarkeit des Planes und der rechtlichen Strukturelemente s. *Braun/Uhlenbruck* a.a.O., S. 454 ff.).

10a Wird in einem Insolvenzplan festgelegt, unter welchen Bedingungen die Verwertung eines umfangreichen Warenbestandes erfolgen soll, so kann der Wunsch des Insolvenzverwalters, mit den Käufern einen Ausschluss oder eine zeitliche Beschränkung der Sachmängelgewährleistung zu vereinbaren, mit den am 1.1.2002 in Kraft getretenen Vorschriften über den Verbrauchsgüterkauf in Konflikt geraten. In § 475 Abs. 1 Satz 1 BGB ist festgelegt, dass sich der Verkäufer auf eine Vereinbarung, die zum Nachteil des Verbrauchers von den §§ 433–435, 437, 439–443 BGB sowie von den Vorschriften des Untertitels „Verbrauchsgüterkauf" abweicht, nicht berufen kann, wenn diese Vereinbarung geschlossen wurde, bevor ihm ein Mangel mitgeteilt wurde. § 475 Abs. 1 Satz 2 BGB stellt klar, dass die erwähnten Vorschriften auch dann Anwendung finden, wenn sie durch anderweitige Gestaltungen umgangen werden sollen.

Der Rechtsausschuss des Deutschen Bundestages (BT-Drs. 14/7052, 198 zu § 474 BGB) hat der Auffassung der BReg (BT-Drs. 14/6857, 62) zugestimmt. Auch eine Ausnahme von dieser Vorschrift für den Verkauf im Rahmen des Insolvenzverfahrens sollte nicht erfolgen. Verkauft der Insolvenzverwalter an der Stelle des Schuldners eine Sache, so wird er auch hinsichtlich der Haftung für Mängel wie der Schuldner behandelt.

Um zu vermeiden, dass der Insolvenzverwalter unüberschaubare Masseverbindlichkeiten begründet, macht es Sinn, bei der Verwertung eine Vertragsgestaltung zu wählen, die u. a. folgende Klausel aufnimmt:

„Der Käufer ist damit einverstanden, dass er wegen der Rechte, die ihm im Fall von Sachmängeln zustehen, nicht besser behandelt wird als jemand, der solche Rechte bereits vor der Eröffnung des Insolvenzverfahrens erworben hat. Der Käufer wird in dieser Hinsicht genau so gestellt wie die Gläubiger, deren Forderungen schon vor Verfahrenseröffnung begründet waren. Dies gilt auch hinsichtlich seines etwaigen Anspruchs auf vollständige oder teilweise Kaufpreisrückzahlung, wenn dieser auf einem Sachmangel beruht. Der Käufer wird daraus, dass der Abschluss des Kaufvertrages und die Kaufpreiszahlung erst nach der Eröffnung des Insolvenzverfahrens erfolgen, keine Vorzugsrechte für den Rückzahlungsanspruch herleiten." (Marotzke ZInsO 2002, 501).

Auch dann, wenn keine Gewährleistungsbeschränkung vereinbart wurde, kann das Verfahren, ohne dass es einer Rücklagenbildung bedarf, beendet werden.

Denn Masseverbindlichkeiten braucht der Insolvenzverwalter bei der Verteilung nur dann zu berücksichtigen, wenn sie ihm gegenüber bereits geltend gemacht wurden oder er von ihnen in sonstiger Weise Kenntnis erlangt hat. Gewährleistungsansprüche (§§ 437 ff., 475 ff. BGB) und Rückgriffsansprüche (§§ 478, 479 BGB), die bisher nicht geltend gemacht wurden und die er gegenwärtig weder kennt noch kennen muss, braucht der Insolvenzverwalter nicht zu berücksichtigen. Eine Haftung aus §§ 60 oder 61 InsO droht dem Insolvenzverwalter in dieser Hinsicht auch dann nicht, wenn er das Verfahren ohne Rücklagen abschließt (*Marotzke* ZInsO 2002, 501, 510).

11 Dies bedeutet, dass dem Verwalter nach Maßgabe des Insolvenzplans aufgegeben werden kann, das zur Insolvenzmasse gehörende Vermögen nicht zu verwerten und z. B. statt einen Betrieb stillzulegen, den Betrieb durch den Schuldner fortführen zu lassen.

12 Es kann den Interessen der Gläubiger entgegenkommen, im Rahmen des Insolvenzplans vorzusehen, das Unternehmen zu sanieren und es vom Insolvenzverwalter, dem Schuldner oder durch eine Sanierungsgesellschaft fortführen zu lassen, so dass die Gläubiger am erzielten Überschuss beteiligt werden.

13 Da der Insolvenzplan weiterhin Regelungen über die Haftung des Schuldners vorsehen kann, kann dem Schuldner die Restschuldbefreiung unabhängig von den Regelungen der §§ 235 ff. InsO gewährt werden. Dies kann z. B. bedeuten, dass selbst dem „unredlichen" Schuldner die Restschuldbefreiung gewährt wird und darüber hinaus zusätzlich die gesetzliche Wohlverhaltensphase von 6 Jahren abgekürzt wird mit der Maßgabe, dass der Schuldner nicht die monatlich pfändbaren Lohnbestandteile abführen muss, sondern einen „Einmalbetrag" bezahlt oder überhaupt nicht zahlungspflichtig ist.

14 Falls es sich bei dem Schuldner um eine KG handelt, kann in dem Insolvenzplan die Haftung des persönlich haftenden Gesellschafters mit geregelt werden, weil eine weitgehende Regelungsbefugnis der Gläubiger gewollt ist. Dem steht nicht entgegen, dass in § 217 InsO nicht mehr ausdrücklich vorgesehen ist, dass durch den Insolvenzplan auch in die Rechtsstellung persönlich haftender Gesellschafter eingegriffen werden darf (vgl. Rz. 800).

15 Die Gläubiger der Gesellschaft sind legitimiert, auf die Forderung der Gesellschaft gegen den persönlich haftenden Gesellschafter anteilig oder gänzlich zu verzichten. Ist die Haftung streitig, wird eine ohne Mitwirkung des Gesellschafters erfolgende Festlegung des Haftungsumfangs ebenso wenig möglich sein, wie der Ausschluss des Gesellschafters aus seiner Gesellschafterstellung.

15a Auch wenn der Insolvenzplan als Instrument der Sanierung erst nach reiflicher Abwägung der Vor- und Nachteile der gerichtlichen oder der außergerichtlichen Sanierung infrage kommt (s. hierzu *Uhlenbruck* BB 2001, 1641) und ggf. gerade wegen der Risiken noch nicht allzu häufig vorkommt, von einigen Insolvenzverwaltern die übertragende Sanierung in den Vordergrund der Sanierungstätigkeit gerückt wird (*Wellensiek* BB 2000, 6; *ders.* NZI 2002, 234; *Kluth* NZI 2002, 1), in den Literaturbeiträgen die Komplexität des Verfahrens bedauert wird (*Kußmaul/Steffan* DB 2000, 1849, 1850; *Grub* AnwBl 2000, 580, 581; *Uhlenbruck* NZI 1998, 4; *Pape* NJW 1999, 31; *Wellensiek* WM 1999, 410), z. T. der Praxisnutzen infrage gestellt wird (*Engberding* DZWiR 1998, 94; *v. Leoprechting* DZWiR 2000, 67; *Wutzke* ZInsO 1999, 1), ist zu erwarten, dass die Anfangsschwierigkeiten überwunden sind und vom Insolvenzverwalter praxistauglichen Insolvenzpläne erstellt werden.

Dabei wird es in den meisten Fällen nicht notwendig sein, entsprechend den z. T. umfassend gestalteten Musterinsolvenzplänen (s. hierzu Standard des IDW Anforderungen an Insolvenzpläne Wpg 2000, 285; *Braun/Uhlenbruck* Muster eines Insolvenzplans; *Smid/Rattunde* Insolvenzplan; *Lauscher/Weßling/Bange* ZInsO 1999, 5) die Situation des Schuldners bis ins Letzte auszuleuchten. Insbesondere in den Fällen der Einzelunternehmer oder Freiberufler, bei denen die desolate wirtschaftliche Situation offensichtlich ist und lediglich ein bedingter Forderungsverzicht infrage kommt, um dem Schuldner die Aufrechterhaltung der Wirtschaftstätigkeit zu ermöglichen, würde man den Inhalt des Insolvenzplans auf Kernaussagen beschränken können. *Kußmaul/Steffan* (DB 2000, 1849, 1853) weisen zu Recht darauf hin, dass die Unternehmenssanierung im Rahmen eines prepackaged-Plans seine Bewährungsprobe bestanden hat. Es ist jedoch zu beachten, dass das Insolvenzplanverfahren ein interdisziplinäres und gleichberechtigtes Zusammenwirken von Juristen und Betriebswirten fordert, um eine Fülle von juristischen wie auch betriebswirtschaftlichen und steuerlichen Fragestellungen zu lösen. Die bisher in vielen Fällen rein juristisch geprägte Sanierungsberatung und Insolvenzverwaltung genügt diesen Anforderungen nicht mehr.

Auch kann die Eigenverwaltung mit dem Insolvenzplan gekoppelt werden (s. hierzu *Frank* Der Syndikus 2000, 27; *Grub* ZInsO 2001, 13; *ders.* AnwBl 2000, 580).

B. Das Verfahren und die Rechtswirkungen des Insolvenzplans

I. Die Planinitiative (§§ 218, 240 InsO)

1. Die Vorlage des Insolvenzplans durch den Insolvenzverwalter

Der Insolvenzverwalter (zu den berufsrechtlichen Schranken s. *Braun/Uhlenbruck* Unternehmensinsolvenz, S. 723 ff.) ist berechtigt, einen Insolvenzplan dem Insolvenzgericht vorzulegen (§ 218 Abs. 1 Satz 1 InsO), wobei der Insolvenzverwalter den Insolvenzplan aus eigenem Antrieb und/oder im Auftrag der Gläubigerversammlung (§ 157 Satz 2, § 218 Abs. 2 InsO) erstellen und vorlegen kann (*Hess* in HWW InsO, § 218 Rz. 4 ff., der davon ausgeht, dass ein Planvorlageberechtigter gleichzeitig nur einen Insolvenzplan vorlegen kann). Aus § 218 Abs. 2 InsO lässt sich nicht ableiten, dass der Verwalter mit der Planerstellung abwarten muss, bis die Gläubigerversammlung ihn hierzu beauftragt (*Hess* a.a.O., Rz. 2; **a.A.** *Maus* Kölner Schrift zur Insolvenzordnung, S. 707, 714; *Schiessler* Insolvenzplan, S. 98, 227; *Obermüller* WM 1998, 483, 484). Sowohl als vorläufiger Verwalter im Eröffnungsverfahren als auch der Verwalter im eröffneten Verfahren können schon vor dem Berichtstermin, ohne dass es eines Auftrages bedarf (**a.A.** *Smid/Rattunde* in Sm InsO, § 218 Rz. 8), den Insolvenzplan erarbeiten und nach der Eröffnung des Verfahrens zur Entscheidung vorlegen (*Hess* a.a.O., Rz. 3 m.w.N.). **16**

Der Erarbeitung eines Insolvenzplans durch den vorläufigen Verwalter vor der Verfahrenseröffnung steht nicht entgegen, dass dem vorläufigen Verwalter kein Planinitiativrecht zusteht. Hieraus leitet *Smid/Rattunde* (Insolvenzplan, Rz. 106, 109) ab, dass der vorläufige Verwalter trotz seiner Sachkunde nicht zur Erarbeitung des Insolvenzplans berufen sei. Diese Argumente vermögen nicht zu überzeugen. Gerade im Hinblick auf die Gläubigerautonomie und auf die Eilbedürftigkeit bei der Erstellung von Sanierungskonzepten ist es sachdienlich, schon im Berichtstermin auf die Vorschläge des vorläufigen Verwalters zurückgreifen zu können (s. hierzu auch *Warrikoff* KTS 1997, 527, 528 f.), auch wenn formal der fragliche Plan erst im eröffneten Verfahren eingereicht werden kann. *Braun* (in NR InsO, § 218 Rz. 31) hält auch den vorläufigen Insolvenzverwalter mit Verwaltungs- und Verfügungsmacht schon vor der Verfahrenseröffnung für vorlageberechtigt.

Nach dem Wortlaut des § 218 Abs. 1 InsO bestehen das Planinitiativrecht des **Verwalters und das Initiativrecht** der **Gläubigerversammlung, die den Verwalter** beauftragen kann, **nebeneinander** (*Hess* in HWW InsO, § 218 Rz. 4 m.w.N.; *Braun/Uhlenbruck* Unternehmensinsolvenz, S. 474; **a.A.** *Smid/Rattunde* Insolvenzplan, Rz. 103, die davon ausgehen, dass der vom Schuldner vorgelegte Insolvenzplan nur mit dem Eigenantrag des Schuldners verbunden werden kann, der vom Insolvenzverwalter könne nur auf Initiative der Gläubigerversammlung vorgelegt werden). Auch *Schiessler* (Insolvenzplan, S. 87 f.) macht die Planinitiative des Verwalters von der Beauftra- **16a** gung der Gläubigerversammlung abhängig, weitergehend *Smid* (WM 1996, 1249), der glaubt, dass einzelnen Gläubigern kein unmittelbares Planinitiativrecht zusteht, den Verwalter aber über die Gläubigerversammlung mit der Vorlage des von ihnen erarbeiteten Insolvenzplans beauftragen zu können.

16b Die Rechtsauffassung von *Smid* beruht auf einer unzulänglichen Wortinterpretation des § 218 InsO. § 218 Abs. 1 Satz 1 InsO definiert, dass dem Insolvenzverwalter und dem Schuldner ein Planinitiativrecht zusteht. Nach § 218 Abs. 1 Satz 2 InsO kann die Vorlage des Insolvenzplans durch den Schuldner mit dem Antrag auf Eröffnung des Insolvenzverfahrens vorgelegt werden. Eine Verpflichtung für den Schuldner, den Insolvenzplan mit dem Eigenantrag zu verbinden, besteht nicht. Der Insolvenzantrag kann auch nach Stellung eines Fremdantrages bis zur Abhaltung des Schlusstermins vorgelegt werden, ohne dass es eines Eigenantrages des Schuldners bedarf (*Otte* in KP InsO, § 218 Rz. 23).

16c § 218 Abs. 2 InsO legt lediglich fest, dass der Verwalter, wenn er entsprechend dem Grundsatz der Gläubigerautonomie von der Gläubigerversammlung beauftragt wird, den Plan in angemessener Frist vorlegen muss (*Otte* in KP InsO, § 218 Rz. 31 schlägt einen Zeitraum von 2–3 Monaten vor), damit die Verwertungskriterien zügig festgelegt werden. § 218 Abs. 2 InsO bedeutet deshalb keine Beschränkung der Planinitiative des Verwalters.

16d Erst recht ergibt sich aus § 218 Abs. 2 InsO nicht, dass nur die Gläubigerversammlung den Insolvenzverwalter beauftragen kann, einen Insolvenzplan vorzulegen mit der Folge, dass eine Eigeninitiative des Verwalters ausgeschlossen wäre (*Hess* in HWW InsO, § 218 Rz. 7 m.w.N.).

16e Folgt man der Auffassung von *Smid/Rattunde* (Insolvenzplan, Rz. 151), dass einzelne Gläubiger über den Beschluss einer Gläubigerversammlung den Verwalter beauftragen können, von ihnen erarbeitete Insolvenzpläne vorzulegen, kann es zu der eigentlich nicht gewollten Planvielfalt kommen.

17 Nach dem Wortlaut des § 218 Abs. 1 Satz 3 InsO muss der vom Verwalter vorzulegende Insolvenzplan spätestens bis zum Ende des Schlusstermins vorgelegt werden, wenn er noch beachtet werden soll (*Hess* in HWW InsO, § 218 Rz. 9 m.w.N.).

18 Soweit der Verwalter von der Gläubigerversammlung beauftragt ist oder bei der Eigenverwaltung der Sachwalter bei der Erstellung des Plans mitwirkt (§ 284 Abs. 1 InsO), muss der Verwalter den Plan in angemessener Frist vorlegen. Dabei ist dem Verwalter die Zeit zuzubilligen, die üblicherweise für die Erarbeitung eines Sanierungskonzepts erforderlich ist, d.h. nach Größe und Unternehmen zwischen zwei und maximal sechs Monaten. Sechs Monate wird die Vorlage des Insolvenzplans dann dauern dürfen, wenn die Krisenursachen ermittelt und schlüssige Sanierungskonzepte erarbeitet werden müssen (*Hess* in HWW InsO, § 218 Rz. 11 m.w.N.).

19 Stellt der Verwalter den Insolvenzplan auf, wirken ein eventuell bestellter Gläubigerausschuss, der Betriebsrat, der Sprecherausschuss der leitenden Angestellten und der Schuldner beratend mit (§ 218 Abs. 3 InsO), wobei es sich um eine zusätzliche Konsultationspflicht handelt, die neben die allgemeinen Mitwirkungsrechte tritt (*Hess* in HWW InsO, § 218 Rz. 13 m.w.N.; *Flessner* in HK InsO, § 218 Rz. 14).

Diese Formulierung bedeutet, dass die Mitwirkenden bei der Insolvenzplanerstellung **20** nicht nur angehört werden müssen, sondern dass eine echte Unterrichtungspflicht und ein Konsultationsprozess erforderlich ist (*Hess* in HWW InsO, § 218 Rz. 14 m.w.N.). Die an der Aufstellung des Insolvenzplans mitwirkenden Personen müssen jedoch nicht tätig werden, sondern dürfen sich äußern. Die Mitwirkungspflicht des Gläubigerausschusses ergibt sich aus § 69 InsO, wonach die Mitglieder des Gläubigerausschusses den Verwalter bei der Geschäftsführung zu unterstützen haben. Die Verpflichtung des Betriebsrats und des Sprecherausschusses zur Mitwirkung bei der Erstellung des Insolvenzplans folgt aus der mitbestimmungsrechtlichen Interessenwahrnehmung für die Arbeitnehmer bzw. für die leitenden Angestellten (*Hess* a.a.O.).

Daraus lässt sich ableiten, dass der Verwalter die Mitwirkung der in § 218 Abs. 3 InsO **20a** bezeichneten Personen einfordern kann (so auch *Smid/Rattunde* Insolvenzplan, Rz. 121), wenn Bedarf besteht. Damit ist auch die Literaturmeinung (*HWF* Handbuch, Rz. 5/365) widerlegt, wonach ein vom Verwalter ohne Mitwirkung der in § 218 Abs. 3 InsO bezeichneten Personen vorgelegter Plan vom Insolvenzgericht nach § 231 Abs. 1 Nr. 1 InsO zurückgewiesen werden könne (*Hess* in HWW InsO, § 218 Rz. 15).

Unterlässt der Verwalter die Vorlage des Insolvenzplanes, obwohl er von der Gläubi- **21** gerversammlung beauftragt ist, stellt dies eine Pflichtwidrigkeit des Verwalters dar, die das Insolvenzgericht veranlassen kann, nach vorheriger Androhung ein Zwangsgeld festzusetzen (§ 58 Abs. 2 InsO) oder den Verwalter aus wichtigem Grund zu entlassen (§ 59 Abs. 1 InsO; *Hess* in HWW InsO, § 218 Rz. 15 m.w.N.).

Ist der Schuldner eine juristische Person, wirken nicht nur der Geschäftsführer oder **22** der Vorstand der juristischen Person an der Aufstellung des Insolvenzplanes, sondern alle Gesellschafter, und zwar ohne dass eine Kostenbeteiligung verlangt werden kann, zusammen (*Hess* in HWW InsO, § 218 Rz. 17; **a.A.** *Breutigam* in BBG Insolvenzrecht, § 218 Rz. 19).

Die Tätigkeit der an der Aufstellung mitwirkenden Personen ist freiwillig und interes- **23** senwahrend, so dass die Tätigkeit nicht vergütet wird (*Hess* in HWW InsO, § 218 Rz. 18 m.w.N.). Auch ein Aufwendungsersatz kann von den Mitwirkenden nicht verlangt werden (so auch *Burger* FS Koren, S. 36; *Smid/Rattunde* Insolvenzplan, Rz. 114), es sei denn, die allgemeinen Gesetze (z.B. §§ 37, 40 BetrVG) sehen einen solchen vor (*Hess* a.a.O.). Ein Anspruch nach den Vorschriften über die Geschäftsführung ohne Auftrag scheitert daran, dass die Voraussetzung der Besorgung eines Geschäfts „für einen anderen" regelmäßig nicht gegeben ist. Wenn der Schuldner einen Plan ausarbeitet, besorgt er ein eigenes Geschäft, nicht eines der Masse oder der Gläubigergesamtheit. Auch die übrigen Beteiligten betreiben ihr eigenes Geschäft und nicht ein fremdes (*Hess* a.a.O., Rz. 19).

2. Die Vorlage des Insolvenzplans durch den Schuldner

Auch der Schuldner, der nach dem früher geltenden Recht – nach der VglO einen **24** Vergleich, nach der KO einen Zwangsvergleich und nach der GesO einen Vergleich – vorschlagen konnte, darf schon mit dem Antrag auf Eröffnung eines Insolvenzverfahrens einen Insolvenzplan vorlegen (*Hess* in HWW InsO, § 218 Rz. 20 m.w.N.; *Braun/*

Uhlenbruck Unternehmensinsolvenz, S. 472 f.). Der Schuldner muss die mitwirkende Beratung durch den Betriebsrat und den Sprecherausschuss der leitenden Angestellten nicht in Anspruch nehmen, da § 218 Abs. 3 InsO nur für den Verwalter gilt (*Hess* a.a.O.).

25 Dies bedeutet, dass bei den juristischen Personen (z. B. der AG oder der GmbH) jedes Mitglied des Vorstandes, jeder Geschäftsführer oder jeder Liquidator berechtigt ist, einen Insolvenzplanvorschlag zu unterbreiten (zu den Haftungsrisiken der Organe juristischer Personen aus der Pflicht zur Erstellung von Insolvenzplänen s. *Schluck-Amend/Walter* GmbHR 2001, 375). Bei den Personengesellschaften (z. B. KGaA, KG, OHG, BGB-Gesellschaft) besteht die Notwendigkeit einer einheitlichen Willensbildung aller, die die Funktion des Schuldners wahrnehmen. Somit müssen bei der KG alle persönlich haftenden Gesellschafter, bei der OHG und der BGB-Gesellschaft alle Gesellschafter den Insolvenzplan vorlegen (*Hess* in HWW InsO, § 218 Rz. 21, 22 m.w.N.).

26 Der Insolvenzplan kann, muss aber nicht mit dem Eigenantrag auf Eröffnung eines Insolvenzverfahrens verbunden werden (*Hess* in HWW InsO, § 218 Rz. 23 m.w.N.). Dies folgt aus dem Wortlaut des § 218 Abs. 1 Satz 2, 3, Abs. 2 und § 231 InsO, der davon ausgeht, dass der Schuldner grundsätzlich nicht daran gehindert ist, mehrere Insolvenzpläne vorzulegen (**a.A.** *Smid* WM 1996, 1249).

27 Der Schuldner hat den Plan spätestens zum Schlusstermin vorzulegen, anderenfalls ist er nicht mehr zu berücksichtigen (§ 218 Abs. 1 Satz 3 InsO). Zur Vorlage eines Insolvenzplans ist der Schuldner auch dann berechtigt, wenn der Insolvenzantrag seitens eines Gläubigers gestellt wurde (*Hess* in HWW InsO, § 218 Rz. 24 m.w.N.).

28 Sofern der Gläubiger den Insolvenzantrag anschließend wieder zurücknimmt, muss der Schuldner seinerseits einen Antrag auf Eröffnung des Insolvenzverfahrens stellen, damit das Insolvenzplanverfahren weiter betrieben werden kann (*Hess* in HWW InsO, § 218 Rz. 26).

29 Bei dem vom Schuldner vorgelegten Plan wird das Insolvenzgericht prüfen, ob der Insolvenzplan unter den Voraussetzungen des § 231 InsO zurückzuweisen ist.

30 Das Gesetz beantwortet nicht die Frage, welche Rechtsfolgen eintreten, wenn der Schuldner bereits bei Antragstellung einen Insolvenzplan vorlegt, in dem Regelungen über die Art und Weise der Fortführung des schuldnerischen Betriebes enthalten sind. Exemplarisch könnte folgende Fallgestaltung sein:

> **Beispielfall:**
>
> Der vom Schuldner bei Insolvenzantragstellung am 1. Juni vorgelegte 300-seitige Insolvenzplan sieht vor, dass das derzeit 500 Arbeitnehmer umfassende schuldnerische Unternehmen, das zuletzt unter einer zu starken Produktdiversifikation gelitten hat, teilweise stillgelegt wird. Hiervon sind vor allem diejenigen Fertigungsabteilungen betroffen, die in der Vergangenheit Verluste eingefahren haben. Die übrigen Abteilungen sollen nach dem Insolvenzplan durch den Schuldner fortgeführt werden, anschließend verkauft oder neue Gesellschafter aufgenommen werden, die weiteres Eigenkapital einbringen.

31 Das Gericht wird in diesem Fall zunächst prüfen, ob der Insolvenzantrag zulässig ist, und dann nach § 21 InsO über die Anordnung von Sicherungsmaßnahmen für die Zeit bis zur endgültigen Entscheidung über den Antrag beschließen. In diesem Ver-

fahrensstadium wird es, wenn eine Verfahrenseröffnung absehbar ist, meistens zu der Bestellung eines vorläufigen Insolvenzverwalters kommen (*Hess* in HWW InsO, § 218 Rz. 29).

Über die Annahme des vorgelegten Insolvenzplanes kann hingegen erst nach Verfahrenseröffnung – frühestens im Berichtstermin (§ 157 InsO), der in diesem Fall zugleich Erörterungs- und Abstimmungstermin (§ 235 InsO) ist – entschieden werden. Bis zu diesem Termin vergehen in der Regel einige Wochen (voraussichtlich bis zu 6 Wochen, maximal bis zu 3 Monaten, § 29 Abs. 1 InsO; *Hess* in HWW InsO, § 218 Rz. 30). **32**

Es stellt sich daher die Frage, was bis zu diesem Zeitpunkt mit dem Insolvenzplan geschieht, dessen Realisierung u. a. auch davon abhängen kann, welche Entscheidungen das Gericht im Eröffnungsstadium trifft. **33**

Die Durchführung des Planverfahrens würde scheitern, wenn das Gericht bereits im Eröffnungsverfahren der Stilllegung des schuldnerischen Unternehmens zustimmen würde und im Zuge dieser Entscheidung die Arbeitsverhältnisse mit den beschäftigten Arbeitnehmern aufgelöst würden (*Hess* in HWW InsO, § 218 Rz. 32). **34**

Die Realisierung des Planes wäre auch dann erheblich erschwert, wenn das Gericht dem vorläufigen Insolvenzverwalter die Verwaltungs- und Verfügungsbefugnis für das gesamte Unternehmen übertragen würde, und zwar einschließlich derjenigen Bereiche, die nach dem Plan von dem Schuldner fortgeführt werden sollen, da dann zunächst die Verwaltungs- und Verfügungsbefugnis vom Schuldner auf den vorläufigen Verwalter überginge, um dann anschließend nach Bestätigung des Planes wieder auf den Schuldner zurückübertragen zu werden, wodurch das ohnehin krisengeschüttelte Unternehmen führungsmäßig noch weiter geschwächt würde (*Hess* in HWW InsO, § 218 Rz. 33). **35**

Es ist deshalb geboten, dass sich das Gericht in diesen Fällen schon bei der Insolvenzantragstellung intensiv mit dem vorgelegten Insolvenzplan befasst und, sofern der Plan zulässig ist, nach einer Plausibilitätsprüfung seine Entscheidungen auf die vorgesehenen Regelungen des Plans abstimmt, um nicht das für wahrscheinlich gehaltene Abstimmungsergebnis der Gläubiger durch konträre Maßnahmen zu durchkreuzen (*Hess* in HWW InsO, § 218 Rz. 34). **36**

Wenn es keine Gründe gibt, die gegen den Schuldner sprechen, wird es daher sachgerecht sein, wenn das Gericht dem Schuldner bei frühzeitiger Insolvenzplanvorlage bis zur endgültigen Entscheidung der Gläubiger über den Insolvenzplan die Verwaltungs- und Verfügungbefugnis über den Teil des Unternehmens, der fortgeführt werden soll, belässt, während dem vorläufigen Insolvenzverwalter die Verwaltungs- und Verfügungsbefugnis für die übrigen Unternehmensteile übertragen wird. **37**

Das Beispiel zeigt, dass dem Insolvenzgericht bereits mit Antragstellung eine Art Vorprüfungskompetenz in Bezug auf den Insolvenzplan zukommt, die sich nicht auf die grobe Zulässigkeitsprüfung des § 231 InsO, wonach der Plan nur bei offensichtlichen Mängeln zurückgewiesen werden kann, beschränkt. Das Insolvenzgericht muss sich bereits im Vorfeld der Insolvenzeröffnung wegen der Folgewirkungen der eigenen Entscheidungen mit den Regelungen des Insolvenzplanes auseinandersetzen und kann damit nicht bis zur Entscheidung über die Bestätigung des Planes zuwarten (*Hess* in HWW InsO, § 218 Rz. 36). **38**

39 Hieraus ergibt sich eine erhebliche Verantwortung des Insolvenzrichters oder Rechtspflegers, der mehr als bisher mit komplizierten betriebswirtschaftlichen Zusammenhängen konfrontiert wird und innerhalb eines sehr kurzen Zeitraums über die weiteren Maßnahmen entscheiden muss. Er wird in Fällen wie dem o.g. regelmäßig auf Gutachten wirtschaftlich versierter Insolvenzpraktiker oder auf das Gutachten eines Wirtschaftsprüfers zurückgreifen müssen, wenn der Plan einer Überprüfung bedarf (*Hess* in HWW InsO, § 218 Rz. 37).

40 Eine solche schuldnerfreundliche Vorprüfung durch das Gericht scheidet dann aus, wenn Missmanagement und Fehlverhalten des Schuldners offenbar sind. Wird das Gericht einen vorläufigen Verwalter einsetzen, dem nicht die Verwaltungs- und Verfügungsbefugnis übertragen wird, kann es ihm aufgeben zu prüfen, ob der vorgeschlagene Sanierungsplan verwirklicht werden kann (*Hess* in HWW InsO, § 218 Rz. 38).

3. Die Vorlage des Insolvenzplans durch den Sachwalter

41 Im Rahmen der Eigenverwaltung des Schuldners kann die Gläubigerversammlung den Auftrag, einen Insolvenzplan zu erstellen, sowohl an den Schuldner als auch an den Sachwalter richten (§ 283 Abs. 1 InsO).

42 Für den Fall, dass der Schuldner mit der Insolvenzplanerstellung beauftragt ist, wirkt der Sachwalter beratend mit (§ 284 Abs. 1 Satz 2 InsO) und ihm obliegt die Überwachung der Planerfüllung (§ 284 Abs. 2 InsO; *Hess* in HWW InsO, § 218 Rz. 39 m.w.N.).

43 Mit der Einschaltung des Sachwalters, entweder bei der Erstellung des Insolvenzplans oder in der Form der Mitwirkung bei dem Schuldnerinsolvenzplan, wird unterstellt, dass der Sachwalter besser als der Schuldner geeignet sein kann, die widerstreitenden Interessen der Gläubiger auszugleichen.

4. Die Vorlage des Insolvenzplans durch die Gläubiger

44 Die von § 255 RegE InsO ursprünglich vorgesehene Möglichkeit, dass mindestens 5 absonderungsberechtigte Gläubiger mit einem qualifizierten Stimmrecht oder Personen, die am Schuldner mit einer Kapitalbeteiligung von mindestens 1/5 am Kapital beteiligt sind, berechtigt sein sollten, einen Insolvenzplan vorzulegen, hat in der InsO keinen Eingang gefunden. Hintergrund ist die Erkenntnis, dass die mögliche Planvielfalt mit an Sicherheit grenzender Wahrscheinlichkeit im Regelfall nicht die Effektivität des Insolvenzverfahrens erhöhen wird (*Hess* in HWW InsO, § 218 Rz. 42).

45 Die einzelnen Gläubiger haben jedoch die Möglichkeit, über den Weg der Gläubigerversammlung die Ausarbeitung eines Insolvenzplans mit konkret vorgegebenen Zielen durch den Insolvenzverwalter zu fordern (§ 157 InsO).

46 In ihrem Beschluss, den Insolvenzverwalter mit der Ausarbeitung eines Insolvenzplans zu beauftragen, kann bereits das Ziel des Plans vorgegeben werden (§ 157 Satz 2 InsO). Trotzdem kann der Verwalter wegen seiner Sachkenntnis den Insolvenzplan innerhalb des vorgegebenen Rahmens frei gestalten (§ 157 Satz 2 InsO; s. hierzu *Schiessler* Insolvenzplan, S. 99; *Hess* in HWW InsO, § 218 Rz. 44 m.w.N.).

Obgleich das ursprüngliche Planinitiativrecht der Gläubiger, wie es noch in § 255 **47** RegE InsO vorgesehen war, vom Gesetzgeber nicht in die InsO übernommen wurde – man fürchtete insofern Verfahrensschwierigkeiten durch die Konkurrenz mehrerer Insolvenzpläne –, haben die Gläubiger im Wege der Zielvorgabe die Möglichkeit, auf den Insolvenzplan einzuwirken.

Diese Befugnis schließt auch die Möglichkeit ein, dem Insolvenzverwalter aufzuge- **48** ben, den Entwurf eines Insolvenzplans zu erarbeiten und vorzulegen.

Auf diesem Wege können einzelne Gläubiger über die Gläubigerversammlung die **49** Verwirklichung eines von ihnen entworfenen Insolvenzplanes erreichen (zweifelnd hierzu *Smid* WM 1996, 1249).

Der Insolvenzverwalter ist berechtigt, sofern er bei der Ausarbeitung zum Ergebnis **50** kommt, dass der von den Gläubigern angestrebte Insolvenzplan betriebswirtschaftlich nicht sinnvoll ist, von den Vorgaben der Gläubigerversammlung abweichend einen Alternativplan vorzulegen (*Hess* in HWW InsO, § 218 Rz. 48 m.w.N.). **A.A.** *Flessner* (in HK InsO, § 218 Rz. 12) und *Eidenmüller* (Jahrbuch, S. 174), die meinen, dass der Insolvenzverwalter den Gläubigern keine Konkurrenz machen darf; s. auch abw. *Jaffé* in FK InsO, § 218 Rz. 48.

Die Gläubigerversammlung ist nicht befugt, dem Insolvenzverwalter die Vorlage **51** eines Insolvenzplanes zu untersagen (*Hess* in HWW InsO, § 218 Rz. 49 m.w.N.; **a.A.** *Smid* WM 1996, 1249; *Smid/Rattunde* Insolvenzplan, Rz. 158; *Jaffé* in FK InsO, § 218 Rz. 84). Ein solch „negatives Planinitiativrecht" widerspricht zum einen der Stellung des Insolvenzverwalters als nicht weisungsgebundenes Organ im Insolvenzverfahren, zum anderen dem Gesetzeswortlaut, der ihm ein Initiativrecht ausdrücklich zubilligt.

Entgegen *Smid/Rattunde* (a.a.O.) kann auch aus dem Wortlaut des § 157 InsO nichts **51a** anderes abgeleitet werden. Die Gläubigerversammlung kann den Verwalter beauftragen, einen Insolvenzplan zu erstellen. Selbst wenn sie diesen Auftrag widerruft, ergibt sich wegen des Eigeninitiativrechts des Verwalters keine Verpflichtung, die Erstellung eines Insolvenzplans zu unterlassen (*Hess* in HWW InsO, § 218 Rz. 50).

Die Konkurrenz verschiedener Pläne, die von **51b**
– dem Schuldner,
– dem Verwalter,
– dem Verwalter im Auftrag der Gläubigerversammlung,
– dem Verwalter im Auftrag der Gläubigerversammlung auf Initiative des Gläubigers

vorgelegt werden, lässt sich daher nicht vermeiden, zumal die Meinungskonkurrenz nützlich sein kann (s. hierzu *Hess* in HWW InsO, § 218 Rz. 51 m.w.N.; *Eidenmüller* Jahrbuch, S. 164 ff.; und die Kritik bei *Smid/Rattunde* Insolvenzplan, Rz. 162).

Selbst wenn mehrere Insolvenzpläne die erforderliche Gläubigermehrheit erlangen, muss der zu bestätigende Insolvenzplan wegen der gesetzlichen Konzeption des gläubigerautonomen Insolvenzverfahrens auf eine nachvollziehbare Auswahlentscheidung der Gläubiger zurückgehen (*Hess* in HWW InsO, § 218 Rz. 51; *Hess/Weis* WM 1998, 2349, 2357).

II. Die Vorprüfung des Insolvenzplans durch das Insolvenzgericht (§ 231 InsO)

52 § 231 InsO verlangt eine Vorprüfung des Insolvenzplans durch das Insolvenzgericht, das den Insolvenzplan unter den nach § 231 Abs. 1 Nr. 1–3 InsO bezeichneten Voraussetzungen von Amts wegen zurückweisen muss. Das Gericht hat keine Befugnis zur Planmodifikation (*Hess* in HWW InsO, § 231 Rz. 1 m.w.N.).

1. § 231 Abs. 1 Nr. 1 InsO

53 Der Insolvenzplan ist nach § 231 Abs. 1 Nr. 1 InsO zurückzuweisen, wenn die Vorschriften über das Recht zur Vorlage und die gesetzlichen Vorgaben über den Inhalt nicht beachtet sind. Dies bedeutet, dass der Plan nur vom Schuldner und dem Verwalter vorgelegt werden kann (§ 218 InsO). Ein vom Gläubiger vorgelegter Insolvenzplan, der nicht über den Beschluss der Gläubigerversammlung vom Insolvenzverwalter erarbeitet worden ist, muss zurückgewiesen werden. Zurückzuweisen wäre auch ein Plan, der nach dem Schlusstermin vorgelegt wird, oder ein Plan, der die Mitwirkung des Betriebsrates oder des Sprecherausschusses der leitenden Angestellten entbehrt (*Hess* in HWW InsO, § 231 Rz. 3 m.w.N.; *Braun/Uhlenbruck* Unternehmensinsolvenz, S. 477).

54 Damit der Insolvenzplan nicht zurückgewiesen wird, muss er inhaltlich den Vorschriften der InsO entsprechen. Dies bedeutet, dass die **Gliederung in einen darstellenden und einen gestaltenden** Teil (§§ 220, 221 InsO) erfolgt sein muss. Auch die von § 222 InsO geforderte Gruppenbildung muss eingehalten sein (s. auch *Braun/Uhlenbruck* a.a.O., S. 477 f.). Sind die Gruppen nicht sachgerecht abgegrenzt, kann ebenfalls eine Zurückweisung erfolgen. Auch die von § 223 InsO geforderten Angaben bei **Eingriffen in die Rechte der absonderungsberechtigten Gläubiger** müssen angegeben sein. Das Gleiche gilt auch für die anderen Gläubigergruppen (§§ 224, 225 InsO; *Hess* in HWW InsO, § 231 Rz. 4 m.w.N.).

54a Die großen Ängste von *Smid/Rattunde* (Insolvenzplan, Rz. 432 ff., 504; *Jaffé* in FK InsO, § 231 Rz. 12, 15; *Smid* InVo 1997, 169) vor einer manipulativen Aufsplitterung der Gläubigergemeinschaft rechtfertigt es nicht, entgegen dem gesetzlichen Wortlaut die Gruppenbildung einzuschränken und dem Insolvenzgericht über den Gesetzeswortlaut hinaus eine Inhaltskontrolle der vorgesehenen Abstimmungsgruppen zuzuweisen mit der Folge, dass der Verdacht manipulativer Einflussnahme auf das Abstimmungsergebnis zu einer Zurückweisung des Plans führt (*Hess* in HWW InsO, § 231 Rz. 5; *Hess/Weis* InVo 1997, 64).

54b Das Insolvenzgericht hat die Funktion, die Gläubigerselbstverwaltung zu organisieren und insoweit Aufsicht zu führen. Für eine Ausweitung der Funktionen des Gerichts entgegen dem gesetzgeberischen Willen und dem Wortlaut des Gesetzes ist kein Raum (*Hess* in HWW InsO, § 231 Rz. 6). Dies haben auch *Smid/Rattunde* (Insolvenzplan, Rz. 452) erkannt, wenn sie ausführen, dass, am Wortlaut des Gesetzes orientiert, das Gericht keinerlei effektive Handhabe habe, um den Gruppenbildungen entgegenzutreten.

Werden den Beteiligten einer Gruppe abweichend von dem Gleichbehandlungsgrundsatz unterschiedliche Rechte eingeräumt, ist die Zustimmungserklärung eines jeden betroffenen Beteiligten beizufügen (§ 226 Abs. 2 Satz 2 InsO; *Hess* in HWW InsO, § 231 Rz. 7 m.w.N.). 55

Die Plananlagen nach §§ 229, 230 InsO sind ebenfalls zur Vermeidung einer Zurückweisung des Planes mit vorzulegen (*Otte* in KP InsO, § 229 Rz. 8). 56

Sind die gesetzlichen Vorgaben für den Insolvenzplan nicht beachtet, hat das Insolvenzgericht dem Schuldner aufzugeben, den Mangel des Plans zu beheben und kann dafür eine angemessene Frist setzen. Für die Ergänzung des Insolvenzplans sollte keine längere Frist als ein Monat gewährt werden. Erfolgt eine Ergänzung z.B. der Gruppenbildung nicht, obwohl die Art der Gruppenbildung gerügt worden war, ist in diesen Fällen ein Insolvenzplan nach § 231 Abs. 1 Nr. 1 InsO deshalb zurückzuweisen, weil durch die vorgeschlagene Gruppenbildung der Verdacht der manipulativen Einflussnahme auf das Abstimmungsergebnis nahe liegt (*Hess* in HWW InsO, § 231 Rz. 9, 10; s. *Smid* InVo 1997, 169, 175 ff.). 57

Entgegen der Auffassung von *Smid* (Rpfleger 1997, 501) stellen Pflichtverletzungen des Schuldners während der vorläufigen Insolvenzverwaltung keinen Zurückweisungsgrund dar, da die Sanierungswürdigkeit nach dem Wortlaut des § 231 InsO nicht zu prüfen ist (*Hess* in HWW InsO, § 231 Rz. 11). 57a

2. § 231 Abs. 1 Nr. 2 InsO

Der Insolvenzplan des Schuldners ist zurückzuweisen, wenn offensichtlich keine Aussicht besteht, dass die Gläubiger den Plan annehmen, oder nicht damit zu rechnen ist, dass das Gericht den Plan bestätigt. **Offensichtlich** bedeutet, dass es für den Richter, der sich mit dem Sachverhalt vertraut gemacht hat, eindeutig ist, dass mit an Sicherheit grenzender Wahrscheinlichkeit die Gläubiger dem Insolvenzplan nicht zustimmen werden. Die durch die Prognose des Gerichts zu beurteilende Aussicht auf Annahme eines Insolvenzplans, welcher zu einer die Kosten des Verfahrens deckenden Masse führen würde, muss mindestens wahrscheinlich sein (§ 26 Abs. 1 InsO; *LG München I* vom 5. 10. 2001 – 14 T 17/126/01 – ZInsO 2001, 1018). Nach *Maus* (Kölner Schrift zur Insolvenzordnung, S. 707, 722; *Braun/Uhlenbruck* Unternehmensinsolvenz, S. 478 f.) bedeutet dies offensichtlich, dass das Gericht nur in eindeutigen Fällen von dem Zurückweisungsrecht Gebrauch machen darf, ohne dass es die Fälle näher konkretisiert. Im Zweifelsfall muss es von einer Zurückweisung absehen, um nicht ungerechtfertigt in die Gläubigerautonomie einzugreifen (*Hess* in HWW InsO, § 231 Rz. 12 m.w.N.; *Schiessler* Insolvenzplan, S. 131). 58

Mit einer Zurückweisung des Insolvenzplanes kann, muss aber nicht gerechnet werden, wenn die Gläubigerversammlung sich schon einmal z.B. gegen eine Betriebsfortführung ausgesprochen hat und eine solche erneut vorgeschlagen wird (*Hess* in HWW InsO, § 231 Rz. 13). 59

Der Insolvenzplan ist auch dann zurückzuweisen, wenn das im darstellenden Teil des Plans enthaltene Sanierungskonzept unplausibel ist. Unplausibel ist das Sanierungskonzept zumindest dann, wenn keine hinreichenden Angaben zu den Krisenursachen 60 und deren Behebung gemacht werden und/oder keine schlüssige Darlegung der Finanz- und Ertragslage erfolgt.

61 Nach dem ausdrücklichen Wortlaut des § 231 Abs. 1 Nr. 2 InsO kann ein vom Verwalter vorgelegter Insolvenzplan selbst dann nicht von Amts wegen zurückgewiesen werden, wenn er keine Aussicht auf Annahme durch die Gläubiger oder auf Bestätigung durch das Gericht hat, weil dem Insolvenzgericht keine Plausibilitätskontrolle obliegt (*Hess* in HWW InsO, § 231 Rz. 15 m.w.N.).

3. § 231 Abs. 1 Nr. 3 InsO

62 Der Insolvenzplan ist schließlich dann von Amts wegen zurückzuweisen, wenn die im gestaltenden Teil des Insolvenzplans festgelegten Ansprüche offensichtlich nicht erfüllt werden können. Hier muss das Insolvenzgericht prüfen oder durch einen Sachverständigen prüfen lassen, ob die in dem Insolvenzplan vorgesehenen Verwertungsmaßnahmen tatsächlich dazu führen werden, dass die Ansprüche der Gläubiger bedient werden können (*Hess* in HWW InsO, § 231 Rz. 16; *Smid/Rattunde* in Sm InsO, § 231 Rz. 3; enger *Flessner* in HK InsO, § 231 Rz. 8; *Breutigam* in BBG Insolvenzrecht, § 231 Rz. 22; weiter *Jaffé* in FK InsO, § 231 Rz. 5, der eine Detailprüfung durch das Insolvenzgericht verlangt).

62a Hierzu gehört auch die Prüfung, ob bei der Erstellung des Insolvenzplans berücksichtigt wurde, dass bei einem Schulderlass der Gläubiger den entstehenden Buchgewinn nach Wegfall des § 3 Nr. 66 EStG versteuern muss, wenn ein verrechenbarer Verlustvortrag nicht zur Verfügung steht (s. hierzu *Hess* in HWW InsO § 155 Rz. 232 ff.; *Vögeli* ZInsO 2000, 144; *Take/Schmid/Sperber* ZInsO 2000, 374, die auf die Erlassmöglichkeiten hinweisen).

An der Erfüllbarkeit eines vom Schuldner vorgelegten Plans fehlt es offensichtlich nur dann, wenn sich bei einem Vergleich der Planregelungen mit den Angaben über die wirtschaftliche Lage des Schuldners die Unerfüllbarkeit aufdrängt. An dieser Offensichtlichkeit fehlt es dann, wenn hinsichtlich einer möglichen Belastung durch einen sog. Sanierungsgewinn die zuständige Finanzverwaltung wohlwollende Prüfung zusagt, da diese Frage bislang ungeklärt ist und damit zu den allgemeinen Prognoserisiken eines Plans gehört, die vom Gläubiger grundsätzlich hinzunehmen sind (*LG Bielefeld* vom 30.11.2001 – 23 T 365/01 – ZInsO 2002, 198).

63 Nach den Materialien zu § 275 InsO ist der Plan auch dann zurückzuweisen, wenn dem Schuldner nicht das Existenzminimum belassen wird (*Otte* in KP InsO, § 231 Rz. 18). Nach h. M. ist der Insolvenzplan des Weiteren zurückzuverweisen, wenn die Masseverbindlichkeitendeckung nicht gesichert ist (*Hess* in HWW InsO, § 231 Rz. 18 m.w.N.; **a.A.** *Maus* Kölner Schrift zur Insolvenzordnung, S. 707, 732 f.; *Braun/Uhlenbruck* Unternehmensinsolvenz, S. 520) oder die Erfüllbarkeit eines Insolvenzplans daran scheitert, dass eine Gewerbeuntersagung droht (*AG Siegen* vom 28.12.1999 – 25 IN 161/99 – NZI 2000, 236).

4. § 231 Abs. 2 InsO

Um bei einer wiederholten Insolvenzplanvorlage eine Verfahrens- und Verwertungsverschleppung zu vermeiden, gebietet § 231 Abs. 2 InsO, dass in den Fällen, in denen der Schuldner einen Plan vorgelegt hat,

– der entweder von den Gläubigern abgelehnt
– oder vom Gericht nicht bestätigt
– oder vom Schuldner nach der öffentlichen Bekanntmachung des Erörterungstermins zurückgezogen worden ist,

der neue Plan des Schuldners zurückzuweisen ist, ohne dass das Gericht einen Ermessens- oder Beurteilungsspielraum hat, wenn der Insolvenzverwalter mit Zustimmung des evtl. bestellten Gläubigerausschusses die Zurückweisung beantragt (*Hess* in HWW InsO, § 231 Rz. 19). Ist kein Gläubigerausschuss gebildet, kann der neue Plan zurückgewiesen werden, wenn der Verwalter die Zurückweisung beantragt (s. hierzu auch *Schiessler* Insolvenzplan, S. 132; *Hess* a.a.O.).

64

Die Zurückweisung des Plans kann somit nicht von Amts wegen, sondern nur auf Antrag erfolgen. Besteht ein Gläubigerausschuss, bedarf es der Zustimmung des Gläubigerausschusses zu dem Antrag des Verwalters, um wirksam zu sein. Stimmt der Gläubigerausschuss nicht zu, ist der Antrag des Verwalters unbeachtlich (*Hess* in HWW InsO, § 231 Rz. 20).

64a

5. § 231 Abs. 3 InsO

Gegen den Beschluss, mit dem der Insolvenzplan auf Grund richterlicher Vorprüfung zurückgewiesen worden ist, steht demjenigen, der den Insolvenzplan vorgelegt hat, das Recht zur sofortigen Beschwerde zu, nicht jedoch der Gläubigerversammlung, selbst wenn sie den Insolvenzverwalter mit der Ausarbeitung eines konkreten Insolvenzplans beauftragt hat (*Hess* in HWW InsO, § 231 Rz. 21 m.w.N.; **a.A.** *Breutigam* in BBG Insolvenzrecht, § 231 Rz. 28, der der Gläubigerversammlung die Rechtspflegererinnerung einräumen will). Der Gläubigerausschuss und seine Mitglieder sind trotz der Notwendigkeit einer Zustimmung zu dem Antrag des Verwalters nicht beschwerdeberechtigt.

65

III. Der darstellende Teil des Insolvenzplans (§ 220 InsO)

Im darstellenden Teil werden neben den wesentlichen Unternehmensdaten, wie die bisherige Unternehmensentwicklung, die rechtlichen, finanz- und leistungswirtschaftlichen Verhältnisse (*Hess* in HWW InsO, § 220 Rz. 2 m.w.N.; *Braun/Uhlenbruck* Unternehmensinsolvenz, S. 550 ff.), die Maßnahmen aufgeführt, die nach der Eröffnung des Insolvenzverfahrens getroffen worden sind oder noch getroffen werden sollten, um die Grundlage für die geplante Gestaltung der Rechte der Beteiligten zu schaffen (§ 220 InsO). Hier ist darzustellen, ob beispielsweise geplant ist, den Betrieb oder einen Teilbetrieb auf eine Sanierungsauffanggesellschaft zu übertragen, um nach Veräußerung des sanierten Betriebes oder Teilbetriebes den Kaufpreis an die Gläubi-

66

ger zu verteilen. Aufzunehmen sind in einem solchen Fall auch die Konditionen der Veräußerung. Zu den verschiedenen Insolvenzplantypen s. *Braun/Uhlenbruck* a.a.O., S. 563 ff.

67 Auch kann in dem darstellenden Teil darüber nachgedacht werden, ob ein Sanierungsplan erstellt wird mit der Maßgabe, dass entweder eine Sanierungsgesellschaft oder der Schuldner die sanierenden Maßnahmen vornimmt, den Betrieb weiterführt und die nach Sanierung des Unternehmens erzielten Überschüsse aus den Erträgen des fortgeführten Unternehmens an die Gläubiger verteilt werden. Zu den Angaben über das Leitbild des zukünftigen Unternehmens s. *Braun/Uhlenbruck* a.a.O., S. 553. Zu den leistungswirtschaftlichen Sanierungsmaßnahmen s. *Smid/Rattunde* Insolvenzplan, Rz. 284 ff.; *dies.* in Sm InsO, § 220 Rz. 8 ff.; zu dem Inhalt eines Sanierungsplans für einen Bauträger s. *Bergau/Schmeisser* DStR 2001, 270; zu den Besonderheiten des darstellenden Teils bei Insolvenzplänen s. *Terbach* ZInsO 2001, 1027.

68 Der darstellende Teil des Insolvenzplanes bezieht sich insbesondere auf alle Betriebsänderungen und organisatorischen sowie personellen Maßnahmen, vereinfachend auf das **Sanierungskonzept** (zum Begriff s. *Groß* WPK Mitt. Sonderheft 1997, 61, 70). Aufzunehmen sind daher u. a. Informationen über die Höhe der Sozialplanforderungen und den Gesamtbetrag sowie die Konditionen von Darlehen (*Hess* in HWW InsO, § 220 Rz. 4 m.w.N.; *Burger* FS Koren, S. 363 ff.).

69 Um ein Sanierungskonzept prüfen zu können, ist es erforderlich, dass die wirtschaftlichen Daten des Unternehmens der Branche und der gesamten Wirtschaft angegeben werden (*Hess/Weis* WM 1998, 2749, 2553).

70 Der Schuldner muss zumindest in den Fällen der Betriebsfortführung im Rahmen des Sanierungskonzepts die **Krisenursachen und die Krisensymptome** des Unternehmens herauskristallisieren, damit durch zielgerichtete Sanierungsmaßnahmen dafür Sorge getragen werden kann, dass die Krise (z. B. Produktkrise, Absatzkrise, Leistungskrise, Strukturkrise, Käuferkrise, Personalkrise, Managementkrise, Führungskrise, Liquiditätskrise) beseitigt wird; zur Unternehmensanalyse s. *Hess* in HWW InsO, § 220 Rz. 23 ff.; s. hierzu eingehend *Buth/Hermann* (Hrsg.), Restrukturierung, S. 97 ff., 129 ff.

71 Des Weiteren wird der Schuldner auf die Finanzlage, die Ertragslage, die Schwachstellenanalyse sowie auf die Sanierungschancen des Unternehmens auf der Basis des erarbeiteten Konzept eingehen müssen (*Hess* in HWW InsO, § 220 Rz. 7; s. hierzu auch das Schema bei *Maus* Kölner Schrift zur Insolvenzordnung, S. 707, 717).

72 Ein wirtschaftliches Interesse der Gläubiger an einem Insolvenzplan entsteht dann, wenn sie durch den Plan besser stehen würden, als wenn eine Zerschlagung des Unternehmens erfolgt. Auch an der Fortsetzung der Geschäftsbeziehung können die Gläubiger ein Interesse haben, weil sie künftige Gewinne erwarten. Der Plan sollte auf dem Vermögensverzeichnis aufbauen, in dem die Massegegenstände unter Zugrundelegung von Zerschlagungswerten angegeben sind, und im Wege einer Vergleichsrechnung darstellen, inwieweit durch den Insolvenzplan die Befriedigungschancen der Gläubiger verbessert werden. Dabei sind die zu erwartende Quote einer Insolvenzabwicklung ohne Plan und die Planquote gegenüberzustellen (*Hess* in HWW InsO, § 220 Rz. 8). Die Quote ohne Plan ist auf der Grundlage des Masseverzeichnisses aufzustellen, in dem die Liquidationswerte angegeben sind (*Burger* FS

Koren, S. 363 ff.). Die Vergleichsrechnung kann auch als Grundlage für die Entscheidung des Gerichts dienen, ob die Zustimmung einer Abstimmungsgruppe ersetzt oder der Widerspruch des Schuldners oder der eines Gläubigers zurückgewiesen werden soll (§§ 245, 247, 251 InsO; s. hierzu auch *Maus* Kölner Schrift zur Insolvenzordnung, S. 707, 718).

Im darstellenden Teil des Insolvenzplanes müssen selbst dann Insolvenzstraftaten (§§ 283 a–c StGB) bzw. Wirtschaftsstraftaten nicht angegeben werden, wenn der Schuldner den Geschäftsbetrieb fortführen soll (*Hess* in HWW InsO, § 220 Rz. 9; **a.A.** *Flessner* in HK InsO, § 220 Rz. 4). Etwas anderes kann nur dann gelten, wenn dies für die Gläubiger von Bedeutung ist, z.B. dann, wenn der Schuldner eine längere Haftstrafe verbüßen muss oder zu erwarten hat und deshalb eine Betriebsfortführung durch den Schuldner scheitert. Anders als das Restschuldbefreiungsverfahren ist das Insolvenzplanverfahren nicht an die „Redlichkeit des Schuldners" gekoppelt. **73**

Anderer Ansicht sind *Smid/Rattunde* (Insolvenzplan, Rz. 276), die meinen, der Schuldner müsse i.S.d. früheren Vergleichswürdigkeit angeben, ob er den Untergang des Unternehmens selbst verschuldet habe; deshalb sei auch die Angabe über anfechtbare Rechtsgeschäfte erforderlich. Dieser Meinung kann nicht gefolgt werden, da die InsO die früher gezogenen Schranken der Vergleichswürdigkeit aufgegeben hat und einem Plan die Unredlichkeit des Schuldners nicht entgegensteht. Anfechtbare Rechtshandlungen sind dann darzustellen, wenn die erfolgreiche Ausübung von Anfechtungsrechten einen nachhaltigen Einfluss auf die Finanzsituation des insolventen Schuldners hat (*Hess* in HWW InsO, § 220 Rz. 9). **73a**

Eine Insolvenzstraftat lässt alleine regelmäßig nicht den Schluss zu, dass Zweifel an der Zuverlässigkeit des Schuldners im Hinblick auf die Erfüllung des Plans gerechtfertigt sind (*Hess* in HWW InsO, § 220 Rz. 10). **74**

Für die Entscheidung der Gläubiger wird es von Bedeutung sein, Kenntnisse zu erlangen, in welchem Umfang die Gläubiger am Unternehmen beteiligt sind, z.B. wird der Aktionär einer AG, der ein erhebliches Aktienpaket besitzt, an der Sanierung des Schuldners mehr interessiert sein, als ein Gläubiger, dem keine Aktien gehören. Auch mittelbare Beteiligungen sollen im Insolvenzplan angegeben werden (*Hess* in HWW InsO, § 220 Rz. 11). **75**

Kernstück des darstellenden Teils eines Insolvenzplans sind die Angaben, wie im Rahmen einer Sanierung des Schuldners die gesellschaftsrechtliche Struktur und die Beteiligungsverhältnisse z.B. durch neue Kapitalgeber verändert werden sollen, wobei der Schuldner solchen Maßnahmen zustimmen muss (vgl. Rz. 791 ff.). **76**

Hängt die Durchführung eines Planes davon ab, dass eine behördliche Genehmigung erteilt wird, wie z.B. im Falle eines Unternehmenszusammenschlusses durch das Kartellamt, so ist darzulegen, ob und mit welchem Wahrscheinlichkeitsgrad damit gerechnet werden kann, dass die Genehmigung erteilt wird (*Hess* in HWW InsO, § 220 Rz. 13). **77**

IV. Der gestaltende Teil des Insolvenzplans (§ 221 InsO)

1. Allgemeines zur Änderung der Rechtsstellung der Beteiligten

78 Im gestaltenden Teil des Insolvenzplanes wird u.a. festgelegt, wie die Rechtsstellung der Beteiligten durch den Plan geändert werden soll (§ 228 InsO; *Hess* in HWW InsO, § 221 Rz. 2 m.w.N.). In die Rechtsstellung der Massegläubiger, der Aussonderungsberechtigten und der übrigen Unbeteiligten kann nicht eingegriffen werden (*Hess* a.a.O.; *krit. Smid/Rattunde* in Sm InsO, § 221 Rz. 23). Auch die Haftung des Schuldners für Geldstrafen kann nach § 225 Abs. 3 InsO nicht beschränkt werden. Sollen Unbeteiligte in den Plan einbezogen werden, bedarf es planergänzender Individualvereinbarungen (*Hess* a.a.O.).

79 Je nach Ziel des Planes kann hierbei zwischen vier Typen des Insolvenzplans differenziert werden, wobei Mischtypen möglich sind (Differenzierung nach *Burger* FS Koren, S. 363 ff. und *Burger/Schellberg* DB 1994, 1833).

Insolvenzplan	Ziel
Liquidationsplan	Verwertung und Verteilung der Insolvenzmasse
Übertragungsplan	Übertragung des schuldnerischen Unternehmens auf einen Dritten, z.B. Auffanggesellschaft
Sanierungsplan	Wiederherstellung der Ertragskraft des schuldnerischen Unternehmens
Sonstige Pläne	

80 Zu den sonstigen Plänen gehört auch der viel diskutierte sog. „Null-Plan" (vgl. hierzu *Heyer* S. 19 ff. und *Thomas* Kölner Schrift zur Insolvenzordnung, S. 1205 ff.), mit dem der Schuldner um einen zulässigen Verbindlichkeitenerlass nachsucht, weil ihm kein verwertbares Vermögen zur Verfügung steht, das er den Gläubigern überlassen kann. Die Zulässigkeit eines solchen Plans ergibt sich daraus, dass die Gestaltung des Plans der Privatautonomie der Gläubiger unterliegt und beinhalten kann, was sachlich vereinbart werden kann.

81 Selbst dann, wenn der Schuldner nicht die nötigen Mittel zur Verfügung hat, um die Mindestkosten des Treuhänders (§ 298 InsO) zu decken, müsste als eine besondere Form der Sozialhilfe dem Schuldner für die Durchführung des Restschuldbefreiungsverfahrens auf der Basis des „Null-Planes" Prozesskostenhilfe bewilligt werden (*Thomas* Kölner Schrift zur Insolvenzordnung, S. 1205, 1210).

82 Beteiligte sind
– die Insolvenzgläubiger,
– die Absonderungsberechtigten,
nicht
– die Aussonderungsberechtigten und
– der Schuldner.

83 Bei der Festlegung der Rechte müssen **Gruppen mit gleicher Rechtsstellung und gleichartigen wirtschaftlichen Interessen** gebildet werden. Diese Gruppen müssen

sachgerecht voneinander abgegrenzt werden (§ 222 Abs. 2 Satz 2 InsO). Bei den Gläubigern wird zwischen den absonderungsberechtigten Gläubigern (§ 233 InsO), den **nicht nachrangigen Insolvenzgläubigen** (§ 224 InsO) und einzelnen Rangklassen der nachrangigen Insolvenzgläubigern (§ 225 InsO) unterschieden werden müssen. Innerhalb der Gruppe der **absonderungsberechtigten Gläubiger** können orientiert an den Sicherheiten, z. B. Grundpfandrechte, Forderungsabtretung oder Sicherungsübereignung, Untergruppen gebildet werden, wobei die Kriterien zur Abgrenzung der einzelnen Gruppen aus dem Plan ersichtlich sein müssen. Die **Arbeitnehmer** werden eine besondere Gruppe bilden, wenn sie als Insolvenzgläubiger mit nicht unerheblichen Forderungen beteiligt sind (§ 222 Abs. 3 InsO). Wenn ein Insolvenzplan die Fortführung des Unternehmens oder eines Betriebes vorsieht, kann der **PSVaG** eine eigene Gruppe bilden (§ 9 Abs. 4 BetrAVG). Für **Kleingläubiger** kann eine besondere Gruppe geschaffen werden (*Hess* in HWW InsO, § 221 Rz. 4).

Im gestaltenden Teil des Insolvenzplanes muss der Schuldner Angaben machen über die Modalitäten, die hinsichtlich der Forderungen nicht nachrangiger Insolvenzgläubiger gelten sollen (§ 224 InsO). Die §§ 223 ff. InsO enthalten Regelungen, die gelten sollen, wenn im Insolvenzplan nichts anderes bestimmt ist. Nach § 226 Abs. 2 InsO kann von dem Gleichbehandlungsgrundsatz abgewichen werden, der vorsieht, dass innerhalb jeder Gruppe allen Beteiligten gleiche Rechte anzubieten sind, wenn die Beteiligten einer Gruppe dem zustimmen. In diesem Fall ist im Insolvenzplan die zustimmende Erklärung eines jeden Betroffenen beizufügen (*Hess* in HWW InsO, § 221 Rz. 5). Im gestaltenden Teil des Insolvenzplans kann ferner bestimmt werden, dass der Schuldner von seinen restlichen Verbindlichkeiten durch die im Insolvenzplan vorgesehene Befriedigung der Gläubiger diesen gegenüber nicht befreit wird (§ 227 InsO). Entwickelt der Plan keine abweichende Regelung, so ist davon auszugehen, dass, sofern der Schuldner sich zur Zahlung einer Quote verpflichtet, die Restforderungen als erlassen gelten (*Burger/Schellberg* DB 1994, 1833). Nach § 228 InsO können in dem gestaltenden Teil des Insolvenzplans die erforderlichen Willenserklärungen für die Änderung sachenrechtlicher Verhältnisse aufgenommen werden (s. Rz. 89 ff.). **84**

Des Weiteren kann der Schuldner gem. § 260 InsO im gestaltenden Teil vorschlagen, dass die Erfüllung des Plans überwacht wird. Im Fall der Überwachung der Planerfüllung kann im Insolvenzplan die Nachrangigkeit von Insolvenzgläubigern gegenüber Darlehens- und sonstigen Kreditgläubigern vereinbart werden (§§ 264 ff. InsO), wenn der Schuldner oder die Übernahmegesellschaft während der Überwachungsdauer Darlehen oder Kredite aufgenommen hat. Eine Übernahmegesellschaft ist eine juristische Person oder eine Gesellschaft ohne Rechtspersönlichkeit, die nach der Eröffnung des Insolvenzverfahrens gegründet worden ist, um das Unternehmen des Schuldners, einen Unternehmensteil, einen Betrieb oder Betriebsteil zu übernehmen und weiterzuführen (§ 260 Abs. 3 InsO; *Hess* in HWW InsO, § 221 Rz. 7). **85**

Die inhaltlichen Gestaltungsmöglichkeiten des gestaltenden Teils des Insolvenzplans sind vielfältig (*Schiessler* Insolvenzplan, S. 106 ff., der Beispiele für eine zulässige Plangestaltung aufführt). Zu weitgehend ist die Auffassung von *Smid/Rattunde* (Insolvenzplan, Rz. 328), die meinen, der zulässige Inhalt des Insolvenzplans müsse vollstreckungsfähig sein. Aus einem Schuldenerlass, der u. a. Inhalt eines Plans sein kann, kann gerade nicht vollstreckt werden. Z. B. können die absonderungsberechtigten Gläubiger auf Zinsen verzichten (§ 169 InsO), sie können sich verpflichten, **86** höhere als die gesetzlichen Verwertungskosten (§ 171 InsO) gegen Besserungsschein zu zahlen oder auf den Ausgleich eines Wertverlustes bei Absonderungsrechten zu verzichten. Zu derartigen Zugeständnissen werden die Absonderungsberechtigten regelmäßig dann bereit sein, wenn der Wert der Sicherheit im Fall der Unternehmensfortführung oder Gesamtveräußerung höher ist, als bei einer Liquidation (vgl. *Burger* FS Koren, S. 363 ff.). Auch salvatorische Klauseln gehören in den gestaltenden Teil des Insolvenzplans (*Hess* in HWW InsO, § 221 Rz. 8).

87 Der Schuldner kann vorschlagen, dass die Insolvenzgläubiger sich zu einem Forderungserlass in jeder Höhe bereit erklären, den nicht erlassenen Teil ihrer Forderung stunden oder sich an der Auffanggesellschaft beteiligen. Die Arbeitnehmer können zu Gunsten der Gesellschaft auf den nicht durch das Insolvenzgeld gesicherten Teil der rückständigen Gehälter verzichten (*Hess* in HWW InsO, § 221 Rz. 9).

88 Der Schuldner kann einer Vielzahl von gesellschaftsrechtlichen Maßnahmen, wie einer Kapitalherabsetzung und/oder der Aufnahme neuer Gesellschafter, zustimmen, wenn ihm dies nützlich erscheint (vgl. Rz. 791 ff.). Trotz aller Flexibilität gilt für den Insolvenzplan das **Bestimmtheitsgebot**, so dass der Inhalt des Planes eindeutige und umfassende Regelungen festlegen muss (hierzu eingehend *Schiessler* Insolvenzplan, S. 114 f.).

2. Änderung sachenrechtlicher Verhältnisse (§ 228 InsO)

89 Sollen Rechte an Gegenständen begründet, geändert, übertragen oder aufgehoben werden, so können die erforderlichen Willenserklärungen der Beteiligten im gestaltenden Teil des Insolvenzplans aufgenommen werden (§ 228 Satz 1 InsO).

90 Dies bedeutet, dass nicht nur schuldrechtliche Verpflichtungen, wie z.B. die Stundung von Forderungen oder die Aufgabe von Sicherheiten, sondern auch die **Änderung sachenrechtlicher Verhältnisse**, wie z.B. die Übereignung von beweglichen Sachen, die Bestellung von Grundpfandrechten oder die Übereignung von Grundstücken, in den Insolvenzplan aufgenommen werden können. Die hierauf gerichteten Willenserklärungen gelten mit der Bestätigung des Insolvenzplans als abgegeben, wobei die tatsächlichen Rechtshandlungen, wie z.B. die Besitzverschaffung durch Übergabe der Sache, gesondert erfolgen muss. Gesellschaftsverträge, wie Aufspaltungen, Verschmelzungen oder formwandelnde Umwandlungen, müssen vertragsmäßig vorbereitet werden, dass die Maßnahmen im Falle der Bestätigung des Plans vollzogen werden können (*Hess* in HWW InsO, § 228 Rz. 6 m.w.N.; vgl. die Muster im Anhang).

91 Sind Grundstücke im Rahmen sachenrechtlicher Übertragungen betroffen, so sind die Rechte genau zu bezeichnen (§ 228 Satz 2 InsO). Die rechtsgeschäftlichen Erklärungen Dritter, die am Insolvenzverfahren nicht beteiligt sind, können nicht ersetzt werden (*Hess* in HWW InsO, § 228 Rz. 6 m.w.N.; **a.A.** *Breutigam* in BBG Insolvenzrecht, § 228 Rz. 325).

92 Es kann die für das Rechtsgeschäft erforderliche Einigung und die Eintragungsbewilligung nach §19 GBO in den gestaltenden Teil mit aufgenommen werden, wobei die Rechtsänderung jedoch erst mit der Grundbucheintragung erfolgt (so auch *Bork* in Leipold, Insolvenzrecht im Umbruch, S. 51 f., Fn.6; **a.A.** *Schiessler* Insolvenzplan, S. 112; *Braun* in NR InsO, § 228 Rz. 7 f., die meinen, dass § 228 InsO nur Willenserklärungen erfasse und es sich bei dem Antrag nach § 13 GBO um eine reine Verfahrenshandlung handele).

Aufgenommen werden hierbei sowohl die Willenserklärungen des Käufers als auch 93
Verkäufers, ohne dass es einer zusätzlichen notariellen Beurkundung bedarf. Dies hat
zur Folge, dass in dem gestaltenden Teil des Insolvenzplans auch alle sonstigen Fragenkomplexe, die im Zusammenhang mit einer Grundstücksübertragung üblicherweise geregelt werden, aufgenommen werden müssen (*Hess* in HWW InsO, § 228
Rz. 10) und damit notargleiche Aufgaben übernimmt (InVo 1998, 333, 336).

Das Insolvenzgericht hat die Willenserklärungen von Amts wegen an das zuständige 94
Grundbuchamt zu übermitteln, damit eine Eintragung der dinglichen Rechtsänderungen veranlasst werden kann (*Hess* in HWW InsO, § 228 Rz. 11 m.w.N.).

V. Plananlagen (§§ 229, 230, 232 InsO)

1. Allgemeines

Bei einem Insolvenzplan, der die Sanierung eines Unternehmens zum Gegenstand hat 95
mit der Folge, und zwar unabhängig davon, ob der bisherige Unternehmensträger
saniert oder die Sanierung über einen neuen Rechtsträger erfolgt (s. *Hess/Kranemann/
Pink* InsO, Rz. 1046), dass ggf. ein Teil dieser Verbindlichkeiten aus künftigen Erträgen des Unternehmens erfüllt werden soll, soll den Gläubigern die Grundlage für die
Beurteilung der künftigen Entwicklung des Unternehmens mitgeteilt werden. Deshalb
ist eine **Vermögensübersicht** vorzulegen (*Hess* in HWW InsO, § 229 Rz. 3 m.w.N.).

Des Weiteren ist für den Zeitraum, in dem die Gläubiger befriedigt werden sollen, 96
eine **Plan-, Gewinn- und Verlustrechnung**, ein **Liquiditätsplan** und eine **Planbilanz**
vorzulegen (s. hierzu *Maus* Kölner Schrift zur Insolvenzordnung, S. 707, 721 f.; zur
Vorlage der Jahresabschlüsse und der Reorganisationsplanrechnungen nach dem
amerikanischen Reorganisationsplanverfahren, dem das deutsche Planverfahren
nachgebildet ist, s. *Möhlmann* KTS 1997, 1; zu den weiteren Plananlagen s. *Westrick*
DStR 1998, 1879).

2. Vermögensübersicht

In der Vermögensübersicht sollen die Aktiva und Passiva dargestellt werden, wie sie 97
sich im Falle einer Planbestätigung gegenüberstehen (*Hess* in HWW InsO, § 229 Rz.
4 m.w.N.; s. hierzu eingehend *Braun/Uhlenbruck* Unternehmensinsolvenz, S. 528 ff.,
die verlangen, dass neben den handelsrechtlichen Werten als Basis für die Planbilanz
und die Plan-, Gewinn- und Verlustrechnung auch die Zerschlagungswerte angegeben
werden müssen; s. auch allgemein zur Rechnungslegung in der Insolvenz *Fischer-Böhnlein/Körner* BB 2001, 191).

Zur Vermögensübersicht nach § 153 InsO s. *Hess* (in HWW InsO, § 229 Rz. 5) und die 98
dort angegebenen Nachweise. Zu dem Ansatz und der Bewertung der Vermögensgegenstände auf der Basis der Planprämissen sowie der Angaben von Zerschlagungswerten und der Inventarisierung s. *Hess* a.a.O., Rz. 6 f. und die dort gegebenen Nachweise. Die Vermögensübersicht könnte hinsichtlich der Gliederung dem auf S. 24
nachfolgenden Raster entsprechen.

Vermögensstatus zum aktuellen Verkehrswert

Aktiva	DM	DM	DM	Passiva	DM	DM
A.				**A.**		
Ausstehende Einlagen		100.000		**Eigenkapital**		
Davon eingefordert DM 100.000				Gezeichnetes Kapital	100.000	
				Jahresfehlbetrag, soweit durch		
B.				Eigenkapital gedeckt	100.000	
Anlagevermögen						
Immaterielle Vermögensgegenstände		100.000		**B.**		
Lizenzen und EDV-Software				**Rückstellungen** wegen		
Sachanlagen				Schadensersatzforderung		11.000.000
Grundstücke, grundstücksgleiche Rechte und Bauten einschl. der Bauten auf fremden Grundstücken	28.000.000					
Technische Anlagen u. Maschinen	3.000.000			**C.**		
Andere Anlagen, Betriebs- u. Geschäftsausstattung	700.000			**Verbindlichkeiten**		
Gel. Anzahlung und Anlagen im Bau		31.700.000		Verbindlichkeiten aus Lieferungen und Leistungen	6.000.000	
		31.900.000		Verbindlichkeiten gegenüber Kreditinstituten	22.000.000	
C.				Verbindlichkeiten gegenüber Gesellschaftern	110.000.000	
Umlaufvermögen				Verbindlichkeiten gegenüber AN (insg. an BA)	500.000	
Vorräte				Massegläubiger	1.000.000	
Forderungen u. sonst. Vermögensgegenstände				Verfahrenskosten	500.000	
Forderungen aus Lieferungen und Leistungen	3.000.000					
sonst. Vermögensgegenstände	6.000.000	9.000.000				
Schecks, Kassenbestand, Postgiroguthaben						
Guthaben bei Kreditinstituten						
Liquide Mittel (Kasse, Bank)	4.000.000	44.900				
Summe	106.100.000	44.900				151.000.000
Nicht durch Eigenkapital gedeckter Fehlbetrag		151.000.000				

Aus diesem Vermögensstatus entwickelt sich die Aufteilung der Vermögenswerte wie folgt:

Aktiva	Zeitwert	Absonderungsgläubiger	Wert	Massegläubiger u. Kosten	Insolvenzgläubiger	Nachranggläubiger
Einlageansprüche	100.000					
Lizenzen	100.000	Lieferant	100.000			
Grundstücke	28.000.000	Kreditinstitute	22.000.000			
Techn. Anlagen	3.000.000	Lieferanten	1.000.000			
Geschäftsausstattung	700.000	Lieferanten	200.000			
Forderungen	3.000.000	Lieferanten	2.000.000			
Sonstige Vermögensgegenstände	6.000.000	Lieferanten	3.000.000			
Liquide Mittel	4.000.000	–	–	1.500.000	11.200.000	Gesellschafter 110.000.000
	44.900.000		28.300.000	1.500.000	11.200.000	110.000.000

Freie Masse	16,6 Mio
Massegläubiger	1,5 Mio
Für Insolvenzgläubiger	11,2 Mio
Für Nachranggläubiger	2,9 Mio

3. Planbilanzen

99 Die vorzulegende Planbilanz könnte der nachfolgenden Gliederung entsprechen.

Aktivseite

A. Ausstehende Einlagen auf das gezeichnete Kapital
davon eingefordert 0 DM
(i.Vj. 100 000 DM)

B. Anlagevermögen
I. Immaterielle Vermögensgegenstände
II. Sachanlagen
  1. Grundstücke und Bauten
  2. Technische Anlagen und Maschinen
  3. Andere Anlagen, Betriebs- und Geschäftsausstattung
  4. Geleistete Anzahlungen und Anlagen im Bau

C. Umlaufvermögen
I. Vorräte
  1. Unfertige Leistungen
II. Forderungen und sonstige Vermögensgegenstände
  1. Forderungen aus Lieferungen und Leistungen
  2. Sonstige Vermögensgegenstände
III. Kassenbestand, Guthaben bei Kreditinstituten

D. Nicht durch Eigenkapital gedeckter Fehlbetrag

Passivseite

A. Eigenkapital
I. Gezeichnetes Kapital
II. Verlustvortrag
III. Jahresüberschuss
  (i.Vj. Fehlbetrag)
Nicht durch Eigenkapital gedeckter Fehlbetrag (Aktivposten D)

B. Sonderposten aus Zuwendungen zur Finanzierung von Investitionen

C. Rückstellungen
  1. Sonstige Rückstellungen

D. Verbindlichkeiten
  1. Angeforderte Anzahlungen auf Erschließungskosten
  2. Verbindlichkeiten aus Lieferungen und Leistungen
  3. Verbindlichkeiten gegenüber der Bundesanstalt für vereinigungsbedingte Sonderaufgaben
  4. Sonstige Verbindlichkeiten
  davon aus Steuern ... DM
  (i.Vj. ... DM)
  davon im Rahmen der sozialen Sicherheit ... DM (i.Vj. ... DM)

E. Rechnungsabgrenzungsposten

4. Plan-, Gewinn- und Verlustrechnung

Plan-, Gewinn- und Verlustrechnung können für den fraglichen Zeitraum nach Maßgabe folgender Rastergliederung vorgelegt werden, wobei für wichtige Positionen gesonderte Aufstellungen vorgelegt werden können (s. hierzu auch *Braun/Uhlenbruck* Unternehmensinsolvenz, S. 542 ff.). **100**

Gewinn- und Verlustrechnung

1. Umsatzerlöse
2. Erhöhung des Bestandes an unfertigen Leistungen
3. andere aktivierte Eigenleistungen
4. sonstige betriebliche Erträge
5. Materialaufwand:
   a) Aufwendungen für Roh-, Hilfs- und Betriebsstoffe und für bezogene Waren
   b) Aufwendungen für bezogene Leistungen
6. Personalaufwand:
   a) Löhne und Gehälter
   b) soziale Abgaben und Aufwendungen für Altersversorgung und für Unterstützung
7. Abschreibungen:
   a) auf immaterielle Vermögensgegenstände des Anlagevermögens und Sachanlagen
   b) auf Vermögensgegenstände des Umlaufvermögens
8. sonstige betriebliche Aufwendungen
9. sonstige Zinsen und ähnliche Erträge
10. Zinsen und ähnliche Aufwendungen
11. Ergebnis der gewöhnlichen Geschäftstätigkeit
12. außerordentliche Erträge
13. außerordentliche Aufwendungen
14. außerordentliches Ergebnis
15. sonstige Steuern

16. Überschuss (+) / Fehlbetrag (./.)

Sonstige betriebliche Erträge

wertberichtigte Forderungen

Erlöse ABM

Erlöse Miete/Pacht

weiterbeberechnete Betriebskosten

Sonstige betriebliche Erträge

Erträge aus Abgang von Vermögensgegenständen

Erlöse Sekundärrohstoffe

Erlöse Bauleistungen

Sonstige betriebliche Aufwendungen

Sanierung Gebäude

unterwegs befindliche Rechnungen

Erschließungskosten

Ertragsberichtigung Vorjahr

Instandhaltung Grundmittel

Aufwendungen Rückstellung Erschließung

Sonstige andere Leistungen

Entsorgungskosten

Abrisskosten

Werbekosten

Rechts- und Beratungskosten übrige Aufwendungen

Versicherungen

Nutzungsentgelte

Beratungskosten Liquidation

Aufwand Anlagenabgang

Erschließungsaufwand BWS

Aufwand ABM

Personalkosten pro Monat (in TDM)

	gesamt		Januar		Februar		Kumulativ	
	Plan	Ist	Plan	Ist	Plan	Ist	Plan	Ist
Personalkosten gesamt	12.497	11.491	992	883	992	842	1.984	1.725
Davon ist								
– tatsächlich tätige Arbeitnehmer	9.443	9.120	749	689	749	674	1.498	1.363
– Arbeitnehmer in Kurzarbeit								
– Arbeitnehmer in ABM	2.875	2.266	239	194	239	167	478	361
– Job-Arbeitnehmer	48	18	4		4	1	8	1
– Auszubildende	131	87						

5. Planliquiditätsrechnungen

Für die vorzulegenden Planliquiditätsrechnungen, den Finanzplan, handelt es sich um eine Prognoserechnung über die Ein- und Ausgaben in der Sanierungsphase (*Hess* in HWW InsO, § 229 Rz. 18 m.w.N.), die sich aus der Plan-, Gewinn- und Verlustrechnung ableiten lassen (*Braun/Uhlenbruck* Unternehmensinsolvenz, S. 543 f.), können die Grundsätze herangezogen werden, die z. B. für die Liquidationsplanrechnungen von Unternehmen der Treuhandanstalt bzw. Nachfolgeorganisation der Bundesanstalt für vereinigungsbedingte Sonderaufgaben gelten. Bei dem nachfolgenden Raster war die Planung erheblich verändert worden, weil sich sowohl die Laufzeit der Liquidation und deshalb die Kosten als auch die Verwertungserlöse anders als ursprünglich erwartet entwickelten. **101**

Gegenüberstellung des Alt-Obligos zum Neu-Obligo **102**

Zeile	Finanzpositionen	Gesamt-obligo alt	Ist	Gesamt-obligo neu	Differenz Ist und Gesamt-obligo neu
		TDM	TDM	TDM	TDM
1	Umsätze (aus Produktion und Leistungen)	9.103	13.602	13.602	0
2	Einnahmen aus Vermietung und Verpachtung	6.070	8.806	12.766	(3.960)
3	Sonstige Einnahmen	19.075	36.339	94.196	(57.357)
4	Summe Erlöse aus Geschäftstätigkeit	34.248	58.747	120.584	(61.317)
5/6	Grundstücke und Gebäude	59.339	12.221	29.688	(17.467)
7	Maschinen, Betriebs- und Geschäftsausstattung	5.212	7.423	3.273	(1.350)
8	Beteiligungen	220	256	256	0
9	Sonstiges Anlagevermögen	1.529	2.554	2.733	(69)

Der Insolvenzplan

Zeile	Finanzpositionen	Gesamt-obligo alt	Ist	Gesamt-obligo neu	Differenz Ist und Gesamt-obligo neu
		TDM	TDM	TDM	TDM
10	Summe Verwertungserlöse Anlagevermögen	67.400	22.584	41.950	(19.386)
11	Forderungsverwertung	67.391	62.559	62.562	(3)
12	Sonstiges Umlaufvermögen (Vorräte)	2.246	2.178	2.178	0
13	Summe Verwertungserlöse Umlaufvermögen	70.137	64.737	64.740	(3)
14	Summe Verwertungserlöse	137.537	87.301	106.690	(19.389)
15	Summe Mittelzufluss	171.735	146.048	227.254	(81.206)
16	Liquidatorvergütung und Auslagen	5.616	1.391	3.700	(1.809)
17	Gutachter-/Beratungs-/Prüfungsausgaben	1.060	2.251	5.597	(3.436)
18	Summe Liquidationskosten	5.575	4.152	9.397	(5.245)
19	Personallohn/Lohnnebenkosten	74.741	71.553	94.664	(23.111)
20	Betriebsausgaben	38.521	46.456	100.180	(53.704)
21	Produktionsausgaben	11.020	10.996	10.996	0
22	Verbindlichkeiten aus Lieferungen und Leistungen	25.382	23.985	23.985	0
23	Sonstige Verbindlichkeiten/ Rückstellungen	53.340	88.529	88.535	(6)
24	Summe beglichene Verbindlichkeiten	79.722	122.514	117.520	(6)
25	Sonstige Ausgaben	80.431	28.196	150.420	(122.224)
26	Zahlung Zinsen auf Altkredite	0	0	0	0
27	Zahlung Zinsen auf Liquiditäts-Kredite	4.763	4.763	4.763	0
28	Summe Finanzierungskosten	4.763	4.763	4.763	0
29	Summe Mittelabfluss	275.974	278.630	482.920	(204.290)
30	Liquidationssaldo I	(104.199)	(132.532)	(255.666)	123.084
31	Kasse (Monatsanfangsbestand)	152	152	152	0
32	Bank (Monatsanfangsbestand)	40.385	40.385	40.385	0
33	Summe Liquide Mittel (Monatsanfang)	40.537	40.537	40.537	0
34	Zu- und Abfluss Liquidatordarlehen	63.652	96.420	215.129	(118.709)
35	Liquidationssaldo II	0	4.375	0	4.375
36	Zweckzuwendungen neu	0	0	0	0
37	Liquidatordarlehen	63.652	96.420	215.129	(118.709)
38	Summe kalkulatorische Posten Abwicklung	63.652	96.420	215.129	(118.709)
39	Liquidationssaldo III	(63.652)	(92.045)	(215.129)	123.084
40	Altkredite (Vergleichsquote)	0	0	0	0
41	nicht bezahlte Zinsen auf Altkredite	0	0	0	0
42	Liquiditätskredite Bank	0	0	0	0
43	nicht bezahlte Zinsen auf Liquiditäts-Kredite	0	0	0	0
44	Treuhandanstalt-Darlehen (zinslos)	167.393	113.915	113.915	0
45	Zweckzuwendungen alt	67.805	67.805	67.805	0
46	Summe kalkulatorische Posten vor Abwicklung	235.198	181.720	181.730	0
47	Liquidationssaldo IV[*]	(298.850)	(273.765)	(396.849)	123.094

[*] Diese Werte reduzieren sich um TDM 20,4 entsprechend der Beteiligung des Freistaates Thüringen an den Altlastenkosten (Text 9).

Gegenüberstellung Neu- und Alt-Obligo

Zeile	Finanzpositionen	Gesamtobligo neu	Gesamtobligo alt	Differenz
		TDM	TDM	TDM
1	Umsätze (aus Produktion und Leistungen)	13.602	9.103	4.499
2	Einnahmen aus Vermietung und Verpachtung	12.766	6.070	6.696
3	Sonstige Einnahmen	94.196	19.075	75.121
4	Summe Erlöse aus Geschäftstätigkeit	120.564	34.248	86.316
5/6	Grundstücke und Gebäude	29.688	59.339	(29.561)
7	Maschinen, Betriebs- und Geschäftsausstattung	9.273	6.212	3.061
8	Beteiligungen	256	220	36
9	Sonstiges Anlagevermögen	2.733	1.629	1.104
10	Summe Verwertungserlöse Anlagevermögen	41.950	67.400	(25.450)
11	Forderungsverwertung	62.562	67.891	(5.329)
12	Sonstiges Umlaufvermögen (Vorräte)	2.178	2.246	(68)
13	Summe Verwertungserlöse Umlaufvermögen	64.740	70.137	(5.397)
14	Summe Verwertungserlöse	106.690	137.537	(30.847)
15	Summe Mittelfluss	227.254	171.785	55.469
16	Liquidatorvergütung und Auslagen	3.700	5.616	(1.916)
17	Gutachter-/Beratungs-/Prüfungsausgaben	5.597	1.060	4.637
18	Summe Liquidationskosten	9.397	6.676	2.721
19	Personallohn/Lohnnebenkosten	94.664	74.741	19.923
20	Betriebsausgaben	100.160	38.621	61.539
21	Produktionsausgaben	10.996	11.020	(24)
22	Verbindlichkeiten aus Lieferungen und Leistungen	23.985	25.882	(1.397)
23	Sonstige Verbindlichkeiten/Rückstellungen	88.535	53.840	34.695
24	Summe beglichene Verbindlichkeiten	112.520	79.722	32.798
25	Sonstige Ausgaben	150.420	60.431	89.989
26	Zahlung Zinsen auf Altkredite	0	0	0
27	Zahlung Zinsen auf Liquiditäts-Kredite	4.763	4.763	0
28	Summe Finanzierungskosten	4.763	4.763	0
29	Summe Mittelabfluss	482.920	275.974	206.946
30	Liquidationssaldo I	(255.666)	(104.189)	(151.477)
31	Kasse (Monatsanfangsbestand)	152	152	0
32	Bank (Monatsanfangsbestand)	40.385	40.385	0
33	Summe Liquide Mittel (Monatsanfang)	40.537	40.537	0
34	Zu- u. Abfluss Liquidatordarlehen	215.129	63.652	151.477
35	Liquidationssaldo II	0	0	
36	Zweckzuwendungen neu	0	0	0
37	Luqidatordarlehen	215.129	63.652	151.477
38	Summe kalkulat. Posten Abwicklung	215.129	63.652	151.477
39	Liquidationssaldo III	(215.129)	(63.652)	(151.477)
40	Altkredite (Vergleichsquote)	0	0	0
41	nicht bezahlte Zinsen auf Altkredite	0	0	0
42	Liquiditätskredite Bank	0	0	0
43	nicht bezahlte Zinsen auf Liquiditäts-Kredite	0	0	0
44	Treuhandanstalt-Darlehen (zinslos)	113.915	167.393	(53.478)
45	Zweckzuwendungen alt	67.805	67.805	0
46	Summe kalkulatorische Posten vor Abwicklung	181.720	235.198	(53.478)
47	Liquidationssaldo IV*)	(396.849)	(298.850)	(97.999)

*) Diese Werte reduzieren sich um TDM 20,4 entsprechend der Beteiligung des Freistaates Thüringen an den Altlastenkosten (Text 9).

Der Insolvenzplan

104   **Max. Obligo unter Beachtung**

Zeile	Finanzpositionen	Ist 31. 12.	Ist Aug	Vorschau Ist Sept
1	Umsätze (aus Produktion und Leistungen)	13.602		
2	Einnahmen aus Vermietung und Verpachtung	8.806	1.522	190
3	Sonstige Einnahmen	36.339	17.838	4.000
4	Summe Erlös aus Geschäftstätigkeit	58.747	19.360	4.190
5/6	Grundstücke/Gebäude	12.221	4.814	50
7	Maschinen, BGA	7.423	1.583	
8	Beteiligungen	256		
9	Sonstiges Anlagevermögen	2.664	69	
10	Summe Verwertungserlöse Anlagevermögen	22.564	6.466	50
11	Forderungsverwertung	62.559	86	
12	Sonstiges UV (Vorräte)	2.178		
13	Summe Verwertungserlöse Umlaufvermögen	64.737	86	
14	Summe Verwertungserlöse	87.301	6.552	50
15	Summe Mittelzufluss	146.048	25.912	4.240
16	Liquidatorvergütung und Auslagen	1.891	171	100
17	Gutachter-/Beratungs-/Prüfungsausgaben	2.261	582	110
18	Summe Liquidationskosten	4.152	753	210
19	Personallohn/Lohnnebenkosten	71.553	7.293	1.030
20	Betriebsausgaben	46.456	10.364	1.565
21	Produktionsausgaben	10.996		
22	Verbindl. a. Lieferung und Leistung	23.985		
23	Sonstige Verbindl./Rückstellungen	88.529	290	420
24	Summe begl. Verbindlichkeiten	112.514	290	420
25	Sonstige Ausgaben	28.196	23.147	3.550
26	Zahlung Zinsen auf Altkredite			
27	Zahlung Zinsen auf Liqui-Kredite	4.763		
28	Summe Finanzierungskosten	4.763		
29	Summe Mittelabfluss	278.630	41.847	6.775
30	Liquidationssaldo I	−132.582	−15.935	−2.535
31	Kasse (Monatsanfangsbestand)	152	10	6
32	Bank (Monatsanfangsbestand)	40.385	4.365	5.934
33	Summe Liquide Mittel (Monatsanfang)	40.537	4.375	5.940
34	Zu-/Abflüsse Liquid.-Darlehen*)	96.420	17.500	3.000
35	Liquidationssaldo II	4.375	5.940	6.405
36	Zweckzuwendung neu			
37	Liquidatordarlehen	96.420	17.500	20.500
38	Summe kalkulat. Posten Abwicklung	96.420	17.500	20.500
39	Liquidationssaldo III	−92.045	−11.560	−14.095
40	Altkredite (Vergleichsquote)			
41	nicht bezahlte Zinsen auf Altkredite			
42	Liquiditätskredite Bank			
43	nicht bezahlte Zinsen auf Liqui-Kredite			
44	THA-Darlehen (zinslos)	113.915	113.915	113.915
45	Zweckzuwendungen alt	67.805	67.805	67.805
46	Summe kalkul. Posten vor Abwicklung	181.720	181.720	181.720
47	Liquidationssaldo IV*)	−273.765	−193.280	−195.815

*) Diese Werte wurden um TDM 20,4 reduziert entsprechend der Beteiligung des Freistaates Thüringen an den Altlasten.

Das Verfahren und die Rechtswirkungen des Insolvenzplans

des voraussichtlichen Ist

Okt	Nov	Dez	gesamt	V-Ist	max.Obligo	Differenz
				13.602	13.602	
190	190	190	2.282	11.088	11.206	−118
2.050	2.580	2.670	29.138	65.477	69.370	−3.893
2.240	2.770	2.860	31.420	90.167	94.178	−4.011
280	88	343	5.575	17.796	24.688	−6.892
			1.583	9.006	9.273	−267
				256	256	
			69	2.733	2.733	
280	88	343	7.227	29.791	36.950	−7.159
			86	62.645	62.562	83
				2.178	2.178	
			86	64.823	64.740	83
280	88	343	7.313	94.614	101.690	−7.076
2.520	2.858	3.203	38.733	184.781	195.868	−11.087
180			451	2.342	2.191	151
120	120	106	1.038	3.299	3.781	−482
300	120	106	1.489	5.641	5.972	−331
1.030	1.393	1.030	11.776	83.329	84.044	−715
1.555	1.790	1.925	17.199	63.655	66.680	−3.025
				10.996	10.996	
				23.985	23.985	
			710	89.239	88.535	704
			710	113.224	112.520	704
3.145	3.345	3.545	36.732	64.928	94.320	−29.392
				4.763	4.763	
				4.763	4.763	
6.030	6.648	6.606	67.906	346.536	379.295	−32.759
−3.510	−3.790	−3.403	−29.173	−161.755	−183.427	21.672
7	7	7	10	152	152	
6.398	5.888	5.098	4.365	40.385	40.385	
6.405	5.895	5.105	4.375	40.537	40.537	
3.000	3.000		26.500	122.920	145.420	−22.500
5.895	5.105	1.702	1.702	1.702	2.530	−828
23.500	26.500	26.500	122.920	122.920	145.420	−22.500
23.500	26.500	26.500	122.920	122.920	145.420	−22.500
−17.605	−21.395	−24.798	−121.218	−121.218	−142.890	21.672
113.915	113.915	113.915	113.915	113.915	113.915	
67.805	67.805	67.805	67.805	67.805	67.805	
181.720	181.720	181.720	181.720	181.720	181.720	
−199.325	−203.115	−206.518	−302.938	−302.938	−324.610	21.672

Der Insolvenzplan

105 **Max. Obligo unter Beachtung**

Zeile	Finanzpositionen	Plan I. Quart	II. Quart	III. Quart
1	Umsätze (aus Produktion und Leistungen)			
2	Einnahmen aus Vermietung und Verpachtung	420	420	270
3	Sonstige Einnahmen	6.092	6.029	5.468
4	Summe Erlös aus Geschäftstätigkeit	6.512	6.449	5.738
5/6	Grundstücke/Gebäude			1.500
7	Maschinen, BGA			
8	Beteiligungen			
9	Sonstiges Anlagevermögen			
10	Summe Verwertungserlöse Anlagevermögen			1.500
11	Forderungsverwertung			
12	Sonstiges UV (Vorräte)			
13	Summe Verwertungserlöse Umlaufvermögen			
14	Summe Verwertungserlöse			1.500
15	Summe Mittelzufluss	6.512	6.449	7.238
16	Liquidatorvergütung und Auslagen	75	75	75
17	Gutachter-/Beratungs-/Prüfungsausgaben	240	330	216
18	Summe Liquidationskosten	315	405	291
19	Personallohn/Lohnnebenkosten	2.976	2.976	2.976
20	Betriebsausgaben	7.130	6.650	6.350
21	Produktionsausgaben			
22	Verbindl. a. Lieferung und Leistung			
23	Sonstige Verbindl./Rückstellungen			
24	Summe Begl. Verbindlichkeiten			
25	Sonstige Ausgaben	12.550	15.050	14.300
26	Zahlung Zinsen auf Altkredite			
27	Zahlung Zinsen auf Liqui-Kredite			
28	Summe Finanzierungskosten			
29	Summe Mittelabfluss	22.971	25.081	23.917
30	Liquidationssaldo I	−16.459	−18.632	−16.679
31	Kasse (Monatsanfangsbestand)	30	30	30
32	Bank (Monatsanfangsbestand)	1.672	2.188	4.031
33	Summe Liquide Mittel (Monatsanfang)	1.702	2.218	4.061
34	Zu-/Abflüsse Liquid.-Darlehen*)	17.000	20.500	17.000
35	Liquidationssaldo II	2.243	4.086	4.382
36	Zweckzuwendung neu			
37	Liquidatordarlehen	43.500	64.000	81.000
38	Summe kalkulat. Posten Abwicklung	43.500	64.000	81.000
39	Liquidationssaldo III	−41.257	−59.914	−76.618
40	Altkredite (Vergleichsquote)			
41	nicht bezahlte Zinsen auf Altkredite			
42	Liquiditätskredite Bank			
43	nicht bezahlte Zinsen auf Liqui-Kredite			
44	THA-Darlehen (zinslos)	113.915	113.915	113.915
45	Zweckzuwendungen alt	67.805	67.805	67.805
46	Summe kalkul. Posten vor Abwicklung	181.720	181.720	181.720
47	Liquidationssaldo IV*)	−222.977	−241.634	−258.338

*) Diese Werte wurden um TDM 20,4 reduziert entsprechend der Beteiligung des Freistaates Thüringen an den Altlasten.

des voraussichtlichen Ist

IV. Quart	gesamt	V-Ist	Plan gesamt	V-Ist	max. Obligo	Differenz
		13.602		13.602	13.602	
270	1.380	12.468	180	12.648	12.766	−118
16.310	33.899	99.376	11.327	110.703	114.596	−3.893
16.580	35.279	125.446	11.507	136.953	140.964	−4.011
3.500	5.000	22.796	2.983	25.779	29.688	−3.909
		9.006		9.006	9.273	−267
		256		256	256	
		2.733		2.733	2.733	
3.500	5.000	34.791	2.983	37.774	41.950	−4.176
		62.645		62.645	62.562	83
		2.178		2.178	2.178	
		64.823		64.823	64.740	83
3.500	5.000	99.614	2.983	102.597	106.690	−4.093
20.080	40.279	225.060	14.490	239.550	247.654	−8.104
75	300	2.642	1.209	3.851	3.700	151
630	1.416	4.715	500	5.215	5.697	−482
705	1.716	7.357	1.709	9.066	9.397	−331
3.472	12.400	95.729	3.545	99.274	94.934	4.340
6.550	26.680	90.335	8.400	98.735	100.160	−1.425
		10.996		10.996	10.996	
		23.985		23.985	23.985	
		89.239		89.239	88.535	704
		113.224		113.224	112.520	704
12.130	54.030	118.958	19.800	138.758	150.150	−11.392
		4.763		4.763	4.763	
		4.763		4.763	4.763	
22.857	94.826	441.362	33.454	474.816	482.920	−8.104
−2.777	−54.547	−216.302	−18.964	−235.266	−235.266	
30	30	152	30	152	152	
4.327	1.672	40.385	4.625	40.385	40.385	
4.357	1.702	40.537	4.655	40.537	40.537	
3.000	57.500	180.420	14.309	194.729	194.729	
4.580	4.655	4.655				
84.000	180.420	180.420	190.820	194.729	194.729	
84.000	180.420	180.420	190.820	194.729	194.729	
−79.420	−175.765	−175.765	−190.820	−194.729	−194.729	
113.915	113.915	113.915	113.915	113.915	113.915	
67.805	67.805	67.805	67.805	67.805	67.805	
181.720	181.720	181.720	181.720	181.720	181.720	
−261.140	−357.485	−357.485	−372.540	−376.449	−376.449	

Der Insolvenzplan

Liquidationsbericht

Name des Unternehmens:
Liquidator:

Zeile	Finanzpositionen	Ist (TDM) Februar
1	Umsätze (aus Produktion und Leistungen)	
2	Einnahmen aus Vermietung und Verpachtung	236
3	Sonstige Einnahmen	2.836
4	Summe Erlös aus Geschäftstätigkeit	3.072
5/6	Grundstücke/Gebäude	777
7	Maschinen/Betriebs- und Geschäftsausstattung	
8	Beteiligungen	
9	Sonstiges Anlagevermögen	
10	Summe Verwertungserlöse Anlagevermögen	777
11	Forderungsverwertung	
12	Sonstiges UV (R, H.- u. B.-Stoffe, UE, FE)	
13	Summe Verwertungserlöse Umlaufvermögen	
14	Summe Verwertungserlöse	777
15	Summe Mittelzufluss	3.849
16	Liquidatorvergütung und Auslagen	
17	Gutachter-/Beratungs-/Prüfungsausgaben	48
18	Summe Liquidationskosten	48
19	Personallohn/Lohnnebenkosten	869
20	Betriebsausgaben (Energie, Steuer, Versich.)	1.610
21	Produktionsausgaben	
22	Verbindl. a. Lieferung und Leistung	
23	Sonstige Verbindlichkeiten/Rückstellungen	
24	Summe Begl. Verbindlichkeiten	
25	Sonstige Ausgaben	2.044
26	Zahlung Zinsen auf Altkredite	
27	Zahlung Zinsen auf Liqui-Kredite	
28	Summe Finanzierungskosten	
29	Summe Mittelabfluss	4.571
30	Liquiditätssaldo I	−722
31	Kasse (Monatsanfangsbestand)	7
32	Bank (Monatsanfangsbestand)	2.307
33	Summe Liquide Mittel (Monatsanfangsbestand)	2.314
34	Zu-/Abflüsse Liquid.-Darlehen	4.500
35	Liquiditätssaldo II	6.092
36	Zweckzuwendung neu	
37	Liquidatordarlehen	127.420
38	Summe kalkulat. Posten Abwicklung	127.420
39	Liquiditätssaldo III	−121.328
40	Altkredite (Vergleichsquote)	
41	nicht bezahlte Zinsen auf Altkredite	
42	Liquiditätskredite Bank	
43	nicht bezahlte Zinsen auf Liqui-Kredite	
44	THA-Darlehen (zinslos)	113.915
45	Zweckzuwendungen alt	67.805
46	Summe kalkulat. Posten vor Abwicklung	181.720
47	Liquiditätssaldo IV	−303.043
48	Sonderkonto Zweckzuwendungen	22.256
	– davon Sozialplan	4.273
	– davon Abgeltung Werksrente	170
	– davon Altlastensanierung	17.808

Das Verfahren und die Rechtswirkungen des Insolvenzplans

I. Finanzlage

	Vorausschau (TDM)		
März	April	Mai	Juni
140	140	140	140
2.030	2.366	2.240	2.213
2.170	2.506	2.380	2.353
		353	25
		353	25
		353	25
2.170	2.506	2.753	2.378
25	25	25	25
80	80	80	80
105	105	105	105
992	992	992	992
1.900	1.900	1.900	1.900
3.965	3.965	3.965	3.965
6.962	6.962	6.962	6.962
–4.792	–4.456	–4.229	–4.584
3	7	7	7
6.089	5.793	5.837	6.108
6.092	5.800	5.844	6.115
4.500	4.500	4.500	4.500
5.800	5.844	6.115	6.031
131.920	136.420	140.920	145.420
131.920	136.420	140.920	145.420
–126.120	–130.576	–134.305	–139.389
113.915	113.915	113.915	113.915
67.805	67.805	67.805	67.805
181.720	181.720	181.720	181.720
–307.840	–312.296	–316.525	–321.109

Plan-Ist-Vergleich

Zeile	Finanzpositionen	Ist
1	Umsätze (aus Produktion und Leistungen)	13.602
2	Einnahmen aus Vermietung und Verpachtung	11.248
3	Sonstige Einnahmen	64.130
4	Summe Erlös aus Geschäftstätigkeit	88.980
5/6	Grundstücke/Gebäude	18.525
7	Maschinen, BGA	9.010
8	Beteiligungen	256
9	Sonstiges Anlagevermögen	2.733
10	Summe Verwertungserlöse Anlagevermögen	30.524
11	Forderungsverwertung	62.662
12	Sonstiges UV (Vorräte)	2.178
13	Summe Verwertungserlöse Umlaufvermögen	61.840
14	Summe Verwertungserlöse	95.364
15	Summe Mittelzufluss	184.344
16	Liquidatorvergütung und Auslagen	2.091
17	Gutachter-/Beratungs-/Prüfungsausgaben	3.024
18	Summe Liquidationskosten	5.115
19	Personallohn/Lohnnebenkosten	83.577
20	Betriebsausgaben	63.709
21	Produktionsausgaben	10.996
22	Verbindl. a. Lieferung und Leistung	24.002
23	Sonstige Verbindl./Rückstellungen	88.819
24	Summe Begl. Verbindlichkeiten	112.821
25	Sonstige Ausgaben	61.746
26	Zahlung Zinsen auf Altkredite	
27	Zahlung Zinsen auf Liqui-Kredite	4.763
28	Summe Finanzierungskosten	4.763
29	Summe Mittelabfluss	342.727
30	Liquiditätssaldo I	−158.383
31	Kasse (Monatsanfangsbestand)	152
32	Bank (Monatsanfangsbestand)	40.385
33	Summe Liquide Mittel (Monatsanfang)	40.537
34	Zu-/Abflüsse Liquid.-Darlehen*)	122.920
35	Liquidationssaldo II	5.074
36	Zweckzuwendung neu	
37	Liquidatordarlehen	122.920
38	Summe kalkulat. Posten Abwicklung	122.920
39	Liquidationssaldo III	−117.846
40	Altkredite (Vergleichsquote)	
41	nicht bezahlte Zinsen auf Altkredite	
42	Liquiditätskredite Bank	
43	nicht bezahlte Zinsen auf Liqui-Kredite	
44	THA-Darlehen (zinslos)	113.915
45	Zweckzuwendungen alt	67.805
46	Summe kalkul. Posten vor Abwicklung	181.720
47	Liquidationssaldo IV*)	−299.566

*) Diese Werte wurden um TDM 20,4 reduziert entsprechend der Beteiligung des Freistaates Thüringen an den Altlasten.

max. Obligo

	Januar		Februar		März	
	Plan	Ist	Plan	Ist	Plan	Ist
					13.602	13.602
	140	257	140	236	11.528	11.741
	2.030	801	2.030	2.836	68.190	67.767
	2.170	1.058	2.170	3.072	93.320	93.110
					18.525	18.525
		192		777	9.010	9.979
		13			256	269
					2.733	2.733
		205		777	30.521	31.506
					62.662	62.662
					2.178	2.178
					64.840	64.840
		205		777	95.364	96.346
	2.170	1.263	2.170	3.849	188.684	189.456
	25	61	25		2.141	2.152
	80	74	80	48	3.184	3.146
	105	135	105	48	5.325	5.298
	992	950	992	869	85.561	85.396
	2.370	831	2.375	1.610	68.454	66.150
					10.996	10.996
					24.002	24.002
					88.819	88.819
					112.821	112.821
	4.180	2.107	4.183	2.044	70.109	65.897
					4.763	4.763
					4.763	4.763
	7.647	4.023	7.655	4.571	358.029	351.321
	−5.477	−2.760	−5.485	−722	−169.345	−161.865
	2	2	7	7	152	152
	5.072	5.072	5.090	2.307	40.385	40.385
	5.074	5.074	5.097	2.314	40.537	40.537
	5.500		5.500	4.500	133.920	127.420
	5.097	2.314	5.112	6.092	5.112	6.092
	128.420	122.920	133.920	127.420	133.920	127.420
	128.420	122.920	133.920	127.420	133.920	127.420
	−123.323	−120.606	−128.808	−121.328	−128.808	−121.328
	113.915	113.915	113.915	113.915	113.915	113.915
	67.805	67.805	67.805	67.805	67.805	67.805
	181.720	181.720	181.720	181.720	181.720	181.720
	−305.043	−302.326	−310.528	−303.048	−310.528	−303.048

Der Insolvenzplan

108 **Plan-Ist-Vergleich max. Obligo**

Zeile	Finanzposition	maximales Obligo per		
		1. Jahr	2. Jahr	3. Jahr
1	Umsätze (aus Produktion und Leistung)	13.602	13.602	13.602
2	Einnahmen aus Vermietung und Verpachtung	11.206	12.586	12.766
3	Sonstige Einnahmen	69.370	113.669	114.596
4	Summe Erlös aus Geschäftstätigkeit	94.178	139.857	140.964
5/6	Grundstücke/Gebäude	24.688	29.688	29.688
7	Maschinen, BGA	9.273	9.273	9.273
8	Beteiligungen	256	256	256
9	Sonstiges Anlagevermögen	2.733	2.733	2.733
10	Summe Verwertungserlöse Anlagevermögen	36.950	41.950	41.950
11	Forderungsverwertung	62.562	62.562	62.562
12	Sonstiges UV (Vorräte)	2.178	2.178	2.178
13	Summe Verwertungserlöse Umlaufvermögen	64.740	64.740	64.740
14	Summe Verwertungserlöse	101.690	106.690	106.690
15	Summe Mittelzufluss	195.868	246.547	247.654
16	Liquidationsvergütung und Auslagen	2.191	2.491	3.700
17	Gutachter-/Beratungs-/Prüfungsausgaben	3.781	5.197	5.697
18	Summe Liquidationskosten	5.972	7.688	9.397
19	Personallohn/Lohnnebenkosten	84.044	92.132	94.664
20	Betriebsausgaben	66.680	91.760	100.160
21	Produktionsausgaben	10.996	10.996	10.996
22	Verbindl. a. Lieferung und Leistung	23.985	23.985	23.985
23	Sonstige Verbindl./Rückstellungen	88.535	88.535	88.535
24	Summe Begl. Verbindlichkeiten	112.520	112.520	112.520
25	Sonstige Ausgaben	94.320	142.620	150.420
26	Zahlung Zinsen auf Altkredite			
27	Zahlung Zinsen auf Liqui-Kredite	4.763	4.763	4.763
28	Summe Finanzierungskosten	4.763	4.763	4.763
29	Summe Mittelabfluss	379.295	462.479	482.920
30	Liquiditätssaldo I	−183.427	−215.932	−235.266
31	Kasse (Monatsanfangsbestand)	152	152	152
32	Bank (Monatsanfangsbestand)	40.385	40.385	40.385
33	Summe Liquide Mittel (Monatsanfang)	40.537	40.537	40.537
34	Zu-/Abflüsse Liquid.-Darlehen*)	145.420	198.420	194.729
35	Liquidationssaldo II	2.530	23.025	
36	Zweckzuwendung neu			
37	Liquidatordarlehn	145.420	198.420	194.729
38	Summe kalkulat. Posten Abwicklung	145.420	198.420	194.729
39	Liquidationssaldo III	−142.890	−175.395	−194.729
40	Altkredite (Vergleichsquote)			
41	nicht bezahlte Zinsen auf Altkredite			
42	Liquiditätskredite Bank			
43	nicht bezahlte Zinsen auf Liqui-Kredite			
44	THA-Darlehen (zinslos)	113.915	113.915	113.915
45	Zweckzuwendungen alt	67.805	67.805	67.805
46	Summe kalkul. Posten vor Abwicklung	181.720	181.720	181.720
47	Liquidationssaldo IV*)	−321.610	−357.115	−376.449

*) Diese Werte wurden um TDM 20,4 reduziert entsprechend der Beteiligung des Freistaates Thüringen an den Altlasten.

Die vorstehenden Plananlagen, die je nach Größe der Unternehmen komplexer 109
Natur sein können, sollten durch Wirtschaftsprüfungsgesellschaften auf ihre Plausibilität geprüft werden.

6. Weitere Plananlagen (§ 230 InsO)

Über die vorstehenden Planrechnungen (§ 229 InsO) hinaus sind in besonderen Fäl- 110
len, z. B. bei einer Betriebsfortführung, weitere Anlagen erforderlich, mit denen sich
Beteiligte oder Dritte zur Vornahme von planergänzenden oder planbedingten
Rechtshandlungen verpflichten (*Hess* in HWW InsO, § 230 Rz. 3 m.w.N.).

Ist der Schuldner eine natürliche Person oder eine Gesellschaft ohne Rechtspersön- 111
lichkeit, ist im ersten Fall die Erklärung des Schuldners und im zweiten Fall die Erklärung des persönlich haftenden Gesellschafters vorzulegen, dass er bereit ist, den
Betrieb fortzuführen (§ 230 Abs. 1 Satz 1, 2 InsO; *Hess* in HWW InsO, § 230 Rz.
4 m.w.N.).

Die Erklärung des Schuldners ist entbehrlich, wenn der Schuldner den Plan selbst 112
vorgelegt hat. Nicht entbehrlich ist die Erklärung des persönlich haftenden Gesellschafters (*Hess* in HWW InsO, § 230 Rz. 5 m.w.N.).

Bei den Gesellschaften, die durch die Eröffnung des Insolvenzverfahrens aufgelöst 113
sind und nach Maßgabe des Insolvenzplanes fortgeführt werden sollen, kann mit
einem Fortsetzungsbeschluss der Gesellschafter die Gesellschaft als werbende fortgesetzt werden (§ 131 Nr. 3, § 144 Abs. 1 HGB, § 262 Abs. 1 Nr. 3, § 274 Abs. 1, 2 Nr. 1
AktG, § 60 Abs. 1 Nr. 4 GmbHG). Der Fortsetzungsbeschluss muss nicht als Anlage
beigefügt werden (s. aber für die Genossenschaft *Scheibner* DZWiR 1999, 8, 10). Das
Gericht darf den Plan aber erst bestätigen, wenn der Fortsetzungsbeschluss vorgelegt
wurde (§ 249 InsO; *Hess* in HWW InsO, § 230 Rz. 6 m.w.N.). Die Gesellschafter können sich in einer vertraglichen Vereinbarung verpflichten, einen Fortsetzungsbeschluss zu fassen und diese Erklärung dem Plan beizufügen (*Hess* a.a.O.; *Smid/Rattunde* in Sm InsO, § 230 Rz. 4).

Für den Fall, dass Gläubiger Arbeitsverhältnisse oder Mitgliedschaftsrechte an einer 114
juristischen Person, einem nicht rechtsfähigen Verein oder einer Gesellschaft ohne
Rechtspersönlichkeit übernehmen sollen, die ihnen ohne Einwilligung nicht aufgedrängt werden können, bestimmt § 230 Abs. 2 InsO, dass die zustimmende Erklärung
jedes dieser Gläubiger vorgelegt werden muss (*Hess* in HWW InsO, § 230 Rz. 7
m.w.N.).

Hat ein Dritter für den Fall der Planbestätigung Verpflichtungen gegenüber Dritten 115
übernommen, so ist zur Unterrichtung der Gläubiger die dahingehende Erläuterung
dem Plan beizufügen. Dritter kann eine natürliche Person oder eine Gesellschaft sein
(*Hess* in HWW InsO, § 230 Rz. 8 m.w.N.).

Die Vorschrift des § 230 Abs. 3 InsO schließt die Übernahme von Verpflichtungen 116
Dritter noch bis zum Abstimmungstermin nicht aus (*Hess* in HWW InsO, § 230
Rz. 9 m.w.N.).

VI. Die Abstimmung über den Insolvenzplan

1. Die Vorbereitung des Erörterungs- und Abstimmungstermins (§§ 232, 233, 234 InsO)

117 Wird der Insolvenzplan nicht zurückgewiesen, hat das Insolvenzgericht den Insolvenzplan

- dem Gläubigerausschuss, wenn er bestellt ist,
- dem Betriebsrat, wenn ein solcher besteht,
- dem Sprecherausschuss, wenn ein solcher bestellt ist,
- dem Schuldner, wenn der Verwalter den Plan vorgelegt hat,
- dem Verwalter, wenn der Schuldner den Plan vorgelegt hat,
- ggf. auch der für den Schuldner zuständigen amtlichen Berufsvertretung der Industrie, des Handels, des Handwerks oder der Landwirtschaft oder einer anderen sachkundigen Stelle

zur Stellungnahme zuzuleiten (§ 232 Abs. 1, 2 InsO) und eine Frist zur Vorlage der Stellungnahme zu setzen (§ 232 Abs. 3 InsO), die ebenfalls einen Monat nicht überschreiten sollte. S. *Hess* (in HWW InsO, § 232 Rz. 2), der ergänzend darauf hinweist, dass in der Genossenschaftsinsolvenz der Prüfungsverband, dem die Genossenschaft angehört, dazu gehört werden muss, ob der Insolvenzplan mit den Interessen der Genossen vereinbar ist (§ 116 Abs. 4 GenG).

117a Die Stellungnahmen sollen die Entscheidung der Beteiligten über den Plan vorbereiten, also deren Meinungsbildung über ihr künftiges Abstimmungsverhalten erleichtern. Dies gilt besonders hinsichtlich solcher Beteiligter, die aus Zeit-, Kosten- oder anderen Gründen nicht zu einer individuellen Prüfung des Plans und seiner Konsequenzen in der Lage sind (*Schiessler* Insolvenzplan, S. 134).

117b Gibt der Gläubigerausschuss, dessen Anhörung zwingend ist (*Hess* in HWW InsO, § 232 Rz. 4 m.w.N.), – evtl. im Rahmen einer ihm vom Gericht gesetzten Frist (*Kilger/ K. Schmidt* KO/VglO/GesO, § 177 KO, 1) – keine Stellungnahme ab, kann das Gericht ungeachtet dessen den Abstimmungs- und Erörterungstermin anberaumen; das Verfahren wird nicht gehemmt. Keine Stellungnahme des Gläubigerausschusses ist nicht mit seiner ablehnenden Erklärung gleichzusetzen (*Hess* a.a.O., Rz. 7 m.w.N.).

117c Auch die ausdrücklich erklärte Ablehnung des Gläubigerausschusses hindert die Fortführung des Verfahrens nicht, insbesondere nicht die allein maßgebende Abstimmung der Gläubiger über den Insolvenzplan (*Hess* in HWW InsO, § 232 Rz. 9 m.w.N.). Die Wirkung des § 232 InsO beschränkt sich daher darauf, einen eventuellen Widerspruch des Schuldners aus Anlass des vorgelegten Insolvenzplanvorschlags gegen die Weiterführung der Masseverwertung unberücksichtigt zu lassen (*Kuhn/Uhlenbruck* KO, § 177 Rz. 2).

117d Fakultativ kann das Insolvenzgericht die Stellungnahme der amtlichen Berufsvertretungen einholen (*Hess* in HWW InsO, § 232 Rz. 12 m.w.N.).

117e Amtliche Berufsverbände i.S.v. § 232 InsO sind Verbände wirtschaftlicher Art der Industrie, des Handels, des Handwerks und der Landwirtschaft. Sie können als Körperschaften des öffentlichen Rechts oder privat-wirtschaftlich organisiert sein, z. B.

- Handwerkskammern,
- Industrie- und Handelskammern,
- Landwirtschaftskammern.

Die Berufsvertretungen der freien Berufe können sein **117f**
- Anwaltskammern,
- Ärztekammern,
- Architektenkammern,
- Wirtschaftsprüferkammern,
- Steuerberaterkammern,
- Genossenschaftliche Prüfungsverbände.

Bei mehrfacher Kammerzugehörigkeit können auch mehrere Kammern um Stellungnahme gebeten werden (*Hess* in HWW InsO, § 232 Rz. 15). **117g**

Zweck der Anhörung der Berufsvertretung ist die Unterstützung des Gerichts, insbesondere zu der Beantwortung der Frage, ob der vorgelegte Insolvenzplan angemessen und durchführbar ist (*Hess* in HWW InsO, § 232 Rz. 16). **117h**

Die Stellungnahme ist für das Gericht informatorischer Natur und bindet das Gericht nicht, und zwar selbst dann nicht, wenn sich die Kammer gutachterlich äußert (*Bley/Mohrbutter* VglO, § 14 Rz. 10). **117i**

Falls die Durchführung des Insolvenzplans durch die Fortsetzung der Verwertung und der Verteilung der Insolvenzmasse gefährdet wird, kann das Insolvenzgericht auf Antrag, der schon im Insolvenzantragsverfahren gestellt werden kann (*Hess* in HWW InsO, § 233 Rz. 10 m.w.N.), des Schuldners oder des Verwalters die Aussetzung der Verwertung und Verteilung anordnen (§ 233 Satz 1 InsO), um dem Plan nicht die Grundlage zu entziehen (*Hess* a.a.O., Rz. 4 m.w.N. zu den Grenzen der Aussetzungsbefugnis des Gerichts). Der Aussetzungsbeschluss betrifft die massezugehörigen Gegenstände, die sich im Besitz des Schuldners befinden. Nicht erfasst werden die Gegenstände, die der Aussonderung unterliegen, und solche, an denen Absonderungsrechte geltend gemacht werden und sich im Besitz der Absonderungsgläubiger befinden (*Hess* a.a.O., Rz. 5 m.w.N.; *Obermüller* WM 1998, 483, 485). **118**

Zu Recht weist *Schiessler* (Insolvenzplan, S. 137 f.) darauf hin, dass dem Verwalter zu Gunsten einer Planvorlage des Schuldners die Möglichkeit eingeräumt wird, den eigenen Pflichtenkreis einzuschränken, und zwar dann, wenn die Planvorlage des Schuldners eine vorteilhaftere Verwertungsalternative darstellt, als diejenige, die die Gläubigerversammlung anstrebt. **118a**

Um jedoch entgegenzuwirken, dass der Schuldner die Verwertung und Verteilung der Masse verschleppt, **kann** das Gericht von dem Verwertungs- und Verteilungsmoratorium absehen oder aufheben, wenn **119**
- ein Nachteil für die Masse droht,
- der Verwalter mit Zustimmung des Gläubigerausschusses oder
- der Verwalter mit Zustimmung der Gläubigerversammlung

die Fortsetzung der Verwertung und Verteilung beantragt (§ 233 Satz 2 InsO; s. hierzu *Hess* in HWW InsO, § 232 Rz. 7 m.w.N. zu der Frage, inwieweit das Gericht verpflichtet ist, einen Fortsetzungsbeschluss zu fassen, und wie weit das Antragsrecht der Gläubiger reicht).

119a Das Gericht hat die Aussetzung der Verwertung und Verteilung auch zu unterlassen, soweit deren Fortsetzung vom Verwalter mit Zustimmung des Gläubigerausschusses oder der Gläubigerversammlung beantragt wird (§ 233 Satz 2, 2. Alt. InsO; *Hess* in HWW InsO, § 233 Rz. 8 m.w.N.). Den genannten Organen wird es ermöglicht, mit einem gemeinsamen Antrag jede Planinitiative des Schuldners zu entwerten. Dies entspricht dem Prinzip der Beteiligungsautonomie und dem Leitziel bestmöglicher Haftungsverwirklichung im Interesse der Gläubiger. Einer missbräuchlichen Ausübung des Antragsrechts wird dadurch vorgebeugt, dass neben dem jeweiligen Gläubigergremium auch der Insolvenzverwalter den Fortsetzungsantrag stützen muss, wodurch die Interessen aller Beteiligten gewahrt bleiben (*Hess* a.a.O.; *Schiessler* Insolvenzplan, S. 139; *Smid/Rattunde* Insolvenzplan, Rz. 184).

119b Droht der Masse wegen der Verwertungsaussetzung ein Schaden, kann der Antrag auf Fortsetzung der Verwertung selbst dann gestellt werden, wenn Gläubigerausschuss und/oder Gläubigerversammlung nicht mitwirken (*Hess* in HWW InsO, § 233 Rz. 9 m.w.N. zur Frage, worin der Schaden gesehen werden kann; s. *Smid/Rattunde* Insolvenzplan, Rz. 178, 180, 183).

120 Zur Information der Beteiligten ist der Insolvenzplan mit seinen Anlagen in der Geschäftsstelle des Amtsgerichts zur Einsichtnahme der Beteiligten auszulegen.

120a Eine Überlassung der fraglichen Unterlagen zu Händen eines Rechtsanwalts als Gläubigervertreter wird ausscheiden. Der notwendige geordnete gerichtliche Geschäftsgang (*LAG Hamm* vom 20.6.1974 – 8 Ta 56/74 – NJW 1974, 1920), insbesondere die Einsichtnahme durch andere Beteiligte (§ 234 InsO), wäre nicht gewährleistet. Dritten Personen können nur unter den Voraussetzungen des § 299 Abs. 2 ZPO (glaubhaft zu machendes rechtliches Interesse) Auszüge erteilt werden.

120b Die Entscheidung über die Aussetzung der Verwertung – längstens bis zur Rechtskraft der Entscheidung – über die Bestätigung oder Ablehnung des Insolvenzplans ist nicht beschwerdefähig (§ 6 InsO).

2. Der einheitliche Erörterungs- und Abstimmungstermin (§§ 235, 236, 240, 241 InsO)

121 Da durch die Vorlage des Insolvenzplanes die Prüfung und Feststellung der Insolvenzforderungen nicht entbehrlich wird, zumal meist erst nach Feststellung der Verbindlichkeiten verlässlich zu beurteilen ist, ob der Insolvenzplan durchgeführt werden kann, darf der Erörterungs- und Abstimmungstermin über den Plan nicht vor dem Prüfungstermin stattfinden (§ 236 Satz 1 InsO). Allerdings kann der vom Amtsgericht gem. § 235 Abs. 1 InsO zu bestimmende Erörterungs- und Abstimmungstermin mit dem Prüfungstermin verbunden werden (§ 236 Satz 2 InsO; *Hess* in HWW InsO, § 235 Rz. 13).

122 Der Erörterungs- und Abstimmungstermin, der nicht über einen Monat hinaus angesetzt werden soll (§ 236 Abs. 1 Satz 2 InsO), ist öffentlich bekannt zu machen (§ 235 Abs. 2 InsO), um darauf hinzuweisen, dass der Plan und die eingegangenen Stellungnahmen in der Geschäftsstelle eingesehen werden können (§ 235 Abs. 2 Satz 2 InsO; *Hess* in HWW InsO, § 235 Rz. 14 m.w.N.; zum Verzicht auf eine öffentliche Bekanntmachung bei Vertagung s. *Braun* in NR InsO, § 235 Rz. 5). Da es sich bei § 235 InsO um eine Ordnungsvorschrift handelt, ist auch eine andere Fristberechnung zulässig, also ab der Bekanntmachung (*Schiessler* Insolvenzplan, S. 142).

Zwingend ist dagegen das Gebot der öffentlichen Bekanntmachung (§ 235 Abs. 1 InsO), die nach § 9 InsO zu erfolgen hat; die fehlende öffentliche Bekanntmachung in der Form des § 9 InsO kann daher zur Verwerfungsentscheidung nach § 250 InsO führen (*Hess* in HWW InsO, § 235 Rz. 15; s. hierzu eingehend unten Rz. 1201). **122a**

Die Ladung der in § 235 Abs. 3 InsO bezeichneten Personen, **122b**
– die Insolvenzgläubiger, die Forderungen angemeldet haben,
– die Absonderungsberechtigten,
– der Insolvenzverwalter,
– der Schuldner,
– die nachrangigen Gläubiger, wenn sie zur Anmeldung der Forderungen aufgefordert wurden (*Braun* in NR InsO, § 235 Rz. 7),
– der Betriebsrat, der Sprecherausschuss der leitenden Angestellten (s. hierzu *Jaffé* in FK InsO, § 235 Rz. 52),
– Dritte, die in den Insolvenzplan einbezogen werden (*Hess/Weis* WM 1998, 2349, 2356),

ist zwingend (*Hess* in HWW InsO, § 235 Rz. 16). Diese Ladung, der der Abdruck des Plans oder eine Zusammenfassung des wesentlichen Inhalts beizufügen ist, erfolgt durch Aufgabe zur Post (§ 8 Abs. 1 Satz 2 InsO). Ziel ist es, allen Beteiligten die Möglichkeit zu geben, ihre Stellungnahme bei dem im Gericht stattfindenden Termin (§ 4 Abs. 1 InsO, § 219 ZPO) vorzutragen (*Hess* a.a.O. m.w.N.).

Da in dem Erörterungstermin der Plan von dem Vorlegenden erläutert und die Grundlage für eine endgültige Entscheidung geschaffen werden soll, sind die Insolvenzgläubiger, die absonderungsberechtigten Gläubiger, der Insolvenzverwalter, der Schuldner, der Betriebsrat, der Sprecherausschuss der leitenden Angestellten unter Beifügung eines Abdrucks des Planes gesondert zu laden (§ 235 Abs. 3 InsO; *Hess* in HWW InsO, § 235 Rz. 17 ff. m.w.N., wonach auch der Planbürge zu laden ist). Zu dem Erörterungsteil des Termins s. *Braun/Uhlenbruck* Unternehmensinsolvenz, S. 482. **123**

Die InsO geht davon aus, dass im Regelfall der allgemeine Prüfungstermin und der Erörterungstermin unabhängig voneinander abgehalten werden. Nach § 236 InsO ist eine Verbindung beider Termine **von Amts wegen** zulässig. Ohne dass es eines Antrages des Schuldners oder des Gläubigerausschusses bedarf, kann das Gericht die Terminsverbindung beschließen. Es handelt sich insoweit um eine Ermessensentscheidung (*Hess* in HWW InsO, § 236 Rz. 2 m.w.N.). **123a**

§ 236 InsO erlaubt sowohl die gleichzeitige Anberaumung beider zusammenzulegender Termine als auch die nachträgliche Anberaumung des Erörterungs- und Abstimmungstermins auf die Terminstunde des allgemeinen Prüfungstermins (*Hess* in HWW InsO, § 236 Rz. 3 m.w.N.). Letzteres wird den Regelfall darstellen, da nur „in den seltensten Fällen" (*Kuhn/Uhlenbruck* KO, § 180 Rz. 2) schon bei der Eröffnung des Insolvenzverfahrens ein verhandlungsfähiger Planvorschlag des Schuldners oder des Verwalters vorliegt. Wird der Planvorschlag mit dem Insolvenzantrag vorgelegt, kann in dem Eröffnungsbeschluss auch der Berichtstermin mit dem Prüfungs- und dem Erörterungs- und Abstimmungstermin verbunden werden (*Hess* a.a.O.). **123b**

124 In dem Erörterungstermin kann derjenige, der den Plan vorgelegt hat, einzelne Regelungen des Planes abändern (§ 240 Satz 1 InsO). Auch über den geänderten Plan kann in demselben Termin abgestimmt werden (§ 240 Satz 2 InsO). Diese Regelungen fördert die Verfahrensbeschleunigung (s. zur Vorgehensweise in Bezug auf die Zulassung der Änderung durch das Gericht und die Abstimmung *Hess* in HWW InsO, § 240 Rz. 3 m.w.N.). Sie birgt allerdings die Gefahr, dass die Gläubiger den Schuldner im Erörterungstermin unter Druck setzen, um ihm weitere Zugeständnisse abzuringen oder um eigene Vorstellungen zu verwirklichen.

125 Die Vorschrift des § 240 Satz 1 InsO muss daher als Ausnahmeregelung restriktiv dahingehend ausgelegt werden, dass die Änderungen den Kern des Plans nicht betreffen (vgl. Begr. RegE zu § 240 InsO in *Balz/Landfermann* Die neuen Insolvenzgesetze; *Hess* in HWW InsO, § 240 Rz. 4 m.w.N.; **a.A.** *Smid/Rattunde* Insolvenzplan, Rz. 194, 197, die wegen der Abgrenzungsschwierigkeiten vorschlagen, einen gesonderten Abstimmungstermin anzuberaumen).

126 Möglich sind danach auch kleinere inhaltliche Ergänzungen, so dass, z.B. wenn im Insolvenzplan ein Grundstück übertragen wird, Einzelbestimmungen hinsichtlich der Art und Weise (Lastenfreistellung etc.) ergänzt werden können.

127 Auf keinen Fall darf das nicht vorhandene Planinitiativrecht im Erörterungstermin dadurch umgangen werden, dass der zur Abstimmung vorgelegte Plan in seiner Zielsetzung geändert wird. Nicht möglich ist der Übergang von einem Insolvenzplantypus zu einem anderen, z.B. vom Liquidations- in einen Sanierungsplan (*Hess* in HWW InsO, § 240 Rz. 6 m.w.N.). Nach Festlegung der Stimmrechte ist eine Planmodifikation hinsichtlich der Gruppenbildung nicht mehr zulässig (*Smid/Rattunde* Insolvenzplan, Rz. 219 ff.).

128 Wird auf Grund der Diskussion im Erörterungstermin der Insolvenzplan abgeändert, dürfte regelmäßig ein gesonderter Abstimmungstermin erforderlich sein, in dem das Stimmrecht der Gläubiger auch schriftlich ausgeübt werden kann (§ 242 Abs. 1 InsO), wobei die schriftlich abgegebenen Stimmen bis spätestens einen Tag vor dem Abstimmungstermin dem Insolvenzgericht zugegangen sein müssen. Hierauf hat das Gericht bei der Zusendung des Stimmzettels hinzuweisen. Versäumt es einen derartigen Hinweis, so ist die Stimmabgabe auch dann wirksam, wenn der Stimmzettel nachträglich eingeht (*Hess* in HWW InsO, § 240 Rz. 7).

129 Der gesonderte Abstimmungstermin (s. hierzu *Braun/Uhlenbruck* Unternehmensinsolvenz, S. 485) wird regelmäßig deshalb geboten sein, damit die nicht erschienenen Gläubiger unterrichtet werden können. Den geänderten Abstimmungstermin soll das Gericht innerhalb eines Monats nach dem Erörterungstermin anberaumen. Der Schuldner und die stimmberechtigten Gläubiger sind zu laden, wobei auf die Änderung des Planes hinzuweisen ist (§ 241 Abs. 2 InsO; *Hess* in HWW InsO, § 240 Rz. 8).

130 Hat in dem Abstimmungstermin der Insolvenzplan nicht in allen Gruppen die erforderliche Mehrheit erreicht, kann eine zweite Abstimmung über den Insolvenzplan nicht stattfinden, da eine dahingehende Regelung, wie sie in § 292 RegE InsO enthalten war, nicht Gesetz wurde (*Hess* in HWW InsO, § 240 Rz. 9).

131 Allerdings kann der Vorlegende den Plan nochmals vorlegen, so dass ein erneuter Erörterungs- und Abstimmungstermin anberaumt werden muss, wenn der Plan nicht nach § 231 InsO zurückgewiesen wird (*Hess* in HWW InsO, § 240 Rz. 10).

3. Das Stimmrecht (§ 237 InsO)

§ 237 InsO legt das Stimmrecht der Gläubiger in Bezug auf die Abstimmung über den Insolvenzplan fest. Für das Stimmrecht der Gläubiger gelten die Grundsätze über das Stimmrecht in der Gläubigerversammlung entsprechend (§ 237 Abs. 1, § 77 Abs. 1 Satz 1, Abs. 2 und 3 Nr. 3 InsO). Das gewährte Stimmrecht wird von dem Urkundsbeamten der Geschäftsstelle in der Stimmliste festgehalten (§ 239 InsO; s. hierzu *Braun/Uhlenbruck* Unternehmensinsolvenz, S. 483 f.). Nachrangige Insolvenzgläubiger sind stimmberechtigt, da § 237 Abs. 1 Satz 1 InsO nicht auf § 77 Abs. 1 Satz 2 InsO verweist (*Hess* in HWW InsO, § 37 Rz. 3). 132

Dies bedeutet, dass zur Insolvenztabelle angemeldete Forderungen einschließlich der aufschiebend bedingten und der verspätet angemeldeten Forderungen, die weder vom Insolvenzverwalter noch vom Gläubiger bestritten worden sind, ein Stimmrecht gewähren. Ein Bestreiten des Schuldners ist insoweit für das Stimmrecht unerheblich (*Hess* in HWW InsO, § 237 Rz. 4 m.w.N.; **a.A.** *Braun* in NR InsO, § 237 Rz. 22 ff., der den verspätet angemeldeten Forderungen kein Stimmrecht gewähren will). 133

Gläubiger mit Forderungen, die von dem Insolvenzverwalter oder von anderen Gläubigern bestritten werden, sind stimmberechtigt, soweit sich der Verwalter und die erschienenen Gläubiger geeinigt haben. Können sich die Gläubiger und der Verwalter über das Stimmrecht nicht einigen, entscheidet das Gericht über das Stimmrecht. Diese Regelung gilt auch für die aufschiebend bedingten Forderungen (*Hess* in HWW InsO, § 237 Rz. 5). 134

Ein Rechtsmittel ist nicht vorgesehen (§ 6 Abs. 1 InsO); die Rechtspflegererinnerung ist ausgeschlossen (vgl. Art. 14 Nr. 2 EGInsO zur Neufassung des § 11 Abs. 3 Satz 2 RPflG). Das Gericht kann jedoch seine Entscheidung auf Antrag des Verwalters oder eines im Termin erschienenen Gläubigers ändern (§ 77 Abs. 2 Satz 3 InsO). Falls der Rechtspfleger die Entscheidung getroffen und diese sich auf das Abstimmungsergebnis ausgewirkt hat, kann der Richter auf Antrag eines Gläubigers oder des Insolvenzverwalters das Stimmrecht neu festsetzen und die Wiederholung der Abstimmung anordnen; der Antrag ist nur bis zum Ende des Abstimmungstermins zulässig (§ 18 Abs. 3 Satz 2 RPflG; *Hess* in HWW InsO, § 237 Rz. 6 m.w.N.). Um derartige Verfahrensverzögerungen zu vermeiden, sollte die Stimmrechtsfestsetzung regelmäßig vom Richter vorgenommen werden (*Schiessler* Insolvenzplan, S. 147 f.). 134a

Für den Fall, dass auch die nachrangigen Gläubiger abstimmen dürfen (§ 246 InsO), ist auch deren Stimmrecht festzustellen (*Hess* in HWW InsO, § 237 Rz. 7 m.w.N.), weil die Forderungen auf Anforderung des Gerichts angemeldet wurden. 135

Nach § 237 Abs. 1 Satz 2 InsO ist bei dem Stimmrecht der absonderungsberechtigten Gläubiger über den Plan zwischen dem gesicherten Teil der Forderung zu unterscheiden, mit dem der Gläubiger nach § 238 InsO stimmberechtigt ist, und der Ausfallforderung, mit der er bei den Insolvenzgläubigern abstimmen kann (*Hess* in HWW InsO, § 237 Rz. 8 m.w.N.; s. eingehend *Otte* in KP InsO, § 237 Rz. 7). 136

Soweit in dem Insolvenzplan die Rechtsstellung absonderungsberechtigter Gläubiger geregelt ist, werden die Rechte dieser Gläubiger einzeln erörtert. Die Absonderungsrechte, die weder vom Verwalter noch von einem anderen absonderungsberechtigten Gläubiger bestritten werden, gewähren ein Stimmrecht. Sind die Absonderungs- 137 rechte bestritten, gelten §§ 41, 77 Abs. 2, 3 Nr. 1 InsO entsprechend, d.h. Verwalter und absonderungsberechtigter Gläubiger müssen sich einigen oder das Gericht legt das Stimmrecht fest (*Hess* in HWW InsO, § 237 Rz. 9 m.w.N.).

138 Steht der Ausfall des Absonderungsberechtigten noch nicht fest, ist von dem mutmaßlichen Ausfall auszugehen. S. *Hess* (in HWW InsO, § 237 Rz. 10 m.w.N.) mit dem Hinweis, dass in dem Fall, in dem der Absonderungsberechtigte auf sein Absonderungsrecht verzichtet und kein Widerspruch erhoben wird, dem Gläubiger ein Stimmrecht als Insolvenzgläubiger zusteht.

139 Gläubiger, deren Forderungen durch den Plan nicht beeinträchtigt werden, z.B. deshalb weil die Ansprüche voll erfüllt werden, haben kein Stimmrecht (§ 237 InsO). Dies betrifft die Fälle, in denen der Plan entsprechend § 223 Abs. 1 InsO die Absonderungsrechte der Gläubiger unberührt lässt, ferner den Fall des § 225 Abs. 1 InsO, wonach die Forderungen nachrangiger Insolvenzgläubiger regelmäßig als erlassen gelten, schließlich aber auch Pläne, nach denen z.B. die Forderungen ungesicherter Kleingläubiger ohne Stundung voll erfüllt werden (*Schiessler* Insolvenzplan, S. 149). Beeinträchtigt werden die Forderungen der Gläubiger z.B. durch (Teil-)Erlass, Zinserlass, Stundung. Dies gilt auch für Gläubiger, deren Forderung in voller Höhe, aber zu einem späteren Zeitpunkt erfüllt wird (*Hess* in HWW InsO, § 237 Rz. 11; **a.A.** *Braun* in NR InsO, § 237 Rz. 36 ff.; *Otte* in KP InsO, § 237 Rz. 14; *Flessner* in HK, § 237 Rz. 8, die eine Erfüllungsverzögerung nicht als Gläubigerbeeinträchtigung ansehen).

4. Der Gleichbehandlungsgrundsatz (§ 226 InsO)

a) Allgemeines

140 Wenn – wie nach § 222 Abs. 2 InsO in jeder Gläubigergruppe – Beteiligte mit gleicher Rechtsstellung und gleichartigen wirtschaftlichen Interessen zusammengefasst werden, hat jeder Beteiligte einen Anspruch darauf, dass er und die übrigen Beteiligten seiner Gruppe gleichbehandelt werden (§ 226 Abs. 1 InsO). Abweichungen sind mit Zustimmung der Betroffenen zulässig (§ 226 Abs. 2 InsO). Allerdings sind nach § 226 Abs. 3 InsO Sonderabkommen des Verwalters, des Schuldners oder anderer Personen mit einzelnen Beteiligten über das Abstimmungsverhalten, die im Zusammenhang mit dem Insolvenzverfahren einen Vorteil gewähren, nichtig.

140a Die Feststellung, **welcher Gläubiger** die Zustimmung erteilen muss, bereitet in denjenigen Fällen keine Schwierigkeiten, in denen die **Zurücksetzung** eines Gläubigers oder eines klar abgegrenzten Kreises von Gläubigern durch ebenso klar erkennbare Planabreden erfolgen soll – hier ist lediglich die Zustimmung der konkret betroffenen Gläubiger notwendig.

140b Erfolgt dagegen eine **Bevorzugung** bestimmter Gläubiger, ist die Zustimmung der nicht bevorzugten und damit zurückgesetzten Gläubiger u.U. nicht ausreichend. Sind unbekannte, am Verfahren nicht teilnehmende, dem Plan jedoch unterfallende Gläubiger vorhanden oder kann ihr Vorhandensein nicht sicher ausgeschlossen werden (*Kuhn/Uhlenbruck* KO, § 181 Rz. 2), genügt die Zustimmung der zurückgesetzten, verfahrensbeteiligten Gläubiger nicht; soweit das Gericht also nicht die sichere Überzeugung gewonnen hat, dass die Benachteiligung bisher unbekannter Gläubiger **aus-**

geschlossen ist, wäre der Insolvenzplan mangels der erforderlichen Zustimmung gem. § 226 InsO zu verwerfen.

Nach allgemeiner Auffassung (vgl. *Jaeger/Weber* KO, § 181 Rz. 5; *Kuhn/Uhlenbruck* KO, § 182 Rz. 2; *Kilger/K. Schmidt* KO/VglO/GesO, § 181 KO, 2) kann dies vermieden werden, wenn der Plan vorsorglich vorsieht, die fragliche Bevorzugung auch allen etwaigen weiteren nicht bevorrechtigten Insolvenzgläubigern zuteil werden zu lassen. Abgesehen davon, dass dies die Zustimmungsbereitschaft der zurückgesetzten Gläubiger nicht unbedingt fördern dürfte, wird es auch Schwierigkeiten bereiten, eine derartige Klausel nach Maßgabe des übergeordneten Bestimmtheitsgrundsatzes zu formulieren. **140c**

Allerdings sind nach § 226 Abs. 3 InsO Sonderabkommen des Verwalters, des Schuldners oder anderer Personen mit einzelnen Beteiligten über das Abstimmungsverhalten, die im Zusammenhang mit dem Insolvenzverfahren einen Vorteil gewähren, nichtig. **140d**

b) Bedeutung des Gleichbehandlungsgrundsatzes

Der Gleichbehandlungsgrundsatz hat formal zur Folge, dass das Insolvenzgericht in den Fällen, in denen die Gläubiger nicht gleich behandelt werden sollen, die Zustimmung der zurückversetzten Gläubiger zu prüfen hat. Deshalb ist in dem Insolvenzplan für diesen Fall eine schriftliche Zustimmungserklärung der betroffenen Beteiligten vorzulegen (§ 226 Abs. 2 Satz 2 InsO). **141**

Die geforderte Gleichbehandlung gebietet, dass die Gläubiger wirtschaftlich gleichwertig behandelt werden. Eine wirtschaftlich gleichwertige Behandlung kann z.B. dann vorliegen, wenn für Forderungen unterschiedlicher Höhe verschiedene Planquoten ausbedungen werden oder ein Ausgleich durch längere oder kürzere Bemessung der Zahlungsfristen erzielt wird (*Bley/Mohrbutter* VglO, § 8 Rz. 18). **142**

Die Beweislast dafür, dass trotz einer Sonderbehandlung eines oder mehrerer Beteiligter eine wirtschaftliche Gleichbehandlung erfolgt, trifft den Planvorlegenden. **143**

Der Gleichbehandlungsgrundsatz gilt grundsätzlich für alle Beteiligten, jedoch nicht im Verhältnis zu mithaftenden Dritten. **144**

c) Verbotene Sonderbegünstigungen

Das Verbot des Sonderabkommens des Insolvenzverwalters, des Schuldners oder anderer Personen mit einzelnen Beteiligten (§ 226 Abs. 3 InsO), durch das das Abstimmungsverhalten beeinflusst werden soll oder mit dem im Zusammenhang mit dem Insolvenzplan nicht vorgesehene Vorteile gewährt werden, betrifft die Tatbestände der rein objektiven Begünstigung. Nicht erforderlich ist, dass die Begünstigung den am Sonderabkommen Beteiligten bewusst gewesen sein muss. **145**

Die Sonderabkommen können einzelne Gläubiger, aber auch Gläubigergruppen betreffen, wobei die Sonderbegünstigung offen oder heimlich geschehen kann (*Hess* in HWW InsO, § 226 Rz. 21). **146**

Eine Bevorzugung ist jede Besserstellung der Gläubiger, z.B. **147**
– die Einräumung eines Besserungsscheines,

Der Insolvenzplan

- eine Sicherheitsleistung der Muttergesellschaft an die Hausbank, die der Tochtergesellschaft einen Kredit gewährt hat (vgl. *Obermüller* DB 1976, 904),
- das Versprechen, eine Zahlung vorfristig zu leisten,
- Zahlungen an Dritte zum Ausgleich eines durch den Sozialplan erlittenen Verlustes,
- Finanzierungshilfen durch Vorauszahlungen auf zukünftige Lieferungen,
- Versprechen eines Wechselakzeptes für die Beträge eines Forderungsnachlasses,
- Verkauf von Waren unter Wert,
- Schaffung eines neuen Schuldgrundes.

148 Sonderabkommen sind nicht nur Verträge, auch Gestaltungsakte, Ermächtigungen (*Obermüller* DB 1976, 901, 902), Verpflichtungs- und Verfügungsgeschäfte, wie z. B. die insolvenzplanwidrige Erfüllung von Ansprüchen oder die weitergehende zusätzliche dingliche Sicherstellung aller Absonderungsrechte, können Sonderbegünstigungen sein. Keine Sonderbegünstigung liegt in einer Leistung durch einen Dritten vor, wenn dieser zusätzlich haftet (*Hess* in HWW InsO, § 226 Rz. 22).

149 Das Sonderabkommen muss entweder geschlossen werden, um das Abstimmungsverhalten eines Beteiligten zu beeinflussen, oder im Zusammenhang mit dem Insolvenzplan stehen. Dies bedeutet, dass das Sonderabkommen neben dem Insolvenzplan gelten soll (*BGH* vom 16.6.1952 – IV ZR 131/91 – NJW 1952, 1009; *OLG Karlsruhe* vom 16.11.1971 – 1 U 124/71 – KTS 1972, 111, 113). Nicht erforderlich ist, dass im Zeitpunkt des Abschlusses des Sonderabkommens schon ein Insolvenzplan oder ein Insolvenzantrag vorliegt. Es reicht aus, dass das Sonderabkommen im Hinblick auf einen künftigen Insolvenzplan geschlossen wird (*Hess* in HWW InsO, § 226 Rz. 24).

150 Ein relevantes Sonderabkommen liegt demnach schon dann vor, wenn ein Insolvenzplan in Erwägung gezogen wird (*Hess* in HWW InsO, § 226 Rz. 25).

151 Nichtig sind die Sonderabkommen, nicht der Insolvenzplan selbst und die Sonderabkommen nur, sofern der Insolvenzplan gerichtlich bestätigt wird. Dies hat zur Folge, dass es an einer Bevorzugung im Zusammenhang mit dem Insolvenzplan fehlt, wenn der Insolvenzplan nicht rechtswirksam zustande kommt (*Hess* in HWW InsO, § 226 Rz. 26 m.w.N.).

152 Bis zur Bestätigung des Insolvenzplanes sind die Vorzugsabkommen schwebend unwirksam. Dies deshalb, weil die Zustimmung der zurückversetzten Gläubiger nachgeholt werden kann, z. B. wenn das Sonderabkommen zum Gegenstand des Insolvenzplanes selbst gemacht wird (§ 226 Abs. 2 InsO; *Hess* in HWW InsO, § 226 Rz. 27). Dies kann geschehen bis zum Schluss der Abstimmung über den Insolvenzplan (**a.A.** *Bork* Einführung in das neue Insolvenzrecht, Rz. 322; *Schiessler* Insolvenzplan, die meinen, dass ein nichtiges Verzugsabkommen nicht durch Genehmigung der Benachteiligten heilbar sei).

d) Die Nichtigkeit von Sonderabkommen

152a Die Nichtigkeit von Sonderabkommen betrifft den Fall der Planbestätigung, nicht den, dass der Insolvenzplan nicht zustande kommt, oder den, dass der Insolvenzplan nicht bestätigt wird.

152b Die Nichtigkeit des Sonderabkommens soll nicht unlautere Einflüsse von dem Insolvenzplan fernhalten, sondern die Gläubiger hinsichtlich des Anspruchs auf Gleichbehandlung schützen (*Bley/Mohrbutter* VglO, § 8 Rz. 42; s. auch *Breutigam* in BBG Insolvenzrecht, § 226 Rz. 13).

152c Nichtig sind auch insolvenzplanstörende Abkommen wie Stimmrechtsbindungsvereinbarungen (*Hess* in HWW InsO, § 226 Rz. 30).

152d Die Nichtigkeit des Abkommens ist absolut und wirkt nicht nur zu Gunsten der Gläubiger, sondern gegenüber jedermann (*Bley/Mohrbutter* VglO, § 8 Rz. 44).

152e Die Nichtigkeit erfasst alle in dem Sonderabkommen
- gegebenen Schuldversprechen (z.B. zur weitergehenden oder früheren Befriedigung oder zur Schuldverstärkung),
- gewährten Verfügungen (z.B. Verpfändungen, Sicherungsübereignung, Bestellung von Grundpfandrechten),
- erbrachten schuldtilgenden Leistungen.

152f Die in Sonderabkommen bestellten Grundpfandrechte sind nichtig. Das bedeutet, dass das Grundbuch unrichtig ist und zur Verhinderung gutgläubigen Erwerbs ein Widerspruch eingetragen werden kann (§ 899 BGB; *Bley/Mohrbutter* VglO, § 8 Rz. 45).

152g Da die schuldtilgende Leistung nichtig ist, ist es fraglich, ob auf Grund der Nichtigkeit des Erfüllungsgeschäfts z.B. der Empfänger den Besitz einer Sache herausgeben muss, weil er nicht Eigentümer geworden ist, oder ob dem Herausgabeverlangen § 817 BGB entgegensteht, weil sowohl dem Leistenden als auch den Empfängern ein Gesetzes- oder Sittenverstoß zur Last fällt. Die streitige Frage (s. *Bley/Mohrbutter* VglO, § 8 Rz. 46) ist dahingehend zu entscheiden, dass § 224 InsO die Anwendung des § 817 BGB verdrängt (*Hess* in HWW InsO, § 226 Rz. 34).

152h Zu Sondervereinbarungen zwischen Schuldner und Gläubiger nach wirksamer Bestätigung eines Planes s. die Nachw. bei *Kuhn/Uhlenbruck* KO, § 181 Rz. 12; derartige Vereinbarungen sind grundsätzlich wirksam, es sei denn, dass sie unmittelbar oder mittelbar der Sache nach eine Umgehung des § 226 Abs. 3 InsO darstellen, insbesondere nur zur Bestätigung einer vor Planabschluss getroffenen, nach Maßgabe des § 226 Abs. 3 InsO unwirksamen Vereinbarung dienen sollen (*BGH* vom 10.11.1971 – VIII ZR 43/70 – KTS 1972, 97; *Gottwald* InsolvenzRHdb, § 66 Rz. 18; *Kilger/ K. Schmidt* KO/VglO/GesO, § 181 KO, 5).

5. Die Gruppenbildung (§ 222 InsO)

a) Allgemeines

153 Da der Insolvenzplan die jeweilige vermögensrechtliche Situation der Gläubiger berücksichtigen soll, muss der Plan entsprechend der Rechtsstellung der Beteiligten hinsichtlich der verschiedenen Gläubigergruppen differenzieren (§ 222 Abs. 1 Satz 1 InsO). Der Plan muss zumindest hinsichtlich der
- Absonderungsberechtigten, wenn durch den Plan in ihre Rechte eingegriffen wird,
- den nicht nachrangigen Gläubigern, die mit einer Quote rechnen können,
- den nachrangigen Gläubigern, die regelmäßig nicht mit einer Quote rechnen können,

unterscheiden (*Hess* in HWW InsO, § 222 m.w.N. Zu einer weitergehenden Differenzierung bei der Gruppenbildung s. das Beispiel bei *Smid* InVo 1997, 169, 170 f.; *Hess/Weis* WM 1998, 2349, 2354 zur Differenzierung der Gruppenbildung von den Arbeitnehmern; zur Gruppenbildung bei der Sanierung eines Bauträgers s. *Bergan/Schmeisser* DStR 2001, 270, 273; zur Gruppenbildung in Insolvenzplänen für eingetragene Genossenschaften s. *Terbrack* ZInsO 2001, 1027.

154 Aber auch innerhalb der Beteiligten gleicher Rechtsstellung können Gruppen gebildet werden (s. hierzu die Gestaltungsgruppen bei *Braun/Uhlenbruck* Unternehmensinsolvenz, S. 595 f.), in denen die Gläubiger gleicher wirtschaftlicher Interessen zusammengefasst werden (§ 222 Abs. 2 InsO). Die Kriterien für die geforderte **sachgerechte Abgrenzung** (§ 222 Abs. 2 Satz 2 InsO) ist im Insolvenzplan selbst anzugeben (§ 222 Abs. 2 Satz 2 InsO). Wird die sachgerechte Aufteilung der Gruppen nicht erläutert, hat das Insolvenzgericht auf eine entsprechende Ergänzung hinzuwirken (§ 231 InsO). Sind die Gruppen sachgerecht abgegrenzt, entscheiden die Beteiligten über die Angemessenheit der Regelung (*Hess* in HWW InsO, § 222 Rz. 9 m.w.N.). *Otte* (in KP InsO, § 222 Rz. 8) weist darauf hin, dass bei einer nicht sachgerechten Abgrenzung der Gläubigergruppen der Mehrbeitsbeschluss der Gläubiger die Sachgerechtigkeit fingieren kann. Zur Differenzierung der Gläubigergruppen in der Genossenschaftsinsolvenz (§ 116 Abs. 3 GenG) s. *Scheibner* DZWiR 1999, 8, 9; zur Ein-Gläubiger-Gruppe s. *Smid* ZInsO 1998, 347, 352.

154a Entgegen *Smid* (InVo 1997, 169) gilt, dass die Typen der Gläubigergruppen gem. § 222 Abs. 1 und 3 InsO nicht die Möglichkeit einer weiteren beliebigen Gruppenbildung gem. § 222 Abs. 2 InsO begrenzen. Bei der Gruppenbildung ist die voraussichtliche wirtschaftliche Werthaltigkeit einer Forderung oder einer Sicherheit ein sachgerechtes Kriterium für die Zuordnung zu einer bestimmten Gläubigergruppe. Dem Insolvenzgericht obliegt im Rahmen des § 231 InsO keine Inhaltskontrolle bezüglich der vorgesehenen Abstimmungsgruppen.

155 Für den **PSVaG** kann eine eigene Gruppe gebildet werden, wobei über Art. 91 Nr. 2 und 4 EGInsO § 7 Abs. 4, § 9 Abs. 4 Satz 1 BetrAVG in der neuen Fassung gelten und damit nicht mehr die quotale Befriedigung im Vordergrund steht (*Hess* in HWW InsO, § 222 Rz. 11 m.w.N.).

156 Auch für die **Arbeitnehmer** ist eine eigene Gruppe zu bilden, wenn sie mit einer erheblichen Forderung beteiligt sind. Das ist der Fall bei rückständigen Löhnen und Gehältern, die außerhalb des Insolvenzausfallgeldzeitraumes liegen, sowie für die Löhne und Gehälter, die nach der Verfahrenseröffnung anfallen und nicht bedient werden können (*Hess* in HWW InsO, § 222 Rz. 13 m.w.N.).

157 Die **Kleingläubigereigenschaft** wird anhand der Höhe der angemeldeten Forderung ermittelt, im Regelfall bis zu 600 € (s. zur Begr. unten Rz. 204). Es kann ebenfalls eine eigene Gruppe gebildet werden (*Hess* in HWW InsO, § 222 Rz. 14; abw. zum Begriff des Kleingläubigers s. insbesondere *Braun* in NR InsO, § 222 Rz. 84 ff.).

158 Keine eigene Gruppe muss gebildet werden, wenn der Plan die Rechte der gesicherten Gläubiger nicht tangiert und nach dem Plan die Forderungen der nachrangigen Gläubiger als erlassen gelten (§ 225 InsO; *Hess* in HWW InsO, § 222 Rz. 15).

Die Bildung der Gläubigergruppen erfolgt dabei durch den Planinitiator, d. h. den **159** Insolvenzverwalter oder den Schuldner (§ 218 InsO), innerhalb des Planes selbst, nämlich gem. §§ 221, 222 InsO im gestaltenden Teil.

Gerade in der Person des Schuldners könnte die Aufstellung der Gläubigergruppen **160** auch ein Werkzeug zu Manipulationen des Abstimmungsergebnisses darstellen, so dass in diesem Zusammenhang einer Reihe von Fragen nachgegangen werden muss. Vgl. *Smid* (InVo 1997, 169, 171), der die Abstimmung innerhalb der Gruppen mit einem Sportereignis gleichgestellt, wenn er das Ergebnis der Planbefürworter und der Plangegner mit 6:2 darstellt, wobei die Mannschaft der Planbefürworter nur dann gewonnen hat, wenn das Gericht die Widersprüche der Plangegner zurückweist.

Smid (a.a.O.) und *Smid/Rattunde* (Insolvenzplan, Rz. 432 ff.) haben eine Reihe von **161** Thesen zur Bildung der Gläubigergruppen aufgestellt, die überlegenswerte Denkansätze enthalten, auf deren Einzelheiten im Folgenden näher eingegangen werden soll.

aa) Gerichtliche Kontrolle der Gruppenbildung

Nach Auffassung von *Smid* (InVo 1997, 169, 176 f.) soll die sachliche Abgrenzung der **162** Gläubigergruppen einer **Inhaltskontrolle** durch das Insolvenzgericht dahingehend unterliegen, ob die Gruppenbildung manipulativen Charakter hat.

Ausgangspunkt seiner Überlegung ist die Vorschrift des § 231 Abs. 1 InsO, der die **163** Zurückweisung des Insolvenzplanes durch das Insolvenzgericht in bestimmten – näher aufgeführten – Fällen regelt, nämlich
- bei Nichtbeachtung der Vorschriften über das Recht zur Vorlage und den Inhalt des Planes, sofern der Mangel nicht zu beheben ist oder nicht innerhalb einer vom Insolvenzgericht gesetzten Frist behoben wird (§ 231 Abs. 1 Nr. 2 InsO),
- wenn ein vom Schuldner vorgelegter Plan offensichtlich keine Aussicht auf Annahme durch die Gläubiger oder auf Bestätigung durch das Insolvenzgericht hat (§ 231 Abs. 1 Nr. 2 InsO),
- wenn die Ansprüche, die den Beteiligten nach dem gestaltenden Teil eines vom Schuldner vorgelegten Planes zustehen, offensichtlich nicht erfüllt werden können (§ 231 Abs. 1 Nr. 3 InsO).

Als Rechtsgrundlage für eine solche gerichtliche Kontrolle der sachgerechten Grup- **164** penabgrenzung kommt die Alternative der Nr. 1 *„ob die Vorschriften... über den Inhalt des Planes... beachtet sind"* in Betracht. Aus den Gesetzesmaterialien ergibt sich, dass die Vorschrift des § 231 Abs. 1 Nr. 1 InsO die formale Prüfung einschließt, ob die im Plan vorgesehenen Gruppen der Gläubiger nach sachgerechten, im Plan angegebenen Kriterien voneinander abgegrenzt sind (vgl. Begr. RegE zu § 231 InsO, abgedruckt in *Balz/Landfermann* a.a.O.; s. hierzu auch die Nachw. bei *Hess* in HWW InsO, § 222 Rz. 21).

Dementsprechend geht *Smid* (InVo 1997, 169, 176) zu Recht davon aus, dass das **165** Insolvenzgericht berechtigt ist zu prüfen, ob die gesetzlichen Gläubigergruppen des § 222 Abs. 1 Nr. 1–3 und Abs. 3 InsO ordnungsgemäß gebildet wurden und ob weitere Gruppen auf Grund der rechtlichen Homogenität des Rechtsgrundes der repräsentierten Forderung sachgerecht abgegrenzt worden sind (*Hess* in HWW InsO, § 222 Rz. 22).

166 Er kritisiert in diesem Zusammenhang, dass bei dieser am gesetzlichen Wortlaut orientierten Auslegung des § 231 InsO die Prüfung, ob die konkrete vom Planinitiator vorgenommene Gruppenabgrenzung manipulativen Charakter hat, nicht der gerichtlichen Inhaltskontrolle unterliege und § 231 InsO zu einem Instrument reduziert würde, um evident materiell aussichtslose oder auf Grund grober Formverstöße unzulässige Planinitiativen im Vorfeld des aufwändigen Abstimmungsverfahrens abzublocken (*Smid/Rattunde* Insolvenzplan, Rz. 485).

167 *Smid* (InVo 1997, 169, 177) erachtet eine weitgehende gerichtliche Inhaltskontrolle als erforderlich, um die Rechte der Gläubiger zu wahren. Diese würden durch die Verfahrenseröffnung zur Teilnahme am Insolvenzverfahren (*Smid* spricht insofern vom Konkursverfahren, was missverständlich ist, weil das Konkursverfahren keinen Insolvenzplan kennt) faktisch gezwungen. Nur dort könnten sie ihre Rechte durchsetzen, weil gerade in den Insolvenzverfahren über das Vermögen von juristischen Personen die Schuldnerin regelmäßig nach Verfahrensabschluss nicht mehr in Anspruch genommen werden könne.

bb) Die verfassungsmäßige Relevanz der Gruppenbildung

168 Durch die Zuordnung zu einer bestimmten Gläubigergruppe könne – so meint *Smid* (InVo 1997, 169, 177) – die Wahrnehmung des rechtlichen Gehörs (Art. 103 Abs. 1 GG) und das Eigentumsrecht des Gläubigers (Art. 14 GG) beeinträchtigt werden.

169 Der Umstand, dass der Gläubiger in der Abstimmung überstimmt wird, stellt nach richtiger Ansicht keine Verletzung des rechtlichen Gehörs dar. Im Erörterungstermin (§ 235 InsO) hat der Gläubiger das Recht und die Möglichkeit, sich zu dem Plan zu äußern (*Hess* in HWW InsO, § 222 Rz. 26).

170 Selbst wenn das Abstimmungsergebnis von vornherein auf Grund der vermeintlich manipulativen Gruppenbildung feststehen sollte, ist damit nicht gesagt, dass der Gläubiger rechtlos ist (s. hier den Minderheitenschutz des § 251 InsO).

171 Nach § 251 InsO ist auf Antrag eines Gläubigers die Bestätigung des Insolvenzplanes zu versagen, wenn der Gläubiger
– dem Plan spätestens im Abstimmungstermin schriftlich oder zu Protokoll der Geschäftsstelle widersprochen hat und
– er durch den Plan schlechter gestellt wird, als er ohne den Plan stünde, was glaubhaft zu machen ist.

172 Durch diese Vorschrift ist nicht nur die Ausübung des rechtlichen Gehörs gewährleistet, sondern auch, dass der Plan keine Schlechterstellung des Gläubigers beinhaltet. Sofern eine Schlechterstellung des Gläubigers ausscheidet, entfällt auch ein rechtswidriger Eingriff in die grundsätzlich geschützte Eigentumsgarantie (*Hess* in HWW InsO, § 222 Rz. 29).

173 Anders als in § 231 InsO normiert der Gesetzgeber in § 251 InsO ausdrücklich eine inhaltliche Kontrolle des Planes im Hinblick auf die materiellrechtlichen Regelungen.

174 Das Insolvenzgericht überprüft in diesem Zusammenhang zwar nicht die Frage nach einer manipulativen Abgrenzung der Gläubigergruppen, ist aber verpflichtet, wenn nur **ein** Gläubiger durch den Plan schlechter gestellt wird, eine Bestätigung des Planes auf dessen Antrag hin zu versagen.

Eine weitere Möglichkeit der Gläubiger, gegen den Plan vorzugehen, stellt die sofortige Beschwerde gegen die Bestätigung des Planes dar (§ 253 InsO). **175**

Der Wortlaut, die rechtssystematische und die rechtsdogmatische Auslegung der §§ 231, 248 und 251 InsO zeigen, dass der Gesetzgeber der Verfahrensökonomie zuliebe in § 231 InsO bewusst nur eine **summarische Prüfung** und nicht eine Inhaltskontrolle des Insolvenzplanes vorgesehen hat (*Hess* in HWW InsO, § 222 Rz. 32). **176**

Dass § 231 InsO dem Insolvenzgericht keine umfassende Inhaltskontrolle aufbürden wollte, sondern lediglich die summarische Prüfung der wesentlichen Voraussetzungen erfolgen soll, ergibt sich auch aus der Begr. des Gesetzentwurfes und dem Wort „offensichtlich" in § 231 Abs. 2 Nr. 2 und 3 InsO (vgl. *Smid* InVo 1997, 169, 177). **177**

Eine wertende Inhaltskontrolle (*Smid* InVo 1997, 169, 177) lässt sich weder aus dem Gesetzeswortlaut herleiten noch besteht hierfür ein Bedürfnis, und zwar auch dann nicht, wenn *Smid* (a.a.O., 179) vorsichtigerweise von einer summarischen Prüfung der sachgerechten Abgrenzung spricht, da sich bei einer Gesamtbetrachtung der Vorschriften die verfassungsrechtlichen Bedenken nicht bestätigen (*Hess* in HWW InsO, § 222 Rz. 34). **178**

cc) Die Bildung mehrerer Gläubigergruppen

Die Aufspaltung in weitere Gläubigergruppen als die gesetzlich vorgesehenen soll nach *Smid* (InVo 1997, 169, 179) nur in begründeten Ausnahmefällen zulässig sein. **179**

Smid befürchtet, dass durch eine Aufspaltung der Gläubiger in Kleingruppen die Durchsetzung des Obstruktionsverbotes beschränkt werde und hält aus diesem Grund die Aufspaltung in Gläubiger als Inhaber rechtlich strukturell gleichartiger Forderungen und die Zusammenfassung der Gläubiger in verschiedenen Gläubigergruppen für unzulässig. **180**

Richtig ist, dass die Gruppenaufspaltung eines sachlichen Grundes bedarf. Im Übrigen ist die Aufspaltung in weitere Gruppen im Gesetz (§ 222 Abs. 2 InsO) **ausdrücklich** vorgesehen, ohne dass eine weitere Einschränkung normiert ist (*Hess* in HWW InsO, § 222 Rz. 37 m.w.N.; *ders.* InVo 1998, 64, 65; *Kallmeyer* ZInsO 1999, 255, 261 ff.). **181**

Für die von *Smid* behauptete Begrenzung der Gruppenbildung fehlen sowohl nach Gesetzeswortlaut als auch nach den Materialien jegliche Anhaltspunkte (*Hess* in HWW InsO, § 222 Rz. 38). **182**

dd) Die Werthaltigkeit der Forderungen oder die Sicherung des Kriteriums der Gruppenbildung

Nach *Smid* (InVo 1997, 169, 176; *Smid/Rattunde* in Sm InsO, § 222 Rz. 12 ff.) ist für die Bildung der Abstimmungsgruppen nicht die wirtschaftliche Werthaltigkeit, sondern allein die rechtliche Einordnung der Gläubigerforderungen maßgeblich. **183**

Dies begründet *Smid* mit den bewertungsbedingten Unsicherheiten (InVo 1997, 169, 173), die die Werthaltigkeit der Sicherheiten bestimmen. Er übersieht dabei, dass eine Bewertung der Insolvenzmasse (zu der auch sicherungsübereignete Gegenstände und die sicherheitshalber abgetretenen Forderungen gehören) in dem nach § 152 InsO zu erstellenden Vermögensverzeichnis vorzunehmen ist (*Hess* in HWW InsO, § 222 Rz. 40). **184**

185 Seine These untermauert *Smid* mit dem Argument, dass gerade in den häufigen Fällen der Massearmut die Werthaltigkeit der Forderungen kein Unterscheidungsmerkmal biete. *Smid* geht hierbei davon aus, dass im Regelfall der Insolvenzen sich lediglich eine Alternative zwischen wertlosen und in geringem Maße werthaltigen Forderungen „wegen der zweifelhaften Hoffnung auf einen geringwertigen Erlös aus der Verwertung von Sicherheiten" darstelle.

186 Dies unterlegt er mit einem **Einzelbeispiel**, in dem das Sicherungsgut aus verderblichen Waren besteht, wobei er davon ausgeht, dass in diesem Fall die Forderungen nur dann werthaltig seien, wenn es dem Verwalter gelänge, „unter konkurslichen Bedingungen Masse zu konstituieren" (*Smid* InVo 1997, 169, 173; was immer das heißen mag).

187 Abgesehen davon, dass es sich bei der Verwertung verderblicher Ware um einen typischen Fall des Notverkaufs (der bereits während der vorläufigen Insolvenzverwaltung zulässig ist) handelt mit der Folge, dass die Forderungen i.d.R. zumindest teilweise werthaltig sind, lässt dieses Einzelbeispiel keinerlei Rückschlüsse auf die Mehrzahl der Insolvenzfälle zu (*Hess* in HWW InsO, § 222 Rz. 43).

188 Die Erfahrungen **in der Praxis** zeigen, dass in den Insolvenzfällen die gesicherten Gläubiger eine realistische Befriedigungschance haben. Gerade die erst- und zweitrangigen Grundpfandgläubiger müssen sich in den seltensten Fällen (z.B. Altlastenfällen) mit einem „geringwertigen Erlös" zufrieden geben (*Hess* in HWW InsO, § 222 Rz. 44).

189 Diese These von *Smid* lässt sich nur in Fällen aufrechterhalten, in denen gar keine nennenswerten Massegegenstände vorhanden sind, nicht aber im Regelfall, in dem die wesentlichen Vermögensgegenstände zur Besicherung von Verbindlichkeiten zur Verfügung stehen.

190 Als weiteres Argument führt *Smid* an, dass das US-amerikanische Recht innerhalb der Gläubigergruppen nicht nach der wirtschaftlichen Werthaltigkeit differenziere.

191 Es kann dahingestellt bleiben, ob die zahlreichen Zitate – wonach die Gerichte in den USA sich seit einer Reihe von Jahren nicht von ökonomischen Aspekten bei der Gruppenbildung leiten lassen – zutreffend sind, zumal *Braun/Uhlenbruck* (Unternehmensinsolvenz, S. 590 f.) zu dem amerikanischen Recht ausführen:

„Von dieser ausdrücklichen Regelung der Behandlung von Bagatellforderungen abgesehen, beschränkt sich das Gesetz im übrigen jedoch hinsichtlich der zwingenden Vorgaben bezüglich der Klassifizierung der einzelnen Forderungen auf die **Generalklausel**, *wonach nur Forderungen, die* **im wesentlichen gleich** *sind, in die gleiche Klasse eingestuft werden dürfen. Diese Regelung schreibt ihrem Wortlaut nach zwar lediglich fest, dass die einzelne, gebildete Klasse in ihrer Zusammensetzung homogen sein muß, sie schreibt jedoch nicht vor, daß gleichartige Forderungen unbedingt in die gleiche Klasse eingestuft werden müssen."*

Und weiter:

„Im amerikanischen Chapter-11-Verfahren sind auf jeden Fall **von den ungesicherten Forderungen die gesicherten Forderungen zu trennen.** *Dabei sind* **teilgesicherte Forderungen** *– also Forderungen, denen nicht in voller Höhe eine entsprechende Sicherheit*

*gegenübersteht, z. B. weil der Wert des mit einem Grundpfandrecht belasteten Grundstücks hinter der Höhe der gesicherten Forderung zurückbleibt – grundsätzlich **in einen gesicherten Teil und einen ungesicherten** aufzuspalten".*

Weiter führen *Braun/Uhlenbruck* (a.a.O.) aus: **192**

„Innerhalb der gesicherten Forderungen wird dann im Regelfall für jede gesicherte Forderung eine eigene Klasse gebildet. Dies gilt einerseits für Sicherheiten verschiedener Rangklassen an demselben Pfandgegenstand (also beispielsweise erst-, zweit- und drittrangige Hypothek etc.), dies gilt andererseits aber auch für gleichrangige Pfandrechte an unterschiedlichen Pfandgegenständen (also beispielsweise für erstrangige Grundpfandrechte an unterschiedlichen Grundstücken). Innerhalb der ungesicherten Forderungen sind sodann die nicht bevorrechtigten ungesicherten Forderungen von den bevorrechtigten Forderungen zu unterscheiden."

Für die Bedeutung der Werthaltigkeit von Sicherungsrechten bei der Gruppenbildung spricht Folgendes: **193**

In erster Linie kann die Intention des Gesetzgebers, den **wirtschaftlich** Beteiligten die Entscheidung über die Verfahrensabwicklung zu übertragen, herangezogen werden (vgl. Begr. RegE, abgedruckt bei *Balz/Landfermann* a.a.O., S. 12). **194**

Wenn in der Begr. des RegE u. a. ausgeführt wird: **195**

„Bei der Masseverwertung durch einen Plan hat der Gleichbehandlungsgrundsatz eine andere Bedeutung als bei der konkursmäßigen Zwangsverwertung des Schuldnervermögens. Im Konkurs müssen unbestimmte Forderungen mit ihrem Schätzwert angesetzt, betagte als fällig behandelt und unverzinsliche abgezinst werden. Ein Plan ist dagegen erst in der Zukunft abzuwickeln. Hierbei kann es sinnvoll sein, etwa die bei Verfahrensbeginn bereits fälligen und die erst als fällig fingierten Forderungen unterschiedlich zu behandeln, desgleichen Forderungen, deren Betrag bei Verfahrenseröffnung bekannt ist, und solche, die lediglich dem Grunde nach bestehen."

Bei den vom Gesetzgeber angesprochenen Differenzierungskriterien handelt es sich um **wirtschaftliche** Abgrenzungsmerkmale. **196**

Die Abgrenzung der Gruppe muss sich an der Werthaltigkeit der Forderung und damit an der Werthaltigkeit eventueller Sicherheiten orientieren, da die Insolvenzmasse nur in beschränktem Maße für die Gläubiger eine Quote bringt (*Hess* in HWW InsO, § 222 Rz. 53). **197**

Die Zusammenfassung der Gläubiger zu einer Zwangsgemeinschaft führt nicht dazu, dass die Gläubiger gleichgerichtete Interessen verfolgen. Das Handeln eines jeden Gläubigers zielt darauf ab, die eigene Forderungen ggf. auch zu Lasten der übrigen Gläubiger bestmöglich zu realisieren. Deshalb geht das Interesse der Gläubiger, zu deren Gunsten Sicherheiten bestellt sind, in eine andere Zielrichtung als das Interesse der Gläubiger, deren Forderungen nicht gesichert sind und ggf. in einem massearmen Verfahren mit ihrem Befriedigungsinteresse zurücktreten müssen. Dass dies rechtstatsächlich so ist, hat die Diskussion um die Verwertungskostenbeiträge der Gläubiger und die Abschaffung des Selbstverwertungsrechts der gesicherten Gläubiger gezeigt. Da aber auch innerhalb der gesicherten Gläubiger – orientiert am Wert der Sicherheit – unterschiedliche Abwicklungsbestrebungen zu beobachten sind, muss **198** auch insoweit eine gewisse Homogenität der Gruppenbildung gesichert werden (*Hess* in HWW InsO, § 222 Rz. 54 ff. mit exemplarischen Beispielsfällen).

199 Die Sachargumente zeigen, dass es geboten ist, bei der Abgrenzung der Gläubigergruppen neben den in § 222 InsO vorgesehenen rechtlichen Kriterien auch wirtschaftliche Aspekte der Werthaltigkeit zu berücksichtigen.

200 Die unterschiedliche wirtschaftliche Werthaltigkeit der Forderung und der Sicherungsrechte stellt ein sachgerechtes Abgrenzungskriterium i.S.d. § 222 Abs. 2 InsO dar (*Hess* in HWW InsO, § 222 Rz. 58).

201 Dies soll allerdings keineswegs heißen, dass rechtliche Abgrenzungsmerkmale gänzlich unberücksichtigt bleiben. Die Grobeinteilung der Gläubiger nach **rechtlichen Kriterien** ergibt sich bereits aus § 222 Abs. 1 Nr. 1–3 (Absonderungsberechtigte, nicht nachrangige Insolvenzgläubiger und nachrangige Insolvenzgläubiger) und Abs. 3 InsO (Arbeitnehmer, Kleingläubiger) selbst (*Hess* in HWW InsO, § 222 Rz. 59).

202 Eine weitere **Feindifferenzierung**, z.B. nach der Forderungsentstehung (Lieferanten, Berater, Arbeitnehmer, Handwerker, Vermieter, Energielieferanten, Unterhaltsberechtigte) oder auch die Art der Sicherungsrechte, kann nach Maßgabe des Abs. 2 vorgenommen werden (so auch *Smid* a.a.O.).

203 In rechtlicher Hinsicht kann u. a. unterschieden werden zwischen folgenden Gruppen:

204 – **Kleingläubiger**

Der Begriff wird in der InsO nicht näher konkretisiert. Als Kleingläubiger kann derjenige angesehen werden, dessen Forderung 600 € nicht übersteigt. Diese Grenze orientiert sich an § 511 ZPO und macht deutlich, dass bei Forderungen unter diesem Wert weitere Rechtsmittel nicht zugelassen sein sollten. Der geringere Rechtsschutz für solche Forderungen lässt den Schluss auf eine Kleingläubigerstellung zu (*Hess/Weis* InVo 1998, 64, 67). **A.A.** *Smid/Rattunde* (Insolvenzplan, Rz. 502), die in der Gruppe der Kleingläubiger die Kleingewerbetreibenden i.S.d. § 19 UStG nebst den Gläubigern von Unterhaltsforderungen zusammenfassen wollen. Gleichzeitig soll es unzulässig sein, eine Gruppe der unterhaltsberechtigten unehelichen Kinder und eine Gruppe ehemaliger geschiedener Ehefrauen des Schuldners zu bilden, weil für diese Gläubiger in § 222 Abs. 3 Satz 2 InsO eine bestimmte Gruppe nicht vorgesehen sei.

205 – **Arbeitnehmer,**

die ggf. mit den freien Mitarbeitern zusammengefasst werden können, soweit die Interessen der freien Mitarbeiter mit denen der Arbeitnehmer gleichgerichtet sind.

206 – **Nachrangige Insolvenzgläubiger** (§ 39 InsO),

diese unterteilt nach ihren Ansprüchen aus
– Zinsen seit Verfahrenseröffnung (hierzu *Otte* in KP InsO, § 222 Rz. 21),
– Kosten der Verfahrensteilnahme,
– Forderungen auf eine unentgeltliche Leistung des Schuldners,
– Ansprüche auf Rückgewähr eines kapitalersetzenden Darlehens.

207 – **Absonderungsberechtigte**,

(die als Gruppe im Sozialplanverfahren berücksichtigt werden, wenn in ihre Rechte eingegriffen wird) zu deren Gunsten Grundpfandrechte eingetragen sind, denen Rechte aus Sicherungsübereignung zustehen oder denen Forderungen abgetreten wurden. Hierzu gehören auch Gläubiger mit Drittsicherungsrechten (z.B. Bürgschaften, Grundpfandrechte an massefremden Grundstücken; hierzu *Otte* in KP InsO, § 222 Rz. 15 ff.).

Geht man davon aus, dass die Abgrenzung unter Berücksichtigung rechtlicher **und** wirtschaftlicher Aspekte erfolgt, so ergibt sich eine Vielzahl möglicher Gläubigergruppen, die in der nachfolgenden Tabelle beispielhaft skizziert werden können. **208**

Diese Gruppen können teilweise zusammengefasst werden, so dass z.B. bei den Kleingläubigern die Differenzierung zwischen vollständiger und teilweiser Werthaltigkeit entfallen kann. **209**

	nicht werthaltig	teilweise werthaltig	werthaltig
Kleingläubiger			
Arbeitnehmer			
Grundpfandgläubiger			
Sicherungsübereignungsgläubiger			
Gläubiger mit Sicherungsabtretungen			
Gläubiger mit Drittsicherheiten			
ungesicherte Gläubiger			
nachrangige Insolvenzgläubiger			

S. *Hess* in HWW InsO, § 222 Rz. 60 ff. m.w.N. S. auch die Gruppenbildung bei *Braun/ Uhlenbruck* (Unternehmensinsolvenz, S. 595), der die einzelnen Gruppen weiter differenziert, und zwar innerhalb der Grundpfandrechtsgläubiger nach Art des Sicherungsgegenstandes, nämlich betriebsnotwendige oder nicht betriebsnotwendige Grundstücke, innerhalb der Erscheinungsformen des Eigentumsvorbehalts nach Forderungen aus dem verlängerten Eigentumsvorbehalt, den Ansprüchen aus Zurückbehaltungsrechten innerhalb der Forderungsabtretungsgläubiger nach Global-, Individual- oder Zwangsvollstreckungsrechten.

Die Tabelle und die angesprochene Untergliederung zeigen, dass sich eine Vielzahl von möglichen Gruppen ergeben kann. Ob und ggf. welche Differenzierung erforderlich ist, kann nicht pauschal beantwortet werden, sondern muss sich an den Umständen des Einzelfalls orientieren (*Hess* in HWW InsO, § 222 Rz. 64). **210**

210a Entgegen *Smid* (InVo 1997, 169) gilt, dass
- die Typen der Gläubigergruppen gem. § 222 Abs. 1 und 3 InsO nicht die Möglichkeit einer weiteren beliebigen Gruppenbildung gem. § 222 Abs. 2 InsO begrenzen,
- die voraussichtliche wirtschaftliche Werthaltigkeit einer Forderung oder einer Sicherheit ein sachgerechtes Kriterium für die Zuordnung zu einer bestimmten Gläubigergruppe sein kann,
- dem Insolvenzgericht im Rahmen des § 231 InsO keine Inhaltskontrolle bezüglich der vorgesehenen Abstimmungsgruppen obliegt.

b) Die Rechte der Absonderungsberechtigten (§ 223 InsO)

211 § 223 Abs. 1 InsO bestätigt, dass die Rechte absonderungsberechtigter Gläubiger nicht durch Mehrheitsentscheidung der übrigen Gläubiger gekürzt werden können.

212 Dies auch deshalb, weil im Rahmen der insolvenzbedingten Zerschlagung, also wenn kein Insolvenzplan zustande kommt, die Absonderungsberechtigten in der Regel voll befriedigt werden (§§ 49, 50 InsO), zumal kein Gläubiger, der dem Plan widerspricht, schlechter gestellt werden darf, wie er ohne einen Plan stehen würde (§ 251 InsO).

213 Werden im Insolvenzplan Regeln für die absonderungsberechtigten Gläubiger vorgesehen, sind die Eingriffe im gestaltenden Teil des Planes anzugeben, und zwar in welchem Bruchteil die Rechte gekürzt, die Verbindlichkeiten gestundet oder welche sonstigen Regelungen getroffen werden. Ggf. muss für die Änderungen sachenrechtlicher Verhältnisse, also wenn Rechte an Gegenständen begründet, geändert, übertragen oder aufgehoben werden, der Bestimmtheitsgrundsatz beachtet werden (§ 228 InsO). *Hess* (in HWW InsO, § 223 Rz. 4) weist auch darauf hin, dass Regelungen über einen abweichenden Kostenbeitrag (§§ 170, 171 InsO), Modalitäten zur Verwertungsbefugnis des Insolvenzverwalters, Nutzungsbefugnisse für die Insolvenzmasse und Erlösverteilungsregeln aufgenommen werden können.

214 Werden die Grundsätze des § 228 Satz 2 InsO beachtet, hat die rechtskräftige Bestätigung des Planes durch das Gericht die Wirkung, dass die Erklärungen als abgegeben gelten, und zwar auch in Bezug auf die Beteiligten, die dem Plan nicht zugestimmt haben (§ 254 Abs. 1 Satz 2, 3 InsO).

215 Durch die Neuregelung in Art. 33 Nr. 20 EGInsO wird § 925 BGB dahingehend ergänzt, dass die Auflassung, d. h. die dingliche Einigung, die grundsätzlich vor einem Notar abzugeben ist, ebenso wie die Eintragungsbewilligung (§ 19 GBO) im Insolvenzplan erklärt werden kann. Die Rechtsänderung tritt aber erst mit der Eintragung im Grundbuch, Schiffsregister, Schiffsbauregister bzw. dem Register für Pfandrechte von Luftfahrzeugen ein (*Hess* in HWW InsO, § 223 Rz. 6).

c) Die Rechte der Insolvenzgläubiger (§ 224 InsO)

216 Die Gestaltung der Rechte der nicht nachrangigen Gläubiger (Kürzung der Forderung, Stundung, Besicherung oder vollständiger Verzicht) ist der wesentliche Inhalt des Insolvenzplans. Die vorgesehenen Rechtsänderungen müssen im Plan genau angegeben werden, auf eventuelle Unklarheiten ist hinzuweisen und auf Beseitigung der Unklarheiten hat das Insolvenzgericht hinzuwirken (§ 231 Abs. 1 Nr. 1 InsO; *Hess* in HWW InsO, § 224 Rz. 2 m.w.N.).

Zu den Rechten der absonderungsberechtigten und der nachrangigen Gläubiger 217
sowie der Nachhaftung des Schuldners muss der Plan keine Bestimmungen treffen, da
die **Inhaltsvermutungen** der § 223 Abs. 1, § 225 Abs. 1, § 227 InsO Platz greifen (*Hess*
in HWW InsO, § 224 Rz. 3).

§ 224 InsO verlangt, dass der Insolvenzplan angibt, wie die Rechte der Insolvenzgläu- 218
biger gestaltet werden sollen und bezeichnet mit der Forderungskürzung, Forderungs-
streichung und der Sicherung der Forderung übliche Gestaltungsformen. Die Aufzählung ist nicht abschließend, da der Gesetzgeber den Beteiligten ein Höchstmaß an
gestalterischer Flexibilität einräumen wollte (BR-Drs. 1/92, 78, 90). Es können deshalb alle herkömmlichen Vergleichsformen und die Mischformen vereinbart werden
(*Hess* in HWW InsO, § 224 Rz. 4).

Die Grenzen der Gestaltungsmöglichkeiten ergeben sich zum einen aus § 217 InsO, 219
nämlich daraus, dass nur solche Vereinbarungen zulässig sind, die einer Haftungsverwirklichung dienen. Die Art der Eingriffe orientiert sich an den Anforderungen des
jeweiligen Plans (*Hess* in HWW InsO, § 224 Rz. 5).

Aus dem Umkehrschluss des § 224 InsO ergibt sich, dass die Rechte der Nichtbeteilig- 220
ten, also der Aussonderungsberechtigten und der Massegläubiger, nicht geregelt werden können, es sei denn, sie stimmen ausdrücklich zu (*Hess* in HWW InsO, § 224
Rz. 6).

Nach der Formulierung der beispielhaft aufgeführten Fallgestaltungen im Rahmen 221
eines Insolvenzplanes ist anzugeben:
- um welchen Bruchteil Forderungen gekürzt wurden, z. B. um die Hälfte, oder auch
  einen vollständigen Erlass (*Flessner* in HK InsO, § 224 Rz. 3),
- für welchen Zeitraum Forderungen gestundet wurden, z. B. ein Jahr,
- wie sie gesichert wurden, z. B. durch die Gewährung einer Bürgschaft.

Es wird deutlich, dass bestimmte Vorschläge unterbreitet werden müssen. Hier lässt 222
sich allerdings ableiten, dass wie zur KO und VglO auch für die Gestaltung des Insolvenzplanes nach der InsO das Erfordernis inhaltlicher Bestimmtheit gilt (s. *Jaeger/
Weber* KO, § 174 Rz. 1; *Gottwald/Eickmann* InsolvenzRHdb, § 66 Rz. 8; *Kuhn/Uhlen-
bruck* KO, § 174 Rz. 1; *Hess* in HWW InsO, § 224 Rz. 8; *Bley/Mohrbutter* VglO, § 3 Rz.
13; *Schiessler* Insolvenzplan, S. 114 f.). Dementsprechend müssen die **Planvorschläge
inhaltlich klar**, d.h. **widerspruchslos** und **zweifelsfrei** sowie dem Umstand nach
erschöpfend sein (*Bley/Mohrbutter* a.a.O.).

Nach § 224 InsO ist anzugeben, in welcher Weise die Gläubiger befriedigt werden sol- 223
len. Sinn des Vorschlags ist es, den Gläubigern die **rational nachvollziehbare Entscheidung zu ermöglichen**, ob sie dem Plan zustimmen oder ihn ablehnen. Die Gläubiger
müssen demnach dem Vorschlag unmittelbar entnehmen können, welchen Betrag sie
auf ihre Forderung erhalten werden. Da nicht vorgeschrieben ist, auf welche Weise sie
eine (Teil-)Befriedigung erlangen, haben sich in der Praxis folgende Modalitäten
herausgebildet (*Hess* in HWW InsO, § 224 Rz. 9).

Bei einem **Stundungsvergleich** sind die Zahlungstermine, am besten kalendermäßig, 224
und, wenn Abschlagszahlungen geleistet werden sollen, auch die Termine für die
Raten festzulegen (*Hess* in HWW InsO, § 224 Rz. 10).

225 Der Plan kann die **Zahlung einer Quote** vorsehen, und zwar dergestalt, dass die Gläubiger auf Grund eines Teilerlasses eine bestimmte Quote auf ihre angemeldete Forderung erhalten. Neben den **Teilerlass der Forderung** kann noch eine Stundung treten. Nicht jeder Teilerlass muss mit einer ratierlichen Zahlung der Quote verbunden sein, da auch vereinbart werden kann, dass der Schuldner die Quote sofort nach Planbestätigung in voller Höhe zu bezahlen hat (*Hess* in HWW InsO, § 224 Rz. 11).

226 Ein **Liquidationsplan** kann vorsehen, dass der Schuldner die gesamte Aktivmasse den Gläubigern zur – von vornherein nach den Forderungen festgelegten – anteilsmäßigen Befriedigung hingibt, und zwar gegen Erlass der nach der Verwertung verbleibenden Quote, und zwar unter Einhaltung der gesetzlichen 6jährigen oder einer zeitlich kürzeren Wohlverhaltensphase (*Hess* in HWW InsO, § 224 Rz. 12).

227 In der Literatur zur KO und VglO war es umstritten, ob ein solcher Planvorschlag zulässig ist. Nach *Bley/Mohrbutter* (VglO, § 3 Rz. 13) kann ein Raten- und Erlassvorschlag für den Fall der Nichterfüllung nicht mit einem Liquidationsvorschlag verbunden werden. Einer solchen Koppelung stünde entgegen, dass nicht feststehen würde, welches Vermögen von wem für die Verwertung zur Verfügung gestellt wird (so auch *Mohrbutter* KTS 1967, 36). Nach h.M. (*Jaeger/Weber* KO, § 174 Rz. 4; *Kühne* KTS 1958, 72; *ders.* DB 1968, 1253; *Kilger/K. Schmidt* KO/VglO/GesO, § 174 KO, 2; **a.A.** *Skrotzki* KTS 1958, 39; *Kuhn/Uhlenbruck* KO, § 174 Rz. 1c) ist die Verbindung von Liquidations- und Quotenvorschlag in der Art, dass bei Nichterfüllung eines als Soll-Ziel festgelegten Quotenplans nachfolgend die Liquidation des Schuldnervermögens durchgeführt werden soll, zulässig, wenn der Liquidationszeitpunkt exakt beschrieben und die Haftungsmasse (Haftungssumme) auf das dann vorhandene Vermögen festgelegt wird (*Hess* KO, § 174 Rz. 9; *ders.* in HWW InsO, § 224 Rz. 13; *Schiessler* Insolvenzplan, S. 115 f.).

228 Der Planvorschlag kann mit einer **Bedingung** versehen werden, zumindest in der Form, dass **für den Fall der Ablehnung** des Vorschlags durch die Gläubiger schon ein zweiter Vorschlag als **Eventualvorschlag** unterbreitet wird.

229 Zulässig ist die Aufnahme einer **Besserungsklausel** oder eines Besserungsscheins (*Hess* in HWW InsO, § 224 Rz. 15). Die Schwierigkeit, die hier entstehen kann, liegt darin zu beschreiben, bei welcher Besserung der wirtschaftlichen Situation des Schuldners die Nachzahlungspflicht entstehen soll (s. hierzu *Kuhn/Uhlenbruck* KO, § 174 Rz. 1; *Kilger/K. Schmidt* KO/VglO/GesO, § 172 KO, 2). Auch Gesamtabgeltungsklauseln (s. hierzu *Braun* in NR InsO, § 224 Rz. 7) und Eventualvorschläge für den Fall der Ablehnung des Plans sind zulässig (*Hess* a.a.O., Rz. 14).

230 Die Sicherstellung der (Teil-)Befriedigung ist nicht notwendiger Bestandteil eines Insolvenzplans. Der Vorschlag des Schuldners muss daher keine Sicherungsformen vorsehen, sondern lediglich angeben, ob eine Sicherstellung angeboten wird; ist dies allerdings der Fall, hat die konkrete Angabe der Sicherungsart zu erfolgen (*Hess* in HWW InsO, § 224 Rz. 16).

231 Die Möglichkeiten der „Sicherstellung" beschränken sich nicht auf die Arten der „Sicherheitsleistung" nach § 232 BGB, wenn auch letztere stets tauglich sind. Von besonderer Bedeutung ist die Stellung eines **Plangaranten** (Planbürgen; vgl. *Kilger/K. Schmidt* KO/VglO/GesO, § 174 KO, 3 unter Hinweis auf *RG* vom 4.1.1934 – VI

384/33 – RGZ 143, 100, 102) oder eines **Schuldmitübernehmers** (*Jaeger/Weber* KO, § 174 Rz. 8; ebenso *Kuhn/Uhlenbruck* KO, § 174 Rz. 2).

Bürgschafts- oder Schuldübernahmeerklärung brauchen zum Zeitpunkt des Planvorschlags noch nicht vorzuliegen, sondern können im Erörterungs- und Abstimmungstermin selbst zu Protokoll erklärt werden. Die Bindung nach § 145 BGB tritt zu diesem Zeitpunkt ein. Vgl. zum Entfallen dieser Bindung durch eine Mehrbelastung des Garanten auf Grund einer nachträglichen Planvorschlagsänderung des Schuldners *Kuhn/Uhlenbruck* KO, § 174 Rz. 4b unter Hinweis auf *Jaeger/Weber* KO, § 181 Rz. 2. **232**

Möglich ist ferner eine **Verpfändung** von beweglichen **Vermögensgegenständen** und Wertpapieren (*Kilger/K. Schmidt* KO/VglO/GesO, § 174 KO, Rz. 3; *Jaeger/Weber* KO, § 173 Rz. 9) sowie die Eintragung einer Grundschuld zu Gunsten eines Treuhänders (*Kuhn/Uhlenbruck* KO, § 174 Rz. 2b). Die Gläubiger können in diesem Falle die Verwertung des Grundpfandrechts gem. § 328 BGB vom Treuhänder verlangen (*RG* vom 25.5.1927 – IV 2/27 – RGZ 117, 143, 149). **233**

Nicht nur beschränkt auf die **Einräumung eines Grundpfandrechts** kann die Einsetzung eines Treuhänders zur Sicherstellung der Gläubiger dienen, vornehmlich bei einem Liquidationsplan (s. auch *Jaeger/Weber* KO, § 174 Rz. 9). **234**

In diesem Fall wird ein Treuhänder mit der Masseverwertung und anteilsgemäßen Auskehrung des Werts an die Gläubiger beauftragt.

Zu den zulässigen **Formen des Sanierungsplans** s. Muster 1 sowie *Braun/Uhlenbruck* Muster eines Insolvenzplans – Leistungswirtschaftlicher Reorganisationsplan, Unternehmensinsolvenz. **235**

Unter dem **Bestimmtheitsgrundsatz** ist es unzulässig, **236**
– mehrere Pläne alternativ vorzuschlagen (*Jaeger/Weber* KO, § 174 Rz. 1; *Kuhn/ Uhlenbruck* KO, § 174 Rz. 1e; *Bley/Mohrbutter* VglO, § 3 Rz. 13),
– einen Plan vorzulegen und darin die Haftung auf einen Höchstbetrag festzulegen, weil z.B. wegen nachträglich auftretender Gläubiger der Erlös jedes einzelnen Gläubigers offen bleibt (*Jaeger/Weber* KO, § 174 Rz. 1; *Bley/Mohrbutter* VglO, § 3 Rz. 3),
– dass eine Änderung des Plans von dem Willen des Schuldners abhängig ist (*Bley/ Mohrbutter* VglO, § 3 Rz. 3).

d) Die Rechte der nachrangigen Gläubiger (§ 225 InsO)

In Abweichung von dem nicht mehr maßgeblichen Vergleichsrecht gelten die in § 39 InsO bezeichneten nachrangigen Forderungen, nämlich **237**
– die seit der Eröffnung des Insolvenzverfahrens laufenden Zinsen,
– die Kosten der Teilnahme am Verfahren,
– Geldstrafen, Geldbußen, Ordnungsgelder und Zwangsgelder, sowie Nebenfolgen von Straftaten und Ordnungswidrigkeiten, die zur Geldzahlung verpflichten,
– Leistungen aus Schenkungsversprechen,
– Leistungen aus kapitalersetzenden Darlehen

als erlassen, wenn im Insolvenzplan nichts anderes vorgesehen ist (§ 225 Abs. 1 InsO; *Hess* in HWW InsO, § 225 Rz. 3 m.w.N.). Wird im Plan eine abweichende Regelung getroffen, müssen im gestaltenden Teil für jede Gruppe der nachrangigen Gläubiger Angaben gemacht werden, mit welchem Bruchteil die Forderung gekürzt, für welchen Zeitraum sie gestundet oder welche anderen spezifischen Regeln sie unterworfen werden (§ 225 Abs. 2, § 224 InsO). Damit ist für die Gläubiger die Chance gegeben, für jeden Einzelfall sachgerechte Lösungen anzustreben, zumal es z. B. gerechtfertigt sein kann, für die Gläubiger kapitalersetzender Darlehen Leistungen vorzusehen (*Hess* a.a.O.).

aa) Die mit der Eröffnung des Insolvenzverfahrens laufenden Zinsen

238 Die seit Eröffnung des Verfahrens laufenden Zinsen, und zwar einschließlich der auf die Zeit nach der Planbestätigung entfallenden Zinsen, sind ausgeschlossen, sofern es sich um Zinsen von Kapitalansprüchen handelt (§§ 225, 39 Abs. 1 Nr. 1 InsO). Für absonderungsberechtigte Gläubiger, denen der Schuldner auch persönlich haftet und sie entweder auf abgesonderte Befriedigung verzichten oder bei ihr ausgefallen sind, wird, sofern die Sicherheiten für alle Forderungen haften, das Absonderungsrecht sich also auch auf die Zinsen der jeweils bestehenden Forderung erstreckt, erst bedeutsam, wenn die Sicherheiten verwertet sind (§ 225 InsO; *Hess* in HWW InsO, § 225 Rz. 4).

239 § 225 InsO trifft auch die vertraglichen Zinsen. Weiter fallen die sog. Provisionen, falls sie nicht etwa eine Vergütung für eine Mühewaltung darstellen, unter die Bestimmung, ebenso die Verwaltungskostenzuschläge, die als Zinserweiterungen anzusehen sind (vgl. dazu *Obermüller* BB 1954, 521; *Otte* in KP InsO, § 225 Rz. 240).

240 Hat ein Bürge die Zinsen seit der Verfahrenseröffnung bezahlt, so ist die insoweit auf ihn übergegangene Forderung (§ 774 BGB) vom Ausschluss betroffen. Anderes gilt, wenn der Bürge auf Grund eines zwischen ihm und dem Vergleichsschuldner bestehenden Rechtsverhältnisses, etwa als Geschäftsbesorger, einen ihm zustehenden Anspruch auf Aufwandserstattung (§§ 670, 675 BGB) geltend macht. Dieser Anspruch ist keine Zinsforderung (*Hess* in HWW InsO, § 225 Rz. 6 m.w.N.).

bb) Die Kosten der Teilnahme am Verfahren

241 Zu den dem einzelnen Gläubiger durch die Teilnahme am Verfahren erwachsenden Kosten, die nach § 225 InsO ausgeschlossen sind, gehören z. B. die Anwaltskosten für die Vertretung im Verfahren.

242 Von den den einzelnen Gläubigern durch ihre Teilnahme am Verfahren erwachsenden Kosten sind die Ansprüche zu trennen, die durch Schuldnerverzug entstanden sind. Diese hat der Gläubiger substantiiert darzulegen und streitigenfalls zu beweisen (*Hess* in HWW InsO, § 225 Rz. 8).

cc) Geldstrafen, Geldbußen, Ordnungsgelder und Zwangsgelder sowie Nebenfolgen von Straftaten und Ordnungswidrigkeiten, die zur Geldzahlung verpflichten

243 Geldstrafen würden, könnten sie im Planverfahren geltend gemacht werden, Gläubiger härter treffen als den Schuldner. Sie sind mithin nach §§ 225, 39 Abs. 1 Nr. 3 InsO ausgeschlossen und es kann durch den Beschluss der Gläubigermehrheit keine abweichende Regelung getroffen werden (s. hierzu die Nachw. bei *Hess* in HWW InsO,

§ 225 Rz. 7), es sei denn, es stimmen ausnahmslos alle Gläubiger zu. Als Geldstrafen sind nur die eigentlichen kriminellen Strafen, auch Disziplinarstrafen, nicht aber Vertragsstrafen (§§ 339 ff. BGB) anzusehen.

dd) Leistungen aus Schenkungsversprechen

Leistungen aus Schenkungsversprechen des Schuldners sind ausgeschlossen (§§ 225, 39 Abs. 1 Nr. 4 InsO) ohne Rücksicht darauf, ob diese nach der Stellung des Insolvenzantrages oder bereits zuvor begründet wurden (*Otte* in KP InsO, § 225 Rz. 9). Insbesondere fallen hierunter Forderungen auf Erfüllung eines Schenkungsversprechens (§ 518 BGB). Freigebig kann auch eine abstrakte Schuldverpflichtung, insbesondere auch ein schenkungsweise gegebenes Wechselakzept sein, es sei denn, es ist in die Hand eines redlichen Indossatars gelangt. Eine Freigebigkeit liegt nicht vor, wenn der Schuldner in Anerkennung gesetzlicher Pflichten ein Unterhaltsversprechen gegeben hat. Die Bestimmung des § 225 InsO greift auch nicht ein, wenn der Schuldner als Bürge des Schenkers in Anspruch genommen wird (*Hess* in HWW InsO, § 225 Rz. 10). **244**

ee) Leistungen aus kapitalersetzenden Darlehen

Ausgeschlossen sind nach §§ 225, 39 Abs. 1 Nr. 5 InsO die Forderungen aus kapitalersetzenden Darlehen, die von den Gesellschaftern selbst gewährt worden sind. Soweit dem Darlehen eines Dritten durch die Bürgschaft eines Gesellschafters Kapitalersatzfunktion zukommt, kann der Dritte nur mit der Ausfallforderung als nicht nachrangiger Gläubiger am Insolvenzverfahren teilnehmen (*Otte* in KP InsO, § 225 Rz. 10). **245**

Darlehen Dritter können aber nach § 39 Abs. 1 Nr. 5 InsO als „gleichgestellte Forderungen" erfasst werden, wenn sie nach § 32a Abs. 1, 3 GmbHG der Darlehensgewährung durch einen Gesellschafter entsprechen, wie z. B. das Darlehen verbundener Unternehmen bei Gesellschafteridentität (*Hess* in HWW InsO, § 225 Rz. 12 m.w.N.). **246**

ff) Vereinbarte Nachrangforderungen

Forderungen, für die zwischen Gläubiger und Schuldner der Nachrang vereinbart wurde, werden nach § 39 Abs. 2 InsO im Zweifel nach den in § 39 Abs. 1 InsO bezeichneten Forderungen befriedigt (*Breutigam* in BBG Insolvenzrecht, § 225 Rz. 3). Die Nachrangvereinbarung kann, muss aber nicht mit eigenkapitalersetzenden Darlehen zusammenfallen. Auch wenn eine Nachrangvereinbarung erfolgte, kann im Insolvenzplan hierfür eine Regelung vorgesehen werden. **246a**

6. Die Abstimmung nach Gruppen (§ 243 InsO)

Nach § 243 InsO stimmt jede Gruppe der stimmberechtigten Gläubiger gesondert über den Insolvenzplan ab, was bedeutet, dass eine Gesamtabstimmung aller stimmberechtigten Gläubiger unterbleibt (*Hess* in HWW InsO, § 243 Rz. 3 m.w.N.). Im Hinblick auf die Gruppenabstimmung ist es wichtig, dass bei einem Plan, bei dem die **247**

Gläubiger mit einer unterschiedlichen Rechtsstellung einbezogen sind und dort dahingehend differenziert wird, damit den unterschiedlichen Interessen Rechnung getragen wird, ist darauf zu achten, dass die Gruppen sachgerecht abgegrenzt werden. Zur Abstimmung über konkurrierende Insolvenzpläne s. eingehend *Hess* a.a.O., Rz. 4 ff.

7. Die Abstimmungsmehrheiten (§ 244 InsO)

248 Für die Abstimmung der Gläubiger über den Insolvenzplan ist es erforderlich, dass in jeder Gruppe
– die Mehrheit der abstimmenden Gläubiger dem Plan zustimmt,
– und die Summe der Ansprüche der zustimmenden Gläubiger mehr als die Summe der Hälfte der abstimmenden Gläubiger beträgt (*Hess* in HWW InsO, § 244 Rz. 5 m.w.N.).

249 Für die Zustimmung der Gläubiger wird demnach eine Mehrheit nach der Zahl der Gläubiger (Kopfmehrheit) und die Mehrheit nach der Summe der Ansprüche (Summenmehrheit) gefordert (s. hierzu *Braun/Uhlenbruck* Unternehmensinsolvenz, S. 601 f.).

250 Die **Kopfmehrheit** pro Gruppe dient dem Minderheitenschutz. Damit wird verhindert, dass Gläubiger mit hohen Forderungen die Abstimmung einseitig zu Lasten von Gläubigern kleinerer Forderungen diktieren (*Hess* in HWW InsO, § 244 Rz. 5 m.w.N.).

251 Die Summenmehrheit ist erforderlich, weil bei einer vermögensorientierten Entscheidung, wie der über die Annahme eines Insolvenzplans, sich die Stimmrechtsverteilung grundsätzlich nach dem jeweiligen finanziellen Engagement zu richten hat, andernfalls würden unerwünschte externe Effekte in die Abstimmung mit einfließen und Gläubiger hoher Forderungen von solchen mit geringen Forderungen majorisiert (*Schiessler* Insolvenzplan, S. 159).

252 Sowohl bei der Kopf- als auch bei der Summenmehrheit bedarf es nur der einfachen, nicht einer qualifizierten Mehrheit (zur Kritik hierzu *Henckel* KTS 1989, 477, 484 ff. und die Nachw. bei *Hess* in HWW InsO, § 244 Rz. 5).

253 Bei der Berechnung der Mehrheit wird auf das Verhalten der abstimmenden Gläubiger abgestellt. Alle anderen Gläubiger, die abwesenden, aber auch die im Termin anwesenden Gläubiger, die nicht abstimmen, werden nicht berücksichtigt (*Hess* in HWW InsO, § 244 Rz. 6 m.w.N.).

254 Fraglich ist, auf welche Art und Weise **Sicherheitenpools** in einem Insolvenzplan bei der Abstimmung zu berücksichtigen sind.

255 Beim Lieferantenpool schließen sich mehrere Lieferanten, die unter Eigentumsvorbehalt an den Schuldner geliefert haben, zum Zweck der gemeinsamen Wahrnehmung ihrer Rechte zusammen. Hintergrund dieses Zusammenschlusses ist der Umstand, dass es dem einzelnen Lieferanten häufig nicht möglich ist, die von ihm gelieferten Sachen mit der erforderlichen Bestimmtheit zu bezeichnen, da eine Weiterverarbeitung oder Vermischung stattgefunden hat.

Beispiel 1:

Drei Lieferanten A, B und C haben an den Schuldner S unter Eigentumsvorbehalt große Chargen Senf geliefert, die von diesem unter der Eigenmarke „S-Senf" einheitlich in Tuben gefüllt wurden. A, B und C können nicht mehr feststellen, in welchen Tuben sich der von ihnen gelieferte Senf jeweils befindet.

A, B und C schließen sich daher mit mehreren anderen Eigentumsvorbehaltslieferanten zu einem Lieferantenpool unter der Führung des Großlieferanten A zusammen, um ihre Aussonderungsrechte gemeinsam zu verfolgen.

Die Lieferanten sollen in einen vom Insolvenzverwalter vorgelegten Insolvenzplan einbezogen werden, der die Fortführung des schuldnerischen Unternehmens vorsieht.

§ 222 InsO schreibt vor, dass die Beteiligten in Gruppen einzuteilen sind. Da die Aussonderungsberechtigten keine „Beteiligten" i.S.d. Insolvenzplanregelungen darstellen und auch in der Gruppenaufzählung des § 222 InsO nicht erwähnt werden, können sie nicht als eigene Gruppe berücksichtigt werden, nehmen also auch nicht an der Abstimmung teil, sondern müssen ihr Einverständnis mit dem Insolvenzplan grundsätzlich einzeln erklären. 256

Es ist aber auch möglich, dass sich der Pool einheitlich äußert, sofern dies in der Satzung des Pools vorgesehen ist. 257

Da der Pool nicht als Gruppe von Beteiligten anzusehen ist, findet das Obstruktionsverbot des § 245 InsO auf den Pool keine Anwendung. Selbst wenn die Mehrheit der Gläubiger dem Insolvenzplan zustimmt, kann das Veto der Aussonderungsberechtigten nicht für unbeachtlich erklärt werden, so dass im Ergebnis dann eine Lösung ohne die Aussonderungsberechtigten gesucht werden muss. 258

Probleme treten beim Lieferantenpool auch dann auf, wenn die Lieferanten nicht Aus-, sondern Absonderungsberechtigte sind, z.B. weil sie unter verlängertem Eigentumsvorbehalt geliefert haben. 259

In diesem Fall sind sie gem. § 222 InsO in einer oder mehreren Gruppen zusammenzufassen, je nachdem ob die wirtschaftlichen Interessen gleichartig sind oder nicht. Es stellt sich die Frage, wie bei der Stimmabgabe die Sicherheitenpools, die innerhalb einer Gruppe neben einzelnen Lieferanten vertreten sind, berücksichtigt werden. 260

Beispiel 2: 261

Im Insolvenzverfahren des S. sind insgesamt drei Lieferantenpools vertreten:

Pool A vertritt die Interessen von 25 Gläubigern mit einer Gesamtforderungssumme von 500.000 €, während die Gesamtforderungssumme der 15 Lieferanten im Pool B 250.000 € und im Pool C 7 Lieferanten mit einer Forderungssumme von 50.000 € zusammengefasst wurden. Daneben verfolgen die fünf Lieferanten D, E, F, G und H ihre Interessen außerhalb eines Pools. Jedem von ihnen stehen Forderungen in Höhe von 25.000 € zu.

Bei der Abstimmung gem. § 244 InsO stimmen für die Annahme des Insolvenzplans

    Pool B   (15 Gläubiger)   250.000 €
    Pool C   (7 Gläubiger)   50.000 €
    D, E und F (3 Gläubiger)   75.000 €,

dagegen stimmen
    A   (25 Gläubiger)   500.000 €
    G und H   (2 Gläubiger)   50.000 €.

262 Gem. § 244 Abs. 1 InsO ist innerhalb einer Gruppe für die Annahme des Insolvenzplans erforderlich, dass
1. eine Mehrheit der abstimmenden Gläubiger zustimmt und
2. die Summe der Ansprüche der zustimmenden Gläubiger mehr als die Hälfte der Summe der Ansprüche der abstimmenden Gläubiger beträgt.

Bei der Wertung des Abstimmungsergebnisses bestehen hinsichtlich der Pools zwei Möglichkeiten: Entweder man wertet die Stimme des Pools als **Summe der Einzelstimmen** seiner Mitglieder, d.h. im Fall des Pools A mit 25 Stimmen, oder dem Pool A kommt nur **eine Stimme** zu, im Fall des Pools B 15 Stimmen oder eine im Falle des Pools C 7 oder 1 Stimme.

263 Dafür, dass dem Pool nur eine Stimme zukommt, spricht vor allem der Umstand, dass die Gläubiger ihre Einzelrechte auf den Pool übertragen haben, damit sie von diesem effektiver wahrgenommen werden.

264 Im Beispiel 2 kommt die Abstimmung zu folgendem Ergebnis:

Planbefürworter		Plangegner	
Stimmenanzahl	Forderungssumme	Stimmenanzahl	Forderungssumme
Pool B: 15	€ 250.000	Pool A: 25	€ 500.000
Pool C: 7	€ 50.000	G: 1	€ 25.000
D: 1	€ 25.000	H: 1	€ 25.000
E: 1	€ 25.000	–	–
F: 1	€ 25.000	–	–
Gesamtstimmen: 25 bzw. 5 (wenn Pools nur eine Stimme zukommt)	Gesamtsumme: € 375.000	Gesamtstimmen: 27 bzw. 3 (wenn Pools nur eine Stimme zukommt)	Gesamtsumme: € 550.000

a) **Ergebnis Einzelwertung:**

265 Für den Plan sind 25 Stimmen, dagegen 27. Bei der Abstimmung müssen gleichzeitig auch die Summen der Forderungen der zustimmenden Gläubiger mehr als die Hälfte der Gesamtsumme der abstimmenden Forderungen (925.000 €, d.h. 50 % 462.500 €) betragen. Dies ist nicht der Fall, da die Gesamtforderungssumme der Zustimmenden nur 375.000 € beträgt, so dass nach der Einzelbewertung der Plan keine der kumulativ erforderlichen Voraussetzungen erfüllt.

b) **Ergebnis bei Wertung der Pools mit jeweils einer Stimme**

266 Für den Plan wurden 5 Stimmen abgegeben, dagegen drei. Dennoch gilt der Plan nicht als angenommen, da die zweite Voraussetzung des § 244 Abs. 1 InsO nicht erfüllt ist.

267 Während es im Beispiel 2 unerheblich war, ob der Pool oder die Mitglieder des Pools abstimmen, kann es einzelfallorientiert anders sein.

Beispiel 3:

In dem Lieferantenpool sind 3 Lieferantenpools zusammengefasst.

Pool A vertritt die Interessen von 3 Gläubigern mit einer Gesamtforderungssumme von 500.000 €.

Pool B vertritt 6 Gläubiger mit einer Gesamtforderung von 3 Mio. €.

Im Pool C haben sich 13 Gläubiger mit einer Forderung von 1,5 Mio. € zusammen.

Stimmen der Pool A und der Pool B dem Plan zu und stimmt der Pool C gegen den Plan mit der Maßgabe, dass jeder Pool nur eine Stimme hat, so haben die Gläubiger dem Insolvenzplan zugestimmt, weil die Mehrheit der abgestimmten Gläubiger nämlich 2 von 3 und die Summe, die den Anspruch der abstimmenden Gläubiger mehr als die Hälfte der Summe der abstimmenden Gläubiger (2,5 Mio. €) beträgt, nämlich 3,5 Mio. €. **268**

Dürfen die im Pool zusammengefassten Gläubiger einzeln abstimmen, stimmen 9 Gläubiger für den Plan und 13 Gläubiger gegen den Plan, so dass es unerheblich ist, dass die Forderungssumme von 3,5 Mio. € ausreichend wäre mit der Folge, dass der Plan nicht angenommen wird, weil die erste Voraussetzung des § 244 InsO fehlt. Spätestens für das Insolvenzplanverfahren müssen sich die bei einer Fallgestaltung, wie im Beispiel 3, die in dem Pool zusammengefassten Gläubiger überlegen, ob sie nicht zur Einzelverfolgung ihrer Forderung übergehen. **269**

§ 244 Abs. 2 InsO sieht vor, dass bei Rechten, die mehreren Gläubigern gemeinschaftlich zustehen, deren Rechte ursprünglich ein einheitliches Recht gebildet haben oder aus einem Recht ein Pfandrecht oder ein Nießbrauch besteht, bei der Kopfmehrheit als eine Stimme gewertet werden. **270**

Sind mehrere Gläubiger einer Leistung in der Weise zu fordern berechtigt, dass jeder von ihnen die ganze Leistung fordern kann, der Schuldner die Leistung aber nur einmal zu erbringen verpflichtet ist (§ 428 BGB), so haben sie nur eine Stimme (Gesamtgläubigerschaft; *Hess* in HWW InsO, § 244 Rz. 25 m.w.N.). **271**

Entsprechendes gilt bei Forderungen, die, ohne eine Gesamtgläubigerschaft zu begründen, nach dem Inhalt des Schuldverhältnisses auf unteilbare Leistung gehen (§ 432 BGB). **272**

Sind die mehreren Gläubiger eine Leistung in der Weise zu fordern berechtigt, dass der Einzelne nicht diese an sich selbst, sondern nur an die Gesamtheit der Gläubiger verlangen kann, so haben sie nur eine Stimme (Gesamthandsgläubiger). Zu diesen echten Mehrheitszuständigkeiten gehören: Gläubigerschaften zur gesamten Hand auf Grund einer Gesellschaft (§§ 705, 718 BGB, §§ 105, 124, 161 Abs. 2 HGB), eines Vereins ohne Rechtsfähigkeit (§ 54 BGB), aus der gemeinschaftlichen Verwaltung des Gesamtguts (§ 1450 Abs. 1 BGB, soweit hier nicht Ersetzung der Zustimmung nach § 1452 Abs. 1 BGB stattgefunden hat), einer Erbengemeinschaft (§§ 2032 ff. BGB; *Hess* in HWW InsO, § 244 Rz. 26 m.w.N.). **273**

Anders zu beurteilen ist der Fall der **Teilgläubigerschaft**, wonach mehrere Gläubiger eine teilbare Leistung fordern können. In der Regel ist jeder von ihnen nur zu einem gleichen Anteil berechtigt (§ 420 BGB). Da geteilte Forderungen bestehen, kann jeder Gläubiger für sich eine Kopfstimme beanspruchen (*Hess* in HWW InsO, § 244 Rz. 27 m.w.N.). **274**

275 Stehen ein und demselben Gläubiger mehrere Forderungen gemeinschaftlich mit anderen, aber nicht oder nicht in allen Fällen identischen Personen zu, so sind für die gemeinschaftlich zuständigen Forderungen so viele Stimmen gegeben, als **Gemeinschaftsverhältnisse** vorhanden sind. Sind es dagegen in allen Fällen dieselben Personen, denen die mehreren Forderungen gemeinschaftlich zustehen, so haben sie für diese zusammen nur eine Stimme (*Hess* in HWW InsO, § 244 Rz. 28.).

276 Eine **Forderungsgemeinschaft** i.S.d. § 244 Abs. 2 Satz 2 InsO bilden auch das Pfandrecht und der Nießbrauch. Damit wird klargestellt, dass der Forderungsinhaber und der Pfandgläubiger oder der Nießbraucher für die belastete Forderung dem Vergleichsvorschlag nur gemeinschaftlich zustimmen können (*Hess* in HWW InsO, § 244 Rz. 29 m.w.N.).

277 Für das **Pfandrecht** gilt, dass vor Eintritt der Pfandreife (§ 1228 Abs. 2 BGB) der Schuldner nur an den Pfandgläubiger und Gläubiger gemeinsam leisten (§ 1281 BGB) kann. Bei Verpfändung gilt dies auch noch nach Eintritt der Pfandreife, wenn die Forderung zur Einziehung überwiesen ist (§ 1281 Satz 2 BGB, § 836 Abs. 1 ZPO), nicht aber wenn die Forderung an Zahlungs statt überwiesen ist (§ 835 Abs. 2 ZPO).

278 Im Falle der **Teilpfändung** verbleibt dem Gläubiger hinsichtlich der nicht gepfändeten Forderung das Stimmrecht allein (*Hess* in HWW InsO, § 244 Rz. 31 m.w.N.).

279 Für den **Nießbrauch** gilt, dass der Nießbraucher einer Forderung zwar zur Einziehung der Forderung, nicht aber zu anderen Verfügungen berechtigt (§ 1074 BGB) ist. Da Stundung und Erlass, die ein Planvorschlag enthält, eine Verfügung über diese bedeutet, ist jeweils nur eine gemeinsame Stimmrechtsausübung möglich, es sei denn, dass eine Überweisung der gepfändeten Forderung an Zahlungs statt vorliegt (*Hess* in HWW InsO, § 244 Rz. 32).

280 Da die Annahme des Insolvenzplanes nicht erschwert werden soll, reicht es für die Summenmehrheit aus, wenn die Summe der Forderung der abstimmenden Gläubiger mehr als 50 % erreicht.

281 Der Schutz der überstimmten Minderheit ist in § 251 InsO geregelt.

282 Zum Zwangsvergleich ist streitig, ob dem **PSVaG** bei der Abstimmung eine Stimme zusteht, oder ob ihm so viele Stimmen zustehen, wie Forderungsrechte auf ihn übergegangen sind. Zu Recht wird darauf hingewiesen, dass jedem Gläubiger nur eine Stimme zukommt (*Gerhardt* ZIP 1988, 490; *Häsemeyer* InsolvenzR, S. 617), und zwar unabhängig davon, ob er eine oder mehrere Forderungen hält (*Otte* in KP InsO, § 244 Rz. 4, 7).

282a Zur Frage der Teilzession und dass Teilabtretungen von Forderungen nach der Eröffnung des Insolvenzverfahrens nicht zu mehreren Stimmrechten führen, s. bei *Hess* (in HWW InsO, § 244 Rz. 35) die dort aufgeführten Nachweise.

8. Das Obstruktionsverbot (§§ 245, 246 InsO)

a) Allgemeines

283 Selbst dann, wenn in den gebildeten Gruppen die nach § 244 InsO bezeichneten Mehrheiten nicht erreicht werden, gilt im Hinblick auf das in § 245 InsO geregelte Obstruktionsverbot die erforderliche Mehrheit als erreicht, wenn

- die Gläubiger dieser Gruppe durch den Insolvenzplan nicht schlechter gestellt werden als sie ohne den Plan stünden,
- die Gläubiger dieser Gruppe angemessen an dem wirtschaftlichen Wert beteiligt werden, der auf der Grundlage des Plans den Beteiligten zufließen soll, und
- die Mehrheit der abstimmenden Gruppen dem Plan mit der erforderlichen Mehrheit zugestimmt hat (s. hierzu eingehend *Braun/Uhlenbruck* Unternehmensinsolvenz, S. 610 ff.; *Schiessler* Insolvenzplan, S. 165 ff.; *Smid/Rattunde* Insolvenzplan, Rz. 513 ff.).

Aus dem Wortlaut des § 245 Abs. 1 InsO, insbesondere aus der Verbindung der drei Nummern dieser Bestimmung durch das Wort „und" (vor § 245 Abs. 1 Nr. 3 InsO) ergibt sich ohne weiteres, dass die in diesen drei Nummern genannten Erfordernisse nebeneinander (kumulativ) erfüllt sein müssen, damit die Zustimmung einer Abstimmungsgruppe als erteilt gilt, so dass diese Folge bereits dann nicht eintritt, wenn (auch nur) die Voraussetzungen des § 245 Abs. 1 Nr. 1 InsO nicht vorliegen (*OLG Köln* vom 5.1.2001 – 2 W 228/00 – ZInsO 2002, 330). **283a**

Sieht der Insolvenzplan nur eine einzige Gläubigergruppe vor, so ist eine Anwendung des Obstruktionsverbots (§ 245 InsO) nicht möglich. Der Plan kann nur zu Stande kommen, wenn ihm die abstimmenden Gläubiger der einzigen Gruppe mit der erforderlichen Kopf- und Summenmehrheit zustimmen (*AG Duisburg* vom 15.8.2001 – 42 IN 40/00 – NZI 2001, 605).

Das Obstruktionsverbot des § 245 InsO greift ein, wenn die widersprechende Gruppe bereits durch ein Absonderungsrecht ihre Befriedigung erfahren hat oder der Schuldner ohne Plan beschäftigungslos würde, so dass keinerlei Zahlungen zu erwarten sind (*AG Göttingen* vom 19.12.2001 – 74 IN 112/00 – ZVI 2002, 127).

b) § 245 Abs. 1 Nr. 1 InsO

Da die Zustimmungsverweigerung einer Gruppe sich als Missbrauch darstellen kann, wenn die Gläubiger dieser Gruppe wirtschaftlich nicht schlechter gestellt werden als im Fall einer Liquidation ohne Plan, gebietet § 245 Abs. 1 Nr. 1 InsO, dass die Zustimmung zu dem Plan als fingiert gilt, wenn darüber hinaus die Gläubiger angemessen am wirtschaftlichen Wert der Masse beteiligt sind und die Mehrheit der übrigen Gläubiger dem Plan zugestimmt hat (*Hess* in HWW InsO, § 245 Rz. 12). **284**

Die wirtschaftliche Prognose, ob der Plan die Gläubiger nicht schlechter stellt als in dem Fall der Liquidation, muss vom Insolvenzgericht angestellt werden und wird in dem jeweiligen Einzelfall nicht immer leicht zu beurteilen sein (krit. dazu *Smid* FS Pawlowski, S. 387). Zu den Bewertungsproblemen s. *Hess* in HWW InsO, § 245 Rz. 13; *Otte* in KP InsO § 245 Rz. 7 ff.; *Braun* in NR InsO, § 245 Rz. 12; *Flessner* in HK InsO, § 245 Rz. 8. **285**

In den meisten Fällen kann sich das Gericht bei der Prüfung auf die im darstellenden Teil enthaltene Vergleichsrechnung stützen (dazu Rz. 72), die eine Gegenüberstellung der Befriedigungsaussichten im Fall der Insolvenzabwicklung mit Insolvenzplan und der Liquidation ohne Plan anstellt, so dass in der Regel seitens des Insolvenzgerichts allein diese Vergleichsrechnung auf ihre Richtigkeit und Schlüssigkeit hin untersucht werden muss. Letztlich handelt es sich um die Frage, ob der Vorschlag den gemeinsa- **286** men Interessen der Gläubiger nicht widerspricht. *Hess* (in HWW InsO, § 245 Rz. 14) und *Braun* (in NR InsO, § 245 Rz. 17) empfehlen für den Fall, dass unklar ist, ob wirklich keine Gruppe schlechter gestellt wird, eine salvatorische Klausel, die Zusatzleistungen vorschlägt.

287 Ob der Insolvenzplan die Gläubiger der widersprechenden Gruppe angemessen an dem wirtschaftlichen Wert der Masse beteiligt, wird in § 245 Abs. 1 Nr. 2 InsO gefordert und in § 245 Abs. 2 InsO näher erläutert. Die drei in § 245 Abs. 2 InsO bezeichneten Voraussetzungen müssen **kumulativ** vorliegen, damit das Einverständnis der Gruppe unbeachtlich ist (*Smid/Rattunde* Insolvenzplan, Rz. 514).

287a Durch § 245 Abs. 2 Nr. 3 InsO wird in einem Insolvenzplanverfahren die Benachteiligung einer Gruppe von Gläubigern gegenüber anderen gleichrangigen Gläubigern ausgeschlossen. Die ausdrückliche oder in den Gesetzen eines Mitgliedstaates fingierte Zustimmung zu einem Insolvenzplan, die zu einem teilweisen Forderungsverzicht führt, kann jedenfalls dann nicht als genehmigungsbedürftige EU-Beihilfe angesehen werden, wenn bei einer Verweigerung der Zustimmung die darlehensweise gewährten Beträge nicht mehr vollständig zurückgefordert werden könnten (*LG Magdeburg* vom 25. 4. 2001 – 3 T 12/01 – NZI 2001, 327).

288 Der Insolvenzplan darf vom Insolvenzgericht gem. §§ 245, 248 InsO nicht bestätigt werden, wenn
– die Gläubiger einer Gruppe durch den Insolvenzplan schlechter gestellt werden als sie ohne einen Plan stünden (§ 245 Abs. 1 Nr. 1 InsO),
– die Gläubiger einer Gruppe nicht angemessen an dem wirtschaftlichen Wert beteiligt werden, der auf der Grundlage des Plans den Beteiligten zufließen soll (§ 245 Abs. 1 Nr. 2 InsO). Eine angemessene Beteiligung der Gläubiger einer Gruppe liegt vor, wenn nach dem Plan
  1. kein anderer Gläubiger wirtschaftliche Werte erhält, die den vollen Betrag seines Anspruchs übersteigen,
  2. weder ein Gläubiger, der ohne einen Plan mit Nachrang gegenüber den Gläubigern der Gruppe zu befriedigen wäre, noch der Schuldner oder eine an ihm beteiligte Person einen wirtschaftlichen Wert erhält und
  3. kein Gläubiger, der ohne einen Plan gleichrangig mit den Gläubigern der Gruppe zu befriedigen wäre, besser gestellt wird als diese Gläubiger,
– nicht die Mehrheit der abstimmenden Gruppen dem Plan mit den erforderlichen Mehrheiten zugestimmt hat (s. eingehend *Hess* in HWW InsO, § 245 Rz. 24 m.w.N.).

289 In diesen Fällen kann der Plan nicht ohne die Zustimmung der benachteiligten Gruppe erfolgen.

289a Das *LG Traunstein* (vom 27.8.1999 – 4 T 2966/99 – NZI 1999, 461) hat dargelegt, dass die Gläubigerin einer Gruppe auf Grund eines Insolvenzplans nicht allein dadurch schlechter gestellt wird als ohne diesen Plan (§ 245 Abs. 1 Nr. 1 InsO), wenn die Kredittilgung für eine bestimmte Zeit ausgesetzt wird und eine fortlaufende Verzinsung erfolgt. Dies gilt jedenfalls dann, wenn die Gläubigerin anderweitig keine höheren Zinserträge erzielen könnte als bei Fortführung der vertraglichen Vereinbarungen mit der Schuldnerin (s. hierzu eingehend *Hess* in HWW InsO, § 245 Rz. 18 ff.).

289b Höchst umstritten ist die Frage, ob in der Fortführung eines teilweise von Verbindlichkeiten entlasteten Unternehmens eine Wertzuwendung gesehen werden kann, so dass die Voraussetzungen des Obstruktionsverbots vorliegen könnten. Das *LG Traunstein* (a.a.O.) ging zu Recht davon aus, dass die Fortführung eines Unternehmens nicht zwangsläufig zu einer wirtschaftlichen Zuwendung führt. Es kommt vielmehr auf die Umstände des Einzelfalles an (s. hierzu *Hess* in HWW InsO, § 245 Rz. 26; *Braun* NZI 1999, 473; *Smid* InVo 2000, 1; *Wittig* ZInsO 1999, 373). *Eidenmüller* (ZGR 2001, 681) zählt zu den an dem Schuldner beteiligten Personen i.S.v. § 245 Abs. 2 Nr. 2 InsO nicht nur Alt-, sondern auch Neugesellschafter, allerdings nicht Neugesellschafter aus dem Kreis der Gläubiger, die zum Zwecke ihrer Befriedigung plangemäß in eine Gesellschafterstellung einrücken. Ein Insolvenzplan bewirkt eine Wertzuwendung an den Schuldner bzw. seine Gesellschafter, wenn das reorganisierte Unternehmen einen positiven Unternehmenswert i.S. eines positiven Nettoeinzahlungssaldos für den Unternehmenseigner besitzt. In der Exklusivität des Fortführungsrechts als solcher liege keine Wertzuwendung. Eine Wertzuwendung könne durch eine Kapitalzufuhr in gleicher oder überwiegender Höhe kompensiert werden. Aus dem fehlenden Interesse eines Dritten zur Unternehmensfortführung zu den stipulierten Planbedingungen könne nicht zwingend auf das Fehlen einer Wertzuwendung geschlossen werden. Sicher ausschließen lasse sich eine Wertzuwendung durch besonders gestaltete Insolvenzpläne, die sämtliche Gläubigerforderungen in Eigenkapital oder Optionen auf Eigenkapital umwandeln. Ein sicherer Ausschlussmechanismus sind auch Gewinn- und Liquidationserlösabschöpfungsklauseln. Diese Vorschläge dürften jedoch zu weit gehen.

Die Befriedigung der Massegläubiger bleibt bei der Betrachtung nach § 245 Abs. 2 InsO außer Betracht, weil die Befriedigung der Massegläubiger regelmäßig nicht Gegenstand des Planes ist (*Hess* in HWW InsO, § 245 Rz. 27). **290**

Etwas anderes kann jedoch bei der Anzeige der Masseunzulänglichkeit gelten. Durch die Masseunzulänglichkeit wird das Recht der Gläubiger zur Vorlage des Insolvenzplanes nicht berührt, so dass die Altmassegläubiger (vgl. hierzu die Regelung zu § 209 InsO) in den Plan mit aufgenommen werden können. Die Abgrenzung Neumassegläubiger bzw. Altmassegläubiger bestimmt sich danach, ob die Forderung nach der Anzeige der Masseunzulänglichkeit begründet wurde oder vorher (*Hess* in HWW InsO, § 245 Rz. 28). **291**

Der Neubegründung einer Verbindlichkeit steht gleich, wenn der Verwalter nach Anzeige der Masseunzulänglichkeit **292**
– die Erfüllung eines gegenseitigen Vertrages verlangt (§ 209 Abs. 2 Nr. 1 InsO) oder
– aus einem Dauerschuldverhältnis für die Zeit nach dem ersten Termin, zu dem er das Vertragsverhältnis kündigen konnte, nicht gekündigt hat (§ 209 Abs. 2 Nr. 2 InsO),
– die Gegenleistung aus einem Dauerschuldverhältnis, z.B. einem Arbeitsvertrag, in Anspruch genommen hat (§ 209 Abs. 2 Nr. 3 InsO).

Allein aus der Tatsache, dass der Schuldner den Betrieb fortführt, kann nicht geschlossen werden, dass die Anwendung des Obstruktionsverbots ausgeschlossen wäre. Es muss geklärt werden, ob die Leistungen, die an den Schuldner erbracht werden, den Wert des Unternehmens darstellen. **293**

Wenn ein Dritter nicht bereit ist, den Betrieb zu übernehmen, kann regelmäßig nicht angenommen werden, dass dem Schuldner ein wirtschaftlicher Wert zugewandt wurde. **294**

295 Das Obstruktionsverbot kann aber nur dann eingreifen, wenn eine andere Gruppe (Absonderungsgläubiger, Insolvenzgläubiger, Nachranggläubiger) dem Plan zugestimmt hat, wobei es sich jedoch nicht nur um eine fingierte Zustimmung (§ 246 InsO) handeln darf (*Hess* in HWW InsO, § 246 Rz. 6 m.w.N.).

296 Auch wenn die nachrangigen Gläubiger im Einzelfall in einen Insolvenzplan einbezogen werden können, regelt § 246 InsO die Fälle, in denen von einer Abstimmung abgesehen werden kann, weil diese Gläubigergruppe nicht mit einer Befriedigung rechnen kann (*Hess* in HWW InsO, § 246 Rz. 7).

297 Nach § 246 Nr. 1 InsO wird die Zustimmung der Gläubiger einer Zins- und Kostenforderung zu einem Insolvenzplan erteilt, wenn schon die Hauptforderung der Insolvenzgläubiger nicht voll befriedigt werden kann. Eine Abstimmung ist erforderlich, wenn wirtschaftliche Werte verteilt werden, die mehr als den vollen Betrag der Insolvenz- und der Absonderungsgläubiger betragen.

298 Die Abstimmung der nachrangigen Gläubiger von Geldstrafen entfällt deshalb, weil die Rechte dieser Gläubiger durch den Plan nicht berührt werden (§ 225 Abs. 3 InsO).

299 Die Abstimmung der Gläubiger über die Forderungen aus Schenkungsversprechen (§ 39 Abs. 1 Nr. 2 InsO) sowie kapitalersetzende Darlehen oder Forderungen aus vereinbartem Nachrang (§ 39 Abs. 2 InsO) ist neben den Voraussetzungen des § 245 InsO auch dann entbehrlich, wenn diese Gläubiger den höherrangigen Gläubigern gleichgestellt werden, also bei einer quotalen Befriedigung die gleiche Quote wie diese erhalten (§ 246 Nr. 2 InsO; *Hess* in HWW InsO, § 246 Rz. 8; krit. *Braun* in NR InsO, § 246 Rz. 3).

300 Werden in dem Plan der verschiedenen Gruppen von nicht nachrangigen Insolvenzgläubigern unterschiedliche wirtschaftliche Werte zugewiesen, bedarf es einer Zustimmung der in § 246 Nr. 2 InsO bezeichneten Gläubiger, nicht wenn diese Gruppe mit der Gruppe gleichgestellt ist, die die höchsten wirtschaftlichen Werte erhält.

301 Letztlich gilt nach § 246 Nr. 3 InsO die Zustimmung der Gruppe der nachrangigen Gläubiger als erteilt, wenn sich kein Gläubiger dieser Gruppen an der Abstimmung beteiligt.

302 Die Entscheidung über die Voraussetzungen des Obstruktionsverbotes ergeht nicht separat, sondern innerhalb der gesicherten Bestätigung des Insolvenzplans (krit. dazu *Smid* FS Pawlowski, S. 387 ff.). In besonders schwierig gelagerten Fällen kann das Gericht die wirtschaftliche Prognose, ob eine Schlechterstellung durch den Plan eintritt, durch Sachverständigengutachten prüfen lassen. Dies sollte im Hinblick auf die zu erwartenden Kosten nur in Ausnahmefällen geschehen.

9. Die Zustimmung des Schuldners zu dem Insolvenzplan (§ 247 InsO)

303 Da in dem Insolvenzplan auch die Rechtsstellung des Schuldners geregelt werden kann, und zwar z.B. der Anspruch auf den Überschuss nach der Verwertung der Insolvenzmasse oder die Haftung nach Beendigung des Insolvenzverfahrens, ist dem Schuldner das Recht zum Widerspruch eingeräumt, wenn er unangemessen beeinträchtigt wird.

Die Zustimmung zu dem Plan gilt als erteilt, wenn der Schuldner dem Plan nicht spätestens im Abstimmungstermin schriftlich oder zu Protokoll der Geschäftsstelle widerspricht (§ 247 Abs. 1 InsO). Sein Widerspruch ist jedoch dann unbeachtlich, wenn er durch den Plan nicht schlechter gestellt wird, wie er ohne Plan stünde, und wenn kein Gläubiger einen wirtschaftlichen Wert erhält, der dem vollen Betrag seines Anspruchs entspricht (§ 247 Abs. 2 InsO; *Hess* in HWW InsO, § 247 Rz. 4 m.w.N.). Maßgeblich ist die wirtschaftliche Betrachtung (*Jaffé* in FK InsO, § 247 Rz. 14; **a.A.** *Smid/Rattunde* in Sm InsO, § 247 Rz. 7). **304**

Wird der Schuldner i.S.d. § 247 Abs. 2 Nr. 1 und 2 InsO unangemessen beeinträchtigt, darf das Gericht den Insolvenzplan nicht bestätigen (§ 248 Abs. 1 InsO; *Hess* in HWW InsO, § 247 Rz. 5 m.w.N.). **305**

Mit § 247 Abs. 2 Nr. 1 und 2 InsO werden die Grundgedanken des Obstruktionsverbots (§ 245 InsO) auf den Widerspruch des Schuldners übertragen, um Blockademöglichkeiten des Schuldners präventiv zu beseitigen (*Schiessler* Insolvenzplan, S. 175; *Smid/Rattunde* Insolvenzplan, Rz. 619). **306**

Das Widerspruchsrecht des Schuldners im Fall der eigenen Planinitiative und der Annahme des Plans durch die Gläubigerversammlung scheitert schon an der Bindungswirkung der Willenserklärung des Schuldners (*Hess* in HWW InsO, § 247 Rz. 7 m.w.N.; *Smid/Rattunde* Insolvenzplan, Rz. 623, 633). **307**

Greift der vom Verwalter vorgelegte Insolvenzplan in insolvenzfreie Rechte des Schuldners ein und hat er sich damit nicht einverstanden erklärt, greift das Widerspruchsrecht des § 247 Abs. 2 Nr. 1 InsO ein (*Smid/Rattunde* Insolvenzplan, Rz. 642). Insbesondere können gesellschaftsrechtliche Vorgänge nicht unter der Zustimmungsfiktion des § 247 InsO erfasst werden (*Hess/Weis* InVo 1996, 169; *Otte* in KP InsO, § 247 Rz. 4; *Hess* in HWW InsO, § 247 Rz. 8). **308**

10. Die Bestätigung des Insolvenzplans durch das Insolvenzgericht (§ 248 InsO)

Nach der Annahme des Insolvenzplans durch die Gläubiger (§§ 244–246 InsO) und der Zustimmung des Schuldners (§ 247 InsO) entscheidet das Gericht entweder im Erörterungs- und Abstimmungstermin (§ 235 InsO), im gesonderten Abstimmungstermin (§ 241 InsO) oder in einem Verkündungstermin über die Bestätigung des Insolvenzplanes (zu Funktion und Wesen der Bestätigung s. *Hess* in HWW InsO, § 248 Rz. 7 ff.), nachdem es den Insolvenzverwalter, den Schuldner und ggf. den Gläubigerausschuss gehört hat (§ 248 InsO). Zur Prüfungskompetenz des Insolvenzgerichts s. *Braun/Uhlenbruck* Unternehmensinsolvenz, S. 486 ff. Zur wünschenswerten Anhörung des Betriebsrats, wenn der Insolvenzplan Betriebsänderungen vorsieht, s. *Berscheid* ZInsO 1999, 27, 29. **309**

Die zwingend gebotene Anhörung des Insolvenzverwalters, des Schuldners und ggf. des Gläubigerausschusses wird regelmäßig im Abstimmungstermin erfolgen können. In der Genossenschaftsinsolvenz hat das Insolvenzgericht vor dem Erörterungstermin über den Insolvenzplan (§ 235 InsO) den Prüfungsverband, dem die Genossenschaft angehört (§ 54 GenG), anzuhören (§ 116 Nr. 4 GenG). Gegenstand dieser Anhörung **310** ist die Frage, ob der Insolvenzplan mit den Interessen der Genossen vereinbar ist. Anders als bei den nach § 11 Abs. 2 Nr. 3 GenG oder § 81 Abs. 1 Satz 1 UmwG notwendigen Anhörungen wird somit der Frage der Berücksichtigung von Gläubigerinteressen nicht nachgegangen (*Terbrack* ZInsO 2001, 1027, 1032). Zur Anhörung des Betriebsrats im Insolvenzplanverfahren s. *Berscheid* ZInsO 1999, 27. Die Bestätigung des Insolvenzplans durch das Gericht ist Voraussetzung für die Wirksamkeit des Plans (§ 254 InsO; *Hess* in HWW InsO, § 248 Rz. 4 m.w.N.). Zuständig für die gerichtliche Vertragsgenehmigung ist der Rechtspfleger (§ 18 Abs. 2 Satz 1 RPflG).

311 Die Aufgabe des Gerichts erschöpft sich in der Einhaltung der Verfahrensregeln und der Sicherstellung des Minderheitenschutzes (§§ 250 f. InsO; s. hierzu die Aufzählung bei *Otte* in KP InsO, § 248 Rz. 5 ff.). Im Übrigen ist das Gericht an den Inhalt eines allseits akzeptierten Plans gebunden und hat keine eigene Gestaltungsmacht (*Hess* in HWW InsO, § 248 Rz. 5 m.w.N.).

312 Mit der Bestätigung des Plans kann keine Abänderung mehr erfolgen. Sollte sich in der Überwachungsphase aus einer Änderung der Sachlage Handlungsbedarf ergeben, kann eine Änderung in einem weiteren Insolvenzverfahren erfolgen (*Smid/Rattunde* Insolvenzplan, Rz. 273).

313 Die Bestätigung des Plans ist zu versagen, wenn Verstöße gegen Verfahrensvorschriften dargetan werden oder die Annahme des Plans unlauter herbeigeführt worden ist (§ 250 InsO).

313a Verfahrensmängel können vorliegen in Bezug
– auf den Planinhalt (§§ 219–230 InsO; s. hierzu *Braun* in NR InsO, § 250 Rz. 6; *Flessner* in HK InsO, § 250 Rz. 3; *Breutigam* in BBG Insolvenzrecht, § 250 Rz. 4 ff.),
– die Einhaltung der Verfahrensregeln (§§ 218, 231, 232, 234–236, 239–243 InsO; s. hierzu *Braun* a.a.O., Rz. 7; *Flessner* a.a.O., Rz. 4; *Breutigam* a.a.O., Rz. 7 f.; zur Nichtanhörung des genossenschaftlichen Prüfungsverbandes *Terbrack* ZInsO 2001, 1027, 1032),
– auf die Planannahme (§§ 244–246 InsO; s. hierzu *Braun* a.a.O., Rz. 9 f.),
– auf die Zustimmung des Schuldners (§ 247 InsO),
– auf die nicht durchgeführte öffentliche Bekanntmachung (§§ 234, 235 InsO),
– auf eine fehlerhafte Feststellung des Abstimmungsergebnisses (*Kuhn/Uhlenbruck* KO, § 186 Rz. 2),
– auf die tatsächlich fehlende Zustimmung der Gläubiger (*Kuhn/Uhlenbruck* KO, § 186 Rz. 2).

313b Ein Verstoß führt nur dann zur **Versagung der Bestätigung**, wenn er **wesentlich** ist und nicht behoben werden kann (*Otte* in KP InsO, § 250 Rz. 3; *Braun* in NR InsO, § 250 Rz. 5; *Smid/Rattunde* in Sm InsO, § 250 Rz. 6; *Breutigam* in BBG Insolvenzrecht, § 250 Rz. 15 ff.). Die Versagung der Bestätigung erfolgt auch dann, wenn der Verfahrensfehler ausschließlich vom Gericht verursacht wurde und es nicht von Amts wegen einen neuen Abstimmungstermin anberaumt hat (s. zum Streitstand *Braun* a.a.O, Rz. 3). Behebbar sind nur solche Mängel, bei denen der fehlerhafte Vorgang ohne Wiedereröffnung eines Verfahrensabschnitts nachgeholt werden kann (*Flessner* in HK InsO, § 250 Rz. 6).

313c Unlautere Einwirkungen sowie Gläubigerbegünstigungen, die für das Zustandekommen des Plans kausal waren, ohne die der Plan nicht oder nicht in der konkret abgeschlossenen Form zu Stande gekommen wäre, **stellen Verwerfungsgründe dar**. „Unlauter" i.S. dieser Bestimmung ist nicht unbedingt mit dem Begriff „unredlich" gleichzusetzen; erforderlich, aber auch ausreichend ist ein gegen Treu und Glauben (§ 242 BGB; *Kilger/K. Schmidt* KO/VglO/GesO, § 188 KO, 2a) verstoßendes Verhalten, etwa

- **Missachtung des Gleichbehandlungsgebots** durch verdeckte Gläubigerbegünstigungen, z. B. durch Gewährung von Sondersicherheiten oder Verschweigen einer Gegenforderung des Schuldners gegen diesen Gläubiger;
- **Manipulation der Abstimmungsmehrheiten** durch ausschließlich zu diesem Zweck vereinbarte Teilzessionen oder Auseinandersetzung einer Personengesamtheit, der eine gemeinschaftliche Forderung zusteht;
- Entlohnung eines Gläubigers für vorvereinbartes Stimmverhalten („**Stimmenkauf**").

S. hierzu *Braun* (in NR InsO, § 250 Rz. 11 ff.); eingehend *Breutigam* (in BBG Insolvenzrecht, § 250 Rz. 21 ff.) insbesondere zu den Fragen, wenn einer oder mehrere Dritte, insbesondere Gesellschafter miteinander handeln. *Jaffé* (in FK InsO, § 250 Rz. 16 ff.; *Breutigam* (a.a.O., Rz. 19), weisen darauf hin, dass zwischen dem unlauteren Verhalten und dem Abstimmungsergebnis ein ursächlicher Zusammenhang bestehen muss, d.h. die Unlauterbarkeit muss sich auf das Planergebnis auswirken. Die ursächliche Unlauterbarkeit eines Gesellschafters auf das Abstimmungsergebnis rechtfertigt die Versagung der Bestätigung eines Insolvenzplanes.

Beteiligte, die dem Insolvenzplan widersprochen haben, können den Antrag auf Versagung der Planbestätigung stellen (§ 251 InsO; s. *Hess* in HWW InsO, § 251 Rz. 6 ff.). **314**

Erst die vom Gericht ausgesprochene Bestätigung, die im Abstimmungstermin oder in einem gesonderten Termin erfolgt, ist als Beschluss zu verkünden (§ 252 InsO). **315**

Das Verkündungserfordernis des § 252 InsO betrifft nur die erstinstanzliche Entscheidung des Rechtspflegers, nicht aber die Beschlüsse des Rechts sowie des im Erinnerungsverfahren entscheidenden Richters (*Kilger/K. Schmidt* KO/VglO/GesO, § 185 KO, 1). **316**

Die Verkündung erfolgt unmittelbar im Erörterungs- und Abstimmungstermin (§ 235 InsO) oder in einem neuen Termin nach § 241 InsO (*Kuhn/Uhlenbruck* KO, § 185). Die Bekanntmachung des besonderen Termins kann unterbleiben (§ 74 Abs. 2 InsO), jedoch bedarf es der Ladung der in § 241 Abs. 2 InsO bezeichneten Person. Die in § 252 Abs. 2 InsO bezeichneten Unterlagen sind vom Insolvenzgericht den Gläubigern zu übersenden (*Flessner* in HK InsO, § 252 Rz. 4; *Braun* in NR InsO, § 252 Rz. 2, der darauf hinweist, dass die Unterlagen unabhängig von der Stimmberechtigung allen Gläubigern übersandt werden müssen). Da es sich nicht um Zustellungen i.S.v. § 8 Abs. 3 InsO handelt, kann diese Aufgabe nicht dem Insolvenzverwalter übertragen werden (*Otte* in KP InsO, § 25 Rz. 2; *HWF* Handbuch, Rz. 9/36). **317**

Gegen den Beschluss, durch den der Insolvenzplan bestätigt oder die Bestätigung versagt wird, steht den Gläubigern und dem Schuldner die sofortige Beschwerde zu (§ 253 InsO), die innerhalb von 2 Wochen nach der Verkündung einzulegen ist (§ 6 Abs. 2, § 4 InsO i.V.m. § 577 ZPO; *Hess* in HWW InsO, § 252 Rz. 6 m.w.N.). Nicht beschwerdebefugt sind der Insolvenzverwalter und der Plangarant, der nicht Gläubiger ist. **318**

319 Die Beschwerdebefugnis steht nicht nur den stimmberechtigten Gläubigern, sondern auch den Gläubigern streitiger Forderungen zu, denen das Gericht kein Stimmrecht eingeräumt hat (§ 78 Abs. 1 InsO).

320 Über die Beschwerde entscheidet das Landgericht (§ 6 Abs. 3 Satz 1 InsO). Hat der Rechtspfleger über die Bestätigung des Plans entschieden, findet die befristete Erinnerung statt (§ 11 Abs. 2 Satz 1 RPflG).

321 Die Frist zur Einlegung der Beschwerde – gem. § 569 ZPO Notfrist – beginnt mit der **Verkündung** des anzufechtenden Beschlusses (§ 6 Abs. 2, § 252 InsO). Gegenüber der sofortigen Beschwerde nach der ZPO gelten keine Besonderheiten. Die der Beschwerde vorgeschaltete befristete Erinnerung gem. § 11 Abs. 2 Satz 1 RPflG ist ebenfalls in der Frist des § 253 InsO einzulegen (*Kuhn/Uhlenbruck* KO, § 189 Rz. 2 unter Hinweis auf *Arnold/Meyer-Stolte* RPflG, § 11 Anm. 3, 1).

322 Die Bestätigung des Insolvenzplans durch das Gericht soll sicherstellen, dass die Rechte der widersprechenden Minderheit nicht unbeachtet und dass alle Beteiligten vor unlauteren Machenschaften bewahrt bleiben (§ 252 InsO).

323 Die Bestätigung des Insolvenzplanes ist weder der Form noch der Sache nach ein Urteilsspruch. Insoweit liegt in der Bestätigung eine Maßnahme staatlicher Fürsorge, weil die Bestätigung verhindern soll, dass nicht nur die Rechte der Minderheit, sondern aller beteiligten Gläubiger vor unsauberen Machenschaften beim Zustandekommen des Insolvenzplans geschützt werden (*Bley/Mohrbutter* VglO, § 78 Rz. 2). Diese Funktion des Bestätigungsvermerks lässt aber nicht den Schluss zu, dass das gesamte Insolvenzplanverfahren oder gar das Insolvenzrecht als Ganzes der freiwilligen Gerichtsbarkeit zugeordnet werden kann.

324 Das Gericht hat hinsichtlich der Entscheidung, ob die Bestätigung erteilt oder versagt wird, keine Möglichkeit zur Ausübung eines Ermessens. Wenn alle für den Planabschluss maßgeblichen formellen und materiellen Vorschriften beachtet worden sind (*Kilger/K. Schmidt* KO/VglO/GesO, § 184 KO, 1) und keine Verwerfungsmöglichkeit besteht, insbesondere behebbare Mängel beseitigt sind (zur Pflicht des Gerichts, den Beteiligten die Möglichkeit zur Mängelbeseitigung einzuräumen, vgl. *Kuhn/Uhlenbruck* KO, § 181 Rz. 2), muss die Bestätigung erteilt werden.

325 Der Bestätigungsbeschluss kann keine **Modifizierung** des Insolvenzplans, der Gegenstand der Abstimmung war, vorsehen und bewirken; die Entscheidung kann – neben der Verwerfung des Insolvenzplans im Ganzen – nur auf Bestätigung des Plans in der Form lauten, wie er materiell-rechtlich zu Stande gekommen ist; ebenso wenig ist es möglich, eine partielle Bestätigung auszusprechen (*Bötticher* ZZP 86 (1973), 389), da dies einer Abänderung des Vergleichsinhalts entspräche.

326 Erst der durch den Gläubiger angenommene Insolvenzplan darf bestätigt oder die Bestätigung versagt werden. Ist der Plan wirksam zu Stande gekommen und liegt keiner der gesetzlichen Versagungsgründe (§§ 250, 251 InsO) vor, muss der Plan bestätigt werden.

327 Auch ein auflösend bedingter Insolvenzplan, der die erforderlichen Mehrheiten der Gläubiger erlangt hat und bei dem keine gesetzlichen Versagungsgründe erkennbar sind, ist zu bestätigen.

328 Bei dem aufschiebend bedingten Insolvenzplan, bei dem z. B. das Wirksamwerden des Planes davon abhängig gemacht wird, dass bestimmte Leistungen (wie eine Bürgschaft zur Sicherstellung der zugesagten Planerfüllung) vor der Bestätigung erbracht werden müssen, ist die Bestätigung dann zu versagen, wenn die Leistungen nicht innerhalb der vom Gericht gesetzten Frist erbracht werden (§ 249 InsO).

328a Nach § 249 InsO kann ein Insolvenzplan über das Vermögen einer Genossenschaft in zulässiger Weise unter die aufschiebende Bedingung eines wirksamen Fortsetzungsbeschlusses der Generalversammlung nach §§ 117, 118 GenG gestellt werden, wenn die Beschlussfassung vor der Bestätigung des Insolvenzplans sichergestellt werden kann (*LG Dessau* vom 5. 7. 2000 – 9 T 327/00 – DZWiR 2001, 390).

329 Wird der Plan bestätigt, ist den Insolvenzgläubigern, die Forderungen angemeldet haben, und den absonderungsberechtigten Gläubigern ein Abdruck des Plans oder eine Niederschrift über den wesentlichen Inhalt des Plans zu übersenden (§ 252 Abs. 2 InsO). Die Zusammenfassung des wesentlichen Inhalts des Insolvenzplans ist vom Insolvenzgericht zu erstellen. *Breutigam* (in BBG Insolvenzrecht, § 252 Rz. 6 f.) schlägt vor, dass der Verwalter diese Aufgabe freiwillig übernehmen und dies bei der Festsetzung des Verwalterhonorars berücksichtigt werden soll; **a.A.** *Smid/Rattunde* (in Sm InsO, § 252 Rz. 2), die, ohne auf eine Anspruchsgrundlage zurückgreifen zu können, meinen, der Verwalter habe die Zusammenfassung zu erstellen.

330 Die Bestätigung des Insolvenzplanes ist von Amts wegen zu versagen, wenn die Vorschriften über
– den Inhalt (§§ 219–230 InsO),
– die verfahrensmäßige Behandlung (§§ 218, 231–236, 239–243 InsO),
– die Annahme (§§ 244–246 InsO) und
– die Zustimmung des Schuldners in einem wesentlichen Punkt nicht beachtet worden sind und der Mangel nicht behoben werden kann oder die Annahme des Plans unlauter, insbesondere durch die Begünstigung eines Gläubigers herbeigeführt worden ist (*Hess* in HWW InsO, § 252 Rz. 9).

331 Trotz des eindeutigen Wortlauts wird das Gebot des § 235 InsO, die Niederlegung (§ 234 InsO) des Plans und der Stellungnahme der Geschäftsstelle des Insolvenzgerichts in die öffentliche Bekanntmachung nach § 235 InsO einzubeziehen, als **nicht zwingend** angesehen. Der unterlassene Hinweis braucht daher weder nachgeholt werden, noch stellt er einen nach § 250 InsO beachtlichen Verfahrensmangel dar (*Kilger/K. Schmidt* KO/VglO/GesO, § 179 KO, 2; *Kuhn/Uhlenbruck* KO, § 179 Rz. 4). Zu rechtfertigen ist dies dadurch, dass die zur Abstimmung berufenen Insolvenzgläubiger gesondert geladen werden (§ 235 Abs. 3 InsO), und zwar unter eigenständiger Mitteilung gerade derjenigen Erklärungen, die nach § 234 InsO niedergelegt werden.

332 Umstritten war schon, ob das Erscheinen des oder der nicht geladenen Gläubiger im Vergleichstermin die **Heilung** des Verfahrensmangels bewirkt (vgl. einerseits zust. *Jaeger/Weber* KO, § 179 Rz. 1; *Kuhn/Uhlenbruck* KO, § 179 Rz. 3a; *Kilger/K. Schmidt* KO/VglO/GesO, § 179 KO, 2; *Wolff* KO, § 179 Anm. 2; andererseits abl. *v. Wilmowski/Curlbaum* KO, § 179 Anm. 3; *Bleyer* KO § 179 Anm. 1).

333 Die Ladung der Gläubiger soll nicht nur ihr tatsächliches Erscheinen im Erörterungs- und Abstimmungstermin sichern, sondern ihnen auch die Gelegenheit einräumen, innerhalb der Monatsfrist des § 235 Abs. 1 InsO ihre Entscheidung vorzubereiten; zu diesem Zweck wird ihnen der Planvorschlag sowie ggf. die Stellungnahmen **mit der Ladung** übermittelt. Die vom Gesetzgeber vorgesehene unbeeinflusste Vorbereitung der Abstimmungsentscheidung ist nicht mehr gewährleistet, wenn der Gläubiger – aus dem Gericht letztlich unbekannten Gründen – im Erörterungs- und Abstimmungstermin erscheint, ohne geladen worden zu sein (**a.A.** *Kilger/K. Schmidt* KO/VglO/GesO, § 179 KO, 2, der den Verfahrensverstoß durch das Erscheinen des Gläubigers als geheilt ansieht). Berücksichtigt man überdies, dass die besonderen Hinweise nach § 235 InsO in der öffentlichen Bekanntmachung fehlen können, ist es durchaus denkbar, dass ein nicht oder nicht ordnungsgemäß geladener Gläubiger vollkommen unvorbereitet im Erörterungs- und Abstimmungstermin erscheint. Zur Aufgabe des Gerichts im Erörterungs- und Abstimmungstermin gehört es aber nicht, die jeweilige Vorbereitung der Gläubiger zu überprüfen; die Feststellung der ordnungsgemäßen Ladung führt vielmehr zu einer dahingehenden Fiktion. **Eine Heilungsmöglichkeit des Verfahrensmangels fehlender Ladung ist daher abzulehnen**. Es reicht auch nicht aus, den Gläubigern die Möglichkeit einzuräumen, in die Unterlagen Einblick zu nehmen (so aber *Gottwald* InsolvenzRHdb, § 66 Rz. 43).

334 Die von Amts wegen zu beachtenden **Versagungsgründe** sind zwingender Natur. Die Gläubiger können nicht auf die Beachtung der Versagungsgründe verzichten. Anstelle des Versagungsbeschlusses kann das Gericht jedoch einen neuen Verkündungstermin bestimmen, bis zu dem die Versagungsgründe behoben werden können (*Hess* in HWW InsO, § 252 Rz. 11).

335 Stellt sich im Beschwerdeverfahren (§ 253 InsO) heraus, dass der angenommene Versagungsgrund nicht vorgelegen hat, greift aber ein anderer von Amts wegen zu beachtender Versagungsgrund, so ist dieser noch zu berücksichtigen.

336 Nur **wesentliche Verfahrensmängel** bilden einen Versagungsgrund. Wesentlich ist der Verfahrensmangel dann, wenn er auf den Entschluss des Gläubigers über die Annahme oder Ablehnung des Plans Einfluss haben kann. Die wesentlichen Mängel hindern die Bestätigung des Plans, wenn der Mangel nicht bis zur Verkündung des Beschlusses über die Versagung behoben werden kann (*Hess* in HWW InsO, § 252 Rz. 13).

337 Verfahrensfehler des Insolvenzgerichts, die einer Bestätigung als Plan entgegenstehen, sollen nicht den Gläubigern zum Nachteil gereichen. Hier kann das Gericht von Amts wegen einen neuen Abstimmungstermin bestimmen (*Hess* in HWW InsO, § 252 Rz. 14).

338 Unterlässt das Gericht die Anberaumung eines neuen Termins, können die Gläubiger und/oder der Schuldner durch Einlegung einer Beschwerde den Versagungsbeschluss anfechten. Die Beschwerdefrist beginnt mit der Verkündung des Beschlusses (§ 6 Abs. 2 Satz 1 InsO).

339 Die Bestätigung des Plans ist auch dann zu versagen, wenn die Annahme des Plans unlauter, insbesondere durch Begünstigung eines Gläubigers herbeigeführt wurde (*Hess* in HWW InsO, § 252 Rz. 16).

340 Das unlautere, gegen Treu und Glauben verstoßende Verhalten muss nicht nur von dem Schuldner oder dessen Vertreter ausgehen. Unlauteres Verhalten, das für die

Annahme des Plans ursächlich war, kann auch von dem Verwalter, den Gläubigern oder Dritten ausgehen. Geht das unlautere Verhalten von einem Dritten aus, liegt ein Versagungsgrund nur dann vor, wenn die unlauteren Handlungen dem Schuldner bekannt waren oder zumindest bekannt sein mussten (*Hess* in HWW InsO, § 252 Rz. 17).

Gegen den Beschluss, durch den der Insolvenzplan bestätigt oder die Bestätigung versagt wird, steht den Gläubigern, den Absonderungsberechtigten, falls ihre Rechtsstellung in dem Insolvenzplan geregelt wird, und dem Schuldner die sofortige Beschwerde zu (§ 253 InsO). Nicht beschwerdebefugt sind der Insolvenzverwalter und der Plangarant, der nicht Gläubiger ist (*Hess* in HWW InsO, § 232 Rz. 3 m.w.N.). **341**

Die **Beschwerdebefugnis** steht nicht nur den stimmberechtigten Gläubigern, sondern auch den Gläubigern streitiger Forderungen zu, denen das Gericht kein Stimmrecht eingeräumt hat (§ 78 Abs. 1 InsO; *Hess* in HWW InsO, § 253 Rz. 4 m.w.N.). **342**

Die Beschwerdefrist beginnt mit der Verkündung des Beschlusses (§ 6 Abs. 2 Satz 1 InsO; *Hess* in HWW InsO, § 253 Rz. 6 m.w.N.). **343**

11. Minderheitenschutz (§ 251 InsO)

Auf Antrag eines Gläubigers, der nicht stimmberechtigt gewesen sein (**a.A.** *Jaffé* in FK InsO, § 251 Rz. 11) und auch als Stimmberechtigter nicht an der Abstimmung teilgenommen haben muss (*Otte* in KP InsO, § 251 Rz. 4; *Smid/Rattunde* in Sm InsO, § 251 Rz. 14; *Breutigam* in BBG Insolvenzrecht, § 251 Rz. 4) oder der für den Antrag gestimmt hat (*Jaffé* a.a.O., Rz. 12) und der den Antrag bis zur Rechtskraft des Insolvenzplans gestellt hat (*Braun* in NR InsO, § 251 Rz. 3; *Breutigam* a.a.O., Rz. 5; **a.A.** *Flessner* in HK InsO, § 251 Rz. 4; *Jaffé* a.a.O., Rz. 13, wonach der Antrag des Gläubigers auf Versagung der Bestätigung zeitlich nur bis zur Verkündung der Bestätigungsentscheidung gestellt werden könne; so auch die Begr. zu § 298 RegE), ist die Bestätigung des Insolvenzplans zu versagen, wenn er den Plan spätestens im Abstimmungstermin schriftlich zu Protokoll der Geschäftsstelle des Gerichts widersprochen hat und er durch den Plan schlechter gestellt wird, wie er ohne Plan stünde (§ 251 Abs. 1 InsO). Der **Minderheitenschutz dient damit dem Schutz einzelner Gläubiger**, während das **Obstruktionsverbot** (§§ 245–247 InsO) **die Gruppenmehrheit von Einzelgläubigern schützt** (vgl. *Braun/Uhlenbruck* Unternehmensinsolvenz, S. 610, 618 ff.; *Schiessler* Insolvenzplan, S. 182). **344**

Der Antrag, der bis zur Rechtskraft des Insolvenzplanes gestellt werden kann, ist nur zulässig, wenn der Gläubiger glaubhaft macht, dass er durch den Plan schlechter als ohne Plan gestellt wird (*Hess* in HWW InsO, § 251 Rz. 7). Die Schlechterstellung kann sich aus einem Vergleich, der für den widersprechenden Gläubiger voraussichtlichen Befriedigungsquote im Fall der unverzüglichen Verwertung und der angestrebten Planquote ergeben (*Evers/Möhlmann* ZInsO 1999, 21, 26; *Pink* ZIP 1997, 179; *Flessner* in HK InsO, § 251 Rz. 5, wonach eine Behauptung i.S.d. § 294 ZPO erst glaubhaft gemacht ist, wenn sie überwiegend wahrscheinlich ist). Fehlt es an der Glaubhaftmachung, muss das Gericht dem Antragsteller die Möglichkeit einräumen, die Glaubhaftmachung nachzuholen (*Jaffé* in FK InsO, § 251 Rz. 22), zumal die Glaubhaftmachung auch im Rahmen des Beschwerdeverfahrens gegen den Bestäti- **345** gungsbeschluss ggf. nachgeholt werden kann (*Jaffé* a.a.O., Rz. 23 f.; s. auch *Breutigam* in BBG Insolvenzrecht, § 251 Rz. 14 ff.). Wegen der hierbei auftretenden Schwierigkeiten kritisiert *Henckel* (KTS 1989, 477, 492) diese Regelung als eine Benachteiligung der ungesicherten Gläubiger. Zu Recht weist *Schiessler* (Insolvenzplan, S. 185) darauf hin, dass die widersprechenden Minderheitengläubiger aus dem Vortrag des Insolvenzverwalters (§ 156 InsO), der Vergleichsrechnung (§ 220 InsO) und der nach § 232 InsO einzuholenden Stellungnahmen hinreichende Informationen erhalten, aus denen sie ableiten können, ob sie durch den Plan schlechter gestellt werden als ohne Plan. *Smid/Rattunde* (Insolvenzplan, Rz. 644 ff.) halten die Vorschrift für systemwidrig, unpraktikabel und disfunktional, was nicht zutrifft, und zwar selbst dann nicht, wenn in Einzelfällen zur Frage der „Schlechterstellung" des Gläubigers Gutachten eingeholt werden müssten (*Hess* a.a.O., m.w.N.).

346 Mit diesem Minderheitenschutz sollen die Unzulänglichkeiten der Mehrheitsentscheidungen und die Interessenunterschiede, die bei der Gruppenbildung (§ 222 InsO) nicht berücksichtigt werden können, ausgeglichen werden (s. auch *Maus* Kölner Schrift zur Insolvenzordnung, S. 707, 730).

347 Der Minderheitenschutz reicht nicht so weit wie das Obstruktionsverbot (§ 245 InsO), mit dem der Schutz der Mehrheit einer Gruppe von Gläubigern dagegen erfolgt, dass ein Plan trotz der Ablehnung durch diese Mehrheit bestätigt wird. Der Minderheitenschutz braucht nicht eine angemessene Beteiligung an dem durch den Plan realisierten Wert zu erfassen, sondern nur zu garantieren, dass kein widersprechender Beteiligter schlechter gestellt wird als er ohne Plan stünde (*Hess* in HWW InsO § 251 Rz. 9 m.w.N.).

348 Um das Risiko zu vermeiden, dass der Plan nicht bestätigt wird, sollte der Plan zusätzliche Leistungen an einzelne widersprechende Gläubiger vorsehen, die nachzuweisen vermögen, dass sie ohne Zusatzleistungen schlechter gestellt würden als ohne Plan (s. hierzu *Otte* in KP InsO, § 251 Rz. 10; *Braun* in NR InsO, § 251 Rz. 5; *Jaffé* in FK InsO, § 251 Rz. 25 ff.; krit. *Flessner* in HK InsO, § 251 Rz. 9 f.). S. auch die Kritik von *Smid/Rattunde* (in Sm InsO, § 251 Rz. 10 ff.), die in der Vorschrift einen Systembruch sehen, weil der Gläubiger nach Bestätigung des Insolvenzplans und Aufhebung des Insolvenzverfahrens zu einem kostenträchtigen Leistungsprozess verwiesen wird. Sehr kritisch äußert sich *Wutzke* (ZInsO 1999, 1, 4) zu den salvatorischen Erhöhungsklauseln. Selbst wenn man im Einzelfall davon ausginge, dass der Plan zusätzliche Leistungen an solche Beteiligte vorsehen könne, die dem Plan widersprechen und den Nachweis führen, dass sie ohne solche Zusatzleistungen durch den Plan schlechter gestellt würden als ohne einen Plan, stellt sich die Frage, wie zum Zeitpunkt der Planinitiative noch nicht bekannte Einwendungen zum Mindeststandard konkret berücksichtigt werden könnten. *Smid* (ZInsO 1998, 347) macht gegen die salvatorischen Klauseln Einwendungen aus dem Gesichtspunkt des in § 226 InsO niedergelegten Gleichbehandlungsgebot geltend.

348a Regelmäßig sind die Einwendungen zum Zeitpunkt des Planantrags den Beteiligten noch nicht bekannt, anderenfalls wären sie im Plan bei der Bemessung des Mindeststandards berücksichtigt worden. Die finanziellen Auswirkungen des abweichenden Mindeststandards müssten für den Fall der Vereinbarung einer salvatorischen Erhöhungsklausel gleichfalls plankonform gesichert werden, wobei oft die Höhe der zu bildenden Rücklagen nicht hinreichend quantifiziert werden kann. S. auch *Eidenmüller* (NJW 1999, 1837), der darauf hinweist, dass die salvatorischen Klauseln nur in Einzelfällen die Gefahr einer Verfahrenslähmung durch anfechtbare Prognoseentscheidungen der Insolvenzgerichte verringern können.

Enthält der Plan solche Zusagen und ist deren Finanzierung gesichert, steht der Minderheitenschutz einer Planbestätigung nicht entgegen. **349**

VII. Wirkungen des Plans

1. Allgemeines (§ 254 InsO)

Mit der **Rechtskraft der Bestätigung des Insolvenzplans** treten die im gestaltenden Teil festgelegten Wirkungen für und gegen alle Beteiligten, also gegenüber **350**
- den Insolvenzgläubigern,
- dem Schuldner bzw. den am Schuldner beteiligten Personen,
- den absonderungsberechtigten Gläubigern

ein (s. auch *Maus* Kölner Schrift zur Insolvenzordnung, S. 707, 731; s. auch die Nachw. bei *Hess* in HWW InsO, § 254 Rz. 9). Dies gilt unabhängig davon, ob die genannten Personen tatsächlich am Verfahren teilgenommen haben (*Hess* a.a.O., Rz. 10 m.w.N.). Einer gerichtlichen Feststellung der Wirksamkeit des Insolvenzplanes bedarf es nicht (*Schiessler* Insolvenzplan, S. 189).

a) Betroffene Forderungen

Sämtliche Insolvenzforderungen einschließlich der Steuerforderungen werden vom rechtskräftig bestätigten Insolvenzplan der Höhe nach im – allerdings nicht notwendigen – Falle der Vereinbarung eines Teilerlasses und/oder bezüglich des Fälligkeitszeitpunktes (bei vereinbarter Stundung) begrenzt; die ursprüngliche Forderung wird nicht durch eine neue Forderung, etwa aus Schuldanerkenntnis, ersetzt (*Hess* in HWW InsO, § 254 Rz. 11 m.w.N.). **351**

Diese „Zwangs"-Wirkung tritt gegenüber allen Forderungen ein, ohne Rücksicht darauf, ob sie angemeldet oder nicht angemeldet, fällig, betagt, aufschiebend bedingt, den Beteiligten bei der Abstimmung über den Insolvenzplan bekannt oder unbekannt waren, ob die Forderungen ein Stimmrecht begründeten oder nicht und ob der Gläubiger für oder gegen den Plan gestimmt hat (*Hess* in HWW InsO, § 254 Rz. 12). **352**

Die Wirkung des Plans ist daher in Bezug auf die Insolvenzforderungen umfassend; ausgenommen hiervon sind allerdings die auf diesen Forderungen beruhenden Sicherungsrechte. So haftet auf Grund einer „harten" Patronatserklärung der Erklärende bei Insolvenz des Schuldners, für den die Erklärung abgegeben wurde, neben, nicht nach diesem (*Hess* in HWW InsO, § 254 Rz. 13). **353**

Aufschiebend betagte Forderungen führen nicht sofort zur Auskehrung einer Quote, sondern nur zu einem Anspruch auf Sicherstellung derselben. **354**

b) Nicht betroffene Forderungen

355 Nicht betroffen von dem Insolvenzplan sind die unstreitigen Masseansprüche, die der Verwalter zu berichtigen hat (§ 258 Abs. 2 InsO; *Hess* in HWW InsO, § 254 Rz. 15 m.w.N.).

356 Persönliche Ansprüche des Gläubigers gegen Dritte, etwa aus einer Bürgschaft und dingliche Sicherungsrechte der Gläubiger am Vermögen Dritter, werden durch den Plan nicht berührt (§ 254 Abs. 2 InsO; *Hess* in HWW InsO, § 254 Rz. 17 m.w.N.).

357 Ebenso wenig können die Wirkungen einer **Vormerkung** beeinträchtigt werden, die den Anspruch eines Gläubigers auf Einräumung oder Aufhebung eines Rechts an einem Grundstück eines Dritten sichert (§ 254 Abs. 2 Satz 2 InsO).

358 Aus §§ 225, 39 InsO ergibt sich, dass die Forderungen aus **Schenkungsversprechen** und aus **kapitalersetzenden Darlehen** genauso wie die Zins- und Kostenforderungen, wenn nichts anderes vereinbart ist, als erlassen gelten (*Hess* in HWW InsO, § 254 Rz. 18).

359 **Geldstrafen** und ihnen gleichgestellte Forderungen (§ 39 Abs. 1 Nr. 3 InsO) unterliegen nicht der Disposition der Gläubigergremien und bleiben deshalb auch nach der Bestätigung des Insolvenzplans bestehen (*Hess* in HWW InsO, § 254 Rz. 19).

360 **Absonderungsberechtigte Gläubiger** erfahren durch den Insolvenzplan ebenfalls keinen Rechtsverlust, wenn nichts anderes vereinbart ist; das Absonderungsrecht bleibt vielmehr unberührt (*Hess* in HWW InsO, § 254 Rz. 20).

361 Eine **Teilnahme der Absonderungsberechtigten** am Insolvenzplan erfolgt jedoch hinsichtlich der persönlichen Forderung in Höhe des **Ausfalls**. Letzterer stellt die Berechnungsgrundlage für die Planquote dar, nicht etwa die Gesamtforderung (*RG* vom 12.12.1931 – IX 310/31 – RGZ 135, 295, 297); es ist auch nicht möglich, zunächst die Planquote aus der gesamten Forderung zu verlangen und hinsichtlich des nach Quotenauszahlung verbleibenden Differenzbetrages Befriedigung aus dem Absonderungsrecht zu suchen (*RG* vom 6.10.1911 – Rep V 221/11 – RGZ 78, 71, 76).

362 Soll zum Zeitpunkt des Insolvenzplanabschlusses der Ausfall und damit die für den Plan maßgebende Quote festgestellt werden, muss die abgesonderte Befriedigung schon abgeschlossen sein; der Gläubiger kann jedoch erklären, nur hinsichtlich einer bestimmten Forderungshöhe das Absonderungsrecht zu realisieren. Er ist damit an die Limitierung gebunden und muss sich wegen des Restbetrages, unabhängig von evtl. höheren Ergebnissen der Verwertung des Absonderungsrechts, mit der Planquote begnügen (*Hess* in HWW InsO, § 254 Rz. 22).

363 Der Absonderungsberechtigte kann auch auf sein Recht zur abgesonderten Befriedigung verzichten und damit seine Teilnahme am Insolvenzplan bewirken. Die allgemein vertretene Auffassung geht davon aus, dass der fragliche Verzicht auch in schlüssigen Handlungen des Absonderungsberechtigten liegen kann, etwa in der vorbehaltslosen Beteiligung des absonderungsberechtigten Gläubigers, mit seiner gesamten Forderung an der Abstimmung über den Insolvenzplan, **verbunden** mit der ebenfalls vorbehaltslosen Annahme von Zahlungen auf die Planquote (vgl. die Einzelheiten bei *Jaeger/Weber* KO, § 193 Rz. 13; *Kuhn/Uhlenbruck* KO, § 193 Rz. 5). Allein die Gefahren nachfolgender Streitigkeiten darüber, ob ein Absonderungsverzicht erklärt worden war oder nicht, begründen die Notwendigkeit eines **ausdrücklichen** Rechtsverzichts, zumal nicht jeder Absonderungsberechtigte die Konsequenzen seiner etwaigen schlüssigen Handlungen kennt (*Hess* in HWW InsO, § 254 Rz. 23).

Die vorstehende Regelung hat auch Auswirkungen auf die Rückgriffsansprüche der Mithaftenden untereinander: Soweit ein Mitschuldner/Bürge von dritter Seite in voller Höhe in Anspruch genommen wurde, kann er den ihm an sich ebenfalls in voller Höhe zustehenden Rückgriffsanspruch nur bis zur Planquote realisieren, andernfalls würde der Planzweck unterlaufen und überdies die Planerfüllung durch die planwidrige Mehrbelastung des Schuldners gefährdet (*Otte* in KP InsO, § 254 Rz. 13; *Braun* in NR InsO, § 254 Rz. 7; *Flessner* in HK InsO, § 254 Rz. 7). Auf der anderen Seite kann der Schuldner ein ihm etwa zustehendes Rückgriffsrecht gegen einen Mitschuldner nur in dem Umfang geltend machen, in dem er – der Schuldner – die Planquote tatsächlich geleistet hat (*Hess* in HWW InsO, § 254 Rz. 24 m.w.N.). **364**

Der Erlassvertrag nach Bürgerlichem Recht (§ 397 BGB) bewirkt im Regelfall das unmittelbare vollständige Erlöschen der Forderung. Die Folge ist das Erlöschen akzessorischer Sicherungsrechte oder das Entstehen obligatorischer Aufhebungsansprüche eines durch nicht akzessorische Sicherungsrechte belasteten Dritten (*Hess* in HWW InsO, § 254 Rz. 25). **365**

§ 254 Abs. 2 InsO legt fest, dass die Rechte aus den dort genannten Sicherungen „durch den Plan nicht berührt" werden; daraus folgt die begrenzte Wirkung des Plans. Die erlassenen Forderungen oder Forderungsteile fallen nicht ersatzlos weg, sondern bleiben als erfüllbare, aber nicht erzwingbare Naturalobligationen bestehen (allgemeine Auffassung; vgl. statt aller nur *BGH* vom 30.10.1967 – VII ZR 31/65 – WM 1968, 39; s. ferner *Stech* ZZP 77 (1964), 161, 183), und dienen als Grundlage für den Fortbestand von Bürgschaften und Mitschuldübernahme sowie Sicherungsübereignungen und -zessionen (*Kuhn/Uhlenbruck* KO, § 193 Rz. 8, 12 m.w.N.) sowie fortwirkenden Eigentumsvorbehalten (*Jaeger/Weber* KO, § 193 Rz. 6). **366**

Die Bestimmung ist allerdings nicht zwingend, sondern kann in ihren Wirkungen durch eine entgegenstehende Vereinbarung im Plan eingeschränkt werden (vgl. dazu im Einzelnen *BGH* vom 22.6.1989 – IX ZR 164/88 – WM 1989, 1186; vom 30.1.1992 – IX ZR 112/91 – WM 1992, 501; vom 23.1.1992 – X ZR 94/91 – WM 1992, 619; *Kuhn/Uhlenbruck* KO, § 193 Rz. 13), allerdings nicht durch Mehrheitsbeschluss, sondern ausschließlich durch eine Individualabrede. Der durch die Mehrheitsentscheidung legitimierte Zwangscharakter des Plans beschränkt sich auf die Wirkungen des § 254 Abs. 2 InsO (*Hess* in HWW InsO, § 254 Rz. 27). **367**

c) Rechtsänderungen

Soweit der Insolvenzplan Rechte an Gegenständen begründet, ändert, überträgt oder die Aufhebung dinglicher Rechte vorsieht bzw. Geschäftsanteile einer GmbH abgetreten werden sollen, gelten die in dem Plan aufgenommenen Willenserklärungen der Beteiligten als in der vorgeschriebenen Form abgegeben. Entsprechendes gilt für Verpflichtungserklärungen, die auf die vorgenannten Rechtsgeschäfte bezogen sind (*Hess* in HWW InsO, § 254 Rz. 28). **368**

369 Damit gilt auch die rechtsgeschäftlich vorgesehene Form als gewahrt. Zu diesem Zweck ist im Hinblick auf die Veräußerung von Eigentum an Grundstücken durch Art. 33 Nr. 26 EGInsO die Vorschrift des § 925 Abs. 1 Satz 3 BGB dahingehend ergänzt worden, dass die Auflassung auch im Insolvenzplan erklärt werden kann (*Hess* in HWW InsO, § 254 Rz. 29).

370 Rein tatsächliche Rechtshandlungen, wie die Besitzverschaffung oder die Eintragung der Rechtsänderung z.B. im Grundbuch, können durch den Insolvenzplan nicht ersetzt werden (*Braun* in NR InsO, § 248 Rz. 5).

d) Die die Planquote übersteigende Befriedigung des Gläubigers

371 Ist ein Gläubiger weitergehend befriedigt worden, als er dies nach dem Plan zu beanspruchen hat, so begründet dies keine Pflicht zur Rückgewähr des Erlangten (*Schiessler* Insolvenzplan, S. 192).

372 Dies bedeutet, dass in den Fällen, in denen der Insolvenzverwalter während des Verfahrens einzelne Gläubiger, z.B. die Kleingläubiger, befriedigt, obwohl ihnen eine geringere Quote zustünde, nichts zurückfordern kann. Das Gleiche gilt für den Fall, dass der Schuldner nach Aufhebung des Insolvenzverfahrens trotz teilweisen Forderungserlasses im Insolvenzplan nichts zurückfordern kann, wenn er die Forderung voll bedient (*Hess* in HWW InsO, § 254 Rz. 32 m.w.N.). Zu Recht weist *Otte* (in KP InsO, § 254 Rz. 14) darauf hin, dass § 254 InsO nicht allgemein einen Kondiktionsanspruch ausscheidet, sondern nur insoweit als die ursprüngliche Forderung des Gläubigers als Naturalobligation fortbesteht und nicht befriedigt worden ist, so dass dies der Rechtsgrund für das Behaltendürfen darstellt. Erhält er aber irrtümlich einen höheren Betrag als die ursprüngliche Forderung, besteht ein Rückforderungsanspruch.

373 Diese Regelung gilt auch für die absonderungsberechtigten Gläubiger, da die Gegenstände, an denen Sicherungsrechte bestehen, meist für die Betriebsfortführung benötigt werden (*Hess* in HWW InsO, § 254 Rz. 33).

374 Dem steht nicht entgegen, dass der Zugriff der Sicherungsgläubiger sowohl bei den unbeweglichen Gegenständen (§ 30d ZVG) als auch bei den beweglichen Gegenständen vermieden werden kann (§ 166 InsO; *Hess* in HWW InsO, § 254 Rz. 34).

2. Haftung des Schuldners (§ 227 InsO)

375 Ist in einem Insolvenzplan nichts anderes bestimmt, so wird der Schuldner mit der im gestaltenden Teil vorgesehenen Befriedigung der Insolvenzgläubiger von seinen restlichen Verbindlichkeiten befreit (§ 227 Abs. 1 InsO). Hintergrund der Regelung ist, dass dem Schuldner durch den Insolvenzplan regelmäßig keine wirtschaftlichen Werte zugewiesen werden.

376 Im Plan kann auch die Haftung des Schuldners individuell geregelt werden, wobei allerdings der Schuldner ebenfalls nicht schlechter gestellt werden darf, wie er ohne Plan stünde (*Hess* in HWW InsO, § 227 Rz. 5).

377 Ein Plan, der dem Schuldner eine weitergehende Haftung auferlegt, darf vom Gericht nicht bestätigt werden (§§ 247, 248 InsO; *Otte* in KP InsO, § 227 Rz. 7).

Ein Schuldner, der nach §§ 286 ff. InsO eine Restschuldbefreiung beantragen kann, darf gegen seinen Willen durch den Plan nicht im geringeren Umfang von Verbindlichkeiten befreit werden (*Hess* in HWW InsO, § 227 Rz. 7). **378**

Ist in einem Plan nur geregelt, dass der Schuldner die Forderungen der Gläubiger innerhalb eines Jahres zu 60 % zu erfüllen hat, sind die restlichen Forderungsteile erlassen (*Hess* in HWW InsO, § 254 Rz. 8 m.w.N.). Jedoch bleibt die Haftung für die vom Insolvenzverwalter begründeten Masseverbindlichkeiten im Rahmen der §§ 258, 259 InsO erhalten (*Smid/Rattunde* in Sm InsO, § 227 Rz. 6). **379**

§ 227 Abs. 2 InsO erstreckt die haftungsbegrenzende Wirkung des Insolvenzplans auf die parallele persönliche Haftung des Gesellschafters (etwa nach §§ 128, 161 Abs. 2 HGB), und zwar sowohl hinsichtlich des Forderungsteilerlasses als auch in Bezug auf eine etwaige Stundung (*Kilger/K. Schmidt* KO/VglO/GesO, § 211 KO, 2: „diese Haftung wird in demselben Maß vermindert, wie der Insolvenzplan die Gesellschaftsschuld mindert"; *Kuhn/Uhlenbruck* KO, § 211 Rz. 4). **380**

Die Haftungsprivilegierung betrifft nur den Umfang der persönlichen Haftung der Gesellschafter, und zwar nur derjenigen, die zum Zeitpunkt der Verfahrenseröffnung noch nicht ausgeschieden waren. Die Haftung der zuvor ausgeschiedenen Gesellschafter gem. § 159 HGB wirkt fort und wird durch § 227 Abs. 2 InsO **nicht** begrenzt (*BGH* vom 25. 5. 1970 – II ZR 183/68 – NJW 1970, 1921; *Kuhn/Uhlenbruck* KO, § 211 Rz. 7); der Grund hierfür liegt in der Überlegung, dass durch die Beschränkung der persönlichen Haftung die Fortführung des Unternehmens erleichtert werden soll (*Jaeger/Weber* KO, § 211 Rz. 5; *RG* vom 10. 11. 1933 – II 162/33 – RGZ 142, 206, 209). Ebenfalls nicht eingeschränkt ist die aus der früheren Stellung eines persönlich haftenden Gesellschafters herrührende Haftung der Kommanditisten (*BGH* vom 25. 5. 1970, a.a.O.). **381**

Soweit nicht etwas anderes bestimmt ist (§ 227 Abs. 1 InsO), greift die Haftungsbegrenzung ein. Der **Insolvenzplan** kann daher vorsehen, **dass die Haftungsbeschränkung ihrerseits beschränkt wird**. Nicht möglich ist eine Erweiterung der Haftungsbeschränkung, also eine weitergehende Besserstellung der persönlich haftenden Gesellschafter (*RG* vom 31. 1. 1936 – II 209/35 – RGZ 150, 163, 173 f.; *Kuhn/Uhlenbruck* KO, § 211 Rz. 4, 4a) zu Lasten der Insolvenzplangläubiger, mögen diese auch mehrheitlich zugestimmt haben (*Hess* in HWW InsO, § 227 Rz. 11 m.w.N.). **382**

In den Genuss der Entlastung gem. § 227 InsO kommt der Gesellschafter nur bzgl. der Haftung, die ihn in seiner Eigenschaft als Gesellschafter trifft (*Hess* in HWW InsO, § 227 Rz. 12 m.w.N.); besteht daneben ein gesonderter Schuldgrund, etwa ein **Bürgschaftsvertrag**, bleibt diese Haftung unberührt (*RG* vom 19. 1. 1933 – IV 390/32 – RGZ 139, 252, 254), da die Doppelstellung des Gesellschafters gleichzeitig als „Dritt-Schuldner" eine zufällige ist (vgl. hierzu auch *BGH* vom 22. 5. 1986 – IX ZR 108/85 – WM 1986, 850). **383**

Zur durch § 227 Abs. 2 InsO nicht eingeschränkten Möglichkeit eines Gesellschaftsgläubigers, aus einer auf einem Gesellschaftsgrundstück eingetragenen Zwangshypothek die Vollstreckung zu betreiben, vgl. *BGH* vom 23. 11. 1973 – V ZR 23/72 – NJW 1974, 147. **384**

385 Die dingliche Haftung eines Gesellschafters wird auch durch § 227 Abs. 2 InsO, der nur die „persönliche" Haftung anspricht, nicht berührt (*BGH* vom 23.11.1973, a.a.O.; vgl. auch *OLG Karlsruhe* vom 16.11.1931 – II ZBS 251/31 – JW 1933, 133; *BGH* vom 9.3.1987 – II ZR 186/86 – WM 1987, 571).

386 Liegen die Voraussetzungen für die unbeschränkte Haftung des Kommanditisten nach Maßgabe des § 176 HGB vor, haftet er unter den dort bezeichneten Voraussetzungen gleich eines persönlich haftenden Gesellschafters, so dass für ihn ebenfalls die Haftungsbeschränkung des § 227 Abs. 2 InsO gilt (*Hess* in HWW InsO, § 227 Rz. 15).

387 Haftet der Kommanditist nicht wie ein Gesellschafter, greift die Haftungsbeschränkung des § 227 Abs. 2 InsO nicht ein und er haftet bis zur Lohnsummeneinlage unmittelbar (*Bley/Mohrbutter* VglO, § 109 Rz. 22).

388 Bei der GmbH & Co. KG, d.h. im Insolvenzplanverfahren über die KG, wird die Haftung der persönlich haftenden Gesellschafter der GmbH beschränkt. Für die Haftungsbeschränkung kommt es auf die rechtliche Stellung der Gesellschafter an (*BGH* vom 25.5.1970 – II ZR 183/68 – NJW 1970, 1921), nicht auf die wirtschaftliche Beteiligung (*Bley/Mohrbutter* VglO, § 109 Rz. 22).

3. Wiederauflebensklausel (§ 255 InsO)

a) Allgemeines

389 Sind auf Grund des gestaltenden Teils des Insolvenzplanes Forderungen vom Insolvenzgläubiger gestundet oder teilweise erlassen worden, wird die Stundung oder der Erlass für den Gläubiger hinfällig, gegenüber dem der Schuldner mit der Erfüllung des Plans erheblich in Rückstand gerät (§ 255 Abs. 1 Satz 1 InsO). Damit werden abschließend die Rechtsfolgen der insolvenzplanbedingten Leistungsstörung geregelt (*Otte* in KP InsO, § 255 Rz. 2).

390 Nach § 255 Abs. 3 Satz 1 InsO können die Gläubiger in einem Plan die Wiederauflebensklausel abbedingen. Der Abbedingungswille muss nicht ausdrücklich formuliert werden. Es reicht, wenn er sich aus dem Sinnzusammenhang des Vergleichs ergibt (*Hess* in HWW InsO, § 255 Rz. 2).

391 Ist die Wiederauflebensklausel ausgeschlossen, können die durch den Plan begünstigten Gläubiger im Falle der Nichterfüllung des Plans nicht auf die Aufhebung klagen. Sie haben auch nicht das Recht zum Rücktritt, sondern können nur aus dem Plan vollstrecken (*Hess* in HWW InsO, § 255 Rz. 3).

b) Zwingendes Recht

392 Die Wiederauflebensklausel ist, soweit sie nicht abbedungen ist, zwingendes Recht. Nach § 255 Abs. 3 Satz 2 InsO kann von § 255 Abs. 1 InsO nicht zum Nachteil des Schuldners abgewichen werden. Dies bedeutet, dass die Voraussetzungen, unter denen ein Verzug der Planerfüllung anzunehmen ist, nicht zum Nachteil des Schuldners erleichtert werden können. Zulässig ist es jedoch, die Voraussetzungen eines Verzugs zu Lasten der Gläubiger zu erschweren (*Hess* in HWW InsO, § 255 Rz. 4 m.w.N.).

Eine weitere Folge ist, dass in dem Plan nicht vorgesehen werden kann, dass die 393
schriftliche Mahnung (§ 255 Abs. 1 Satz 2 InsO) als Voraussetzung des erheblichen
Rückstandes nicht erforderlich sein soll oder die zweiwöchige Nachfrist entfalle oder
verkürzt werde (*Hess* in HWW InsO, § 255 Rz. 5 m.w.N.).

c) Geltungsbereich

Die Wiederauflebensklausel gilt für den Plan, in dem ein Erlass (mit oder ohne 394
Ratenzahlung) oder eine Forderungsstundung einer Insolvenzforderung vereinbart
ist (*Otte* in KP InsO, § 255 Rz. 8, 13). Unerheblich ist, ob danach entweder die Sanierung oder die Liquidation des Unternehmens vereinbart ist. Wird der Plan unter dem
Vorbehalt des Wegfalls des Teilerlasses oder der Stundung bestätigt und tritt die
Bedingung ein, entfällt auch die Wiederauflebensklausel. Sonstige Pflichtverstöße des
Schuldners im Zusammenhang mit der Planerfüllung werden von § 255 InsO nicht
erfasst (*Schiessler* Insolvenzplan, S. 194 f.). Nicht anwendbar ist die Vorschrift, wenn
die Befriedigung des Gläubigers nicht durch den Schuldner erfolgt oder die Erfüllung
von Forderungen der Absonderungsberechtigten infrage steht und nicht eine Ausfallforderung betroffen ist (*Otte* a.a.O., Rz. 8 f.; *Breutigam* in BBG Insolvenzrecht, § 255
Rz. 19; *Jaffé* in FK InsO, § 255 Rz. 38; *Smid/Rattunde* in Sm InsO, § 255 Rz. 6; *Braun*
in NR InsO, § 255 Rz. 4) oder wenn ein vollständiger Forderungserlass z. B. im Tausch
gegen andere Ansprüche infrage steht (*Flessner* in HK InsO, § 255 Rz. 5; s. auch *Smid/
Rattunde* a.a.O., Rz. 7).

d) Erheblicher Rückstand

Ein erheblicher Rückstand des Schuldners liegt nur dann vor, wenn der Schuldner eine 395
fällige Verbindlichkeit nicht rechtzeitig bezahlt, obwohl der Gläubiger schriftlich
gemahnt und eine Nachfrist von mindestens 2 Wochen gesetzt hat (*Hess* in HWW InsO,
§ 255 Rz. 7 m.w.N.). Auf ein Verschulden kommt es nicht an (*Hess* a.a.O., m.w.N.).

Ob der Schuldner rechtzeitig gezahlt hat, hängt davon ab, welche Zahlungsmodalitä- 396
ten vereinbart wurden.

Ist nichts anderes vereinbart, sind Geldschulden Schickschulden (§ 270 BGB), so dass 397
der Schuldner das Geld rechtzeitig absenden oder überweisen muss (§ 269 BGB).

Wird im Plan eine Bringschuld vereinbart, was zulässig ist, entsteht ein Rückstand nur 398
dann nicht, wenn der Leistungserfolg vor Ablauf der Nachfrist beim Gläubiger eingetreten ist (*Hess* in HWW InsO, § 255 Rz. 10).

Der Rückstand muss die Verbindlichkeiten des Schuldners betreffen, die sich aus dem 399
Plan ergeben, und zwar nicht nur die Hauptverpflichtungen auf rechtzeitige Zahlung
der Raten, sondern es kann sich auch um die Nichterfüllung von Nebenpflichten handeln (*Hess* in HWW InsO, § 255 Rz. 11 m.w.N.; **a.A.** *Braun* in NR InsO, § 255 Rz. 4,
der die Verletzung von Nebenpflichten nicht ausreichen lässt).

aa) Fällige Verbindlichkeiten

Ob eine fällige Verbindlichkeit vorliegt, ergibt sich aus den Planvereinbarungen. 400
Auch die Frage, ob eine Zahlung einzelner Raten an einen oder wenige Gläubiger vor
Eintritt des im Plan vereinbarten Zahlungstermins die Fälligkeit der Verbindlichkeit

gegenüber den übrigen Gläubigern auslöst, sollte im Plan geregelt werden. Ist für den Fall der vorzeitigen Zahlung ein Zwischenzinsabzug vereinbart, wird die vorzeitige Leistung an einzelne Gläubiger keine Fälligkeit gegenüber den anderen Beteiligten auslösen (*Hess* in HWW InsO, § 255 Rz. 12 m.w.N.).

bb) Mahnung

401 Nach § 255 Abs. 1 Satz 2 InsO muss eine schriftliche (§ 126 BGB) Mahnung erfolgen und dabei die zweiwöchige Nachfrist gesetzt werden. Erst nach Ablauf der Nachfrist tritt der erhebliche Rückstand ein. Die vorgesehene Zweiwochenfrist ist eine Notfrist. Die Setzung einer längeren Frist ist zulässig (*Hess* in HWW InsO, § 255 Rz. 13 m.w.N.).

402 Wird in dem Mahnschreiben eine kürzere als die gesetzlich vorgesehene Mindestfrist angegeben, wird nicht automatisch die längere Frist in Lauf gesetzt (*BGH* vom 9.5.1956 – IV ZR 318/55 – NJW 1956, 1200; *Hess* in HWW InsO, § 255 Rz. 14).

403 Das Mahnschreiben kann nicht durch einen Mahnbescheid oder eine Klage ersetzt werden, da es an der Fristsetzung fehlt.

404 Das Mahnschreiben muss dem Schuldner zugehen. Der Zugang des Schreibens an den Insolvenzverwalter bzw. den Sachwalter reicht nicht aus.

e) Personeller Geltungsbereich

405 § 255 InsO setzt nicht voraus, dass der erhebliche Rückstand bei der Planerfüllung gegenüber sämtlichen vom Plan betroffenen Gläubigern eintritt. Liegen die Voraussetzungen des erheblichen Rückstandes gegenüber einem oder mehreren Gläubigern vor, so fallen Stundung und/oder Erlass nur diesem oder diesen Gläubigern gegenüber weg (*Hess* in HWW InsO, § 255 Rz. 17 m.w.N.).

f) Die Rechtsfolgen des erheblichen Rückstandes

406 Als Folge des erheblichen Rückstandes mit der Planerfüllung werden eine vereinbarte Stundung und/oder ein Erlass hinfällig (*Hess* in HWW InsO, § 255 Rz. 18 m.w.N.).

407 Das Wiederaufleben der ganzen Forderung tritt auch dann ein, wenn der Schuldner nur mit einer Rate in Rückstand gerät und die früheren Raten pünktlich gezahlt hat (*Hess* in HWW InsO, § 255 Rz. 19 m.w.N.).

408 Mit der Hauptforderung leben die Nebenansprüche wieder auf. Dies gilt auch für die Zinsen nach Eröffnung des Insolvenzverfahrens (*Hess* in HWW InsO, § 255 Rz. 20). Das Wiederaufleben dinglicher Rechte ist durch § 255 InsO nicht geregelt (*Braun* in NR InsO, § 255 Rz. 3).

409 Für den Fall, dass die Stundung einer Forderung hinfällig wird, kann dies dazu führen, dass der Gläubiger hinsichtlich der Gesamtforderung aufrechnen kann, wenn die Aufrechnungslage zu einem Zeitpunkt eintritt, als der Schuldner in erheblichen Rückstand geraten war (*Hess* in HWW InsO, § 255 Rz. 21).

g) Plansicherheiten

410 Die den Gläubigern für die Erfüllung des Plans gewährten persönlichen oder dinglichen Sicherheiten bleiben den Gläubigern selbst dann erhalten, wenn Stundung und/oder Erlass entfallen, wenn im Plan nichts anderes vereinbart ist (*Hess* in HWW InsO, § 255 Rz. 22).

411 Allerdings bleibt die Bürgschaft im Zweifel auf die Planquote beschränkt, d.h. der Bürge haftet nicht für den wiederauflebenden Betrag (*BGH* vom 27.6.1957 – VII ZR 220/56 – NJW 1957, 1319; vom 27.5.1963 – III ZR 200/61 – WM 1963, 916).

412 Auch eine dingliche Sicherung, z.B. eine Grundschuld, die ein Dritter zur Sicherung der Erfüllung der Planquote gestellt hat, wird nicht frei, sondern die Grundschuld kann in Höhe der Planquote in Anspruch genommen werden (*Hess* in HWW InsO, § 255 Rz. 23).

413 Sollen die Insolvenzgläubiger nach dem Inhalt des Plans nicht vom Schuldner, sondern von einer Übernahmegesellschaft (§ 260 Abs. 3 InsO) oder von einem sonstigen Dritten Leistungen erhalten oder beschränkt sich der Plan auf die Verwertung des Schuldnervermögens, greift die Wiederauflebensklausel nicht (*Hess* in HWW InsO, § 255 Rz. 25).

h) Neues Insolvenzverfahren

414 Wird vor vollständiger Erfüllung des Plans über das Vermögen des Schuldners ein neues Insolvenzverfahren eröffnet, ist die Stundung und der Erlass einer Forderung hinfällig (§ 255 Abs. 2 InsO), soweit der Plananspruch nicht vollständig erfüllt wurde (*Hess* in HWW InsO, § 255 Rz. 26 m.w.N.).

415 Nach dem Wortlaut des § 255 Abs. 2 InsO ist die Stundung und der Forderungserlass selbst dann hinfällig, wenn der Schuldner die bisherigen Raten fristgerecht gezahlt hat und weitere Raten noch nicht fällig waren (*Hess* in HWW InsO, § 255 Rz. 27).

416 Auch für den Fall des neuen Insolvenzverfahrens bleiben, wenn nichts anderes vereinbart ist oder sich aus den Umständen ergibt, die gewährten persönlichen oder dinglichen Sicherheiten bestehen, allerdings beschränkt auf die noch ausstehenden Raten bis zur Planerfüllung (*Hess* in HWW InsO, § 255 Rz. 28).

4. Streitige Forderungen (§ 256 InsO)

417 Die Frage der Geltung der Wiederauflebensklausel (§ 255 InsO) bei streitigen Forderungen in Bezug auf Ausfallforderungen ist in § 256 InsO geregelt.

a) Streitige Forderungen

418 Ist eine Forderung im Prüfungstermin bestritten worden, so ist ein Rückstand, der die Wiederauflebensklausel auslöst, dann nicht gegeben, wenn der Schuldner die Forderung bis zur endgültigen Feststellung ihrer Höhe in dem Ausmaß berücksichtigt, das dem gewährten Stimmrecht entspricht (§ 256 Abs. 1 Satz 1 InsO). Eine Entscheidung des Rechtspflegers ist ebenso ausreichend (*Smid/Rattunde* in Sm InsO § 256 Rz. 3;

a.A. *Otte* in KP InsO, § 256 Rz. 3) wie die Einigung unter den stimmberechtigten Gläubiger als vorläufige Entscheidung (*Hess* in HWW InsO, § 256 Rz. 3).

419 Ist eine Entscheidung über das Stimmrecht nicht getroffen, ist das Stimmrecht auf Antrag des Gläubigers oder des Schuldners nachträglich festzustellen (§ 256 Abs. 1 Satz 2 InsO). Eine solche Entscheidung kann auch noch nach Aufhebung des Insolvenzverfahrens ergehen (*Schiessler* Insolvenzplan, S. 199), wobei der Insolvenzrichter nur dann entscheiden muss, wenn es sich um eine vorbehaltene Sache handelt. Ansonsten kann der Rechtspfleger die Entscheidung treffen (**a.A.** *Flessner* in HK InsO, § 256 Rz. 6; *Otte* in KP InsO, § 256 Rz. 9, der den Schuldnerschutz vor einen Rückstand durch die Richterentscheidung, wenn schon eine Rechtspflegerentscheidung ergangen ist, überhöht).

420 Stellt sich nachträglich heraus, dass der Schuldner zu wenig gezahlt hat, ist der Fehlbetrag nachzuzahlen. Ein erheblicher Rückstand i.S.d. § 255 InsO liegt erst dann vor, wenn der Gläubiger schriftlich gemahnt und die mindestens zweiwöchige Nachfrist gesetzt hat (§ 256 Abs. 2 InsO; *Hess* in HWW InsO, § 256 Rz. 5 m.w.N.).

421 Stellt sich heraus, dass der Schuldner zuviel gezahlt hat, kann er den Mehrbetrag nur insoweit zurückfordern, als dieser auch den nicht fälligen Teil der Forderung übersteigt, der dem Gläubiger nach dem Insolvenzplan zusteht.

b) Ausfallforderungen

422 Die Erfüllung der Ansprüche absonderungsberechtigter Gläubiger wird mit Ausnahme der Ausfallforderungen von der Wiederauflebensklausel nicht erfasst. Anstelle einer Wiederauflebensklausel von dinglichen Rechten können die Gläubiger im Plan Vereinbarungen treffen, wie z.B. über einen Teilverzicht, über einen zeitweisen Ausübungsverzicht oder über einen Sicherheitenaustausch (§ 223 InsO). Die Absonderungsgläubiger können deshalb regelmäßig auf ihre Sicherheiten nach Maßgabe des Planes zurückgreifen (*Hess* in HWW InsO, § 256 Rz. 7).

423 Etwas anderes gilt für die Ausfallforderungen. Für die Ausfallforderung gilt die gleiche Regelung wie für die streitige Forderung. Erfasst werden die Ausfallforderungen, deren Höhe nach § 190 Abs. 2 InsO glaubhaft gemacht sind oder der Verwalter geschätzt hat (*Otte* in KP InsO, § 256 Rz. 4).

424 Soweit die Höhe der Ausfallforderung nicht feststeht, ist ein Rückstand i.S.d. § 255 InsO nicht anzunehmen, wenn der Schuldner die vermutete Ausfallforderung insoweit bedient, als sie vom Verwalter anerkannt ist (*Hess* in HWW InsO, § 256 Rz. 9).

425 Für eine Entscheidung des Gerichts über die Höhe der Ausfallforderung ist kein Raum (*Hess* in HWW InsO, § 256 Rz. 10).

426 Stellt sich heraus, dass der Schuldner auf die Ausfallforderung zu wenig gezahlt hat, ist der Fehlbetrag nachzuzahlen. Ein Rückstand liegt erst dann vor, wenn der Schuldner auf die Ausfallforderung keine Nachzahlung leistet, obwohl der Gläubiger schriftlich gemahnt und eine mindestens zweiwöchige Nachfrist gesetzt hat (*Hess* in HWW InsO, § 256 Rz. 11).

c) Die Wiederauflebensklausel für den Pensions-Sicherungs-Verein

Für den PSVaG, als dem Träger der betrieblichen Altersversorgung, ist die Wiederauflebensklausel in § 9 Abs. 4 Satz 2 BetrAVG geregelt. 427

Nach § 9 Abs. 4 Satz 2 BetrAVG kann der Träger der Insolvenzsicherung, falls in dem Plan über die Fortführung des Unternehmens oder Betriebes nichts anderes vorgesehen ist und innerhalb von 3 Jahren nach der Aufhebung des Insolvenzverfahrens ein Antrag auf Eröffnung eines neuen Insolvenzverfahrens gestellt wird, in diesem Verfahren die Erstattung der erbrachten Leistungen verlangen (*Hess* in HWW InsO, § 256 Rz. 13 m.w.N.). 428

5. Zustimmungsbedürftige Rechtsgeschäfte (§ 263 InsO)

Im gestaltenden Teil des Insolvenzplans kann vorgesehen werden, dass bestimmte einzeln zu bezeichnende **Rechtsgeschäfte** (*Braun* in NR InsO, § 263 Rz. 2; *Jaffé* in FK InsO, § 263 Rz. 10) des Schuldners oder der Übernahmegesellschaft während der Zeit der Überwachung nur wirksam sind, soweit der Insolvenzverwalter ihnen zustimmt (§ 263 InsO). Mit dem Instrumentarium der Überwachung soll es nicht vereinbar sein, alle Rechtsgeschäfte des Schuldners bzw. der Übernahmegesellschaft dem Zustimmungsvorbehalt zu unterwerfen (*Otte* in KP InsO, § 263 Rz. 2; *HWF* Handbuch, Rz. 9/54; *Braun* in NR InsO, § 263 Rz. 2) und der Zustimmungsvorbehalt müsse einen Ausnahmecharakter haben (s. auch *Flessner* in HK InsO, § 263 Rz. 2; *Jaffé* a.a.O., Rz. 11; **a.A.** *Breutigam* in BBG Insolvenzrecht, § 263 Rz. 3, wonach alle Rechtsgeschäfte als zustimmungsbedürftig bezeichnet werden können). Zweifel, ob die Geschäftsführer von Übernahmegesellschaften eine solche Überwachung hinnehmen, äußert *Maus* Kölner Schrift zur Insolvenzordnung, S. 707, 731. 429

Diese Regelung ist deshalb erforderlich, weil mit der Bestätigung des Insolvenzplans das Insolvenzverfahren aufgehoben wird (§ 258 Abs. 1 InsO; *Hess* in HWW InsO, § 263 Rz. 3). 430

Mit der Aufhebung des Insolvenzverfahrens erlangt der Schuldner das Recht zurück, über die Insolvenzmasse frei zu verfügen (§ 259 Abs. 1 Satz 2 InsO). 431

Es ist deshalb sinnvoll, den Beteiligten die Möglichkeit einzuräumen, besonders bedeutsame, aber risikoreiche Geschäfte an die Zustimmung des Verwalters zu binden (*Schiessler* Insolvenzplan, S. 211 f.). 432

Ist in dem gestaltenden Teil des Plans eine solche Verpflichtung enthalten, wirkt die Verfügungsbeschränkung gegenüber jedem Dritten mit der Folge, dass Rechtsgeschäfte des Schuldners ohne Zustimmung des Verwalters unwirksam sind (§ 263 Satz 2, § 81 Abs. 2, § 82 InsO; *Otte* in KP InsO, § 263 Rz. 3; *Smid/Rattunde* in Sm InsO, § 263 Rz. 2). *Braun* (in NR InsO, § 263 Rz. 3) weist darauf hin, dass der gute Glaube an das Grundbuch geschützt sein kann, wenn der Zustimmungsvorbehalt im Grundbuch nicht vermerkt ist, ein gutgläubiger Erwerb beweglicher Sachen (§ 932 BGB) nicht möglich und der Erwerb von Forderungen ausgeschlossen sei, der Leistende jedoch schuldbefreiend leistet, wenn er gutgläubig zur Erfüllung von Verbindlichkeiten an den Schuldner Leistungen erbringt (s. auch *Flessner* in NR InsO, § 263 Rz. 4; *Jaffé* in FK InsO, § 263 Rz. 15 ff.; *Breutigam* in BBG Insolvenzrecht, § 263 Rz. 5) 433

6. Kreditrahmen (§ 264 InsO)

434 Damit die Sanierung eines Unternehmens Aussicht auf Erfolg bietet, muss es dem Unternehmen möglich sein, nach Bestätigung des Insolvenzplanes und der Aufhebung des Insolvenzverfahrens Kredite aufzunehmen. Diese Kredite haben in einem weiteren Insolvenzverfahren nach den Massegläubigern Vorrang vor den anderen Insolvenzgläubigern (*Braun* in NR InsO, § 264 Rz. 9 m.w.N.; zu den Rangverschiebungen s. *Eickmann* in HK InsO, § 39 Rz. 13 ff.; *Smid* in Sm InsO, § 39 Rz. 19).

435 Solche Kredite würden im Regelfall daran scheitern, dass die erforderlichen Sicherheiten nicht zur Verfügung stehen und der Rückzahlungsanspruch unsicher ist. Im Fall der erneuten Eröffnung des Insolvenzverfahrens hätten diese Forderungen zudem nur den Rang einer einfachen Insolvenzforderung (*Hess* in HWW InsO, § 264 Rz. 9).

436 Deshalb gestattet § 264 Abs. 1 Satz 1 InsO, dass im gestaltenden Teil des Insolvenzplanes vorgesehen werden kann, dass die Insolvenzgläubiger gegenüber den Gläubigern nachrangig sind, die Forderungen aus Darlehen und sonstigen Krediten, die der Schuldner oder die Übernahmegesellschaft während der Zeit der Überwachung aufnimmt, geltend machen (vgl. dazu auch *Obermüller* Insolvenzrecht in der Bankpraxis, Rz. 5292 ff.). Keinen Nachrang erhalten die Insolvenzgläubiger, denen Absonderungsrechte zustehen, es sei denn, es ist im Insolvenzplan etwas anderes vorgesehen (*Braun/Uhlenbruck* Unternehmensinsolvenz, S. 645 ff.; *Hess* in HWW InsO, § 264 Rz. 10 m.w.N.).

437 Diesen Krediten gleichgestellt sind Kredite, die schon während des Insolvenzverfahrens aufgenommen worden sind und bei denen die Gläubiger bereit sind, die Rückzahlung über den Zeitpunkt der Aufhebung des Verfahrens hinaus, d. h. den Kredit in die Zeit der Überwachung hinein „stehen zu lassen". Die bevorzugten Kredite werden in einem späteren Insolvenzverfahren wie letztrangige Masseschulden behandelt (*Bork* in Leipold, Insolvenzrecht im Umbruch, S. 51 ff., 63; *Kämpfer* Die Stellung von Sanierungskrediten in der Insolvenz, S. 143, 165).

438 Kredite können alle geldwerten Leistungen sein, z.B. auch die Lieferantenkredite in der Form der Kaufpreisstundung (so auch *Obermüller* a.a.O., Rz. 5292; *Schiessler* Insolvenzplan, S. 213), oder Sachleistungen, wie z.B. die kreditierten Verbindlichkeiten aus Stromlieferungen (*Hess* in HWW InsO § 264 Rz. 12 m.w.N.).

439 Voraussetzung für die rangmäßige Begünstigung der Plafondskredite ist es jedoch, dass im Plan ein Gesamtbetrag festgelegt ist, bis zu dessen Höhe derartige Kredite vereinbart werden dürfen (§ 261 Abs. 1 Satz 2 InsO), wobei der Kreditrahmen das nach Bestätigung des Plans vorhandene Aktivvermögen nicht übersteigen darf (§ 264 Abs. 1 Satz 3 InsO; *Hess* in HWW InsO, § 264 Rz. 13). Zur Kritik an der Regelung s. *Otte* in KP InsO, § 264 Rz. 10; *Braun/Uhlenbruck* Unternehmensinsolvenz, S. 535 Fußn. 331 mit dem Hinweis, dass der Schutz der Gläubiger nur dann hinreichend gesichert ist, wenn das Aktivvermögen zum Liquidationswert angesetzt wird.

440 Mit der Begrenzung des Kreditrahmens auf das Aktivvermögen sollen auch die Neugläubiger (§ 265 InsO) geschützt werden, gegenüber denen der Kreditrahmen ebenfalls wirksam sein kann. Zum anderen müssen sowohl die über den Plan abstimmende Gläubigerschaft als auch die im weiteren Geschäftsverkehr mit dem Schuldner bzw.

der Übernahmegesellschaft hinzutretenden Gläubiger die mögliche Verschlechterung ihrer eigenen Rechtsstellung abschätzen und legitimieren können (*Dinstühler* ZInsO 1998, 243).

441 Zur Rechtsklarheit gebietet § 264 Abs. 2 InsO, dass der Schuldner oder die Übernahmegesellschaft mit jedem Gläubiger, dem die Vorteile des Kreditrahmens zugute kommen sollen, genau vereinbart, dass und in welcher Höhe die Rückzahlungsforderung nach Kapital, Zinsen und Kosten innerhalb des Kreditrahmens liegen soll (*Hess* in HWW InsO, § 264 Rz. 15 m.w.N.).

442 Erforderlich ist weiter die schriftliche Bestätigung des Insolvenzverwalters, dem es obliegt, zu prüfen, ob der Kreditrahmen ausreicht und dass die getroffene Vereinbarung einen eindeutigen Inhalt hat (*Hess* in HWW InsO, § 264 Rz. 16 m.w.N.).

443 In § 264 Abs. 3 InsO wird ausdrücklich klargestellt, dass der Nachrang, der Forderungen aus kapitalersetzenden Darlehen eines Gesellschafters und gleichgestellte Forderungen aus § 39 Abs. 1 Nr. 5 InsO zukommt, nicht durch Aufnahme solcher Forderungen in den Kreditrahmen beseitigt werden kann (*Flessner* in HK InsO, § 264 Rz. 11; *Jaffé* in FK InsO, § 264 Rz. 48; *Breutigam* in BBG Insolvenzrecht, § 264 Rz. 12).

444 Dies bedeutet, dass im Falle eines nachfolgenden Insolvenzverfahrens regelmäßig Gesellschafterkredite, die vor Beendigung der Überwachung gewährt wurden, eigenkapitalersetzend sind, weil sie in der Krise, nämlich zu einem Zeitpunkt gewährt wurden, in dem der Kredit von dritter Seite nicht zu marktüblichen Bedingungen hätte erlangt werden können. Damit wird den Gesellschaftern verwehrt, die Finanzierungsverantwortung auf Dritte abzuwälzen (*BGH* vom 19. 9. 1988 – II ZR 255/87 – WM 1988, 1525, 1528).

445 Der Gedanke des Gläubigerschutzes (*Schmidt* ZHR 147 (1903), 165, 176; *BGH* vom 5. 12. 1991 – IX ZR 270/90 – WM 1992, 366, 367) lässt auch den Einwand zurücktreten, dass durch die fehlende Privilegierungsmöglichkeit von Gesellschaftskrediten Sanierungsanreize verlorengehen (s. hierzu *Uhlenbruck* GmbHR 1982, 141, 142; *Rümker* ZIP 1982, 1385, 1388).

446 Auf der anderen Seite stellt *Schiessler* (Insolvenzplan, S. 221) zu Recht die Frage, ob die der Fremdkreditgewährung entgegenstehenden Hemmnisse durch § 264 InsO ausgeräumt sind (*Hess* in HWW InsO, § 264 Rz. 19 m.w.N.).

7. Nachrang von Neugläubigern (§ 265 InsO)

447 Gegenüber den Gläubigern mit Forderungen aus Krediten, die nach Maßgabe des § 264 InsO aufgenommen oder stehen gelassen werden, sind die Gläubiger mit sonstigen vertraglichen Ansprüchen, die während der Zeit der Überwachung begründet werden, nachrangig. Damit wird verhindert, dass der Schuldner oder die Übernahmegesellschaft durch die Aufnahme neuer, nicht in den Kreditrahmen fallender Kredite gleichrangige Forderungen begründet (*Hess* in HWW InsO, § 265 Rz. 4).

448 Der Nachrang ist den Neugläubigern zumutbar, da die Überwachung und der Kreditrahmen öffentlich bekannt gemacht, ins Handelsregister eingetragen (§ 267 Abs. 1, Abs 2 Nr. 3, Abs. 3 Satz 1 InsO) und der Nachrang vermieden wird, wenn sie vertraglich in den Kreditrahmen einbezogen werden (*Hess* in HWW InsO, § 265 Rz. 5 m.w.N.).

449 Ansprüche aus Dauerschuldverhältnissen, die zeitlich vor der Überwachung begründet worden sind, werden nach § 265 Satz 2 InsO den neu begründeten Ansprüchen insoweit gleichgestellt, als der Gläubiger nach Beginn der Überwachung durch Kündigung die Entstehung der Ansprüche verhindern kann (*Hess* in HWW InsO, § 265 Rz. 6 m.w.N.).

450 Forderungen aus gesetzlichen Schuldverhältnissen, wie z.B. aus unerlaubter Handlung, die während der Zeit der Überwachung begründet werden oder für diese Zeit aus einem Dauerschuldverhältnis entstehen, werden von § 265 InsO nicht erfasst. Sie sind gegenüber den Krediten nach § 264 InsO nicht nachrangig (*Hess* in HWW InsO, § 265 Rz. 7 m.w.N.).

451 Die Nachrangbegünstigung der Kredite nach Maßgabe des § 264 InsO wird nur in einem Insolvenzverfahren berücksichtigt, das während der Dauer der Überwachung eröffnet wird (§ 266 Abs. 1 InsO). Für die Dauer der Überwachung ist längstens ein Zeitraum von 3 Jahren vorgesehen (*Hess* in HWW InsO, § 265 Rz. 8).

8. Vollstreckung aus dem Insolvenzplan (§ 257 InsO)

a) Allgemeines

452 Aus dem rechtskräftig bestätigten Insolvenzplan in Verbindung mit der Eintragung in die Tabelle können die Insolvenzgläubiger, deren Forderungen festgestellt und nicht vom Schuldner im Prüfungstermin bestritten worden sind, und absonderungsberechtigte Gläubiger, die entweder auf das Absonderungsrecht verzichtet haben oder ausgefallen sind (s. *Hess* in HWW InsO, § 257 Rz. 4 m.w.N.), wie aus einem vollstreckbaren Urteil nach Maßgabe des Achten Buches der ZPO die Zwangsvollstreckung betreiben (§ 257 Abs. 1 Satz 1 InsO). Der nicht bestrittenen Forderung steht die Forderung gleich, bei der der Widerspruch beseitigt worden ist. Erfasst werden auch die wieder aufgelebten Forderungen mit der zusätzlichen Voraussetzung, dass die Mahnung und Nachfristsetzung glaubhaft zu machen ist (§ 255 Abs. 3 InsO; *Otte* in KP InsO, § 257 Rz. 11; *Braun* in NR InsO, § 257 Rz. 10; *Flessner* in NR InsO, § 257 Rz. 13; *Jaffé* in FK InsO, § 257 Rz. 38; *Smid/Rattunde* in Sm InsO, § 257 Rz. 11). **Früher erlangte Vollstreckungstitel** gelten durch die Rechtskraft des Insolvenzplans als ersetzt (*RG* vom 8. 1. 1926 – II 282/25 – RGZ 112, 297, 300; *Smid/Rattunde* a.a.O., Rz. 1; *Breutigam* in BBG Insolvenzrecht, § 257 Rz. 14 f.; *Braun* a.a.O., Rz. 7; *Jaffé* in FK InsO, § 257 Rz. 4 ff.).

453 Erweitert werden die Zwangsvollstreckungsmöglichkeiten gegen Dritte, die durch eine beim Insolvenzgericht eingereichte schriftliche Erklärung für die Erfüllung des Plans neben dem Schuldner ohne Vorbehalt der Einrede der Vorausklage Verpflichtungen übernommen haben (*Hess* in HWW InsO, § 257 Rz. 5).

b) Vollstreckungstitel

Vollstreckungstitel gegen den Schuldner nach rechtskräftiger Bestätigung des Plans **454**
ist nicht der Plan, der die Höhe der Quote und deren Fälligkeit festlegt, sondern der
Feststellungsvermerk in der Tabelle (*RG* vom 27.11.1903 – VII 312/03 – RGZ 56, 70,
73; *Braun* in NR InsO, § 257 Rz. 1; *Flessner* in HK InsO, § 257 Rz. 2; *Jaffé* in FK InsO,
§ 257 Rz. 2). Für die Vollstreckungswirkung ist es unerheblich, ob die Forderungsfeststellung im Prüfungstermin erfolgt oder erst nach Beseitigung des Widerspruchs
durch den Schuldner. Auf alle Fälle ist für die Vollstreckung gegen den Schuldner die
vollstreckbare Ausfertigung der Tabelle erforderlich (*Hess* in HWW InsO, § 257
Rz. 6).

Dass der Plan selbst nicht Vollstreckungstitel ist, ergibt sich daraus, dass im Falle des **455**
Eingreifens der Wiederauflebensklausel über die Planquote hinaus vollstreckt werden kann (*Hess* in HWW InsO, § 257 Rz. 7 m.w.N.).

Auch der Bestätigungsbeschluss des Gerichts ist nicht Vollstreckungstitel, er ist **456**
Voraussetzung der Titelwirkung, die nur für den Fall der Bestätigung des Planes eintritt (*Otte* in KP InsO, § 257 Rz. 6).

Der Vollstreckungstitel besteht aus der mit einer Vollstreckungsklausel (§ 725 ZPO) **457**
versehenen Ausfertigung eines Tabellenauszuges, dem erheblichen Teil des Auszuges
des Insolvenzplans, dem ein mit Rechtskraftklausel versehener Bestätigungsbeschluss
und eine Bestätigung über das Nichtbestrittensein der Forderung beigeheftet ist (*Hess*
in HWW InsO, § 257 Rz. 9 m.w.N.).

Im Übrigen gelten für die Durchführung der Zwangsvollstreckung keine Besonderheiten; Vollstreckungsvoraussetzungen und Rechtsbehelfe gegen Vollstreckungsmaßnahmen sowie Entscheidungen im Vollstreckungsverfahren richten sich nach den allgemeinen Bestimmungen der §§ 724–793 ZPO (*Hess* in HWW InsO, § 257 **458**
Rz. 10 m.w.N.).

Im Falle der **Vollstreckungsgegenklage** (§ 767 ZPO) greift die Präklusionswirkung des **459**
§ 767 Abs. 2 ZPO auch im Falle der Vollstreckung aus einem Tabellenauszug ein,
obwohl eine „mündliche Verhandlung" i.S. dieser Bestimmung sowie des § 137 ZPO
nicht stattgefunden hat. § 767 Abs. 2 ZPO ist jedoch entsprechend anzuwenden, da
dem Schuldner (= Vollstreckungsschuldner) im vorausgegangenen Verfahren die
Möglichkeit offen stand, Einwendungen gegen die geltend gemachte Forderung zu
erheben. Später entstehende Einwendungen können dagegen unbeschränkt geltend
gemacht werden (*Hess* in HWW InsO, § 257 Rz. 11).

Fehlt eine der Voraussetzungen, war etwa die Forderung vom Schuldner bestritten **460**
worden, scheidet eine Zwangsvollstreckung aus dem Tabellenauszug aus; der Gläubiger ist daher gehalten, sich im normalen Erkenntnisverfahren einen Teil über die
Plansumme zu beschaffen (vgl. *BGH* vom 14.1.1985 – II ZR 103/84 – WM 1985, 455;
Otte in KP InsO, § 257 Rz. 5). Ein vor Eröffnung des Insolvenzverfahrens laufender,
gem. § 240 ZPO unterbrochener Rechtsstreit gegen den Schuldner kann aufgenommen werden, und zwar nunmehr als auf die Höhe der Planquote beschränkte Leistungsklage (s. auch *RG* vom 20.10.1888 – Rep I 214/88 – RGZ 22, 153, 155; *Kilger/
K. Schmidt* KO/VglO/GesO, § 194 KO, 5).

c) Begünstigte Vollstreckungsgläubiger

461 Begünstigte Vollstreckungsgläubiger sind diejenigen Gläubiger, deren Namen in dem Tabellenauszug eingetragen sind. Begünstigt sind aber auch diejenigen Personen, die entweder im Wege der Gesamt- oder Einzelrechtsnachfolge die nicht bestrittene Forderung erworben haben (§§ 726 ff. ZPO; *Hess* in HWW InsO, § 257 Rz. 13). Zur Erteilung der Vollstreckungsklausel an die Rechtsnachfolger s. *Jaffé* in FK InsO, § 257 Rz. 20.

d) Vollstreckungsschuldner

462 Der Vollstreckung unterliegt das gesamte pfändbare Vermögen des Schuldners. Zuständig für die Vollstreckung ist das Amtsgericht, an dem das Insolvenzverfahren anhängig war (§ 257 Abs. 1 Satz 3, § 202 InsO; *Hess* in HWW InsO, § 257 Rz. 14 m.w.N.).

463 In einem Planverfahren über das Vermögen einer OHG, KG oder KGaA kann mit dem Vollstreckungstitel des § 257 InsO nicht in das Privatvermögen des persönlich haftenden Gesellschafters vollstreckt werden. Allerdings begrenzt der Plan, soweit er nichts anderes festsetzt, den Umfang der persönlichen Haftung der Gesellschafter (*Hess* in HWW InsO, § 257 Rz. 15).

464 In dem Plan über einen Nachlass kann mit dem Titel nach Maßgabe des § 257 InsO in den Nachlass und, wenn der Erbe nach der Auslegung des Plans dem Gläubiger gegenüber die Haftung mit dem Eigenvermögen übernommen hat, auch in dieses vollstreckt werden (*Hess* in HWW InsO, § 257 Rz. 16).

465 Die Vollstreckung beginnt nicht mit der Erteilung der Vollstreckungsklausel, vielmehr dient die Vollstreckungsklausel nur der Vorbereitung der Vollstreckung (*OLG Köln* vom 18. 3. 1969 – 2 W 5/69 – KTS 1970, 54; *LG Duisburg* vom 24. 3. 1964 – 7 T 26/64 – KTS 1964, 187). Vollstreckungshandlungen, z.B. des Gerichtsvollziehers, dürfen erst erfolgen, wenn die planmäßigen Zugriffsschranken, wie z.B. die kalendermäßig bestimmte Fälligkeit der Rate, eingetreten sind (*Hess* in HWW InsO, § 257 Rz. 17 m.w.N.).

e) Vollstreckung gegen Plangaranten

466 Vollstreckt werden kann in den Fällen des § 257 Abs. 2 InsO gegen den Plangaranten nur wegen der zufolge des § 257 Abs. 1 InsO titulierten Planforderung. Ist diese Forderung nicht gem. § 257 Abs. 1 InsO tituliert, so ist auch beim Vorliegen der Voraussetzungen des § 257 Abs. 2 InsO ein Zwangszugriff auf Grund dieser Vorschrift ausgeschlossen. Es bedarf dann, wenn der Plangarant nicht freiwillig zahlt, der Erwirkung eines besonderen Titels gegen ihn (*Hess* in HWW InsO, § 257 Rz. 18).

467 Die Voraussetzungen der Vollstreckbarkeit der im berichtigten Tabellenauszug als unbestritten vermerkten Forderungen gegen den Vergleichsgaranten sind gem. § 257 Abs. 1, 2 InsO folgende: Der Vergleichsgarant muss sich im Wege der Schuldübernahme oder Bürgschaft oder durch einen Garantievertrag für die Erfüllung des Vergleichs insgesamt oder in bestimmter Hinsicht neben dem Schuldner oder an dessen Stelle den Planvergleichsgläubigern gegenüber verpflichtet haben (vgl. *BGH* vom

10.7.1961 – III ZR 76/60 – NJW 1961, 1862; *Hess* in HWW InsO, § 257 Rz. 19 m.w.N.). Eine Verpflichtung, für die Erfüllung des Plans neben dem Schuldner einstehen zu wollen, liegt auch dann vor, wenn bei einer Quote in bestimmter Höhe, die aus der Verwertung eines Sondervermögens oder aus einer festgelegten Liquidationsmasse aufgebracht werden soll, der Schuldner persönlich mit seinem sonstigen Vermögen nur für eine näher bezeichnete Mindestquote oder eine darüber hinausgehende Quote, die jedoch unter der Planquote liegt, haftet, während der Vergleichsgarant für die Erfüllung der Planquote einstehen will, falls die Verwertung der „Vergleichsmasse" innerhalb eines bestimmten Zeitraums hierfür nicht ausreicht (*Hess* a.a.O.).

Der Garant muss für die Erfüllung des Plans Verpflichtungen übernommen haben. **468** Eine solche Übernahme liegt nicht vor, wenn ein Dritter dem titulierten Plangläubiger unabhängig vom Plan als Mitschuldner oder Bürge haftet (*Hess* in HWW InsO, § 257 Rz. 20).

Die Übernahme einer dinglichen Haftung durch Dritte, z.B. einer hypothekarischen **469** Haftung, unterliegt nicht der Vollstreckbarkeit nach § 257 InsO. Diese ist nur gegeben aus dem Vermerk des Nichtbestrittenseins der Planforderung, eines persönlichen Anspruchs. Der Plangarant kann sich wegen der übernommenen dinglichen Haftung durch ausdrückliche Erklärung zu Protokoll des Insolvenzgerichts der sofortigen Zwangsvollstreckung unterwerfen (§ 794 Abs. 1 Nr. 5 ZPO; *Hess* in HWW InsO, § 257 Rz. 21).

Die Verpflichtung des Garanten muss „ohne Vorbehalt der Vorausklage" übernom- **470** men sein. Wird dieser Vorbehalt nicht ausdrücklich erklärt, so unterliegt der Garant der Vollstreckung nach § 257 Abs. 2 InsO. Dem Sinne nach liegt ein **„Vorbehalt der Vorausklage"** vor, wenn der Garant nur die Ausfallbürgschaft übernimmt. Ist ein solcher Vorbehalt erklärt, so ist damit eine Vollstreckung gegen den Bürgen schlechthin ausgeschlossen. Die Vorschrift des § 257 Abs. 2 InsO versagt, wenn die Einrede vorbehalten ist (vgl. *BGH* vom 27.6.1957 – VII ZR 220/56 – NJW 1957, 1319).

Liegt keine formelle Garantenerklärung i.S.d. § 257 Abs. 2 InsO vor, hat ein Dritter **471** zwar den Plangläubigern gegenüber die Verpflichtung zur Erfüllung des Plans übernommen, ist jedoch diese Erklärung nicht zum Gegenstand des Plans des Schuldners gemacht worden, so fehlt es an einer der Voraussetzungen für die Vollstreckbarkeit. Wohl aber muss sich der Dritte, wenn seine Erklärung mit seinem Willen und Wissen zur Voraussetzung des Plans gemacht worden ist, materiell-rechtlich grundsätzlich so behandeln lassen, als wäre er Plangarant i.S.d. § 257 Abs. 2 InsO. Zur Vollstreckung aber ist ein besonderer, im Wege der Klage zu erwirkender Titel gegen den Garanten erforderlich (vgl. *BGH* vom 10.7.1961 – III ZR 76/60 – NJW 1961, 1862).

Die Haftung des Garanten findet einmal ihre Grenze in dem Plan selbst. Nur für die **472** Erfüllung des Plans, mithin für die rechtzeitige Zahlung der Planquote bzw. einzelner oder mehrerer Planraten haftet der Garant. **Die Beschränkung der Haftung** auf den durch den Plan ermäßigten Betrag bleibt gegenüber dem Garanten auch dann bestehen, wenn der erlassene Forderungsteil gem. § 255 InsO wieder auflebt. Doch muss sich der Garant den Wegfall einer Stundung entgegenhalten lassen, da er die Haftung für die plangerechte Zahlung übernommen hat. Auch haftet der Garant für die vom Schuldner wegen Nichtzahlung der garantierten Planquote oder Planrate zu leistenden Verzugszinsen und etwaigen weitergehenden Schadensersatz (§ 767 Abs. 1 Satz 2 BGB).

Der Insolvenzplan

473 Der Umfang der Haftung des Plangaranten wird weiter dadurch bestimmt, dass er hinsichtlich einer Vollstreckung nach § 257 InsO nur einzustehen hat für die Zahlung der Planforderungen. Nur wegen dieser titulierten Forderungen kann gem. § 257 Abs. 2 InsO gegen den Garanten vollstreckt werden (*Hess* in HWW InsO, § 257 Rz. 25).

f) Die vollstreckbare Ausfertigung

474 Die Erteilung der vollstreckbaren Ausfertigung obliegt dem Urkundsbeamten der Geschäftsstelle des Insolvenzgerichts (§ 257 InsO, § 724 Abs. 2 ZPO). Sie darf nicht vor der Verkündung des Bestätigungsbeschlusses geschehen, da die Titulierung erst mit der Planbestätigung eintritt. Nicht erforderlich ist, dass das Insolvenzverfahren zuvor aufgehoben worden ist, denn in der Erteilung der Klausel liegt kein Beginn der Zwangsvollstreckung (vgl. *OLG Köln* vom 18. 3. 1969 – 2 W 5/69 – KTS 1970, 54). Bei aufschiebend bedingten Forderungen darf die Klausel nur unter Beachtung der Vorschriften des § 726 Abs. 1 und des § 730 ZPO erteilt werden, woraus sich die Zuständigkeit des Rechtspflegers ergibt (vgl. § 20 Nr. 12 RPflG). Entsprechendes gilt für die Erteilung der Klausel beim Stundungsvergleich, falls ausnahmsweise kein kalendermäßig bestimmter Termin festgelegt ist. Ist ein Besserungsschein einzulösen, so wird die Klausel gleichfalls unter Beifügung einer öffentlich beglaubigten Urkunde über die Einlösungspflicht gem. § 726 ZPO erteilt (*Hess* in HWW InsO, § 257 Rz. 6).

475 Macht der Gläubiger Rechte geltend, die ihn im Falle eines erheblichen Rechtsstreits des Schuldners mit der Erfüllung des Plans zustehen, hat er die Erteilung der Vollstreckungsklausel und zur Durchführung der Vollstreckung die Mahnung und den Ablauf der Nachfrist glaubhaft zu machen (§ 257 Abs. 3 InsO). Er muss aber keinen weiteren Beweis für den Rückstand des Schuldners führen (*Hess* in HWW InsO, § 257 Rz. 27).

476 Wird die Vollstreckungsklausel versagt, so kann der Plangläubiger die Entscheidung des Insolvenzgerichts nachsuchen (vgl. § 11 RPflG), gegen dessen ablehnenden Beschluss ihm die einfache Beschwerde zusteht (§ 567 ZPO). Kann der Gläubiger einen nach dem Gesetz zur Erteilung der Vollstreckungsklausel erforderlichen Nachweis nicht durch öffentliche oder öffentlich beglaubigte Urkunden erbringen (vgl. § 726 ZPO), so bleibt ihm der Weg, bei dem nach § 257 InsO zuständigen Gericht auf Erteilung der Vollstreckungsklausel zu klagen (§ 731 ZPO; *Hess* in HWW InsO, § 257 Rz. 28).

477 Gegen die Erteilung der Vollstreckungsklausel steht dem Plan- und Vollstreckungsschuldner die Erinnerung (§ 732 ZPO) und gegen eine ihn beschwerende Erinnerungsentscheidung die Beschwerde nach § 567 ZPO zu (vgl. *LG Duisburg* vom 24. 3. 1964 – 7 T 26/64 – KTS 1964, 187). Unter den Voraussetzungen des § 768 ZPO ist die Klage auf Unzulässigkeit der Zwangsvollstreckung aus der Vollstreckungsklausel, die beschränkte Vollstreckungsgegenklage, gegeben, ohne dass es dazu erforderlich wäre, dass die Vollstreckung aus dem Titel droht (vgl. *RG* vom 6. 3. 1939 – V 194/38 – RGZ 159, 385; *Hess* in HWW InsO, § 257 Rz. 29 m.w.N.).

478 Sind einzelne Plangläubiger mit ihren Forderungen hinter die übrigen Gläubiger zurückgetreten, so ist ihnen dennoch eine vollstreckbare Ausfertigung nach § 257 InsO zu erteilen. Gegen eine vorzeitige Vollstreckung stehen dem Schuldner die

Rechtsbehelfe nach §§ 732, 768 ZPO zur Verfügung (*Hess* in HWW InsO, § 257 Rz. 30).

Die Vollstreckungsklausel gehört nicht auf eine Ausfertigung des Plans, auch nicht **479** auf eine solche des Bestätigungsbeschlusses, sondern auf den Auszug aus dem berichtigten Tabellenauszug, der auch den Vermerk des Nichtbestrittenseins enthalten muss, da dieser den Titel bildet (*Hess* in HWW InsO, § 257 Rz. 31).

g) Das Vollstreckungsverfahren

Bei der Vollstreckung, sei es nach Maßgabe des bestätigten Plans, sei es zufolge des **480** Wiederauflebens wegen der gesamten Forderung (§ 255 InsO), handelt es sich um eine solche aus einem persönlichen Titel. Ein solcher Titel reicht nicht aus, um aus einem für die Plangläubiger bestehenden dinglichen Recht, z.B. einer Gläubigerhypothek, vollstrecken zu können. Hierzu bedarf es eines dinglichen Titels, den der Sachwalter erwirken kann, der berechtigt ist, im Namen der Gläubiger die dingliche Klage zu erheben, die Zwangsversteigerung zu betreiben und in diesem Verfahren die Rechte der Gläubiger wahrzunehmen (*Hess* in HWW InsO, § 257 Rz. 32).

9. Die Aufhebung des Insolvenzverfahrens (§ 258 InsO)

Sobald die Bestätigung des Insolvenzplans rechtskräftig ist (*Otte* in KP InsO, § 258 **481** Rz. 6; *Breutigam* in BBG Insolvenzrecht, § 258 Rz. 2), beschließt das Insolvenzgericht die Aufhebung des Insolvenzverfahrens (§ 258 Abs. 1 InsO) und beendet damit das Insolvenzverfahren. S. hierzu *Otte* (a.a.O., Rz. 2), *Flessner* (in HK InsO, § 258 Rz. 2), *Jaffé* (in FK InsO, § 258 Rz. 10), die darauf hinweisen, dass die Planerfüllung außerhalb des Insolvenzverfahrens, also nach Aufhebung des Insolvenzverfahrens, stattfindet, z.B. durch Fortsetzung der Geschäftstätigkeit der früher insolventen AG nach § 274 Abs. 2 Nr. 1 AktG (*Smid/Rattunde* in Sm InsO, § 258 Rz. 8), und dass im Falle eines neuen Insolvenzverfahrens nicht das alte Insolvenzverfahren wieder auflebt und fortgesetzt wird, sondern ein neues Verfahren eröffnet werden muss (*Jaffé* a.a.O., Rz. 11).

Die materielle Beendigung des Insolvenzplanverfahrens durch den rechtskräftigen **482** Beschluss über die Bestätigung des Planes führt aus formellen Gründen nicht selbstständig zum Verfahrensabschluss, da sowohl vonseiten des Gerichts als auch durch den Insolvenzverwalter noch einige „insolvenzmäßige Aufgaben" (*Kilger/K. Schmidt* KO/VglO/GesO, § 190 KO, 1) erfüllt werden müssen. Der Verwalter hat die auch im Falle des Zustandekommens eines Insolvenzplans notwendige **Schlussrechnung** zu legen und die Masseansprüche zu berichtigen bzw. sicherzustellen (*Hess* in HWW InsO, § 258 Rz. 3 m.w.N.).

Das Gericht hat die Vergütungen und Auslagen des Verwalters und der Gläubiger- **483** ausschussmitglieder festzulegen.

Soweit die Planannahme von der Bestellung im Insolvenzplan zugesagter Sicherun- **484** gen abhängig gemacht worden war (*Kilger/K. Schmidt* KO/VglO/GesO, § 190 KO, 1), hat diese Sicherheitenbestellung ebenfalls noch vor dem Aufhebungsbeschluss zu erfolgen (vgl. *RG* vom 27.11.1903 – Rep VII 312/03 – RGZ 56, 70, 72; s. auch *Jaeger/ Weber* KO, § 190 Rz. 6).

485 Der Aufhebungsbeschluss kann daher erst nach endgültiger Verfahrensabwicklung ergehen, muss aber **unverzüglich** nach Rechtskraft des Bestätigungsbeschlusses erlassen werden, um eine Beeinträchtigung des Schuldners weitestgehend auszuschließen, insbesondere ihn in die Lage zu versetzen, baldmöglichst über das freie Vermögen verfügen zu können. Das Gericht ist verpflichtet, von sich aus auf eine beschleunigte Schlussabwicklung hinzuwirken (*Kuhn/Uhlenbruck* KO, § 190 Rz. 2).

486 Vor der Aufhebung des Verfahrens hat der Verwalter die unstreitigen Masseansprüche zu berichtigen und für die streitigen Masseansprüche Sicherheit zu leisten (§ 258 Abs. 2 InsO; *Hess* in HWW InsO, § 258 Rz. 13).

487 Die Gläubiger von Masseforderungen können auf die Sicherstellung verzichten oder in den Rang der Insolvenzforderungen zurücktreten, so dass die Zulässigkeit des Insolvenzplans nicht berührt wird (*LG Frankfurt/M.* vom 5.7.1962 – 2/9 T 473/62 – KTS 1962, 188; *Kuhn/Uhlenbruck* KO, § 191 Rz. 4 m.w.N.; *Hess* in HWW InsO, § 258 Rz. 14).

488 Die Berichtigung der Masseansprüche obliegt dem Insolvenzverwalter, der sämtliche Ansprüche ohne Rücksicht darauf einzubeziehen hat, zu welchem Zeitpunkt sie entstanden oder ihm bekannt geworden sind. Daher sind auch diejenigen Masseansprüche zu berücksichtigen, die erst nach Planbestätigung bekannt geworden oder entstanden sind (*Kuhn/Uhlenbruck* KO, § 191 Rz. 1 unter Hinweis auf *RG* vom 15.12.1899 – Nr. 240/99 III – JW 1900, 73; ebenso *Kilger/K. Schmidt* KO/VglO/GesO, § 191 KO, 1; *Hess* in HWW InsO, § 258 Rz. 15 m.w.N.).

489 Haben die Massegläubiger ihre Ansprüche allerdings erst nach Abschluss der Anspruchsberichtigung und Erlass des Insolvenzaufhebungsbeschlusses geltend gemacht, können sie sich nur noch an den frei verfügungsbefugten Schuldner halten (*Hess* in HWW InsO, § 258 Rz. 16 m.w.N.).

490 Soweit der Insolvenzverwalter Masseansprüche nicht anerkennt oder anerkannte Ansprüche noch nicht fällig sind (Bedingung oder Betagung; vgl. *Kuhn/Uhlenbruck* KO, § 191 Rz. 1), kommt eine **Berichtigung** noch nicht infrage. Der Insolvenzverwalter ist daher lediglich gehalten, die entsprechenden Ansprüche durch geeignete Maßnahmen **sicherzustellen** (*Hess* in HWW InsO, § 258 Rz. 17 m.w.N.).

491 Massegläubiger müssen ihre Ansprüche **nicht glaubhaft machen**, um die Sicherstellung gem. § 258 InsO zu erreichen; die bloße substantiierte Behauptung der Ansprüche reicht aus (*Hess* in HWW InsO, § 258 Rz. 18).

492 Die schuldhafte Nichtberücksichtigung der Pflichten aus § 258 InsO stellt einen Haftungstatbestand i.S.d. § 60 InsO dar (vgl. *RG* vom 9.12.1895 – Rep VI 244/95 – RGZ 36, 96). Die versäumte Berichtigung eines anerkannten Masseanspruchs oder die unterlassene Sicherstellung eines bestrittenen, sich später als begründet herausgestellten Masseanspruchs führt daher zu einer Schadensersatzpflicht des Insolvenzverwalters gegenüber dem benachteiligten Gläubiger (*Hess* in HWW InsO, § 258 Rz. 19).

493 Mit der Aufhebung des Insolvenzverfahrens erhält der Schuldner das Recht zurück, über die Insolvenzmasse frei zu verfügen (§ 259 Abs. 1 Satz 2 InsO). Will der Insolvenzverwalter nach Aufhebung des Insolvenzverfahrens anhängige Anfechtungs-

rechtsstreite weiterführen, besteht die Prozessführungsbefugnis des Insolvenzverwalters gem. § 258 Abs. 1 InsO fort, wenn die Fortführungsbefugnis im gestaltenden Teil des Insolvenzplans festgelegt wurde. Für die Bestimmtheit einer Regelung über die Fortführungsbefugnis reicht eine Bestimmung im gestaltenden Teil des Insolvenzplans aus, wonach § 259 Abs. 3 InsO Anwendung finden soll (*OLG Jena* vom 6. 2. 2002 – 2 U 1033/01 – ZIP 2002, 538 mit zust. Anm. von *Michels* EWiR 2002, 293).

Der Beschluss und der Grund der Aufhebung des Insolvenzverfahrens sind öffentlich bekannt zu machen. Der Schuldner, der Insolvenzverwalter und die Mitglieder des Gläubigerausschusses sind vorab über den Zeitpunkt des Wirksamwerdens der Aufhebung zu unterrichten (§ 258 Abs. 3 Satz 2 InsO). Kann das Gericht bei der Aufhebung des Verfahrens den Tag der Veröffentlichung im Bundesanzeiger noch nicht feststellen, genügt der Hinweis, dass die Veröffentlichung veranlasst ist und die Aufhebung mit dem Ablauf des zweiten Tages nach der Veröffentlichung wirksam wird (§ 9 Abs. 1 Satz 3 InsO; *Hess* in HWW InsO, § 258 Rz. 9 m.w.N.). **494**

10. Die Überwachung der Planerfüllung (§§ 260, 261, 262 InsO)

Im gestaltenden Teil des Insolvenzplans kann im Interesse der Gläubiger und des Schuldners vorgesehen werden, dass die Erfüllung des Plans nach der Verfahrensaufhebung überwacht wird (§ 260 Abs. 1 InsO), was nach § 261 InsO dem Verwalter obliegt (*Otte* in KP InsO, § 260 Rz. 3 f.; *Braun* in NR InsO, § 260 Rz. 1; *Breutigam* in BBG Insolvenzrecht, § 260 Rz. 3, die nur auf den Gläubigerschutz abstellen; *Flessner* in HK InsO, § 260 Rz. 3, der meint, dass die Überwachung voraussetzt, dass der Schuldner die Verfügungsmacht zurückerlangt hat). **495**

Auf den Zeitpunkt der Aufhebung des Insolvenzverfahrens hat die Überwachung keinen Einfluss (§ 258 Abs. 1, § 259 Abs. 1 InsO).

Wird die Überwachung der Planerfüllung vereinbart, bleiben der Insolvenzverwalter und die Mitglieder des Gläubigerausschusses insoweit im Amt, als es die Überwachung erfordert (§ 261 Abs. 1 InsO). **496**

Anstelle der gesetzlich vorgesehenen Überwachung durch den Insolvenzverwalter kann in dem Insolvenzplan auch ein Sachwalter mit der Überwachung beauftragt werden, dessen Befugnisse jedoch eingeschränkt sind. **497**

(unbesetzt) **498**

Im Rahmen der Eigenverwaltung obliegt dem Sachwalter die Überwachung. **499**

Gegenstand der Überwachung ist die Erfüllung der Ansprüche, die den Gläubigern nach dem gestaltenden Teil eines bestätigten Plans gegen den Schuldner zustehen (§ 260 Abs. 2 InsO; s. hierzu *Otte* in KP InsO, § 260 Rz. 8 f.; *Jaffé* in FK InsO, § 260 Rz. 13, der die Überwachung der Geschäftsführung des Schuldners ausschließen will). Wenn dies im Plan vorgesehen ist, kann sich die Überwachung auch auf die Erfüllung der Ansprüche beziehen, die dem Gläubiger nach dem gestaltenden Teil des Plans gegen eine **neu gegründete Übernahmegesellschaft** zustehen (§ 260 Abs. 3 InsO). In erweiternder Anwendung des § 260 Abs. 3 InsO kann jedoch nach dem Sinn und Zweck der Vorschrift nicht nur eine nach der Eröffnung des Insolvenzverfahrens gegründete Übernahmegesellschaft, sondern auch der Geschäftsbetrieb einer vor der **500**

Verfahrenseröffnung gegründeten Übernahmegesellschaft, die tatsächlich das schuldnerische Unternehmen oder einen Teil davon übernommen und weiterführt, nach Maßgabe der Vorgaben im Insolvenzplan überwacht werden (so auch *Otte* a.a.O., Rz. 10 ff.; s. auch eingehend zur teleologischen Korrektur des § 260 Abs. 3 InsO *Breutigam* in BBG Insolvenzrecht, § 260 Rz. 28 ff.; **a.A.** *Braun* in NR InsO, § 260 Rz. 4; *Flessner* in HK InsO, § 260 Rz. 7; *Smid/Rattunde* in Sm InsO, § 260 Rz. 6; *Jaffé* a.a.O., Rz. 25 ff., der meint, dass solche überwachende Beschränkungen von qualifizierten Geschäftsführern nicht verlangt werden könne).

501 Der überwachende Insolvenzverwalter ist grundsätzlich zu Eingriffen in die Geschäftsführung des Schuldners bzw. der Übernahmegesellschaft nicht berechtigt. Hiervon ausgenommen sind die zustimmungspflichtigen Geschäfte (§ 263 InsO) und die schriftliche Bestätigung von Krediten (§ 264 InsO; zu den Kreditrahmenabreden gem. § 264 ff. InsO s. eingehend *Dienstühler* ZInsO 1998, 243; *Bieder* ZInsO 2000, 531). Der Insolvenzverwalter ist berechtigt, sich in den Geschäftsräumen des Schuldners über die Einzelheiten der Geschäftsführung zu unterrichten (§ 261 Abs. 1 Satz 3, § 22 Abs. 3 InsO) und die in § 101 InsO bezeichneten Auskunfts- und Mitwirkungspflichten durchzusetzen.

502 Die Regelung des § 260 InsO ist nicht zwingend (*Braun* in NR InsO, § 260 Rz. 3). Neben der Überwachung nach §§ 260–269 InsO können im Insolvenzplan andere Pflichten vereinbart werden, die jedoch gegen die allgemeinen Schranken nicht verstoßen dürfen (z.B. die Privilegierung von Neukreditgläubigern; *Schiessler* Insolvenzplan, S. 208; *Otte* in KP InsO, § 260 Rz. 5 ff.). So kann die **Überwachung** erweitert werden, z.B. durch Vereinbarung einer Verfügungsbeschränkung (*Otte* a.a.O., Rz. 6), durch Erweiterung der Mietvertragspflichten, Erstellung von kurzzeitigen Planliquiditätsrechnungen oder durch Erweiterung der Auskunftspflichten. Auf der anderen Seite können die Gläubiger auch auf eine Überwachung verzichten (*Breutigam* in BBG Insolvenzrecht, § 260 Rz. 6).

503 So kann z.B. die Überwachung durch einen Sachwalter in Betracht kommen. Während der Insolvenzverwalter der staatlichen Aufsicht des Gerichts untersteht, handelt der Sachwalter auf Grund eines vom Schuldner erteilten Auftrages (*BGH* vom 13.4.1961 – III ZR 223/59 – NJW 1961, 1352; s. zu der Überwachung durch einen Sachwalter eingehend die Kommentierung bei *Bley/Mohrbutter* VglO, § 92).

504 Stellt der Insolvenzverwalter fest, dass die Ansprüche, deren Erfüllung überwacht wird, nicht erfüllt werden oder nicht erfüllt werden können, hat er dies unverzüglich, d.h. ohne schuldhaftes Zögern dem Gläubigerausschuss und dem Insolvenzgericht anzuzeigen (§ 262 Abs. 1 InsO).

505 Ist ein Gläubigerausschuss nicht bestellt, so hat der Verwalter an dessen Stelle alle Gläubiger zu unterrichten, denen nach dem gestaltenden Teil Ansprüche gegen den Schuldner oder die Übernahmegesellschaft zustehen (§ 262 Abs. 2 InsO).

C. Der Inhalt des darstellenden Teils des Insolvenzplans

I. Einleitung

Im darstellenden Teil des Insolvenzplans kann für ein Unternehmen ein Sanierungskonzept vorgeschlagen werden, das sowohl den betriebswirtschaftlichen als auch den rechtlichen Anforderungen gerecht werden muss (*Hess* in HWW InsO, § 220 Rz. 14). **506**

Die betriebswirtschaftliche Literatur zur Unternehmenssanierung ist unüberschaubar. Die vorangestellte Literatur zu diesem Problemkreis stellt einen wesentlichen Ausschnitt aus der Gesamtliteratur dar, die sich mit der Sanierung von Unternehmen beschäftigt (*Hess* in HWW InsO, § 220 Rz. 15). **507**

II. Die Voraussetzungen eines Insolvenzplans für die Sanierung von Unternehmen

1. Allgemeines

Der Sanierungsplan ist die Folge einer gravierenden Unternehmenskrise. Eine Unternehmenskrise ist das Endstadium eines vom betroffenen Unternehmen ungewollten Prozesses, in dessen Verlauf die Erfolgspotenziale, das Reinvermögen und/oder die Liquidität des Unternehmens sich so ungünstig entwickelt haben, dass die Existenz des Unternehmens akut bedroht ist (*Hess* in HWW InsO, § 220 Rz. 16). **508**

Die Erfolgspotenziale repräsentieren die Gesamtheit aller im Unternehmen vorhandenen Voraussetzungen zur Erzielung von Vermögenszuwächsen. Diese Voraussetzungen wirken in der Regel langfristig. Zu den Erfolgspotenzialen eines Unternehmens zählen die rentablen und verkäuflichen Produkte, die qualifizierten und engagierten Mitarbeiter, das rationelle Fertigungsverfahren, die Markennamen, der Kundenstamm und dgl. mehr (*Hess* in HWW InsO, § 220 Rz. 17). **509**

Hat sich die Unternehmenskrise in den Insolvenzantragspflichten konkretisiert und ist ein Insolvenzverfahren eröffnet, obliegt das Krisenmanagement dem Schuldner und/oder dem Insolvenzverwalter. **510**

2. Die Unternehmensanalyse als Voraussetzung für den Sanierungsplan – Analyseziel

Im Hinblick auf eine angestrebte Betriebsfortführung muss die Analyse einer krisenhaften Unternehmensentwicklung die Entscheidungsgrundlagen zur Bestimmung von **511**
– Handlungszielen und
– Sanierungsmaßnahmen
schaffen (*Hess* in HWW InsO, § 220 Rz. 19 m.w.N.).

512 In krisengenetischer Folge ist deshalb darzustellen,
– die Unternehmensentwicklung bis hin zur Krise (z. B. die letzten 3–5 Jahre),
– die gegenwärtige Lage des Unternehmens,
– die voraussichtliche weitere Entwicklung beim Ausbleiben von Sanierungsmaßnahmen.

513 Entscheidend ist die Beschreibung von Wirkungszusammenhängen. Symptome, Ursachen, Wirkungen sind meist interaktiv verkettet und oft nicht eindeutig als das eine oder andere identifizierbar.

514 Ziel der Analyse ist es, die Ursache- und Wirkungszusammenhänge zu erkennen, zu beschreiben und damit die Basis zu schaffen für die Prüfung der Sanierungsfähigkeit, die Suche nach Handlungszielen und die Erstellung eines Sanierungskonzeptes (*Hess* in HWW InsO, § 220 Rz. 22 m.w.N.).

3. Die qualitativen Analysedaten

515 Für die Durchführung der Unternehmensanalyse können u.a. folgende Kennzahlen sachdienlich sein.

a) Gesamtwirtschaftliche Daten

516 Daten über die Entwicklung
- der industriellen Bestellaufträge
- der industriellen Produktion
- des realen Bruttosozialproduktes
- der Nettoanlageninvestitionen
- der industriellen Erzeugerpreise
- der Lebenshaltungskosten
- der Kapital- und Geldmarktzinsen
- der Handels- und Leistungsbilanz
- der Wechselkurse
- der Arbeitslosenquote
- des Bevölkerungsanstiegs
- der durchschnittlichen Familiengröße
- des verfügbaren Einkommens
- der öffentlichen Nachfrage
- der Sparquote

b) Branchen- und Marktdaten

517
- Branchendaten, wie unter Rz. 526 bezeichnet, soweit verfügbar
- Entwicklung des
  - inländischen und
  - Weltmarktvolumens
- Entwicklung von Frühindikatoren der Branchenkonjunktur, soweit bekannt
- Entwicklung des Geschäftsklimas
- Auftragseingänge und -bestände
- Produktionsziffern
- Branchenumsätze nach Wert und Menge
- Saisonverläufe
- Branchenumsätze nach Vertriebskanälen
- Branchenrendite
- Branchenexporte und -importe
- Kapazitätsauslastungsgrade
- Kapitalintensität
- Beschäftigtenzahl der Branche
- Durchschnittsstückerlöse
- Kostenentwicklung
- Umsatzpotenziale
- Kaufkraftkennziffern
- Bekanntheitsgrade

c) Absatzwirtschaftliche Unternehmensdaten

- Auftragseingänge und -bestände nach
  - Produkten
  - Kundengruppen
  - Vertriebskanälen
  - Verkaufsgebieten
  jeweils wert- und mengenmäßig
- dto. Umsätze
- Durchschnittsrabatte und -erlöse nach
  - Produkten
  - Kundengruppen

- Vertriebskanälen
- Verkaufsgebieten
- dto. Marktanteile
  - nach Wert
  - nach Mengen
- Auftrags- und Kundengrößenklassen
- Erfolgsquote der Angebote
- Kundenfluktuationsquote
- Reklamationsvolumen und -häufigkeit
- Distributionsdichte

518

d) Produktspezifische Daten

- Lebenszyklen der Produkte, wert- und mengenmäßig
- Gesamtumsatzprofil als Ergebnis der Produktionszyklen
- strategische Umsatzlücken
- Deckungsbeiträge pro Produkt

- ABC-Verteilung nach
  - Umsätzen
  - Deckungsbeiträgen
- strategische Produkt-Portfoliomatrix
- Warenbestände, ggf. auch von Vorprodukten, ggf. auch bei Lieferanten und Abnehmern

519

e) Leistungs- und Kostendaten und -kennziffern

- Wertschöpfung mit
  - Entstehungsrechnung und
  - Verteilungsrechnung
- Pro-Kopf-Umsätze nach Menge und Wert
- Pro-Kopf-Produktion in Mengeneinheiten und auf verschiedene Beschäftigungsgruppen bezogen
- betriebsnotwendiges Vermögen pro Kopf
- Fertigungsstunden nach Beschäftigungsgrad
- Personalaufwand pro
  - Mengeneinheit
  - Fertigungsstunde
  - Kopf nach gewerblichen und angestellten Arbeitnehmern
- dto. indexiert zur Tarifentwicklung
- Fluktuationsquote
- Fehlzeitenquote

- Angestelltenquote
- Altersstruktur
- Umsatzanteil der
  - Abschreibungen
  - Materialaufwendungen
  - Personalaufwendungen
  - Forderungsausfälle
  - Zinsen
  - Werbeaufwendungen
  - Entwicklungskosten
  - Herstellkosten
  - Sondereinzelkosten der Fertigung
  - Verwaltungsgemeinkosten
  - Sondereinzelkosten des Vertriebs
- Kapazitätshöhe und -auslastung
- Ausbringung
- Ausschlussquote
- Veredlungsgrad

520

f) Finanzwirtschaftliche Kennzahlen

- Cash Flow als
  - Netto Cash Flow
  - Brutto Cash Flow
  - Discounted Cash Flow
- Verschuldungsfaktor
- durchschnittliches Lieferantenziel
- durchschnittliches Kundenziel

- dynamische Liquidität
  - 1. Grades
  - 2. Grades
  - 3. Grades
- Abschreibungsquote vom Anlagevermögen
- Investitionsquote vom Anlagevermögen
- Nettoinvestitionshöhe und -quote

521

Der Insolvenzplan

- Umschlagshäufigkeit des/der
  - Gesamtkapitals
  - Eigenkapitals

- Anlagevermögens
- Vorräte
- Forderungen

g) Ergebnisdaten und -kennziffern

522   – Unternehmensergebnis, aufgeteilt und dargestellt sowohl absolut als auch in Relation zum Umsatz als
- betriebliches
- betriebsfremdes
- neutrales
- ordentliches
- außerordentliches Ergebnis
- Jahresüberschuss, -fehlbetrag
- Bilanzgewinn, -verlust
- Rentabilität, dargestellt als
  - Umsatzrentabilität
  - Eigenkapitalrentabilität
  - Gesamtkapitalrentabilität
  - Betriebsrentabilität des langfristigen Kapitals

- Rentabilität des betriebsnotwendigen Vermögens
- Price-Earnings-Ratio
- Break-Even-Point
- Return-On-Investment
- Ergebnisbeiträge der nicht bilanzierten Risiken
- Ergebnisbeiträge aus der Auflösung stiller Reserven
- Deckungsbeiträge von
  - Produkten
  - Produktgruppen
  - Verkaufsgebieten
  - Kunden
  - Vertriebskanälen

ermittelt nach dem Direct Costing-Schema

h) Vermögens- und Kapitalstruktur

523   – Bilanz zu
- Weiterführungswerten
- Zerschlagungswerten
- Überschuldungsstatus
- Eigenkapitalquote
- Fremdkapitalquote
  - gesamt
  - nach Fristigkeit
- statische Liquidität (unter Berücksichtigung dynamischer Elemente)
  - 1. Grades
  - 2. Grades
  - 3. Grades
- Kreditanspannung
- Kapitalflussrechnung
- Verhältnis von
  - Eigenkapital zu Anlagevermögen
  - langfristigem Kapital zu Anlagevermögen
- Bilanzsummenquote des/der
  - Anlagevermögens
  - Umlaufvermögens
  - Vorratsvermögens
  - Forderungen
  - liquiden Mittel

- Nicht bilanzierte Risiken, z. B.
  - Sonderabschreibungen auf Sachanlagen
  - Sonderabschreibungen auf Beteiligungen und Finanzanlagen
  - Forderungswertberichtigungen
  - Pensionsrückstellungen
  - Rückstellungen für Garantieleistungen
  - Rückstellungen für Abnahmeverpflichtungen
  - Rückstellungen für Lieferverpflichtungen
  - Rückstellungen für Sozialansprüche
  - Rückstellungen für Handelsvertreterabfindungen
  - Leasingverträge
  - Bürgschaften
  - Wechselobligo
- stille Reserven
- Working Capital
- betriebsnotwendiges Vermögen
- Verteilung der Gesellschafts- oder Kapitalanteile

i) **Unternehmenswerte**

- Ertragswert
- Substanzwert
- Unternehmenswert
- Liquidationswert

4. Quantitative Daten

a) Gesamtwirtschaft, Weltwirtschaft

- politische Veränderungen, Stabilität
- Gesetzesinitiativen
- Gewerkschaftsforderungen
- Konsumklima, Geschäftsklima
- Messeergebnisse
- militärische Auseinandersetzungen
- Spannungen
- klimatische Veränderungen
- Naturkatastrophen, Unfälle

b) Branche

- Wettbewerbsbeschränkungen, z. B.
  - Absprachen, Kartelle
  - Monopole, Oligopole, Polypole
  - politische, gesetzliche Maßnahmen
  - Lizenzen, Patente
- wirtschaftliche Lage der Kunden/Anwender sowie deren Kunden
  - Marktbarrieren für Eintritt/Austritt
  - Rohstoff-, Energieabhängigkeiten
- Makro-Unzufriedenheit mit
  - Werbemethoden
  - gesundheitlichen Risiken
  - Umweltschädigungen
  - verwendeten Rohstoffen
  - Ursprungsland
- Modetrends
- neue Fertigungsverfahren, Produkttechnologien
- Differenzierungsmöglichkeiten
- fremde Substitutionsprodukte
- Konkurrenzintensität
- Stärken-/Schwächenprofil der Konkurrenz
- branchenübliche Wettbewerbsstrategien
- „Preiskämpfe"
- sporadische Sonderverkaufsaktionen
- „Werbeschlachten"
- Hofierung der Kunden durch zusätzliche Dienstleistungen
- „friedliche Koexistenz"

c) Absatzmarkt

- (Un-)Zufriedenheitsgründe, z. B. durch
  - Produktgestaltung
  - Produktleistung
  - Service, Qualität, Wartungsintervalle
  - Werbemethoden, Verpackung
  - Konditionen, Vertragsbedingungen
  - Altersverhalten
  - Termintreue
- Marktanteils-, Marktwachstums-Matrix, Werbeaktivitäten, Marktreaktionen
- Produktgestaltung, z. B.
  - Innovationsgrad
  - Grundnutzen, Zusatznutzen
  - Qualität, Marktappeal
  - Preis/Leistungs-Verhältnis
  - Form, Farbe, Design
  - Altersverhalten
- Wirksamkeit absatzpolitischer Instrumente, z. B.
  - Preis, Rabatte
  - Konditionen
  - Vertriebsorganisation
  - Werbung
  - Verpackung
  - Vertriebswege, -kanäle
- neue Anwendungen bestehender Produkte
- eigene Substitutionsprodukte
- neue Kundengruppen und Märkte
- Preiselastizitäten
- Stärken-/Schwächen-Profil beim Kunden
  - des Produktes
  - des Unternehmens
  - der Vertriebswege
- Bekanntheitsgrad, Image, Marke

Der Insolvenzplan

- Kunden-, Anwenderprofil
  - Verhandlungsstärke des Kunden
- Sortimentspolitik
  - Sortimentstruktur
- Preisakzeptanz
- Testergebnisse
- Marktwiderstände
- vertriebslogistische Leistungen, z. B.
  - Termintreue
  - Entladen, Verbringen, Einräumen
  - Auspacken, Inbetriebnahme
- Service
- Mikro- (Un-)Zufriedenheit
- (Un-)Zufriedenheit in der
  - Vorkaufsphase
  - Kaufphase
  - Nachkaufphase
- Kundenreaktionen, die sich ausdrücken als
  - Abwanderung/Zugewinne
  - Widersprüche/Bestätigungen
  - Reklamationen/Wiederholungskäufe
- Tenor von Kundenschreiben

d) Beschaffungsmarkt

528
- Stärken-/Schwächen-Profil bei Lieferanten
- Verhandlungsstärke bei Lieferanten
- Beschaffungsmarktposition, Beschränkungen
- Preiselastizitäten, Preisbildungsfaktoren
- Monopole, Oligopole, Polypole
- Substitutionsprodukte
- Nachfrage- und Angebotsentwicklung
- Versorgungssicherheit, -störungen
- Dauer der Geschäftsverbindungen, Vertrauensverhältnis
- Nachfragemacht der Konkurrenten
- Beschränkungen der Beschaffungsmöglichkeiten

e) Kapitalmarkt

529
- Stärken-/Schwächen-Profil bei Kreditinstituten am Kapitalmarkt
- Dauer der Bankverbindungen
- Vertrauensverhältnis
- Kontakttiefe
- Ansehen/Image der Geschäftsleitung
- Inhalte von Kreditauskünften
- nicht quantifizierbare Vermögensrisiken
  - des Unternehmers
  - der Gesellschafter
  - von Kunden
- Emmissionsklima
- Zinstrend, Geldmengenänderung

f) Arbeitsmarkt

530
- Stärken-/Schwächen-Profil an Teilarbeitsmärkten
- Lohnniveau
- Qualifikationsstruktur
- Pendelbereitschaft, Verkehrswege
- Schulen, Ausbildungsstätten, Hochschulen
- Sozialprestige der zu vergebenden Arbeiten
- konkurrierende Branchen, Betriebe, Arbeitsplätze

g) Leistungserstellungsbereiche

531
- Qualifikation und Motivation der Mitarbeiter
- Bereitschaft zur Kurzarbeit oder Mehrarbeit
- Maschinen und Anlagen, insbesondere deren
  - Rationalität
  - Qualität
  - Performance
  - Flexibilität
- dto. Fertigungsverfahren
- Liefergenauigkeit hinsichtlich des
  - Inhalts
  - Umfangs
  - Termins
- Forschungs- und Entwicklungsaktivitäten, z. B.
  - Projekte und Ziele
  - Erfolge, Misserfolge
  - Vorsprung, Rückstände
  - Förderungsmöglichkeiten

- Strukturen des Forschungs- und Entwicklungsbereiches
  - personell
  - technisch
- dto. Fertigungsbereich
- dto. Verwaltungsbereich

h) Organisation und Führung

- Eignung der Aufbauorganisation hinsichtlich
  - Transparenz
  - Ressortabgrenzungen
  - Fehlfunktionen
  - Hierarchiestufen
- Eignung der Ablauforganisation hinsichtlich
  - Transparenz
  - Eindeutigkeit
  - Informationsfluss
  - Entscheidungswege
  - Kompetenzen
  - Vollständigkeit
- Führungsmethoden, insbesondere
  - Stile
  - Grundsätze
- Stellenbeschreibungen

i) Struktur und Erscheinungsbild

- Eignung der Rechtsform
- Eignung der (des) Standorte(s)
- Qualitative Unternehmenswerte, ausgedrückt als
  - Image, Ruf, Bekanntheitsgrad
  - Corporate Identity, Company Culture
  - derivativer Firmenwert
  - Marken
- Kapitaleigener, insbesondere deren
  - Struktur
  - finanzielle Stärke
  - unternehmerisches Können
  - Risikobereitschaft
  - Neigung zur Einflussnahme
  - Sanierungsbereitschaft
  - Opferbereitschaft
- Aufsichtsgremien, deren
  - Qualifikation
  - Motivation
  - Identifikation
  - Homogenität, Integrität
  - Stressstabilität
  - Durchsetzungsstärke
  - Konfliktbereitschaft

- dto. Vertriebsbereich
- Fachabteilungen mit auffallend
  - guter Leistungsfähigkeit
  - schlechter Leistungsfähigkeit
- Qualität des Lagerwesens und der innerbetrieblichen Logistik

- Top-Management, dessen
  - Qualifikation
  - Motivation, Leistungsbereitschaft
  - Identifikation, Opferbereitschaft
  - Homogenität, Integrität
  - Stressstabilität
  - Loyalität
  - Durchsetzungsstärke
  - Konfliktbereitschaft
- dto. Middle-Management
- Personalpolitik hinsichtlich der
  - Entgelte, Zusatzleistungen
  - Beförderungsgrundsätze
  - Ausbildung, Fortbildung
- EDV-Organisation, z. B. deren
  - Leistungsfähigkeit
  - Integrationsdichte

- Belegschaft, deren
  - Unternehmensidentifikation
  - Opferbereitschaft
  - Homogenität
- Betriebsrat, dessen
  - Unabhängigkeitsgrad
  - Kooperationsbereitschaft
  - Durchsetzungskraft
  - Ansehen
  - Stressstabilität
- Wirtschaftsausschuss, dessen
  - Fachkompetenz
  - Verschwiegenheit
  - Kooperationsbereitschaft
- Öffentlichkeit hinsichtlich
  - Bekanntheitsgrad
  - Aufmerksamkeitsgrad
  - Presseecho
- Behörden, deren
  - Probleme
  - Hilfestellungen
  - Interessengegensätze
- strukturelle Gründe früherer Erfolge

5. Die Ermittlung der Unternehmenskrise

534 Eine zielgerichtete Sanierung setzt voraus, dass die Krisenmerkmale bekannt sind, wobei die Unternehmenskrisen gekennzeichnet sein können durch den Krisenherd, die Krisenart und das Krisenstadium (*Hess* in HWW InsO, § 220 Rz. 42 m.w.N.).

535 Der **Krisenherd** gibt an, woher die Krise kommt. Dabei ist zu unterscheiden zwischen endogenen Krisen, d.h. im Unternehmen selbst entstandenen, und in exogenen Krisen, d.h. solchen, die von außerhalb auf das Unternehmen einwirken (*Hess* in HWW InsO, § 220 Rz. 43).

536 Die **Krisenart** gibt an, ob es sich um eine strategische Krise, bei der die Erfolgspotenziale gestört oder zerstört sind, um eine Erfolgskrise, bei der Verluste entstehen, oder um eine Liquiditätskrise, bei der die Zahlungsfähigkeit des Unternehmens bedroht oder erloschen ist, handelt (*Hess* in HWW InsO, § 220 Rz. 44).

537 Das **Krisenstadium** gibt an, ob es sich um eine existenzbedrohende oder um eine existenzvernichtende, d.h. eine zur Aufgabe der bisherigen Unternehmensform zwingende Krise handelt (*Hess* in HWW InsO, § 220 Rz. 45).

a) Der Krisenherd

538 Unter Krisenherd wird die Entstehungsart der Krise verstanden. Die grobe Klassifizierung „endogen" und „exogen" kann verfeinert werden, indem eine „endogene Krise" dahingehend untersucht wird, ob es sich z.B. um Krisenursachen aus den Bereichen Konstruktion handelt. Gleiches ist beim Begriff „exogene Krise" möglich. Denkbare Verfeinerungen sind hier die Aufteilung der Krisen, die durch die Branchenentwicklung, Zinsentwicklung, Wechselkursschwankungen oder anderes entstanden sind.

Beispiele für **endogene** Krisen sind:
- Fehlkalkulation,
- Qualitätsmangel,
- falsche Finanzvorschau,
- desolater Vertriebsapparat.

Beispiele für **exogene** Krisen sind:
- extrem hohe Zinsen,
- Arbeitskräftemangel,
- Unterbrechung der Rohstoffversorgung,
- Streiks.

b) Die Krisenart

539 Unter Krisenart wird die aktuelle Ausprägung der konkreten Zielbedrohung verstanden. Jedes Unternehmen hat bestimmte Zielsetzungen. Diese sind teilweise klar definiert ausgesprochen und den Teilnehmern am Unternehmensprozess bekannt. Teilweise sind diese Ziele unausgesprochen vorhanden und Inhalt eines stillen Paktes der Teilnehmer oder aber nur Teil der persönlichen Zielsetzung der Unternehmensführung. Innerhalb dieses Zielsystems gibt es zwei Ziele, deren Erreichung unabdingbare Voraussetzung für den Bestand des Unternehmens ist.

Diese Ziele sind: **540**
- die Aufrechterhaltung der Zahlungsfähigkeit,
- die Vermeidung der Überschuldung.

Bei Verfehlung des Zieles „Aufrechterhaltung der Zahlungsunfähigkeit" haben **541**
- Einzelfirmen,
- Personengesellschaften,
- Kapitalgesellschaften,
- Genossenschaften

die Pflicht zur Einleitung eines gerichtlichen Insolvenzverfahrens.

Bei Verfehlung des Zieles „Vermeidung der Überschuldung" sind nur **542**
- Kapitalgesellschaften,
- Genossenschaften

verpflichtet, ein gerichtliches Insolvenzverfahren einzuleiten.

In Anlehnung an diese Zielsysteme wird unter einer **Liquiditätskrise** eine Entwicklung verstanden, die die konkrete und akute Gefahr der Zahlungsunfähigkeit in sich birgt oder die bereits zum Erlöschen der Zahlungsfähigkeit geführt hat. **543**

Eine **Erfolgskrise** liegt vor, wenn das Unternehmen Verluste macht und diese Verluste zum Aufbrauchen des Eigenkapitals führen mit der drohenden Gefahr der Überschuldung. **544**

Von einer **strategischen Krise** wird gesprochen, wenn die (in der Regel langfristig wirkenden) Erfolgsfaktoren (Erfolgspotenziale) gestört oder zerstört sind. **545**

Beispiele für **Liquiditätskrisen** sind **546**
- Wechselfälligkeiten ohne Deckung,
- Zinsfälligkeit ohne Deckung,
- Lohnfortzahlungsverpflichtungen, für die weder ausreichende Geldmittel noch zusätzliche Kreditlinien vorhanden sind.

Beispiele für **Erfolgskrisen** sind anhaltende Verluste auf Grund von Umsatzrückgängen, Kostensteigerungen und Preisverfall. **547**

Beispiele für **strategische Krisen** sind **548**
- falscher Standort,
- hohe Fertigungskosten wegen jahrelanger Investitionszurückhaltung,
- fehlende Nachfolgeprodukte für absterbende Umsatz- oder Ertrags„renner",
- überalterte und unterqualifizierte Belegschaft.

Zwischen den drei Krisenarten lassen sich zeitliche Verknüpfungen feststellen. In der Regel lautet die Entstehungsfolge: **549**
- **Strategische Krise** (langfristig) (z.B. das Fehlen von Nachfolgeprodukten für absterbende Umsatz„renner"),
- **Erfolgskrise** (mittelfristig) (z.B. Umsatzrückgang durch das Absterben eines „Renners" führt zum Lager, der zwangsweise fremdfinanziert wird),
- **Liquiditätskrise** (kurzfristig) (z.B. Kreditrestriktionen der Gläubiger, nachdem die Fremdfinanzierungen stark ausgeweitet wurden).

550 Häufig läuft die **Erkennungsfolge** der **Entstehungsfolge** entgegen. Die **Liquiditätskrise** wird offenkundig, nachdem die Banken weitere Kredithingaben verweigern.

551 Bei der Ursachensuche erkennt man die **Erfolgskrise,** die sich in einer drastisch gesunkenen Eigenkapitalquote ausdrückt, weil beispielsweise der Lageraufbau durch Fremdkapital finanziert wurde.

552 Die weitere Ursachensuche führt zur Entdeckung der **Strategischen Krise.** Diese liegt vor, weil beispielsweise versäumt wurde, rechtzeitig Nachfolgeprodukte zu fertigen und damit dem Umsatzrückgang des „Renners" entgegenzuwirken.

c) Das Krisenstadium

553 Unter dem Krisenstadium ist der Grad der Bedrohung dominanter und unverzichtbarer Unternehmensziele zu verstehen. Die Kenntnis des Krisenstadiums ist unabdingbare Voraussetzung einer richtigen Reaktion auf die Krise, weil durch den Zeitablauf zahlreiche Handlungsmodalitäten unmöglich werden.

554 Entsprechend der angesprochenen Zielsetzung spielen hier nur zwei Krisenstadien eine Rolle. Es sind dies:
– die existenzbedrohende Krise, die das Unternehmen zwar konkret bedroht, aber noch die Möglichkeit beinhaltet, durch rasches und richtiges Gegensteuern das Unternehmen zu erhalten;
– die existenzvernichtende Krise, bei der die Möglichkeit zur Fortführung des Unternehmens in der bisherigen Form nicht mehr gegeben ist.

555 Beispiele für **existenzbedrohende Krisen**:
– Illiquidität droht, aber durch raschen Verkauf von Vermögensteilen ist sie vermeidbar;
– Überschuldung droht, aber die Gesellschafter haben sich bereit erklärt, unverzüglich weiteres Haftungskapital zuzuführen.

556 Beispiele für **existenzvernichtende Krisen**:
– Illiquidität herrscht und es können keine flüssigen Mittel zugeführt werden,
– Überschuldung liegt vor und weder die Gläubiger können zum Forderungsverzicht noch die Gesellschafter zur Eigenkapitalzuführung veranlasst werden.

557 Die Ermittlung der Krisenmerkmale ist eine unabdingbare Voraussetzung für die zielgerechte Auswahl der Handlungsmodalitäten und Sanierungsmaßnahmen. Die zeitliche Dauer, das Vorgehen und die Untersuchungsfelder sind von Fall zu Fall völlig unterschiedlich und können nicht schematisch dargestellt werden. Bei allen Sanierungsfällen ist aber die Aufgabenstellung in der Analysephase gleich. Es sind die Krisenursachen (Krisenherde, Krisenarten) und das Krisenstadium zu ermitteln.

558 Die Notwendigkeit, Krisenmerkmale für die Planung und Durchführung von Sanierungsmaßnahmen zu erfassen, ist jedem, der als Träger einer Sanierungsaufgabe infrage kommt, geläufig, und soll deshalb nur kurz angerissen werden.

559 Die Kenntnis der Krisenherde ist erforderlich, um die Angriffsziele der infrage kommenden Sanierungsmaßnahmen zu bestimmen. Nebulöse Krisenherde gestatten keinen gezielten Gegenangriff.

Die Kenntnis der Krisenart ist Voraussetzung für die richtige Auswahl der Gegenmaßnahmen. Eine Krise bestimmter Art muss artgleich bekämpft werden. Die Kenntnis des Krisenstadiums ist erforderlich zur Beurteilung der Dringlichkeit von Gegenmaßnahmen. Da im Zeitablauf regelmäßig Handlungsmodalitäten als wirksame Mittel nicht oder nicht mehr infrage kommen, muss die Bestimmung des Krisenstadiums frühzeitig den Gefährdungsgrad für das Unternehmen aufzeigen.

Die Erstellung eines Unternehmensstatus ist Voraussetzung für die situationsadäquate Suche und Auswahl der Handlungsziele. Die Extrema der Palette der Handlungsziele sind die Fortführung des Unternehmens bei vollständiger Aufrechterhaltung seiner rechtlichen Struktur und die Nichtfortführung. 560

Die Sanierung setzt eine Lagebeurteilung des Unternehmens voraus. Die Lagebeurteilung ist eine geraffte Voruntersuchung, die dazu dient, in stark vereinfachter Form die Situation des Unternehmens zu analysieren, Krisenursachen zu ermitteln, Handlungsziele zu finden und Sofortmaßnahmen einzuleiten. 561

Die Lagebeurteilung beantwortet folgende Fragen: 562
– In welcher Situation befindet sich das Unternehmen und wie wird es sich in nächster Zeit entwickeln, wenn keine Maßnahmen zur Krisenbekämpfung ergriffen werden?
– Welches sind die wesentlichen Ursachen der Krise?
– Welche vorläufigen Ziele sind zu verfolgen?
– Welche Sofortmaßnahmen dienen diesen Zielen, ohne das Unternehmen in eine Richtung zu zwingen, die die Realisierung eines späteren, sorgfältiger erarbeiteten Konzeptes erschwert?

Die Analyse einer krisenhaften Unternehmensentwicklung muss die Entscheidungsgrundlagen zur Bestimmung von Handlungszielen und Sanierungsmaßnahmen schaffen. 563

6. Die Krisenursachen

Folgende Krisenursachen sind in der Praxis häufig anzutreffen. 564

a) Die endogenen strategischen Krisen

Für die Entwicklung endogener Krisen können u.a. nachfolgend aufgeführte Umstände maßgeblich sein, wobei mehrere Faktoren kumulierende Wirkungen erzeugen können. 565
– Die Wahl des richtigen Standortes kann aus mehreren Gründen entscheidend für den Erfolg des Unternehmens sein. Kritische Faktoren sind:
  – die Verkehrsanbindung, sofern Kunden Werksbesuche wünschen, möglicherweise die Nähe eines Verkehrsflughafens, speziell bei intensiver Exporttätigkeit,
  – die Transportwege bei aufwändigem oder terminkritischem An- und Abtransport von Gütern,
  – die Grundstückspreise bei flächenintensiver Fertigung,
– das Lohnniveau bei lohnintensiver Fertigung,
– die Energiekosten bei energieintensiver Fertigung,
– das Vorhandensein von spezifischen Qualifikationen der Erwerbsbevölkerung.

566 Ein weiterer Erfolgsfaktor ist die richtige Wahl des Vertriebsweges. Produkte mit mehreren Distributionsstufen müssen mehrfach Kaufwiderstände überwinden. Dabei spielt der (Groß- und/oder Einzel-)Handel häufig die Rolle des „Nadelöhrs". Produkte, die beim Endverwender gute Absatzchancen hätten, können durch Handel abgeblockt werden, z. B. weil sie keine ausreichenden Handelsspannen bieten. Umgekehrt geht der Handel, wie übrigens auch der eigene Außendienst, fast immer den „Weg des geringsten Widerstandes". Das bedeutet, dass der Handel auch ein Produkt mit gutem Nutzen oder interessantem Preis-Leistungs-Verhältnis fallen lässt, wenn es ihm schwer fällt, den Endverwender vom Produkt zu überzeugen.

567 Der bereits erwähnte Außendienst kommt als Verstärker von Krisenursachen insofern infrage, als beim
– angestellten Reisenden hohe Fixkosten auch im Falle von Umsatzrückgängen zu tragen sind, während der
– Handelsvertreter schwerer zu steuern ist, schlechter informiert und beim Auftreten von Marktwiderständen gern auf andere Produkte ausweicht, die er ebenfalls vertreibt.

Logistische Probleme, verursacht durch schlechte Organisation und mangelhafte Transparenz des Transportwesens, führen nicht nur zu überhöhten Kosten, sondern insbesondere auch zu Unzufriedenheit auf der Abnehmerseite, weil Termine nicht eingehalten werden oder sonstige Versorgungsstörungen auftreten.

568 Die Sortimentsbreite ist einer der entscheidenden Erfolgsfaktoren. Vereinfacht lässt sich sagen, dass ein
– zu kleines Sortiment dem Kunden keine umfassende Problemlösung bietet und der Lieferant deshalb uninteressant ist. Außerdem kann das Marktrisiko nicht gestreut werden. Umgekehrt verursacht ein
– zu großes Sortiment erhebliche Aufwendungen beginnend bei der Produktionsentwicklung bis hin zur Ersatzteilhaltung. Wegen der häufig zu kleinen Produktions- und Verkaufsmengen können die mit der Produktionsbereitstellung verbundenen Fixkosten nicht kalkulatorisch umgelegt werden.

Als beobachtbare Krisenursache kommen zu kleine Sortimente kaum vor, während das ausgeuferte, kaum mehr überschaubare Sortiment fast als Regelfall bei Krisenunternehmen zu bezeichnen ist.

569 Da strategische Entscheidungen immer auf bestimmten Zukunftserwartungen und Prognosen aufbauen, besteht die latente Gefahr von Fehlentscheidungen auf Grund falscher Prognosen. Die wichtigsten Fehlerquellen sind die falsche Einschätzung
– des Marktvolumens,
– des Markterschließungsgrades,
– der Preisentwicklung,
– des Wettbewerbsdruckes.

570 Starke Saisonschwankungen mit dem Zwang, die betriebliche Kapazität (Gebäude, Maschinen, Vorräte, Mitarbeiter) am Spitzenbedarf auszurichten.

571 Falsche Diversifikationspolitik, die zur Bindung von Erfolgsfaktoren und Ressourcen führt, sei es durch Erwerb anderer Firmen oder durch Diversifikation innerhalb der angestammten Rechtsform.

Unklare Aufbauorganisation, dadurch Ressortüberschneidungen, die einerseits zu doppelten Informations- und Entscheidungswegen führen und andererseits Verantwortlichkeiten verwässern. Die Folgen sind Verantwortungs-, Handlungs- und Informationslücken. 572

Fehlendes Unternehmensleitbild, fehlendes Zielsystem, fehlende Weichenstellungen, fehlende Firmenkultur, Konzeptionslosigkeit. Als Folge verpufft die Leistungskraft der Mitarbeiter ergebnislos, das vorhandene Leistungspotenzial wird nicht ausgeschöpft. 573

Aufgeblähter, verfilzter, ineffizienter Verwaltungsapparat, der unkoordinierte Papierfluten produziert. Hohe Overhead-Kosten bei geringer Qualifikation, Motivation und Leistung der Beschäftigten. 574

Eine ungünstige Belegschaftsstruktur, die sehr häufig bei Unternehmen anzutreffen ist, die ihre Beschäftigtenzahl drastisch in Anpassung an gesunkene Umsätze reduziert haben. Die Unternehmensleitungen gehen den Weg des geringsten Widerstandes und entlassen junge Arbeitnehmer, deren Kündigung keine arbeitsrechtlichen Probleme aufwirft und nur geringe Abfindungssummen erfordert. Übrig bleiben – überspitzt formuliert – die Betriebsräte, Schwerbehinderten, Schwangeren und altersgeschützten Arbeitnehmer. Diesen kann es, menschlich verständlich, in Anbetracht ihrer arbeitsrechtlich gesicherten Position vereinzelt an Leistungsbereitschaft mangeln. 575

Mangelhafte oder extrem einseitige Qualifikation der ersten und zweiten Führungsebene. Unzureichende Führungsmentalität, Reibereien und Streitigkeiten, Illoyalitäten und Fraktionsbildungen innerhalb der Unternehmensleitung. Fehlende Leistungsbereitschaft, ungenügende Zusammenarbeit bis hin zur gegenseitigen Behinderung. 576

Charakterliche Mängel der Führungskräfte, die sich beispielsweise in Protektionspolitik, Günstlingswirtschaft, ungerechtfertigter oder verletzender Kritik äußern. In einem Sanierungsfall wurde festgestellt, dass der (erfolglose) Firmeninhaber sich seinen (falschen) Kurs durch Gespräche mit einigen ihm besonders gewogenen (aber sehr unkritischen) Kunden immer wieder bestätigen ließ. 577

Ein besonderes Problem stellt sich immer wieder in Familienunternehmen durch die von dem Gesellschafter erwünschte Mitarbeit von Familienmitgliedern. Dabei wird nicht immer auf ausreichende Qualifikation geachtet. Da Familienmitglieder einerseits fast ausschließlich in der Unternehmensspitze tätig sind und andererseits eine unabhängige Kontrolle selten stattfindet, bilden sie im Falle unzureichender Qualifikation einen latenten Krisenherd. 578

Fehlende Fähigkeit zur internen Anpassung des Unternehmens an geänderte Umweltbedingungen trotz vorliegender Verbesserungsvorschläge. 579

Unzureichende Bewältigung von Wachstumsschwellen. Eine führungsorganisatorische Schwelle liegt, in Abhängigkeit von Markt und Fertigungstiefe, bei einer Belegschaftsstärke zwischen 100 und 150 Mitarbeitern. An dieser Schwelle muss der Übergang von der inhaberbezogenen, improvisierten Führung zu strafferen funktioneller Organisation stattfinden. 580

Planlose Produktentwicklung ohne Prioritätenskala und Zeitraster, zu lange Entwicklungszeiten. Versäumnisse in der Produktentwicklung führen mit mehr oder weniger großer Verzögerung zu Absatzproblemen. 581

582 Investitionen, die sich nicht am Bedarf orientieren, sondern allein wegen reizvoller Steuervorteile oder wegen angebotener öffentlicher Finanzhilfen vorgenommen wurden, stellen eine latente Krisenursache dar.

583 Übermäßige, einseitige Abhängigkeit von wenigen Lieferanten, Abnehmern und Finanzierungsquellen. Sonstige schwerpunktartige Abhängigkeiten, beispielsweise von Verkaufsregionen, Modetrends, Zeiterscheinungen.

584 Eine zu große Lieferantenzahl führt leicht zu Versorgungsstörungen, weil die Einwirkungsmöglichkeiten zur Sicherung von termintreuer Lieferung beschränkt sind. Darüber hinaus ist der Verwaltungsaufwand in Einkauf und Warenannahme größer und die Verhandlungsposition schwächer.

585 Mangelhafte Qualitätskontrollen sowohl beim Wareneingang als auch beim Warenausgang. Qualitätsprobleme können zu allmählichen Kundenverlusten wie auch zu gebündelten Regressansprüchen führen.

586 Überkapazitäten, die hohe Fixkostenbelastungen verursachen, können nicht flexibel angepasst werden.

587 Qualitativ ungenügende maschinelle und sonstige technische Ausstattung. Überalterte Anlagen mit schlechtem Wirkungsgrad und hohen spezifischen Fertigungskosten; Rationalisierungsrückstände.

588 Der „After-Sales-Service" (insbesondere der Kundendienst) ist ein entscheidendes Kriterium für den Zufriedenheitsgrad des Kunden. Treten hier ernsthafte Störungen auf, so führt dies fast zwangsläufig zu einer schwächeren Marktposition des Lieferanten.

589 Krisen werden wohl selten durch das betriebliche Finanz- und Rechnungswesen ausgelöst i.S. eines kausalen Zusammenhangs. Allerdings versagt dieser Bereich häufig bei der Bereitstellung von Krisenabwehrmechanismen. Beispiele sind:
   – fehlende Vorkalkulationen,
   – fehlende Nachkalkulationen.

590 Quantifizierbare Fehlentwicklungen können in gut geführten Unternehmen durch ein straffes, aber dennoch flexibles Controllingsystem rechtzeitig aufgezeigt werden. Wenn ein solches System fehlt, so hat dies in der Regel keinen Kausalzusammenhang mit einer Unternehmenskrise. Das Fehlen eines Controllingsystems muss aber dennoch als Krisenursache bewertet werden, weil die Unternehmensleitung durch ihr Unterlassen die systemimmanente Krisengefahr missachtet. Gleiches gilt sinngemäß beim Fehlen eines ausreichenden Planungssystems. Integrierte Planungen der wichtigsten betrieblichen Kennzahlen und Funktionen sind die Voraussetzung für zielgerichtetes Handeln. Das Fehlen solcher (integrierter) Plandaten führt zu unabgestimmtem und ziellosem Handeln, dieses aber steht im Kausalzusammenhang mit krisenhaften Entwicklungen.

591 Zu hohe Gewinnausschüttungen (Entnahmen) verschlechtern die Bilanzrelationen des Unternehmens und erhöhen dadurch die Abhängigkeit von Fremdkapitalgebern. Die Ermittlung des „richtigen" Gewinnes und die Bemessung des Ausschüttungsbetrages sind Problemfehler, denen sich die betriebswirtschaftliche Forschung seit ihrer Begründung widmet. Aus der Vielzahl von Gesichtspunkten werden lediglich zwei angemerkt:

– Der jährliche Ausschüttungsbetrag sollte den Jahresüberschuss nicht übersteigen (außer in Fällen krasser Überkapitalisierung).
– Zur Vermeidung der Ausschüttung von Scheingewinnen (hervorgerufen durch Geldentwertung) sollten Rücklagen für Substanzerhaltung gebildet werden.

Bilanzmanipulationen, -fälschungen, -kosmetik führen häufig zu einem Problemstau, der in einer akuten Krise aufbricht. Dies gilt insbesondere auch für nicht konsolidierte Konzerngesellschaften. Abschreibungen auf Beteiligungen werden unterlassen, um die (zu veröffentlichende) Bilanz der Muttergesellschaft zu schonen. **592**

b) Die endogenen Erfolgskrisen

Die endogenen Erfolgskrisen können sich beispielhaft aus den folgenden Umständen ergeben. **593**

Verzögerte Produktentwicklungserfolge oder erhöhte Entwicklungskosten durch unerwartet auftretende Probleme

Produkte mit ungünstigem Preis-Leistungs-Verhältnis haben diesen Mangel oft schon seit ihrer Entwicklung und Konstruktion. Sie wurden zu aufwändig konstruiert, weil zu viele und/oder zu teure Vormaterialien und/oder zu aufwändige Fertigungsverfahren erforderlich sind. Der Markt ist nicht bereit, diesen Aufwand zu bezahlen. Das gleiche Problem tritt auf, wenn das eigene, im Grunde wettbewerbsfähige Produkt subventionierten Importwaren gegenübersteht. **594**

Eine „veraltete" Produktpalette lässt in der Regel kein gutes Preis-Leistungs-Verhältnis mehr zu, weil „alte" Produkte bereits zu viele Wettbewerber an den Markt gelockt haben. Der Kunde wird mit Preiszugeständnissen umkämpft, Gewinne sind kaum mehr zu erzielen; es tummeln sich zu viele Grenzanbieter am Markt. **595**

Umsatzrückgänge infolge überhöhter Preisforderungen. Manche Unternehmer scheinen vergessen zu haben, dass es der Markt ist, der die Preise bestimmt. Sie versuchen erfolglos, ihr ungünstiges innerbetriebliches Kostengefüge durch den Markt „subventionieren" zu lassen, anstatt energisch Kostendämpfungsmaßnahmen zu ergreifen. Der Markt lehnt die übertreuerten Produkte ab, der Umsatz sinkt trotz höherer Preise wegen des überkompensierenden Mengenrückgangs. **596**

Umsatzexpansion zu Preisen unter Selbstkosten. Dabei kann es sich sowohl um bewusst festgesetzte „Kampfpreise" als auch um fehlerhafte, unvollständige oder veraltete Vorkalkulationspreise handeln. Letztgenannte Ursache tritt häufig auf, weil das betriebliche Rechnungswesen vielfach unterentwickelt ist. **597**

Verlustbringende Großprojekte

Kostensteigerungen bei gleichzeitig durch Verträge oder Marktverhältnisse festgeschriebenen Preisen. So besiegelte Anfang der 70er Jahre ein einziger Vertrag (neben schlechtem Finanzmanagement und Entwicklungsverzögerungen) das Schicksal des britischen Triebwerkherstellers Rolls-Royce. Der Triebwerkhersteller hatte sich, um sich gegen die amerikanische Konkurrenz durchzusetzen, zur Lieferung gegen Festpreise verpflichtet. Unterdessen liefen die Kosten durch Inflation und Konstruktionsprobleme davon. **598**

599 Umsatzrückgänge führen regelmäßig zu verminderter Fixkostendeckung und damit zu schlechteren Ergebnissen. Die Gründe der Umsatzrückgänge sind sehr vielfältig. Ohne Anspruch auf Vollständigkeit werden einige der besonders interessanten angeführt:
- fehlende Qualitätszeichen am Produkt (Stempel von TÜV, IAS, GS),
- Komfortdefizit des Produktes (unhandliche, komplizierte Bedienung),
- geringe Produktdifferenzierung,
- falsche Preispolitik, möglicherweise als Konsequenz eines nicht marktadäquaten Kalkulationsschemas,
- Veröffentlichung schlechter Testergebnisse.

600 Bei stark diversifizierten Unternehmen kommt es immer wieder vor, dass einzelne Sparten Verluste einbringen. Sie können häufig, das ist auch einer der wichtigsten Diversifikationszwecke, durch Gewinne anderer Sparten ausgeglichen werden. Sobald aber die mit Gewinn arbeitenden Sparten ebenfalls in Schwierigkeiten geraten, kann es für das Gesamtunternehmen kritisch werden.

601 Aufkäufe maroder Firmen, deren negatives Ergebnis das der Muttergesellschaft verschlechtert.

602 Falsche oder stark eingeschränkte Werbemaßnahmen können insbesondere bei Konsumartikeln zu erheblichen Umsatzrückgängen führen.

603 Eine der häufigsten Krisenursachen liegt in einer schlechten Materialwirtschaft. Die Erscheinungsformen sind vielfältig, sie lassen sich aber meist auf wenige Grundprobleme reduzieren:
- zu hohe Warenbestände; Bestände verursachen durch Zinsen, Alterung, Schwund, Lagerung, Transport, Überwachung usw. (selbst bei mäßigem Zinsniveau) Kosten von 20–25 % des Anschaffungs- oder Herstellungswertes pro Jahr,
- technisch oder qualitativ veraltete Warenbestände,
- falsch strukturierte Warenbestände.

604 Die tieferen Ursachen sind fast immer Qualifikationsmängel der Verantwortlichen, Nachlässigkeit wegen fehlendem Problembewusstsein, schlechte Organisation.

605 Überhöhte Personalkosten sind eine weit verbreitete Krisenursache. Sie ergeben sich entweder aus einer
- zu hohen Beschäftigtenzahl oder aus
- zu hohen Pro-Kopf-Aufwendungen.

Die tieferen Ursachen sind vielfältig:
- falsche Personalplanung,
- Besserungshoffnungen, die dazu verleiten, Personal zu halten,
- fehlendes Durchsetzungsvermögen der Unternehmensleitung,
- fehlende Konfliktbereitschaft,
- falsche Entlohnungspolitik,
- ungünstige Personalstruktur, die Kündigungen erschwert,
- Kündigungen, die aus juristischen Gründen unwirksam blieben.

606 Überproportional steigende Organisations- und Verwaltungsaufwendungen wegen unzureichender Bewältigung neuartiger organisatorischer Aufgaben bei Wachstumsschüben.

Hohe Zinslasten als Produkte aus großem Kreditvolumen und/oder hohen Zinssätzen. **607**

Ungenügende Abdeckung betrieblicher Risiken (Forderungsausfälle, Feuer, Betriebsunterbrechung, Hochwasser, Vertrauensschäden, Haftpflicht) durch Versicherungen. **608**

Betrügereien, Unterschlagungen, Bestechlichkeit, namentlich von Einkäufern und Buchhaltern, können neben Erfolgskrisen auch akute Liquiditätskrisen hervorrufen. **609**

c) Die endogenen Liquiditätskrisen

Endogene Liquidationskrisen können sich beispielhaft aus folgenden Umständen entwickeln: Das Gebot der Fristenkongruenz wurde nicht beachtet. Langfristige Investitionen wurden kurzfristig finanziert. **610**

Es wurden keine Liquiditäts-/Finanzierungsreserven für unerwarteten Kapitalbedarf vorgesehen. **611**

Schlechte Finanzdisposition mit gebündelten (Wechsel-)Fälligkeiten. **612**

Bei unzureichender Debitorenüberwachung und entsprechendem Mahnwesen steigt regelmäßig der Forderungsbestand, bindet Liquidität und verlangt zusätzliche Kapitalbereitstellung.

Die Hingabe ungesicherter Kredite, besonders an ausländische Abnehmer, bringt die latente Gefahr von Liquiditätskrisen bei Forderungsausfällen. **613**

Zu große Investitionen, insbesondere auch in unproduktiven Bereichen (Verwaltung, Lager), die bei Umsatzrückgängen nicht amortisiert werden können. **614**

Pessimistische Äußerungen von Geschäftsleitungsmitgliedern führen zum Vertrauensschwund bei Geschäftspartnern und beeinträchtigen die Kreditwürdigkeit. Die gleiche Reaktion tritt ein, wenn die Gesellschafter den Gläubigern Kreditsicherheiten entziehen. **615**

Eigenkapital wird durch Kündigung des Gesellschaftsvertrages entzogen. Gesellschafterdarlehen werden bei Streitigkeiten der Gesellschafter untereinander gekündigt. **616**

Aufkäufe maroder Firmen verursachen Liquiditätsabflüsse nicht nur zur Begleichung der Kaufpreise, sondern auch zur Stützung der Beteiligungsgesellschaft. Wachstumsschübe oder Großprojekte führen zu erhöhten Forderungs- und Warenbeständen, die vorfinanziert werden müssen. **617**

Wenn Absatzrückgänge nicht entsprechende Produktionsanpassungen zur Folge haben, entstehen höhere Bestände, die zusätzliches Kapital binden. Das gleiche Problem tritt auf, wenn auf Grund von Fehlplanungen die falschen Produkte aufs Lager genommen werden. **618**

Kurzfristig auftretende, wenn auch vorübergehende Absatzstockungen können zu Liquiditätskrisen bei schwach finanzierten Unternehmen führen. Eine Absatzstockung kann schon durch die vorzeitige Ankündigung eines verbesserten Produktes eintreten. Die Kunden stellen ihre Kaufabsichten zurück, weil sie nicht mehr das veraltete, sondern nur gleich das neue Produkt erwerben wollen. Sofern es in dieser Phase zu Verzögerungen im Fertigungsablauf kommt, treten Finanzierungslücken auf. **619**

d) Die exogenen strategischen Krisen

620 Die „schlechte Wirtschaftslage", die „ausländische Konkurrenz", das „hohe Zinsniveau", die „maßlosen Lohnforderungen" sind die wohl am häufigsten bemühten Ursachen von Unternehmenskrisen. Indessen lässt sich immer wieder feststellen, dass von Branchenkrisen keineswegs alle Anbieter gleichermaßen erfasst werden. Die einen gehen zugrunde, während die anderen ihre Position auch in der Rezession ausbauen und (relativ) gestärkt daraus hervorgehen. Dies lässt im Grund nur einen Schluss zu: Eine allgemeine Rezession oder Branchenkrise hebt die Messlatte des wirtschaftlichen Erfolgs höher. Unternehmen, die auf Grund ihrer Konstitution sowie der Qualifikation und Motivation ihrer Führung und Belegschaft nicht in der Lage sind, den erhöhten Anforderungen zu genügen, bleiben unter der Messlatte und müssen deshalb aus dem Markt ausscheiden. Die Rezession ist die „Stunde der Wahrheit".

621 Exogene Einflüsse sind erfahrungsgemäß nur sehr bedingt als eigentliche Ursachen einer Unternehmenskrise verantwortlich. In der Regel lösen exogene Einflüsse die latent vorhandenen Krisen nur aus. Trotz dieser Einschränkung werden im Folgenden die wesentlichen und häufig genannten exogenen Krisenursachen dargelegt.

622 Veränderungen im Kaufverhalten der Konsumenten, die durch gesellschaftspolitische oder publizistische Strömungen ausgelöst werden. Beispiele sind die jähe Unterbrechung der Kunststoffeuphorie 1974 als Folge des Ölschocks oder die seit Beginn der 80er Jahre gewachsene Bedeutung der Umweltverträglichkeit von Industrieprodukten (neuerdings als „medium und macro marketing-Unzufriedenheit" bezeichnet).

623 Sinkende reale Kaufkraft der Konsumenten oder von Konsumentengruppen als Folge von sinkenden Reallöhnen oder Arbeitslosigkeit.

624 Kontraktive gesamtwirtschaftliche Entwicklungen (Rezessionen) mit zahlreichen Ursachen-/Wirkungskomponenten, wie Überkapazitäten, Rückgang der Investitionsneigung, politischen Krisen, schrumpfenden Märkten, Geldmengenentwicklung, Höhe der Leitzinsen, Gewerkschaftsforderungen, Handelsbilanzen, Wahlergebnisse, Bevölkerungswachstum.

625 Veränderungen in der Politik der Vorratshaltung der Marktteilnehmer verstärken die Konjunkturzyklen. Die Pufferfunktion der Lagerhaltung spielt eine Nebenrolle. Der „Lagerzyklus" wirkt hinsichtlich der Konjunktur also prozyklisch und kann Absatzkrisen verschärfen.

626 Saisonschwankungen, die über die in der Vergangenheit beobachteten Ausschläge hinausgehen.

627 Marktsättigungen treten auf bei Produkten, die weder modeabhängig sind noch deren Nutzen sich durch technische Fortentwicklung verbessert und die darüber hinaus keinem Verschleiß unterliegen, z. B. Fernsehantennen.

628 Extreme Abhängigkeit von einem Abnehmer oder einer Branche kann leicht zur Lieferanteninsolvenz führen, wenn die Kunden zusammenbrechen oder in eine Krise geraten.

629 Branchenkrisen werden hervorgerufen durch Billigimporte, Substitutionsprodukte, Beschaffungsprobleme oder gesetzgeberische Maßnahmen.

Wechselkursänderungen können die Absatz- oder Beschaffungsmöglichkeiten auf den Weltmärkten entscheidend verändern. 630

Auf den Beschaffungsmärkten drohen Versorgungsschwierigkeiten bei Kartellbildungen, politischen Krisen, militärischen Auseinandersetzungen. Die Abnahme der geologischen Reichweite wichtiger Industrierohstoffe stellt ein strategisches Risiko dar. Häufig treten time-lags auf, die den Ursache-Wirkungs-Zusammenhang verdecken. 631

So konnte beispielsweise gezeigt werden, dass Streiks in der amerikanischen Stahlindustrie mit einjähriger Verzögerung den Auftragsbestand der europäischen Stahlindustrie beeinflussen. Der Ursache-Wirkungs-Zusammenhang ist außerdem dann schwer erkennbar, wenn es sich nur um schwache Signale handelt.

e) Die exogenen Erfolgskrisen

Als exogene Erfolgskrisen kommen infrage: 632
- plötzliche, politisch induzierte Rohstoffverteuerungen, die nicht aufzufangen sind;
- Streiks bei Kunden, bei Lieferanten oder im eigenen Haus können zu schweren Schäden führen;
- Katastrophen, Hochwasser, Schadenfeuer, Unfälle und – immer bedeutender – Produzentenhaftung und Betreiberhaftung;
- das Ansteigen der Leitzinsen, erhöhte Kreditnachfrage oder Verknappung der Geldmenge führen zu Kreditverteuerungen;
- hohe Tarifabschlüsse verteuern insbesondere arbeitsintensive Fertigungsverfahren. Knappheitserscheinungen am Arbeitsmarkt, beispielsweise bei Fachkräften, verteuern tendenziell die entsprechend qualifizierte Arbeitskraft;
- Probleme können entstehen, wenn Wettbewerber die Patent- oder Markenrechte verletzen. Oft ist es schwierig, den Schädiger zu ermitteln und Nachweis zu führen.

Fiskalische Maßnahmen aus ordnungspolitischen Gründen (§ 7b-Aussetzung, § 6b-Diskussion) oder zur Konjunktursteuerung. Investitionssteuer, Investitionshilfe verschieben Kaufzeitpunkte. Subventionsangebote oder deren Abbau verschieben Marktgleichgewichte. 633

Der Insolvenzplan

Handlungsziele

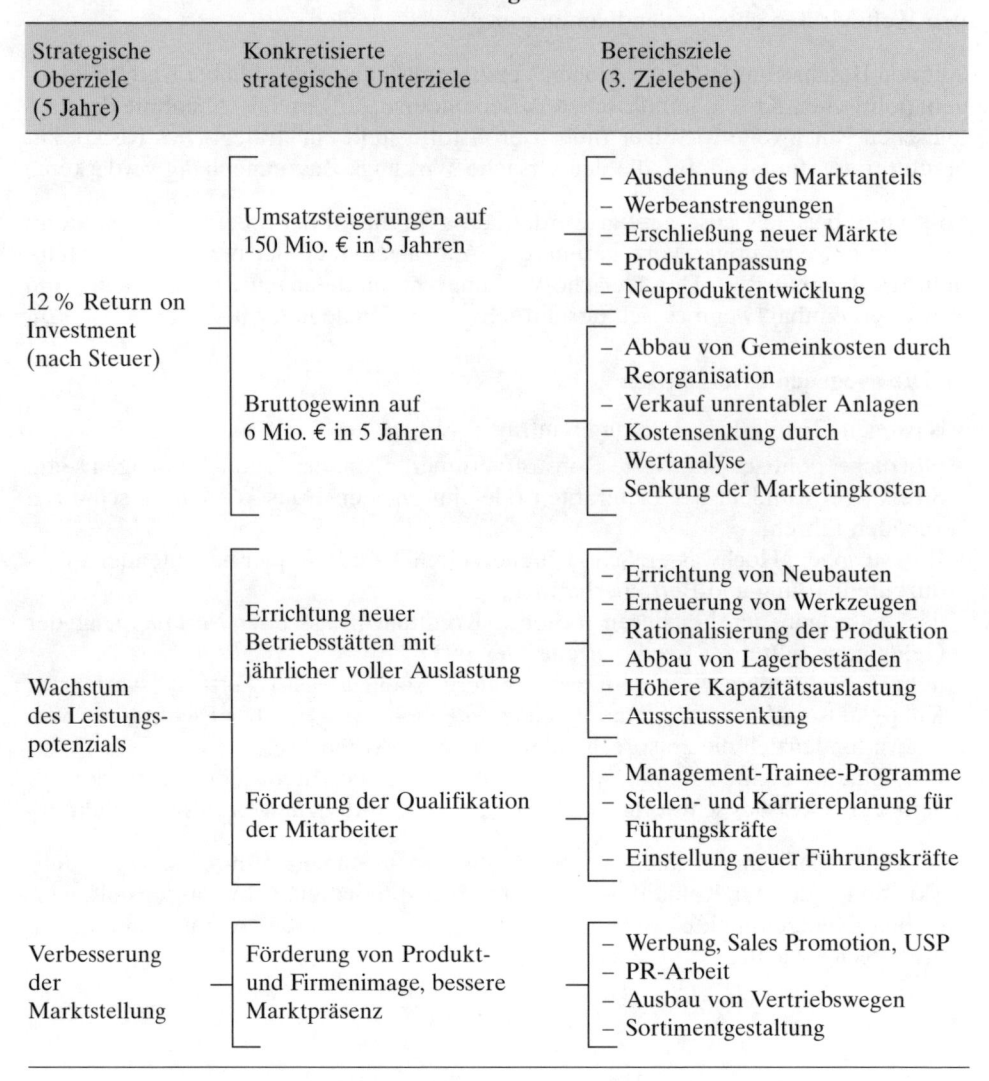

Strategische Oberziele (5 Jahre)	Konkretisierte strategische Unterziele	Bereichsziele (3. Zielebene)
12 % Return on Investment (nach Steuer)	Umsatzsteigerungen auf 150 Mio. € in 5 Jahren	– Ausdehnung des Marktanteils – Werbeanstrengungen – Erschließung neuer Märkte – Produktanpassung – Neuproduktentwicklung
	Bruttogewinn auf 6 Mio. € in 5 Jahren	– Abbau von Gemeinkosten durch Reorganisation – Verkauf unrentabler Anlagen – Kostensenkung durch Wertanalyse – Senkung der Marketingkosten
Wachstum des Leistungs-potenzials	Errichtung neuer Betriebsstätten mit jährlicher voller Auslastung	– Errichtung von Neubauten – Erneuerung von Werkzeugen – Rationalisierung der Produktion – Abbau von Lagerbeständen – Höhere Kapazitätsauslastung – Ausschusssenkung
	Förderung der Qualifikation der Mitarbeiter	– Management-Trainee-Programme – Stellen- und Karriereplanung für Führungskräfte – Einstellung neuer Führungskräfte
Verbesserung der Marktstellung	Förderung von Produkt- und Firmenimage, bessere Marktpräsenz	– Werbung, Sales Promotion, USP – PR-Arbeit – Ausbau von Vertriebswegen – Sortimentgestaltung

634 Das Auftreten von Billigpreiskonkurrenten kann zum Umsatzeinbruch und/oder Preisverfall, beides mit der Folge von Verlusten, führen. Billigpreiskonkurrenten treten auf, weil sie mit Kampfpreisen Marktanteile erobern wollen, kostengünstigere Fertigungsbedingungen oder Rohstoffquellen besitzen, Währungsvorteile nutzen können, subventioniert werden oder schlicht falsch kalkulieren. Substitionsprodukte können zu heftigen Markt- und Präferenzverschiebungen führen.

Auslandsmärkte gehen durch dirigistische Eingriffe, Blockaden, Boykotte, Kriege, Nationalisierungsbestrebungen, Wechselkursverschiebungen, Importverbote verloren. **635**

f) Die exogenen Liquiditätskrisen

Als exogene Liquidationskrisen auslösende Umstände kommen infrage: Durch Namensgleichheit eines Unternehmens mit Personen oder Institutionen, die „ins Gerede" kommen. **636**

In anderen Fällen scheinen die „außerordentlich abträglichen Berichte in Wirtschaftsmagazinen", die einen „finanziellen Teufelskreis" ausgelöst hatten, durchaus die Unternehmenssituation richtig geschildert und die latente Krise nur ausgelöst zu haben. **637**

Bei ungeprüfter Kreditvergabe und nachlässiger Debitorenüberwachung steigt die Gefahr von Forderungsausfällen. Dies gilt in besonderem Maße bei langen Zahlungszielen und hohen Einzelrisiken, in Krisenbranchen, Rezessions- und Hochzinsphasen. **638**

7. Die Krisenanalyse

Die Krisenanalyse hat zur Folge, dass anhand der Analysedaten die allgemeinen, auf die Sanierung gerichteten Handlungsziele ermittelt werden. Beispiele solcher Handlungsziele ergeben sich aus der vorstehenden Abbildung. **639**

III. Der Sanierungsplan

Sind die Sanierungsziele bekannt, bedarf es des Maßnahmekatalogs in der Form des Sanierungsplanes. Voraussetzung der Sanierung ist die Sanierungsfähigkeit, die gegeben ist, wenn das Unternehmen nach der Durchführung von Sanierungsmaßnahmen in der Lage ist, nachhaltig einen Überschuss der Einnahmen über die Ausgaben zu erzielen (*Maus* Kölner Schrift zur Insolvenzordnung, S. 107; *Gross* WP-Handbuch, Rz. 46). In dem Sanierungsplan ist auf der Grundlage der Sanierungsziele ein Maßnahmenkatalog mit konkreten Sanierungsmaßnahmen zu erstellen (vgl. zu den weiteren Anforderungen an das Sanierungskonzept *Gross* a.a.O., Rz. 55 ff.). Bei der Planung des Sanierungsprogramms sind hierbei zunächst langfristig gemeinsame Zielvorstellungen des sanierten Unternehmens i.S. eines Leitbildes zu entwickeln; daneben ist ein auf kurzfristige Durchführung gerichtetes Sofortprogramm zu erarbeiten, mit dem die Liquiditätssicherung bzw. Beseitigung der Überschuldung erreicht wird (vgl. die Beispiele bei *Gross* a.a.O., Rz. 112). Sodann ist im Rahmen eines Konsolidierungsprogrammes die Gewinnfähigkeit insbesondere durch Erhöhung der Wettbewerbsfähigkeit nachhaltig sicherzustellen, z.B. durch **640**
– Verbesserung der Produkte,
– genaue Nischenbesetzung,
– Globalisierung,
– Einführung von Netzwerkstrukturen etc. (vgl. *Gross* a.a.O., Rz. 113 ff.).

Als letzte Stufe ist die strategische Neuausrichtung des – zwischenzeitlich konsolidierten – Unternehmens zur Schaffung einer proaktiven Marktorientierung zu entwickeln (*Gross* a.a.O., Rz. 116 ff.). Im Folgenden wird vor allem die für ein Insolvenzverfahren maßgebliche Entwicklung eines Sofortprogrammes in den Vordergrund gestellt.

Als Sanierungsmaßnahmen kommen die folgenden Möglichkeiten infrage:

1. Die Auflösung stiller Reserven

641 „Stille Reserven sind Teile des Eigenkapitals, deren Höhe aus der Bilanz nicht ersichtlich ist" (*Coennenberg* Jahresabschluß und Jahresabschlußanalyse, S. 167). Die Höhe der stillen Reserven auf der Aktivseite entspricht der Differenz zwischen Buchwerten und (höheren) tatsächlichen Werten. Auf der Passivseite gilt das Gleiche mit umgekehrten Vorzeichen.

642 Die Auflösung stiller Reserven erfolgt durch
- Veräußerung von Vermögensteilen (Grundstücken, Gebäuden, Beteiligungen, Wertpapieren, Lizenzen, Patenten),
- Zuschreibung (keine unmittelbare Liquiditätswirkung, aber ggf. verbesserte Kreditwürdigkeit),
- Korrektur der in stillen Reserven enthaltenen Passivpositionen (keine Liquiditätswirkung).

Zu den steuerlichen Folgen der Auflösung stiller Reserven s. *Buth/Hermanns* Restrukturierung, § 22 Rz. 46 ff.

2. Verkauf des nicht betriebsnotwendigen Vermögens

643 Sofern der Verkauf in einer Notlage erfolgt, muss immer mit Wertabschlägen gerechnet werden. Liegt der Verkaufserlös unter dem Buchwert, so führt dies zur buchhalterischen Verlustrealisierung. Deshalb sind die sich daraus für das Eigenkapital ergebenden Konsequenzen zu prüfen. Der Verkauf kommt dem Übergang von dem Bewertungsprinzip des Going-Concern zur Zerschlagung gleich und kann zur Überschuldung führen (s. hierzu *Buth/Hermanns* Restrukturierung, § 11 Rz. 31 f., die darauf hinweisen, dass auch betriebsnotwendige Teile des Vermögens über Sale-Lease-Back-Möglichkeiten für die Schaffung von Liquidität nutzbar gemacht werden können).

3. Abbau von Vorräten

644 Schlecht organisierte und geführte Unternehmen haben häufig zu hohe Warenbestände. Nicht selten lassen sich die Bestände um bis zu über 30 % abbauen. Meist treten dabei keine Versorgungslücken und erhöhte Beschaffungskosten auf, vielmehr wird die gesamte Materialwirtschaft dadurch transparenter, genauer, sicherer und kostengünstiger. Zur Überbewertung der Vorräte s. *Buth/Hermanns* Restrukturierung, § 13 Rz. 58.

Der erste Schritt besteht (nach Maßgabe der durchgeführten Analyse) in einer klaren **645** Zielvorgabe an Einkäufer und Disponenten. Es sind die taktischen und strategischen Ziele der Materialwirtschaft zu definieren, beispielsweise:
– die Warenbestände sollen höchstens 1,5 Monatsumsätze betragen;
– die Verfügbarkeit soll zwischen 90 % und 95 % liegen;
– die Anschaffungs- oder Herstellungskosten dürfen nicht steigen.

Bei der Zielvorgabe ist die Nennung quantitativer Größen Erfolg versprechender als **646** die Verwendung von Begriffen wie „minimieren" oder „maximieren". Zielvorgaben sollten, wenn möglich, verfeinert werden, indem aus den Oberzielen konforme Unterziele abgeleitet werden, so beispielsweise:
– Rohstoffe, höchstens 0,5 Monatsumsätze,
– Hilfs- u. Betriebsstoffe, höchstens 0,1 Monatsumsätze,
– Halbfabrikate, höchstens 0,5 Monatsumsätze,
– Fertigwaren, höchstens 0,4 Monatsumsätze.

Eine andere Ableitung führt zu Bestandsvorgaben je Einkaufsdisponent und lässt damit eine unmittelbare Verantwortungsabgrenzung zu.

Der zweite Schritt besteht in der Schaffung einer klaren Aufbau- und Ablauforganisa- **647** tion im Bereich der Materialwirtschaft. Im Mittelpunkt stehen dabei folgende Fragen:
– Wer bestimmt die Art der zu fertigenden oder zu beschaffenden Ware?
– Wer definiert die Qualitätsanforderungen?
– Wer legt die Beschaffungsmengen fest?
– Wer legt den Beschaffungszeitpunkt fest?
– Wem obliegt die Bestimmung der Beschaffungsquelle?
– Wer überwacht und wer genehmigt die Beschaffungspreise und gibt Beschaffungsaufträge frei?
– Wer überwacht die Termine?
– Wer kontrolliert bei den Wareneingängen Qualität und Menge?
– Wer kontrolliert auf welche Weise die Eingangsrechnungen?

Es zeigt sich immer wieder, dass selbst Unternehmen mit einer Umsatzgröße von mehreren Mio. € völlig verwaschene Strukturen im Bereich der Materialwirtschaft haben und dadurch erhebliche Liquiditätsreserven ungenutzt lassen.

Als dritter Schritt sind stichwortartig die konkreten Bestandssenkungsmaßnahmen zu **648** nennen:

Durchführung einer Analyse zur
– selektiven Reduzierung der Bestände,
– selektiven Reduzierung der die Bestellung (Fertigung) auslösenden Bestandshöhe und zur
– Festlegung genügender Bestell- und Fertigungslosgrößen,
– Einrichtung von Konsignationslägern,
– Abschluss von Rahmenverträgen mit der Möglichkeit, bedarfsgerechte Teilmengen abzurufen,
– Konzentration der (Sicherheits-)Lagerhaltung auf nur eine Veredlungsstufe (es ist nicht sinnvoll, ein mit Beschaffungsrisiken behaftetes Produkt aus der Rohstoff-, Halbfabrikat- und Fertigwarenebene gleichzeitig zu bevorraten. Eine solche Be-

standspolitik bindet unnötig viel Liquidität und verstellt mitunter den Blick auf das Risiko. Sie wird meist unkoordiniert betrieben, wenn die Verantwortung für die Versorgung der Veredlungsstufen in verschiedenen Händen liegt. Da im Laufe der Zeit jede Veredlungsstufe zwangsläufig von Versorgungsschwierigkeiten betroffen ist, legt sich jeder Verantwortliche zur eigenen Sicherheit überhöhte Bestände zu),
– Zusammenlegung von hochwertigen, bisher an verschiedenen Orten gelagerten Waren, um durch die kumulierte Pufferung die Sicherheitsbestände insgesamt zu senken,
– exakte und zeitnahe Lagerbuchführung,
und immer wieder:
– Verringerung der Produktvielfalt.

4. Abbau von Forderungen

649 Forderungen sind im „Geldwerdungsprozess" der Unternehmen die Vorstufe der Barliquidität (zur Analyse der Forderung s. *Buth/Hermanns* Restrukturierung, § 11 Rz. 22 ff.). Deshalb führen Anstrengungen in diesem Bereich sehr rasch zur Liquiditätserhöhung. Folgende Maßnahmen können ergriffen werden:

650 Intensivierung des Mahnwesens (s. hierzu *Buth/Hermanns* Restrukturierung, § 11 Rz. 25). Längstens im 2-Wochen-Rhythmus sollte gemahnt werden. Nach der 3. Mahnung setzt das gerichtliche Mahnverfahren ein. Verzugszinsen, die ab der 2. Mahnung oder die auf Grund kalendermäßiger Leistungsbestimmung (§ 286 Abs. 2 Nr. 1 BGB) berechnet werden können, erhöhen die Wahrnehmungsbereitschaft beim Kunden.

651 Zahlungsziele sollten, wenn möglich, verkürzt werden. Dies gilt auch im Lieferungs- und Leistungsverkehr zwischen verbundenen Unternehmen. Mit Dauerkunden sind bei gemeinsamen Interessen am Erhalt des Lieferungsunternehmens auch Vorauszahlungsvereinbarungen denkbar. Außerdem ist bei sehr akuter Liquiditätsenge das (teure) Instrument der Eilskontierung zu prüfen (dabei wird ein um 1 % erhöhter Skontoabzug zugelassen, wenn der Kunde am Tage des Waren- oder Rechnungserhalts bar bezahlt).

652 Wechselzahlungen oder das Scheck-Wechsel-Verfahren schaffen Liquidität (durch Diskontkredite), wenn Lieferant und Kunde auf diese Art der Fremdfinanzierung angewiesen sind. Wechselkredite können je nach Bonität der Beteiligten und der Zinssituation günstiger sein als andere Arten der Fremdfinanzierung durch Kreditinstitute. Sie bergen aber immer das Einlösungsrisiko. Es verdoppelt sich im Falle des Scheck-Wechsel-Verfahrens für den Aussteller (Lieferant), da beide Papiere das Einlösungsrisiko tragen (*Christians* Finanzierungshandbuch, S. 130).

653 Die Beschleunigung der Fakturierung etwa durch Dezentralisierung führt letztlich auch zum Forderungsabbau, obwohl sich die Buchforderungen zunächst erhöhen. Sollte es beispielsweise gelingen, die Fakturierung dauerhaft um eine Woche vorzuziehen, so entspräche dies immerhin einer Liquiditätsverbeserung in Höhe von ca. 2 % des Jahresumsatzes!

654 Der Forderungsverkauf (Factoring) schafft rasch und sicher Liquidität. Allerdings entstehen zusätzlich Kosten, die sich aus den Verwaltungskosten des Faktors ein-

schließlich seiner Gewinne, seiner Risikoprämie und Zinskosten, die von der Forderungslaufzeit abhängen, zusammensetzen. Der Faktor kauft Geldforderungen mit Ausnahme von Darlehensforderungen gegen Barzahlung. Er übernimmt in der Regel das Bonitätsrisiko sowie das Mahn- und Inkasso. Die Laufzeit der Forderungen sollte 120 Tage nicht überschreiten.

5. Straffung des Zahlungsverkehrs

Die Gelddisposition des Unternehmens wird vereinfacht und damit erleichtert, wenn alle Auszahlungen, idealerweise auch jene von verbundenen Unternehmen, von ein und demselben Konto ausgeführt werden. Kundeneinzahlungen lassen sich kaum so genau steuern und zwingen deshalb zu kundengerechter Bereitstellung mehrerer Konten, wenn lange Banklaufzeiten vermieden werden sollen. Gegen das Konzept der zentralisierten Auszahlungen sprechen möglicherweise kreditpolitische Zwänge. Wenn es verwirklicht werden kann, ist über die Guthabensalden täglich zu verfügen. 655

Das vorteilhafteste Zahlungsmittel ist, von Kleinbeträgen abgesehen, der Scheck als Verrechnungs- oder Orderscheck. Die Wirtschaftlichkeit von Wechselzahlungen hängt, wie bereits erwähnt, von der jeweiligen Zinssituation und Bonität ab. Im Übrigen ist die Verwendung von Wechseln eine Frage der Kreditpolitik und -möglichkeiten. Die reinen Transferkosten sind beim Wechsel durch die Gebühren und Steuern höher als beim Scheck. Alle liquiditätsverbessernden Maßnahmen sind mit Ein- und Auszahlungstableaus zu steuern und zu überwachen. 656

Vor dem Versuch, die Liquidität durch Verzögerung der Auszahlung zu schonen, muss entschieden gewarnt werden. Gerade ein Unternehmen, das sich in der Krise befindet, ist auf die Erhaltung seiner Kreditwürdigkeit angewiesen. Ein geplatzter Zahlungstermin mindert die Kreditwürdigkeit und damit zwangsläufig das zur Verfügung stehende Kreditvolumen. Neue verschärfte Schwierigkeiten sind damit vorprogrammiert. Das Unternehmen gerät in den Teufelskreis aus verschlechterter Kreditwürdigkeit und wachsendem Kreditbedarf. 657

6. Der Ausgabenstopp

Maßnahmen zur Reduzierung des Auszahlungsstromes haben neben der kurzfristigen Liquiditätsverbesserung natürlich auch unerwünschte mittel- und langfristige Wirkungen. Deshalb sollte ein Ausgabenstopp immer nur in einer Weise gehandhabt werden, die die Beachtung mittel- und langfristiger Unternehmensziele zulässt. Dies geschieht sinnvollerweise dadurch, dass die Bestell-(Beschaffungs-, Einkaufs-)grenzen gesenkt werden und das für den Finanzbereich zuständige Geschäftsleitungsmitglied sich auch die Genehmigung kleinerer Bestellaufträge vorbehält. 658

Ebenso restriktiv ist beim Abschluss von Mietverträgen, Anstellungsverträgen und bei der Fremdvergabe von Lohnarbeiten zu verfahren. 659

Alle nicht zwingend notwendigen Investitionen sind zu unterlassen. Dabei ist auch an bereits genehmigte oder laufende Projekte zu denken. Leasingmöglichkeiten sind zu prüfen, und über die Verlängerung von Zahlungszielen sollte verhandelt werden, 660 wenn die Investition nicht verschoben werden kann. Im Falle erforderlicher Kapazitätserweiterungen ist zu untersuchen, ob dieses Ziel durch Einrichtung einer weiteren Arbeitsschicht ermöglicht werden kann.

661 Die Materialeinkäufe und die Fertigungsplanung sind restriktiv zu handhaben. Auch die Fertigung selbst („Veredlung") führt zur Kapitalbindung in Form von Fertigungslöhnen, Energie usw. Daher sollte die auftragsorientierte Fertigung vorgenommen werden.

662 Bei der Hereinnahme von Großaufträgen ist zu berücksichtigen, dass Großaufträge regelmäßig erhebliche finanzielle Vorleistungen des Lieferanten erfordern und deshalb zu Liquiditätsbelastungen führen. Aus diesem Grund sind die Finanzierungsbedingungen mit den Liquiditätsbedingungen des Lieferanten abzustimmen. Ähnliches gilt für die allgemeinen Zahlungsbedingungen. Zielverlängerungen oder Valutierungen bedürfen immer der Zustimmung der obersten Führungsebene. Andere Maßnahmen zur Ausgabenkürzung sind nicht nur liquiditäts-, sondern insbesondere aufwandswirksam (Einstellungen, Überstunden, Reisekosten usw.).

7. Aufwandssenkende Maßnahmen

663 Unter aufwandssenkenden Maßnahmen sind solche zu verstehen, bei denen die rasche Kostensenkung im Vordergrund steht. Selbstverständlich haben diese Maßnahmen fast immer Auswirkungen auf die Liquidität und auf das Kosten-Leistungs-Verhältnis des Unternehmens. Ohne den Versuch einer klaren Abgrenzung vornehmen zu wollen, sollen hier nur die kurzfristig wirksamen aufwandssenkenden Maßnahmen genannt werden. Dabei muss ein besonders wichtiger Aspekt, das Verhalten der Geschäftsleitung, vorangestellt werden. Hier darf kein Widerspruch zwischen Forderung nach Kostenreduzierung und dem eigenen Verhalten der Führungsebene auftreten.

664 Vorbildliches Sparverhalten der obersten Führungsebene, das durchaus auch einmal etwas übertrieben werden kann, ist die unabdingbare Voraussetzung zur Akzeptanz und Realisierung von Sparplänen. Widersprüchliches Verhalten der Vorgesetzten erzeugt bei den Mitarbeitern wegen des Gefühls, zu Sonderopfern gezwungen zu sein, Unwillen und Widerstand. Selbstverständlich muss sich die Geschäftsleitung auf die Hauptkostenblöcke konzentrieren. Sollten jedoch Akzeptanz- oder Durchsetzungsschwierigkeiten auftreten, so kann durch Beispiel gebendes Verhalten bei unbedeutenden Kostenfaktoren die prinzipielle Notwendigkeit zum Sparen besser verdeutlich werden. Entscheidend ist immer, dass es den Führungskräften gelingt, eine Sparmentalität in der Belegschaft zu erzeugen. Kein Repräsentationsgehabe, keine Lippenbekenntnisse sind vonnöten, sondern Worte und Taten, die von jedem Belegschaftsmitglied verstanden und vertreten werden.

665 Aus der Vielzahl der Aufwendungen eines Produktionsunternehmens können vier Gruppen abgegrenzt werden:
– strukturelle Aufwendungen zur Schaffung und Erhaltung der Leistungsbereitschaft,
– produktionsabhängige Aufwendungen ohne Personalaufwendungen,
– Personalaufwendungen
– Aufwendungen für Administration und Leistungsverwertung.

Die Abgrenzungen sind nicht immer zweifelsfrei vorzunehmen. Das Schema bietet jedoch einen guten Ansatz zur Strukturierung der aufwandssenkenden Maßnahmen.

a) Strukturelle Aufwendungen zur Straffung und Erhaltung der Leistungsbereitschaft

Erfolg versprechende Ansatzpunkte zur Kostensenkung sind: **666**
– Fremdleistungen intensivieren bzw. abbauen (s. hierzu *Buth/Hermanns* Restrukturierung, § 8 Rz. 79 f.).
– Lässt sich der Einsatz fremder Dienstleistung reduzieren oder muss er erhöht werden?

Beide Strategien können richtig sein.

Die Erfahrungen zahlreicher Unternehmen mit Dienstleistungsunternehmen sind positiv. Eigene Mitarbeiter werden nur dort eingesetzt, wo rasche, jederzeitige Verfügbarkeit und eine spezielle Qualifikation erforderlich ist, z.B. Betriebselektriker, Maschineneinsteller, Werkschutzmänner.

In den übrigen Bereichen konnte in den letzten Jahren ein Trend zum Einsatz fremder Dienstleistungsunternehmen festgestellt werden, weil kleine Handwerksbetriebe Hilfsdienste effizienter und damit billiger anbieten konnten. Beispiele sind Putzdienste, Versand, Fuhrpark, Maurer, Schreiner, Maler, Küchendienste. Aber auch qualifizierte Aufgaben werden in der Regel von externen selbstständigen Fachkräften kostengünstiger, häufig verantwortungsvoller und qualifizierter erledigt: **667**
– Betriebsarztzentrum,
– Designer,
– Fachleute für Öffentlichkeitsarbeit,
– Werbeagenturen usw.

Investitionen vorziehen oder verschieben. Den Themen „Investitionen" und „Wirtschaftlichkeitsrechnung" haben sich die betriebswirtschaftliche Literatur und ein unübersehbarer Kreis von Praktikern ausführlich seit Jahrzehnten gewidmet. Deshalb soll an dieser Stelle, ohne den Versuch einer Darstellung des Themenkreises vorzunehmen, exemplarisch auf die Veröffentlichungen von *Merkle* in: Christians, Finanzierungshandbuch, S. 441 ff. und *Hahn* Finanzwirtschaft, S. 67 ff. verwiesen werden. **668**

Lediglich zwei Gesichtspunkte sind besonders hervorzuheben: Einmal die pay-back-period (Rückflusszeit) einer Investition (durch Erträge oder verminderte Aufwendungen), die bei Krisenunternehmen eine entscheidende Größe darstellt. Sie muss aus Liquiditätsgründen so kurz wie möglich sein. Einer kurzen pay-back-period ist der Vorrang vor hoher Spät-Rentabilität zu geben und der Übung, das Anlagevermögen über Leasing zu finanzieren. Leasing-Offerten sind in Sanierungsfällen sehr kritisch zu prüfen. Einerseits bietet sich aus Liquiditätsgründen oft keine Alternative, andererseits ist Leasing trotz des heute unter den Leasing-Anbietern herrschenden Wettbewerbs häufig teurer als Kauf. **669**

Organisationsstraffung. Die Aufbau- und Ablauforganisation eines Unternehmens sollte die folgenden Forderungen erfüllen: **670**
– vollständige Abdeckung aller Arbeitsaufgaben ohne isolierendes Ressortdenken und Redundanzen,

Der Insolvenzplan

- genaue und deckungsgleiche Abgrenzung von Verantwortung und Kompetenz,
- große Transparenz, einfache Strukturen,
- gute Durchlässigkeit für Informationen,
- höchste Wirtschaftlichkeit durch wenige Ebenen und kurze Aktionswege,
- Sicherheit, Gradlinigkeit, Einheitlichkeit.

Nach Maßgabe dieser Merkmale können sowohl Entzerrungen als auch Komprimierungen geboten sein. Wirtschaftlichkeit und Effizienz eines Unternehmens werden ganz entscheidend von seiner Struktur bestimmt.

b) Produktionsabhängige Aufwendungen ohne Personalaufwendungen

671 Fertigungstiefe der Produktion: Sowohl eine Erweiterung als auch eine Einschränkung der Fertigungstiefe können zur Kostenreduzierung im Produktionsbereich führen. Die jeweils richtige Strategie lässt sich nur nach Kenntnis und genauer Analyse der konkreten betrieblichen Situation bestimmen.

672 Die Erweiterung der Fertigungstiefe hat folgende Vorteile:

- größere Unabhängigkeit,
- rasche Verfügbarkeit,
- totaler Einfluss auf Fertigungspläne,
- bessere Fixkostenabdeckung,
- niedrige Einzelkosten bei hohen Stückzahlen,
- direkte Qualitätskontrolle.

Nachteile:

- erhöhte Regie- und Planungskosten,
- Investitionsbedarf,
- häufig kleinere Losgrößen und dadurch relativ hohe Rüstkosten,
- Erfahrungsdefizite führen zu Startschwierigkeiten,
- Typenvielfalt im Bereich der Vorprodukte nimmt zu,
- Fixkostenblock wird größer.

673 Die Einschränkung der Fertigungstiefe hat folgende Vorteile:

- Leistungsträger können sich auf das Wesentliche konzentrieren,
- Verantwortung kann nach außen delegiert werden,
- einfache und verlässliche Preiskalkulation,
- geringere Typenvielfalt.

Nachteile:

- Fertigungskapazität wird frei, Problem der Kostenremanenz,
- Abhängigkeit von fremden Einflüssen steigt,
- Preiserhöhungen drohen bei bestimmten Marktkonstellationen.

674 Generell lässt sich sagen, dass A-Teile (versorgungsgefährdete, hochspezifierte Teile) selbst gefertigt und C-Teile (Massenartikel, Normteile) überwiegend eingekauft werden sollten. B-Teile (anspruchsvolle oder verbreitete Artikel) sollten nur dann selbst gefertigt werden, wenn erhebliche Gründe aus Kosten- oder strategischen Gesichtspunkten dies verlangen.

Alle weiteren aufwandssenkenden Maßnahmen sind beschaffungsspezifisch und soll- **675** ten den Einkäufern geläufig sein. Sie werden deshalb nur stichwortartig zusammengestellt. Bei den **Einkaufskonditionen** sind zu beachten:

– Preise, Laufzeiten, Höchstpreisklauseln,
– Gleitpreisklauseln, Teuerungszu- und -abschläge,
– Musterrabatte, Gratisstücke, Zugaben,
– Boni, Treuerabatte, Rückvergütungen,
– Zahlungsziele und -bedingungen,
– Verpackung, Fracht, Rückfracht,
– Verladen, Ausladen,
– Gefahrübergang,
– Qualitätsprüfung.

Zu den Problemen des Beschaffungsmanagements s. *Buth/Hermanns* Restrukturierung, § 9 Rz. 4 ff.

Hinsichtlich der Bestandshöhe von Fertigware ist zu berücksichtigen, dass überhöhte **676** Bestände nicht nur die Liquidität des Unternehmens verschlechtern, sondern auch ausgesprochen kostspielig sind. Die Kosten setzen sich zusammen aus:

– Zinsen ca. 8 % – 12 %
– Vermögensteuer ca. 1 %
– Gebäude, Regale, Heizung, Transport ca. 5 %
– Personal ca. 1 % – 3 %
– Alterung, Schwund, Unverwertbarkeit 3 %

Gesamt 20 % – 26 % pro Jahr.

Andere kosten- und leistungsbestimmende Faktoren, die bei Kostensenkungsmaß- **677** nahmen zu berücksichtigen sind, wie

– Anzahl der Arbeitsschichten,
– Durchlaufzeiten der Fertigungsaufträge,
– Anzahl und Höhe der Zwischenläger,
– Maßstäbe der (Eingangs- und Ausgangs-)qualitätskontrolle,
– Abfallverwertung (Edelmetalle!),
– Losgrößenveränderung,
– Übernahme von Lohnarbeit,
– Reparaturen mit eigenen Kräften,
– Reduzierung des Materialverbrauches,
– Nutzung von Typung und Normung

sollten nicht vernachlässigt werden.

c) Personalaufwendungen

Die Personalaufwendungen stellen in Produktionsunternehmen neben den Material- **678** aufwendungen den größten Kostenblock dar. Da jedoch die Einsparungsmöglichkeiten beim Materialaufwand in der Regel beschränkt bzw. erschöpft sind, konzentrieren sich Sanierungskonzepte häufig auf den Personalbereich. Diese Vorgehensweise wird häufig kritisiert und oft sogar als menschenverachtend angeprangert. „Menschenverachtend" dürfen Kostenanpassungen durch Maßnahmen im personellen Bereich niemals sein. Es ist die vornehmste Pflicht einer Geschäftsleitung, bei unumgänglichen Einschnitten in das soziale Gefüge der Belegschaft mit größtem menschlichen Anstand und unter Beachtung der sozialen Verantwortung eines Unternehmens zu handeln. Das Handeln muss jedoch getragen sein von Entschlossenheit, Charakterstärke und Durchsetzungskraft.

679 Hinsichtlich der betriebswirtschaftlichen Ansätze der Personalreduzierung sind zu berücksichtigen
– personelle Kapazität (als Produkt aus Belegschaftsstärke und individueller Arbeitszeit),
– spezifische Kosten der Arbeitskräfte (ausgedrückt in Kosten pro Arbeitsstunde) und
– Personalstruktur.

680 Die Kostensenkung durch Anpassung der personellen Kapazität: Für Sanierungsunternehmen bleibt nur der Weg über eine anspruchsvolle Zielvorgabe, die volle Leistungsfähigkeit der Belegschaft auszuschöpfen. Praktisch bedeutet dies, dass die Belegschaftsstärke so lange und so weit reduziert werden muss, solange der ordnungsgemäße Geschäftsablauf gesichert ist. Auf welchem Wege und innerhalb welchen Zeitraumes die Personalreduzierung durchzuführen ist, wird bestimmt vom Willen, das Unternehmen überlebensfähig zu machen, und von der sozialen Abstimmung zwischen Geschäftsleitung und Betriebsrat.

681 Beispielhaft ist folgende Situation: Ein mittelständisches Metallunternehmen mit 600 Beschäftigten arbeitete als Zulieferer für die Automobilindustrie. Es war ausgezeichnet organisiert, zeigte keine Strukturschwächen und arbeitete sehr rentabel. Infolge von Markteinflüssen kürzten die Automobilhersteller kurzfristig die Abrufmengen. Das Metallunternehmen meldete Kurzarbeit mit 3 statt bisher 5 Arbeitstagen pro Woche an und kürzte seinerseits, im Hinblick auf die Kurzarbeit, die Beschaffung von Vormaterial. Als die Kurzarbeit durchgeführt wurde, war das überraschende Ergebnis, dass plötzlich Versorgungslücken beim Vormaterial auftraten. Was war geschehen? Die Belegschaft war im Hinblick auf den Beschäftigungsrückgang und drohende Entlassungen leistungsbereiter geworden. Was bisher in 5 Tagen produziert wurde, war nun schon nach 3 Tagen hergestellt. Nicht nur für Sanierungsunternehmen, sondern allgemein gilt die Feststellung, dass Arbeitnehmer, die objektiv unterbeschäftigt sind und dies auch selbst wissen, häufig diesen Umstand entweder zu verbergen suchen oder Arbeit an sich ziehen, die nicht zwingend erforderlich ist. Dieses Verhalten der Arbeitnehmer, insbesondere der minderqualifizierten und leistungsgestörten, ist Ausdruck des (verständlichen) Bemühens um Erhaltung des eigenen Arbeitsplatzes. Sie vermitteln durch ihr Verhalten den Eindruck, gut beschäftigt, vielleicht sogar überlastet zu sein. Eine sorgfältige Analyse der tatsächlichen Arbeitseffizienz im Rahmen des Gesamtzielsystems des Unternehmens ist nur mit Hilfe differenzierter Methoden möglich. Diese Verfahren (z. B. Methoden der Refa-Lehre, Gemeinkostenwertanalyse, Zero-Base-Budgeting) sind sehr kosten- und zeitaufwändig.

682 Für akut gefährdete Unternehmen bleibt deshalb als Sofortmaßnahme nur der mutige und entschlossene Personal-(Kapazitäts-)abbau (s. hierzu *Buth/Hermanns* Restrukturierung, § 10 Rz. 57 ff.). Im Einzelnen:

Einstellungsstopp Freie Stellen sind durch Umsetzungen zu besetzen. Neueinstellungen dürfen nur in extremen Ausnahmefällen durch die Geschäftsleitung vorgenommen werden.

Überstundenverbot Das Verbot, Überstunden anzuordnen, sollte insbesondere auch im Angestelltenbereich angesprochen werden. Falls zwingend erforderlich, sollte mit dem Betriebsrat die Leistung von Vorarbeit vereinbart werden. Die Arbeitsstunden werden gutgeschrieben und bei nächster Gelegenheit abgefeiert. 683

Kurzarbeit (auch in administrativen Bereichen) Kurzarbeit ist bei hoher Personalkostenquote teuer, weil überproportionale Sozialversicherungsbeiträge des Arbeitgebers anfallen. Außerdem verlangen manche Tarifverträge die Zahlung von Zuschüssen (Rechtsgrundlagen sind §§ 169–182 SGB III, § 87 BetrVG und zahlreiche Tarifverträge). 684

Aufhebungsverträge Abfindungszahlungen des Arbeitgebers sind überwiegend steuer- und sozialversicherungsfrei. 685

Vorzeitige Pensionierung Durch Vorruhestandsgesetz und Tarifverträge können hohe Folgebelastungen entstehen. 686

Gezielte Urlaubsplanung Die Urlaubsplanung des Unternehmens sollte ggf. verbunden werden mit der Gewährung von unbezahltem Urlaub. 687

Umwandlung von Voll- in Teilzeitverträge Ein Verfahren, das sich bei vielen Firmen bewährt hat, weil es die Arbeitskraft im Unternehmen hält und die Chance zur problemlosen Steigerung der Kapazität eröffnet, wenn wieder genügend Beschäftigung vorhanden ist. 688

Unbefristetes oder befristetes Ruhen des Arbeitsverhältnisses 689
– Einsatz von eigenen Mitarbeitern in fremden Unternehmen,
– Kündigung von Dienstverträgen freier Mitarbeiter oder Aushilfen,
– Kündigung von Dienstverträgen mit Fremdfirmen (z. B. Montagefirmen, Leihfirmen, Ingenieurbüros)

Betriebsbedingte Kündigungen Zu den rechtlichen Aspekten betriebsbedingter Kündigungen gelten die allgemeinen Grundsätze fort, nämlich der 690
– Betriebsbedingtheit (s. *Hess* Insolvenzarbeitsrecht, § 113 Rz. 172 ff.),
– Betriebsänderung (s. *Hess* a. a.O., §§ 121, 122 Rz. 49 ff.),
– Interessenausgleich (s. *Hess* a.a.O., §§ 121, 122 Rz. 138 ff.),
– Sozialplan (s. *Hess* a.a.O., § 123 Rz. 1 ff., § 124 Rz. 1 ff.).

Verhaltens- oder personenbedingte Kündigungen Kündigungen, die im Sanierungsfall aus diesen Gründen erfolgen, haben neben der Kosten senkenden insbesondere auch eine psychologische Wirkung. Die Belegschaft hat in ihrer Gesamtheit meist ein außerordentlich gutes Gespür für Schwachpunkte und Störfaktoren. Wenn die Geschäftsleitung Entschlossenheit zeigt, die oberen Führungsebenen zu bereinigen und schwache oder destruktive Kräfte zu ersetzen, so wird ihr dies bei der Gesamtbelegschaft nicht nur billige Zustimmung aus Schadenfreude einbringen. Wichtiger ist, dass die Glaubwürdigkeit der Geschäftsleitung wächst, wenn die Belegschaft erkennt, dass alles unternommen wird, was sachlich geboten ist, und nicht nur der einfache Weg des „Holens beim kleinen Mann" gesucht wird. 691

692 Kostensenkung durch **Verminderung der spezifischen Kosten der Arbeitskräfte** Die wichtigsten Lohn- und Gehaltsbestandteile sind:
- Tarif- oder Grundlohn bzw. -gehalt,
- Leistungszulagen,
- Arbeitsplatzzulagen,
- Dienstalter-(Treue-)zulagen,
- tarifliche Sonderzahlungen,
- ergebnisbezogene Sonderzahlungen,
- freiwillige, einmalige Sonderzahlungen,
- dienstalterbezogene Sonderzahlungen.

693 Darüber hinaus gibt es eine Vielzahl **betrieblicher Sonderleistungen**, die durch betriebliche Übung, Individualarbeitsvertrag, Betriebsvereinbarung oder Tarifvertrag begründet sind. Zu nennen sind:
- betriebliche Alters- und Hinterbliebenenversorgung,
- verbilligte Werkswohnungen, Mietzuschüsse,
- Fahrtkostenzuschüsse,
- private Nutzung von Dienstfahrzeugen,
- Essenzuschüsse, Werkskantine,
- Belegschaftsrabatte etc.

694 Die Erfassung, Zusammenstellung und Analyse dieser Kostenarten zeigt in Verbindung mit Pro-Kopf-Leistungsdaten die Ansatzpunkte zur Reduzierung der gesamten Personalaufwendungen. Es lässt sich häufig feststellen, dass nicht oder nicht nur die Anzahl der Arbeitskräfte (personelle Kapazität) für überhöhte Personalaufwendungen verantwortlich ist, sondern insbesondere die spezifischen Aufwendungen pro Kopf bzw. Arbeitsstunde.

Eine solche Konstellation findet sich überwiegend in Unternehmen, die während einer sich lange hinziehenden Krise ihren Personalbestand unausgewogen reduziert haben. Dabei wurden aus arbeitsrechtlichen Gründen (längere Kündigungsschutzfristen und Abfindungsbedarf bei langjährigen und teuren Mitarbeitern) mit Vorrang die Arbeitsverhältnisse dienstjüngerer und niedriger bezahlter Arbeitskräfte aufgehoben. Als Folge dieser Maßnahmen ergibt sich eine Personalstruktur von Mitarbeitern mit hohem Alter, wobei gleichzeitig die durchschnittlichen Personalaufwendungen je Arbeitnehmer überproportional ansteigen. Dass nun die verbliebenen (kostenintensiven) Mitarbeiter die Aufgaben der ausgeschiedenen (kostengünstigen) mitübernehmen mussten, hat sich darüber hinaus nicht in deren Entlohnung niedergeschlagen. Die Korrektur einer solchen Fehlentwicklung ist eine zentrale Aufgabe des Krisenmanagement.

695 Daneben sind selbstverständlich auch alle freiwilligen oder widerruflichen sozialen Leistungen einzuschränken. Belegschaften zeigen in der Regel Verständnis dafür, wenn das Unternehmen solche Leistungen, die in gesunden Zeiten finanzierbar waren, in Krisenzeiten nicht mehr gewährt. Im Einzelnen:

696 **Tarif- oder Grundlohn** Die tarifliche Eingruppierung der Arbeitnehmer ist zu überprüfen. Im Falle falscher Eingruppierungen sind Änderungen unter Berücksichtigung von Individual- und Tarifverträgen vorzunehmen. Sofern die Eingruppierung allein

deklaratorischen Charakter hat, entstehen Probleme nur bei Geltendmachung des Bestandsschutzes. Sind Änderungskündigungen erforderlich, gelten die bekannten Verfahrensregeln. Im Falle tarifvertraglich vereinbarter Unkündbarkeit für bestimmte Arbeitnehmergruppen sind Kündigungen aus wichtigem Grund möglich. Die 2-Wochen-Frist des § 626 BGB ist zu beachten.

Leistungszulagen Die Leistungsbeurteilungen als Grundlage der Leistungszulagen sind sorgfältig mit dem Ziel größter Korrektheit zu überprüfen. Über- bzw. Unterbewertungen können vermieden werden, indem man Durchschnittswerte zum Vergleich heranzieht. 697

Sonstige Zulagen- und Sonderzahlungen Die Einschränkbarkeit betrieblicher Zulagen lässt sich nach Prüfung der rechtlichen Grundlagen beurteilen. 698

Betriebliche Alters- und Hinterbliebenenversorgung Die Ansprüche der Arbeitnehmer sind durch das Gesetz zur Verbesserung der betrieblichen Altersversorgung (BetrAVG) geregelt. 699

Verbilligte Werkswohnungen Der Verkauf von Werkswohnungen an Arbeitnehmer kann nicht nur zur Kostenentlastung führen, sondern auch die Liquidität verbessern. 700

Private Nutzung von Dienstwagen Der Einsatz firmeneigener Pkws ist erst bei einer Jahreskilometerleistung von mehr als ca. 35000 km rentabel. Geringer genutzte Fahrzeuge sollten abgestoßen werden. Privat gefahrene Kilometer sind im Fahrtenbuch zu erfassen und monatlich mit Kosten deckenden Sätzen abzurechnen (je nach Fahrzeugtyp € 0,30/km und mehr). 701

Werkskantine Werkseitiges Kochen ist nur bei Unternehmen mit mindestens 500 Arbeitnehmern kostengünstig durchzuführen, sofern die Belegschaft nicht bereit ist, hohe Essenspreise zur Vollkostendeckung zu akzeptieren. Kostengünstige Alternativen bieten die Fernküchen, die häufig ein abwechslungsreiches Angebot haben. 702

Sonstige Zuschüsse und Vergünstigungen Sonstige Zuschüsse und Vergünstigungen, die meist nur gewohnheitsrechtlichen Charakter haben, können abgelehnt werden, so dass sich leichte Einsparungsmöglichkeiten ergeben. Nach Maßgabe der unternehmens- und personalpolitischen Vorstellungen können im Wege der Betriebsvereinbarung allgemeine Arbeitsbedingungen, die entweder auf einer arbeitsvertraglichen Einheitsregelung bestehen oder sich aus betrieblicher Übung ergeben, geändert werden (vgl. zu den Einzelheiten *Dietz/Richardi* BetrVG, § 77 Rz. 118 ff.). 703

Kostensenkung durch Veränderung der Personalstruktur Im vorausgegangenen Kapitel wurde beschrieben, wie es in Krisenunternehmen zu einer unausgewogenen Personalstruktur kommen kann. Selbstverständlich gibt es darüber hinaus eine Vielzahl anderer Entwicklungswege, die aber alle zu denselben Konsequenzen führen: 704

Auseinanderklaffen von
– Arbeitnehmerqualifikation und Arbeitsplatzanforderung,
– Leistungsfähigkeit und Leistungsbedarf,
– Kosten und Ertrag.

Eine kontinuierliche Fehlentwicklung lässt sich nicht kurzfristig korrigieren. Die Sanierungsaufgaben bestehen darin, mit den schon besprochenen Kostensenkungsmaßnahmen die Weichen für eine Optimierung der Personalstruktur zu stellen. 705

Der Insolvenzplan

Unmittelbare Kostenwirkung haben nur solche Maßnahmen, die zur Beendigung des Arbeitsverhältnisses bzw. zur Entgeltkürzung führen. Strukturverbesserung kann aber auch Neueinstellung, Beförderung, Weiterbildung und Gehaltserhöhung bedeuten. Deshalb ist die Korrektur der Personalstruktur eine mittel- bis langfristige Aufgabe, bei der die Wirtschaftlichkeitserfolge oft erst nach Jahren eintreten.

d) Aufwendungen für Administration und Leistungsverwirklichung

706 So zahlreich wie diese Kostenarten für Administration und Leistungsverwertung sind, so vielfältig sind die Möglichkeiten zur Einsparung. Die Beschreibung aller Möglichkeiten würde den Rahmen der Darstellung sprengen, ohne jeweils die entscheidenden Sanierungsansätze aufzuzeigen. Aufwendungen für Administration und Leistungsverwertung machen im Regelfall nicht mehr als 10–15 % des Umsatzes bei Industrieunternehmen aus.

707 Ansätze zur Kostenreduzierung im Administrationsbereich können durch folgende Maßnahmen erreicht werden:
- Besprechungskreise verkleinern,
- Anzahl der Standardbesprechungen einschränken,
- Statistiken entrümpeln,
- Fremdvergabe von Verwaltungsarbeiten,
- Teilvermietung der EDV-Anlage,
- Büromaterialverbrauch einschränken,
- günstige Postgebühren nutzen,
- Fernsprechverkehr und Zahl der Teilnehmer beschränken,
- Telefaxverkehr intensivieren,
- Fachliteratur durchforsten,
- Abonnements kündigen,
- Arbeitsabläufe durch Beschränkung auf das Notwendigste beschleunigen,
- Kreditversicherungen abschließen,
- Währungskrisen absichern,
- Mitgliedschaften bei Vereinen und Verbänden kündigen,
- Bewirtungsaufwendungen durch Geschäftsleitung kontrollieren,
- Reise- und Spesenaufwendungen vor Anfall zur Genehmigung vorlegen lassen,
- Kreditsicherungsabreden in insolvenzfester Form,
- Bonitätsprüfungen intensivieren, Auskünfte einholen,
- fortlaufende offene Posten- und Wechselüberwachung,
- konsequentes Mahnen,
- strafere Außendienstkontrolle mit lückenlosem Berichtswesen, gezielte Besuchs- und Routenplanung,
- Abbau unnötiger Sozialleistungen.

e) Erlöserhöhende Maßnahmen

708 Die Wirksamkeit erlöserhöhender Maßnahmen hängt in sehr starkem Maße vom Verhalten der Marktpartner ab. Deshalb sind kurzfristige Einwirkungsmöglichkeiten selten zu realisieren. Sofortmaßnahmen zur Liquiditäts- und Ergebnisverbesserung greifen auf der Ausgabenseite rascher und sicherer. Im Folgenden sind erlöserhöhende

Maßnahmen genannt, die bei günstiger Konstellation rasch wirksam werden können, aber in der Regel strategischen Charakter haben. Alle Maßnahmen sollten durch ein System kurzfristiger Umsatzprognosen gestützt werden. Dabei sind Mengen- und Einzelpreisentwicklung getrennt auszuweisen, um den (Miss-) Erfolg der ergriffenen Maßnahmen aufzuzeigen.

aa) Preiserhöhungen

Verkaufspreise sind ein strategisches Marketinginstrument mit überragender Bedeutung. Jede Preiserhöhung ist deshalb hinsichtlich ihrer Verträglichkeit mit der Unternehmensstrategie sorgfältig zu überprüfen. Gerade aber in Verlustsituationen sollten die Verantwortlichen auch den Mut zu operativen Preiserhöhungen besitzen. Die Kunden haben oft insgeheim Verständnis für erforderliche Anhebungen. Hinweise gegenüber Außendienstmitarbeitern, die Produkte seien zu teuer, sind nicht selten Scheinargumente, um den Außendienst „abzuwimmeln". 709

Diese Feststellungen gelten nicht bei drastischer Unterbeschäftigung des Unternehmens und sehr transparenten, preisreagiblen Absatzmärkten. Die Ergebniswirkung von Preiserhöhungen wird nicht immer ausreichend gewürdigt, obwohl sie offenkundig und leicht nachvollziehbar ist. Deshalb ein kurzes Rechenbeispiel: 710

(a) Vor Preiserhöhung

Umsatzerlöse	(Erträge)	100
Kosten	(Aufwendungen)	110
Verlust	(Fehlbetrag)	10
	= 10 % vom Umsatz	

(b) Nach Preiserhöhung um 5 %

Umsatzerlöse	(Erträge)	105
Kosten	(Aufwendungen)	110
Verlust	(Fehlbetrag)	5
	= 4,8 % vom Umsatz	

Im Beispiel wird der absolute Verlust durch eine Preiserhöhung von lediglich 5 % bereits halbiert.

Bei bestimmten Vertriebsstrukturen sind Erlösverbesserungen auch ohne Listenpreiserhöhungen möglich. Dann nämlich, wenn die Rabattspielräume des Außendienstes beschränkt werden können. Es kann als Grundregel gelten, dass gut geführte Unternehmen ihren Außendienstmitarbeitern sehr genau definierte Rabattkompetenzen einräumen und deren Einhaltung auch überwachen. Sollte dies im Krisenunternehmen (noch) nicht der Fall sein, so ist eine entsprechende Regelung unverzüglich durchzusetzen. Preise und Rabatte dürfen nur oberhalb eines Levels, das annähernd Vollkostendeckung bringt, dem Außendienst überlassen werden, sofern keine sehr differenzierte und straff kontrollierte Teilkosten-(Deckungsbeitrags-)kalkulation gut eingeführt ist und von ertragsbewussten Vorgesetzten beherrscht wird. 711

bb) Außendienstprovisionen

712 Außendienstprovisionen sollten gestaffelt sein, um nicht nur Anreize zu Umsatzerfolgen zu bieten, sondern um ein Preisbewusstsein beim Verkäufer zu wecken. Als ideal gelten steile Provisionsstaffeln, die nach Deckungsbeiträgen definiert und EDV-gestützt sind. Anstelle absoluter Deckungsbeitragswerte verwendet man oft Faktoren, die mit einer bestimmten Kalkulationsstufe = 100 gesetzt und als Relativzahlen ausgedrückt werden. Mangels einer differenzierten und EDV-gestützten Deckungsbeitragsstaffel eignen sich auch Provisionssysteme, die aus absoluten Preisen oder Rabattsätzen abgeleitet sind.

713 Ziel solcher Staffeln ist es immer, die Verkäufer zur Durchsetzung höherer Preise zu veranlassen. Sofern das Unternehmen unterbeschäftigt ist oder der Absatzmarkt sehr enge Preisspielräume hat, ist das Schwergewicht auf Umsatzsteigerungen zu legen. Anstelle preis- oder rabattorientierter Provisionssätze sind solche Entlohnungsmodelle zu wählen, die Umsatzzuwächse besonders honorieren. Dies geschieht beispielsweise dadurch, dass Umsätze bis zur Vorjahreshöhe mit einem niedrigeren Satz vergütet werden als Umsätze, die darüber hinausgehen. Die Stichworte heißen Umsatzpflegeprovision und Umsatzzuwachsprovision.

cc) Gutschriften

714 Gutschriften an Kunden werden aus den verschiedensten Gründen erstellt:
– Preisnachlässe, Rückvergütungen,
– Reklamationen,
– Warenrückgaben, Falschlieferungen,
– Falschberechnungen,
– Stornierungen.

715 Die sachliche Veranlassung liegt meist in der Verkaufsabteilung bzw. wird dort überprüft. Keinesfalls aber darf die Genehmigung von Gutschriften, von Bagatellbeträgen abgesehen, der Verkaufsleitung überlassen werden, weil sie aus ihrer Kundennähe und dem (hoffentlich) tief verwurzelten Bemühen, den Kunden zufrieden zu stellen, zu überhöhter Kulanzbereitschaft neigt. Deshalb sollte die Genehmigung von Gutschriften einem Geschäftsleitungsmitglied vorbehalten sein. Dies hat im Übrigen den Vorteil, dass die Geschäftsleitung über die Gründe, die zu Gutschriften führen, lückenlos und unmittelbar informiert wird. Auf diese Weise ist ein schnelles Eingreifen und eine zügige Mängelbeseitigung möglich.

f) Strategische Maßnahmen

716 Viele der beschriebenen Maßnahmen haben strategischen Charakter, obwohl sie als Sofortmaßnahmen wirken sollen. Eine genaue Abgrenzung zwischen operativen (kurzfristig wirksamen) und strategischen Maßnahmen ist nicht möglich. Man denke dabei nur an die Zuführung von Eigenkapital, einem erheblichen Personalabbau oder den Übergang von der Eigen- zur Fremdfertigung.

717 Die nachfolgend beschriebenen Maßnahmen sind mittel- bis langfristig wirkend und bestimmen entscheidend die strategische Entwicklung des Unternehmens. Aus Gründen der Übersichtlichkeit werden die Maßnahmen dreier Zielrichtungen gebündelt:

- Absatzmärkte,
- Beschaffungsmärkte,
- Kosten-Leistungs-Verhältnis.

Die Maßnahmen zur strategischen Bearbeitung der Absatzmärkte sind für den langfristigen Erfolg des Unternehmens entscheidend. Alle Kostensenkungsmaßnahmen müssen, mögen sie noch so wirkungsvoll sein, schließlich ins Leere führen, wenn es dem Unternehmen nicht gelingt, seine Produkte zu auskömmlichen Preisen zu verkaufen. Alle Maßnahmen zur finanziellen Sanierung können nur kurzfristig Löcher stopfen, wenn es nicht gelingt, ein Umsatzniveau zu erreichen oder wenigstens zu halten, das es erlaubt, bei übersehbarer Kostenentwicklung neues Eigenkapital aus der Geschäftstätigkeit des Unternehmens zu bilden. Dies bedeutet: Die Gewinnung von Absatzmärkten, der Verkauf der eigenen Produkte ist die unternehmerische Aufgabe per se. Voraussetzungen zu ihrer erfolgreichen Bewältigung sind Ideenreichtum, Klugheit, Dynamik und Durchsetzungsvermögen. **718**

Es kann hierzu kein Erfolgsrezept angeboten werden. Stattdessen werden Arbeitsansätze, Erfahrungen, allgemeine Regeln und interessante Gesichtspunkte beschrieben, die bei der Auseinandersetzung mit den Absatzmärkten von Bedeutung sind. **719**

Die Eckpunkte der Absatzpolitik werden bestimmt durch die Antworten auf folgende Fragen: **720**
- Welcher Umsatz wird in welchem Zeitraum angestrebt?
- Welche (Teil-)Märkte sollen mit welchen Marktanteilen gewonnen werden?
- Welche Produkte werden zu welchen Preisen heute, morgen und übermorgen nachgefragt?
- Welchen relativen Anteil sollen diese Produkte im Produktionsprogramm des Unternehmens haben?

Die Entscheidung der vorstehenden Fragen wird von der Unternehmensphilosophie beeinflusst, aus der sich ergibt, ob beispielsweise **721**
- die Bedarfsbefriedigung bestimmter Verbraucher,
- die sichere Beschäftigung der Mitarbeiter oder
- die Gewinnmaximierung

Ziel des Unternehmens ist.

Maßgeblich für die Absatzentwicklung eines Unternehmens ist die Produkt- und Programmpolitik. Dazu zählen alle Entscheidungen und Maßnahmen, die hinsichtlich eines (Verkaufs-)artikels getroffen werden. Es sind insbesondere: **722**
- Entwicklungs-, Gestaltungs-, Designfragen,
- Sortimentsüberlegungen,
- Zeitpunkte von Produkteinführung und -lebensdauer,
- Festlegungen zur Produktqualität.

Wenn die Absatzanalyse ergibt, dass die angebotenen Produkte nicht oder nicht mehr auf Marktinteresse stoßen, sind allerdings Anstrengungen auf die **723**
- Entwicklung neuer Produkte (zu den Kernproblemen der Forschung und Entwicklung s. *Buth/Hermanns* Restrukturierung, § 6 Rz. 7 ff.),

Der Insolvenzplan

– Suche nach vorhandenen, aber ungenutzten Produkten und die
– Verbesserung (verbesserungswürdiger) Produkte
zu richten.

724 Soweit erforderlich, ist die Entwicklungsabteilung durch Neueinstellungen oder Versetzungen zu verstärken. Phasen des Entwicklungsprozesses sind:
– Ideensuche (Analyse der Verbraucherbedürfnisse und Konkurrenzaktivitäten, Erfahrungen des Außendienstes usw.),
– Ideenprüfung (Bewertungsmatrizen, Profil-, Wertskala- oder Punktwertverfahren),
– Analyse (mit Hilfe finanzmathematischer Wirtschaftlichkeitsrechnungen oder der Frage nach Chancen),
– Marktanteil,
– Gewinne,
– Lebensdauer und Risiken,
– Anlaufkosten,
– Konkurrenzverhalten, Substitution,
– Marktattraktivität,
– Fertigungsprobleme,
– Finanzierungsbedarf,
– Produktentwicklung (Konzepte, Beschreibungen, Prototypen),
– Tests (technische Versuche, Fertigungsversuche, Qualitätsprüfungen, Marktforschungsverfahren wie Store-Tests, Produkttestpanels).

725 Die Berufung von Produktmanagern, die schon während der Entwicklungs- und Einführungsphase verantwortlich zeichnen, hilft, Zeit zu gewinnen und Koordinationsprobleme zu vermeiden. Qualitative Produktvariationen können aus den Ergebnissen von Wertanalysen abgeleitet werden. Verbesserungen der Fertigungsqualität lassen sich oft ohne großen Aufwand erzielen, indem die Geschäftsleitung die Qualitätsanhebung zu ihrer eigenen Aufgabe macht, am Ort der Fertigung mit einfachen Mitteln das Arbeitsklima verbessert. Qualiätsprodukte sind nicht zuletzt eine Frage der Motivation, der Einstellung und Glaubwürdigkeit der Vorgesetzten.

726 Die Bestimmung des Verkaufsprogrammes ist eine der schwierigsten und entscheidensten Aufgaben. Als Hilfsinstrument stehen
– ABC-Analyse,
– Portfolio-Analyse,
– Lebenszyklus-Kurve und die
– Deckungsbeitragsrechnung
zur Verfügung.

727 Ein einfacher Klassifizierungsansatz ist die Zuordnung der Produkte zu folgenden „Strategien" des Unternehmens:
– aufhören, nicht weitermachen, es lohnt sich nicht;
– verteidigen, aber nicht um jeden Preis;
– es ist zwar Vorsicht geboten, aber keine Resignation;
– angreifen, die Chancen sind gut;
– Durchbruch, nicht kleckern, sondern klotzen.

Häufig lässt sich feststellen, dass die Sortimente zu groß sind. Ist nicht mehr genügend Umsatz da, wird auf neue Produkte gebaut. Doch die Auffächerung des Angebotes ist nicht immer der richtige Ausweg. Sie kann, wenn nicht echte Neuerungen präsentiert werden und sich das Unternehmen in allzu viele Einzelaktivitäten zersplittert, automatisch in die Krise führen.

„Eliminierungsstrategien" führen zur Freisetzung materieller, finanzieller und personeller Reserven und dadurch zu **728**
- Kostenabbau oder
- Kapazitätszuwachs,
- effizienter Verwendung begrenzter Mittel,
- Abbau von Barrieren für die Einführung neuer oder die Förderung rentabler Produkte

und machen daher den Weg zur Ertragsverbesserung und zu neuem Wachstum frei.

Die Sortimentsbereinigung muss deshalb mit Mut und Durchsetzungswillen realisiert werden. Sofern Einzelaufträge abgewickelt werden (z. B. im Maschinen- oder Anlagenbau), ist die Hereinnahme riskanter oder unrentabler Aufträge zu vermeiden. Sog. C-Artikel (Sonderprodukte, Randsortimente) sollen nicht selbst gefertigt, sondern zugekauft, evtl. importiert werden. **729**

Durch die Sortimentsbereinigung muss eine ausgewogene Umsatzstruktur, z. B. mit folgender Verteilung, erreicht werden: **730**

	Umsatzanteil	Sortimentsanteil
A-Artikel	60 %	15 %
B-Artikel	30 %	50 %
C-Artikel	10 %	35 %

Im konkreten Fall sind markt- und fertigungstechnische Besonderheiten sowie die Differenzierungstiefe der Produkte ausschlaggebend.

Im Zusammenhang mit der Sortimentspolitik wird auf die Deckungsbeitragsrechnung und die Diversifikation eingegangen. Die Deckungsbeitragsrechnung kann wertvolle Dienste leisten bei der **731**
- Vollbeschäftigung (Ziel: Gewinnmaximierung),
- Unterbeschäftigung (Ziel: Verlustminimierung),
- Berechnung von Preisuntergrenzen und bei
- Berechnungen zur Programmoptimierung.

Bei der Deckungsbeitragsrechnung ist zu berücksichtigen, dass im Unternehmen keine Teilkosten, sondern Vollkosten anfallen.

Das Unternehmen muss mindestens seine Vollkosten abdecken, alles andere sind Zahlenspielereien. Trotz der hinreichend bekannten Umlageprobleme der Vollkostenkalkulation bietet sie beachtliche Vorteile: **732**
- Das Anspruchsniveau an die Verkaufsmannschaft liegt höher,
- Abweichungen zwischen geplanter und realisierter Umsatzstruktur haben weniger schwerwiegende Auswirkungen.

Ohne die Deckungsbeitragsrechnung gänzlich ablehnen zu wollen, muss darauf hingewiesen werden, dass sie als Preisfindungsinstrument alleine nicht ausreichend ist.

733 Diversifikation kann nützlich sein, wenn beispielsweise ein Markenartikel-Hersteller von Freizeitgeräten (Ski) seinen Bekanntheitsgrad und seine Marktbeziehungen nutzt und der Zielgruppe seines bisherigen Produkts (Skiläufer) ein völlig anderes Produkt (Tennisschläger) anbietet. Die Idee kann erfolgreich sein, weil das Diversifikationsprodukt über bestehende Vertriebskanäle an markenorientierte Verbraucher verkauft werden konnte (Markttreue).

734 Auch eine produktionsorientierte Diversifikation kann erfolgreich sein, wenn mit einem Vorläufer-Produkt die fertigungstechnischen Grundlagen für ein Diversifikationsprodukt geschaffen werden. Die beim Vorläufer-Produkt gewonnenen Fertigungserfahrungen und ein großer Teil der Investitionen können kostengünstig verwendet werden (Produkttreue).

735 Bei beiden Arten der Diversifikation halten sich die Aufwendungen in Grenzen, und es können bereits vorhandene Strukturen, Erfahrungen, Investitionen, Kontakte genutzt werden. Die Diversifikation scheidet jedoch regelmäßig bei Unternehmen mit endogenen Krisenursachen aus, da weder die materiellen noch die personellen Ressourcen noch die erforderliche Strukturstabilität vorhanden sind, um solche Anstrengungen durchzustehen. Diversifikation kann für die Unternehmen mit exogenem Krisenherd eine geeignete Strategie sein.

736 In den frühen Entwicklungsstadien der ökonomischen Theorie galt der Preis als die einzige Variable, mit der sich die Verkaufsmenge beeinflussen lasse. Je differenzierter die Produkte der Industrie aber wurden, desto geringer wurde der Einfluss des Preises und desto mehr rückten Merkmale wie

– Qualität,
– Service,
– Werbung,
– Image, Marke

in den Vordergrund.

737 Im Konsumgüterbereich ist heute der Preis nur noch bei ganz wenigen, nahezu völlig identischen Produkten ohne erkennbarem „Zusatznutzen" entscheidend. „Zusatznutzen" ist jene Produktleistung, die der Konsument neben dem eigentlichen Gebrauchs- oder Verbrauchszweck („Grundnutzen") erwirbt. Beispielsweise: Markenappeal, gutes Design. Kaum ein Zusatznutzen erwirbt der Kunde bei Produkten wie Benzin, Heizöl und mit Einschränkung Salz, Butter, Mineralwasser.

738 Im industriellen oder öffentlichen Beschaffungssektor hat der Preis als Auswahlkriterium seine Funktion weitgehend behalten. Dies ist überwiegend darauf zurückzuführen, dass die Kunden den gewünschten Leistungsumfang genau definieren und geringes Interesse an Markenappeal und Image zeigen. Der Preis bleibt deshalb als letztes und objektives Entscheidungskriterium in diesem Beschaffungssektor wichtig.

739 Ohne auf spezifische Marktsektoren einzugehen, gilt allgemein, dass Preissenkungen meist nur zu kurzfristigen Umsatzverbesserungen führen. Spätestens wenn die Konkurrenz nachzieht – und sie kann dies situationsgemäß besser verkraften als das Krisenunternehmen –, ist das einheitliche Preisniveau wieder hergestellt. Da aber nicht,

wie von der früheren ökonomischen Theorie dargestellt, sinkende Preise zu verstärkter (Gesamt-) Nachfrage führen, sondern in gesättigten Märkten nur Marktanteile verschoben werden, bleiben die Verkaufsmengen, wie sie in reifen Volkswirtschaften vorherrschen, konstant. Am Schluss erzielen alle Anbieter für ihre konstanten Verkaufsmengen niedrigere Erlöse. Anders verhält es sich, wenn das preisaggressive Unternehmen auf Grund seiner günstigen Kostenverhältnisse sich das Vorpreschen erlauben kann. In einer solchen Situation befindet sich aber kaum ein Krisenunternehmen.

Anstelle von Preissenkungen sind vorrangig zu empfehlen: Produkt- bzw. Leistungsdifferenzierung, um sich besser von der Konkurrenz abzuheben. Solche Differenzierungen sind häufig ohne zusätzliche finanzielle Aufwendungen möglich, etwa durch **740**
– Verbesserung der Fertigungsqualität,
– Verkürzung der Lieferzeiten,
– Termintreue,
– Verbesserung des Lieferservice,
– Verbesserung der Kundenbetreuung
zu erreichen.

Vorsichtige Preisanhebungen, **741**
– die die Nachfrage stimulieren können, weil die Verbraucher Preiserhöhungen mit Qualitätsverbesserungen identifizieren,
– weil die Käufer Wert auf „snobappeal" legen,
– weil aus einer Preiserhöhung auf rege Nachfrage geschlossen wird, deren Ursache man in der Produktattraktivität vermutet.

Sofern der Mengenabsatz wenigstens gehalten wird, bringt eine Preiserhöhung mindestens eines: mehr Geld in die Kasse.

Strenge Preis- und Konditionenkontrolle, um ungerechtfertigen Preisnachlässen entgegenzutreten, wie bei den **742**
– Grundrabatten,
– Zusatzrabatten,
– Treuerabatten,
– Objektrabatten,
– Musterrabatten,
– Spitzenrabatten,
– Messerabatten,
– Eröffnungsrabatten,
– Jubiläumsrabatten
sind notwendig.

Aufgabe der Geschäftsleitung ist es, allgemein eine klare, ausgewogene Preispolitik durchzusetzen. Ausnahmen sind auf ein Minimum zu beschränken und von der Zustimmung der Geschäftsleitung abhängig zu machen. Von der Preisliste abweichende Preise sind nur zu gestatten bei
– verschiedenen Absatzwegen,
– verschiedenem geographischen Sitz der Kunden oder
– verschiedenen Auftragsgrößen.

43 Preiszugeständnisse werden oft skeptisch aufgenommen.
- Man rechnet damit, dass das billigere Produkt bald durch ein anderes oder neues ersetzt wird.
- Man vermutet qualitative Mängel, die zum Absatzrückgang geführt haben und nun zu Zugeständnissen zwingen.
- Man sieht in der Preissenkung die Folge einer bewussten Qualitätsverschlechterung.
- Man argwöhnt, das Unternehmen befinde sich in Schwierigkeiten und die weitere Versorgung, insbesondere mit Ersatzteilen, sei gefährdet.
- Man erwartet, dass der Preissenkung weitere folgen und wartet ab.

IV. Die Sanierung bei Aufgabe der bisherigen Unternehmensform

744 Für den Tatbestand der Beibehaltung der Unternehmensform wird von *Groß* (S. 133) der Begriff „Rechtsidentität" verwendet, um das Verhältnis des Krisenunternehmens zur Sanierungsgesellschaft zu definieren. In seiner Typologie kann die Rechtsidentität bei der „Sanierungsgesellschaft" erhalten bleiben, abhängig jeweils von der Frage, durch welchen gesellschaftsrechtlichen Vorgang neues Eigenkapital eingebracht wird. Bei allen anderen Formen der Fortführungsgesellschaften geht die Rechtsidentität verloren.

745 Unter den Begriff „Aufgabe der Rechtsidentität" werden alle gesellschaftsrechtlichen Vorgänge, die zur Änderung
- der Rechtsform,
- der wesentlichen Merkmale der Gesellschaftsstruktur und/oder
- des Rechtsverhältnisses zwischen Betriebsstätte („Betriebsstätten", auch „Betrieb", „Werke", „Betriebsteile", „Teilbetriebe", „Zweigbetriebe", sind technisch organisatorische Einheiten. Es sind die materiell fassbaren, real vorhandenen Gebäude, Maschinen, Produktionseinrichtungen zur Leistungserstellung des Unternehmens) und rechtlichem Mantel führen.

1. Fortführungsgesellschaften – Begriffe

746 In der Rechtsprechung, Literatur, Praxis und vor allem in den Tagespublikationen bestehen terminologische und sachliche Unklarheiten über die Verwendung von Begriffen wie „Sanierungsgesellschaft", „Auffanggesellschaft", „Gläubigergesellschaft", „Betriebsübernahmegesellschaft". Erst 1982 hat *Groß* (1. Aufl. 1982, S. 53 ff.; s. auch *Groß* S. 135) eine Typologie entwickelt, die auf Zustimmung in der Literatur stößt und dort Anwendung findet (so bei *Uhlenbruck* Die GmbH & Co. KG in Krise, Konkurs und Vergleich, S. 429 ff.; *Wolff* S. 671 f.). „Der Oberbegriff für alle Gesellschaften, deren Zweck es ist, den Betrieb notleidender, vor allem insolventer Unternehmungen zu retten und fortzuführen" ist „Fortführungsgesellschaft" (*Groß* S. 135), die *Maus* (Kölner Schrift zur Insolvenzordnung, S. 707, 711) als Betriebsübernahmegesellschaft bezeichnet. S. hierzu auch *Buth/Hermanns* Restrukturierung, § 14 Rz. 2 ff.

Fortführungsgesellschaften sind   **747**
– „Sanierungsgesellschaften"
– „Betriebsübernahmegesellschaften"
– und die „Auffanggesellschaften".

Sanierungs- und Betriebsübernahmegesellschaften sind rechtliche Konstruktionen, die auf Dauer angelegt sind, während Auffanggesellschaften Zwischenformen darstellen. Letztere haben den Zweck, den an der Sanierung Beteiligten mehrere Optionen offen zu halten oder in einer unübersichtlichen und ambivalenten Situation eine Zwischenbasis zu schaffen (das Krisenunternehmen „aufzufangen"). Nach Aufhellung der Lage gehen Auffanggesellschaften in Sanierungs- oder in Betriebsübernahmegesellschaften über. Bestimmungsmerkmal (vgl. *Groß* S. 136) für die Wahl der Fortführungsform sind allein Sanierungszweck und -strategie. Die Begriffe geben demnach auch keine Hinweise auf die zu wählende Rechtsform, ebenso wenig tauchen sie als Bestandteil der Firma auf. Alle Rechtsformen sowohl der Kapital- als auch der Personengesellschaften können gewählt werden. Einige bekannt gewordene Sanierungsfälle hat *Groß* (S. 137 ff.) beispielhaft in die von ihm entwickelte begriffliche Systematik eingebracht. Im Folgenden werden, gestützt auf *Groß* (S. 13 ff.: „Strukturen und Gestaltungsprobleme der Fortführungsgesellschaften"), die wichtigsten Merkmale der verschiedenen Formen von Fortführungsgesellschaften dargestellt.

2. Sanierungsgesellschaften

Die Form der Sanierungsgesellschaft wird gewählt, wenn dem Unternehmen neues   **748**
Haftungskapital zugeführt werden soll. Als Kapitalgeber kommen alte und neue Gesellschafter infrage. Eine Neugründung ist nicht erforderlich (insofern kann die Sanierungsgesellschaft auch bei autonomen Maßnahmen unter Einhaltung der Rechtsidentität identifizierbar sein). Von einer Sanierungsgesellschaft wird man aber nicht sprechen können, wenn ohne Änderung der Rechtsform und ohne wesentliche Veränderung der Gesellschaftsstruktur lediglich neues Haftungskapital zugeführt wird. Dieser Weg, die „Standardlösung" im Falle unzureichender Finanzausstattung, stellt eine regelmäßige, autonome (wenn auch oft unter dem Druck von Gläubigern erfolgende) Entscheidung der Alt-Gesellschaften dar. Eine Sanierungsgesellschaft im Sinne dieser Arbeit hat demnach folgende Merkmale:

a) Das rechtliche Ziel der Sanierungsgesellschaft

Ziel der Sanierungsgesellschaft ist es, dem Krisenunternehmen weiteres Haftungska-   **749**
pital durch Änderung der Rechtsform und/oder durch Aufnahme neuer Gesellschafter zuzuführen. Die Einlagen von Neugesellschaftern müssen bei Beibehaltung der Rechtsform so erheblich sein, dass dies wirtschaftlich einer Neugründung gleichkommt.

b) Rechtsformen der Sanierungsgesellschaften

Bei Neugründungen kommen alle Rechtsformen, sowohl Kapitalgesellschafts- als   **750**
auch Personengesellschaftsformen in Betracht.

c) Rechtsnachfolge als Regelfall der Bildung einer Sanierungsgesellschaft

751 Die Rechtsidentität von Sanierungsgesellschaft und Krisenunternehmen stellt den Ausnahmefall dar (vgl. Rz. 749). Regelmäßig geht die Rechtsidentität durch eine Gesamtrechtsnachfolge im Wege der

- Verschmelzung (Fusion),
- Umwandlung,
- Anwachsung,
- Spaltung

oder durch eine Einzelrechtsnachfolge verloren. Als Konsequenz der Rechtsidentität oder -nachfolge bleiben der Sanierungsgesellschaft die unternehmerischen Chancen und Risiken der Vorläuferin weitgehendst erhalten. Daraus erwachsen Vor- und Nachteile. Vorteile insofern, als eine größtmögliche Kontinuität gegeben ist und günstigstenfalls ohne Unterbrechung und ohne öffentliches Aufsehen weitergearbeitet werden kann. Nachteile liegen darin, dass die bekannten Lasten und Pflichten ebenso wie die latenten, nicht bilanzierten Risiken mitgeführt werden müssen. Zu Einzelfragen der Bilanzierung und steuerlicher Aspekte, insbesondere zu Auf- und Abwertungsfragen sowie den Möglichkeiten zur Nutzung von Verlustvorträgen bei Wegfall der Rechtsidentität vgl. *Groß* S. 266 ff.

3. Betriebsübernahmegesellschaften

752 Betriebsübernahmegesellschaften sind Neugründungen oder „leere" Firmenmäntel, die zur Fortführung eines Betriebes des Krisenunternehmens gegründet oder „herangezogen" werden. Rechtsidentität liegt in keinem Fall vor. Teilweise wird der Begriff „unechte Auffanggesellschaft" anstelle der Betriebsübernahmegesellschaft verwendet, wenn ausgeführt wird: „sie liege vor, wenn der Sanierungszweck fehlt, weil z. B. ohne Umwandlung von Gläubigerforderungen in haftendes Kapital eine Auffanggesellschaft von Gläubigern oder Dritten in rechtlich selbstständiger Form gegründet wird, um das Anlage- oder Umlaufvermögen oder beides nach Eröffnung eines gerichtlichen Insolvenzverfahrens vom Insolvenzverwalter käuflich zu erwerben, ohne dabei die Schulden zu übernehmen". *Maus* (Kölner Schrift zur Insolvenzordnung, S. 707, 711) sieht in der übertragenden Sanierung im Grundsatz den Verkauf des ganzen Unternehmens oder einzelner Unternehmensteilen des insolventen Rechtsträgers auf einen neuen Rechtsträger.

a) Das rechtliche Ziel der Betriebsübernahmegesellschaft

753 Das Ziel der Betriebsübernahmegesellschaft ist „Herausnahme" (*Uhlenbruck* Die GmbH & Co. KG in Krise, Konkurs und Vergleich, S. 431) des Betriebs oder des Leistungsangebotes aus dem Krisenunternehmen zum Zwecke der Sanierung und Fortführung ohne Übernahme der Schulden.

b) Rechtsformen der Betriebsübernahmegesellschaften

754 Für die Betriebsübernahmegesellschaften kommen alle Rechtsformen in Betracht.

c) Rechtsnachfolge im Falle der Betriebsübernahmegesellschaften

Die Herausnahme des Betriebs erfolgt durch „Kauf, Übereignung und der Abtretung von Rechten, in seltenen Fällen auch durch Zuschlag in der Zwangsversteigerung" (*Groß* S. 380 ff., 418) der Vermögensgegenstände. Dass dies im Falle von Krisenunternehmen, die selten über ihr Vermögen frei verfügen können, schwierig, riskant und oft langwierig ist, liegt auf der Hand. In die Verpflichtung des Krisenunternehmens muss die Betriebsübernahmegesellschaft zumindest soweit eintreten, als gem. § 613a BGB die Arbeitsverhältnisse übergehen. Weitere Haftungen kommen „nicht oder nur beschränkt zum Zuge" (*Groß* S. 421 ff.). Es ist aber auf Risiken hinzuweisen, die sich bei einer Sanierung aus „eigennützigen Motiven" („die Sanierung eines Unternehmens aus eigennützigen Motiven und ohne Sicherstellung einer insolvenzmäßigen Befriedigung der übrigen Gläubiger ist wegen möglicher Gläubigergefährdung der Gefahr der Nichtigkeit nach § 138 BGB oder der Anfechtung nach §§ 129 ff. InsO ausgesetzt") ergeben. Verlustvorträge des Krisenunternehmens können nicht genutzt werden, grunderwerbsteuerliche Erleichterungen sind nach Landesgesetzen geregelt. Zu Einzelfragen vgl. *Groß* (S. 349 ff.).

755

4. Auffanggesellschaften

a) Das rechtliche Ziel der Auffanggesellschaften

Auffanggesellschaften „treten neben das Krisenunternehmen, um im eigenen Namen den Betrieb oder bestimmte Funktionen des Krisenunternehmens fortzuführen" (*Groß* S. 440). Sie sind in der Regel auf Zeit angelegt, um das Krisenunternehmen aufzufangen, seinen vollständigen Untergang zu verhindern, ohne sich dabei weder –
– wie die Sanierungsgesellschaft – die gesamten Verpflichtungen der Vorgängerin noch
– wie die Betriebsübernahmegesellschaft – die finanziellen Belastungen des Vermögenserwerbs aufzuladen. Mit der Auffanggesellschaft wird versucht, die meist ungewissen Chancen der Fortführung zu wahren, ohne die regelmäßig drohenden Risiken voll zu übernehmen.

756

b) Rechtsformen der Auffanggesellschaften

Für die Auffanggesellschaften kommen prinzipiell alle Rechtsformen infrage. Wegen des Übergangscharakters der Gesellschaft und dem Erfordernis, die Risikobegrenzung durch flexibles Handeln und häufige, komplexe Vertragsgestaltung herbeizuführen, erscheinen alle Formen von Publikumsgesellschaften ungeeignet.

757

c) Rechtsnachfolge im Falle der Auffanggesellschaften

Wie bereits erwähnt, sind bei Auffanggesellschaften regelmäßig komplexe Vertragsgestaltungen erforderlich, um die in Teilbereichen (z. B. Versorgung mit Zulieferteilen, Motivierung von Mitarbeitern) widerstreitenden Teilziele zu erreichen. Es erscheint deshalb ausreichend darauf hingewiesen, dass die rechtliche Verbundenheit der Auffanggesellschaften mit den Krisenunternehmen Merkmale der Sanierungs- und der Betriebsübernahmegesellschaft in wechselnden Schwerpunkten zeigt. Zur Klärung von Einzelfragen wird auf *Groß* (S. 440 ff.) und die dort bezeichnete Spezialliteratur verwiesen. Zur Verpachtung des schuldnerischen Handelsgeschäfts an eine Auffanggesellschaft s. *OLG Hamm* vom 6.1.1998 – 15 W 407/97 – DB 1998, 1178.

758

D. Der Inhalt des gestaltenden Teils des Insolvenzplans

I. Allgemeines

759 Der Insolvenzplanvorschlag sollte hinreichend bestimmt sein. Unzulässig ist ein Eventualvorschlag, wenn dieser erst dann eingreifen soll, wenn ein Hauptvorschlag unzweifelhaft von den Gläubigern abgelehnt wird. Dies ist deshalb unzulässig, weil nur ein Vorschlag unterbreitet werden kann, der der Vermögenslage des Schuldners entspricht.

759a Zu dem Inhalt des Insolvenzplans s. *Otte* (in KP InsO, § 221 Rz. 8), der u.a.
- die Zusammenstellung der Gruppen,
- die Eingriffe in Rechte,
- die Einschränkung von Absonderungsrechten,
- besondere Entscheidungen wie z.B. die Umwandlung der Planerfüllung (*Flessner* in HK InsO, § 221 Rz. 9),
- Regelungen zum Schutz von Minderheiten,
- Festlegung des Kreditrahmens (*Flessner* a.a.O),

als insolvenzplanfähigen Inhalt ansieht. Zu den Minderheiten-, Schutz-, Vollzugs- und Klarstellungsklauseln s. *Braun* in NR InsO, § 219 Rz. 87 ff.; zur Aufnahme von Beschlüssen der Gläubigerversammlung, Maßnahmen des Insolvenzgerichts und Willenserklärungen sowie der Anordnung der Planüberwachung s. *Smid/Rattunde* in Sm InsO, § 221 Rz. 3 ff., 33 f.; s. auch die Auflistung bei *Breutigam* in BBG Insolvenzrecht, § 221 Rz. 4 ff.; s. auch *Hess/Weis* WM 1998, 2349, 2354, die als Inhalt auch die Umwandlung von Forderungsrechten in Eigenkapital sehen.

760 Für die Insolvenzplanerfüllung können **Bürgen und Insolvenzplangaranten** gegenüber den Gläubigern auftreten (*Jaffé* in FK InsO, § 221 Rz. 19). Der Bürge bzw. der Insolvenzplangarant tritt neben dem Schuldner als Vertragspartei auf. Seine persönliche Haftung folgt aus dem Insolvenzplan. Aus dem bestätigten Insolvenzplan kann in Verbindung mit dem Auszug aus dem berichtigten Gläubigerverzeichnis auch gegen den Insolvenzplangaranten vollstreckt werden (s. Rz. 466 ff.).

761 Die **Garantieerklärung bzw. die Bürgschaft** kann bereits mit dem Insolvenzplanvorschlag oder zu einem späteren Zeitpunkt bei dem Insolvenzgericht eingereicht werden. Eine schriftlich abgegebene Bürgschaftserklärung ist den Gläubigern gegenüber wirksam abgegeben, wenn sie ihnen bekannt gegeben worden ist. Eine schriftlich abgegebene Bürgschaftserklärung ist auch dann den Gläubigern gegenüber wirksam abgegeben, wenn sie nicht im Abstimmungstermin verlesen wurde, jedoch mit dem Insolvenzplanvorschlag bekannt gegeben oder vor dem Abstimmungstermin mit dem Willen des Bürgen den Gläubigern mitgeteilt worden war. Ist die Bürgschaft nicht bei dem Insolvenzgericht eingereicht worden, liegen die für die Vollstreckung erforderlichen Voraussetzungen nach § 257 Abs. 2 InsO nicht vor (*Hess* in HWW InsO, § 221 Rz. 32).

Sieht der Insolvenzplanvorschlag eine Sicherstellung des Insolvenzplanes durch die Stellung eines Insolvenzplangaranten vor, so ist dessen Erklärung eine der Verfahrensgrundlagen (*Hess* in HWW InsO, § 221 Rz. 33). **762**

Wird die Bürgschaft bzw. die Garantieerklärung nicht bei Gericht eingereicht, hat das Gericht dem Schuldner, nicht dem Garanten eine Frist zur Nachreichung zu setzen. **763**

Erklärt der Schuldner, im Abstimmungs- und Erörterungstermin die Bürgschaftsurkunde nachreichen zu wollen, so kann der Insolvenzplan nur unter einer entsprechenden aufschiebenden Bedingung abgeschlossen werden (*Hess* in HWW InsO, § 221 Rz. 34). **764**

Erklärt der Schuldner im Abstimmungs- und Erörterungstermin, die Bürgschaftserklärung nicht beibringen zu können, so liegt eine Änderung des Insolvenzplanvorschlages zu Ungunsten der Gläubiger vor. **765**

Die schriftlich eingereichte Bürgschaftserklärung ist bereits mit dem Eingang beim Insolvenzgericht wirksam, wenn auch aufschiebend bedingt dahingehend, dass der Insolvenzplanvorschlag, auf den sie sich bezieht, von den Gläubigern angenommen und vom Insolvenzgericht bestätigt wird (*Hess* in HWW InsO, § 221 Rz. 36). **766**

Obwohl die Wirksamkeit der Bürgschaftsverpflichtung aufschiebend bedingt ist, ist vor der Annahme und der Bestätigung des Insolvenzplans das Vertragsangebot des Bürgen nach § 145 BGB unwiderruflich. Dies bedeutet, dass die Bindung des Bürgen bzw. des Garanten nicht erst in dem Zeitpunkt eintritt, in welchem der Schuldner an seinen Insolvenzplanvorschlag gebunden ist. Die Bindung des Insolvenzplanbürgen entfällt spätestens dann, wenn der Schuldner an seinem Insolvenzplanvorschlag nicht festhält und über einen anderen Vorschlag abgestimmt wird. Wird der Insolvenzplan im Abstimmungstermin abgeändert (§ 240 InsO) und werden dadurch die Vermögensinteressen des Garanten berührt, ist ihm eine Äußerungsmöglichkeit einzuräumen und er kann ggf. sein Vertragsangebot widerrufen (*Hess* in HWW InsO, § 221 Rz. 37). **767**

Bis zur Bestätigung des von den Insolvenzgläubigern angenommenen Insolvenzplans kann die Garantieerklärung wegen etwaiger Willensmängel nach Maßgabe der §§ 119 ff. BGB angefochten werden. Nach der Bestätigung ist eine Anfechtung hinsichtlich der Garantieerklärung mit Rücksicht auf die durch die Insolvenzplanbestätigung herbeigeführte Umschaffung von Rechten und Pflichten der Beteiligten ausgeschlossen. Dieser Ausschluss der Anfechtung tritt auch dann ein, wenn es sich nicht um eine formelle Garantie des Bürgen gehandelt hat, wohl aber um eine Erklärung, die mit dem Wissen und Willen des Bürgen zum Bestandteil des bestätigten Insolvenzplans geworden ist (*Hess* in HWW InsO, § 221 Rz. 38). **768**

Ändert der Schuldner den Insolvenzplan zu Ungunsten der Gläubiger ab, so hat dies, wenn der Insolvenzplan auf der neuen Grundlage zustande kommt, auch eine Herabsetzung der Garantiehaftung zur Folge. **769**

Hat der Garant nur eine **Teilbürgschaft** übernommen, so lässt die Herabsetzung der Insolvenzplanquote die Haftung des Bürgen unberührt, es sei denn, dass der zur Erfüllung des Insolvenzplanvorschlags neuer Fassung aufzubringende Betrag insgesamt den Grenzwert der Bürgenhaftung erreicht (*Hess* in HWW InsO, § 221 Rz. 41). **770**

771 Die Insolvenzplanbestätigung kann nicht Willenserklärungen eines Bürgen ersetzen, die dieser im Insolvenzplanverfahren überhaupt nicht abgegeben hat. War in Aussicht gestellt, eine Bürgschaft zu übernehmen, so kann der Bestätigungsbeschluss nicht etwa ergänzend wirken. Anders dagegen verhält es sich, wenn die Übernahme der Bürgschaft nicht nur in Aussicht gestellt, sondern vereinbart worden war, die Gläubiger könnten davon ausgehen, dass sie einem Insolvenzplanvorschlag zustimmten, dessen Erfüllung durch eine Vergleichsbürgschaft abgesichert war (*Hess* in HWW InsO, § 221 Rz. 42).

772 Ist im Insolvenzplanvorschlag eine Sicherstellung durch Bürgschaft vorgesehen, die Bürgschaftserklärung jedoch weder mit dem Insolvenzplanvorschlag noch später beim Insolvenzgericht eingegangen, kann über den Insolvenzplanvorschlag nur mit der Maßgabe abgestimmt werden, dass die Bürgenerklärung bis zur Verkündung des Beschlusses über die Insolvenzplanbestätigung nachzureichen ist. Der Insolvenzplan mithin unter einer aufschiebenden Bedingung abgeschlossen wird (*Hess* in HWW InsO, § 221 Rz. 42).

II. Beispiele für den gestaltenden Teil des Insolvenzplans

1. Der Verbindlichkeitenerlass

773 Eine Form des Insolvenzplanes, den die Schuldner anstreben werden, ist die Aufrechterhaltung des Unternehmens bei Beibehaltung der Gesellschafter und der Reduzierung der Verbindlichkeiten, um eine Überschuldung zu beseitigen.

774 In die Verbindlichkeitenreduzierung können alle Gläubigergruppen einbezogen werden.

775 Die **Insolvenzgläubiger** können einen Forderungserlass in jeder angesprochenen Höhe (von 1–99 %) gewähren, wobei es freigestellt ist, einen Besserungsschein zu vereinbaren. Gekoppelt werden kann der Forderungserlass damit, dass den Schuldnern eine Zahlungsfrist von einem Monat bis zu mehreren Jahren eingeräumt werden kann. Die Stundung des nicht erlassenen Teils kann verzinslich oder unverzinslich erfolgen (*Hess* in HWW InsO, § 221 Rz. 45).

776 Soll die Arbeitnehmergruppe in den Verbindlichkeitenerlass einbezogen werden, kann diese z. B. ganz oder auf einen Teil des nicht durch Insolvenzgeld gesicherten Teils der rückständigen Löhne und Gehälter verzichten.

777 Die **Absonderungsgläubiger** können auf die ab dem Berichtstermin aus der Masse geschuldeten Zinsen (§ 169 InsO) verzichten und freiwillig zur Masseanreicherung und damit zur Quotenzahlung an die ungesicherten Gläubiger beitragen, wenn sie höhere als die gesetzlichen Verwertungskostenbeiträge (§ 171 InsO) zu zahlen bereit sind. Auch können die Absonderungsgläubiger auf die Ausgleichszahlung wegen des Wertverlustes am Absonderungsgut (§ 172 InsO) verzichten (*Hess* in HWW InsO, § 221 Rz. 47).

778 Der Schuldner bzw. die Gesellschafter des Schuldners stimmen einer Kapitalund/oder der Aufnahme neuer Gesellschafter und damit einer Eigenkapitalzuführung zu.

Die vorstehenden Maßnahmen können einzeln oder gekoppelt infrage kommen, wobei es den Gläubigern überlassen ist, die für die Verbindlichkeitenregulierung sinnvollste Lösung zu finden, wobei es den Gläubigern auch obliegt, darüber zu entscheiden, ob im gestaltenden Teil des Insolvenzplanes die Überwachung der Erfüllung des Insolvenzplanes vereinbart werden soll (*Hess* in HWW InsO, § 221 Rz. 49). 779

2. Der Verbindlichkeitenerlass und die Liquidation des Schuldnerunternehmens

Vereinbaren die Gläubiger im Insolvenzplan die Liquidation und damit die Zerschlagung des Unternehmens und wird nichts anderes vereinbart, als dass aus den Verwertungserlösen die Gläubiger quotal befriedigt werden, wird der Schuldner von seinen restlichen Verbindlichkeiten befreit (§ 227 InsO). Es bedarf dann nicht mehr eines Antrages auf Gewährung der Restschuldbefreiung (§§ 286 ff. InsO), wenn der Schuldner eine natürliche Person ist. Auch muss der Schuldner keine 6-jährige Wohlverhaltensphase einhalten (*Hess* in HWW InsO, § 221 Rz. 50). 780

Die Gläubiger können auch über die Liquidation des Unternehmens hinaus vereinbaren, dass eine Restschuldbefreiung erst erfolgt, wenn der Schuldner für einen bestimmten Zeitraum, der kürzer ist als die gesetzliche Wohlverhaltensphase, den pfändbaren Anteil oder einen geringeren Betrag seiner Lohn- und Gehaltsansprüche an die Gläubiger abtritt und die Erfüllung des Planes überwacht wird (*Hess* in HWW InsO, § 221 Rz. 51). 781

3. Die Betriebsfortführung durch den Schuldner

In einem Insolvenzplan können die Gläubiger vereinbaren, dass der Schuldner das Unternehmen mit dem betriebsnotwendigen Vermögen weiterführt und er für einen näher zu bestimmenden Zeitraum einen bestimmten Prozentanteil des Überschusses aus dem fortgeführten Unternehmen an die Gläubiger abführt. Auch die Grundsätze, wie der Überschuss ermittelt wird, kann festgelegt werden, wobei insoweit nicht die handelsrechtlichen Grundsätze maßgeblich sein müssen. 782

Das nicht betriebsnotwendige Vermögen könnte im Rahmen der Liquidation vom Insolvenzverwalter verwertet und an die Gläubiger quotal ausgeschüttet werden. 783

4. Betriebsfortführung verbunden mit Gesellschafterwechsel

Anstelle einer Betriebsfortführung durch den Schuldner kann eine Betriebsfortführung in einer Auffanggesellschaft erfolgen, wobei dies unter Beibehaltung und unter dem Wechsel der Gesellschafter sowie unter dem Wechsel der Geschäftsführung erfolgen kann. 784

Wird nur ein Teil des Betriebes fortgeführt, kann der Erlös aus der Verwertung des Restanlage- und Restumlaufvermögens durch den Verwalter an die Gläubiger ausgeschüttet werden. 785

786 Sollten die Sanierungsmaßnahmen dem Verwalter in der Auffanggesellschaft gelingen, wird eine Betriebsveräußerung erfolgen mit dem Ergebnis, dass den Gläubigern die Erlöse zufließen.

787 Haben die Sanierungsmaßnahmen keinen Erfolg, besteht die Notwendigkeit, auch den teilfortgeführten Betrieb einzustellen und im Wege der Liquidation zu verwerten, wobei der Verwertungserlös den Gläubigern zufließen wird.

5. Kumulative Sanierungsmaßnahmen

788 Die vorgenannten Maßnahmen können auch kumulativ erfolgen, und zwar dergestalt, dass z.B. ohne einen Gesellschafterwechsel eine Kapitalzuführung durch Dritte erfolgt und/oder die Gesellschafter eine Patronatserklärung abgeben, so dass der Betrieb zumindest teilweise fortgeführt werden kann. Das nicht betriebsnotwendige Vermögen kann im Wege des asset deal vom Verwalter verkauft werden, so dass die Gläubiger teilweise befriedigt werden können.

789 Aus der Betriebsfortführung, die unter der Überwachung eines Sachwalters erfolgen kann, können die Überschüsse zur quotalen Befriedigung der Gläubiger verwandt werden. Sind die Verbindlichkeiten im Hinblick auf die Erlöse zu groß, kann der teilweise Verbindlichkeitenerlass, der Verzicht auf Aus- und Absonderungsrechte sowie Zuzahlungen vereinbart werden.

790 Vor allem dann, wenn die ungleich gesicherten Gläubiger auf unterschiedliche Rechte verzichten können, sind Sicherheitenabgrenzungsverträge erforderlich.

6. Die Gestaltung schuldrechtlicher Vorgänge

790a In gegenseitige Verträge, wie Dauerschuldverhältnisse, die für den Fall des Insolvenzverfahrens wirksame Verhaltensklauseln enthalten, wie z.B. Auflösungsklauseln (s. zur Wirksamkeit bzw. Unwirksamkeit von Auflösungsklauseln in Miet- und Pachtverträgen *Hess* in HWW, § 119 InsO Rz. 16 ff.; *Eckert* ZIP 1996, 897; *Smid/Rattunde* Insolvenzplan, Rz. 381) oder in zukünftige Lohnansprüche der nicht gekündigten Arbeitnehmer, kann durch mehrheitlich beschlossenem Insolvenzplan nicht eingegriffen werden (*Smid/Rattunde* a.a.O., Rz. 375 ff.).

III. Gesellschaftsrechtliche Vorgänge

1. Allgemeines

791 Als ein entscheidender Beitrag zur Deregulierung der Insolvenzabwicklung tritt der Insolvenzplan an die Stelle des Vergleichs nach der VglO und dem Zwangsvergleich nach der KO sowie dem Vergleich nach der GesO. Es soll den an der Insolvenzabwicklung Beteiligten ein Höchstmaß an Flexibilität eingeräumt werden, so dass der Plan von sämtlichen Vorschriften über die insolvenzmäßige Zwangsverwertung und -verteilung abweichen kann (vgl. *Balz/Landfermann* Die neuen Insolvenzgesetze, S. 30;

vgl. auch *Hess/Weis* InVo 1996, 169). Dementsprechend können die Gläubiger statt mit einer Forderungsquote z.B. mit Anteilsrechten an einer Auffanggesellschaft abgefunden werden, soweit dies gesellschaftsrechtlich zulässig ist (*Hess* in HWW InsO, § 221 Rz. 62).

Da der Plan nicht mehr als eine Rechtswohltat für den Schuldner angesehen wird, **792** kommt es nicht mehr auf irgendwelche Würdigkeitsvoraussetzungen des Schuldners an. **A.A.** sind offenbar *Smid/Rattunde*, die meinen, dass von dem Schuldner eine Erklärung über die Bereitschaft zur Abgabe der eidesstattlichen Versicherung verlangt werden könne. *Smid/Rattunde* räumen aber selbst ein, dass sich aus § 274 InsO ergibt, dass dem Sachwalter und dem Eigenverwalter gerade nicht die Befugnis zusteht, die Abgabe der eidesstattlichen Versicherung zu verlangen.

Sieht der Plan die Fortsetzung des Unternehmens durch den Schuldner oder organisa- **793** tionsrechtliche Zugeständnisse der Gesellschafter oder einen Eigentümerbeitrag vor, so kann nach den allgemeinen Prinzipien der Wirtschaftsverfassung der Plan nicht ohne Zustimmung des Schuldners bzw. der Gesellschafter der schuldnerischen Gesellschaft wirksam werden (*Balz/Landfermann* a.a.O., S. 32; s. auch *Braun/Uhlenbruck* Unternehmensinsolvenz, S. 581 ff.). In einem Insolvenzplan können aber gem. § 227 Abs. 2, § 217 InsO und § 105 Abs. 1 Satz 2 GenG unter bestimmten Voraussetzungen auch gegen den Willen von Gesellschaftern Regelungen zu ihren Lasten getroffen werden. Zwangseingriffe in die Kapitalstruktur einer Gesellschaft sind jedoch nicht möglich (s. auch *Kluth* ZInsO 2002, 258; *Müller* KTS 2002, 209). § 227 Abs. 2 InsO betrifft – über den Wortlaut der Vorschrift hinaus – alle Fälle einer akzessorischen persönlichen Gesellschafterhaftung für Gesellschaftsschulden. Im Plan kann ein Fortbestand dieser Haftung vorgesehen werden. Soweit Gesellschafter zwangsweise planunterworfen sind, steht ihnen analog § 251 InsO ein Widerspruchs- und analog § 253 InsO ein Beschwerderecht zu (*Eidenmüller* ZGR 2001, 681).

Dem trägt § 217 InsO Rechnung, da nach dieser Vorschrift in dem Plan **794**
– die Befriedigung der absonderungsberechtigten Gläubiger,
– die Verwertung der Insolvenzmasse,
– die Verteilung des Masseerlöses
– sowie die Haftung des Schuldners

geregelt werden kann. Diese Vorschrift ist so zu verstehen, dass die Gläubiger sich hinsichtlich dieses Regelungsgehalts des Plans ohne die Zustimmung des Schuldners einigen können (*Hess* in HWW InsO, § 221 Rz. 65).

§ 217 InsO schließt aber nicht aus, dass die Gläubiger auf freiwilliger Basis zur Regu- **795** lierung der Insolvenz gesellschaftsvertragliche Vereinbarungen treffen können. Dies um so mehr als Sanierungsmaßnahmen häufig nur dann Erfolg versprechen, wenn die Rechtsform des Schuldnerunternehmens, die gesellschaftsrechtliche Struktur oder die Beteiligungsverhältnisse des Unternehmens geändert werden. Zur Erleichterung solcher Strukturänderungen ermöglicht § 228 InsO, dass die erforderlichen Willenserklärungen der Beteiligten zur Änderung sachenrechtlicher Verhältnisse in den gestaltenden Teil des Insolvenzplans aufgenommen werden können. Im Einzelnen können beispielhaft folgende gesellschaftsrechtliche Vorgänge für den gestaltenden Teil eines Insolvenzplans angedacht werden (*Hess* in HWW InsO, § 221 Rz. 6).

795a Fortsetzungsbeschlüsse sind unter die Bedingung der Verfahrensaufhebung zu stellen, Beschlüsse, die die Fortsetzung voraussetzen, unter die Bedingung der wirksam beschlossenen Fortsetzung.

Sanierungsbeiträge von Gesellschaftern können auch außerhalb eines Insolvenzplans erbracht und mit diesem verzahnt werden: über eine insolvenzverfahrensrechtliche Bestätigungsvoraussetzung i.S.v. § 249 InsO sowie dadurch, dass der Plan entsprechend bedingt wird (§ 158 BGB; *Eidenmüller* ZGR 2001, 681).

2. Die BGB-Gesellschaft

796 Betreibt der Schuldner ein Einzelunternehmen, kann mit Zustimmung des Schuldners eine BGB-Gesellschaft (z.B. nach Anhang Muster 2) gegründet werden, an der sich der Schuldner und ein Teil der Gläubiger beteiligen, um den Geschäftsbetrieb fortzuführen. Es kann insoweit vereinbart werden, dass der dem Schuldner zustehende Gewinn, mit Ausnahme der ihm zu belassenden monatlichen Tätigkeitsvergütung, an die übrigen Gläubiger ausgeschüttet wird.

3. Die OHG

797 Der Schuldner, der einen einzelkaufmännischen Gewerbebetrieb führt, kann mit einzelnen Gläubigern eine OHG gründen, damit der Betrieb aufrechterhalten werden kann. Im Rahmen des Gesellschaftsvertrages (z.B. nach Anhang Muster 3) kann der Schuldner bei der Geschäftsführung ausgeschlossen, der Gewinn und ein eventuelles Auseinandersetzungsguthaben für den Fall des Ausscheidens der Gesellschaft den Gläubigern zustehen, wobei dem Schuldner eine gewinnunabhängige Tätigkeitsvergütung gewährt wird, die jedoch den Gewinn der Gesellschaft schmälert.

798 Die OHG kann auch dergestalt errichtet werden, dass ein persönlich haftender Gesellschafter in das Geschäft des schuldnerischen Einzelkaufmanns eintritt mit der Maßgabe, dass der Schuldner von der Geschäftsführung ausgeschlossen und dass der Gewinn nach Abzug der Tätigkeitsvergütung über einen Sachwalter an die Gläubiger ausgeschüttet wird (*Otte* in KP InsO, § 221 Rz. 9).

799 Des Weiteren kann in einer bestehenden OHG, die Schuldner ist, ein oder mehrere Gesellschafter aufgenommen werden.

4. Die Kommanditgesellschaft

800 Schuldner und einzelne Gläubiger können eine KG gründen, in der der Schuldner als Kommanditist das insolvente Unternehmen einbringt.

801 Das Widerspruchsrecht des Kommanditisten bei allen Handlungen, die den gewerblichen Geschäftsbetrieb übersteigen, kann gesellschaftsvertraglich erweitert oder ganz aufgehoben werden. Das Stimmrecht des Schuldners kann ausgeschlossen werden (*BGH* vom 14.5.1956 – II ZR 229/54 – NJW 1956, 1198, 1199; *Otte* in KP InsO, § 221 Rz. 9).

5. Die GmbH & Co. KG

Schuldner und Gläubiger können auch eine GmbH & Co. KG gründen. Diese **802** Geschäftsform hat den Vorteil, dass die Gesellschafter, die die Geschäftsführung ausüben, nicht eine unbeschränkte Haftung übernehmen müssen und die Geschäftsführung auch Gesellschaftsfremden anvertraut werden kann. Hier gibt es die unterschiedlichsten Gestaltungsformen, wie z.B. die Einheitsgesellschaft, bei der die KG die einzige Gesellschafterin der GmbH ist, die ihrerseits die einzige persönlich haftende Gesellschafterin der KG ist, oder der Gesellschaftsvertrag mit mehreren Familienstämmen und einem Beirat. Die Gesellschaftsform ist sehr anpassungsfähig. Mit Zustimmung aller Gesellschafter kann eine Stellung eines Komplementärs in die eines Kommanditisten und umgekehrt die eines Kommanditisten in die eines Komplementärs umgewandelt werden oder vertraglich die Erhöhung oder Herabsetzung von Kommanditeinlagen vereinbart werden.

6. Die GmbH

Die GmbH wird auch zukünftig die beliebteste Form für eine Fortführungsgesell- **803** schaft sein, wobei die Gesellschaft als Bargründung oder in der Form der Bar- und Sachgründung entstehen kann (*Otte* in KP InsO, § 221 Rz. 9). Erfolgt zumindest teilweise eine Sachgründung, bedarf es eines Sachgründungsberichts, der nicht Bestandteil des Gesellschaftsvertrages ist und von den Gründern, nicht von den Geschäftsführern zu unterzeichnen ist.

Der Schuldner kann sein kaufmännisch geführtes Unternehmen auf eine GmbH **804** übertragen, worüber ein Umwandlungsprotokoll zu erstellen ist. Bei dem Gesellschaftsvertrag kann ein einfacher Vertrag zu Grunde gelegt werden, z.B. ohne Aufnahme eines Mehrheitsgesellschafters mit der Einbringung von Bar- und Sacheinlagen. Im komplizierten Falle kann der Gesellschaftsvertrag der GmbH personalistisch strukturiert und für den Fall des Mehrheitsgesellschafters auch Minderheitenschutzbestimmungen aufgenommen werden.

Ist der Zweck im Rahmen der Fortführungsgesellschaft erreicht, können die Gesell- **805** schafter ihre Gesellschaftsanteile verkaufen und an Dritte abtreten. Möglich ist, dass die Gesellschafter die Geschäftsanteile verpfänden oder aber auch zur Sicherung abtreten.

Soll eine Kapitalerhöhung (§ 3 Abs. 1 Nr. 3 GmbHG), z.B. eine Erhöhung um einen **806** Festbetrag bei Übernahme durch die Gesellschafter oder eine Erhöhung um einen Mindest-/Höchstbetrag bei Übernahme der Stammeinlage durch Dritte, durchgeführt werden, erfordert dies eine Änderung des Gesellschaftsvertrages (§§ 53, 55 GmbHG), wobei der Beschluss über die Kapitalerhöhung einer Mehrheit von 75 % der abgegebenen Stimmen bedarf.

Die Kapitalerhöhung kann auch durch Sacheinlagen, z.B. durch Einbringung von **807** Forderungen gegenüber der Gesellschaft oder durch Einbringung einer Beteiligung, erfolgen.

808 Auch die Kapitalherabsetzung kann im Rahmen der Sanierung in der unterschiedlichsten Form angezeigt sein, z. B. der Erlass der Einlagenverpflichtung und Rückzahlung von Einlagen oder der Erlass von Einlagenverpflichtungen und Rückzahlung von Einlagen verbunden mit der Einziehung eines Geschäftsanteils und einer Neuordnung der Beteiligungsverhältnisse oder die gleichzeitige Kapitalherabsetzung und die Kapitalerhöhung oder die Kapitalherabsetzung verbunden mit der Abtretung von Teilgeschäftsanteilen und der Leistung eines Zuschusses.

809 Bei den ersten beiden angesprochenen Formen der Kapitalherabsetzung hat sich der Kapitalbedarf der Gesellschaft verringert, so dass den Gesellschaftern, die ihre Einlage noch nicht erhöht haben, die Einlage teilweise zurückbezahlt wurde.

7. Die Aktiengesellschaft

810 Die AG kann ebenfalls als Fortführungsgesellschaft infrage kommen. Dementsprechend könnte im gestaltenden Teil der Insolvenzplan
– das Gründungsprotokoll über eine Bargründung nebst Gründungsbericht,
– das Gründungsprotokoll über eine Sachgründung,
– die Satzungsbestimmung über die Einbringung eines Teilbetriebes,
– eine Nachgründung mit einer Kapitalerhöhung gegen Sacheinlagen und
– die Satzung einer AG, wobei der Belegschaft Genussrechte eingeräumt werden können,
enthalten sein.

811 Bei bestehenden Aktiengesellschaften kann eine Kapitalerhöhung gegen Sacheinlagen, eine ordentliche Kapitalherabsetzung, eine vereinfachte Kapitalherabsetzung unter gleichzeitiger Kapitalerhöhung erfolgen.

8. Die stille Beteiligung

812 Auch die stille Beteiligung, z. B. der Gläubiger, kann ein geeignetes Instrumentarium für eine Sanierung sein. Hier kann die Errichtung einer typisch stillen Beteiligung, die stille Beteiligung als Arbeitnehmerbeteiligung oder eine Unterbeteiligung infrage kommen.

9. Sanierungsgeeignete Unternehmensverträge

813 Für eine Sanierung kann auch ein Unternehmensvertrag geboten sein, wie z. B. der Beherrschungsvertrag nach § 291 Abs. 1 Satz 1 AktG, der Beherrschungs- und Gewinnabführungsvertrag, der Betriebsfortführungsvertrag, der Betriebspachtvertrag, der Verschmelzungsvertrag, der Verschmelzungsvertrag einer AG mit einer anderen AG, der Verschmelzungsvertrag einer GmbH mit einer AG (vgl. Anhang Muster 4), der Verschmelzungsvertrag einer GmbH mit einer GmbH durch Aufnahme nach § 19 Abs. 1 Nr. 1 KapErhG, der Verschmelzungsvertrag einer GmbH und einer AG.

10. Die Umwandlung von Unternehmensformen

Im Rahmen von Betriebsfortführungen können der Gläubiger und die Gesellschafter an einer Umwandlung der Unternehmensformen interessiert sein. **814**

Es können 270 nach dem UmwG denkbare Gestaltungsmöglichkeiten angedacht werden. Von der Grundstruktur bieten sich Vereinbarungen über die Umwandlung
- einer OHG in eine GmbH nach §§ 46 UmwG
- einer GmbH & Co. KG in eine GmbH
- einer GmbH in eine Einzelfirma
- einer GmbH in eine OHG
- eine GmbH in eine GmbH & Co. KG
- einer GmbH in eine AG
- einer AG in eine OHG
- einer AG in eine GmbH

aber auch die Abspaltung an.

11. Handelsregisteranmeldung

Die vorstehenden gesellschaftsrechtlichen Vorgänge müssen meist zum Handelsregister angemeldet werden, wie z. B. die Anmeldung einer Umwandlung einer GmbH & Co. KG in eine GmbH nach §§ 46 ff. UmwG (vgl. Anhang Muster 4). **815**

Darüber hinaus müssen, soweit dies die Gesellschaftsform gebietet, vom Handelsregister Gründungsprüfer bestellt und Gründungsprüfungsberichte abgefasst werden.

Diese mit der Realisierung der geplanten Maßnahmen erforderlichen Meldevorgänge brauchen nicht, können aber ebenfalls in den gestaltenden Teil des Insolvenzplans aufgenommen werden. **816**

Zweiter Abschnitt
Restschuldbefreiung und Verbraucherinsolvenzverfahren

A. Einleitung

Die InsO will natürlichen Personen für den Fall ihrer Insolvenz (zu den Gründen der Insolvenz s. *Hess* in HWW InsO, vor § 286 Rz. 1 m.w.N.) mit der Restschuldbefreiung und dem Verbraucherinsolvenzverfahren einen Weg eröffnen, sich dem unbegrenzten Nachforderungsrecht der Gläubiger für die im Insolvenzverfahren nicht befriedigten Ansprüche zu entziehen. Der Regierungsentwurf (Allgem. Begr. BT-Drs. 12/2443 A 3 d) begründet dies wie folgt: **817**

„Es ist ein zugleich soziales und freiheitliches Anliegen, dem redlichen Schuldner nach der Durchführung eines Insolvenzverfahrens über sein Vermögen leichter als heute eine endgültige Schuldenbereinigung zu ermöglichen. Das heutige Konkursverfahren beläßt den Gläubigern das Recht der freien Nachforderung (§ 164 Abs. 1 KO). Die festgestellten Forderungen verjähren in 30 Jahren. Vollstreckungshandlungen unterbrechen die Verjährung. Infolgedessen sind selbst junge Schuldner häufig bis an ihr Lebensende der Rechtsverfolgung der Konkursgläubiger ausgesetzt. ... Die praktisch lebenslange Nachhaftung drängt viele ehemalige Gemeinschuldner in die Schattenwirtschaft und in die Schwarzarbeit ab, wenn nicht ihre Fähigkeiten der Volkswirtschaft ganz verloren gehen. Auch geeignete Persönlichkeiten werden von der Gründung einer selbständigen Existenz abgeschreckt. Der regelmäßig geringe wirtschaftliche Wert des Nachforderungsrechts steht schwerlich in einem angemessenen Verhältnis zu den gesellschaftlichen und gesamtwirtschaftlichen Kosten der häufig lebenslangen Schuldenhaftung. In den letzten Jahren hat die Zahl der Fälle schwerer Verbraucherverschuldung erheblich zugenommen. Konkurs- und Vergleichsverfahren sind dennoch privaten Verbrauchern und Arbeitnehmern aus mancherlei Gründen praktisch kaum zugänglich; sie leisten keinen Beitrag zur Bereinigung der Verbraucherverschuldung. Es erscheint sachgerecht, das Insolvenzverfahren auch für die Bewältigung solcher Insolvenzen zu nutzen. ... Eine sachgerechte Neuregelung sollte nicht nur dem Schuldner, sondern auch den Gläubigern dienen: Ihre Befriedigungschancen verbessern sich, wenn der Schuldner zu redlichem Verhalten, insbesondere zur rechtzeitigen Stellung des Insolvenzantrags und zur korrekten Mitwirkung im Verfahren veranlaßt wird. Bewilligen die Gläubiger dem Schuldner in einem Plan Restschuldbefreiung, so wissen sie, worauf sie sich einlassen. Ein solcher frei ausgehandelter Plan ist marktwirtschaftlich effizient. Der Gestaltungsfreiheit der Beteiligten sollte deswegen keine unnötigen Schranken gesetzt werden." **818**

Dies stellt den vorläufigen Abschluss einer langen Entwicklung dar. **819**

B. Von der Schuldknechtschaft zum Null-Plan

820 Seit Jahren ist das Problem der wachsenden Verbraucherverschuldung unter den Schlagworten „moderner Schuldturm" und „Schuldenkarussell" immer wieder in den Mittelpunkt fachlicher und politischer Diskussionen gerückt worden (*Uhlenbruck* KTS 1994, 499; *ders.* MDR 1990, 4; *Balz* ZRP 1986, 12; ZIP 1988, 273 und 1438; *Gravenbrucher Kreis* ZIP 1992, 657; *Henning* InVo 1996, 289; *Kothe* ZIP 1994, 184; *Pape* ZRP 1993, 285; *Prütting* ZIP 1992, 882; *Schmidt-Räntsch* MDR 1994, 321; *Wenzel* ZRP 1993, 161; *ders.* Die Restschuldbefreiung in den neuen Bundesländern; *Wochner* BB 1989, 1065; zu den Erfahrungen mit der Restschuldbefreiung nach der GesO s. *Smid* DtZ 1993, 98). Der Grund für die Diskussion lag in dem freien Nachforderungsrecht der Konkursgläubiger (§ 164 KO), das zu einer lebenslangen „Schuldknechtschaft" führte.

821 Wer diese Schlagworte für die gegenwärtige Gesetzeslage verwendet, setzt sich allerdings dem Vorwurf einer gewissen Übertreibung aus, vergleicht man einmal die Regelungen der Antike mit dem heutigen Recht und seinen zahlreichen Schuldnerschutzbestimmungen.

I. Römisches Recht

822 Wenig zartfühlend gingen die Römer mit Schuldnern um: Während des Legisaktionenverfahrens, dessen Grundsätze im XII-Tafelgesetz niedergelegt waren und das bis weit in das 3. Jhdt. v. Chr. hinein die führende Verfahrensordnung des römischen Rechts war, führte die Nichtbezahlung von Schulden nämlich dazu, dass der Gläubiger eigenmächtig, aber staatlich beaufsichtigt, auf die Person des Schuldners zugreifen (*Kleineidam* Die Personalexekution der Zwölf-Tafeln, 1904, S. 10 ff.) und während der Prüfung seiner Ansprüche durch den Prätor den Schuldner gefangen setzen konnte. Bei Bejahung der Ansprüche wurde der Schuldner dem Gläubiger als Schuldknecht („addictus") zugesprochen. Der Gläubiger konnte den „addictus" seine Schuld abarbeiten lassen, als Sklaven verkaufen („trans tiberim vendere") oder ihn sogar töten (*Wenger* Institutionen des römischen Zivilprozeßrechts, 1925, S. 215). Da der Schuldner mit der „addictio" für immer seine römischen Bürgerrechte verlor, wurde seine gesamte Existenz vernichtet. Erst die „Lex Poetelia" von 326 v. Chr. schaffte zumindest die Tötung und Versklavung des Schuldners ab und führte somit bedingt zu einer Linderung des Schicksals des Schuldners (vgl. zum ganzen *Kaser* Das Römische Zivilprozeßrecht, § 20).

II. Konkursordnung

Wie bereits erwähnt gestattet die KO dem Gläubiger in § 164, seine im Konkursverfahren nicht befriedigten Forderungen unbeschränkt, d.h. 30 Jahre lang geltend zu machen. Dem Schuldner kommen allerdings zahlreiche Schutzvorschriften zugute, die ihm eine bescheidene Existenz sichern sollen. Dazu gehören vor allem die Pfändungsfreigrenzen für Arbeitseinkommen (§§ 850 c ff. ZPO) und die Regelungen über die Unpfändbarkeit von Sachen (§§ 811, 813 ZPO). **823**

Ein Schuldner, der absehen kann, dass es ihm trotz aller Anstrengungen nicht oder nur in sehr ferner Zukunft gelingen wird, seine Schulden zu bereinigen, stellt irgendwann seine Arbeit „für den Gläubiger" ein, Leistung lohnt sich für ihn nicht mehr; die Folge ist ein Abgleiten in die Schattenwirtschaft (*Wenzel* Die Restschuldbefreiung in den neuen Bundesländern, S. 233). Je weiter sich die Distanz zwischen dem pfändungsfreien Arbeitseinkommen und den Sozialhilfesätzen verringert, desto niedriger ist auch der Anreiz für den Schuldner, einer offiziellen Arbeit nachzugehen. **824**

III. Gesamtvollstreckungsordnung

Die GesO für die neuen Bundesländer brachte gegenüber der KO eine – wie *Landfermann* (FS Merz, S. 367) sich ausdrückt – fast revolutionäre Neuregelung in § 18 Abs. 2 Satz 3: **825**

„Eine Vollstreckung findet nur statt, soweit der Schuldner über ein angemessenes Einkommen hinaus zu neuem Vermögen gelangt; dies gilt nicht, wenn der Schuldner vor oder während des Verfahrens vorsätzlich oder grob fahrlässig zum Nachteil seiner Gläubiger handelt."

Der Schuldner muss danach einen seinen normalen persönlichen und beruflichen Verhältnissen entsprechenden Lebenswandel führen können, der weder ärmlich noch übertrieben aufwändig ist (*Wenzel* Die Restschuldbefreiung in den neuen Bundesländern, S. 228). **826**

IV. Insolvenzordnung

Die Insolvenzrechtsreform schließt hier an und führt damit im gesamten Deutschland ein Institut ein, das in manchen anderen Rechtsordnungen bereits zum selbstverständlichen Standard gehört (*Schmidt-Räntsch* FS Hanisch, S. 217 mit Hinweisen auf Frankreich, Großbritannien und die USA): Schuldner, die trotz redlichen Bemühens wirtschaftlich gescheitert sind, sollen künftig die Chance erhalten, sich durch ein besonderes Insolvenzverfahren unter Tilgung eines Teils ihrer Verbindlichkeiten von ihren restlichen Schulden zu befreien (Begr. zu RegE BR-Drs. 1/92 B Nr. 11). Die Regelungen der InsO können im Extremfall dazu führen, dass der Schuldner sich auch ohne jegliche Zahlung an seine Gläubiger seiner Schulden entledigen (*Heyer* JR **827**

1996, 314; *Scholz* FLF 1995, 88) und mit einem sog. Null-Plan (*Henning* InVo 1996, 288; *Heyer* a.a.O.) in das Verfahren gehen kann. Im Gegensatz dazu steht z.B. das österreichische Abschöpfungsverfahren. Dort ist eine Mindestquote für die Befriedigung der Gläubiger festgeschrieben: Dauert die Abschöpfungsperiode 7 Jahre, so muss er mindestens 10 % der Verbindlichkeiten seiner Gläubiger befriedigen. Alternativ bei einer verkürzten Abschöpfungsperiode von nur 3 Jahren beträgt die Mindestquote 50 % (*Heyer* a.a.O.).

828 Um mittellosen Schuldnern den Zugang zum Verfahren und zum Null-Plan zu erleichtern, hat der Gesetzgeber angesichts der Weigerung der überwiegenden Zahl der Gerichte, Prozesskostenhilfe zu gewähren, durch das InsOÄndG (Gesetz zur Änderung der Insolvenzordnung und anderer Gesetze vom 26.10.2001, BGBl. I, 2710), eine Stundungsregelung (§§ 4 a–c InsO) eingeführt und auch sonst einige Regelungen zur Straffung des Verfahrens und zur Klärung aufgekommener Streitfragen getroffen (Einzelheiten s. *Pape* ZInsO 2002, 587).

V. Übergangsregelung

828a Für die noch nicht abgeschlossenen Verfahren über das Vermögen natürlicher Personen nach der GesO und KO kann nach h.M. im Wege der Vorwirkung der InsO auch nach In-Kraft-Treten der InsO keine Restschuldbefreiung beantragt werden (*Ahrens* in FK InsO, § 286 Rz. 56). Das führt dazu, dass nach In-Kraft-Treten der InsO der Schuldner trotz des noch laufenden Konkurs- oder Gesamtvollstreckungsverfahrens bei Vorliegen eines Insolvenzgrundes bezüglich des **Neuvermögens ein Insolvenzverfahren** auslösen muss, um die Möglichkeit der Restschuldbefreiung in Anspruch zu nehmen.

C. Systematik der Verfahren

Verbraucherinsolvenz und Restschuldbefreiung setzen sich aus mehreren hintereinander geschalteten Verfahrensschritten zusammen, deren nächster nur nach Scheitern des vorangegangenen durchgeführt wird. Sie unterscheiden zwischen persönlich haftenden Unternehmern und Verbrauchern. **829**

I. Verfahrensschritte

Für **Verbraucher** gilt folgender Stufenplan: **830**
– außergerichtliches Schuldenbereinigungsverfahren,
– gerichtlicher Schuldenbereinigungsplan,
– vereinfachtes Insolvenzverfahren,
– gesetzliches Restschuldbefreiungsverfahren.

Für **persönlich haftende Unternehmer** gilt folgender Stufenplan (*Scholz* DB 1996, 765): **831**
– allgemeines Insolvenzverfahren,
– gesetzliches Restschuldbefreiungsverfahren.

Die Insolvenzschuldner müssen diese Reihenfolge einhalten (*Gounakis* BB 1999, 224). Ein Verbraucher kann nicht etwa das außergerichtliche Schuldenbereinigungsverfahren überspringen und direkt die Restschuldbefreiung beantragen, selbst wenn er keinerlei Hoffnung auf eine Zustimmung seiner Gläubiger zu einem Schuldenbereinigungsplan hat. Dies ergibt sich aus der in § 305 Abs. 1 InsO niedergelegten Pflicht des Schuldners, zusammen mit dem Antrag auf Eröffnung des Insolvenzverfahrens oder unverzüglich danach eine Bescheinigung über das Scheitern eines außergerichtlichen Einigungsversuchs vorzulegen. Auch entspricht die generelle Vorschaltung eines außergerichtlichen Schuldenbereinigungsverfahrens dem Bestreben des Gesetzgebers, eine übermäßige Belastung der Gerichte mit Verbraucherinsolvenzverfahren zu verhindern (Begr. zu § 357b RegE InsO). Deshalb müssen die Gerichte von Amts wegen ermitteln, welchem Personenkreis der Antragsteller zuzuordnen ist (*Vallender* ZIP 1999, 125). Nach dem Insolvenzrechtsänderungsgesetz (vom 26.10.2001, BGBl. I, 2710) soll jedoch das gerichtliche Schuldenbereinigungsplanverfahren entfallen, wenn der Plan „nach der freien Überzeugung des Gerichts nicht angenommen wird". **832**

II. Abgrenzung des Personenkreises

833 Auch vom Verfahrensziel ist zu unterscheiden zwischen persönlich haftenden Unternehmern und Verbrauchern:
- **Persönlich haftende Unternehmer** können sich ihrer im Insolvenzverfahren nicht erfüllten Verbindlichkeiten entledigen, wenn sie ihre pfändbaren Bezüge aus einem Dienst- oder Arbeitsverhältnis für die Zeit von 6 Jahren nach der Aufhebung des Insolvenzverfahrens den Gläubigern überlassen (Restschuldbefreiung).
- **Verbraucher** können sich durch einen sog. Schuldenbereinigungsplan mit Hilfe des Gerichts von ihren Verbindlichkeiten ganz oder teilweise befreien, wenn sie zuvor erfolglos eine außergerichtliche Einigung mit den Gläubigern versucht haben (Schuldenbereinigungsplan-Verfahren; s. *Obermüller* Insolvenzrecht in der Bankpraxis, Rz. 1566 ff.).

1. Definition des Verbrauchers

834 Für die Abgrenzung gelten unterschiedliche Kriterien je nachdem, ob das Verfahren vor oder nach dem In-Kraft-Treten des InsOÄndG am 1.12.2001 eröffnet worden ist (Art. 9 InsOÄndG).

a) Vor dem 1.12.2001 eröffnete Verfahren

835 Das Gesetz spricht in der Überschrift des Neunten Teils der InsO zunächst von Verbrauchern und definiert diese im Text des § 304 InsO als **natürliche Personen**, die keine oder nur eine geringfügige selbstständige wirtschaftliche Tätigkeit ausüben. Eine selbstständige wirtschaftliche Tätigkeit ist insbesondere dann geringfügig, wenn sie nach Art und Umfang einen in kaufmännischer Weise eingerichteten Geschäftsbetrieb nicht erfordert (§ 304 Abs. 2 InsO); insoweit knüpft die InsO an den ehemaligen **Minderkaufmann** des § 4 HGB a.F. an (*AG Köln* vom 31.3.1999 – 73 IN 20/99 – NZI 1999, 241). Erfasst sind also neben Arbeitnehmern aller Art und den nicht Berufstätigen auch die Kleingewerbetreibenden und Freiberufler (Einzelheiten zur Abgrenzung s. *Fuchs* ZInsO 1999, 185; *Kögel* DZWiR 1999, 235).

836 Maßgebend ist die Eigenschaft des Schuldners im Zeitpunkt der Antragstellung. Auf seine Eigenschaft in dem Zeitraum, aus dem die Schulden stammen, kann dagegen nicht abgestellt werden (*OLG Schleswig* vom 1.2.2000 – 1 W 53/99, 1 W 56/99 – ZInsO 2000, 156; *OLG Naumburg* vom 31.7.2000 – 5 W 64/00 – ZInsO 2000, 567; *AG Frankfurt/M.* vom 23.6.1999 – 816 IK 11/99 – InVo 1999, 313; *LG Frankfurt/Oder* vom 6.4.2000 – 6 (a) 407/99 – ZInsO 2000, 290; *OLG Frankfurt/M.* vom 5.1.2000 – 15 W 114/99 – ZInsO 2000, 296; *LG Dessau* vom 28.4.2000 – 9 T 218/00 – ZInsO 2000, 466; **a.A.** *LG Kassel* vom 25.5.1999 – 3 T 325/99 – ZInsO 1999, 421; *AG Hamburg* vom 24.1.2000 – 67 g IN 13/00 – ZIP 2000, 323; krit. ebenfalls *Klaas* ZInsO 1999, 545; Übersicht über die Rechtsprechung s. *Pape* ZInsO 2000, 647); dies würde spätestens dann zu unlösbaren Schwierigkeiten führen, wenn die Schulden sowohl aus unternehmerischer als auch aus privater Tätigkeit herrühren.

b) Seit dem 1.12.2001 eröffnete Verfahren

Die schon in den ersten Jahren nach In-Kraft-Treten der InsO aufgetauchten Abgrenzungsschwierigkeiten haben den Gesetzgeber veranlasst, nach Alternativen zu suchen. Für Verfahren, die seit dem 1.12. 2001 eröffnet werden, sieht nunmehr das InsOÄndG die Anwendung des Verbraucherinsolvenzverfahrens für solche Schuldner vor, die keine selbstständige wirtschaftliche Tätigkeit ausüben (§ 304 Abs. 1 Satz 1 InsO n.F.). **836a**

Auch **Selbstständige** sollen unter das Verbraucherinsolvenzverfahren fallen, sofern ihre Vermögensverhältnisse überschaubar sind – dies wird unterstellt, wenn sie im Zeitpunkt des Insolvenzantrags weniger als 20 Gläubiger aufweisen – und gegen sie keine Forderungen aus Arbeitsverhältnissen bestehen. Der geänderte § 304 Abs. 1 Satz 1 InsO beinhaltet den Grundsatz, dass über das Vermögen der ehemaligen oder noch aktiv Selbstständigen nicht das Verbraucher-, sondern das Regelinsolvenzverfahren zu eröffnen ist. Dabei wird nicht mehr darauf abgestellt, welche Tätigkeit aktuell ausgeübt wird. Von dem Grundsatz, dass ehemalige und noch aktive Unternehmer generell dem Regelinsolvenzverfahren zuzuordnen sind, wird eine Ausnahme für die Schuldner gemacht, die nur eine geringfügige selbstständige wirtschaftliche Tätigkeit ausgeübt haben. Diese ehemaligen Unternehmer sollen dem Verbraucherinsolvenzverfahren unterfallen, wenn die Vermögensverhältnisse überschaubar sind und gegen sie keine Verbindlichkeiten aus Arbeitsverhältnissen bestehen. Nur wenn beide Voraussetzungen erfüllt sind, ähnelt die Verschuldensstruktur der von Verbrauchern. **836b**

Voraussetzung für die Einbeziehung in das Verbraucherinsolvenzverfahren ist, dass die Arbeitsverhältnisse vollständig abgewickelt sind und aus ihnen keine Verbindlichkeiten des Schuldners mehr bestehen. Der Terminus Verbindlichkeiten aus Arbeitsverhältnissen ist weit zu verstehen, so dass nicht nur die Forderungen der Arbeitnehmer selbst, sondern auch beispielsweise die gem. § 187 SGB III auf die BA übergegangenen Lohn- und Gehaltsansprüche hierzu zählen (Begr. zum RegE § 304 S. 48). **836c**

Nach § 304 Abs. 2 InsO sind die Vermögensverhältnisse des Schuldners dann überschaubar, wenn er weniger als 20 Gläubiger hat. Damit ist das zentrale Abgrenzungskriterium des Verbraucherinsolvenzverfahrens die Zahl der Gläubiger. Zu der Beschränkung auf 20 Gläubiger ist es deshalb gekommen, weil die Erfahrungen der Praxis gezeigt haben, dass Einigungsversuche mit mehr als 20 Gläubigern meist keinen Erfolg versprechen. **836d**

Für die streitige Frage, welcher Zeitpunkt maßgeblich ist, um festzulegen, ob der Schuldner eine geringfügige, selbstständige, wirtschaftliche Tätigkeit ausübt, hat der Gesetzgeber nunmehr den Zeitpunkt der Antragstellung festgelegt, da zu diesem Zeitpunkt das Gericht zu entscheiden hat, ob ein Regelinsolvenzverfahren eröffnet wird oder ob die Zulässigkeitsvoraussetzungen des Verbraucherinsolvenzverfahrens zu beachten sind. **836e**

Wird die Eröffnung des Insolvenzverfahrens über das Vermögen einer ehemals unternehmerisch tätigen Person beantragt, so kann das Gericht, wenn keine weiteren Anhaltspunkte für die Verbraucherqualifikation vorliegen, ohne weiteres das Regelinsolvenzverfahren eröffnen. Sind Anhaltspunkte ersichtlich, die auf eine geringe Zahl von Gläubigern schließen lassen, so kann das Gericht die erforderlichen Informationen bei dem Schuldner anfordern. **836f**

2. Sonstige Schuldner

837 Natürliche Personen, die nicht unter den Begriff des Verbrauchers fallen, können ohne den vorherigen Versuch eines außergerichtlichen Schuldenbereinigungsverfahrens und eines gerichtlichen Schuldenbereinigungsplans das Restschuldbefreiungsverfahren beantragen. Dabei kann es sich um **Einzelunternehmer**, die ein Kaufmannsgewerbe betreiben, und um **persönlich haftende Gesellschafter** einer OHG oder KG bzw. KGaA handeln (Einzelheiten zur Abgrenzung s. *Fuchs* ZInsO 1999, 185).

D. Außergerichtliche Schuldenbereinigung für Verbraucher

Ein Verbraucher kann jederzeit den Versuch unternehmen, mit seinen Gläubigern eine Vereinbarung über eine Schuldenregulierung zu treffen. Dies ist selbstverständlich auch einem Gewerbetreibenden, der kein Verbraucher ist, nicht verwehrt; für ihn ist ein solcher Versuch aber nicht Voraussetzung für den Schritt zur Restschuldbefreiung und eröffnet ihm auch nicht den Einstieg in das gerichtliche Schuldenbereinigungsverfahren. **838**

Gegenüber Verbrauchern sind die Kreditgeber ihrerseits verpflichtet, ihren Kunden ein **Gespräch** über die Möglichkeit einer einverständlichen Regelung anzubieten, wenn sie wegen Zahlungsverzugs ihres Kunden zur Kündigung des Kredits berechtigt wären (§ 498 BGB). Es ist nicht notwendig, dass der Verbraucher bereits zahlungsunfähig ist oder seine Zahlungsunfähigkeit droht. Auch kommt es nicht darauf an, ob er die Kriterien für die Restschuldbefreiung erfüllen kann oder ob dieser Weg für ihn von vornherein verschlossen scheint, etwa weil er wegen einer Insolvenzstraftat verurteilt wurde und ein Gläubiger angekündigt hat, dass er deswegen die Versagung der Restschuldbefreiung beantragen werde (§ 290 InsO). Ferner gibt es keine Vorschriften über die Form und den Inhalt eines solchen Vergleichsversuchs. **839**

Erst wenn sich Gläubiger und Schuldner weder außergerichtlich noch gerichtlich einigen, erlangen diese Punkte Bedeutung. An **Form und Inhalt eines Plans** zur außergerichtlichen Schuldenbereinigung, dessen Scheitern dem Schuldner die Möglichkeit zum Beschreiten der nächsten Stufe, nämlich des gerichtlichen Verfahrens eröffnet, stellt das Gesetz gewisse Anforderungen. Sinnvoll ist es deshalb, den außergerichtlichen Plan von vornherein so auszugestalten, dass er im Fall eines Fehlschlags geeignet ist, den Weg in das gerichtliche Schuldenbereinigungsverfahren zu eröffnen, ohne dass der Verbraucher noch einen weiteren, zumindest mit Zeitverlust verbundenen Einigungsversuch mit seinen Gläubigern unternehmen müsste. **840**

I. Form des Plans

841 Nicht jedes Gespräch und jeder Vergleichsversuch erfüllen die Voraussetzungen eines Schuldenbereinigungsplans. Um zu gewährleisten, dass die außergerichtlichen **Einigungsversuche ernstlich** betrieben und „nicht nur 2 kurze Telefongespräche geführt" (Rechtsausschussbericht zu § 357b RegE InsO, BT-Drs. 12/7302, 190) werden, wird vorgeschrieben, dass die Schuldenbereinigung auf der Grundlage eines Plans versucht werden und in unmittelbarem zeitlichen Zusammenhang mit dem Antrag auf Eröffnung eines Insolvenzverfahrens stehen muss (§ 305 Abs. 1 Nr. 1 InsO).

842 Vorschriften für die Form des Plans enthält das Gesetz nicht ausdrücklich. Die Verbraucherinsolvenzvordruck-VO findet noch keine Anwendung (§ 1 VerbrInsVV). Es versteht sich jedoch von selbst, dass der Schuldner den Plan **schriftlich** niederlegen, den Gläubigern übermitteln und um deren Antwort nachsuchen muss. Dabei muss eindeutig feststehen, welche Unterlagen Bestandteil des Plans sein sollen (*AG Gießen* vom 24. 3. 2000 – 6 IK 28/00 – ZInsO 2000, 231). Ob dies jedoch so weit gehen muss, dass die Schriftform des § 126 BGB einzuhalten und jedes Blatt einzeln zu unterzeichnen ist (so das *AG Gießen* a.a.O.), muss bezweifelt werden. Das Gesetz gibt für eine Anwendung des § 126 BGB nichts her.

842a Der Plan sollte bestimmte **Mindestangaben** enthalten, ohne die einem Gläubiger eine Entscheidung gar nicht möglich ist (*Grote* ZInsO 1999, 57). Dazu gehören
 – ein Verzeichnis des vorhandenen Vermögens und des Einkommens,
 – ein Verzeichnis der Gläubiger und ihrer Forderungen,
 – Regelungen, die unter Berücksichtigung der Gläubigerinteressen sowie der Vermögens-, Einkommens- und Familienverhältnisse des Schuldners geeignet sind, zu einer angemessenen Schuldenbereinigung zu führen,
 – Angaben, ob und inwieweit Bürgschaften, Pfandrechte und andere Sicherheiten der Gläubiger vom Plan berührt werden.

1. Vermögensverzeichnis

843 Das Vermögensverzeichnis sollte sich an den Formularen orientieren, die die Verbr InsVV für das gerichtliche Verfahren vorsieht (s. Anhang); hat der Verbraucher in der letzten Zeit vor der Vorlage des Schuldenbereinigungsplans eine **eidesstattliche Versicherung** abgegeben, so genügt eine Kopie der Niederschrift mit der Versicherung, dass keine Änderungen eingetreten sind bzw. eine Ergänzung um die zwischenzeitlichen Änderungen. Das Vermögensverzeichnis sollte Angaben enthalten über Bargeld, Wertpapiere (auch Wechsel, Schecks), Wohnungseinrichtung und Kleidungsstücke (ohne Spezifizierung, sofern es sich nur um Gegenstände im Rahmen bescheidener Lebensführung handelt) und Haushaltswäsche, Fahrzeuge, unter Eigentumsvorbehalt erworbene Gegenstände, gepfändete Sachen und Rechte sowie Sachen, die freiwillig verpfändet oder zur Sicherheit übereignet wurden (hierbei ist wünschenswert die Angabe des Sicherungsnehmers und der gesicherten Forderung).

844 Das besondere Interesse der Gläubiger wird weniger den Sachwerten, die erfahrungsgemäß unpfändbar oder zur Sicherung übereignet sind, als vielmehr den **Einkom-**

mensverhältnissen gelten. Deshalb muss der Schuldner sein genaues Arbeitsentgelt (brutto, netto, Zulagen) und seinen Arbeitgeber benennen, Renten, Versorgungsbezüge unter Bezeichnung des Leistungsverpflichteten und der auszahlenden Stelle sowie Leistungen nach dem SGB III, dem BSHG oder ähnliche Leistungen aufführen. Auch streitige Forderungen sind zu erwähnen; sie können ebenfalls in den Plan einbezogen werden.

Bei größeren Vermögensmassen kann eine Vermögensübersicht, die den wesentlichen Inhalt des Vermögensverzeichnisses zusammenfasst, zweckmäßig sein. Notwendig ist sie nicht; auch das InsOÄndG verlangt sie erst für das gerichtliche Verfahren. **845**

2. Schuldenverzeichnis

Im Schuldenverzeichnis sollte der Verbraucher die **Namen** seiner Gläubiger mit vollständiger Anschrift, die **Forderungen** nach Art, Höhe, Schuldgrund, Zinssatz und ggf. Sicherheit zusammenstellen und auch streitige Forderungen nicht verschweigen. Streitige Forderungen sind mit dem vollen Betrag anzusetzen, den der Gegner fordert; erst im Schuldenbereinigungsplan kann die Forderung abgewertet oder vorgeschlagen werden, dass die auf sie entfallende Quote bis zur Klärung des Streits nicht ausgezahlt wird. **846**

Um das Schuldenverzeichnis korrekt aufstellen zu können, sollte der Schuldner schon in diesem Verfahrensstadium seine Gläubiger bitten, ihm eine auf einen nahe liegenden Stichtag bezogene Aufstellung ihrer Forderungen zu liefern. Zwar sind die Gläubiger anders als im gerichtlichen Schuldenbereinigungsverfahren (s. § 305 Abs. 2 Satz 2 InsO) nicht verpflichtet, diesem Wunsch Folge zu leisten; ihre Weigerung hat demgemäß auch keine nachteiligen Folgen. Zweckmäßig ist jedoch eine Antwort, da sie frühzeitig Klarheit schaffen und spätere, vielleicht aufwändigere Korrekturarbeiten erspart. In Betracht kommt folgender Text: **847**

Forderungsaufstellung

<Briefkopf der Bank>

An
<Schuldner>

Schuldenbereinigungsverfahren

Sehr geehrte(r) Frau (Herr) ....,

wir beziehen uns auf Ihr Schreiben vom ...., in dem Sie uns mitteilen, dass Sie ein Schuldenbereinigungsverfahren anstreben, und uns in diesem Zusammenhang auffordern, Ihnen eine Aufstellung Ihrer gesamten Verbindlichkeiten gegenüber der A-Bank AG *(Hinweis: Die Forderungen sind für alle rechtlich unselbstständigen Niederlassungen der Bank, nicht jedoch für Tochtergesellschaften zu ermitteln)* zu übermitteln.

Ihre Verbindlichkeiten belaufen sich per <Datum einsetzen> auf insgesamt € .... und setzen sich wie folgt zusammen:

<Forderungen aufgegliedert in Hauptforderung, Zinsen und Kosten angeben>

z. B.
1. Forderungsgrund

Hauptforderung	
Zinsen	
Kosten	
Summe	
Entstehungszeitpunkt	
Zeitpunkt der Fälligkeit	

2. Forderungsgrund

Hauptforderung	
Zinsen	
Kosten	
Summe	
Entstehungszeitpunkt	
Zeitpunkt der Fälligkeit	

Für etwaige Rückfragen steht Ihnen Herr/Frau ....
(Tel.: ....) zur Verfügung.

Mit freundlichen Grüßen

3. Einkommens- und Familienverhältnisse

848 Der Schuldner muss seine **Einkommensverhältnisse** darlegen. Dazu sollte er dem Plan eine Bescheinigung seines Arbeitgebers über sein gegenwärtiges Einkommen beifügen, aus dem die Gläubiger entnehmen können, welcher Betrag pfändbar ist. Daraus lässt sich überschlägig errechnen, welche Befriedigung bei gleichbleibenden Einkommensverhältnissen maximal zu erzielen wäre, falls sowohl ein außergerichtlicher als auch ein gerichtlicher Schuldenbereinigungsversuch scheitern und der Schuldner 6, bei vor dem 1.12.2001 eröffneten Verfahren 7 Jahre lang den pfändbaren Teil seiner Einkünfte abführen würde.

849 Aufzuführen sind **sämtliche Einkommensarten**, d.h. sowohl aus unselbstständiger Tätigkeit als auch aus selbstständiger (es sollte sich nur um eine Zusatz- oder Nebentätigkeit handeln, die dem Schuldner nicht die Verbrauchereigenschaft nimmt) Tätigkeit, und zwar unabhängig davon, ob das Entgelt steuer- und sozialversicherungspflichtig ist. Theoretisch gehören hierhin auch Einkünfte aus Vermietung und Verpachtung und aus Kapitalvermögen, praktisch werden die Mietsache und das Kapitalvermögen jedoch längst verwertet sein, wenn ein Verbraucher zur außergerichtlichen Schuldenbereinigung Zuflucht nimmt.

Künftige Steigerungen des Einkommens können nur berücksichtigt werden, wenn sie vertraglich fest vereinbart sind. Allein die Erwartung, dass durch Tarifverhandlungen regelmäßige Einkommenserhöhungen wenigstens im gleichen Maße eintreten werden wie sich die Lebenshaltungskosten verändern, kann grundsätzlich keinen Eingang in das Verzeichnis der Einkünfte finden. Zum einen fehlt es an einer realistischen Basis für die Bemessung, zum anderen gesteht das Gesetz in § 309 Abs. 1 Nr. 2 InsO auch dem Gericht zu, dass es im gerichtlichen Schuldenbereinigungsverfahren für seine Entscheidung über die Ersetzung der Zustimmung eines Gläubigers, der dem Plan widerspricht, die Einkommens-, Vermögens- und Familienverhältnisse des Schuldners im Zeitpunkt des Antrags auf die gerichtliche Schuldenbereinigung zugrunde legt. **850**

Die **Familienverhältnisse** sind wegen der Unterhaltspflichten und der Pfändungsfreigrenzen anzugeben. Es ist zweckmäßig, dass der Schuldner auch voraussehbare Änderungen, wie z. B. die bevorstehende Geburt eines Kindes, erwähnt, da sie sich unmittelbar auf die Unterhaltspflichten und die Pfändungsfreigrenzen auswirken. Durch das InsOÄndG ist in § 36 InsO ausdrücklich vermerkt, dass zur Sicherung des Existenzminimums die §§ 850, 850a, 850c, 850e, 850f Abs. 1, §§ 850 g–i ZPO entsprechend anwendbar sind (s. hierzu eingehend *Hess* InsOÄndG, § 36 Rz. 7 ff. m.w.N.). **851**

4. Mitwirkung von Beratern

Zur Anfertigung des Plans sollte der Schuldner von Anfang an einen **Rechtsanwalt oder eine Schuldnerberatungsstelle hinzuziehen**. Denn für den Fall des Scheiterns seines Plans muss er sich ohnehin die Bestätigung „einer geeigneten Person oder Stelle" (§ 305 Abs. 1 Nr. 1 InsO) beschaffen, damit sein Antrag auf Eröffnung eines gerichtlichen Verfahrens überhaupt zugelassen werden kann. **852**

Angesichts der beengten wirtschaftlichen Verhältnisse von Schuldnern, die zum Schuldenbereinigungsverfahren Zuflucht nehmen müssen, stellt sich allerdings für diese ernsthaft die Frage, wie sie ihren Rechtsanwalt bezahlen sollen. Da es sich bei dem außergerichtlichen Schuldenbereinigungsversuch um einen zivilrechtlichen Vergleich handelt, kann der Schuldner **Beratungshilfe** nach dem Gesetz über Rechtsberatung und Vertretung für Bürger mit geringem Einkommen (Beratungshilfegesetz vom 18. 6. 1980, BGBl. I S. 689) in Anspruch nehmen (*Grote* ZInsO 1999, 57). Sie wird in Angelegenheiten des Zivilrechts gewährt, wenn der Rechtsuchende die erforderlichen Mittel nach seinen persönlichen und wirtschaftlichen Verhältnissen nicht aufbringen kann, keine anderen zumutbaren Hilfemöglichkeiten zur Verfügung stehen und die Wahrnehmung der Rechte nicht mutwillig ist (§ 1 Abs. 1 BerHG). Letzteres ist nicht zu befürchten, da der außergerichtliche Einigungsversuch vom Gesetz ausdrücklich vorgesehen ist. **853**

Für den Rechtsanwalt sind die **Gebühren** des § 132 BRAGO (Beratung 46 €, Planaufstellung und Besprechungen bis zu 5 Gläubigern 224 €, bei mehr als 5, mehr als 10 und mehr als 15 Gläubigern jeweils 115 € mehr) angesichts des Aufwands allerdings **854**

wenig attraktiv. Denn ein Rechtsanwalt wird im Rahmen des Versuchs einer außergerichtlichen Schuldenbereinigung mindestens folgende Tätigkeiten ausführen müssen:
- Grundlagenanalyse der persönlichen und wirtschaftlichen Verhältnisse des Schuldners im Rahmen eines ausführlichen Beratungsgesprächs,
- Aufstellung des Schuldenbereinigungsplanes,
- Einholung der Zustimmung der Gläubiger zum Plan,
- Mitteilung an den Schuldner bzw. Ausstellung der Bescheinigung nach § 305Abs. 1 Nr. 1 InsO.

855 Je weniger der Schuldner zur Mitarbeit in der Lage ist, umso mehr wird der Umfang der anwaltlichen Tätigkeit zunehmen müssen, nämlich:
- Ermittlung der Höhe der **Gesamtverbindlichkeiten** durch:
  - Beschaffung verlorengegangener Titel,
  - Prüfung noch nicht titulierter Schulden,
  - Forderungsaufstellungen (Kosten, Zinsen, Hauptforderung) unter Berücksichtigung der bislang vom Schuldner erbrachten Leistungen;
- Ermittlung der **„Verteilungsmasse"** durch:
  - Feststellung der Einkünfte aller an der Entschuldung mitwirkungsbereiten Familienangehörigen,
  - Hilfen bei der Aufstellung eines „Familienbudgets",
  - Prüfung laufender Zwangsvollstreckungsmaßnahmen,
  - Umschuldungsverhandlungen mit Kreditinstituten,
  - Prüfung, ob einsetzbares Vermögen vorhanden ist;
- Schriftwechsel oder Besprechungen mit den Gläubigern über die ihnen abverlangten Opfer;
- evtl. Änderung des Schuldenbereinigungsplanes nach dem Ergebnis der Verhandlungen und
- erneute Einholung der Zustimmung der Gläubiger zum geänderten Plan.

856 Diese Tätigkeiten sind insgesamt mit einer einzigen Gebühr nach § 132 Abs. 2 BRAGO abgegolten. Wegen des weit gesteckten Abgeltungsbereichs des § 132 Abs. 2 BRAGO kommt es auch nicht in Betracht, eine Mehrfachhonorierung abhängig von der Zahl der Einigungsversuche.

5. Verbraucherkreditrecht

857 Die Vorschriften des Verbraucherkreditrechts sind bei der Aufstellung eines Plans grundsätzlich nicht zu beachten. Zwar könnte auch eine Stundungsvereinbarung, die in einem Schuldenbereinigungsplan getroffen wird, als ein Zahlungsaufschub i.S.d. § 499 Abs. 1 BGB angesehen werden. Der Begriff des Zahlungsaufschubs bezieht sich nämlich nicht nur auf Darlehen, sondern umfasst alle schuldrechtlichen Verträge, soweit es um die Gegenleistung geht, die der Verbraucher zu erbringen hat, einschließlich der Sekundäransprüche (*v. Westphalen/Emmerich/v. Rottenburg* VKG, § 1 Rz. 157). Die InsO sieht insoweit eine Ausnahme nicht ausdrücklich vor. Eine Anwendung der Vorschriften des BGB zum Verbraucherkredit ist jedoch vom Normzweck nicht geboten und aus Praktikabilitätsgesichtspunkten auch gar nicht möglich:

- Die Bestimmungen des BGB sind lediglich von Gläubigern, die die Kreditgebereigenschaft des § 491 Abs. 1 BGB erfüllen, zu beachten. Nicht alle in dem Schuldenbereinigungsplan zu berücksichtigenden Gläubiger werden diese Eigenschaft besitzen. Der Plan muss aber alle Gläubiger einbeziehen und grundsätzlich gleich behandeln (s. § 294 Abs. 2 InsO). Gläubiger, auf die die Vorschriften über den Verbraucherdarlehensvertrag nicht schon kraft Gesetzes Anwendung finden, werden sich diesen Bindungen nicht unterwerfen wollen. 858

- Die wesentlichen Kriterien des Verbraucherdarlehensvertrages, nämlich das Schriftformerfordernis des § 492 BGB mit den Angaben u.a. über Nettokreditbetrag, Gesamtbetrag aller Leistungen des Kreditnehmers und effektiven Jahreszins, das Widerrufsrecht des § 495 BGB, die Verzugszinsregelung des § 497 BGB, die Kündigungs- und Rücktrittsvorschriften der §§ 498, 503 Abs. 2 BGB passen nicht zu der Situation, aus der heraus ein Schuldenbereinigungsplan entsteht. Das Verbraucherdarlehensrecht geht stillschweigend von dem Regelfall aus, dass nämlich ein gewerblicher Kreditgeber einem Verbraucher ein vorformuliertes Angebot unterbreitet, dessen Risiken der Verbraucher nicht ohne weiteres zu durchschauen vermag; das deshalb in § 492 BGB enthaltene und schon seit dem Abzahlungsgesetz anerkannte Schriftformerfordernis dient der Information des Kreditnehmers und hat darüber hinaus Warnfunktion (*v. Westphalen/Emmerich/v. Rottenburg* VKG, § 4 Rz. 2). 859

Im Schuldenbereinigungsplan konzipiert und formuliert aber nicht der Kreditgeber, sondern der Kreditnehmer den Text. Das Kreditinstitut sollte durch das Verbraucherdarlehensrecht nicht geschützt werden. Der Kreditnehmer wird trotz anwaltlicher Hilfe oft gar nicht in der Lage sein, die Anforderungen, die § 492 BGB stellt, zu erfüllen. Das Kreditinstitut ist auch nicht seinerseits verpflichtet, dem Schuldner Formulierungshilfe zu leisten. Dies ergibt der Umkehrschluss aus § 305 Abs. 2 Satz 2 InsO, wonach der Gläubiger dem Schuldner lediglich eine Aufstellung der gegen ihn gerichteten Forderungen und deren Aufgliederung in Hauptforderung, Zinsen und Kosten zu liefern hat; von einer Formulierungshilfe für deren Modifizierung ist keine Rede. 860

- Das **Widerrufsrecht** des § 495 BGB ist mit der InsO nicht vereinbar. Der Schuldner hat seinen Schuldenbereinigungsplan ohne Vorbehalte zu unterbreiten. 861

II. Inhalt des Plans

Auch für den Inhalt des Plans enthält das Gesetz keine Vorschriften und überlässt seine Gestaltung weitgehend der Parteiautonomie (*OLG Celle* vom 16. 10. 2000 – 2 W 99/00 – ZInsO 2000, 601). Der Plan soll lediglich zu einer **angemessenen Berücksichtigung der widerstreitenden Interessen** führen (*Hess/Weis* InVo 1996, 113). Der Inhalt des Plans kann von einer vorübergehenden Stundung über Ratenzahlungen, Zinsstundungen, Zinsverzichte, Zinssenkungen bis zu einem weitgehenden Verzicht auf die Forderungen (*BayObLG* vom 30.9.1999 – 4 Z BR 4/99 – ZInsO 1999, 645) und einem Eingriff in Sicherheiten reichen. Er kann sich auf den Schuldner beschränken, aber auch Verpflichtungen Dritter aufnehmen, insbesondere einen gutverdienenden Ehegatten des Schuldners einbeziehen. Für streitige Forderungen kann er einen 862 geringeren Satz anbieten als für unstreitige oder, um zu verhindern, dass der Plan an der Auseinandersetzung über die streitige Forderung scheitert, vorschlagen, dass sie quotal, aber nur dann bedient wird, wenn sein Gegner im Rechtsstreit obsiegt (Rechtsausschussbericht zu § 357b RegE InsO, BT-Drs. 12/7302, 191). Es ist nicht notwendig, dass die Regelungen des Plans vollstreckungsfähig sind (*OLG Celle* vom 16.10.2000, a.a.O).

863 Der Schuldner kann in dem Plan die gleichen Bedingungen anbieten, die ihm auch bei Durchführung eines Restschuldbefreiungsverfahrens auferlegt würden, er kann aber auch davon völlig abweichende Vorschläge unterbreiten, nämlich die Zeiträume für die Abführung von Teilen seines Arbeitsentgelts zu verkürzen oder zu verlängern, mehr oder weniger als den pfändbaren Teil seines Arbeitsentgelts abzuführen und Leistungen Dritter einzubeziehen.

864 Der Schuldner wird zunächst überlegen, mit welchem Angebot er seine Gläubiger am ehesten zum Einlenken bewegen kann. Deren **Verhandlungsspielraum** ist beschränkt durch die gesetzlichen Regelungen über die Restschuldbefreiung, die zum Zuge kommt, wenn ein Versuch zur Schuldenbereinigung sowohl außergerichtlich als auch im gerichtlichen Verfahren gescheitert ist: Im Restschuldbefreiungsverfahren erhalten die Gläubiger 6, bei vor dem 1.12.2001 eröffneten Verfahren 7 Jahre lang die pfändbaren Teile eines etwaigen Arbeitseinkommens des Schuldners.

1. Vorschlag auf Basis der Restschuldbefreiung

865 Wenn der Schuldner von vornherein den Vorschlag unterbreitet, seinen Gläubigern 6, bei vor dem 1.12.2001 eröffneten Verfahren 7 Jahre lang die pfändbaren Teile seines etwaigen Arbeitseinkommens zu überlassen, kann er sich der Zustimmung seiner Gläubiger keineswegs gewiss sein. Zwar kann ein Gläubiger durch die Ablehnung eine Schuldenregelung nicht verhindern, sondern nur verzögern. Der Zeitverlust nützt aber denjenigen Gläubigern, die bereits **Lohn- oder Gehaltspfändungen** ausgebracht haben, wenn der Schuldner ein ausreichendes Arbeitseinkommen erzielt, aus dem diese Gläubiger sukzessive befriedigt werden können. Sie können die pfändbaren Beträge zurzeit allein vereinnahmen und müssen sie nicht mit der Gläubigergemeinschaft teilen. Diese Pfändung wird mit Ablauf von 2, bei vor dem 1.12.2001 eröffneten Verfahren 3 Jahren nach der Verfahrenseröffnung unwirksam (§ 114 Abs. 1 InsO). Für die Pfändungsgläubiger kann es also günstig sein, den Beginn dieser 2- bzw. 3-Jahresfrist möglichst weit hinauszuschieben.

2. Null-Plan

866 Der Vorschlag kann auch in einem sog. **Null-Plan** (*BayObLG* vom 30.9.1999 – 4 Z BR 4/99 – ZInsO 1999, 645; vom 2.12.1999 – 4 Z BR 8/99 – ZIP 2000, 320; *OLG Köln* vom 2.11.1999 – 2 W 137/99 – ZIP 1999, 1927; *OLG Karlsruhe* vom 20.12.1999 – 9 W 82/99 – NZI 2000, 163; *OLG Stuttgart* vom 28.3.2002 – 8 W 560/01 – ZInsO 2002, 836; *LG Baden-Baden* vom 29.4.1999 – 1 T 13/99 – NZI 1999, 234; *AG Köln* vom 14.1.1999 – 73 IK 2/99 – ZInsO 1999, 119; *AG Dortmund* vom 25.1.1999 – 254 IK 1/99 – ZInsO 1999, 188; *AG Göttingen* vom 5.2.1999 – 74 IK 12/99 – ZInsO 1999, 183;

AG Stuttgart vom 17.3.1999 – 3 IK 2/99 – NZI 1999, 243; *AG Wolfratshausen* vom 1.4.1999 – 2 IK 27/99 – ZIP 1999, 721; *Braun/Richardi/Kind* Neuregelungen der Insolvenzordnung in der Praxis, S. 191; *Döbereiner* Restschuldbefreiung, S. 83; *HWF* Handbuch, 10/34; *Henning* InVo 1996, 288; *Heyer* JR 1996, 314; *Maier/Kraft* BB 1997, 2173; *Vallender* ZIP 1996, 2058) bestehen (**a.A.** *AG Würzburg* vom 19.1.1999 – 2 IK 8/99 – ZInsO 1999, 119; *AG Baden-Baden* vom 25.1.1999 – 11 IK 7/99 – NZI 1999, 125; *AG Essen* vom 19.3.1999 – 162 IK 11/99 – ZInsO 1999, 239). Wenn ein Schuldner nicht erwarten kann, innerhalb der 6- bzw. 7-Jahres-Frist der Restschuldbefreiung ein über die Pfändungsfreigrenzen hinausgehendes Einkommen zu erzielen, muss er einen Plan vorlegen, in dem er seine Gläubiger im Ergebnis ersucht, auf ihre Forderungen zu verzichten. Das Gesetz verlangt nämlich anders als beispielsweise in Österreich (*Heyer* a.a.O.; s.o. Rz. 828) keine **Mindestquote** für die Befriedigung der Gläubiger. So kann die Restschuldbefreiung nach § 298 Abs. 1 InsO nicht schon deshalb versagt werden, weil die Abtretung des Arbeitsentgelts während der 6-, bei vor dem 1.12.2001 eröffneten Verfahren 7jährigen Wohlverhaltensperiode nicht zu Zahlungen an die Gläubiger geführt hat, sondern erst dann, wenn nicht einmal die Treuhändervergütung gedeckt werden konnte.

Demgemäß kann als Zulässigkeitsvoraussetzung für das gerichtliche Verfahren jeder außergerichtliche (gescheiterte) Versuch angesehen werden, der eine Lösung für das Problem der Überschuldung anbietet; dies kann auch durch einen vollständigen Erlass erreicht werden. Wenn ohnehin keine verteilbare Masse vorhanden und auch nicht zu erwarten ist, führt dies nicht zu einer wirtschaftlichen Benachteiligung der Gläubiger. 867

Dass ein solcher Plan keine Aussicht auf Annahme besitzt, liegt auf der Hand; ein Gläubiger kann durch die Ablehnung nichts verlieren, vielleicht auch nichts gewinnen, aber sich wenigstens die Chancen auf Besserung erhalten. Der Schuldner muss dennoch einen solchen Versuch unternehmen, um die Voraussetzungen für den Fortgang des Verfahrens (§ 305 Abs. 1 Nr. 1 InsO) zu schaffen. Es wäre aber verfehlt, wenn er den Gläubigern – um deren Zustimmung zu erreichen – Angebote unterbreiten würde, von denen er von vornherein weiß, dass er sie nicht wird einhalten können. 868

3. Vorschlag mit überobligatorischen Leistungen

Der Schuldner muss sich überlegen, ob er 6 bzw. 7 Jahre lang mit dem pfändungsfreien Einkommen leben will oder ob es für ihn erträglicher ist, den Gläubigern zusätzlich einen Teil seines pfändungsfreien Arbeitsentgelts zu überlassen, wenn sich diese im Gegenzug mit einer Verkürzung der 6 bzw. 7-Jahres-Frist einverstanden erklären. Allerdings ist ein Verzicht auf den **Pfändungsschutz** jedenfalls vor der Pfändung nicht möglich (*BayObLG* vom 19.6.1950 – IIa2/1950 – NJW 1950, 697; *OLG Frankfurt/M.* vom 2.12.1953 – 6W 581/52 – NJW 1953, 1835). Denn die Pfändungsschutzvorschriften dienen nicht nur dem privaten Schutz des Schuldners, sondern sind überwiegend im öffentlich-rechtlichen Interesse aus sozialpolitischen Gründen erlassen und sollen verhindern, dass der Einzelne durch völlige Kahlpfändung auf einen Grad der wirtschaftlichen Mittellosigkeit herabgedrückt wird, der ihm die Grundlage seiner Existenz zerstört (*OLG Frankfurt/M.* vom 2.12.1953, a.a.O.). 869

870 Wenn sich ein Gläubiger auf einen solchen Vorschlag des Schuldners einlässt, muss er wissen, dass ein Vertrag mit einem solchen Inhalt zwar wirksam geschlossen werden kann (*BGH* vom 16.3.1989 – IIIZR 37/88 – WM 1989, 595), er den Schuldner zur Einhaltung seines Versprechens aber nicht durch Vollstreckungsmaßnahmen zwingen kann. Der Gläubiger wird daher sein Einverständnis mit dem Erlass der verbleibenden Schulden davon abhängig machen, dass der Schuldner seine Zusage voll erfüllt, und eine sog. **Verfallklausel** in die Vereinbarung aufnehmen wollen (*Künne* Außergerichtliche Vergleichsordnung, §§ 53, 77). Diese sollte allerdings nicht so weit gehen, dass die gesamte ursprüngliche Forderung (abzüglich der bis dahin erbrachten Leistungen) wieder auflebt und sofort fällig wird. In der Praxis wird ein vernünftiger Schuldner solche Vorschläge gar nicht unterbreiten und entsprechende Forderungen von Gläubigern zurückweisen. Denn er steht sich dadurch deutlich schlechter, als wenn er es sofort auf ein Restschuldbefreiungsverfahren ankommen ließe.

871 Rechtlich sind **Verfallklauseln** zwar grundsätzlich zulässig (Rechtsausschussbericht zu § 357b RegE InsO, BT-Drs. 12/7302, 190), unterliegen jedoch gewissen inhaltlichen Schranken. Obwohl das Verbraucherkreditrecht auf einen Schuldenbereinigungsplan keine Anwendung findet (s. Rz. 857), werden die dort niedergelegten Grundsätze die Rechtsprechung prägen, soweit es um Klauseln geht, deren Aufnahme in den Schuldenbereinigungsplan von einem Kreditinstitut gefordert wird. Nach § 498 BGB darf in einem Kreditvertrag – dies gilt ebenso für eine Vereinbarung über einen Zahlungsaufschub (§ 499 Abs. 1 BGB) – die sofortige Kündbarkeit aller noch ausstehenden Beträge nur für den Fall vereinbart werden, dass der Schuldner mit mindestens zwei aufeinanderfolgenden Teilzahlungen ganz oder teilweise und mit mindestens 10%, bei einer Laufzeit über 3 Jahre mit 5% des Nennbetrages in Verzug ist und der Gläubiger erfolglos eine 2wöchige Frist mit der Erklärung gesetzt hat, dass er bei Nichtzahlung innerhalb der Frist die gesamte Restschuld verlange.

872 Diese Bestimmungen können allerdings nur dann als Vorbild dienen, wenn der Schuldenbereinigungsplan feste Raten für einen festen Zeitraum oder einen genauen Gesamtbetrag vorsieht. Wenn der Plan dagegen nur die Abführung der jeweils pfändungsfreien Beträge zuzüglich eines Aufschlags oder ohne einen solchen verlangt, fehlt es an einer bestimmbaren Bezugsgröße für die Anwendung des § 498 BGB. Einen besseren Anhaltspunkt stellt demgegenüber die gesetzliche Wiederauflebensklausel des § 255 InsO dar, die dann eingreift, wenn der Schuldner mit der Erfüllung eines Insolvenzplans erheblich in Rückstand gerät und seine fälligen Verbindlichkeiten trotz schriftlicher Mahnung seitens des Gläubigers nicht innerhalb von 2 Wochen begleicht.

4. Vorschlag unter Einbeziehung der Leistung Dritter

873 Aussichtsreich dürften Pläne sein, die den Gläubigern die berechtigte Erwartung auf eine schnelle Befriedigung eines Teils ihrer Forderungen bieten; dann werden sie eher zu einem höheren Verzicht bereit sein. Anlass dazu kann z.B. die Verpflichtungserklärung von Verwandten sein, einen bestimmten Geldbetrag zur Befreiung aus der „Schuldknechtschaft" aufzubringen. Getreu dem Sprichwort, dass ein Spatz in der Hand besser ist als die Taube auf dem Dach, wird es einem Gläubiger nicht schwer fallen, die Kosten und Mühen einer langfristigen Beitreibung und vor allem die Ungewissheit, ob und in welcher Höhe der Schuldner auf Dauer überhaupt pfändungsfreies Einkommen erarbeitet, gegen eine schnelle Abfindung einzutauschen, wenn dieses Angebot auf sofortige und nicht auf ratenweise Zahlung lautet (zur Berechnung des Barwerts einer solchen sofortigen Abfindung s. *Krüger/Reifner/Jung* ZInsO 2000, 12).

Er wird allerdings misstrauisch prüfen, ob der angeblich von dritter Seite bereitgestellte Betrag wirklich aus dem Vermögen dieses Dritten stammt und nicht etwa von dem Schuldner rechtzeitig und planmäßig zum Aufbau einer Verhandlungsposition beiseite gebracht wurde; sollten sich dafür Anhaltspunkte ergeben, so wird der Gläubiger überlegen, ob ihm das **Anfechtungsgesetz** eine Handhabe bietet, die Gelder seinem Vollstreckungszugriff wieder zu erschließen, d.h. die durch die Vermögensverschiebung verhinderte Zwangsvollstreckung durch Rückgewähr (§ 7 AnfG) wieder zu ermöglichen (*BGH* vom 26.4.1961 – VIII ZR 165/60 – KTS 1961, 139 m.w.N.). Die notwendigen Informationen kann sich der Gläubiger u.U. über das Vermögensverzeichnis verschaffen, das der Schuldner bei Abgabe einer eidesstattlichen Versicherung zu errichten hat (§ 807 ZPO). In seinem Vermögensverzeichnis muss der Schuldner über entgeltliche und unentgeltliche Verfügungen zu Gunsten seiner Verwandten und seines Ehegatten Auskunft erteilen (Einzelheiten s. § 807 Abs. 1 Satz 2 Nr. 1–3 ZPO). **874**

5. Vorschlag einer Stundung

Wenig attraktiv für den Schuldner ist der Vorschlag einer reinen Stundung, denn dadurch werden lediglich die Fälligkeiten hinausgeschoben und ggf. die Zinslast vermindert. Er bleibt jedoch letztlich verpflichtet, den Kredit insgesamt zurückzuzahlen und damit je nach Höhe seiner Schulden und den vereinbarten Raten für einen mehr oder weniger langen Zeitraum auf sein pfändungsfreies Einkommen beschränkt. Damit bringt er sich um die Vorteile, die ihm das Restschuldbefreiungsverfahren bietet. **875**

6. Gleichbehandlungsgebot

Mit unterschiedlichen Gläubigern kann der Schuldner unterschiedliche Regelungen treffen; das Gleichbehandlungsgebot des § 294 Abs. 2 InsO gilt in diesem Vorstadium nicht. Er darf den Gläubigern aber nicht vorspiegeln, dass er alle gleich behandeln würde. Anderenfalls setzt er sich der Gefahr aus, dass ein Gläubiger seine Zustimmung nachträglich wegen arglistiger Täuschung (§ 123 BGB) anficht. **876**

Eine unangemessene Benachteiligung einzelner Gläubiger, die im gerichtlichen Schuldenbereinigungsplanverfahren einer Ersetzung der Zustimmung widersprechender Gläubiger entgegenstehen würde, liegt grundsätzlich nicht schon dann vor, wenn der Schuldner den Gläubigern mit den höchsten Forderungsbeträgen eine Befriedigung durch Ratenzahlung anbietet, während Gläubiger mit geringeren Beträgen Einmalzahlungen erhalten sollen, sofern sämtlichen Gläubigern eine annähernd gleichhohe Befriedigungsquote angeboten wird (*OLG Celle* vom 4.4.2001 – 2 W 38/01 – ZInsO 2001, 374). Der Schuldner ist nämlich nicht verpflichtet, homogene Gläubi- **877** gergruppen zu bilden, sondern kann bei einer im Ergebnis wirtschaftlichen Gleichbehandlung der Gläubiger auch unterschiedliche Befriedigungsvorschläge unterbreiten. Anders ist es nur, wenn ein Gläubiger glaubhaft machen kann, dass die Erfüllung des Ratenzahlungsversprechens ernsthaft gefährdet ist.

7. Beispiel

877a Selbstverständlich kann der Schuldner für den Plan die Formulare der VerbrInsVV verwenden, die für das spätere gerichtliche Verfahren – wenn es beschritten werden muss – ohnehin vorgeschrieben sind. Einprägsamer und für die Gläubiger auch leichter verständlich kann jedoch eine individuelle Abfassung des Plans sein. Den Plan sollte der Schuldner mit einer Darstellung seiner wirtschaftlichen Lage einleiten und ein Vermögens- und Schuldenverzeichnis beifügen. Oft wird aber schon die Eintragung im Schuldnerverzeichnis ausreichen, um die Gläubiger über die Situation hinreichend aufzuklären.

878 Ein außergerichtlicher Plan, der die Ablösung der Schulden durch eine einmalige Zahlung vorschlägt, könnte etwa wie folgt aussehen:

Schuldnerberatung e.V.   Armeleuteberg 29
38855 Wernigerode
26.8.2002

An alle Gläubiger

Schuldenbereinigung für Frau Elefteria Sorge

Sehr geehrte Damen und Herren,

wir vertreten Frau Elefteria Sorge, 38855 Elend. Sie möchte den Versuch unternehmen, eine außergerichtliche Schuldenregelung zustande zu bringen.

Nach dem derzeitigen Erkenntnisstand belaufen sich die Forderungen ihrer diversen Gläubiger auf insgesamt ca. 20.000 € zzgl. Zinsen, während ihr Monatslohn sich um 310 € netto bewegt und sie im Übrigen von Sozialhilfe lebt. Der Monatslohn wird sich im dritten Lehrjahr zwar erhöhen, die Pfändungsfreibeträge aber nicht erreichen. Dies bedeutet, dass jetzt schon feststeht, dass Frau Sorge vor dem 31.8.2004 über keine pfändbaren Einkünfte verfügen wird. Da ihr derzeitiger Arbeitgeber schon jetzt definitiv entschieden hat, Frau Sorge nach Beendigung der Ausbildung nicht in ein Angestelltenverhältnis zu übernehmen, ist es völlig offen, ob sie jemals pfändbare Einnahmen erzielen wird.

Eine Aufstellung der geltend gemachten Forderungen, die zum Teil bestritten sind, fügen wir ebenso wie eine Verdienstbescheinigung und den Ausbildungsvertrag in Kopie bei. Anstelle eines Vermögensverzeichnisses verweisen wir auf die Fruchtlosigkeitsbescheinigung des Gerichtsvollziehers vom 29.2.2002 und die eidestattliche Versicherung im Verfahren 63 M 62/01 des Amtsgerichts Wernigerode. Die Schuldnerin versichert, dass die in den Verzeichnissen enthaltenen Angaben vollständig und richtig sind.

Die in Griechenland lebende Familie der Schuldnerin hat sich bereit erklärt, den Betrag von 3.000 € aufzubringen, der anteilig auf die Gläubiger verteilt werden kann, wenn sämtliche Gläubiger im Gegenzug auf den nicht befriedigten Teil ihrer Forderungen endgültig verzichten.

Der Anteil eines Gläubigers bestimmt sich nach dem Verhältnis der Kapitalforderungen sämtlicher Gläubiger (ohne Berücksichtigung der Zinsen, Kosten und sonstigen Nebenforderungen). Etwaige Sicherheitenerlöse sind von den Kapitalforderungen vorher abzuziehen; auf streitige Forderungen wird eine Quote nur gezahlt, wenn sie rechtskräftig zugesprochen werden.

Wir bitten Sie, diesen Vorschlägen zuzustimmen. Für eine Antwort innerhalb von 4 Wochen wären wir dankbar.

Sofern nicht sämtliche Gläubiger innerhalb der genannten Frist zustimmen, erlischt das Angebot. Frau Sorge wird sich dann an das Gericht wenden und einen Schuldenbereinigungsplan nach Maßgabe der §§ 305 ff. InsO vorlegen.

Mit freundlichen Grüßen

880

Vermögensverzeichnis

1. Wohnungseinrichtung Brockenstr. 15, 38855 Elend:

   - 1 Bett, 1 Stuhl, 1 Schrank, 1 Tisch, 1 Lampe

   - gebrauchte Kleidung und Wäsche, Küchengeräte und Geschirr, Radio mit teilweise funktionsfähigem Kassettenteil

   sämtlich vom Gerichtsvollzieher beim Vollstreckungsversuch am 13.1.2002 im Verfahren 63 M 62/01 als unpfändbar bezeichnet.

2. Forderungen:

   a) € 1.000,– aus Kredit gegen
      Adolf Noth, Gelnhausener Weg 6, 63589 Linsengericht

   b) € 3.195,40 auf rückständigen Unterhalt gegen
      Matthias Sorge, Gründauer Str. 20, 63584 Lieblos

   zu a) nicht werthaltig

   zu b) nicht werthaltig und bestritten

   c) Ausbildungsvergütung € 306,– gegen
      Rechtsanwalt Dr. Taube, 38855 Wernigerode

   d) Sozialhilfe € 72,– wöchentlich gegen Sozialamt 38855 Elend

   e) Lebensversicherungsvertrag Nr. 25764086–18 bei der Hamburg-Mannheimer Versicherungs-Aktiengesellschaft, Überseering 45, 22297 Hamburg, Rückkaufswert unbekannt, zur Sicherung eines Kredits abgetreten an Völkische Bank, 38889 Rübeland

880a

Gläubigerverzeichnis				
Gläubiger	**Schuldgrund**	**Betrag**	**Zinsen**	**Sicherheiten**
Städtische Sparkasse, 38855 Elend	gekündigter Ratenkredit vom 1.4.1997 Kreditkonto Nr. 987654	€ 3260,37	9 % Zinsen aus € 2758,72 seit 26.4.1998	Sicherungsübereignung des PKW Marke Trabant QLB – EU 996
Völkische Bank, 38889 Rübeland	Kontokorrentkredit vom 11.11.1999 auf Konto Nr. 1234567	€ 3904,16	9 % Zinsen (variabel) seit 1.11.1997	Sicherungsabtretung der gegenwärtigen und künftigen Ansprüche auf Arbeitsentgelt gegen den jeweiligen Arbeitgeber
Stadtwerke 06493 Mägdesprung	Nachzahlung wegen Energielieferung Abrechnungszeitraum vom 1.1. bis 31.12.1999	€ 326,92		
Gasthaus „Schlucklum", 38173 Lucklum	Bürgschaft für geschiedenen Ehemann	€ 3.000,–	4 % Zinsen seit 1.10.1996	

III. Wirkungen des außergerichtlichen Schuldenbereinigungsversuchs

Ein außergerichtlicher Schuldenbereinigungsversuch greift in die Rechtsstellung der Gläubiger nicht ein. Kündigungen, Zinslauf und Insolvenzantragsrecht des Gläubigers bleiben unberührt. Ein ordnungsgemäßer außergerichtlicher Schuldenbereinigungsversuch schafft lediglich die Voraussetzungen für den Eintritt in das gerichtliche Schuldenbereinigungsverfahren im Fall seines Scheiterns. **881**

1. Kündigungen

Eine bereits erklärte Kündigung behält ihre Wirkung. **882**

Wenn die Voraussetzungen des § 498 BGB, nämlich Verzug mit mindestens 2 aufeinanderfolgenden Raten in Höhe von mindestens 10 % bzw. bei Laufzeiten über 3 Jahren von 5 % des Nennbetrages des Kredits trotz Fristsetzung erfüllt sind, wird die **883**

Bank durch den außergerichtlichen Schuldenbereinigungsversuch nicht an der Ausübung ihres Kündigungsrechts gehindert.

884 Auch wenn der Kunde seine Zahlungspflichten aus dem Kredit erfüllt und die Bank erst durch den außergerichtlichen Schuldenbereinigungsversuch von seinen Problemen mit anderen Gläubigern und der Verschlechterung seiner Vermögensverhältnisse erfährt, kann sie den Kredit kündigen. Zwar sind die Voraussetzungen des § 498 BGB nicht erfüllt. Ihr steht aber ein Kündigungsrecht aus wichtigem Grund zu, selbst wenn die AGB – wie im Verbraucherkreditbereich weitgehend üblich – nicht vereinbart sind.

885 Dieses Kündigungsrecht wird durch § 498 BGB nicht ausgeschlossen (*OLG Hamm* vom 5.6.1998 – 30 U 163/97 – WM 1998, 2155). Dies gilt selbstverständlich bei einer Kündigung aus Gründen, die in § 498 BGB nicht geregelt werden, wie z.B. die Kündigung wegen unrichtiger Angaben des Kunden über seine Vermögenslage. Eine Kündigung ist darüber hinaus auch wegen einer wesentlichen Verschlechterung des Vermögens des Kreditnehmers, durch die die Erfüllung seiner Verbindlichkeiten gegenüber der Bank gefährdet ist, zulässig (*Bruchner/Ott/Wagner-Wieduwilt* VKG, § 12 Rz. 25f.; *Drescher* VKG und Bankenpraxis, Rz. 331; *Lwowski/Peters/Gössmann* VKG, S. 239; *Münstermann/Hannes* VKG, § 12 Rz. 670; **a.A.** *Bülow* VKG, § 12 Rz. 10; *Ulmer/Habersack* VKG, § 12 Rz. 22). Erreicht nämlich der Grad der Vermögensverschlechterung das Ausmaß einer Insolvenz, so kann man der Bank ein weiteres Zuwarten, bis der Kunde auch ihr gegenüber seine Ratenverpflichtungen nicht mehr erfüllen kann, nicht zumuten (*BGH* vom 26.5.1988 – III ZR 115/87 – WM 1988, 1223). Denn dies zöge eine Benachteiligung dieser Bank gegenüber sonstigen Gläubigern nach sich, da sie noch zusehen müsste, wie jene ihre Rechte realisieren, während sie an der Sicherheitenverwertung gehindert wäre. Demgegenüber ist eine Vermögensverschlechterung unterhalb der Insolvenzgrenze nicht ohne weiteres ausreichend für eine Kündigung aus wichtigem Grund.

886 Ein außerordentliches Kündigungsrecht steht den Banken nach Nr. 19 Abs. 3 AGB-Banken bzw. Kreditgenossenschaften (Nr. 26 Abs. 2 AGB-Sparkassen) auch für den Fall einer anderweitigen Vereinbarung zu, wenn ein **wichtiger Grund** vorliegt. Dies ist insbesondere dann der Fall, wenn eine wesentliche Verschlechterung seines Vermögens eintritt oder einzutreten droht. Die Zulässigkeit dieses Kündigungsrechts wurde von der Rechtsprechung allgemein anerkannt (*BGH* vom 10.11.1977 – III ZR 39/76 – WM 1978, 235; vom 30.5.1985 – III ZR 112/84 – WM 1985, 1136 m.w.N.; *OLG Frankfurt/M.* vom 13.1.1992 – 4 U 80/90 – WM 1992, 1018; *OLG Köln* vom 15.9.2000 – 11 W 56/00 – NZI 2001, 262) und vom Schuldrechtsmodernisierungsgesetz im Wesentlichen, aber mit einer bedeutsamen Ergänzung hinsichtlich gesicherter Kredite in § 490 Abs. 1 BGB übernommen; eine Anpassung der AGB der Kreditinstitute ist für das Jahr 2002 vorgesehen.

886a Einerseits wird im Gesetz nunmehr ausdrücklich niedergelegt, dass auch eine wesentliche Verschlechterung in der Werthaltigkeit einer für das Darlehen gestellten Sicherheit, unabhängig davon, ob Sicherungsgeber der Schuldner selbst oder ein Dritter ist, für die außerordentliche Kündigung ausreicht, andererseits wird das Kündigungsrecht dahingehend eingeschränkt, dass es nur bei Gefährdung der Rückerstattung des Darlehens ausgeübt werden und diese Gefährdung ausgeschlossen sein kann, wenn die Bank über ausreichende Sicherheiten verfügt.

Die bloße Existenz von Sicherheiten reicht für den Ausschluss des Kündigungsrechts **886b**
jedoch nicht aus. Sicherheiten bieten einen vollständigen Ausgleich für den Minderwert des Rückzahlungsanspruchs nur dann, wenn sie – gemessen an ihrem Wert zur Zeit des Geschäftsabschlusses – nach dem Urteil eines unbeteiligten, sachkundigen und unterrichteten Beobachters im Hinblick auf die Gesamtumstände **zur Deckung des vollen Kreditrisikos ausreichen und ohne nennenswerte Schwierigkeiten verwertbar sind** (*BGH* vom 5. 5. 1981 – 1 StR 487/80 – NStZ 1981, 351).

Für die Kündigung kommt folgender Text in Betracht. **886c**

Kündigung wegen außergerichtlichem Schuldenbereinigungsplan

(Briefkopf der Bank)

An (Schuldner)

Sehr geehrte(r) Frau (Herr) .....,

wir beziehen uns auf Ihr Schreiben vom (........), mit dem Sie uns einen Schuldenbereinigungsplan mit der Bitte um Zustimmung übersandt haben. Wir haben Ihre Vorschläge überprüft und teilen Ihnen hiermit mit, dass wir diesen nicht zustimmen.

Da Sie einen Schuldenbereinigungsplan vorgelegt haben, müssen wir im Übrigen davon ausgehen, dass eine wesentliche Verschlechterung Ihrer Vermögenslage eingetreten ist, die die Erfüllung Ihrer gegenüber unserem Haus bestehenden Kreditverbindlichkeiten gefährdet.

Deshalb kündigen wir hiermit den/die Ihnen zur Verfügung gestellten Kredit/e aus wichtigem Grund fristlos.

Damit wird/werden nachstehende, gemäß beigefügtem/n Kontoabschluss/abschlüssen ermittelte Forderung/en zur sofortigen Rückzahlung fällig:

Kontonummer .... € ....
Kontonummer .... € ....

insgesamt € ....

Für die Zeit des Zahlungsverzuges bis zur endgültigen Begleichung unserer Forderung machen wir den uns durch Verzug entstandenen Schaden geltend. Diesen berechnen wir in Höhe von 5 Prozentpunkten über den jeweiligen Basiszinssatz (derzeit ...% p. a.) aus der fälligen Forderung.

(Androhung der Sicherheitenverwertung)

Die nachstehend aufgeführten und uns bestellten Sicherheiten werden wir verwerten:
....
....

(Drittsicherheiten)

Für den/die gekündigten Kredit/e ist/sind uns von ......
Sicherheiten, nämlich .....
bestellt worden. Den/die Sicherungsgeber werden wir von der Kündigung informieren und ihn/sie aus der Sicherheit in Anspruch nehmen.

Über die Kündigung, die Offenlegung der Lohn/Gehaltsabtretung und die weiteren Schritte zur Geltendmachung unserer Forderung werden wir die SCHUFA (Schutzgemeinschaft für allgemeine Kreditsicherung) informieren.

Für etwaige Rückfragen steht Ihnen Herr/Frau ....
(Tel.: ....) zur Verfügung.

Mit freundlichen Grüßen

2. Zwangsvollstreckungen

Die Einleitung von Gesprächen und der Versuch einer außergerichtlichen Schuldenbereinigung hindern den Gläubiger nicht, **Zwangsvollstreckungsmaßnahmen** zu beginnen oder fortzusetzen. Die Vollstreckungsverbote der §§ 89, 294 InsO setzen erst mit der Eröffnung eines Insolvenzverfahrens ein, die Untersagung oder einstweilige Einstellung von Zwangsvollstreckungsmaßnahmen nach § 21 Abs. 1 Nr. 3 InsO ist erst nach dem Antrag auf Eröffnung eines Insolvenzverfahrens möglich; ein solcher Antrag kann jedoch noch gar nicht gestellt werden, solange der Versuch einer außergerichtlichen Schuldenbereinigung nicht gescheitert ist. **887**

Die Vorlage eines Schuldenbereinigungsplans bringt die Gefahr mit sich, dass einzelne Gläubiger mit Zwangsvollstreckungsmaßnahmen reagieren und durch die auf diese Weise erlangte Vorzugsstellung andere Gläubiger von einer Zustimmung zu dem Plan abhalten oder die Vorschläge des Schuldners undurchführbar machen. Das Vollstreckungsgericht kann deshalb dem Schuldner auf seinen Antrag nach § 765a ZPO Vollstreckungsschutz gewähren (*AG Elmshorn* vom 4.2.2000 – 60 M 196/98 – NZI 2000, 329; *LG Itzehoe* vom 27.11.2000 – 4 T 375/00 – NZI 2001, 100). Stattdessen kann auch der Schuldner seinerseits Zwangsvollstreckungen ins Leere laufen lassen, indem er Forderungen oder Gegenstände, in die vollstreckt werden könnte, beispielsweise seinem Anwalt treuhänderisch für die Dauer des außergerichtlichen Schuldenbereinigungsverfahrens überträgt, um damit eine gleichmäßige Befriedigung seiner Gläubiger nach Maßgabe des Plans zu ermöglichen; ein solches Vorgehen kann nicht als strafbare Vollstreckungsvereitelung eingestuft werden (*LG München II* vom 8.8.2000 – W 5 KLs 65 Js 15531/99 – ZInsO 2000, 677). **887a**

Die negativen Auswirkungen der Vollstreckungsversuche der Gläubiger haben den Gesetzgeber veranlasst, mit dem InsOÄndG als § 305a InsO eine Fiktion einzuführen, dass der Versuch, eine außergerichtliche Einigung mit den Gläubigern über die Schuldenbereinigung herbeizuführen, dann als gescheitert gilt, wenn ein Gläubiger die Zwangsvollstreckung betreibt, nachdem die Verhandlungen über die außergerichtliche Schuldenbereinigung aufgenommen wurden. Des Weiteren wird in § 312 InsO für den Fall, dass der Schuldner den Insolvenzantrag stellt, die Rückschlagsperre des § 88 InsO von einem auf drei Monate vor dem Insolvenzantrag ausgedehnt. **887b**

Diese Regelung ist sachgerecht: Dauern die Verhandlungen über den außergerichtlichen Schuldenbereinigungsplan länger als 3 Monate, bietet die Rückschlagsperre des § 88 InsO keinen ausreichenden Schutz, so dass für den Fall von Vollstreckungsmaßnahmen eine gesetzliche Fiktion des Scheiterns des außergerichtlichen Einigungsversuchs normiert wird. Dies deshalb, weil ein Gläubiger, der nach Übersendung des Plans Vollstreckungsmaßnahmen gegen den Schuldner ergreift, hinreichend deutlich zu verstehen gegeben hat, dass er die Zustimmung zu dem ihm unterbreiteten Plan verweigert. In der Bescheinigung nach § 305 Abs. 1 Nr. 1 InsO hat die geeignete Person oder Stelle auf die Zwangsvollstreckungsmaßnahmen hinzuweisen. **887c**

Der Gesetzgeber war bemüht, bei der Ausgestaltung der Fiktion darauf zu achten, dass der außergerichtliche Einigungsversuch nicht entwertet wird, denn die Fiktion des Scheiterns betrifft alle die Fälle, in denen der Plan zur außergerichtlichen Schuldenbereinigung vorgelegt und dann die Zwangsvollstreckung eingeleitet wird. Damit **887d** werden auch die Fälle eingeschlossen, in denen der Gläubiger erst durch die Übersendung des Plans oder durch Anlagen zu dem Plan von den Vermögenswerten des Schuldners Kenntnis erhält und dann die Zwangsvollstreckung auslöst. Solange die geeignete Person oder Stelle den Plan noch nicht mit dem Schuldner erarbeitet und diesen noch nicht den Gläubigern übermittelt hat, greift die Fiktion des Scheiterns des § 305a InsO noch nicht.

3. Zinsen

888 Auch können die Zinsen, die während der Verhandlungsperiode anfallen, unbeschränkt geltend gemacht werden; die Verweisung der Zinsen in den Nachrang (§ 39 InsO) bezieht sich nur auf die Zinsen für die Zeit nach der Eröffnung eines Insolvenzverfahrens.

4. Antragsrecht des Gläubigers

889 Das Insolvenzantragsrecht des Gläubigers ist nicht an die Voraussetzung gekoppelt, dass vorher ein außergerichtlicher Schuldenbereinigungsversuch unternommen sein muss. Stellt der Gläubiger einen Insolvenzantrag, so hindern die Bemühungen des Schuldners um eine außergerichtliche Schuldenbereinigung den Gläubiger nicht, die Eröffnung eines Insolvenzverfahrens zu beantragen, wenn er einen Insolvenzgrund, d.h. die Zahlungsunfähigkeit seines Schuldners glaubhaft machen kann. Drohende Zahlungsunfähigkeit reicht für einen Antrag des Gläubigers nicht, diese gewährt nur dem Schuldner ein Antragsrecht (§ 18 Abs. 1 InsO).

890 Nach dem Insolvenzantrag des Gläubigers war bei den vor dem 1.12.2001 eröffneten Insolvenzverfahren für einen außergerichtlichen Einigungsversuch kein Raum mehr. Erst das InsOÄndG verlangt in § 306 Abs. 3 Satz 3 InsO, dass das Gericht dem Schuldner auferlegt, zunächst trotz des Gläubigerantrags die außergerichtliche Einigung zu versuchen, und ihm dafür eine Frist von drei Monaten setzt.

5. Vollständigkeit des Plans

890a Ein ordnungsgemäßer außergerichtlicher Schuldenbereinigungsversuch, der scheitert, eröffnet dem Schuldner den Weg in das gerichtliche Schuldenbereinigungsplanverfahren. Zwar erfüllen nicht jedes Gespräch und nicht jeder Vergleichsversuch die Voraussetzungen eines außergerichtlichen Schuldenbereinigungsversuchs i.S.d. § 305 Abs. 1 Nr. 1 InsO (s. o. Rz. 841), andererseits können auch keine übermäßigen Anforderungen an die Vollständigkeit erhoben und ein außergerichtlicher Schuldenbereinigungsplan als unzureichend angesehen werden, weil etwa einzelne Vermögenswerte oder weniger bedeutende Schulden nicht aufgeführt worden sind. Dies ergibt sich schon daraus, dass das Gesetz für den außergerichtlichen Schuldenbereinigungsversuch keine Regelungen über seinen genauen Inhalt trifft und auch für den gerichtlichen Schuldenbereinigungsplan bestimmt, dass nicht berücksichtigte Forderungen nicht gekürzt werden dürfen, also ihr Fehlen im Verzeichnis nicht zur Unwirksamkeit führt (§ 308 Abs. 3 InsO).

So schadet es nicht, wenn der Schuldner einzelne Gläubiger vergisst oder Gläubiger, von denen er ohnehin keine Vergleichsbereitschaft erwarten kann, gar nicht erst anschreibt. Allerdings darf dadurch für die übrigen Gläubiger kein falsches Bild entstehen, insbesondere darf nicht der Eindruck erweckt werden, dass die Gelder für die angebotenen Ratenzahlungen an die teilnehmenden Gläubiger auch wirklich geleistet werden können, wenn sie in Wahrheit wegen eines weiteren Entgegenkommens gegenüber den ausgelassenen Gläubigern für die Planerfüllung nicht zur Verfügung stehen. Daraus folgt, dass nur das Fehlen von Kleinstforderungen unbeachtlich sein kann. Im gerichtlichen Schuldenbereinigungsplan können diese Forderungen jedoch nachgemeldet werden, damit diese Gläubiger von dessen Folgen erfasst werden. 891

IV. Verfahrensgang

Der Schuldner muss den **Plan** seinen Gläubigern **übermitteln und** um deren **Antwort** innerhalb einer angemessenen Frist nachsuchen. Die Länge der Frist, die der Schuldner seinen Gläubigern für die Prüfung und Entscheidung einräumen muss, ist im Gesetz nicht geregelt. Als Orientierung kann die Monatsfrist des § 305 Abs. 3 InsO dienen, die dem Schuldner, der die Durchführung eines gerichtlichen Schuldenbereinigungsverfahrens beantragt, zur Vervollständigung mangelhafter Unterlagen gewährt wird. Zur Antwort kann der Schuldner die Gläubiger nicht zwingen. Eine einmalige Erinnerung und Bitte um Antwort ist allerdings zumutbar und zum Nachweis der Ernsthaftigkeit des Schuldenbereinigungsversuchs auch notwendig. 892

1. Einigung

Gelangen die Parteien auf der Basis des Vorschlags des Schuldners zu einer **Einigung**, so erübrigt sich damit die Inanspruchnahme der Gerichte. Voraussetzung ist die **Zustimmung sämtlicher Gläubiger** in dem Maß, in dem der Plan ihr Einverständnis gefordert hat. 893

a) Anspruch auf Zustimmung

Die Zustimmung eines widersprechenden oder schweigenden Gläubigers kann nicht durch Mehrheitsentscheid der Gläubiger ersetzt werden, selbst wenn der Widerspruch auf sachwidrigen Erwägungen beruht oder die Gläubigergesamtheit schädigt. 893a

Finanzbehörden können nicht frei über den Bestand von Steueransprüchen entscheiden. In der Beachtung des verfassungsrechtlichen Gleichbehandlungsgrundsatzes liegen Grenzen, die Billigkeitsmaßnahmen unter eng begrenzten Voraussetzungen zulassen (*Festt/Barten* DStZ 1998, 885). Das Bundesministerium der Finanzen hat deshalb allgemeine Grundsätze über die Bedingungen einer Zustimmung aufgestellt, die im Anhang wiedergegeben werden. 893b

b) Wirkung der Zustimmung

894 Der Plan hat die Wirkung eines **außergerichtlichen Vergleichs** (§ 779 Abs. 2 BGB). Er bildet keinen **Vollstreckungstitel**. Wenn der Vorschlag dies vorsieht (*Grote* ZInsO 1999, 57), kann der Plan aber durch notarielle Beurkundung als sog. Unterwerfungserklärung zu einem vollstreckbaren Titel ausgestaltet werden (§ 794 Abs. 1 Nr. 5 ZPO). Dies ist jedoch nur dann möglich, wenn der Plan die Zahlung einer bestimmten Geldsumme vorsieht. Demgemäß können nur solche Pläne, in denen sich der Schuldner oder ein Dritter zu einer einmaligen Zahlung eines bestimmten Geldbetrages oder zu betragsmäßig von vornherein vereinbarten Raten verpflichtet, in eine vollstreckbare Urkunde aufgenommen werden. Pläne, in denen die Höhe der Zahlungspflichten von künftigen Ereignissen, wie etwa der jeweiligen Höhe des pfändbaren Einkommens, abhängig gemacht wird, sind dagegen für eine Unterwerfungserklärung nicht geeignet (*BGH* vom 30.6.1983 – V ZB 20/82 – NJW 1983, 2262; *AG Düsseldorf* vom 3.9.1980 – 61 M 2693/80 – DGVZ 1981, 92).

894a Gläubiger, die der Schuldner bei seinem außergerichtlichen Schuldenbereinigungsplan nicht berücksichtigt hat, können auch nach Annahme des Schuldenbereinigungsplans durch die übrigen Gläubiger ihre Forderung in vollem Umfang geltend machen (*Vallender* ZIP 2000, 1288).

894b Die Ansprüche gegen Mitschuldner und Bürgen werden in gleicher Weise herabgesetzt, wenn nicht eine ausdrückliche abweichende Vereinbarung in dem Schuldenbereinigungsplan getroffen wird. § 254 InsO, der im Insolvenzplanverfahren einen ungeschmälerten Fortbestand der Rechte gegen Mitschuldner und Bürgen vorsieht, findet auf den außergerichtlichen Schuldenbereinigungsversuch keine Anwendung.

2. Schweigen des Gläubigers

895 Schweigen gilt nicht etwa als Zustimmung, sondern wirkt als Ablehnung des Vorschlags, den der Schuldner unterbreitet hat.

896 Ein Gläubiger, der den Plan ablehnt, muss darauf achten, dass er durch sein Schweigen nicht in die sog. **Erlassfalle** (*Randow* ZIP 1995, 445; *Eckardt* BB 1996, 1945; *Kleinschmidt* NJW 2002, 346; *Lange* WM 1999, 1301; *Schönfelder* NJW 2001, 39) gerät. Vereinzelt haben nämlich Schuldner versucht, sich von ihren Verbindlichkeiten durch die Übersendung eines „Vergleichsangebots" an die Bank zu befreien. In dem Schreiben an die Bank schildern die Schuldner ausführlich ihre desolate finanzielle Situation und bieten der Bank eine einmalige Zahlung zur Abgeltung sämtlicher Ansprüche an, deren Höhe in keinem Verhältnis zu den ausstehenden Restforderungen steht. In dem Schreiben selbst wird in der Regel auf einen Verrechnungsscheck hingewiesen, mit dem die Vergleichssumme bezahlt werden soll. Dieser Verrechnungsscheck ist entweder dem Schreiben beigefügt oder wird separat zum Einzug eingereicht. Der Schuldner gibt außerdem zu verstehen, dass er die Angelegenheit als erledigt ansehe und auf eine Antwort der Bank verzichte. Des Öfteren sollen die Mitarbeiter der Bank einen solchen Scheck ohne nähere Prüfung des Anschreibens des Schuldners und ohne genaue Berücksichtigung des Verwendungszwecks eingelöst haben. In der widerspruchslosen Einlösung eines solchen Schecks hat die Rechtsprechung (*BGH* vom 18.12.1985 – VIII ZR 297/84 – WM 1986, 322; vom 28.3.1990

– VIII ZR 258/89 – NJW 1990, 1655) teilweise die Annahme eines Erlassvertrags über den noch ausstehenden Restbetrag der Forderung erblickt. Inzwischen beginnt sich jedoch die Auffassung durchzusetzen, dass bei einem krassen Missverhältnis zwischen Schuld und Abstandszahlung selbst aus der Einlösung eines Schecks nicht unzweifelhaft auf ein Einverständnis der Bank geschlossen werden könne. So sah das *AG Ebersberg* (vom 15. 5. 1997 – 4 C 66/97 – WM 1997, 1569) und das *LG Lübeck* (vom 14.4.1997 – 12 O 137/97 – WM 1997, 2223) ein „Abfindungsangebot" von 150 DM auf eine Forderung von ca. 190.000 DM bzw. von 0,18433 % als nicht ernst zu nehmende Scherzerklärung an (im gleichen Sinn auch *LG München I* vom 13. 3. 1997 – 22 O 1048/97 – WM 1997, 2213; vom 24. 6. 1997 – 23 O 1860/97 – WM 1997, 2214; *LG Bayreuth* vom 1. 9. 1997 – 2 O 348/97 – WM 1998, 1446; *LG Waldshut-Tiengen* vom 17. 10. 1998 – 1 150/97 – WM 1998, 1448; *OLG Dresden* vom 22. 4. 1998 – 12 U 175/98 – WM 1999, 949; vom 31. 8. 1998 – 17 W 1185/98 – WM 1999, 487; vom 14. 10. 1998 – 8 U 2209/98 – WM 1999, 488; *OLG Karlsruhe* vom 12. 6. 1998 – 9 U 127/97 – ZIP 1998, 1879; vom 16. 9. 1999 – 8 U 224/98 – WM 2000, 414; *BGH* vom 10. 5. 2001 – VII ZR 60/99 – NJW 2001, 2324; vom 10. 5. 2001 – VII ZR 356/00 – NJW 2001, 2325); zu den Voraussetzungen, unter denen die Berufung auf einen solchen „Erlass" sittenwidrig ist, s. *BGH* vom 10. 10. 1997 – V ZR 74/96 – WM 1998, 513; zur Abgrenzung s. *OLG Köln* vom 8. 9. 1999 – 13 U 42/99 – NJW-RR 2000, 1073.

3. Ablehnung des Plans

Wenn ein außergerichtlicher Schuldenbereinigungsversuch von den Gläubigern nicht angenommen wurde, muss der Verbraucher überlegen, ob er einen **erneuten Versuch** unternehmen oder stattdessen unmittelbar in das gerichtliche Verfahren übergehen will. Zu einer Nachbesserung seines Angebots an die Gläubiger ist er jederzeit berechtigt, aber nicht verpflichtet. Der Schuldner kann den Plan auch wiederholt nachbessern. **897**

Mit der Ablehnung eines Schuldenbereinigungsvorschlags des Verbrauchers durch die Gläubiger ist für ihn der Weg zu den Gerichten jedoch nicht automatisch eröffnet. Denn nicht jedes Gespräch und jeder Vergleichsversuch erfüllen die Voraussetzungen eines Schuldenbereinigungsplans. Nur wenn der Verbraucher bei seinen Vorschlägen den Anforderungen an Form und Inhalt eines Plans entsprochen hat, kann er den nächsten Schritt unternehmen. **898**

E. Gerichtliches Schuldenbereinigungsverfahren

899 Im gerichtlichen Schuldenbereinigungsverfahren kann ein Verbraucher, dessen außergerichtlicher Schuldenbereinigungsvorschlag am Widerspruch einzelner oder sämtlicher Gläubiger gescheitert ist, mit Hilfe des Gerichts erneut den Versuch unternehmen, zu einer Schuldenregulierung zu kommen. Dabei wird seine Position im Vergleich zu dem außergerichtlichen Verfahren insofern gestärkt, als eine Mehrheitsentscheidung der Gläubiger ausreichen kann und er nicht mehr die Zustimmung sämtlicher Gläubiger benötigt.

900 Das Verfahren gliedert sich in das Antragsverfahren und das Abstimmungsverfahren.

I. Antrag des Schuldners

901 Das gerichtliche Schuldenbereinigungsverfahren wird durch einen **Antrag des Schuldners** eingeleitet.

902 Dieser Antrag richtet sich nicht nur auf die Durchführung eines Schuldenbereinigungsverfahrens. Vielmehr muss der Schuldner einen Antrag auf Eröffnung des Insolvenzverfahrens stellen, an den sich kraft Gesetzes zunächst ein Schuldenbereinigungsverfahren anschließt (§ 305 Abs. 1 Satz 1 InsO). Der Schuldner muss nämlich seinem Insolvenzeröffnungsantrag einen Schuldenbereinigungsplan beifügen (§ 305 Abs. 1 Satz 1 Nr. 4 InsO). Ausnahmsweise sollte allerdings ein Schuldner berechtigt sein, das gerichtliche Schuldenbereinigungsverfahren zu überspringen und unmittelbar in das vereinfachte Insolvenzverfahren überzugehen, wenn nämlich ein Gläubiger, der mehr als 50 % aller Forderungen hält, im Vorfeld eindeutig und unmissverständlich zu verstehen gegeben hat, dass er mit der vom Schuldner angebotenen Quote nicht einverstanden sei (*AG Hamburg* vom 10.9.1999 – 68 g IK 10/99 – NZI 1999, 419). Ob diese Auslegung nach In-Kraft-Treten des InsOÄndG aufrechterhalten kann, muss bezweifelt werden. Denn jetzt bleibt es dem Gericht vorbehalten, von dem gerichtlichen Schuldenbereinigungsverfahren abzusehen.

II. Antrag eines Gläubigers

903 Ein Gläubiger kann einen Antrag auf die Durchführung eines Schuldenbereinigungsverfahrens nicht stellen. Vielmehr muss er einen Insolvenzantrag einreichen.

904 Dies bedeutet jedoch nicht, dass dem Schuldner das Schuldenbereinigungsverfahren verwehrt wäre. Stellt das Gericht bei der Prüfung des Antrags fest, dass es sich bei dem Schuldner um einen Verbraucher handelt, so hat es vor der Entscheidung über die Eröffnung dem Schuldner Gelegenheit zu geben, ebenfalls einen Insolvenzantrag zu stellen (§ 306 Abs. 3 InsO). Dieser Antrag unterliegt den gleichen Anforderungen

wie ein Insolvenzantrag, den ein Schuldner ohne vorherigen Gläubigerantrag einreicht, d. h. er muss u. a. einen Schuldenbereinigungsplan enthalten (Rechtsausschussbericht zu § 357c RegE InsO, BT-Drs. 12/7302, 191). Dagegen kann der Gläubiger auch in diesem Fall keinen eigenen Vorschlag für einen Schuldenbereinigungsplan einreichen. Die **Planinitiative** liegt allein bei dem Schuldner.

Nach der Ursprungsfassung der InsO konnte der Schuldner im Fall eines Gläubigerantrags überlegen, ob es für ihn sinnvoll ist, diesen Antrag zu stellen und damit zunächst das gerichtliche Schuldenbereinigungsverfahren zu versuchen, oder ob er das Verfahren abkürzen und nach einem Insolvenzverfahren unmittelbar die Restschuldbefreiung in Anspruch nehmen will. Dies ist jedoch durch das InsOÄndG geändert und auch für diesen Fall der außergerichtliche Versuch vorgeschrieben worden (s. § 306 Abs. 3 Satz 3 InsO n. F.). Das Gericht muss dem Schuldner aufgeben, zunächst eine außergerichtliche Einigung zu versuchen, und ihm dafür eine Frist von 3 Monaten setzen. **905**

III. Prozesskostenhilfe

Die korrekte Abfassung des Eröffnungsantrags und die Erfüllung der gesetzlichen Anforderungen, die später im Einzelnen dargelegt werden, stellt viele Verbraucher vor unüberwindliche Hindernisse, selbst wenn sie im außergerichtlichen Verfahren einen wesentlichen Teil der Unterlagen, die sie für das gerichtliche Verfahren benötigen, bereits mit fachkundiger Hilfe zusammengestellt haben. Daher werden sie auf die **Beratung** durch Anwälte oder Schuldnerberatungsstellen angewiesen sein. Dies ist mit Kosten verbunden, die ein insolventer Verbraucher nicht ohne weiteres aufbringen kann. Von der Beratungshilfe, die dem Verbraucher im außergerichtlichen Verfahren zuteil wurde, ist dieser Verfahrensabschnitt nicht mehr gedeckt. **906**

Er war deshalb nach der Ursprungsfassung der InsO auf Prozesskostenhilfe angewiesen. Abweichend vom geltenden Recht, das beim Eigenantrag des Schuldners regelmäßig das Rechtsschutzinteresse für die Prozesskostenhilfe sowohl für das Konkursverfahren als auch für das Gesamtvollstreckungsverfahren verneinte (*Uhlenbruck/Delhaes* Konkurs- und Vergleichsverfahren, Rz. 27; zur Gesamtvollstreckung s. *LG Dresden* vom 15. 4. 1996 – 10 T 28/96 – ZIP 1997, 207; vom 21. 8. 1996 – 10 T 659/96 – ZIP 1996, 1671; *Pape* ZIP 1997, 190), hätten die Insolvenzgerichte für die Durchführung des Verbraucherinsolvenzverfahrens mit Restschuldbefreiung Prozesskostenhilfe bewilligen müssen (*Henning* InVo 1996, 288; *Funke* ZIP 1998, 1708; *AG Kassel* vom 14. 1. 1999 – 660 IK 2/99 – ZInsO 1999, 119; *AG Köln* vom 14. 1. 1999 – 73 IK 2/99 – ZInsO 1999, 119; *AG Dortmund* vom 25. 1. 1999 – 254 IK 1/99 – ZInsO 1999, 118; *AG München* vom 7. 2. 1999 – 152 AR 220/98 – ZInsO 1999, 46; *AG Göttingen* vom 5. 2. 1999 – 74 IK 12/99 – ZInsO 1999, 183; *LG Lüneburg* vom 17. 2. 1999 – 3 T 11/89 – ZIP 1999, 372 beschränkt die Prozesskostenhilfe auf das Schuldenbereinigungsverfahren und dort auf den Fall, dass dem Plan angesichts der versprochenen Quote Erfolgsaussichten zugemessen werden können; **a.A.** *AG Köln* vom 19. 1. 1999 – 72 IK 1/99 – ZInsO 1999, 115; *Bork* ZIP 1998, 1209; *Busch/Graf-Schlicker* InVo 1998, 269; weitere Übersicht über die Spruchpraxis der AG und LG s. *König* NJW 2000, 2487 **907** und *Pape* ZInsO 2000, 647). Dies folgt aus dem neuen Verfahrenszweck. Nach § 1 InsO dient nämlich das Insolvenzverfahren nicht nur dazu, die Gläubiger eines Schuldners gemeinschaftlich zu befriedigen, sondern das Verfahren soll auch dem redlichen Schuldner Gelegenheit geben, sich von seinen restlichen Verbindlichkeiten zu befreien. Da die InsO eine „Null-Plan"-Lösung nicht ausschließt, muss auch ein Schuldner, dem es nicht möglich ist, die notwendigen Verfahrenskosten aufzubringen, in die Lage versetzt werden, dieses in seinem Interesse liegende Verfahren durchzuführen (*AG Köln* vom 14.1.1999, a.a.O.). Andernfalls würde sein Recht auf Zugang zu den Gerichten und damit Art. 103 GG verletzt. Auch ist die Prozesskostenhilfe eine spezielle Form der Sozialhilfe, auf die ein aus Art. 1 und 2 GG hergeleiteter Rechtsanspruch besteht. Auf die Erfolgsaussichten des Schuldenbereinigungsversuchs kann es dabei nicht ankommen. Dies hat der *BGH* (vom 16.3.2000 – IX ZB 2/00 – ZInsO 2000, 280) jedoch abgelehnt und in seiner Entscheidung indirekt den Gesetzgeber aufgefordert, seinerseits tätig zu werden. Manche Gerichte haben jedoch diese Entscheidung ignoriert und weiter Prozesskostenhilfe gewährt (*LG Koblenz* vom 1.8.2000 – 2 T 432/00 – ZInsO 2000, 457).

907a Durch das InsOÄndG 2001 hat der Gesetzgeber eine insolvenzspezifische prozesskostenhilfeähnliche Kostenstundung eingeführt, um auch für den mittellosen Schuldner, der eine natürliche Person ist und die Restschuldbefreiung anstrebt, einen Zugang zum Insolvenzverfahren zu schaffen.

907b Das dem Gesetzentwurf zugrunde liegende Stundungsmodell soll gegenüber einer entsprechenden Anwendung der §§ 114 ff. ZPO im Insolvenzverfahren erhebliche Vorteile bieten, weil die Verfahrenskosten nicht endgültig von der Staatskasse übernommen werden, sondern die Fälligkeit der Kostenansprüche lediglich hinausgeschoben wird. Nach einer wirtschaftlichen Erholung habe der Schuldner die Verfahrenskosten selbst zu tragen. Diese Kosten sind deshalb in der sog. Wohlverhaltensperiode vorab vom Treuhänder zu berichtigen, bevor Leistungen an die Insolvenzgläubiger erbracht werden können. Das Stundungsmodell soll auch unter einem anderen Aspekt noch justizentlastende Wirkung haben. Ändern sich etwa die wirtschaftlichen oder persönlichen Verhältnisse des Schuldners oder gelänge es dem Insolvenzverwalter/Treuhänder, im Laufe des Verfahrens eine Masseanreicherung zu realisieren, so könne dies im Rahmen der Prozesskostenhilfe nur nach § 120 Abs. 4 ZPO berücksichtigt werden. Dies setze aber eine Initiative des Gerichts voraus, das eine Erklärung des Schuldners anfordern müsste, ob eine Veränderung der Verhältnisse eingetreten sei. Bereits jetzt wird vielfach aus der Praxis berichtet, wie aufwändig ein solches Vorgehen ist.

907c Der begünstigte Personenkreis, dem die Verfahrenskosten gestundet werden kann, ist nicht auf diejenigen beschränkt, für die ein Verbraucherinsolvenzverfahren infrage kommt, sondern umfasst auch die natürlichen Personen, für die ein Regelinsolvenzverfahren die maßgebliche Verfahrensart ist. Dies bedeutet, dass der Einzelunternehmer, der ein vollkaufmännisches Gewerbe betreibt, der persönlich haftende Gesellschafter z.B. der OHG, der KG, der Gesellschafter der BGB-Gesellschaft ebenso wie der Verbraucher die Kostenstundung beantragen kann. Die Restschuldbefreiung steht den natürlichen Personen aller Schichten, den Arbeitern, den Angestellten, den Hausfrauen, den Arbeitslosen, den Sozialhilfeempfängern, den Rentnern, Auszubildenden, Studierenden, Straf- und Untersuchungshäftlingen wie den Freiberuflern offen (s. *Hess* in HWW InsO, § 286 Rz. 36 m.w.N.).

907d Die Stundung der Kosten des Insolvenzverfahrens bewirkt einen zinsfreien Zahlungsaufschub bezüglich der fälligen Verfahrenskosten. Stundung bedeutet damit das Hinausschieben der Fälligkeit der Forderung bei bestehen bleibender Erfüllbarkeit. Die Stundung der Verfahrenskosten erfolgt konkludent bis zur Besserung der Vermögensverhältnisse des Schuldners, längstens bis nach der Gewährung der Restschuldbefreiung, so dass der Schuldner unaufgefordert zahlen muss, wenn er zur Leistung im Stande ist (*RG* vom 22.1.1991 – Rep I 216/18 – RGZ 94, 290). Für die Stundung der Gerichtskosten gelten die Grundsätze wie für den Erlass der Gerichtskosten, so dass in den Fällen, in denen der Schuldner in der Wohlverhaltensphase mittellos geblieben ist, nach Erteilung der Restschuldbefreiung der Erlass der gestundeten Kosten infrage kommt (*Hess* InsOÄndG, § 4a Rz. 16 ff.).

907e Damit die Stundung der Gerichtskosten tatsächlich nur dazu dient, dem Schuldner über die Restschuldbefreiung einen Neuanfang zu ermöglichen, kann die Stundung der Kosten nur gewährt werden, wenn der Schuldner einen Antrag auf Restschuldbefreiung gestellt hat. Der Antrag auf Stundung der Kosten soll, muss aber nicht mit dem Antrag auf Restschuldbefreiung gestellt werden. Wird der Antrag auf Restschuldbefreiung gestellt, kann, wenn die Voraussetzungen vorliegen, der Stundungsantrag auch zu einem späteren Zeitpunkt nachgeholt werden. Wird der Stundungsantrag vor dem Restschuldbefreiungsantrag gestellt, ist der Antrag ebenfalls zu bescheiden. Vor der Abweisung des Antrages hat das AG auf die Stellung das Restschuldbefreiungsantrages hinzuwirken.

907f Die Stundung der Kosten wird in dem Umfang gewährt, wie das vorhandene Vermögen und das Neuvermögen des Schuldners nicht ausreicht, die Verfahrenskosten zu decken. Da die Stundung der Kosten nur dann zu gewähren ist, wenn der Antrag auf Restschuldbefreiung erfolgversprechend ist, hat der Schuldner eine Erklärung abzugeben, ob einer der Versagungsgründe des § 290 Abs. 1 Nr. 1 und 3 InsO vorliegt. Eine Stundung der Verfahrenskosten ist ausgeschlossen, wenn der Schuldner wegen einer Insolvenzstraftat nach §§ 283–283c StGB bestraft worden ist. Untreue (§ 266 StGB), Betrug (§ 263 StGB) rechtfertigen nicht, die Stundung der Verfahrenskosten zu versagen. Die Stundung der Kosten ist außerdem zu versagen, wenn der Schuldner in den letzten 10 Jahren vor dem Antrag auf Eröffnung des Insolvenzverfahrens oder nach dem Antrag Restschuldbefreiung beantragt hat oder ihm die Restschuldbefreiung nach §§ 296, 297 InsO versagt worden ist. Obliegenheitsverletzungen des Schuldners rechtfertigen nicht die Versagung der Kostenstundung, können aber nach § 4c InsO eine Aufhebung der Stundung rechtfertigen.

907g Die Stundung der Verfahrenskosten erfasst
– die Gerichtskosten,
– die Auslagen des vorläufigen Insolvenzverfahrens,
– die Auslagen des gerichtlichen Schuldenbereinigungsplanverfahrens (z.B. die Kosten für die Beiordnung eines Rechtsanwalts; s. hierzu eingehend *Hess* InsOÄndG, § 4a Rz. 36 m.w.N.),
– die Vergütungsansprüche und Auslagen des vorläufigen Insolvenzverwalters,
– die Vergütungsansprüche und Auslagen des Insolvenzverwalters,

- die Vergütung und die Auslagen der evtl. eingesetzten Gläubigerausschussmitglieder,
- die Vergütung und die Auslagen des Treuhänders,
- die Vergütung und die Auslagen des Treuhänders im Restschuldbefreiungsverfahren.

Nicht erfasst werden die Kosten des außergerichtlichen Schuldenbereinigungsplans, da insoweit Beratungskosten nach dem BerHG gewährt werden kann (*Wienberg* in HWW InsO, § 4 Rz. 90; *Hess* ebd., § 305 Rz. 37 f. m.w.N.).

907h Damit die Kosten gestundet werden können, wird dem vorläufigen Insolvenzverwalter, dem Insolvenzverwalter und dem Treuhänder hinsichtlich der Vergütungsansprüche und Auslagen ein **Sekundäranspruch gegen die Staatskasse gewährt**, wenn die Masse für die Begleichung der Kosten nicht ausreicht (§ 63 Abs. 2 InsO). Eine entsprechende Änderung erfolgt in der Anlage 1 zum GKG (Nr. 9017). Die Kosten können nach Ablauf des Stundungszeitraumes gegen den Schuldner geltend gemacht werden.

907i Die Stundung der Verfahrenskosten bewirkt, dass die Bundes- und Landeskasse die Kosten und Auslagen sowie die auf sie übergegangenen Ansprüche des beigeordneten Rechtsanwalts nur noch nach den Bestimmungen, die das Insolvenzgericht trifft, gegen den Schuldner geltend machen kann. Auch kann der beigeordnete Rechtsanwalt Ansprüche auf Vergütung nicht gegen den Schuldner geltend machen.

Nach § 4a Abs. 2 InsO erfolgt die Stundung für jeden Rechtszug gesondert. Dies bedeutet, dass für jeden Verfahrensabschnitt eine gesonderte Stundungsentscheidung des Gerichts ergeht, also im Regelinsolvenzverfahren für

- das Eröffnungsverfahren,
- das eröffnete Verfahren,
- die Ankündigung des Restschuldbefreiungsverfahrens,
- die Wohlverhaltensphase,
- die Restschuldbefreiung.

Im Verbraucherinsolvenzverfahren bezieht sich die Verfahrenskostenstundung auf folgende Verfahrensabschnitte:

- das gerichtliche Schuldenbereinigungsverfahren,
- das Eröffnungsverfahren,
- das eröffnete Verbraucherinsolvenzverfahren,
- die Ankündigung des Restschuldbefreiungsverfahrens,
- die Wohlverhaltensphase,
- die Restschuldbefreiung.

Ist ein Antrag auf Stundung der Verfahrenskosten gestellt, treten einstweilig die Rechtsfolgen der Stundung bis zur Entscheidung des Gerichts ein.

907j § 4b InsO regelt die Rückzahlung der gestundeten Kosten, da nach Erteilung der Restschuldbefreiung die Stundung der Kosten endet, so dass der Schuldner die gestundeten Beträge an die Staatskasse zu zahlen hat, sofern keine Ratenzahlungen bewilligt werden. Die grundlegende Zahlungsverpflichtung ergibt sich aus § 50 GKG, während § 4 GKG den Zahlungsgläubiger festlegt.

907k Die Erteilung der Restschuldbefreiung soll dem Schuldner einen wirtschaftlichen Neuanfang ermöglichen. Dieses Ziel würde jedoch verfehlt, wenn nach Ablauf der Stundung der Schuldner sich Kostenansprüchen ausgesetzt sehen würde, die seine wirtschaftliche Leistungsfähigkeit weit übersteigen. § 4b InsO stellt deshalb den Grundsatz auf, dass der Schuldner nach Ablauf der Wohlverhaltensperiode sein Einkommen und sein Vermögen zur Begleichung der gestundeten Beträge heranzuziehen hat, dass dabei jedoch die besonderen Bedürfnisse des Schuldners angemessen zu berücksichtigen sind. Ist der Schuldner nicht in der Lage, die noch ausstehenden Beträge durch eine Einmalzahlung zu begleichen, so wird die Stundung verlängert und ihm Ratenzahlungen bewilligt (Begr. zu dem RegE § 4b). § 4b Abs. 1 Satz 2 InsO verweist auf die analoge Anwendung von § 115 Abs. 1 und 2 sowie auf § 120 Abs. 2 ZPO, die ihrerseits auf die §§ 76, 76a, 79, 82, 88 BSHG verweisen (s. eingehend zu dem zu berücksichtigenden Einkommen und der Ratenfestlegung *Hess* InsOÄndG, § 4b Rz. 4 ff. m.w.N. auch zu den analog anzuwendenden Vorschriften).

Während § 4b Abs. 2 InsO bei grundsätzlich fortbestehender Stundung einer später eintretenden Veränderung der maßgebenden Verhältnisse Rechnung tragen will, soll § 4 InsO insbesondere eine **Stundungsbewilligung beseitigen**, die von Anfang an unrichtig war. Die Vorschrift orientiert sich an § 124 ZPO und stellt einen abschließenden Katalog der Aufhebungsgründe dar. Durch die nachteilige Rechtsfolge soll der Schuldner zu ordnungsgemäßer Mitwirkung und Förderung des Verfahrens angehalten werden (Begr. zu § 4c RegE). Nach § 124 Nr. 2 ZPO ist eine Aufhebung der Bewilligung der Prozesskostenhilfe auch dann zulässig, wenn der Schuldner nach Aufforderung des Gerichts keine Erklärung über seine persönlichen oder wirtschaftlichen Verhältnisse abgegeben hat. Ein entsprechender Aufhebungsgrund wird in § 4c InsO übernommen. Der Schuldner ist nach § 4b Abs. 2 InsO verpflichtet, eine wesentliche Änderung seiner Verhältnisse auch ohne Aufforderung seitens des Gerichts anzuzeigen. Bleibt er lediglich untätig, ohne seitens des Gerichts auf eine möglicherweise eingetretene Veränderung hingewiesen worden zu sein, ist es allerdings nicht gerechtfertigt, die Stundung aufzuheben und dadurch möglicherweise eine Restschuldbefreiung zu verhindern. 907l

Anders verhält es sich hingegen, wenn dem Gericht tatsächliche Anhaltspunkte vorliegen und es deshalb den Schuldner zu einer entsprechenden Erklärung aufgefordert hat (§ 4b Abs. 2 Satz 3 InsO i. V. m. § 120 Abs. 4 Satz 2 ZPO). Gibt der Schuldner nun die Erklärung trotz ausdrücklicher Aufforderung nicht ab, so muss dem Gericht die Möglichkeit eröffnet sein, die Stundung aufzuheben.

Lagen von Anfang an die Voraussetzungen der Stundung nicht vor, ohne dass die fehlerhafte Entscheidung vom Schuldner zu verantworten wäre oder ihm insofern allenfalls leichte Fahrlässigkeit zur Last fällt, so sieht § 4c Nr. 2 InsO eine zeitlich limitierte Möglichkeit der Aufhebung vor. Die Bewilligungsentscheidung ist unabänderlich, wenn seit Beendigung des Verfahrens vier Jahre vergangen sind. Dieser Zeitraum entspricht der Verjährungsregelung in § 10 GKG. Die Unbilligkeit, die darin liegen kann, dass nach einem erheblichen Zeitraum die Stundung aufgehoben wird, kann dadurch gemildert werden, dass das Gericht bei seiner Entscheidung die bereits verflossene Zeit und das Verhalten des Schuldners berücksichtigt. 907m

Um den Schuldner zu einer pünktlichen Zahlung seiner Ratenverpflichtungen anzuhalten, sieht § 4c Nr. 3 InsO die Aufhebung für den Fall vor, dass der Schuldner mit einer Zahlung länger als drei Monate im **Rückstand** ist. Ist diese Säumnis allerdings in einer nachteiligen Veränderung der wirtschaftlichen Lage des Schuldners begründet, 907n so hat das Gericht zu prüfen, ob nicht eine Anpassung der Ratenzahlungen gem. § 4b Abs. 2 InsO geboten ist. Bei § 124 Nr. 4 ZPO ist umstritten, ob der Zahlungsrückstand der Partei verschuldet sein muss, um eine Aufhebung zu rechtfertigen, teilweise wird vertreten, das Verschulden könne im Rahmen einer Ermessensprüfung der Aufhebung berücksichtigt werden. Eine solche Unsicherheit ist bei § 4c InsO nicht akzeptabel, da die Stundung existenzielle Bedeutung für den Schuldner haben kann. Deshalb ist klargestellt, dass nur ein schuldhafter Rückstand eine Aufhebung rechtfertigen kann.

907o Der Einsatz öffentlicher Mittel für ein dem Ziel der Restschuldbefreiung betriebenes Insolvenzverfahren ist nur dann gerechtfertigt, wenn auch der Schuldner erhebliche Anstrengungen unternimmt, um für die Verfahrenskosten aufzukommen und eine möglichst optimale Befriedigung der Gläubiger anzustreben. Deshalb wird die Obliegenheit aus § 295 Abs. 1 Nr. 1 InsO bereits für das Insolvenzverfahren herangezogen. Damit wird einerseits das Argument entkräftet, dem Schuldner werde eine Restschuldbefreiung zum Nullwert eröffnet. Andererseits ist das ernsthafte Bemühen des Schuldners um eine angemessene Erwerbstätigkeit ein wesentliches Indiz für seine Motivation, das mehrjährige Verfahren auch durchzustehen. Insofern stellt die Erwerbsobliegenheit eine gewisse Parallele zur Prüfung der Erfolgsaussicht im Rahmen der Prozesskostenhilfe dar. Um dem Gericht die Feststellung zu erleichtern, ob der Schuldner dieser Obliegenheit nachkommt, wird die in § 296 Abs. 2 Satz 2 InsO statuierte Pflicht des Schuldners, Auskunft über die Erfüllung seiner Obliegenheit zu erteilen sowie ggf. ihre Richtigkeit an Eides statt zu versichern, auch auf die Erwerbsobliegenheit im Rahmen der Stundung ausgedehnt. Durch die entsprechende Anwendung von § 296 Abs. 2 Satz 3 InsO wird dem Gericht die Möglichkeit eröffnet, bei unzureichender Mitwirkung des Schuldners die Stundung aufzuheben. Damit soll jedoch keine Pflicht des Gerichts begründet werden, etwa die Erwerbsobliegenheiten des Schuldners zu überwachen. Das Gericht ist nur dann gehalten, tätig zu werden, wenn tatsächliche Anhaltspunkte, etwa der Hinweis eines Gläubigers, eine Obliegenheitsverletzung seitens des Schuldners nahe legen.

907p Hat der Schuldner im Rahmen eines Insolvenzverfahrens vorsätzlich oder grob fahrlässig in den vorzulegenden Verzeichnissen unrichtige Angaben gemacht, so wird ebenfalls häufig der Aufhebungsgrund des § 4c Nr. 1 InsO eingreifen. Vergleichbares gilt für die Obliegenheiten des § 295 Abs. 1 InsO. Kommt der Schuldner zu neuem Vermögen, beispielsweise durch einen Erbfall, so kann das Gericht dieser Veränderung der wirtschaftlichen Verhältnisse nach § 4b Abs. 2 InsO Rechnung tragen. Bei schwerwiegenden Verstößen gegen die in § 295 Abs. 1 Nr. 3 und 4 InsO genannten Obliegenheiten wird regelmäßig auch ein Gläubiger die Versagung der Restschuldbefreiung beantragen.

907q Im Interesse einer zügigen Abwicklung des Insolvenzverfahrens kann nach § 6 InsO eine gerichtliche Entscheidung nur in den Fällen angefochten werden, in denen dies ausdrücklich vorgesehen ist. Da für die Gewährung einer Stundung oftmals ausschlaggebend sein wird, ob der Schuldner die Chance für einen wirtschaftlichen Neuanfang erhält, wird gegen die Ablehnung der Stundung oder deren Aufhebung dem Schuldner das Rechtsmittel der sofortigen Beschwerde eröffnet. Von gleicher existenzieller Bedeutung kann die Beiordnung eines Rechtsanwalts für einen rechtsunkundigen Schuldner sein, der nicht in der Lage ist, sich angemessen mündlich oder schriftlich auszudrücken. Wird ihm die Beiordnung versagt, so wird er häufig seine Rechte im Verfahren nicht geltend machen können.

Da nach § 6 InsO eine gerichtliche Entscheidung nur in den Fällen angefochten werden kann, in denen dies ausdrücklich vorgesehen ist, hat der Gesetzgeber wegen der besonderen Bedeutung der Stundung für den Schuldner in § 4d InsO gegen den Beschluss des Richters oder des Rechtspflegers das **Rechtsmittel** der sofortigen Beschwerde eröffnet, wenn die Stundung der Kosten versagt oder die Verfahrenskostenstundung aufgehoben wird. 907r

Da nicht nur die Stundung und die Aufhebung der Stundung, sondern auch die Beiordnung eines Rechtsanwalts für einen rechtsunkundigen Schuldner von erheblicher Bedeutung sein kann, wird auch für den Fall der Versagung der Beiordnung die sofortige Beschwerde ermöglicht.

Die Beschwerdemöglichkeit ist auch deshalb von besonderer Bedeutung, weil für den Fall der Ablehnung der Stundung regelmäßig das Insolvenzverfahren mangels Masse abgewiesen werden wird und für den Fall der Aufhebung der Stundung der Verfahrenskosten mit der Massearmut des Verfahrens gerechnet werden muss und das Verfahren nach § 207 Abs. 1 InsO eingestellt wird, so dass keine Anknüpfung für eine Restschuldbefreiung vorliegt (Begr. zu § 4 RegE). 907s

Wird die Verfahrenskostenstundung ausgesprochen, ist der Beschluss der Staatskasse zuzustellen, der damit rechtliches Gehör gewährt wird und die in rechtsähnlicher Anwendung des § 127 Abs. 2 ZPO gegen die Gewährung der Stundung die sofortige Beschwerde einlegen kann. Die sofortige Beschwerde kann jedoch nur darauf gestützt werden, dass die Verfahrenskostenstundung hätte abgelehnt werden müssen. 907t

Durch die Zulässigkeit der sofortigen Beschwerde ist auch die Möglichkeit der Rechtsbeschwerde gem. § 7 Abs. 1 InsO gegeben.

IV. Inhalt des Antrags eines Schuldners

An den Inhalt des Antrags eines Verbrauchers stellt § 305 Abs. 1 InsO eine Reihe von Anforderungen. Diese sind zusätzlich zu den allgemeinen Angaben, die jeder Antrag auf Eröffnung eines Insolvenzverfahrens enthalten muss, zu erfüllen (§ 304 Abs. 1 InsO). 908

1. Allgemeine Angaben

Jeder Eigenantrag des Schuldners erfordert unverzichtbare Angaben, damit der Antrag vom Gericht zugelassen werden kann. Er muss auf die Eröffnung eines Insolvenzverfahrens lauten und darf nicht etwa bedingt oder befristet sein, wie z.B. durch die Formulierung: „Ich stelle Insolvenzantrag, falls ein Insolvenzgrund vorliegt" (*Uhlenbruck/Delhaes* Konkurs- und Vergleichsverfahren, Rz. 173). Der Schuldner muss einen **Insolvenzgrund**, also seine drohende oder schon eingetretene Zahlungsunfähigkeit (§§ 17–19 InsO) zwar nicht glaubhaft machen, aber zumindest behaup- 909 ten. Er muss seinen Wohnsitz angeben, da sich daraus die Zuständigkeit des Insolvenzgerichts herleitet (§ 3 InsO, § 13 ZPO).

2. Bescheinigung über außergerichtlichen Schuldenbereinigungsversuch

910 Ein Verbraucher kann einen Antrag auf gerichtliche Schuldenbereinigung erst stellen, wenn er innerhalb der letzten 6 Monate vorher erfolglos versucht hat, sich mit seinen Gläubigern außergerichtlich über die Schuldenbereinigung auf der Grundlage eines Plans zu einigen. Für die Einhaltung der 6-Monatsfrist ist nicht der Zeitpunkt der Absendung des Schuldenbereinigungsplans maßgebend, vielmehr kommt es darauf an, wann der Plan gescheitert ist, d.h. wann der erste Gläubiger definitiv seine Zustimmung verweigert hat (*Vallender* ZIP 1999, 125).

911 Dass der Schuldner den Versuch eines außergerichtlichen Schuldenbereinigungsplans unternommen hat und damit gescheitert ist, muss er durch die „Bescheinigung einer geeigneten Person oder Stelle" nachweisen (§ 305 Abs. 1 Nr. 1 InsO). Damit das Gericht die Ernsthaftigkeit des außergerichtlichen Schuldenbereinigungsversuchs nicht anzweifeln kann und dem Schuldner etwa erneute Verhandlungen mit den Gläubigern aufgibt, hat das InsOÄndG (§ 30 Abs. 1 InsO n.F.) eine Pflicht zur Beifügung des Plans und zur Darlegung der wesentlichen Gründe für sein Scheitern eingeführt. Dies sehen auch die Vordrucke vor, deren zwingende Verwendung der Gesetzgeber ab 1.3.2002 vorgeschrieben hat (s. Bericht von *Beule* InVo 1997, 197 und Verordnung zur Einführung von Vordrucken für das Verbraucherinsolvenzverfahren und das Restschuldbefreiungsverfahren – VerbrInsVV – vom 22.2.2002, BGBl. I S. 703).

912 Wer als **„geeignete Person oder Stelle"** in Betracht kommt, bestimmt das Landesrecht (s. z.B. Gesetz zur Ausführung der Insolvenzordnung vom 16.7.1998, Bad.-Württ. GBl. 1998, 436; Gesetz zur Ausführung des Verbraucherinsolvenzverfahrens nach der Insolvenzordnung vom 11.7.1998, Bayer. GVBl. 1998, 414; Hamburgisches Ausführungsgesetz zur Insolvenzordnung vom 8.7.1998, Hamburgisches GVBl. 1998, 105; Hessisches Gesetz zur Ausführung der Insolvenzordnung und zur Anpassung des Landesrechts an die Insolvenzordnung vom 18.5.1998, GVBl. I, 191; Nordrhein-Westfälisches Gesetz zur Ausführung der Insolvenzordnung vom 17.6.1998, ZInsO 1998, 133). Dadurch soll u.a. gewährleistet werden, dass keine Gefälligkeitsbescheinigungen ausgestellt werden (Rechtsausschussbericht zu § 357b RegE InsO, BT-Drs. 12/7302, 190). Zum anderen muss sichergestellt werden, dass nur hinreichend qualifizierte Personen eingeschaltet werden. Solange das Landesrecht keine Bestimmung getroffen hat, müssen die Gerichte im Einzelfall prüfen, ob derjenige, der das Scheitern des Schuldenbereinigungsversuchs bestätigt, als dafür geeignet anzuerkennen ist. In erster Linie würde man an Rechtsanwälte, Steuerberater oder Wirtschaftsprüfer denken, in Betracht kommen aber auch Schuldnerberatungsstellen. Das Risiko, dass der Schuldner eine ungeeignete Stelle auswählt, geht zu seinen Lasten.

a) Bescheinigung durch Rechtsanwalt

913 Dass **Rechtsanwälte** als „geeignete Person oder Stelle" i.S.d. Gesetzes anzusehen sind, kann keinem Zweifel unterliegen. Fraglich ist nur, ob diese Beratung ein aus finanziellen Aspekten interessantes Arbeitsfeld sein kann; bei der überwiegenden

Anzahl der möglichen Mandate wird die Regelung der §§ 72–77 BRAGO schnell zu einer gebührenrechtlichen Ernüchterung führen (*Henning* InVo 1996, 288).

Zwar erhält der Rechtsanwalt, der einen Schuldner im Verfahren über den Insolvenzeröffnungsantrag und über den Schuldenbereinigungsplan vertritt, eine volle Gebühr (§ 72 Abs. 1 BRAGO), die sich nach dem Wert der Insolvenzmasse errechnet; da diese bei insolventen Verbrauchern erfahrungsgemäß gegen Null tendiert, hat der Gesetzgeber in § 77 Abs. 1 Satz 2 BRAGO einen Mindestwert von 3.000 € festgelegt, so dass sich die Mindestgebühr auf 189 € beläuft. 914

Sofern der Rechtsanwalt bereits bei dem vorgeschriebenen außergerichtlichen Schuldenbereinigungsversuch tätig war und den dort abgelehnten Plan erneut vorlegt, hält sich sein Aufwand in Grenzen. Er muss lediglich überprüfen, ob eine Modifizierung des Schuldenbereinigungsplanes bei Veränderung der „Vergleichsgrundlagen" (z.B. Arbeitslosigkeit, Erkrankung des Schuldners, Familienzuwachs etc.) notwendig oder zur Beseitigung von Widersprüchen von Gläubigern zweckmäßig ist. Die für eine etwaige Beratungshilfe durch den Anwalt bei dem außergerichtlichen Schuldenbereinigungsversuch vereinnahmte Gebühr ist auf diese Gebühr nur dann anzurechnen, wenn er im gerichtlichen Verfahren inhaltlich den gleichen Vorschlag wie im außergerichtlichen Verfahren unterbreitet; anderenfalls handelt es sich nicht um ein anschließendes gerichtliches Verfahren i.S.v. § 132 Abs. 2 BRAGO, sondern um selbstständige Tätigkeiten. 915

b) Bescheinigung durch Schuldnerberatungsstelle

Demgegenüber wird nicht jede **Schuldnerberatungsstelle** den Anforderungen an die Eignung i.S.v. § 305 Abs. 1 Nr. 1 InsO genügen (zur Anerkennungsprüfung vgl. *VG Mainz* vom 4.5.2000 – 1 K 1312/99 – ZInsO 2000, 463). Nach dem Gesetz zur Ausführung der InsO von Nordrhein-Westfalen muss eine Schuldnerberatungsstelle, die Bescheinigungen nach § 305 Abs. 1 Nr. 1 InsO ausstellen kann, u.a. 916
- auf Dauer angelegt sein,
- mindestens eine Person beschäftigen, die eine mindestens 2-jährige praktische Erfahrung in der Schuldnerberatung aufweisen kann und über eine entsprechende Ausbildung, z.B. als Sozialarbeiter oder Bankkaufmann, verfügt,
- falls kein Jurist beschäftigt wird, eine juristische Beratung, z.B. über einen Juristen ihres Trägers oder einen Rechtsanwalt, sicherstellen.

Diese Anforderungen werden auch für die **Schuldnerberatungsstellen** finanzielle Probleme aufwerfen. Zu deren **Finanzierung** beizutragen sind in manchen Bundesländern die Sparkassen gezwungen. Dies bestimmt z.B. § 3 SparkG für Nordrhein-Westfalen mit der Maßgabe, dass die jeweiligen Gewährträger über den Umfang und die Verteilung der einzusetzenden Mittel an die Träger der Beratungsstellen entscheiden. 917

3. Antrag auf Restschuldbefreiung

Der Schuldner muss sich schon jetzt entscheiden, ob er Restschuldbefreiung beantragen will, falls auch das gerichtliche Schuldenbereinigungsverfahren nicht zum Erfolg führt. Seinem Insolvenzantrag muss er nämlich entweder einen Antrag auf Rest- 918 schuldbefreiung beifügen oder erklären, dass Restschuldbefreiung nicht beantragt werden soll (§ 305 Abs. 1 Nr. 2 InsO). Falls der Schuldner den Antrag auf Restschuldbefreiung ankündigt, muss er sämtliche Anforderungen, die das Gesetz an diesen Antrag stellt (s. Rz. 1083 ff.), schon jetzt erfüllen. Dies ergibt sich aus der ausdrücklichen Verweisung auf § 287 InsO, der die Anforderungen im Einzelnen auflistet.

919 Dies ist aus mehreren Gründen sinnvoll: Dem Gericht soll rechtzeitig **Klarheit über** den weiteren **Verfahrensgang** verschafft werden (*Hess/Weis* InVo 1996, 113; Rechtsausschussbericht zu § 357b RegE InsO, BT-Drs. 12/7302, 190). Die Gläubiger müssen wissen, welche Folgen es hat, wenn sie auch im gerichtlichen Schuldenbereinigungsverfahren die Vorschläge des Schuldners ablehnen. In der Regel wird der Schuldner gleichzeitig die Restschuldbefreiung beantragen, um der 30-jährigen Nachhaftung zu entgehen.

4. Vermögens- und Schuldenverzeichnis

920 Dem Antrag sind **beizufügen**
 – ein Verzeichnis des vorhandenen Vermögens und des Einkommens,
 – ein Verzeichnis der Gläubiger und ein Verzeichnis der gegen den Schuldner gerichteten Forderungen, wobei auch auf beizufügende Forderungsaufstellungen der Gläubiger Bezug genommen werden kann,
 – die Erklärung, dass die in diesen Verzeichnissen enthaltenen Angaben vollständig und richtig sind

(§ 305 Abs. 1 Nr. 2 InsO). Das InsOÄndG verlangt zusätzlich noch eine Vermögensübersicht, die den wesentlichen Inhalt des Vermögensverzeichnisses zusammenfasst. Die Vorlage dieser Verzeichnisse dient der Entlastung des Gerichts; das Gläubigerverzeichnis hat deren Anschriften zu enthalten, damit das Gericht ohne Schwierigkeiten die Unterlagen den Gläubigern zustellen kann (Rechtsausschussbericht zu § 357b RegE InsO, BT-Drs. 12/7302, 190).

920a Während nach der Ursprungsfassung der InsO sämtliche Verzeichnisse den Gläubigern zuzustellen waren, meinte der Gesetzgeber, das Verfahren vereinfachen zu müssen, und hat deshalb § 307 Abs. 1 InsO dahin gehend geändert, dass dem weiterhin zuzustellenden Schuldenbereinigungsplan nur noch die Vermögensübersicht beizufügen sei und die Gläubiger darauf verwiesen werden könnten, beim Insolvenzgericht in die Verzeichnisse Einsicht zu nehmen. Diese Änderung dürfte die ohnehin geringe Bereitschaft der Gläubiger, sich mit solchen Plänen zu befassen, weiterhin vermindern und dazu führen, dass die Gläubiger pauschal die Pläne ablehnen und ihre Forderungen nach ihrer eigenen Aufstellung anmelden.

a) Inhalt der Verzeichnisse

921 Wie derartige Verzeichnisse aussehen müssen, ergibt sich aus der VerbrInsVV. Ergänzend ist zu bemerken, dass die Erklärung, die in diesen Verzeichnissen enthaltenen Angaben seien **vollständig und richtig**, von dem Schuldner persönlich abgegeben und unterschrieben werden muss; insoweit wird man eine Stellvertretung durch Berater

nicht zulassen können, da es darum geht, den Schuldner auf die Bedeutung seiner Wahrheitspflicht hinzuweisen.

Inhaltlich wird sich ein solches Verzeichnis weitgehend mit den Aufstellungen decken, die der Schuldner seinen Gläubigern bei dem außergerichtlichen Einigungsversuch vorgelegt hat. Änderungen können naturgemäß durch neu hinzugekommene Forderungen oder durch weiter aufgelaufene Zinsen und Kosten eintreten. Die Gläubiger werden ihr Augenmerk darauf richten, ob etwa zwischenzeitlich Forderungen entfallen sind. Wurden Forderungen getilgt, so müssen die Gläubiger überlegen, ob dies für sie ein Grund ist, ihre Zustimmung zu dem vorgeschlagenen Plan zu verweigern, um dann im vereinfachten Verfahren die Anfechtungsrechte ausnutzen zu können (Einzelheiten s. Rn. 1027 ff.). Sollte dagegen ein Gläubiger im außergerichtlichen Schuldenbereinigungsverfahren auf seine Forderung bereits endgültig verzichtet haben, so ist er zu Recht im Gläubigerverzeichnis nicht mehr aufgeführt; ihm steht dann auch kein Stimmrecht mehr zu (*OLG Karlsruhe* vom 16. 3. 2000 – 9 W 1/00 – NZI 2000, 375). In der Regel wird jedoch eine Zustimmung zu einem außergerichtlichen Plan auch dann unter dem Vorbehalt stehen, dass der Plan einvernehmlich angenommen wird, wenn der Plan einen vollständigen Verzicht dieses Gläubigers auf seine Forderung vorsieht. Dies gilt insbesondere dann, wenn es sich bei dem Gläubiger um einen Verwandten oder Freund des Schuldners handelt, der mit seinem Verzicht im Interesse des Schuldners das Zustandekommen des Plans erleichtern will.

921a

b) Unterstützungspflicht der Gläubiger

Wenn der Schuldner zur Anfertigung des Forderungsverzeichnisses nicht in der Lage ist, sind die **Gläubiger** auf seine Aufforderung hin **verpflichtet**, ihm auf ihre Kosten eine **schriftliche Aufstellung** ihrer Forderungen zu erteilen und diese in Hauptforderung, Zinsen und Kosten aufzugliedern (§ 305 Abs. 2 InsO).

922

Dies kann **Filialbanken** organisatorische Probleme bereiten. Eine Bank muss nämlich sicherstellen, dass sie auf die Aufforderung des Kunden, ihm eine schriftliche Aufstellung ihrer Forderungen zu erteilen, sämtliche Forderungen des Gesamtinstituts erfasst, und zwar unabhängig davon, bei welcher Niederlassung die jeweiligen Engagements geführt werden. Wenn der Kunde nur eine Filiale oder die Zentrale anschreibt und keine konkreten Angaben liefert, muss die angeschriebene Stelle sich jeweils bundesweit vergewissern, ob bei einer anderen Niederlassung noch Forderungen gegen den Kunden bestehen.

923

Die Aufforderung muss einen Hinweis auf einen bereits bei Gericht eingereichten oder in naher Zukunft beabsichtigten Antrag auf Eröffnung des Insolvenzverfahrens enthalten. Nach den Vorstellungen des Gesetzgebers soll die hier verankerte Bindung an einen bereits eingereichten oder in naher Zukunft beabsichtigten Antrag den Gläubiger vor wiederholten Aufforderungen schützen (Rechtsausschussbericht zu § 357b RegE InsO, BT-Drs. 12/7302, 190). Ob dieses Ziel auf dem vorgesehenen Weg erreicht werden kann, muss jedenfalls für den Fall, dass der Antrag erst als beabsichtigt bezeichnet wird, bezweifelt werden. Denn der Schuldner kann seine Absicht jederzeit ändern und später mit einem erneuten Begehren auf Anfertigung einer Forderungsaufstellung auf den Gläubiger zukommen.

924

925 Die Gläubiger können zwar nicht gezwungen werden, dieser Aufforderung nachzukommen (*Vallender* ZIP 1999, 125; **a.A.** *LG Düsseldorf* vom 26. 7. 2000 – 5 O 302/99 – ZInsO 2000, 519, das einen klagbaren Anspruch gewähren will). Eine Verletzung dieser Pflicht zieht keine Schadenersatzansprüche nach sich. Gläubiger, die die gewünschte Aufstellung nicht liefern, werden nicht etwa vom Verfahren ausgeschlossen und laufen auch nicht Gefahr, schon dadurch ihre Forderungen zu verlieren. Sie müssen aber die Angaben, die der Schuldner dann ohne ihre Hilfe macht, überprüfen, sobald ihnen das Gericht den Schuldenbereinigungsplan und die Verzeichnisse zusendet, und erforderlichenfalls ergänzen (§ 307 Abs. 1 InsO).

c) Folgen fehlender Berichtigung der Verzeichnisse

926 Wenn ein Gläubiger auch dies versäumt, kann er mit einer **Forderung**, die der Schuldner in dem Verzeichnis nicht aufgeführt hat, an der Abstimmung über den Plan nicht teilnehmen; im Fall der Annahme des Plans **erlischt** sie (§ 308 Abs. 3 InsO).

927 Dies gilt – wie oben (Rz. 923) erwähnt – selbst dann, wenn der Schuldner nur eine Filiale oder die Zentrale angeschrieben, keine konkreten Angaben geliefert und die Bank es versäumt hat, sämtliche Forderungen aus allen Niederlassungen zu ermitteln und aufzuführen. Dies entspricht der Rechtslage bei Pfändungen, die ohne Angabe der kontoführenden Stelle an die Zentrale einer Bank oder eines Unternehmens gerichtet oder die einer bestimmten Filiale ohne konkreten Hinweis auf anderweitige Kontoverbindungen zugestellt werden. Bei Pfändungen obliegt dem Pfändungsgläubiger die Aufgabe, die zu pfändende Forderung so hinreichend bestimmt zu bezeichnen, dass der Drittschuldner und andere pfändende Gläubiger sie eindeutig identifizieren können (*BGH* vom 7. 11. 1994 – II ZR 270/93 – WM 1994, 2220; Übersicht bei *Brehm/Kleinheisterkamp* JuS 1998, 781); deshalb sind Pfändungen, die lediglich an die Zentrale einer Großbank gerichtet werden und die kontoführende Niederlassung nicht erwähnen, mangels Bestimmtheit unwirksam (*OLG Stuttgart* vom 17. 3. 1993 – 1 U 116/92 – WM 1993, 2020; *OLG Köln* vom 31. 1. 1935 – 5 W 4/35 – JW 1935, 1725; vom 21. 10. 1969 – 15 U 91/69 – MDR 1970, 150; *KG* vom 21. 2. 1933 – 8 W 1400/33 – JW 1933, 863; vom 23.1.1981 – 1 W 4527/80 – ZIP 1981, 436; *OLG München* vom 1. 8. 1990 – 14 W 173/90 – WM 1990, 1591; *Liesecke* WM 1975, 318; *Prost* NJW 1958, 486). Dementsprechend bürdet auch die InsO in § 305 Abs. 2 der Bank die Last auf, ihre Forderungen hinreichend zu spezifizieren. Die Rechtsprechung, die einer Bank als Drittschuldnerin die Abwicklung erleichtert, wirkt sich für eine Bank in der Rolle als Gläubigerin konsequenterweise nachteilig aus.

928 **Streitige Forderungen**, die zwar in das Gläubigerverzeichnis aufgenommen, aber im Plan mit Null angesetzt sind, erlöschen durch die widerspruchslose Hinnahme dieser Qualifizierung (*Bork* Einführung in das neue Insolvenzrecht, Rz. 418 Fn. 19). Wenn der Plan dagegen abgelehnt wird, bleibt die Forderung des Gläubigers zunächst unberührt. Dies ergibt sich aus dem Umstand, dass die Passagen über das Erlöschen der Forderung in der Vorschrift des § 308 InsO angesiedelt sind, die sich nur mit den Rechtsfolgen eines angenommenen Plans beschäftigt (Rechtsausschussbericht zu § 357e RegE InsO, BT-Drs. 12/7302, 192). Der Gläubiger muss aber im weiteren Verlauf des Verfahrens darauf achten, dass seine Forderung berücksichtigt wird.

929 Ein Gläubiger, der der Aufforderung, eine Aufstellung seiner Forderungen zu erteilen, nicht folgt, erspart sich dadurch nur dann Arbeit und **Kosten**, wenn er von dem

Schuldner keine Zahlungen mehr erwartet, was insbesondere der Fall sein wird, wenn der Schuldner bereits im außergerichtlichen Verfahren einen Null-Plan vorgelegt hat. Anderenfalls muss er für seine Nachlässigkeit büßen, indem er mit entsprechendem Aufwand das Forderungsverzeichnis des Schuldners genau prüfen und für Berichtigung sorgen muss.

d) Folgen fehlender Berücksichtigung des Gläubigers im Verzeichnis

Wenn der Schuldner einen Gläubiger in dem Verzeichnis überhaupt nicht aufgeführt hat und der Gläubiger deshalb auch von dem Verfahren nicht benachrichtigt wurde, droht diesem Gläubiger, auch im Fall der Annahme des Plans, keine Unterwerfung unter dessen Regeln (*Vallender* ZIP 2000, 1288). § 308 Abs. 3 InsO sieht lediglich unter den in Satz 2 genannten Voraussetzungen ein Erlöschen der Forderung des Gläubigers vor. Eine weitergehende Regelung, nach der ein Gläubiger, dessen Forderung der Schuldner – gewollt oder ungewollt – nicht aufgeführt hat, verpflichtet wäre, diese im Schuldenbereinigungsverfahren geltend zu machen, enthält die InsO nicht (*Vallender* a.a.O.). Ein Gläubiger, der auf andere Weise von dem Verfahren Kenntnis erlangt, muss überlegen, ob er seine Forderung dem Gericht meldet oder ob es für ihn günstiger ist, dies zu unterlassen und seine Forderung weiterhin in vollem Umfang geltend zu machen. 929a

5. Schuldenbereinigungsplan

Das Kernstück des Antrags ist der Schuldenbereinigungsplan, den der Schuldner zusammen mit den übrigen, oben erwähnten Antragsunterlagen einzureichen hat (§ 305 Abs. 1 Nr. 4 InsO). Er soll das Instrument der gütlichen Einigung mit seinen Gläubigern bilden (Rechtsausschussbericht zu § 357b RegE InsO, BT-Drs. 12/7302, 190). Der Plan kann alle Regelungen enthalten, die unter Berücksichtigung der Gläubigerinteressen sowie der Vermögens-, Einkommens-, und Familienverhältnisse des Schuldners geeignet sind, zu einer angemessenen Schuldenbereinigung zu führen, und muss angeben, ob und inwieweit Bürgschaften, Pfandrechte und andere Sicherheiten der Gläubiger vom Plan berührt werden. 930

Der Inhalt des Plans unterliegt der Privatautonomie; die Beteiligten sind in der Gestaltung frei. Wie ein derartiger Plan aussehen kann, wurde bereits oben für das außergerichtliche Verfahren dargestellt. Auf die dortigen Ausführungen (s. Rz. 862 ff.) kann daher Bezug genommen werden. Alle dort erwähnten Variationen einschließlich des sog. Null-Plans kommen auch für das gerichtliche Verfahren in Betracht. Der Schuldner kann diejenigen Vorschläge, die er im außergerichtlichen Verfahren unterbreitet hat, erneut einbringen, selbst wenn sie dort von allen Gläubigern abgelehnt wurden. 931

a) Auswirkungen auf Sicherheiten

Dagegen ist zwingend vorgeschrieben, dass sich der Schuldner zu der Frage äußert, ob und inwieweit Bürgschaften, Pfandrechte und andere Sicherheiten der Gläubiger vom Plan berührt werden. Insoweit ist eine konkrete Auflistung erforderlich; es 932 genügt nicht, dass auf die Sicherheiten und deren Behandlung unsystematisch in einem anderen Zusammenhang hingewiesen wird (*OLG Celle* vom 14.1.2002 – 2 W 96/01 – ZInsO 2002, 285). Diese Angabe ist notwendig, um Irrtümer der Beteiligten über die Wirkungen des Schuldenbereinigungsplans zu vermeiden: Nach dem für den Plan maßgeblichen allgemeinen Zivilrecht können nach der Kürzung einer Forderung im Plan anders als im Restschuldbefreiungsverfahren (§ 301 Abs. 2 InsO) auch die Sicherheiten nicht mehr in voller Höhe in Anspruch genommen werden (*Maier/Krafft* BB 1997, 2173; Rechtsausschussbericht zu § 357b RegE InsO, BT-Drs. 12/7302, 190). **Akzessorische Sicherheiten** wie Bürgschaften und Pfandrechte erlöschen kraft Gesetzes; Hypotheken werden zu Eigentümergrundschulden (§ 1163 Abs. 1 Satz 2, § 1177 Abs. 1 BGB). Bei **abstrakten Sicherheiten** erwirbt der Sicherungsgeber einen Freigabeanspruch, wenn die Sicherheiten von ihrem Wert her die gesicherte Restforderung nunmehr erheblich übersteigen (Einzelheiten zur Problematik der Sicherheitenfreigabe s. *Obermüller* Insolvenzrecht in der Bankpraxis, Rz. 6.43 m.w.N.).

b) Besonderheiten bei Lohnabtretung

933 Lohn- und Gehaltsabtretungen behalten auch nach dem Insolvenzeröffnungsantrag und dem Eintritt in das Verfahren über einen Schuldenbereinigungsplan zwar grundsätzlich ihre Wirksamkeit; die Vorschrift des § 114 Abs. 1 InsO, derzufolge diese Abtretungen ihre Gültigkeit nach Ablauf von 2 Jahren seit der Verfahrenseröffnung verlieren, kommt nicht zum Zuge, da sie die Eröffnung des Verfahrens voraussetzt. Das Verfahren über den Antrag auf Eröffnung ruht jedoch bis zur Entscheidung über den Schuldenbereinigungsplan (§ 306 Abs. 1 InsO), und der Antrag gilt mit der Annahme des Plans als zurückgenommen (§ 308 Abs. 2 InsO).

934 Allerdings werden die Gläubiger einem Plan kaum zustimmen, der ihnen wegen der fortdauernden Lohnabtretung auf absehbare Zeit keine – auch nur teilweisen – Befriedigungschancen bietet. Deshalb wird der Schuldner bei der Aufstellung des Plans Eingriffe in die Position des Zessionars vorschlagen müssen. Die Sicherheitenposition des Inhabers einer Lohn- und Gehaltsabtretung ist insoweit schwächer als die eines Grundschuldgläubigers oder des Inhabers einer vorhandenen Sachsicherheit, als der Wert von dem künftigen Verhalten des Schuldners abhängt, der die Lohn- und Gehaltsabtretung durch Reduzierung seiner Arbeit aushöhlen kann und dazu umso eher neigen wird, je mehr Widerstände der Zessionar seinen Versuchen zu einer Schuldenbereinigung entgegensetzt. Der Zessionar wird sich auch überlegen müssen, ob es zweckmäßiger ist, den übrigen Gläubigern im Plan eine **Beteiligung an den Zessionserlösen** zuzugestehen oder den Plan an deren zu erwartendem Widerspruch scheitern zu lassen mit der Folge, dass sich dann ein Insolvenz- bzw. Restschuldbefreiungsverfahren anschließt und die Abtretung 2 Jahre nach dessen Eröffnung ihre Wirkung verliert.

c) Besonderheiten bei Drittsicherheiten

935 Bei Drittsicherheiten erhebt sich die Frage, ob es Wege gibt, wie diese Sicherheiten auch dann und insoweit erhalten werden können, wie die ihnen zugrunde liegende Forderung erlischt. Für akzessorische Sicherheiten, von denen im Verbraucherkreditbereich die **Bürgschaft** das wichtigste Sicherungsmittel ist, besteht ohne entspre-

chende gesetzliche Regelung keine Möglichkeit, die Sicherheit für eine nicht mehr vorhandene Forderung aufrechtzuerhalten. Die Vorschriften der § 301 Abs. 2, § 254 Abs. 2 InsO, denen zufolge die Ansprüche der Gläubiger gegen Mitschuldner und Bürgen durch die Restschuldbefreiung bzw. den Insolvenzplan nicht berührt werden, finden im gerichtlichen Schuldenbereinigungsplanverfahren keine Parallele, für eine Analogie ist kein Raum. Dies bedeutet, dass eine Bürgschaft durch den Vergleich des Hauptschuldners mit dem Gläubiger insoweit erlischt, wie dem Hauptschuldner seine Schuld erlassen wird (*RG* vom 8.2.1937 – VI 291/36 – RGZ 153, 345; *AG Saarbrücken* vom 7.8.2001 – 61 IK 167/00 – ZInsO 2002, 151). Während die in einem Insolvenzplan oder im Restschuldbefreiungsverfahren erlassene Forderung als Naturalverbindlichkeit aufrechterhalten bleibt (*BGH* vom 9.4.1992 – IX ZR 304/90 – BGHZ 118, 71, 76), ist dies bei einem gerichtlichen Schuldenbereinigungsplanverfahren nicht der Fall (für den außergerichtlichen Vergleich s. *RG* vom 8.2.1937, a.a.O.).

Eine vertragliche Abrede, dass der Bürge sich auf einen Vergleich zwischen dem Gläubiger und dem Hauptschuldner nicht berufen kann, ist dagegen zulässig; sie ist als **Garantievertrag** einzuordnen (*OLG Frankfurt/M.* vom 22.10.1974 – 5U 6/74 – DB 1974, 2245). Für das Zustandekommen einer solchen Abrede genügt aber noch nicht ihre Aufnahme in den Schuldenbereinigungsplan, vielmehr muss der Bürge mitwirken. **936**

6. Antragsmuster

Um eine Vereinheitlichung der Verfahren zu erreichen und eine rationelle und kostengünstige Abwicklung zu gewährleisten, ist durch die Verbraucherinsolvenzvordruckverordnung (Verordnung zur Einführung von Vordrucken für das Verbraucherinsolvenzverfahren und das Restschuldbefreiungsverfahren – VbrInsVV – vom 22.2.2002, BGBl. I S. 703) zwingend die Verwendung der im Anhang abgedruckten Formulare vorgeschrieben. **937**

V. Vorbereitung der Entscheidung über die Schuldenbereinigung

Zur Vorbereitung der Entscheidung über die Schuldenbereinigung hat das Gericht den Antrag auf seine Vollständigkeit zu überprüfen, ggf. Ergänzungen zu fordern und die Gläubiger zu benachrichtigen. Um die notwendige Zeit zu gewinnen, muss das Verfahren über den Insolvenzeröffnungsantrag zum Ruhen gebracht werden. **938**

1. Einholen von Auskünften

Das Gericht kann sich auf eine Plausibilitätsprüfung beschränken. In Zweifelsfällen muss es dem Schuldner aufgeben, seine Angaben zu belegen (§§ 97, 98 InsO). Dritte, insbesondere Banken, kann es nicht zur Auskunftserteilung heranziehen (Einzelheiten s. *Obermüller* Insolvenzrecht in der Bankpraxis, Rz. 2.194). Eine Verpflichtung, Auskunft zu erteilen, ergibt sich auch nicht aus analoger Anwendung von § 840 ZPO. Generell mag man zwar darüber nachdenken können, ob nicht der Eröffnung des **939**

Insolvenzverfahrens wegen der Regelungen in §§ 80 ff. InsO eine vergleichbare Wirkung wie der Pfändung in das Vermögen des Schuldners zukommt. Eine analoge Übertragung der Pflichten des Drittschuldners aus § 840 ZPO bei der Forderungspfändung scheitert aber zum einen daran, dass eben gerade noch kein Insolvenzverfahren eröffnet, sondern erst das Stadium des gerichtlichen Schuldenbereinigungsverfahrens erreicht worden ist, in dem nicht einmal das Eröffnungsverfahren begonnen hat. Zum anderen scheitert eine analoge Anwendung von § 840 ZPO daran, dass in der InsO detaillierte Regelungen zu den Auskunftspflichten getroffen worden sind und Auskunftspflichten für die Schuldner des Schuldners selbst im eröffneten Verfahren gerade nicht vorgesehen wurden. Deshalb ist anerkannt, dass ein Insolvenzverwalter, der Auskünfte benötigt, diese auf Grund seiner gesetzlichen Auskunftsrechte vom Schuldner einholen muss, da es eine allgemeine, nicht aus besonderen Rechtsgründen abgeleitete Auskunftspflicht im Bürgerlichen Recht nicht gibt (*BGH* vom 18. 1. 1978 – VIII ZR 262/76 – WM 1978, 373).

2. Ergänzung des Antrags

939a Hat der Schuldner die notwendigen Erklärungen und Unterlagen nicht vollständig abgegeben, so fordert ihn das Gericht auf, das Fehlende unverzüglich zu ergänzen. Kommt der Schuldner dieser Aufforderung nicht binnen eines Monats nach, so gilt sein Antrag auf Eröffnung eines Insolvenzverfahrens als zurückgenommen (§ 305 Abs. 3 InsO). Diese Rechtsfolge tritt auch dann ein, wenn beispielsweise nur die Unterlagen zu dem Antrag auf Restschuldbefreiung, den der Schuldner gleichzeitig einreichen oder auf den er ausdrücklich verzichten musste, nicht komplett sind, obwohl in dem gegenwärtigen Verfahrensschritt noch gar nicht abzusehen ist, ob es jemals zu einem Restschuldbefreiungsverfahren kommen wird. Darauf ist der Schuldner in dem Aufforderungsschreiben hinzuweisen (*HWF* Handbuch, Rz. 10/36, s. dort auch Muster eines Aufforderungsschreibens). Der Lauf der Frist beginnt mit Zugang der Aufforderung beim Schuldner; eine förmliche Zustellung ist nicht vorgeschrieben, aber aus Beweisgründen zweckmäßig.

940 Was unter „**unverzüglich**" zu verstehen ist, führt die InsO nicht aus. Daher kann auf die allgemeine Definition in § 121 Abs. 1 BGB zurückgegriffen werden, die besagt, dass kein schuldhaftes Zögern eintreten darf. Letztlich wird diese Frage jedoch kaum praktische Bedeutung erlangen. Kein Gericht wird sich der Mühe unterziehen, zu prüfen, ob Unterlagen, die innerhalb der Monatsfrist eingehen, früher hätten besorgt werden können, zumal an eine Verletzung der Pflicht zur unverzüglichen Beschaffung keine Sanktionen geknüpft sind.

941 Versäumt der Schuldner dagegen die **Monatsfrist**, so treten die Wirkungen des § 305 Abs. 3 InsO ohne Rücksicht darauf ein, ob den Antragsteller ein Verschulden trifft. Der Schuldner ist aber nicht gehindert, seinen Antrag erneut einzureichen. Er muss jedoch darauf achten, ob der außergerichtliche Schuldenbereinigungsversuch nicht inzwischen mehr als 6 Monate vor dem neuen Eröffnungsantrag zurückliegt; ist dies der Fall, so muss der Schuldner auch den außergerichtlichen **Schuldenbereinigungsversuch wiederholen**. Maßgebend für die Frage, ob der außergerichtliche Schuldenbereinigungsversuch mehr oder weniger als 6 Monate vor dem neuen Eröffnungsantrag lag, ist nicht das Datum der nach § 305 Abs. 1 Nr. 1 InsO erforderlichen Bescheini-

gung, sondern der definitiven Ablehnung durch mindestens einen Gläubiger. Wann dies geschehen ist, muss die Bescheinigung erkennen lassen.

3. Ruhen des Verfahrens

Bis zur Entscheidung über den Schuldenbereinigungsplan ruht das Verfahren über den Eröffnungsantrag, den der Schuldner stellen musste, um in das Schuldenbereinigungsverfahren überhaupt einsteigen zu können. Allerdings steht es im freien Ermessen des Gerichts zu entscheiden, ob ein gerichtlicher Schuldenbereinigungsplan versucht werden soll. Falls ein Gläubiger die Eröffnung eines Insolvenzverfahrens beantragt, muss das Gericht dem Schuldner Gelegenheit geben, ebenfalls einen Insolvenzantrag zu stellen (§ 306 Abs. 3 InsO) und, falls er sich dazu entschließt, ihm aufgeben, zunächst eine außergerichtliche Einigung zu versuchen (§ 308 Abs. 3 Satz 3 InsO). **942**

Der Zeitraum, innerhalb dessen das Verfahren ruhen darf, soll 3 Monate nicht überschreiten (§ 306 Abs. 1 InsO). Die Frist beginnt mit dem Eingang des Eröffnungsantrags. Die Fristen sind für den Schuldner knapp, wenn er durch einen Gläubigerantrag überrascht wird. **943**

4. Anordnung von Sicherungsmaßnahmen

Da sich die Entscheidung über den Fortgang des Verfahrens nach Eingang des Antrags eines Verbrauchers über eine geraume Zeit, oft über mehrere Monate erstrecken kann, sind vorläufige Maßnahmen zweckmäßig oder notwendig. Deshalb kann das Gericht alle zur Sicherung der Masse dienenden einstweiligen Anordnungen treffen, um nachteilige Veränderungen in der Vermögenslage des Schuldners zu verhüten (§ 306 Abs. 2, § 21 InsO). Dadurch können tiefgreifende Einschnitte in die Rechtsstellung des Schuldners vorgenommen werden (*Grub/Smid* DZWiR 1999, 2). Zu diesem Zweck kann das Gericht insbesondere ein **allgemeines Verfügungsverbot** an den Schuldner erlassen oder Maßnahmen der **Zwangsvollstreckung** gegen den Schuldner untersagen oder einstweilen einstellen, soweit nicht unbewegliche Gegenstände betroffen sind (§ 21 Abs. 2 InsO). **944**

Die in § 21 Abs. 2 Nr. 1 InsO vorgesehene Einsetzung eines **vorläufigen Insolvenzverwalters** oder die darauf aufbauende Anordnung, dass Verfügungen des Schuldners nur mit Zustimmung des vorläufigen Insolvenzverwalters wirksam sind, kommen dagegen nicht in Betracht. Denn damit würde die vorläufige Sicherungsmaßnahme über das hinausgehen, was selbst bei negativem Ausgang des Schuldenbereinigungsverfahrens im endgültigen Verfahren zu erwarten ist. Dort kommt es allenfalls zur Einsetzung eines **Treuhänders**, dessen Befugnisse weit hinter denen eines vorläufigen Insolvenzverwalters zurückbleiben (Einzelheiten s. Rz. 1050). **945**

a) Allgemeines Verfügungsverbot

Das allgemeine Verfügungsverbot ist ein gerichtliches Verfügungsverbot i.S.d. §§ 135, 136 BGB (*OLG Köln* vom 22. 5. 1970 – Ss 69/70 – KTS 1971, 51; vom 19. 10. 1978 – 7 U 1/78 – WM 1979, 1342; *OLG Stuttgart* vom 22.11.1984 – 8 W 240/84 – KTS 1985, 349; *OLG Koblenz* vom 17. 11. 1988 – 5 U 720/88 – ZIP 1989, 1593). Es ist wie jede **946** andere Verfügungsbeschränkung des § 21 Abs. 2 Nr. 2 InsO öffentlich bekannt zu machen (§ 23 InsO) und im Grundbuch einzutragen (§ 32 InsO). Es bezieht sich auf rechtsgeschäftliche Verfügungen, auf Verfügungen im Wege der Zwangsvollstreckung und auf Leistungen an den Schuldner.

947 Das Verfügungsverbot hat die Unwirksamkeit aller nach seinem Erlass vorgenommenen rechtsgeschäftlichen Verfügungen des Schuldners über Vermögensgegenstände zur Folge, die zur Masse gehören würden (§ 24 Abs. 1, §§ 81, 82 InsO), also die Übertragung, Belastung, Änderung und Aufhebung von Rechten (*BGH* vom 15.3.1951 – IV ZR 9/50 – BGHZ 1, 294, 304; vom 18.6.1979 – VII ZR 187/78 – NJW 1979, 2101; vom 4.5.1987 – II ZR 211/86 – BGHZ 101, 26), die Einziehung von Forderungen, soweit der eingezogene Forderungsbetrag nicht in die Masse gelangt, und die Begleichung von Schulden (*Kuhn/Uhlenbruck* KO, § 106 Rz. 4d; *LG Hamburg* vom 9.2.1982 – 64 O 9/82 – ZIP 1982, 337) sowie die Bestellung von Sicherheiten.

948 Verstößt der Schuldner gegen eine Verfügungsbeschränkung, so ist diese Verfügung nach § 24 Abs. 1, § 81 Abs. 1 Satz 1 InsO unwirksam. Anders als das Veräußerungsverbot des § 106 KO, das verbotswidrig vorgenommene Verfügungen nur den Gläubigern gegenüber (*RG* vom 24.4.1909 – V 61/09 – RGZ 71, 40; *BGH* vom 13.1.1956 – V ZB 49/55 – BGHZ 19, 359), also relativ unwirksam machte, handelt es sich hier durch die Verweisung auf die §§ 81, 82 InsO um eine absolute Unwirksamkeit (Begr. zu § 92 RegE InsO; *Kirchhof* WM 1996, 1028).

949 Dies bedeutet, dass **gutgläubiger Erwerb** nur im Bereich des Liegenschaftsrechts einschließlich des Erwerbs von Rechten an Schiffen, Schiffsbauwerken und Luftfahrzeugen möglich ist (§ 24 Abs. 1, § 81 Abs. 1 Satz 2 InsO). Für die Bestellung von Grundschulden, Schiffshypotheken und Registerpfandrechten an Luftfahrzeugen bleibt es also bei der bisherigen Rechtslage, während die Verpfändung beweglicher Sachen und die Sicherungsübereignung nach Anordnung eines Verfügungsverbots nicht mehr wirksam vorgenommen werden können.

b) Kündigungen

950 Eine bereits erklärte Kündigung behält ihre Wirkung.

951 Wenn die Voraussetzungen des § 498 BGB, nämlich Verzug mit mindestens 2 aufeinanderfolgenden Raten in Höhe von mindestens 10 % bzw. bei Laufzeiten über 3 Jahren von 5 % des Nennbetrages des Kredits, trotz Fristsetzung erfüllt sind, wird die Bank durch das gerichtliche Schuldenbereinigungsverfahren nicht an der Ausübung ihres Kündigungsrechts gehindert. Aber auch wenn der Kunde seine Zahlungspflichten aus dem Kredit erfüllt und die Bank erst durch den Insolvenzantrag mit dem gerichtlichen Schuldenbereinigungsversuch von seinen Problemen mit anderen Gläubigern und der Verschlechterung seiner Vermögensverhältnisse erfährt, kann sie den Kredit kündigen (Einzelheiten s.o. Rz. 882 ff.).

c) Zwangsvollstreckungen

952 Weder der Versuch einer außergerichtlichen oder gerichtlichen Schuldenbereinigung noch der Insolvenzantrag hindern den Gläubiger, **Zwangsvollstreckungsmaßnahmen** zu beginnen oder fortzusetzen. Die Vollstreckungsverbote der §§ 89, 294 InsO setzen

erst mit der Eröffnung eines Insolvenzverfahrens ein. Grundsätzlich werden Zwangsvollstreckungen der Gläubiger auch durch die Anordnung des Verfügungsverbots nicht gehindert. § 21 Abs. 2 Nr. 3 InsO lässt aber zu, dass das Gericht die Zwangsvollstreckung in das bewegliche Vermögen untersagt bzw. einstellt, so dass die davon betroffenen Gegenstände nach der Insolvenzeröffnung ggf. in die Masse fallen. Diese Regelung war erforderlich, weil das allgemeine Vollstreckungsverbot des § 89 InsO nur für das eröffnete Insolvenzverfahren gilt.

Die Zwangsvollstreckung in das **unbewegliche Vermögen** kann vom Insolvenzgericht nicht schon in der Anordnung nach § 21 Abs. 2 Nr. 3 InsO eingestellt werden. Hierfür gelten die Sonderregelungen der §§ 30d ff., 153b ff. InsO (Einzelheiten s. *Obermüller* Insolvenzrecht in der Bankpraxis, Rz. 6.367 ff.). **953**

Die einstweilige Einstellung der Zwangsvollstreckung in das bewegliche Vermögen darf auf eine bereits laufende Lohnpfändung nicht ausgedehnt werden (*AG Hamburg* vom 21.10.1999 – 68d IK 24/99 – WM 2000, 895). In einem solchen Fall hat der Gläubiger nämlich bereits ein Pfändungspfandrecht erlangt, das nach Maßgabe des § 114 Abs. 3 InsO nur insoweit erlischt, als es sich auf die nach der Eröffnung des Insolvenzverfahrens fällig werdenden Beträge erstreckt. Für die Zeit bis zu einer etwaigen Verfahrenseröffnung bleibt es hingegen bestehen (**a.A.** *LG Mönchengladbach* vom 14.5.2002 – 29 C 96/02 – ZInsO 2002, 643, das diese Vorschrift entgegen dem Gesetzeswortlaut auch auf das Eröffnungsverfahren ausdehnen will). Die wirksam gepfändeten Beträge würden auch bei einer einstweiligen Einstellung weder der Masse noch dem Pfändungsschuldner zufallen, vielmehr dürfte der Arbeitgeber lediglich an Gläubiger und Schuldner gemeinsam leisten oder für beide hinterlegen oder – bei Bestellung eines vorläufigen Treuhänders – an diesen zahlen. Nach Verfahrenseröffnung würde sich jedoch das Recht zur abgesonderten Befriedigung durchsetzen und die Gläubiger könnten die Auszahlung des verwahrten oder vom Arbeitgeber einbehaltenen Betrages verlangen. Eine Ausdehnung der einstweiligen Einstellung wäre also für den Pfandgläubiger nachteilig, ohne für die Masse einen wirtschaftlichen Vorteil zu bringen. **954**

d) Leistungen an den Schuldner

Wird im Eröffnungsverfahren nach Anordnung eines Verfügungsverbots an den Schuldner geleistet, so wird der Leistende nur befreit, wenn er das Verfügungsverbot nicht gekannt hat (§ 24 Abs. 1, § 82 Satz 1 InsO). Hat er vor der öffentlichen Bekanntmachung der Verfügungsbeschränkung geleistet, so wird vermutet, dass er die Eröffnung nicht kannte (§ 82 Satz 2 InsO). **954a**

e) Zinsen

Auch können die **Zinsen**, die während der Verhandlungsperiode und des ruhenden Verfahrens über den Eröffnungsantrag anfallen, unbeschränkt geltend gemacht werden; die Verweisung der Zinsen in den Nachrang (§ 39 InsO) bezieht sich nur auf die Zinsen für die Zeit nach der Eröffnung eines Insolvenzverfahrens. Der Einstieg in das Schuldenbereinigungsverfahren kann der Eröffnung eines Insolvenzverfahrens nicht gleichgesetzt werden; dazu hätte es einer ausdrücklichen gesetzlichen Regelung bedurft. **955**

5. Entscheidung über den Fortgang des Verfahrens

956 Wenn das Insolvenzgericht bei seiner Prüfung zu dem Ergebnis gekommen ist, dass der Antrag des Schuldners den oben dargestellten Anforderungen des § 305 InsO genügt, sind die Voraussetzungen für den Eintritt in das sog. **Vermittlungsverfahren** (*HWF* Handbuch, Rz. 10/35) erfüllt. Eine Untersuchung, ob tatsächlich ein Insolvenzgrund, d. h. eine Zahlungsunfähigkeit so wie behauptet vorliegt, ist in diesem Stadium des Verfahrens nicht notwendig. Während das gerichtliche Schuldenbereinigungsverfahren in der Ursprungsfassung der InsO zwingend vorgeschrieben war, hat das Gericht jetzt nach § 306 Abs. 1 Satz 2 InsO die Möglichkeit, nach Anhörung des Schuldners das gerichtliche Schuldenbereinigungsverfahren abzulehnen (s. dazu *Pape* ZInsO 2001, 587) und die Fortsetzung des ruhenden Insolvenzverfahrens anzuordnen, wenn nach seiner freien Überzeugung der Plan voraussichtlich nicht angenommen wird. Dann findet der Übergang in das vereinfachte Verfahren statt (s. Rn. 1022 ff.). Anderenfalls wird das Schuldenbereinigungsverfahren wie folgt fortgesetzt.

6. Benachrichtigung der Gläubiger

957 Das Verfahren kann **schriftlich** durchgeführt werden. Es wickelt sich wie folgt ab:

a) Zustellungen

958 Das Gericht leitet den Schuldenbereinigungsplan zusammen mit der Vermögensübersicht den Gläubigern, die der Schuldner in dem Gläubigerverzeichnis aufgeführt hat, zu. Die Unterlagen sind von Amts wegen förmlich zuzustellen (§ 307 Abs. 1 Satz 3, § 8 Abs. 1 Satz 1 InsO).

959 Die **Zustellungserleichterungen**, die die InsO in § 8 Abs. 1 Satz 2 und Abs. 2 vorsieht, finden im Schuldenbereinigungsverfahren keine Anwendung:
- Zustellungen durch Aufgabe zur **Post** (§ 193 ZPO) sind nicht zulässig (§ 307 Abs. 1 Satz 3, § 8 Abs. 1 Satz 2 InsO).
- Auf eine **Beglaubigung** der zuzustellenden Schriftstücke (§ 210 ZPO) kann nicht verzichtet werden.
- Auch eine Zustellung an Gläubiger mit **unbekanntem Aufenthalt** ist notwendig. Sie wird durch öffentliche Bekanntmachung (§ 203 ZPO) bewirkt. Der damit verbundene Zeitverlust ist bei den Fristbemessungen zu berücksichtigen.

b) Aufforderung an die Gläubiger zur Stellungnahme

960 Die Gläubiger werden vom Gericht aufgefordert, innerhalb von einem Monat zu den beim Insolvenzgericht zur Einsicht niedergelegten Verzeichnissen und zu dem Schuldenbereinigungsplan Stellung zu nehmen (§ 307 Abs. 1 InsO):
- Sie müssen die Verzeichnisse überprüfen und erforderlichenfalls eine Ergänzung verlangen (§ 307 Abs. 1 InsO). Wenn ein Gläubiger dies versäumt, kann er mit einer Forderung, die der Schuldner in dem Verzeichnis nicht aufgeführt hat, an der Abstimmung über den Plan nicht teilnehmen; im Fall der Annahme des Plans erlischt sie (§ 308 Abs. 3 InsO).

– Sie müssen sich zu dem Schuldenbereinigungsplan äußern. Das **Einverständnis** des Gläubigers mit dem Plan **gilt** mit Ablauf der Frist **als erteilt** (§ 307 Abs. 2 InsO), wenn er schweigt oder seine ablehnende oder modifizierende Stellungnahme nach Ablauf der Frist eingeht.

961

c) Fristen

Bei der Monatsfrist handelt es sich um eine **Notfrist**. Dadurch will der Gesetzgeber den Weg zu den Regelungen zur Wiedereinsetzung in den vorigen Stand nach §§ 233 ff. ZPO eröffnen, „so dass für in Ausnahmefällen denkbare Konflikte bei Fristversäumnis eine bewährte und unkomplizierte Lösung zur Verfügung steht" (Rechtsausschussbericht zu § 357d RegE InsO, BT-Drs. 12/7302, 191). Auf die Bedeutung der Frist und die Folgen einer Versäumnis hat das Gericht die Gläubiger hinzuweisen (§ 307 Abs. 1 Satz 2 InsO).

962

VI. Abstimmung

Die Regelungen über das Abstimmungsverfahren und die Folgen einer Ablehnung des Plans schränken den **Verhandlungsspielraum** für die Gläubiger über den Inhalt des Plans jedoch stark ein. Die Obergrenze für die Gläubiger dürfte das Ergebnis sein, was auch mit Hilfe der Restschuldbefreiung zu erzielen wäre, nämlich eine auf 6, bei vor dem 1. 12. 2001 eröffneten Verfahren 7 Jahre begrenzte Abführung der pfändungsfreien Bezüge des Schuldners aus einem Arbeitsverhältnis mit den oben dargestellten Vergünstigungen ab dem 4. Jahr (§ 292 Abs. 2 Satz 3 InsO). Damit bleibt wenig Raum für sonst beliebte Vereinbarungen, wie z. B. die Verfallklausel, die besagt, dass der erlassene Teil der Forderungen wieder auflebt, wenn der Schuldner mit der Begleichung der verbliebenen Forderungen in Verzug gerät.

963

Das Verfahren zur Erstellung des Schuldenbereinigungsplans ist so konzipiert, dass es für Schuldner und Gläubiger günstiger ist, sich noch in diesem Stadium zu einigen (*Pick* NJW 1995, 992). Nachteile für den Schuldner liegen darin, dass die sonst notwendige Durchführung des Insolvenzverfahrens nebst Restschuldbefreiungsverfahren ihn zur Einhaltung zahlreicher Obliegenheiten zwingt, während die Gläubiger im gerichtlichen Verfahren damit rechnen müssen, dass ihre verweigerte Zustimmung durch das Gericht ersetzt wird.

964

Über den Schuldenbereinigungsplan stimmen die Gläubiger im **schriftlichen Verfahren** ab. Das Gesetz verlangt dazu in § 307 Abs. 1 Satz 1 InsO – wie erwähnt – eine „**Stellungnahme**". Wenn der Gläubiger zustimmt, kann diese in einer einfachen Einverständniserklärung ohne weitere Begründung bestehen. Wenn er den Plan dagegen ablehnt, sollte er sich auch zu seinen Gründen äußern und insbesondere erkennen lassen, unter welchen Umständen er ggf. bereit wäre, seine ablehnende Haltung aufzugeben. Dies ist zweckmäßig, damit das Gericht entscheiden kann, ob es dem Schuldner eine Gelegenheit zur Nachbesserung seines Angebots einräumen soll (s. Rz. 968). Eine Ablehnung ohne Begründung ist jedoch ebenfalls gültig (*OLG Celle* vom 30. 10. 2000 – 2 W 97/00 – NZI 2001, 27); sie kann nicht einem Schweigen gleichgesetzt

965

werden, das nach § 307 Abs. 2 InsO als Einverständnis gilt. Auch dies ist nämlich eine Stellungnahme, obgleich eine sehr kurze. Eine Begründung ist nur dann notwendig, wenn das Gesetz dies ausdrücklich vorschreibt, wie z. B. Zustimmungsersetzungsverfahren nach § 309 InsO. Die Stellungnahme muss schriftlich abgegeben werden; sie ist ein bestimmender Schriftsatz und bedarf deshalb der Unterschrift (*LG Münster* vom 13. 12. 2001 – La 5 T 967/01 – InVo 2002, 231).

966 Wenn sämtliche Gläubiger einverstanden sind, ist der Plan angenommen. Das **Schweigen** gilt als Einverständnis (§ 307 Abs. 2 InsO). Eine Ablehnung, die nach Fristablauf eingeht, ist ebenfalls unbeachtlich. Ein solches Ergebnis wird ein Schuldner jedoch nur selten erreichen. Eher wird er – z. B. bei einem Null-Plan – auf einhellige Ablehnung stoßen oder teils Zustimmung erhalten, teils auf Widerspruch treffen.

1. Erste Ablehnung

967 Wenn nicht sämtliche Gläubiger zustimmen, muss das Gericht entscheiden, ob damit der gerichtliche Schuldenbereinigungsversuch bereits endgültig gescheitert und nunmehr über den Insolvenzantrag zu befinden, ob ein erneuter Versuch zu unternehmen ist, ob die fehlenden Zustimmungen von Gläubigern durch gerichtliche Entscheidung ersetzt, d. h. für unbeachtlich erklärt werden können oder ob die Entscheidung zurückzustellen und dem Schuldner zunächst die Möglichkeit eines zweiten Versuchs einzuräumen ist (*Tobias* DZWiR 1999, 66). Dies ist beispielsweise geboten, wenn ein Gläubiger erklärt, dass er dem Vorschlag nur unter zusätzlichen Bedingungen zustimme und von dessen Zustimmung abhängt, ob die Zustimmungen der übrigen widersprechenden Gläubiger ersetzt werden können (*OLG Karlsruhe* vom 18. 3. 2000 – 9 W 1/00 – ZInsO 2000, 238).

2. Zweiter Versuch

968 Wenn es auf Grund der Stellungnahme eines Gläubigers erforderlich oder zur Förderung einer einverständlichen Schuldenbereinigung sinnvoll erscheint, hat das Gericht dem Schuldner nach Ablauf der Äußerungsfrist Gelegenheit zu geben, den Schuldenbereinigungsplan zu **ändern oder zu ergänzen** (§ 307 Abs. 3 Satz 1 InsO). Das Gericht muss also prüfen, aus welchen Gründen die Gläubiger den Plan abgelehnt haben. Dazu muss es deren Stellungnahmen auswerten, falls die Gläubiger sich auch zu den Gründen ihrer Weigerung geäußert haben. Ist dies nicht geschehen, so kann das Gericht eigene Mutmaßungen über die Motive der Gläubiger anstellen, was nicht schwer fällt, wenn der Schuldner etwa einen Null-Plan vorgelegt hat. Die Entscheidung des Gerichts kann auch davon abhängen, ob die Gläubiger den Plan nur mit knapper Mehrheit oder einstimmig abgelehnt haben.

968a Der Schuldner ist nicht verpflichtet, **Änderungswünschen** der Gläubiger oder des Gerichts nachzukommen (*AG Halle-Saalkreis* vom 14. 12. 2000 – SG IK 61/00 – ZInsO 2001, 185). Besteht er auf seiner Version des Plans und ersetzt das Gericht die Zustimmung der widersprechenden Gläubiger nicht, so hat das Gericht das Verfahren wieder aufzunehmen und über den Insolvenzeröffnungsantrag zu entscheiden (§ 311 InsO).

Wenn der Schuldner auf Grund der Äußerungen der Gläubiger die Gelegenheit 969
erhält, den Schuldenbereinigungsplan zu ändern oder zu ergänzen, wird das Abstimmungsverfahren nochmals in Gang gesetzt. Allerdings kann der Schuldner nicht beliebig oft geänderte Pläne zur Abstimmung stellen. Wurde ein Schuldenbereinigungsplan von den Gläubigern abgelehnt und kam eine Ersetzung von deren Zustimmung durch das Insolvenzgericht nicht in Betracht, so kann ein geänderter Schuldenbereinigungsplan nach § 307 Abs. 3 InsO nur noch einmal vorgelegt werden (*LG Münster* vom 8. 3. 2001 – 5 T 83/01 – InVo 2001, 325). Formell verbleibt das **Planinitiativrecht** unverändert bei dem Schuldner. Die Gläubiger können sich also nicht zusammenschließen, um einen eigenen Plan vorzulegen, und ihn dem Schuldner durch die Abstimmung aufzwingen.

Wenn nunmehr sämtliche Gläubiger einverstanden sind, ist der Plan angenommen. 970
Das **Schweigen** gilt auch in der zweiten Abstimmungsrunde als Einverständnis (§ 307 Abs. 2 InsO). Eine Ablehnung, die nach Fristablauf eingeht, ist ebenfalls unbeachtlich.

3. Ersetzung fehlender Zustimmungen

Wenn kein einhelliges Ergebnis erzielt wird, ist wie folgt zu unterscheiden: 971
- Hat mehr als die Hälfte der Gläubiger den Schuldenbereinigungsplan abgelehnt oder repräsentieren die ablehnenden mehr als die Hälfte der Forderungen, so ist der Plan endgültig gescheitert.
- Hat dem Schuldenbereinigungsplan mehr als die Hälfte der Gläubiger zugestimmt und repräsentieren diese mehr als die Hälfte der Forderungen, so kann das Insolvenzgericht die Zustimmung des widersprechenden Gläubigers (§ 309 InsO) ersetzen.

Für die Berechnung der **Kopfmehrheit** erhält ein Vertreter mehrerer Gläubiger so 971a
viele Stimmen wie er Gläubiger vertritt; er kann für die einzelnen Vertretenen verschiedenartig abstimmen (*OLG Köln* vom 1. 12. 2000 – 2 W 202/00 – ZInsO 2001, 85). Demgegenüber wird ein Gläubiger auch dann nur mit einer Stimme berücksichtigt, wenn er – wie beispielsweise häufig Inkassounternehmen – durch Inkassozessionen oder Forderungskauf mehrere Forderungen erworben hat.

Zur Berechnung der **Summenmehrheit** s. Rz. 972c. 971b

Wenn die oben dargestellte Mindestquote an Zustimmungen erreicht ist, kann das 972
Insolvenzgericht auf Antrag eines Gläubigers oder des Schuldners die Zustimmung des widersprechenden Gläubigers ersetzen (§ 309 InsO),
- sofern dieser Gläubiger im Verhältnis zu den anderen Gläubigern angemessen beteiligt ist und
- durch den Schuldenbereinigungsplan wirtschaftlich nicht schlechter gestellt wird, als er bei Erteilung einer Restschuldbefreiung stünde.

§ 309 Abs. 1 Satz 2 InsO ist als Ausnahmevorschrift eng auszulegen. Dies bedeutet, dass eine Zustimmungsersetzung nur dann zu verweigern ist, wenn die Ausnahmetatbestände entweder des § 309 Abs. 1 Satz 2 Nr. 1 oder 2 InsO vorliegen; die Zustimmungsersetzung darf dagegen nicht vom Vorliegen anderer Voraussetzungen abhängig gemacht werden (*LG Memmingen* vom 7. 3. 2000 – 4 T 329/00 – NZI 2000, 233). So kann das Insolvenzgericht im Rahmen der Zustimmungsersetzung nicht generell die Zulässigkeit oder die Angemessenheit des vorgelegten Schuldenbereinigungsplans überprüfen (*OLG Köln* vom 9. 2. 2001 – 2 W 19/01 – ZInsO 2001, 230).

972a Die Ersetzung der Zustimmung widersprechender Gläubiger ist auch dann nicht grundsätzlich ausgeschlossen, wenn der Schuldner einen **Null-Plan** vorlegt oder nur sehr geringfügige Zahlungen vorschlägt (*OLG Frankfurt/M.* vom 9. 3. 2000 – 26 W 162/99 – ZInsO 2000, 288; *OLG Köln* vom 9. 2. 2001 – 2 W 19/01 – ZInsO 2001, 230; *LG Neubrandenburg* vom 13. 3. 2001 – 4 T 42/01 – ZInsO 2001, 1120; **a.A.** *LG Mönchengladbach* vom 26. 7. 2001 – 5 T 23/01 – ZInsO 2001, 1115). Maßgebend ist, ob dieser Vorschlag angesichts der Zukunftserwartungen realistisch erscheint. Ebenso kann die Zustimmung auch dann ersetzt werden, wenn der Schuldenbereinigungsplan keine **Wiederauflebensklausel** für die Ansprüche des widersprechenden Gläubigers für den Fall vorsieht, dass durch das Verschulden des Schuldners Gründe eintreten, die zu einer Versagung der Restschuldbefreiung führen würden; eine Pflicht zur Aufnahme einer solchen Klausel gibt es nicht (*LG Memmingen* vom 7. 3. 2000 – 4 R 329/00 – NZI 2000, 233).

972b Wenn der Schuldner eine **einmalige Zahlung** anbietet, ist bei der fiktiven Vergleichsrechnung diesem Betrag der Kapitalwert der den Gläubigern im eröffneten Insolvenzverfahren und in der Wohlverhaltensperiode als nachschüssige Jahresrente zufließenden Zahlungen – gemindert um die in diesen Verfahren anfallenden Kosten – gegenüber zu stellen (*AG Hamburg* vom 31. 8. 2000 – 68a IK 52/00 – NZI 2001, 48). Für die Bildung des Abzinsungsfaktors kommt es auf den für risikofreie Kapitalanlegung mittelfristig erzielbaren Zins, auf den für ersparte Verwaltungsaufwendungen einzusetzenden Prozentsatz der Forderungen und auf den Risikozuschlag im Einzelfall an. Die Laufzeit der Rente hängt von der voraussichtlichen Dauer des Insolvenzverfahrens und der Wohlverhaltensperiode, ggf. auch von der Lebenserwartung des Schuldners ab (*AG Hamburg* a.a.O.). Bei einem Altersrentner ist kein Risikozins für den Verlust des Arbeitseinkommens anzusetzen. Bezieht der Schuldner zunächst eine Betriebsrente oder vergleichbare Leistungen, kommt es auf die voraussichtliche Solvenz des Zahlungspflichtigen an.

972c Für die **Berechnung** der Summenmehrheit sind die Angaben des Schuldners in dem Forderungsverzeichnis maßgebend (*AG Köln* vom 27. 8. 1999 – 73 IK 15/99 – ZIP 2000, 83). Abweichende Angaben der Gläubiger bleiben unberücksichtigt. Das Schuldenbereinigungsverfahren ist nämlich nicht dazu vorgesehen, die tatsächliche Höhe der Forderungen zu klären. Der Gläubiger, dessen Forderungen zu niedrig angegeben sind, ist darauf verwiesen, dem Plan mit der Begründung zu widersprechen, dass seine Ansprüche nicht angemessen berücksichtigt seien (s. u. Rz. 975). Gläubiger, die außergerichtlich bereits auf ihre Forderungen verzichtet haben, können bei der Ermittlung der Mehrheiten nicht berücksichtigt werden (*OLG Karlsruhe* vom 18. 3. 2000 – 9 W 1/99 – ZInsO 2000, 238; *OLG Braunschweig* vom 19. 12. 2000 – 2 W 268/00 – ZInsO 2001, 227).

973 Durch dieses **Obstruktionsverbot** soll verhindert werden, dass ein an sich vernünftiger Plan an der Verweigerung der Zustimmung einzelner Gläubiger scheitert (Rechtsausschussbericht zu § 357f RegE InsO, BT-Drs. 12/7302, 192), die nicht aus sachlichen und wirtschaftlichen, sondern aus persönlichen oder sonstigen nicht billigenswerten Gründen widersprechen. Eine Abwägung der Gründe findet allerdings nicht statt. Ein Widerspruch, der auf persönlichen Rachegelüsten eines Gläubigers beruht, ist zunächst ebenso beachtlich wie ein Widerspruch, den ein Gläubiger damit begründet, dass der Schuldner zu wesentlich höheren Leistungen als vorgeschlagen in der Lage sei.

Wenn das Gesetz davon spricht, dass die Zustimmung eines widersprechenden Gläubigers ersetzt werden könne, so ist dies nicht etwa abschließend dahin zu verstehen, dass beim Widerspruch mehrerer Gläubiger die Ersetzungsbefugnis ausgeschlossen sei. Dies ergibt sich aus den Abstimmungsregeln des § 309 Abs. 1 Satz 1 InsO, die nur dann einen Sinn ergeben, wenn auch die fehlenden Zustimmungen mehrerer Gläubiger ersetzt werden können. Für die Ersetzung der Zustimmung kommt es nicht auf die Rechtsnatur der Forderung des widersprechenden Gläubigers an. Deshalb kann die Zustimmung des **Finanzamts** als des Vertreters eines Steuergläubigers in gleicher Weise unter den gleichen Voraussetzungen ersetzt werden, wie die Zustimmung der Gläubiger privatrechtlicher Forderungen (*OLG Köln* vom 28. 8. 2000 – 2 W 37/00 – ZInsO 2000, 519). **974**

a) Angemessene Beteiligung

Das Erfordernis der angemessenen Beteiligung ist eine Ausprägung des Gleichbehandlungsgebots des § 294 Abs. 2 InsO. Einzelne Gläubiger dürfen gegen ihren Willen nicht schlechter gestellt werden als andere, rechtlich gleichgestellte Gläubiger. Dies führt aber nicht zu einer Pflicht zur „mathematisch genauen" Gleichbehandlung, sondern lässt dem Gericht einen gewissen Spielraum bei der Bewertung des Plans (*AG Köln* vom 28. 7. 2000 – 72 IK 80/99 – ZInsO 2000, 461; *AG Göttingen* vom 5. 11. 1999 – 74 IK 25/99 – InVo 2000, 310; *Vallender* InVo 1998, 169; s. Zusammenstellung bei *Pape* ZInsO 2001, 25). **975**

Daher muss der Plan beispielsweise zwischen gesicherten und ungesicherten Gläubigern unterscheiden und auf den wirtschaftlichen Wert der **Sicherheit** Rücksicht nehmen. Wenn die Sicherheit nicht völlig wertlos ist, bedeutet dies, dass der gesicherte Gläubiger zwangsläufig einen höheren Anteil als der ungesicherte erhalten muss. Dies gilt insbesondere dann, wenn der Gläubiger die Sicherheit aus dem Vermögen eines Dritten oder durch eine Bürgschaft erhalten hat (*LG Saarbrücken* vom 25. 4. 2000 – 5 T 22/00 – NZI 2000, 380). Gesicherte Gläubiger sollten deshalb bei ihrer Äußerung zu dem Plan darlegen, wie sie den Wert ihres Sicherungsrechts einschätzen. Falls sie über ein Wertgutachten, möglichst von einem vereidigten Sachverständigen, verfügen, ist es zweckmäßig, dies schon jetzt ihrer Stellungnahme beizulegen, um zu verhindern, dass das Gericht von unrichtigen Annahmen ausgeht; dieses Vorgehen ist effektiver, als wenn das Gericht mangels näherer Kenntnis des Sicherheitenwerts eine Benachteiligung verneint und die Zustimmung ersetzt, so dass der Gläubiger auf den Weg der sofortigen Beschwerde (s. Rz. 987) verwiesen ist. Im Rahmen seiner Ersetzungsbefugnis kann das Insolvenzgericht auch die Rechtswirksamkeit von Sicherheiten überprüfen, sofern die zugrunde zu legenden Tatsachen nicht im Streit sind (*LG Köln* vom 19. 10. 2000 – 19 T 111/00 – ZInsO 2000, 677; *AG Mönchengladbach* vom 31.10.2000 – 32 IK 59/00 – ZInsO 2001, 187); wenn der widersprechende Gläubiger **976** dagegen ernsthafte Zweifel an der Wirksamkeit der Sicherheitenbestellung erwecken kann, kommt die Ersetzung einer Zustimmung nicht in Betracht (*LG München I* vom 23.3.2000 – 14 T 22166/99 – NZI 2000, 382).

977 Auch darf der Plan **streitige Forderungen** nicht wie unstreitige behandeln, sondern muss eine eigene Regelung vorschlagen (s. Rz. 862). Des Weiteren kann die Beteiligung eines Gläubigers nicht schon dann als unangemessen angesehen werden, wenn der Schuldner auf Grund seiner – vertretbaren – Beurteilung einer zweifelhaften Rechtslage in seinem Plan von der vorrangigen bzw. besseren gesicherten Stellung eines anderen Gläubigers ausgeht (*AG Hamburg* vom 25.2.2000 – 68 d IK 36/99 – NZI 2000, 283). **Anfechtbare Vermögensverschiebungen** zu Gunsten einzelner Gläubiger dürfen dagegen außer Acht gelassen werden; es obliegt dem konkurrierenden Gläubiger, die Möglichkeiten, die ihm das AnfG bietet, wahrzunehmen (*OLG Köln* vom 9.10.2000 – 2 W 190/00 – ZInsO 2001, 34).

978 Ferner verstößt ein Plan, der die Vermögenswerte nach dem Verhältnis der Hauptforderungen auf die Gläubiger verteilt, nicht gegen das Gleichbehandlungsgebot (*AG Mönchengladbach* vom 16.3.2000 – 32 IK 79/99 – ZInsO 2000, 232; **a.A.** *AG Stuttgart* vom 15.1.2001 – 10 IK 110/00 – ZInsO 2001, 381); die Gläubiger werden durch die Zurückstufung des Kostenerstattungsanspruchs nicht unangemessen benachteiligt, da sie es selbst in der Hand haben, in welchem Umfang sie außergerichtliche Kosten entstehen lassen (Rechtsausschussbericht zu § 357 g RegE InsO, BT-Drs. 12/7302, 193). Das gilt erst recht, wenn der Plan Kosten nicht berücksichtigt, die entstanden sind, nachdem der Gläubiger Kenntnis davon erhalten hat, dass der Schuldner einen außergerichtlichen Einigungsversuch mit seinen Gläubigern oder ein Verbraucherinsolvenzverfahren durchführen will (*AG Köln* vom 28.7.2000 – 72 IK 80/99 – ZIP 2000, 1544). Auch ist es nicht zu beanstanden, wenn der Schuldner für die Höhe der Forderung maßgeblich auf den Zeitpunkt seines Insolvenzantrags abstellt und die spätere Entwicklung, die durch unterschiedliche Zinssätze für die verschiedenen Forderungen eintritt, außer Acht lässt, da nur auf diese Weise ein einheitlicher Vergleichsmaßstab hergestellt werden kann, der von den Zufälligkeiten des Verfahrensablaufs unabhängig ist (*AG Regensburg* vom 16.8.2000 – 2 IK 345/99 – ZInsO 2000, 516). Ebenso wenig stellen sehr geringe Abweichungen der bei Durchführung des Verfahrens zu erwartenden Befriedigungsquote einen Versagungsgrund dar; insoweit hat das Insolvenzgericht bei der Zustimmungsersetzung einen Ermessensspielraum, der es ihm gestattet, geringfügige Quotenabweichungen nicht als wirtschaftliche Schlechterstellung anzusehen (*OLG Celle* vom 24.10.2001 – 2 W 113/01 – ZInsO 2001, 1107).

979 Macht ein Gläubiger Tatsachen glaubhaft, aus denen sich ernstliche **Zweifel** ergeben, **ob eine** vom Schuldner angegebene **Forderung besteht** oder sich auf einen höheren oder niedrigeren als den angegebenen Betrag richtet, und hängt vom Ausgang dieses Streits ab, ob der Gläubiger im Verhältnis zu den übrigen Gläubigern angemessen beteiligt wird, so kann die Zustimmung des Gläubigers nicht ersetzt werden (§ 309 Abs. 3 InsO). Dabei kann es sich um die im Gläubigerverzeichnis aufgeführte Forderung des widersprechenden oder eines anderen Gläubigers handeln, nicht etwa um eine im Vermögensverzeichnis erwähnte Forderung des Schuldners gegen einen Dritten. Deren unrichtige, d. h. zu niedrige Berücksichtigung schädigt zwar die Gläubigergesamtheit, benachteiligt den widersprechenden aber im gleichen Maße wie die

zustimmenden Gläubiger. Durch diese Regelung soll verhindert werden, dass der Schuldner die Forderung eines Gläubigers zu niedrig ansetzt oder durch fingierte Forderungen von Verwandten oder Freunden den Anteil der übrigen Gläubiger schmälert. So kann die Zustimmungsersetzung beispielsweise verweigert werden, wenn über die Hälfte der angegebenen Forderungen aus Verbindlichkeiten des Schuldners gegenüber seiner Ehefrau und seiner Mutter bestehen und der Schuldner sich weigert, zu der Art der Verbindlichkeiten nähere Angaben zu machen (*LG Bielefeld* vom 16. 6. 1999 – 23 T 208/99 – ZIP 1999, 1275; *AG Aschaffenburg* vom 30. 6. 1999 – IK 4/99 – ZInsO 1999, 482).

Kleinforderungen können dabei unberücksichtigt bleiben, wenn sie im Verhältnis zu den unstreitigen Forderungen anderer Gläubiger kaum in Betracht kommen (*HWF Handbuch*, Rz. 10/39; Rechtsausschussbericht zu § 357f RegE InsO, BT-Drs. 12/7302, 192). So kann die Zustimmung eines widersprechenden Gläubigers zu einem Plan, der für alle Gläubiger die gleiche Quote vorsieht, auch dann ersetzt werden, wenn er seinen Widerspruch damit begründet, dass eine Forderung eines zustimmenden Gläubigers in Wahrheit niedriger sei, sofern einem anderen zustimmenden Gläubiger eine höhere Forderung als nach dem Verzeichnis zustehe und sich die Unterschiede in etwa ausgleichen (*AG Hamburg* vom 25. 2. 2000 – 68 d IK 36/99 – NZI 2000, 283; *LG Saarbrücken* vom 25. 4. 2000 – 5 T 22/00 – NZI 2000, 380; *OLG Köln* vom 9. 10. 2000 – 2 W 190/00 – ZInsO 2001, 34). Auch führt allein die Tatsache, dass Kleingläubiger voll befriedigt werden, noch nicht zu einer Ungleichbehandlung gegenüber denjenigen Gläubigern, die nur eine teilweise Zahlung erhalten; der Schuldner muss diese Kleingläubiger aber im Plan aufführen, um den Gläubigern die Beurteilung zu ermöglichen, ob die Privilegierung sachlich gerechtfertigt ist (*OLG Frankfurt/M.* vom 4. 12. 2001 – 26 W 167/01 – NZI 2002, 266). 980

Der **Widersprechende muss** einen solchen Sachverhalt schlüssig vortragen (*OLG Celle* vom 2. 5. 2001 – 2 W 51/01 – ZInsO 2001, 468; *OLG Köln* vom 29. 8. 2002 – 2 W 105/01 – NZI 2002, 594). Trägt er nur allgemein seine Unzufriedenheit mit dem Plan vor, so muss sich das Gericht damit gar nicht befassen (*BayObLG* vom 11. 12. 2000 – 4 Z BR 21/00 – ZIP 2001, 204; *OLG Köln* vom 9. 2. 2001 – 2 W 19/01 – InVo 2001, 128). Sofern ihm ein schlüssiger Vortrag gelingt, muss er die darin enthaltenen Tatsachenbehauptungen **glaubhaft machen**. Dazu kann er sich aller Beweismittel bedienen, sofern sie präsent sind, und notfalls auch auf eine Versicherung an Eides statt zurückgreifen (§ 294 ZPO). Gelingt ihm die Glaubhaftmachung, so kann seine Zustimmung nicht mehr ersetzt werden, auch wenn der Schuldner auf seinem Standpunkt beharrt und seinerseits vielleicht sogar Beweismittel anbietet. Denn das Ersetzungsverfahren ist nicht dafür vorgesehen, Streitfragen über den Bestand von Forderungen durch langwierige Prüfungen und Beweisaufnahmen zu entscheiden (Rechtsausschussbericht zu § 357f RegE InsO, BT-Drs. 12/7302, 192). Der Amtsermittlungsgrundsatz gilt insoweit nicht. Deshalb sind auch nur die wenigen Gründe zu berücksichtigen, die der betroffene Gläubiger selbst geltend macht (*LG Berlin* vom 31. 5. 2000 – 86 T 287/00 – ZInsO 2000, 404). 980a

Der **Schuldner kann** jedoch seine eigene Position ebenfalls **glaubhaft machen**, wenn er präsente Beweismittel bietet. Das Gericht hat dann festzustellen, welche der beiden Versionen überwiegend wahrscheinlich ist (*BGH* vom 5. 5. 1976 – IV ZB 49/75 – 981

VersR 1976, 928). Bei ernsthaften Zweifeln über das Bestehen oder die Höhe einer Forderung kann die Zustimmung eines Gläubigers, dessen angemessene Beteiligung von der Beantwortung der offenen Frage abhängt, nicht ersetzt werden.

b) Benachteiligung gegenüber Restschuldbefreiung

982 Der Gläubiger darf durch den Plan nicht schlechter gestellt werden als bei Durchführung des Verfahrens über die Anträge auf Eröffnung des Insolvenzverfahrens und Erteilung der Restschuldbefreiung (§ 309 Abs. 1 Nr. 2 InsO). Das Gericht muss also ermitteln, was der widersprechende Gläubiger erhalten würde, wenn das Vermögen des Schuldners im Insolvenzverfahren verwertet und der Schuldner in das Restschuldbefreiungsverfahren übergehen würde (*HWF* Handbuch, Rz. 10/40). Dabei sind auch die Verfahrenskosten zu berücksichtigen, die bei vollständiger Durchführung des Restschuldbefreiungsverfahrens anfallen würden (*AG Göttingen* vom 25. 2. 2000 – 74 IK 60/99 – ZInsO 2000, 233). Eine Schlechterstellung liegt bereits dann vor, wenn der Schuldenbereinigungsplan für den Fall einer Kündigung durch den Gläubiger wegen Verzugs des Schuldners einen **teilweisen Erlass** der Forderung für jedes Jahr der vollständigen und rechtzeitigen Zahlung vorsieht; damit würde nämlich der Anspruch der Gläubiger auf freie Nachforderung (§ 299 InsO) im Fall der Versagung der Restschuldbefreiung wegen Obliegenheitsverletzungen vereitelt (*LG Göttingen* vom 24. 7. 2000 – 10 T 61/00 – NZI 2000, 487). Eine Verbesserung gegenüber der Restschuldbefreiung kann dagegen angenommen werden, wenn die für den Fall der Durchführung eines Restschuldbefreiungsverfahrens geschätzte Quote durch einen Zuschuss von Verwandten erhöht wird (*AG Göttingen* vom 21. 7. 1999 – 74 IK 33/39 – ZInsO 1999, 477).

983 Aus dem Gesetz ist nicht eindeutig zu entnehmen, ob das Gericht **unterstellen muss, dass das Restschuldbefreiungsverfahren erfolgreich durchgeführt** wird, oder ob es auch berücksichtigen darf, dass im konkreten Fall ein Restschuldbefreiungsverfahren offensichtlich nicht in Betracht käme, weil ein Versagungsgrund des § 290 InsO, wie z. B. ein Bankrottdelikt oder ein Kreditbetrug, offensichtlich vorliegt. Die Formulierung in § 309 Abs. 1 Nr. 2 InsO, dass der Vorschlag mit der Situation bei einer Erteilung der Restschuldbefreiung zu vergleichen sei, deutet darauf hin, dass das Gericht von einer erfolgreichen Restschuldbefreiung ausgehen müsste. Dies ist sicher insoweit richtig, als das Gericht in seiner Würdigung nicht absehen kann, wie sich der Schuldner im Restschuldbefreiungsverfahren verhalten wird, und keine Prognose anstellen kann, ob der Schuldner seine Obliegenheiten während der 6 bzw. 7-jährigen Wohlverhaltensperiode erfüllen wird. Der Sinn des Verbraucherinsolvenzverfahrens liegt jedoch allein darin, ein einfaches Verfahren zu finden, das den Bedürfnissen von Verbrauchern und Kleingewerbetreibenden angepasst ist und nicht zu einer übermäßigen Belastung der Gerichte führt (Rechtsausschussbericht Einleitung zum Neunten Teil RegE InsO, BT-Drs. 12/7302, 190). Vorteile für einen unredlichen Schuldner sollten damit nicht verbunden sein.

984 Das Gericht muss also ermitteln, welche Zahlungen der Gläubiger erhalten würde, wenn das verbliebene Vermögen des Schuldners in einem Insolvenzverfahren verwertet und der Schuldner danach 6, bei vor dem 1. 12. 2001 eröffneten Verfahren 7 Jahre lang die pfändbaren Teile seines Arbeitsentgelts an die Gläubigergemeinschaft abfüh-

ren würde. Bei dieser wirtschaftlichen Bewertung ist im Zweifel davon auszugehen, dass die **Einkommens-, Vermögens- und Familienverhältnisse** des Schuldners während der gesamten Dauer des Verfahrens **unverändert** bleiben (§ 309 Abs. 1 Nr. 2 InsO). Dementsprechend bleiben auch etwaige Änderungen der Pfändungsgrenzen für Arbeitseinkommen (§§ 850c ff. ZPO), die zu einem geringeren pfändbaren Betrag führen, außer Betracht (*AG Mönchengladbach* vom 23. 11. 2000 – 19 IK 68/00 – ZInsO 2001, 48). Je schlechter sich die wirtschaftlichen Verhältnisse eines Schuldners im Zeitpunkt der gerichtlichen Entscheidung darstellen, desto besser sind demnach seine Aussichten auf eine Annahme seines Plans.

Ein Schuldner, der im Zeitpunkt der Entscheidung des Gerichts vermögens- und arbeitslos ist, hat dann sogar gute Aussichten auf die Annahme eines Null-Plans, wenn es ihm gelingt, wenigstens die Hälfte der Gläubiger (nach Anzahl und Forderungshöhe) auf seine Seite zu bringen. Die Ersetzung der Zustimmung der widersprechenden Gläubiger wird dann zumindest nicht daran scheitern, dass ein Gläubiger behauptet, es bestehe die Möglichkeit der Besserung der Einkommens- und Vermögensverhältnisse des Schuldners während des Verfahrens, da das Gericht die Tilgungsunfähigkeit während der gesamten Verfahrensdauer zu unterstellen hat (*HWF* Handbuch, Rz. 10/40). So ist beispielsweise das Argument, bei dem Schuldner handele es sich um einen jungen und arbeitsfähigen Mann mit abgeschlossener Berufsausbildung, unbeachtlich, wenn dieser aus welchem Grund auch immer schon länger arbeitslos ist. **985**

Eine spätere **Anpassung des Plans** an veränderte Umstände ist grundsätzlich nicht möglich. Wenn der Schuldner nach der Annahme des Plans wieder Vermögen oder pfändbare Einkünfte erwirbt, sei es durch Erbschaft, sei es durch die Aufnahme einer Arbeit, so bleibt es dennoch bei den Festlegungen des Plans. Die Aufnahme einer Anpassungsklausel in den Plan verlangt das Gesetz grundsätzlich nicht (*OLG Frankfurt/M.* vom 9. 3. 2000 – 26 W 162/99 – ZInsO 2000, 288; **a.A.** *LG Memmingen* vom 7. 3. 2000 – 4 T 329/00 – ZInsO 2000, 411). Anpassungsklauseln können nur zum Zuge kommen, wenn sie im Plan bereits enthalten sind. Der Schuldner wird daran aber regelmäßig kein Interesse haben (*HWF* Handbuch, Rz. 10/38; *Smid* InVo 1996, 314); die Gläubiger können die Aufnahme einer derartigen Klausel in den Plan zwar vorschlagen, aber nicht erzwingen. Für die Ersetzung der Zustimmung widersprechender Gläubiger durch das Gericht kann es aber von Bedeutung sein, ob eine nicht unwesentliche Veränderung der Vermögensverhältnisse absehbar ist – die bloße Möglichkeit eines späteren Erbfalles reicht dazu noch nicht aus (*OLG Karlsruhe* vom 26. 6. 2001 – 9 W 43/01 – NZI 2001, 422). Ist eine solche Veränderung absehbar oder wahrscheinlich, müsste das Gericht – wenn keine Anpassungsklausel vorgeschlagen wird – die Ersetzung mit der Begründung verweigern, dass der Plan keine angemessene Beteiligung am Vermögen des Schuldners vorsieht (*OLG Frankfurt/M.* vom 9. 3. 2000, a.a.O.). **986**

c) Rechtsbehelfe

987 Wegen der großen Tragweite der Ersetzung der Zustimmung ist ein Rechtsmittel vorgesehen: Ein Gläubiger, dessen Zustimmung ersetzt wird, und der Schuldner, dessen Antrag auf Ersetzung der Zustimmung abgelehnt wird, können **sofortige Beschwerde** einlegen (§ 309 Abs. 2 Satz 2 InsO).

988 Auch das Beschwerdeverfahren dient nicht dazu, nunmehr die materielle Berechtigung einer umstrittenen Forderung zu klären. Das Beschwerdegericht hat lediglich zu überprüfen, ob das Insolvenzgericht bei der Ersetzung der Zustimmung oder der Ablehnung des Ersetzungsantrags korrekt vorgegangen ist und keine sachwidrigen Erwägungen angestellt hat.

VII. Fortgang des Verfahrens

989 Der Fortgang des Verfahrens hängt davon ab, ob der Plan angenommen oder abgelehnt wird.

1. Ablehnung des Plans

990 Lehnt die Mehrheit der Gläubiger den Schuldenbereinigungsplan ab oder wird die Zustimmung von widersprechenden Gläubigern vom Gericht nicht ersetzt, so nimmt das Insolvenzverfahren als vereinfachtes Verfahren nach § 311 InsO seinen Gang (s. Rz. 1002).

2. Annahme des Plans

991 Die Annahme des Plans löst verfahrensrechtliche und zivilrechtliche Folgen aus.

a) Verfahrensfolgen

992 Das Gericht stellt das Ergebnis der Abstimmung durch Beschluss fest. Mit der Annahme des Schuldenbereinigungsplans haben sich die Anträge auf Eröffnung des Insolvenzverfahrens und auf Erteilung der Restschuldbefreiung, die zur Einleitung des gerichtlichen Schuldenbereinigungsverfahrens notwendig waren (§ 305 Abs. 1 InsO), erledigt; sie gelten als zurückgenommen (§ 308 Abs. 2 InsO).

993 Ein Anspruch auf Erstattung der **Kosten**, die ihnen im Zusammenhang mit dem Schuldenbereinigungsplan entstehen, wird den Gläubigern nicht zugebilligt (§ 310 InsO). Damit ist nicht nur der gerichtliche Kostenerstattungsanspruch ausgeschlossen. Auch vertragliche Regelungen, die etwa eine Abwälzung von Kosten auf den Schuldner zum Gegenstand haben, sind unwirksam. Diese ungewöhnliche Vorschrift ist vor dem Hintergrund zu erklären, dass nach Ansicht des Rechtsausschusses bei Verbraucherinsolvenzen häufig leichtfertig außergerichtliche Kosten in großer Höhe verursacht würden, die dem Schuldner jede Möglichkeit für eine gütliche Schuldenbereinigung nähmen; die Gläubiger würden durch den Ausschluss des Kostenerstat-

tungsanspruchs nicht unangemessen benachteiligt, da sie es selbst in der Hand hätten, in welchem Umfang sie außergerichtliche Kosten entstehen lassen (Rechtsausschussbericht zu § 357g RegE InsO, BT-Drs. 12/7302, 193). Außerdem sollte die Regelung bewirken, dass sich die Gläubiger aktiver an der außergerichtlichen Einigung beteiligen.

Etwa angeordnete **Sicherungsmaßnahmen,** wie z. B. ein allgemeines Verfügungsverbot, oder die einstweilige Einstellung von Maßnahmen der Zwangsvollstreckung sind aufzuheben. Dies ist ebenso öffentlich bekannt zu machen wie ihre Anordnung (§§ 25, 23 InsO). Eine begonnene, aber durch einstweilige Einstellung unterbrochene Zwangsvollstreckung kann nur dann fortgesetzt werden, wenn in dem Schuldenbereinigungsplan keine abweichende Regelung getroffen ist. Wenn die Forderung, deretwegen die Zwangsvollstreckung betrieben wurde, durch den Schuldenbereinigungsplan erlassen oder ermäßigt wurde, muss der Schuldner einer dennoch weiter betriebenen Zwangsvollstreckung mit der Vollstreckungsgegenklage nach § 767 ZPO begegnen. **994**

b) Auswirkung des Plans auf Schuldverhältnisse

Der angenommene Schuldenbereinigungsplan hat die Wirkung eines **Vergleichs**. Dies bedeutet, dass die Forderungen der Gläubiger nur noch in der Höhe und zu den Zeitpunkten geltend gemacht werden können, wie es der Schuldenbereinigungsplan vorsieht. Diesen Wirkungen kann sich ein Gläubiger nicht dadurch entziehen, dass er auf die Teilnahme an dem gerichtlichen Schuldenbereinigungsplanverfahren verzichtet (*OLG Köln* vom 1. 12. 2000 – 2 W 202/00 – ZInsO 2001, 85). Forderungen, auf die die Gläubiger im Schuldenbereinigungsplan verzichtet haben, leben nicht wieder auf, wenn der Schuldner mit der Erfüllung der verbliebenen Forderungen in Verzug gerät, es sei denn, der Schuldner hat einer Verfallklausel zugestimmt. **995**

Sicherheiten aus dem Vermögen des Schuldners, für die im Plan keine eigene Regelung vorgesehen ist, werden insoweit frei, wie sie nicht für den bestehen bleibenden Teil der Forderung bestimmt sind. Akzessorische Sicherheiten erlöschen, abstrakte sind vom Gläubiger freizugeben. Dies gilt auch für Sicherheiten aus dem Vermögen Dritter (*LG Hamburg* vom 9. 8. 2001 – 327 O 83/01 – NZI 2002, 114). Die Vorschriften der § 301 Abs. 2, § 254 Abs. 2 InsO, denen zufolge die Ansprüche der Gläubiger gegen Mitschuldner und Bürgen durch die Restschuldbefreiung bzw. den Insolvenzplan nicht berührt werden, finden im gerichtlichen Schuldenbereinigungsplanverfahren keine Parallele, für eine Analogie ist kein Raum (zu Konstruktionen für eine Forthaftung s. Rz. 932 f.). **996**

c) Verzug mit der Planerfüllung

Wenn der Schuldner auch die durch den Plan ermäßigten oder modifizierten Forderungen nicht planmäßig begleicht, kann es wiederum zu einem Insolvenzverfahren kommen, d. h. der Schuldner muss die oben dargestellten Stufen erneut durchlaufen. Eine Mindestfrist, während der ein Schuldner gehindert ist, nach einem im gerichtlichen Verfahren angenommenen, aber nicht erfüllten Schuldenbereinigungsplan für die Restschulden oder auch für zwischenzeitlich neu angefallene Schulden nochmals das Verbraucherinsolvenzverfahren in Anspruch zu nehmen, gibt es nicht. Die **997**

10 Jahre, die nach § 290 Abs. 1 Nr. 3 InsO seit der Erteilung einer Restschuldbefreiung verstrichen sein müssen, bevor der Schuldner abermals Restschuldbefreiung beantragen kann, müssen nach der Annahme eines gerichtlichen Schuldenbereinigungsplans nicht abgewartet werden.

d) Aufhebung des Plans

998   Da der gerichtliche Schuldenbereinigungsplan die Wirkung eines Vergleichs besitzt, kann er nach denselben Regeln, die für jeden anderen Prozessvergleich gelten, beseitigt werden. Er ist unwirksam, wenn der nach dem Inhalt des Vergleichs als feststehend zugrunde gelegte Sachverhalt der Wirklichkeit nicht entspricht und der Streit oder die Ungewissheit bei Kenntnis der Sachlage nicht entstanden sein würde (§ 779 Abs. 1 BGB; die Vorschrift des § 779 BGB ist auch auf Prozessvergleiche anwendbar, s. *BGH* vom 29. 9. 1958 – VII ZR 198/57 – BGHZ 28, 171). Ein solcher Fall kann insbesondere dann eintreten, wenn sich nachträglich herausstellt, dass die Angaben in den Verzeichnissen über Vermögen und Schulden unrichtig waren.

999   Auch kommt eine **Anfechtung** wegen arglistiger Täuschung in Betracht; sie ist auch dann zulässig, wenn es sich um eine Ungewissheit oder einen Streitpunkt handelt, die durch den Schuldenbereinigungsplan beseitigt werden sollte (*BGH* vom 23. 10. 1975 – II ZR 109/74 – DB 1976, 141). Als Anwendungsfall kann man sich beispielsweise vorstellen, dass der Schuldner eine Arbeitslosigkeit nur vortäuscht oder die Ersetzung einer fehlenden Zustimmung von Gläubigern durch das Gericht mit der Unterstellung unveränderter wirtschaftlicher Verhältnisse erlangt, obwohl er bereits einen Arbeitsvertrag abgeschlossen, die neue Arbeit aber noch nicht angetreten hat.

e) Vollstreckbarkeit des Plans

1000   Der angenommene Schuldenbereinigungsplan hat die Wirkung eines Vergleichs i.S.d. § 794 Abs. 1 Nr. 1 ZPO (§ 308 Abs. 1 Satz 2 InsO). Den **Vollstreckungstitel** bildet der Feststellungsbeschluss des Gerichts in Verbindung mit einem Auszug aus dem Schuldenbereinigungsplan.

1001   Die Vollstreckbarkeit ist jedoch nur dann gegeben, wenn der Plan die **Zahlung einer bestimmten Geldsumme** vorsieht. Demgemäß können nur aus solchen Plänen, in denen sich der Schuldner oder ein Dritter zu einer einmaligen Zahlung eines bestimmten Geldbetrages oder zu betragsmäßig von vornherein vereinbarten Raten verpflichtet, vollstreckt werden. Pläne, in denen die Höhe der Zahlungspflichten von künftigen Ereignissen, wie etwa der jeweiligen Höhe des pfändbaren Einkommens, abhängig gemacht wird, sind dagegen als Vollstreckungstitel nicht geeignet (*BGH* vom 30. 6. 1983 – V ZB 20/82 – NJW 1983, 2262; *AG Düsseldorf* vom 3. 9. 1980 – 61 M 2693/80 – DGVZ 1981, 92). Daraus folgt jedoch nicht, dass ein Plan nur Regelungen enthalten dürfte, die vollstreckungsfähig sind.

F. Vereinfachtes Verfahren

Das Insolvenzverfahren wird nach Ablehnung des gerichtlichen Schuldenbereinigungsverfahrens wegen fehlender Erfolgsaussichten (§ 306 Abs. 1 Satz 3 InsO) oder bei Scheitern der Schuldenbereinigung zunächst fortgesetzt. Das **Verfahren** über den Eröffnungsantrag, den der Schuldner zusammen mit dem Schuldenbereinigungsplan einreichen musste, **wird** von Amts wegen **wieder aufgenommen** (§ 311 InsO), ohne dass der Gläubiger oder Schuldner seinen Antrag erneuern müsste. 1002

I. Rücknahme des Antrags

Der Schuldner kann seinen Antrag allerdings auch in diesem Stadium noch zurücknehmen und sofort oder nach Ablauf einer gewissen Zeit das Schuldenbereinigungsverfahren erneut in Angriff nehmen; eine Sperrfrist wie bei der Restschuldbefreiung, die nur alle 10 Jahre in Anspruch genommen werden kann (s. Rz. 1113), gibt es hier nicht (*Pape* WM 1998, 2125). Das Rücknahmerecht geht erst verloren, wenn das Insolvenzverfahren eröffnet wird (§ 13 Abs. 2 InsO). Die Einleitung des gerichtlichen Schuldenbereinigungsverfahrens ist noch keine Insolvenzeröffnung. Falls auch ein Gläubiger einen Insolvenzantrag gestellt hatte, ist nunmehr über diesen zu entscheiden. 1003

War dies nicht der Fall, so bedarf es eines neuen Antrags, den sowohl der Gläubiger als auch der Schuldner stellen können. Ein solcher Antrag hat zur Folge, dass das oben beschriebene Verfahren erneut zu durchlaufen ist. Wenn die 6-Monatsfrist für den außergerichtlichen Schuldenbereinigungsversuch mittlerweile verstrichen ist, muss auch dieses wiederholt werden. Um eine derartige Verzögerung zu vermeiden, ist einem Gläubiger, der von dem Insolvenzverfahren wenigstens eine teilweise Befriedigung erwartet, anzuraten, auch dann einen eigenen Insolvenzantrag zu stellen, wenn der Schuldner die Eröffnung beantragt hat. 1004

II. Zulassung des Antrags

Wenn der Antrag aufrechterhalten bleibt, ist über ihn nach den allgemeinen Regeln zu entscheiden (§§ 11 ff. InsO). In diesem Stadium des Verfahrens wird also erstmals geprüft, ob der vom Schuldner behauptete **Insolvenzgrund** tatsächlich vorliegt (*Pape* WM 1998, 2125). Ferner muss das Gericht überlegen, ob Sicherungsmaßnahmen anzuordnen sind, und feststellen, ob genügend Masse zur Deckung der Verfahrenskosten vorhanden ist (zu den Rechtsfolgen der Masselosigkeit s. *HWF* Handbuch, Rz. 10/48, 3/271). 1005

1. Insolvenzgründe

1006 Einen Insolvenzgrund stellen nur die drohende oder schon eingetretene **Zahlungsunfähigkeit**, nicht aber die Überschuldung dar (§§ 17, 18 InsO).

a) Zahlungsunfähigkeit

1007 Die Rechtsprechung (st. Rspr. des RG seit *RG* vom 22. 2. 1882 – I 668/81 – RGZ 6, 96; zuletzt *RG* vom 28. 2. 1920 – VII 93/20 – RGZ 100, 65; *BGH* vom 5. 11. 1956 – III ZR 139/55 – WM 1957, 67; vom 27. 11. 1968 – VIII ZR 204/66 – WM 1969, 98; vom 10. 1. 1985 – IX ZR 4/84 – WM 1985, 396; vom 22. 11. 1990 – IX ZR 103/90 – ZIP 1991, 39; vom 11. 7. 1991 – IX ZR 230/90 – ZIP 1991, 1014; *OLG Düsseldorf* vom 5. 11. 1982 – 5 Ss 418/82 – 315/82 I – DB 1983, 168) **definiert** die Zahlungsunfähigkeit als das „auf dem Mangel an Zahlungsmitteln beruhende dauernde Unvermögen des Schuldners, seine fälligen Geldschulden im Wesentlichen zu berichtigen".

1008 Dem ist der Gesetzgeber in § 17 InsO mit einer im Wortlaut vereinfachten, aber grundsätzlich inhaltsgleichen Definition gefolgt. Danach ist der Schuldner zahlungsunfähig, wenn er nicht in der Lage ist, die fälligen Zahlungspflichten zu erfüllen. Dies ist nicht nur eine Frage der Liquidität, denn auch ein Schuldner, dessen Passiva überwiegen, kann durch Kredite in die Lage versetzt werden, seine fälligen Verbindlichkeiten zu erfüllen und demnach zahlungsfähig zu bleiben (*Uhlenbruck* Die GmbH & Co. KG in Krise, Konkurs und Vergleich, Kap. 8 I). Ob Zahlungsunfähigkeit vorliegt, ist vielmehr eine Tatfrage, die sich nur aus der Gesamtlage des Schuldners, dem Gesamtverhalten seiner Gläubiger im kritischen Zeitpunkt und der in Zukunft zu erwartenden Entwicklung beurteilen lässt (*RG* vom 5. 12. 1905 – VII 114/05 – JW 1906, 92; vom 1. 6. 1911 – VII 582/10 – JW 1911, 724). Starke **Indizien** für eine Zahlungseinstellung sind z. B. Wechselproteste oder das Unterlassen von Zahlungen, die für die Aufrechterhaltung des Betriebes von größter Bedeutung sind, wie Energielieferungen, Löhne und Gehälter, aber auch von Zahlungen an solche Gläubiger, von denen bekannt ist, dass sie mit Insolvenzanträgen sehr schnell bei der Hand sind, wie der Fiskus und die Krankenkassen und Sozialversicherungsträger.

1009 Der Annahme einer Zahlungsunfähigkeit steht andererseits nicht der Umstand entgegen, dass der Schuldner noch einzelne, für die Aufrechterhaltung des Betriebes unverzichtbare Zahlungen leistet, wenn andere Gläubiger ihre unbestrittenen Ansprüche ernsthaft und monatelang vergeblich einfordern (*BGH* vom 16. 3. 1995 – IX ZR 72/94 – ZIP 1995, 630). Das Gleiche gilt, wenn an sich zahlungsunfähige Schuldner Vollstreckungsmaßnahmen ihrer Gläubiger dadurch abzuwenden versuchen, dass sie **Stundungs- oder Ratenzahlungsvereinbarungen** treffen, ohne dadurch dauerhaft ihre Zahlungsfähigkeit wieder herzustellen. Das ist insbesondere der Fall, wenn Ratenzahlungsvereinbarungen nur unter Inanspruchnahme eines Teils des unpfändbaren Einkommens erfüllt werden können (*Vallender* ZIP 1996, 2058).

1010 Im Ergebnis muss die **Zahlungsunfähigkeit** für Verbraucherinsolvenzen **neu definiert** werden: Sie kann auch schon dann angenommen werden, wenn eine Überschuldung in einem solchen Maß eingetreten ist, dass der Schuldner trotz Bereitschaft seiner Gläubiger zur vollständigen oder teilweisen Stundung ihrer Forderungen auf Dauer nicht in der Lage sein wird, die Annuitäten aus dem laufenden Einkommen zu decken, und auch nicht mehr über hinreichendes Vermögen verfügt, um durch dessen Verwertung so viele Schulden zu begleichen, dass er den verbleibenden Rest unter Inanspruchnahme von Zahlungszielen oder Stundungen in angemessener Zeit tilgen kann.

b) Zahlungsstockung

Zahlungsunfähigkeit ist noch nicht anzunehmen, wenn der Schuldner zwar vorübergehend seine Zahlungen einstellen muss, aber erwarten darf, nach wenigen Tagen seine Gläubiger befriedigen zu können (*RG* vom 17. 12. 1901 – VII 386/01 – RGZ 50, 41). Dann handelt es sich nur um eine Zahlungsstockung; Zahlungsunfähigkeit tritt erst ein, wenn feststeht, dass der Mangel an Zahlungsmitteln andauern wird (*RG* vom 17. 12. 1901, a.a.O.; vom 12. 5. 1908 – VI 401/07 – JW 1908, 459; vom 6. 7. 1909 – VII 85/09 – JW 1909, 466; vom 23. 11. 1909 – VII 39/09 – JW 1910, 29; vom 24. 9. 1926 – VI 185/26 – JW 1927, 386), etwa weil erhoffte Kredite nicht gewährt werden oder Außenstände nicht eingezogen werden können. Es müsste also beispielsweise eine Kreditzusage einer Bank vorliegen, die nur deshalb noch nicht ausgenutzt werden konnte, weil bestimmte Auszahlungsvoraussetzungen, wie die Bestellung von Grundpfandrechten, noch nicht erfüllt sind, oder der Schuldner müsste mit Zahlungseingängen von Seiten seiner Debitoren zuverlässig rechnen. Das Gleiche gilt, wenn lediglich die eine oder andere Rate eines in Raten zu tilgenden Kredits ausgesetzt und vereinbart wird, dass diese am Ende der Kreditlaufzeit gezahlt wird, sich also die Laufzeit des Kredits um den entsprechenden Zeitraum verlängert (zum Schriftformerfordernis für derartige Vereinbarungen s. *Graf von Westphalen/Emmerich/von Rottenburg* VKG, § 4 Rz. 23). 1011

2. Sicherungsmaßnahmen

Sofern das Gericht nicht schon im Verfahren über den Schuldenbereinigungsplan Sicherungsmaßnahmen getroffen hat, muss es nunmehr überlegen, ob vorläufige Maßnahmen zweckmäßig oder notwendig sind, um nachteilige Veränderungen in der Vermögenslage des Schuldners zu verhüten (§ 306 Abs. 2, § 21 InsO). Zu diesem Zweck kann das Gericht insbesondere ein **allgemeines Verfügungsverbot** an den Schuldner erlassen oder Maßnahmen der **Zwangsvollstreckung** gegen den Schuldner untersagen oder **einstweilen einstellen**, soweit nicht unbewegliche Gegenstände betroffen sind (§ 21 Abs. 2 InsO; Einzelheiten s. Rz. 952 f.). 1012

Die in § 21 Abs. 2 Nr. 1 InsO vorgesehene Einsetzung eines **vorläufigen Insolvenzverwalters** oder die darauf aufbauende Anordnung, dass Verfügungen des Schuldners nur mit Zustimmung des vorläufigen Insolvenzverwalters wirksam sind, kommen dagegen nicht in Betracht. Denn damit würde die vorläufige Sicherungsmaßnahme über das hinausgehen, was selbst bei Eröffnung des Verfahrens zu erwarten ist. Dort kommt es allenfalls zur Einsetzung eines Treuhänders, dessen Befugnisse weit hinter denen eines vorläufigen Insolvenzverwalters zurückbleiben (Einzelheiten s. Rz. 1050). 1013

3. Kosten

1014 Das Gericht hat lediglich zu prüfen, ob die Verfahrenskosten, d. h. die Kosten für das Gericht und den Treuhänder gedeckt sind (*OLG Köln* vom 23. 2. 2000 – 2 W 21/00 – ZIP 2000, 548). Bei der Bestimmung der durch die Insolvenzmasse zu deckenden Verfahrenskosten sind grundsätzlich auch zukünftige Zuwächse der Masse zu berücksichtigen (*OLG Köln* vom 24. 7. 2000 – 2 W 140/00). Dazu gehören insbesondere auch Forderungen sowie Anfechtungsrechte, soweit sie hinreichend konkretisiert sind. Besteht das berücksichtigungsfähige Vermögen des Schuldners nur aus künftigem Erwerb, so fehlt es nicht schon an einer Insolvenzmasse, sondern nur an einer Anfangsliquidität, was für sich genommen im Rahmen der Kostendeckung unschädlich ist, wenn im Übrigen erwartet werden kann, dass zeitnah, und zwar bis zu zwei Monaten nach der Verfahrenseröffnung, die mit der Eröffnung entstandenen Kosten gedeckt werden (*OLG Köln* vom 6. 10. 2000 – 2 W 172/00 – ZInsO 2000, 606).

1014a Auch dieses Verfahren kann auf der Basis eines „**Null-Planes**" durchgeführt werden, wenn der Schuldner zwar die Kosten des Verfahrens aufbringen kann, nicht aber die sonstigen Masseverbindlichkeiten, so dass der Treuhänder die Masselosigkeit nach § 208 InsO anzuzeigen hat (*HWF* Handbuch, Rz. 10/51; zum Null-Plan s. Rz. 866). § 4a InsO sieht auch hier eine Stundungsmöglichkeit bis zur Erteilung der Restschuldbefreiung vor.

III. Verfahrensablauf

1015 Das Verfahren wird weitgehend **vereinfacht**. Es soll die Gerichte so wenig wie möglich belasten. Zu diesem Zweck ist der Ablauf gestrafft, die Termine sind auf ein Minimum reduziert worden. Das Verfahren weist gegenüber dem Regelverfahren der InsO folgende Besonderheiten aus:
- der Berichtstermin entfällt, da der Erörterungsbedarf spätestens nach Scheitern des Planes erschöpft ist (*HWF* Handbuch, Rz. 10/4);
- das gesamte Verfahren kann ganz oder teilweise schriftlich durchgeführt werden, wenn die Vermögensverhältnisse des Schuldners überschaubar und die Zahl der Gläubiger oder die Höhe der Verbindlichkeiten gering ist (§ 312 Abs. 2 InsO);
- die Regelungen über den Insolvenzplan und die Eigenverwaltung finden keine Anwendung (§ 312 Abs. 3 InsO);
- es wird kein Insolvenzverwalter eingesetzt, dessen Kompetenzen fallen entweder den Gläubigern direkt oder einem Treuhänder (§ 313 Abs. 1 InsO) zu;
- die Insolvenzanfechtung wird von den Gläubigern ausgeübt (§ 312 Abs. 2 InsO);
- die Verwertung von Gegenständen, die mit Pfandrechten oder anderen Absonderungsrechten behaftet sind, obliegt ebenfalls den Gläubigern (§ 313 Abs. 3 InsO);
- auf die Verwertung des Schuldnervermögens kann ganz verzichtet werden, wenn der Schuldner den voraussichtlichen Erlös der Verwertung binnen einer zu bestimmenden Frist, mit einmaliger Nachfristsetzung, an den Treuhänder auszahlt.

1016 Das Verfahren nimmt daher grundsätzlich folgenden **abgekürzten Verlauf**:

1017 – Stellt das Gericht nach Prüfung der Zulässigkeit und Begründetheit fest, dass ein Eröffnungsgrund und genügend Masse zur Deckung der Verfahrenskosten vorliegt, so eröffnet es das Verfahren, bestimmt einen Treuhänder nach den Kriterien der Auswahl eines Insolvenzverwalters und einen Termin zur Prüfung der beim Verwalter anzumeldenden Forderungen.

- Die erste Gläubigerversammlung ist regelmäßig zugleich der Prüfungstermin. **1018**
- Das Gericht hat auf Antrag des Treuhänders und nach vorheriger Anhörung der Gläubiger über eine **vereinfachte Verteilung** der Insolvenzmasse zu entscheiden (§ 314 Abs. 1 InsO). **1019**

IV. Wirkungen der Verfahrenseröffnung

Die Wirkungen der Eröffnung des vereinfachten Insolvenzverfahrens sind weitgehend identisch mit denen des normalen Verfahrens, so dass sie nachfolgend nur kursorisch (Einzelheiten s. *Obermüller* Insolvenzrecht in der Bankpraxis, Rz. 1.240 ff.) unter Hervorhebung der Abweichungen dargestellt werden sollen. **1020**

1. Verlust der Verfügungsbefugnis des Schuldners

Mit der Eröffnung eines Insolvenzverfahrens verliert der Schuldner die Befugnis, sein zur Insolvenzmasse gehörendes Vermögen zu verwalten und darüber zu verfügen (§ 80 Abs. 1 InsO). Der Schuldner bleibt zwar Eigentümer des zur Insolvenzmasse gehörenden Vermögens, seine Einwirkungsmöglichkeiten auf dieses Vermögen werden jedoch mit dem Ziel, die gemeinschaftliche Befriedigung aller persönlichen Gläubiger ungestört zu erreichen, auf einen **Treuhänder** übertragen. Die Verfügungsbeschränkung des Schuldners hat die Wirkung eines gesetzlichen **Veräußerungsverbots** i.S.d. § 135 BGB (*RG* vom 30. 4. 1909 – II 615/08 – RGZ 71, 40). Rechtshandlungen des Schuldners nach Insolvenzeröffnung, die die Insolvenzmasse betreffen, sind unwirksam (§§ 81, 91 InsO). **1021**

2. Massebestandteile

Zur Insolvenzmasse gehört das **gesamte**, einer Zwangsvollstreckung unterliegende **Vermögen** des Schuldners, das zur Zeit der Eröffnung des Insolvenzverfahrens (§ 35 InsO) vorhanden ist, später erworben oder im Wege der Anfechtung zurückgeholt wird. **1022**

a) Einkommen

Wichtigster Massebestandteil im Insolvenzverfahren über das Vermögen natürlicher Personen ist in der Regel deren Arbeitseinkommen. Beschränkt sich die Insolvenzmasse auf das vom Schuldner regelmäßig erzielte Arbeitseinkommen, so hat im Verbraucherinsolvenzverfahren der nach § 313 InsO zum Treuhänder bestellte Insolvenzverwalter zunächst den vom Insolvenzbeschlag erfassten pfändbaren Teil des Einkommens zu ermitteln. Denn Einkünfte aus nichtselbstständiger Tätigkeit gehören **1022a** nur insoweit zur Insolvenzmasse i.S.v. §§ 35, 36 InsO, also diese Ansprüche nach §§ 850 ff. ZPO pfändbar sind. Dabei hat das Insolvenzgericht die pfändungsbeschränkenden und pfändungserweiternden Vorschriften der ZPO zu beachten (*Stephan* ZInsO 2000, 376; *Ott* ZInsO 2000, 421; *Grote* ZInsO 2000, 490; *LG München I* vom 11. 8. 2000 – 14 T 102247/00 – ZInsO 2000, 628; *OLG Köln* vom 16. 10. 2000 – 2 W 189/00 – ZInsO 2000, 603).

1022b Die entsprechend der Lohnpfändungstabelle zu § 850c ZPO unpfändbaren Teile des Arbeitseinkommens bleiben auch im Insolvenzverfahren beschlagnahmefrei (*OLG Frankfurt/M.* vom 29. 8. 2000 – 26 W 61/00 – ZInsO 2000, 614). Zur Sicherung des Existenzminimums hat das Insolvenzgericht den anzunehmenden Sozialhilfebedarf des Schuldners in eigener Verantwortung zu ermitteln, ohne dabei an eine Bescheinigung des Sozialamtes gebunden zu sein (*OLG Köln* vom 18. 8. 2000 – 2 W 155/00 – ZInsO 2000, 499). Nehmen weder Treuhänder noch Gläubiger im Rahmen der Unterhaltsgewährung nach § 100 InsO eine nach dem Maßstab des § 850f Abs. 1 ZPO notwendige Erhöhung der Pfändungsfreigrenzen vor, hat das Insolvenzgericht den Treuhänder anzuhalten, erforderliche Zahlungen an den Schuldner oder dessen Familienangehörige zu leisten (*OLG Frankfurt/M.* vom 29. 8. 2000, a.a.O.).

b) Aussonderungsrechte

1023 Aus der Insolvenzmasse ausgesondert werden Gegenstände, die auf Grund eines dinglichen oder persönlichen Rechts eines Dritten dem Schuldner nicht gehören. Aussonderungsansprüche bestimmen sich nach den außerhalb des Insolvenzverfahrens geltenden Gesetzen (§ 47 InsO). Dingliche Aussonderungsrechte gewähren das Eigentum, der Besitz, der Herausgabeanspruch gegen den Erbschaftsbesitzer. Das wichtigste Aussonderungsrecht ist der **Eigentumsvorbehalt** (§ 455 BGB). Schuldrechtliche Aussonderungsrechte bilden beispielsweise die Herausgabeansprüche der Vermieter und Verpächter.

c) Absonderungsrechte

1024 Bestimmte Gläubigergruppen, die das Gesetz abschließend aufzählt, können abgesonderte Befriedigung verlangen. Dabei handelt es sich um Gläubiger, denen
- ein Recht auf Befriedigung aus unbeweglichen Gegenständen (§ 49 InsO),
- ein rechtsgeschäftliches Pfandrecht,
- ein Pfändungspfandrecht oder
- ein gesetzliches Pfandrecht zusteht (§ 50 InsO),
- eine bewegliche Sache zur Sicherung übereignet (§ 51 Nr. 1 InsO),
- ein Recht zur Sicherung übertragen ist (§ 51 Nr. 1 InsO).

1025 Die Wirkung von **Lohnzessionen** begrenzt die InsO auf einen Zeitraum von 2 Jahren (§ 114 Abs. 1 InsO). Gerechnet wird die 2-Jahresfrist von der Eröffnung des Insolvenzverfahrens an. Dies bedeutet, dass der Inhaber einer Lohnzession seine Forderungen noch 2 Jahre lang aus dem pfändbaren Teil des Arbeitseinkommens des Schuldners befriedigen kann.

1026 Zur **Verwertung** der Absonderungsrechte ist anders als im normalen Insolvenzverfahren nur der Gläubiger berechtigt, nicht der Treuhänder (§ 313 Abs. 3 InsO; *AG Pots-*

dam vom 24.1.2000 – 35 IK 150/99 – ZInsO 2000, 234), so dass die **Kostenbeiträge** (§§ 170, 171 InsO) für die Masse entfallen. Aus dieser Zuweisung folgt auch deren Recht, ein Grundstück im Einvernehmen aller Grundpfandrechtsgläubiger freihändig zu verwerten; insoweit sind sie nicht auf die Zwangsversteigerung angewiesen, sondern rücken hinsichtlich der Befugnis zur freihändigen Veräußerung in die Rechtsstellung des Insolvenzverwalters im eröffneten Verfahren ein (*LG Hamburg* vom 1.10.1999 – 321 T 85/99 – ZInsO 1999, 659). Eine Frist zur Vornahme der Verwertung nach § 173 Abs. 2 InsO kann der Treuhänder den absonderungsberechtigten Gläubigern nicht setzen (*AG Leipzig* vom 26.2.2000 – 93 IK 26/99 – DZWiR 2000, 216). Andererseits soll auch der Treuhänder durch § 313 Abs. 3 InsO nicht vollständig von der Verwertung ausgeschlossen, sondern ausnahmsweise zur Verwertung nach denselben Grundsätzen wie für den Insolvenzverwalter im Regelinsolvenzverfahren berechtigt sein, nämlich wenn die Absonderungsberechtigten von der Verwertung massezugehöriger Immobilien absehen und nach seiner Meinung ein Erlösüberschuss durch Zwangsversteigerung oder freihändigen Verkauf zu erzielen wäre (*Vallender* NZI 2000, 149).

3. Anfechtung

Durch die Insolvenzanfechtung soll ein Weg geschaffen werden, auf dem vor der Verfahrenseröffnung rechtswirksam eingetretene Schmälerungen des Schuldnervermögens oder der Masse, insbesondere Vermögensverschiebungen wieder rückgängig gemacht werden können, die in der Zeit der Krise zum Nachteil der Gläubiger vorgenommen worden sind (*BGH* vom 15.12.1994 – IX ZR 153/93 – WM 1995, 450; vom 15.1.1964 – VIII ZR 236/62 – WM 1964, 196). **1027**

a) Anfechtungsberechtigter

Anders als im normalen Insolvenzverfahren wird das Anfechtungsrecht grundsätzlich nicht vom Treuhänder, der im vereinfachten Verfahren an die Stelle des Verwalters tritt, sondern von den Gläubigern ausgeübt (zur dogmatischen Problematik der Spaltung von materiellem Verfügungsrecht und Prozessführungsbefugnis s. *Wagner* ZIP 1999, 689); es steht jedem Gläubiger zu (§ 313 Abs. 2 InsO). Die Gläubiger können jedoch in der Gläubigerversammlung den Treuhänder beauftragen, die Anfechtungshandlungen vorzunehmen. Dem Gericht steht eine solche Befugnis nicht zu (*Fuchs* ZInsO 2002, 358; **a.A.** *Gundlach/Frenzel/Schmidt* ZVI 2002, 5). Demgemäß können entweder ein Gläubiger allein, mehrere Gläubiger allein oder gemeinsam oder sämtliche Gläubiger Rechtshandlungen und Rechtsgeschäfte des Schuldners mit Dritten anfechten; der Treuhänder ist zur Unterstützung des Gläubigers u.a. durch Beschaffung von Informationen verpflichtet (*Henckel* FS Gaul, S. 199). Die Anfechtung kann nicht durch formlose Anfechtungserklärung, sondern nur durch **Klage**, Widerklage, Einrede (§ 146 Abs. 2 InsO) oder Replik vor dem Zivilgericht geltend gemacht werden (*HWF* Handbuch, Rz. 5/208; *BGH* vom 7.5.1991 – IX ZR 30/90 – ZIP 1991, 737). **1028**

Zweckmäßig ist es, den Treuhänder zu beauftragen. Anderenfalls müssten sich die Gläubiger untereinander abstimmen, wer ggf. die Klage erheben soll, und eine Vereinbarung über die **Kosten** für den Fall des Unterliegens treffen. In der Gläubigerver- **1029** sammlung kann (mit der entsprechenden Mehrheit) ein Beschluss gefasst werden, einen Gläubiger mit der Anfechtung zu beauftragen. Dies kann naturgemäß nicht gegen oder ohne seinen Willen, sondern nur dann geschehen, wenn sich der Gläubiger zur Übernahme dieser Aufgabe bereit erklärt hat. Auch in diesem Fall ist eine Kostenteilungsvereinbarung nicht entbehrlich: Ihm sind zwar die entstandenen Kosten, soweit sie nicht aus dem Erlangten gedeckt werden können, aus der Insolvenzmasse zu erstatten (§ 313 Abs. 2 Satz 3 InsO). Bei Massearmut steht ihm jedoch ohne vertragliche Vereinbarung kein Regress gegen die übrigen Gläubiger zu.

1030 Ob ein anfechtender Gläubiger das, was er aus der Anfechtung erlangt hat, mit den übrigen Gläubigern teilen muss oder es vorab auf seine Forderung verrechnen kann, ist dem Gesetz nicht klar zu entnehmen. Eine Andeutung befindet sich allerdings in § 313 Abs. 2 Satz 2 InsO, wonach „aus dem Erlangten dem Gläubiger die ihm entstandenen Kosten vorweg zu erstatten" sind. Dies legt es nahe, dass das Ergebnis einer erfolgreichen **Anfechtung der Gläubigergesamtheit zugute** kommen soll (*Wagner* ZIP 1999, 689). Ohne dass dies den Gesetzesverfassern bewusst gewesen wäre, kehrt die InsO im Bereich der Verbraucherinsolvenz damit wieder zu einem Regelungsmuster der Preußischen Konkursordnung von 1855 (§ 112 Abs. 2 der Konkursordnung für die Preußischen Staaten vom 8.5.1855) zurück, die dem einzelnen Gläubiger ein allerdings subsidiäres Anfechtungsrecht für den Fall der Untätigkeit des Verwalters einräumte, aber insoweit ausdrücklich klarstellte: „Dasjenige, was ein Gläubiger in solcher Weise erstreitet, fließt zur Konkursmasse; jedoch sind dem Gläubiger aus dem erstrittenen Betrage die ihm durch den Prozess erwachsenen Kosten vorweg zu erstatten" (*Wagner* ZIP 1999, 689).

b) Anfechtungsgegner

1031 Im Verbraucherinsolvenzverfahren kommt in erster Linie der Anfechtung von Rechtsgeschäften mit den sog. nahestehenden Personen, insbesondere mit Verwandten des Schuldners Bedeutung zu. Auf Grund der gesetzlichen Definition in § 138 Abs. 1 InsO sind nahestehende Personen:
– der Ehegatte des Schuldners, auch wenn die Ehe erst nach der Rechtshandlung geschlossen oder im letzten Jahr vor der Handlung aufgelöst worden ist;
– Verwandte des Schuldners oder des Ehegatten in auf- und absteigender Linie und voll- und halbbürtige Geschwister des Schuldners oder des Ehegatten sowie die Ehegatten dieser Person;
– Personen, die in häuslicher Gemeinschaft mit dem Schuldner leben oder im letzten Jahr vor der Handlung in häuslicher Gemeinschaft mit dem Schuldner gelebt haben.

1032 Gegenüber diesem Personenkreis wird die Anfechtung erleichtert. Von Anfechtungsgegnern, die zu den nahestehenden Personen gehören, wird nämlich **vermutet**, dass sie bestimmte **Kenntnisse**, z.B. über die Zahlungsunfähigkeit oder den Eröffnungsantrag oder über die Gläubigerbenachteiligung besitzen (§ 130 Abs. 3, § 131 Abs. 2, § 132 Abs. 3, § 145 Abs. 2 Nr. 2 InsO).

c) Anfechtungsgrund

Die Voraussetzungen für eine Anfechtung richten sich nicht nach den Regeln des AnfG, sondern nach den Vorschriften der §§ 129 ff. InsO (*Balz/Landfermann* Die neuen Insolvenzgesetze, § 313 Fn.1). Die Anfechtung richtet sich gegen Rechtshandlungen, die vor der Eröffnung des Insolvenzverfahrens vorgenommen worden sind und die Insolvenzgläubiger benachteiligen (§ 129 InsO). Voraussetzung sämtlicher Anfechtungstatbestände ist die Benachteiligung der Insolvenzgläubiger durch Handlungen in Bezug auf Vermögensgegenstände des Schuldners. Notwendig ist die Benachteiligung der Insolvenzgläubiger in ihrer Gesamtheit, so dass die Benachteiligung einzelner Gläubiger nicht ausreicht (*BGH* vom 23.9.1981 – VIII ZR 245/80 – ZIP 1981, 1229). **1033**

Die InsO hat die ohnehin schon unübersichtlichen Anfechtungstatbestände der KO weiter aufgefächert, zeitlich ausgedehnt und verobjektiviert. Sie sollen hier (wegen der Einzelheiten kann auf *Obermüller* Insolvenzrecht in der Bankpraxis, Rz. 1.307 ff. verwiesen werden) nur in der folgenden, erstmals vom Verfasser in WM 1994, 1829 veröffentlichten und seitdem von diversen Autoren (z.B. *Messner/Hofmeister* Endlich schuldenfrei, S. 36; *Kirchhof* ZInsO 1998, 3) aufgegriffenen tabellarischen Übersicht wiedergegeben werden. **1034**

Rückwirkung bis	Anfechtungstatbestand		Wirtschaftliche Lage des Schuldners	Kenntnis des Gläubigers
10 Jahre vor Antrag	§ 133 Abs. 1	Vorsätzliche Gläubigerbenachteiligung	unerheblich	Kenntnis vom Benachteiligungsvorsatz
			drohende Zahlungseinstellung	Vermutung für Kenntnis
	§ 135 Nr. 1	Besicherung kapitalersetzender Darlehen	unerheblich	unerheblich
4 Jahre vor Antrag	§ 134 Abs. 1	unentgeltliche Leistung	unerheblich	unerheblich
2 Jahre vor Antrag	§ 133 Abs. 2	vorsätzliche Gläubigerbenachteiligung durch Verträge mit nahestehenden Personen	unerheblich	Kenntnis vom Benachteiligungsvorsatz (wird widerleglich vermutet)
1 Jahr vor Antrag	§ 135 Nr. 2	Befriedigung kapitalersetzender Darlehen	unerheblich	unerheblich
3 Monate vor Antrag	§ 130 Abs. 1 Nr. 1	kongruente Deckung (Sicherung/ Befriedigung)	zahlungsunfähig	Kenntnis der Zahlungsunfähigkeit oder zwingende Schlussfolgerung
	§ 131 Abs. 1 Nr. 2	inkongruente Deckung	zahlungsunfähig	unerheblich
	§ 131 Abs. 1 Nr. 3 1. Alt.	inkongruente Deckung	unerheblich	Kenntnis der Benachteiligung oder zwingende Schlussfolgerung
	§ 131 Abs. 2	inkongruente Deckung nahestehender Personen	unerheblich	Kenntnis der Benachteiligung; die Kenntnis wird vermutet
	§ 132 Abs. 1 Nr. 1	unmittelbare Benachteiligung	zahlungsunfähig	Kenntnis der Zahlungsunfähigkeit
1 Monat vor Antrag	§ 131 Abs. 1 Nr. 1	inkongruente Deckung	unerheblich	unerheblich
nach Antrag	§ 130 Abs. 1 Nr. 2	kongruente Deckung	bestehende oder drohende Zahlungsunfähigkeit	Kenntnis der Zahlungsunfähigkeit/ des Antrags oder zwingende Schlussfolgerung
	§ 132 Abs. 1 Nr. 2	unmittelbare Benachteiligung		Kenntnis der Zahlungsunfähigkeit/ des Antrags

4. Aufrechnung

Eine Schmälerung der Masse kann auch durch Aufrechnungen eintreten. Das Recht eines Insolvenzgläubigers zur Ausübung einer im Zeitpunkt der Verfahrenseröffnung bestehenden Aufrechnungsbefugnis bleibt nämlich grundsätzlich erhalten (§ 94 InsO). Dies gilt auch dann, wenn die Aufrechnungslage im Zeitpunkt der Verfahrenseröffnung noch nicht gegeben ist, aber später eintritt. Sind die aufzurechnenden Forderungen oder eine von ihnen im Zeitpunkt der Verfahrenseröffnung aufschiebend bedingt oder nicht fällig oder nicht auf gleichartige Leistungen gerichtet, so kann erst aufgerechnet werden, wenn diese Aufrechnungshindernisse beseitigt sind (§ 95 Abs. 1 InsO). Von diesen Regeln lässt die InsO Ausnahmen zu, die die Aufrechnung teils erleichtern, teils erschweren: 1035

– **Nicht fällige Forderungen** gelten nach § 41 InsO mit Verfahrenseröffnung als fällig. Diese Fiktion kann jedoch nicht zur Herstellung einer sonst nicht vorhandenen Aufrechnungslage verwandt werden (§ 95 Abs. 1 Satz 2 InsO). Vertragliche Vereinbarungen, die eine vorzeitige Fälligkeit der Forderung der solventen Partei herbeiführen oder der solventen Partei für den Fall der Insolvenz ihres Vertragspartners die Aufrechnung auch schon vor Fälligkeit ihrer Forderung gestatten, sind aber zulässig. Aufrechnungsvereinbarungen werden nämlich ausdrücklich anerkannt (§ 94 InsO). 1036

– Wenn die gegenseitigen Forderungen auf verschiedene **Währungen** lauten, würde es an der für die Aufrechnung notwendigen Gleichartigkeit (§ 387 BGB) grundsätzlich fehlen (*BGH* vom 7.4.1992 – X ZR 119/90 – WM 1993, 2011; *OLG Frankfurt/M.* vom 27.10.1966 – 11 U 42/66 – OLGZ 1967, 13; s. aber *Maier/Reimer* NJW 1985, 2049; Einzelheiten s. *Vorpeil* RIW 1993, 529). Die InsO erlaubt jedoch die Aufrechnung von Forderungen, die auf verschiedene Währungen oder Rechnungseinheiten lauten, wenn diese Währungen oder Rechnungseinheiten am Zahlungsort der Forderung, gegen die aufgerechnet wird, frei getauscht werden können (§ 95 Abs. 2 InsO). 1037

– Soweit der Gläubiger eine Aufrechnung mit einer **bedingten oder noch nicht fälligen Forderung** vornehmen möchte und den Eintritt der Bedingung oder der Fälligkeit abwarten muss, kann er nicht mehr aufrechnen, falls der Schuldner seine Gegenforderungen schon zu einem früheren Zeitpunkt geltend machen konnte (§ 95 Abs. 1 Satz 3 InsO). 1038

– Die Aufrechnung ist ferner unzulässig, wenn 1039
  – ein Gläubiger erst nach Verfahrenseröffnung etwas zur Masse schuldig geworden ist,
  – ein Gläubiger seine Forderung erst nach Verfahrenseröffnung von einem Dritten erworben hat,
  – ein Gläubiger die Möglichkeit der Aufrechnung durch eine anfechtbare Rechtshandlung erlangt hat,
  – die Forderung des Gläubigers aus dem freien Vermögen des Schuldners zu erfüllen ist

(§ 96 InsO). Die Einschränkungen der Aufrechnungsbefugnis des **Arbeitgebers**, der im Restschuldbefreiungsverfahren mit Forderungen, die er schon zur Zeit der Eröffnung des Insolvenzverfahrens erworben hatte, nur gegen die Forderungen auf die Bezüge für rund 2 Jahre nach der Verfahrenseröffnung aufrechnen (§ 294 Abs. 3, § 114 Abs. 2 InsO) kann, greifen in diesem Stadium des Verfahrens noch nicht ein.

5. Verträge

1040 Für gegenseitige Verträge, Miet- und Pachtverträge, Dienstverhältnisse, Aufträge und Geschäftsbesorgungsverträge enthält die InsO eigene Regeln.

1041 Wenn ein **zweiseitiger Vertrag** von dem Schuldner und seinem Vertragspartner bei Insolvenzeröffnung nicht oder nicht vollständig erfüllt ist, hat der Treuhänder ab Verfahrenseröffnung (nicht aber schon als vorläufiger Treuhänder im Antragsverfahren, *OLG Jena* vom 9.11.1995 – 1U 456/95 – ZIP 1996, 34 für die Gesamtvollstreckung; *BGH* vom 18.5.1995 – IX ZR 189/94 – KTS 1995, 668 für den Konkurs) das Wahlrecht (*Grub/Smid* DZWiR 1999, 2), ob er den Vertrag erfüllen und die Erfüllung auch von dem Vertragspartner verlangen oder ob er die Vertragserfüllung ablehnen und den Vertragspartner auf eine Schadenersatzforderung wegen Nichterfüllung, die zu den Insolvenzforderungen zählt, verweisen will (§ 103 InsO; wegen der Einzelheiten kann auf *Obermüller* Kölner Schrift zur Insolvenzordnung, S. 985 verwiesen werden). Anders als bei der Eigenverwaltung (§ 279 InsO) hat der Gesetzgeber das Wahlrecht nicht dem Schuldner zugebilligt.

1042 **Aufträge** und **Geschäftsbesorgungsverträge** des Schuldners erlöschen durch die Eröffnung des Insolvenzverfahrens (§§ 115, 116 InsO).

6. Zwangsvollstreckungen

1043 Die Verfahrenseröffnung wirkt sich sowohl auf geplante als auch auf schon ausgebrachte Zwangsvollstreckungsmaßnahmen aus.

a) Zwangsvollstreckungsmaßnahmen nach Verfahrenseröffnung

1044 Zwangsvollstreckungsmaßnahmen und Arreste durch Insolvenzgläubiger sind während des Insolvenzverfahrens weder in das zur Insolvenzmasse gehörende noch in das insolvenzfreie Vermögen zulässig (§ 89 Abs. 1 InsO; zur Vorpfändung vgl. *LG Detmold* vom 15.6.1976 – 2 T 146/76 – KTS 1977, 126). Sonstige **vorbereitende Maßnahmen** für eine zukünftige Zwangsvollstreckung, wie Vollstreckbarkeitserklärung und Klauselerteilung, sind jedoch möglich (*RG* vom 22.1.1892 – III 317/91 – RGZ 29, 76; vom 24.5.1895 – III 58/95 – RGZ 35, 81; *Kuhn/Uhlenbruck* KO, § 14 Rz. 3).

1045 Der Schuldner braucht bei der Zwangsvollstreckung in insolvenzgebundene Gegenstände keinen Antrag auf Einstellung der Zwangsvollstreckung zu stellen. Ein solcher Antrag wäre ohnehin wegen fehlenden Rechtsschutzinteresses abzuweisen. Wohl aber können der Treuhänder und der Drittschuldner **Erinnerung** einlegen (*RG* vom 22.1.1892, a.a.O.; *Kuhn/Uhlenbruck* KO, § 14 Rz. 17). Die Erinnnerung kann auch ein anderer Insolvenzgläubiger einlegen (*OLG Düsseldorf* vom 8.10.1968 – 19 U 33/68 – KTS 1969, 108), was sich aber nur empfiehlt, wenn der Treuhänder untätig bleibt.

b) Zwangsvollstreckungsmaßnahmen vor Verfahrenseröffnung

Zwangsvollstreckungsmaßnahmen, die ein Gläubiger vor der Verfahrenseröffnung getroffen hat, unterfallen der **Rückschlagsperre** des § 88 InsO. Sie erfasst Zwangsvollstreckungen, die im letzten Monat vor dem Insolvenzantrag oder später bewirkt wurden, wenn dieser von einem Gläubiger gestellt wurde. Hat der Schuldner den Antrag gestellt, so verlängert sich die Frist auf drei Monate vor dem Insolvenzantrag (§ 312 Abs. 1 Satz 3 InsO). — **1046**

Auf früher erworbene Pfändungspfandrechte sind die **Anfechtungsvorschriften** (§§ 129 ff. InsO) anwendbar (zur Anfechtbarkeit von Pfändungen nach der KO s. *BGH* vom 16. 3. 1995 – IX ZR 72/94 – ZIP 1995, 630); aus der Rückschlagsperre des § 88 InsO darf nicht etwa der Umkehrschluss gezogen werden, dass Pfändungspfandrechte, die vor diesem Zeitraum erlangt wurden, grundsätzlich unangreifbar sind. — **1047**

Ein vor Eintritt dieser sog. Rückschlagsperre erworbenes Pfändungspfandrecht bleibt also grundsätzlich wirksam; die Verwertung kann weiter betrieben werden. Auch aus einem nach Eintritt der Rückschlagsperre erworbenen Pfändungspfandrecht ist der Gläubiger grundsätzlich bis zur Verfahrenseröffnung berechtigt, die Verwertung weiter zu betreiben, denn solange ist sein Pfändungspfandrecht noch in Kraft. Dennoch ist ihm von der Verwertung abzuraten. Denn mit der Verfahrenseröffnung steht die Unwirksamkeit des Pfandrechts fest. — **1048**

V. Die Verfahrensbeteiligten

Das vereinfachte Insolvenzverfahren sieht die Einsetzung eines Treuhänders und die Abhaltung einer Gläubigerversammlung vor; ein Gläubigerausschuss wird nicht erwähnt. — **1049**

1. Treuhänder

Im vereinfachten Insolvenzverfahren wird **kein Insolvenzverwalter** ernannt. Die Kompetenzen des Insolvenzverwalters fallen entweder den Gläubigern direkt, wie z.B. bei der Insolvenzanfechtung, oder einem Treuhänder zu. Die Bestimmung, dass die Aufgaben des Insolvenzverwalters von dem Treuhänder wahrgenommen werden (§ 313 Abs. 1 InsO), soll gewährleisten, dass bei Kleininsolvenzen nur **eine** Person für die Verwalteraufgaben im vereinfachten Verfahren und für die Treuhänderaufgaben im anschließenden Restschuldbefreiungsverfahren bestellt wird. Dies führe zu einer Vereinfachung des Verfahrens und zu einer kostengünstigeren Abwicklung (Rechtsausschussbericht zu § 357j RegE InsO, BT-Drs. 12/7302, 193; demgemäß lässt die InsVV eine Herabsetzung seines Honorars bis auf den Betrag von 100 € zu). Der im vereinfachten Insolvenzverfahren ernannte Treuhänder wird also auch in einem anschließenden Restschuldbefreiungsverfahren die Treuhänderfunktion wahrnehmen. — **1050**

Für den Treuhänder gelten die **Regeln der §§ 56 – 66 InsO** bezüglich Wahl eines anderen Treuhänders, Haftung, Rechnungslegung, Aufsicht etc. entsprechend (§ 313 Abs. 1 InsO; Einzelheiten s. *Hess/Obermüller* Die Rechtsstellung der Verfahrensbeteiligten — **1051** nach der InsO, Rz. 671 ff.). Seine Vergütung richtet sich nach § 13 InsVV. Abweichend vom üblichen Insolvenzverfahren ist dieser Treuhänder aber weder zur Verwertung von Sicherheiten noch zur Anfechtung von Rechtshandlungen berechtigt. Ein Rechtsmittel gegen die Beistellung des Treuhänders oder gegen den Eröffnungsbeschluss mit dem Ziel, einen anderen Treuhänder zu bestellen, gibt es nicht (*LG Münster* vom 2. 5. 2002 – 5 T 426/02 – ZInsO 2002, 777).

2. Gläubigerversammlung

1052 Die **erste Gläubigerversammlung** ist regelmäßig zugleich der Prüfungstermin. In diesem entscheiden die Gläubiger auch über Fragen der Anfechtung oder der Verwertung von Absonderungsgegenständen und über den dem Schuldner aus der Masse zuzubilligenden Unterhalt (*LG Bückeburg* vom 31. 10. 2001 – 4 T 122/01 – ZInsO 2001, 1166). Mit der Wahrnehmung dieser Aufgaben kann ein Gläubiger beauftragt und entsprechend bevollmächtigt werden.

1053 Die Gläubigerversammlung kann auch im **schriftlichen Verfahren** abgehalten werden. Dies ist sinnvoll, wenn sich bereits im Schuldenbereinigungsverfahren ergeben hat, dass der Schuldner vermögenslos ist, keine Anfechtungstatbestände erkennbar sind, über deren Konsequenzen eine Diskussion oder ein Beschluss der Gläubiger zweckmäßig sein könnte, und kein Gläubiger dem Gericht zu verstehen gegeben hat, dass er etwa die Auswechselung des Treuhänders oder die Einsetzung eines Gläubigerausschusses beantragen möchte. Für die umfangreichen Entscheidungsbefugnisse, die die InsO der Gläubigerversammlung einräumt (vgl. die Auflistung bei *Hess/Obermüller* Die Rechtsstellung der Verfahrensbeteiligten nach der InsO, Rz. 1147 ff.), fehlt es bei solchen Fallkonstellationen nämlich am praktischen Anwendungsbereich.

1054 Ob eine Gläubigerversammlung einberufen wird oder ob das schriftliche Verfahren beschritten werden soll, entscheidet zunächst das Gericht. Seine Anordnung, das Verfahren im schriftlichen Weg durchzuführen, kann es jederzeit aufheben oder abändern (§ 312 Abs. 2 Satz 2 InsO). Dazu ist es gezwungen, wenn die Einberufung beantragt wird
– vom Treuhänder (anstelle des Insolvenzverwalters),
– dem Gläubigerausschuss,
– von mindestens fünf absonderungsberechtigten oder nicht nachrangigen Gläubigern, deren Absonderungsrechte oder Forderungen nach der Schätzung des Insolvenzgerichts den fünften Teil der Absonderungsrechte und der Forderungen aller nicht nachrangigen Gläubiger erreichen (§ 75 Abs. 1 Nr. 3 InsO),
– von einem oder mehreren absonderungsberechtigten oder nicht nachrangigen Insolvenzgläubigern, deren Absonderungsrechte oder Forderungen nach der Schätzung des Insolvenzgerichts 2 Fünftel der Absonderungsrechte und der Forderungen aller nicht nachrangigen Gläubiger erreichen

(§ 75 Abs. 1 Nr. 4 InsO). Diese Vorschrift gilt nämlich auch im vereinfachten Insolvenzverfahren.

3. Gläubigerausschuss

Die Bestellung eines Gläubigerausschusses ist im vereinfachten Verfahren angesichts des meist nur sehr geringen Umfangs der zu verteilenden Masse nicht vorgesehen, aber auch nicht völlig ausgeschlossen. Im Normalfall besteht kein Bedarf für einen Gläubigerausschuss. Daher wird das Gericht auch keinen solchen Ausschuss bestellen. Es bleibt aber letztlich der Gläubigerversammlung vorbehalten zu entscheiden, ob ein Gläubigerausschuss eingesetzt oder auf darauf verzichtet werden soll. **1055**

Wird ausnahmsweise ein Gläubigerausschuss eingesetzt, so hat er die gleichen Aufgaben wie im normalen Insolvenzverfahren (Einzelheiten s. *Hess/Obermüller* Die Rechtsstellung der Verfahrensbeteiligten nach der InsO, Rz. 1156 ff.; *W. Obermüller* FS Möhring, S. 101 ff.; *Uhlenbruck* BB 1976, 1198). **1056**

VI. Verwertung der Insolvenzmasse

Die Verwertung der Insolvenzmasse obliegt grundsätzlich dem Treuhänder, er kann sie aber auch dem Schuldner überlassen und darf auf Absonderungsrechte nicht zugreifen. **1057**

1. Verwertung durch den Treuhänder

Der Treuhänder hat die Aufgabe, zum Zweck der gleichmäßigen Befriedigung aller Insolvenzgläubiger (**Insolvenzzweck**; *BGH* vom 13.1.1983 – III ZR 88/81 – ZIP 1983, 589 m.w.N.) das vorhandene Vermögen zu liquidieren. Damit kann er nach dem Berichtstermin sofort beginnen, soweit die Beschlüsse der Gläubigerversammlung nicht entgegenstehen (§ 159 InsO). Zu diesem Zweck kann er die Massebestandteile einzeln, in Gruppen oder insgesamt verkaufen; die Haftung eines Erwerbers wegen Vermögensübernahme ist mit Streichen des § 419 BGB entfallen. **1058**

2. Verwertung durch den Schuldner

Die Insolvenzmasse kann **in vereinfachter Form** verteilt werden, indem von einer Verwertung durch den Treuhänder ganz oder teilweise abgesehen und dem Schuldner aufgegeben wird, an den Treuhänder innerhalb einer vom Gericht festzusetzenden Frist einen Betrag zu zahlen, der dem Wert der Masse entspricht (§ 314 Abs. 1 InsO). Davon soll abgesehen werden, wenn die Verwertung der Insolvenzmasse insbesondere im Interesse der Gläubiger geboten erscheint. **1059**

Eine tatsächliche Verwertung ist insbesondere dann einer Ausgleichszahlung durch den Schuldner oder gar einem Zahlungsversprechen des Schuldners vorzuziehen, wenn andernfalls Meinungsverschiedenheiten über den Wert der diversen Massegegenstände aufkommen würden oder wenn zu befürchten ist, dass der Schuldner zur Zahlung des Ausgleichsbetrages nicht in der Lage sei, aber bis zum Ablauf der ihm vom Gericht zu setzenden Frist den Massegegenstand weiter nutzen und dabei ver- **1060** schlechtern oder gefährden wird. Dieses Risiko besteht beispielsweise bei Kraftfahrzeugen, die der Schuldner weiter benutzt. Demgegenüber kann die Ausgleichszahlung bei Gegenständen, deren Verkaufswert vergleichsweise gering, deren Nutzungswert für den Schuldner aber hoch ist, wie z. B. bei Möbeln, eine angemessene Verwertungsart darstellen.

1061 Vor der Entscheidung sind die **Gläubiger zu hören**, da ihnen durch diese Art der Verteilung die Befugnis, über die Art und Weise der Verwertung mit zu entscheiden, nahezu entzogen wird (*Vallender* NZI 1999, 385). Auch dies kann im schriftlichen Verfahren geschehen. Will der Treuhänder dem Gericht eine solche vereinfachte Verteilung vorschlagen, kann auch darüber in der Gläubigerversammlung beschlossen werden, ohne dass dies für das Gericht bindende Wirkung hat.

3. Verwertung durch den Gläubiger

1062 Zur Verwertung der **Absonderungsrechte** ist unabhängig davon, ob es sich um besitzlose Mobiliarsicherungsrechte, wie Sicherungsabtretung und Sicherungsübereignung, oder um Mobiliar- oder Immobiliarpfandrechte handelt, stets nur der Gläubiger berechtigt, nicht der Treuhänder (§ 313 Abs. 3 InsO). Deshalb konnte er den absonderungsberechtigten Gläubigern auch keine Frist zur Vornahme der Verwertung nach § 173 Abs. 2 InsO setzen (*AG Leipzig* vom 26. 1. 2000 – 93 IK 26/99 – DZWIR 2000, 216); diese Befugnis wurde ihm erst durch § 313 Abs. 3 Satz 3 InsO n.F. zugebilligt. Kostenbeiträge nach §§ 170, 171 InsO für die Masse, von denen ohnehin nur die Feststellungskosten in Betracht kämen, entfallen.

1063 Eine Anordnung des Insolvenzgerichts, dass von einer Verwertung durch den Treuhänder ganz oder teilweise abgesehen und dem Schuldner aufgegeben wird, an den Treuhänder innerhalb einer vom Gericht festzusetzenden Frist einen Betrag zu zahlen, der dem Wert der Gegenstände entspricht (§ 314 Abs. 1 InsO), ist für Gegenstände, an denen Absonderungsrechte bestehen, nicht zulässig. Eine solche Anordnung kann sich nach § 314 Abs. 1 InsO nur auf solche Gegenstände beziehen, zu deren Verwertung grundsätzlich der Treuhänder berechtigt und verpflichtet wäre; nur er kann deshalb einen dahingehenden Antrag stellen. Der Treuhänder hat jedoch für Gegenstände, an denen Absonderungsrechte bestehen, kein Verwertungsrecht, mithin auch kein Antragsrecht.

1064 Absonderungsberechtigte Gläubiger sind nicht gehindert, dem Schuldner die Verwertung zu überlassen oder auf ihr Recht gegen Zahlung des Werts zu verzichten. Dies kann aber nur auf Grund privatrechtlicher Vereinbarung geschehen und nicht die Rechtsfolgen auslösen, die bei Überschreitung einer gerichtlichen Frist zur Leistung einer Ausgleichszahlung eintreten (s. Rz. 1074).

VII. Verteilung der Insolvenzmasse

Nach dem allgemeinen Prüfungstermin kann der Erlös nach einer im Gesetz geregelten **Rangordnung** unter die Gläubiger verteilt werden (§ 187 InsO). Die Vorgehensweise ist unterschiedlich je nachdem, ob das Insolvenzverfahren zu Ende geführt oder vorzeitig mangels Masse eingestellt wird. **1065**

1. Verteilung bei Abwicklung des Verfahrens

Aus der Insolvenzmasse sind vorweg die Kosten des Insolvenzverfahrens und die sonstigen Masseschulden zu befriedigen (§ 53 InsO). **1066**

Massekosten sind die Gerichtskosten, die Ausgaben für die Verwaltung, Verwertung und Verteilung der Masse, also auch die Vergütung des Treuhänders und des Gläubigerausschusses (§ 54 InsO). **1067**

Masseschulden sind **1068**
– die Ansprüche, die durch Handlungen des Treuhänders oder in sonstiger Weise durch die Verwaltung, Verwertung und Verteilung der Insolvenzmasse begründet worden sind, ohne zu den Massekosten zu gehören (§ 55 Abs. 1 Nr. 1 InsO),
– Ansprüche aus gegenseitigen Verträgen, deren Erfüllung zur Insolvenzmasse gem. § 103 InsO verlangt wird oder für die Zeit nach Eröffnung des Verfahrens erfolgen muss (§ 55 Abs. 1 Nr. 2 InsO),
– Ansprüche aus ungerechtfertigter Bereicherung der Masse (§ 55 Abs. 1 Nr. 3 InsO).

Nach Abdeckung der o.g. Forderungen werden die Insolvenzgläubiger befriedigt. Eine Rangordnung unter den Insolvenzgläubigern gibt es nicht. **Absonderungsberechtigte Gläubiger** haben dem Verwalter nachzuweisen, dass und für welchen Betrag sie auf abgesonderte Befriedigung verzichtet haben oder bei ihr ausgefallen sind (§ 190 Abs. 1 InsO). **1069**

2. Verteilung bei Einstellung des Verfahrens

Reicht die Insolvenzmasse nicht einmal zur Deckung der Verfahrenskosten aus, so wird das Verfahren eingestellt; etwa vorhandene Barmittel werden auf die Verfahrenskosten verteilt (§ 207 InsO). **1070**

Wenn die Kosten des Insolvenzverfahrens gedeckt sind, jedoch die Insolvenzmasse nicht ausreicht, um die fälligen sonstigen Masseverbindlichkeiten zu erfüllen (§ 208 Abs. 1 Satz 1 InsO), liegt **Masseunzulänglichkeit** liegt vor. Dies hat der Treuhänder dem Insolvenzgericht anzuzeigen. Die Masseverbindlichkeiten sind bei gleichem Rang nach dem Verhältnis ihrer Beträge nach folgender Rangordnung zu berichtigen: **1071**
– die Kosten des Insolvenzverfahrens (§ 209 Abs. 1 Nr. 1 InsO),
– die Masseverbindlichkeiten, die nach Anzeige der Masseunzulänglichkeit begründet worden sind, ohne zu den Verfahrenskosten zu gehören (§ 209 Abs. 1 Nr. 2 InsO).

VIII. Verfahren nach Verteilung

1072 Der Schuldner musste sich bei Einreichung seines Antrags auf Eröffnung des Insolvenzverfahrens überlegen, ob er zugleich einen Antrag auf **Restschuldbefreiung** stellen wollte. Dieser blieb während des Verfahrens über den Schuldenbereinigungsplan und des vereinfachten Insolvenzverfahrens zunächst unbearbeitet. Nach Abschluss der Verteilung ist nunmehr auch dieser Antrag zu bescheiden.

1073 Im Fall der Anordnung einer **vereinfachten Verteilung** (§ 314 InsO) kann das Restschuldbefreiungsverfahren erst nach Zahlung des Ablösungsbetrages eingeleitet werden. Für die Zahlung hat das Gericht dem Schuldner eine angemessene Frist einzuräumen.

1074 Die Restschuldbefreiung ist zu versagen, wenn der Schuldner nach Setzung einer einmaligen Nachfrist den Ablösungsbetrag nicht gezahlt hat. Auf diese Konsequenz hat das Insolvenzgericht den Schuldner hinzuweisen und ihn vor der Entscheidung zu hören (§ 314 Abs. 3 Satz 3 InsO). Wird die Restschuldbefreiung versagt, so bleibt es bei der 30-jährigen **Nachhaftung** für die unerfüllt gebliebenen Verbindlichkeiten. Der Schuldner kann aber das Verbraucherinsolvenzverfahren unverzüglich erneut einleiten, muss jedoch alle Stufen nochmals durchlaufen. Die 10-jährige Wartefrist des § 290 Abs. 1 Nr. 3 InsO gilt erst nach einer durchgeführten oder wegen Verstoßes gegen Obliegenheiten oder wegen Insolvenzstraftaten versagten Restschuldbefreiung, nicht aber nach einem Verbraucherinsolvenzverfahren.

1075 Auch das vereinfachte Verfahren kann auf der Basis eines „**Null-Planes**" durchgeführt werden, wenn der Schuldner zwar die Kosten des Verfahrens aufbringen kann, nicht aber die sonstigen Masseverbindlichkeiten, so dass der Treuhänder die Massellosigkeit nach § 208 InsO anzuzeigen hat.

1075a Die **Schlussverteilung** ist vorzunehmen, sobald die Verwertung der Insolvenzmasse beendet ist (§ 196 Abs. 1 InsO). Diese nahezu wörtlich aus § 161 Abs. 1 KO übernommene Regelung berücksichtigt nicht hinreichend, dass anders als nach früherem Recht nunmehr auch dasjenige Vermögen zur Insolvenzmasse gehört, das der Schuldner während des Insolvenzverfahrens erlangt (§ 35 InsO). Dazu gehören insbesondere die pfändbaren Einkünfte, die eine natürliche Person aus einer beruflichen Tätigkeit bezieht. Da diese Einkünfte in der Regel periodisch wiederkehren, hätte ihre zeitlich unbegrenzte Einbeziehung in die Insolvenzmasse zur Folge, dass die Verwertung der Masse erst abgeschlossen werden könnte, wenn der Zufluss der **laufenden Einkünfte** auf Dauer beendet wäre, im Extremfall also erst mit dem Tod des Schuldners. Dieses Ergebnis ist offenkundig nicht mit dem Zweck des Insolvenzverfahrens vereinbar. Hat der Schuldner einen zulässigen Antrag auf Restschuldbefreiung gestellt und liegen die Voraussetzungen für deren Ankündigungen vor, so hat die Schlussverteilung stattzufinden, sobald die Verwertung der Insolvenzmasse mit Ausnahme eines laufenden Einkommens beendet ist (*AG Duisburg* vom 6.11.2000 – 43 IK 16/99 – NZI 2001, 106).

G. Restschuldbefreiung

Das Restschuldbefreiungsverfahren ist **natürlichen Personen** vorbehalten. **1076**

Für **juristische Personen** gibt es nur die Alternative zwischen Liquidation und Reorganisation auf Grund des Planverfahrens. Die AG, KGaA und GmbH werden nämlich mit Eröffnung des Insolvenzverfahrens oder mit der Ablehnung des Insolvenzantrags mangels Masse aufgelöst (§ 289 Abs. 1, § 262 Abs. 1 Nr. 3, 4 bzw. § 289 Abs. 2 AktG, § 60 Abs. 1 Nr. 4 GmbHG). Der rechtsfähige Verein und die Stiftung verlieren mit Insolvenzeröffnung ihre Rechtsfähigkeit (§ 42 Abs. 1, § 86 BGB). Auf Grund eines Insolvenzplans, der den Fortbestand der Gesellschaft vorsieht, kann jedoch ihre Fortsetzung beschlossen werden (§ 274 Abs. 2 Nr. 1 AktG, § 60 Abs. 1 Nr. 4 GmbHG, § 117 Abs. 1 GenG). **1077**

Die Restschuldbefreiung vollzieht sich in mehreren Verfahrensschritten: **1078**
– Durchführung eines Insolvenzverfahrens
– Zulassungsverfahren
– Wohlverhaltensperiode
– Entscheidung über Erteilung der Restschuldbefreiung
– Entscheidung über Widerruf der Restschuldbefreiung.

I. Vorrang des Insolvenzverfahrens

Zur Restschuldbefreiung gelangen natürliche Personen erst, wenn die vorherigen Verfahrensschritte nicht zu einer Befriedigung der Gläubiger oder einer vergleichsweisen Regelung geführt haben. Die gesetzliche Restschuldbefreiung ist den Gläubigern nur zuzumuten, wenn das gesamte Vermögen des Schuldners bereits verwertet worden ist (Begr. BT-Drs. 1/92, 245). **1079**

Für **Verbraucher** (zur Definition s. Rn. 834 ff.) ist der Einstieg erst nach dem gescheiterten Versuch einer Schuldenbereinigung im außergerichtlichen und ggf. im gerichtlichen Verfahren und nach dem vereinfachten Insolvenzverfahren möglich. **1080**

Persönlich haftende Unternehmer müssen vorher das allgemeine Insolvenzverfahren durchlaufen haben. Daraus folgt, dass zunächst die pfändbaren Vermögenswerte im Wege des Insolvenzverfahrens (mit Einsetzung eines Verwalters, Treuhänders oder in Eigenverwaltung) verteilt worden sein müssen, ohne dass dies zu einer vollständigen Befriedigung der Gläubiger geführt hätte. Für die danach verbleibenden Verbindlichkeiten kann die Restschuldbefreiung durchgeführt werden. Dies bedeutet zugleich, dass eine Restschuldbefreiung dann ausscheidet, wenn das Insolvenzverfahren mangels Masse oder aus anderen Gründen gar nicht eröffnet (§ 26 InsO) oder wenn es vor seiner Aufhebung nach § 207 InsO eingestellt wird (*HWF* Handbuch, Rz. 10/63), während sie möglich bleibt, wenn nach Anzeige der Masseunzulänglichkeit die Insolvenz- **1081**

masse unter den Massegläubigern verteilt worden ist (§ 209 InsO) und erst danach das Verfahren eingestellt wird (§ 211 InsO).

II. Zulassungsverfahren

1082 Die Zulassung zur Restschuldbefreiung setzt voraus, dass der Schuldner rechtzeitig einen formgerechten Antrag stellt und dass kein Versagungsgrund erfolgreich geltend gemacht wird.

1. Antrag auf Einleitung des Verfahrens

1083 Ein **persönlich haftender Unternehmer** kann die Restschuldbefreiung entweder innerhalb eines bereits laufenden Insolvenzverfahrens beantragen oder mit dem Antrag auf Eröffnung eines Insolvenzverfahrens verbinden. Den Antrag auf Restschuldbefreiung kann nur der Schuldner stellen (§ 287 InsO). Wird die Eröffnung eines Insolvenzverfahrens von einem Gläubiger beantragt, so muss der Schuldner seinen Antrag auf Restschuldbefreiung spätestens im Berichtstermin einreichen; der Antrag des Gläubigers allein genügt nicht (*OLG Köln* vom 24.5.2000 – 2 W 76/00 – ZInsO 2000, 334; Einzelheiten s. *Fuchs* ZInsO 2002, 298). Das Gericht muss den Schuldner nicht auf diese Möglichkeit hinweisen.

1084 Ein **Verbraucher** muss den Antrag auf Restschuldbefreiung **zusammen** mit dem Antrag auf Eröffnung eines Insolvenzverfahrens und dem vorzulegenden Schuldenbereinigungsplan einreichen (§ 305 Abs. 1 Nr. 2 InsO; Einzelheiten s. *Fuchs* ZInsO 2002, 298). Äußert er sich zu der Frage der Restschuldbefreiung nicht, so soll ihn das Gericht darauf hinweisen, dass die Möglichkeit besteht, einen solchen Antrag zu stellen (§ 20 Abs. 2 InsO). Dafür hat er zwei Wochen Zeit (§ 287 Abs. 1 Satz 2 InsO). Wenn der Verbraucher dieser Aufforderung nicht nachkommt, gilt sein Eröffnungsantrag insgesamt als zurückgenommen.

1085 Der Antrag ist **schriftlich** beim Insolvenzgericht einzureichen oder zu Protokoll der Geschäftsstelle zu erklären (§ 287 Abs. 1 Satz 2 InsO). Für Verbraucher ist die Verwendung der im Anhang wiedergegebenen Vordrucke, in die der Antrag auf Durchführung des Restschuldbefreiungsverfahrens bereits integriert ist, vorgeschrieben (§ 1 VerbrInsVV). Persönlich haftende Unternehmer können ihren Insolvenzantrag um die in Anlage 3 des Verbraucherantrags enthaltenen Angaben zur Restschuldbefreiung ergänzen.

2. Abtretung des Arbeitsentgelts

1086 Der Antrag auf Restschuldbefreiung kann nur zugelassen werden, wenn ihm der Schuldner die Erklärung beifügt, dass er seine **pfändbaren** Forderungen auf **Bezüge** aus einem Dienstverhältnis oder an deren Stelle tretende laufende Bezüge für die Zeit von 6 Jahren nach der Eröffnung des Insolvenzverfahrens an einen vom Gericht zu bestimmenden Treuhänder abtritt (§ 287 Abs. 2 InsO). Nach der Ursprungsfassung der InsO blieb diese Abtretung für die Dauer von 7 Jahren nach der Aufhebung des Insolvenzverfahrens in Kraft. Für Schuldner, über deren Vermögen das Insolvenzverfahren ab 1.12.2001 eröffnet wird, gilt die Abtretung nur noch 6 Jahre nach der Eröffnung; Wohlverhaltensperioden aus vor dem 1.12.2001 eröffneten Verfahren werden durch § 287 Abs. 2 InsO n.F. nicht verkürzt (Art. 9 InsOÄndG).

1087 In Verbraucherinsolvenzverfahren hat der Schuldner die Abtretungserklärung zusammen mit seinem Eröffnungsantrag einzureichen (§ 305 Abs. 1 Nr. 2 InsO). Fehlt diese, so hat ihn das Insolvenzgericht zur Ergänzung aufzufordern. Kommt der Schuldner dieser Aufforderung nicht binnen eines Monats nach, so gilt sein Antrag auf Eröffnung des Insolvenzverfahrens als zurückgenommen (§ 305 Abs. 3 Satz 2 InsO). Im Insolvenzverfahren über das Vermögen eines Unternehmers ist der Antrag spätestens bis zum Ende des Berichtstermins entweder schriftlich beim Insolvenzgericht einzureichen oder zu Protokoll der Geschäftsstelle zu erklären (§ 287 Abs. 1 InsO), anderenfalls ist der Antrag auf Restschuldbefreiung unzulässig (*OLG Köln* vom 4.10.2000 – 2 W 198/00 – ZInsO 2000, 608). Die Abtretungserklärung kann auch durch den Rechtsanwalt des Schuldners in dessen Namen abgegeben werden. Die Restschuldbefreiung setzt keine höchstpersönliche Abtretungserklärung des Schuldners voraus (*OLG Zweibrücken* vom 30.1.2002 – 3 W 235/01 – ZInsO 2002, 287).

1087a Dass der Schuldner im Zeitpunkt des Antrags tatsächlich über Einkünfte verfügt, ist für die Zulässigkeit des Antrags nicht notwendig (**a.A.** *HWF* Handbuch, Rz. 10/63). Dieser Umstand gewinnt erst im Verfahren nach der Ankündigung der Restschuldbefreiung Bedeutung. Ebenso ist es entbehrlich, dass die Person des Treuhänders als Zessionar bereits feststeht (zu den rechtssystematischen Problemen dieser Abtretung s. *Ahrens* DZWiR 1999, 45).

a) In-Kraft-Treten der Zession

1087b Die Abtretung wird nur dann wirksam, wenn der **Beschluss**, durch den das Gericht dem Schuldner den Übergang in die Wohlverhaltensperiode zur Erlangung der Restschuldbefreiung gestattet, **rechtskräftig** wird. Denn erst in diesem Beschluss bestimmt das Gericht den Zessionar, nämlich Treuhänder. Bis dahin ist die Abtretung zwar angeboten, aber noch nicht angenommen; eine Annahme durch die Gläubiger einzeln oder als Gesamtheit kann weder tatsächlich zustande kommen noch fingiert werden. Denn das Angebot des Schuldners ist an den Treuhänder gerichtet und soll auch nur für den Fall gelten, dass ihm der Versuch der Restschuldbefreiung durch 6-jähriges Wohlverhalten erlaubt wird, nicht aber auch für den Fall der Versagung der Restschuldbefreiung.

b) Bestimmtheit der Zession

1088 Die Abtretung erfasst die Bezüge aus Dienstverhältnissen mit dem/den gegenwärtigen oder künftigen Arbeitgebern. Zwar sind **Vorausabtretungen künftiger Forderungen** nur zulässig, wenn die künftige Forderung bei der Abtretung so umschrieben wird, dass sie spätestens bei ihrer Entstehung nach Gegenstand und Umfang bestimmt oder zumindest bestimmbar, die konkret in Anspruch genommene Forderung also genügend **individualisierbar** ist (*BGH* vom 22.6.1989 – III ZR 72/88 – WM

1989, 1086 unter II 3a; *Herget* BuB 1995 Rz. 4/835). Diesem Erfordernis wird jedoch entsprochen, wenn sich die Abtretung uneingeschränkt auf den der Pfändung unterworfenen Teil der Lohnansprüche bezieht oder jeweils bis zur Höhe des pfändbaren Betrages gilt (*BGH* vom 24. 11. 1975 – III ZR 81/73 – WM 1976, 151).

1089 Wenn sich unter den Gläubigern auch solche mit **Unterhaltsansprüchen** finden, gelten andere Pfändungsfreigrenzen (§ 850d ZPO – Einzelheiten s. *Ott* ZInsO 2000, 421). Die nach Verfahrenseröffnung anfallenden Unterhaltsschulden sind zwar vom Verfahren ausgeschlossen, können aber insoweit befriedigt werden, wie aus der Differenz zwischen dem Tabellenbetrag des § 850c ZPO und dem notwendigen Unterhalt, der dem Schuldner nach § 850d ZPO zu belassen ist, Gelder übrig bleiben. Dies berührt jedoch die Abtretung nicht, denn sie erstreckt sich nur auf die nach § 850c ZPO pfändbaren Teile des Arbeitsentgelts.

1090 Auch ist es unschädlich, wenn die Abtretung die Ansprüche gegen den **jeweiligen Arbeitgeber** umfasst, obwohl der Arbeitgeber zur Zeit der Abtretungserklärung noch nicht feststeht (*BAG* vom 17. 2. 1993 – 4 AZR 161/92 – DB 1993, 1245).

c) Umfang der Zession

1091 Die Abtretung muss sich erstrecken auf die pfändbaren Bezüge aus einem Dienstverhältnis oder die an deren Stelle tretenden laufenden Bezüge. Dabei hat das Insolvenzgericht (und nicht etwa das Vollstreckungsgericht) die pfändungsbeschränkenden und pfändungserweiternden Vorschriften der ZPO zu beachten und die Höhe des unpfändbaren Teiles des Arbeitseinkommens zu bestimmen (*Stephan* ZInsO 2000, 376; *Ott* ZInsO 2000, 421; *Grote* ZInsO 2000, 490; *OLG Köln* vom 16. 10. 2000 – 2 W 189/00 – ZInsO 2000, 603; *LG Wuppertal* vom 10. 11. 2000 – 6 T 818/00 – ZInsO 2001, 328). Zur Sicherung des Existenzminimums hat das Insolvenzgericht den anzunehmenden Sozialhilfebedarf des Schuldners in eigener Verantwortung zu ermitteln, ohne dabei an eine Bescheinigung des Sozialamtes gebunden zu sein (*OLG Köln* vom 18. 8. 2000 – 2 W 155/00 – ZInsO 2000, 499).

1091a Bezüge aus einem Dienstverhältnis sind das Einkommen aus abhängiger Tätigkeit gleich welcher Art. An deren Stelle tretende laufende Bezüge sind insbesondere Renten und die sonstigen laufenden Geldleistungen der Träger der Sozialversicherung und der BA im Fall des Ruhestands, der Erwerbsunfähigkeit oder der Arbeitslosigkeit (Begr. zu § 92 RegE InsO). **Steuererstattungsansprüche** gehören grundsätzlich nicht zum Arbeitseinkommen und werden daher auch nicht von der Abtretung erfasst; eine Ausnahme gilt nur dann, wenn der Arbeitgeber den Lohnsteuerjahresausgleich durchführt (*LG Koblenz* vom 13. 6. 2000 – 2 T 162/2000 – ZInsO 2000, 507).

d) Wirksamkeit der Zession

1092 Die Rechtsprechung hat zwar an die Wirksamkeit von Sicherungsabtretungen in einer Reihe von Entscheidungen (*BGH* vom 29. 11. 1989 – VIII ZR 228/88 – WM 1990, 51; vom 26. 4. 1990 – VII ZR 39/89 – WM 1990, 1326; vom 6. 12. 1990 – VII ZR 334/89 – WM 1991, 276; vom 18. 4. 1991 – IX ZR 149/90 – WM 1991, 1273; vom 19. 6. 1991 – VIII ZR 244/90 – WM 1991, 1499; vom 25. 11. 1992 – VIII ZR 176/91 – WM 1993, 213; vom 8. 12. 1993 – VIII ZR 166/93 – WM 1994, 104; vom 27. 6. 1995 – XI ZR 8/94 – WM

1995, 1264; vom 9.11.1995 – IX ZR 179/94 – WM 1995, 2173; vom 21.11.1995 – IX ZR 255/94 – ZIP 1996, 17; *LG Stuttgart* vom 31.7.1995 – 12 O 53/95 – WM 1996, 154; kritisch zur bisherigen Rechtsprechung *BGH* vom 10.5.1994 – XI ZR 65/93 – BB 1994, 1241; *Serick* ZIP 1995, 789; *ders.* WM 1995, 2017, stellt die Inkompatibilität der bisherigen Rechtsprechung heraus) hohe Anforderungen gestellt, diese allerdings anschließend wieder etwas eingeschränkt (*BGH* vom 13.1.1994 – IX ZR 2/93 – WM 1994, 419, Sicherungsübereignung einer Sachgesamtheit ohne qualifizierte Freigabenregelung wirksam; vom 13.1.1994 – IX ZR 79/93 – WM 1994, 414, Sicherungsübereignung mehrerer bestimmter Sachen ohne qualifizierte Freigaberegelung wirksam; vom 28.4.1994 – IX ZR 248/93 – WM 1994, 1161, Sicherungsgrundschuld ohne qualifizierte Freigabeklausel wirksam; Deckungsgesamtplan bei mehreren verschiedenen Singularsicherheiten unnötig; vom 2.2.1995 – IX ZR 250/93 – WM 1995, 695, Sicherungsverträge auf der Basis der ASB-Banken und ABAF-Banken wirksam; vom 11.5.1995 – IX ZR 170/94 – WM 1995, 1394, Einkaufspreis und Gestehungspreis als ausreichende Bewertungsgrößen, Zeitwert nur, wenn er sich aus allgemein zugänglichen Quellen ergibt; vom 9.11.1995 – IX ZR 179/94 – WM 1995, 2173, ausdrückliche Freigaberegelung bei Globalzession ausnahmsweise entbehrlich, Deckungsgesamtplan bei mehreren verschiedenen Globalsicherheiten unnötig; vom 10.5.1994 – XI ZR 65/93 – WM 1994, 1273, wirksame Globalabtretung, obiter dictum; vom 17.1.1995 – XI ZR 192/93 – WM 1995, 375, wirksame Verpfändung eines Warenlagers bei – unterstellt – unwirksamer Sicherungsübereignung, obiter dictum; vom 30.5.1995 – XI ZR 78/94 – WM 1995, 1219, Singularsicherungsabtretung ohne qualifizierte Freigabeklausel wirksam; vom 27.6.1995 – XI ZR 8/94 – WM 1995, 1264, Globalabtretung ohne Bewertungsklausel wirksam, keine nicht erfüllbaren Anforderungen an Bewertungsklausel bei Warenlagersicherungsübereignung; vom 21.11.1995 – XI ZR 255/94 – WM 1996, 56, keine allgemeinverbindliche Deckungsobergrenze bei Globalzessionen mit Anknüpfung an den Nennwert; vom 14.5.1996 – XI ZR 257/94 – WM 1996, 1128). So sollten Verträge über Globalzessionen nur wirksam sein, wenn ausdrückliche vertragliche Vorkehrungen gegen eine unangemessene Benachteiligung des Kunden getroffen sind und im Fall einer Übersicherung dem Kunden ein Freigabeanspruch zusteht, dessen Voraussetzungen durch Vereinbarung einer Deckungsgrenze derart konkretisiert sind, dass der Kunde unschwer feststellen kann, ob sein Freigabeverlangen gerechtfertigt ist.

Diese kontrovers diskutierten (vgl. *Blaurock/Bruchner/Ball* Aktuelle Rechtsfragen der Sicherheitenfreigabe, Bankrechtstag 1994, S. 3, 35, 57; *Canaris* ZIP 1996, 1109; *Früh* DB 1994, 1860; *Ganter* ZIP 1994, 257; *Neuhof* NJW 1994, 841; *Pfeiffer* WM 1995, 1565; *Rellermeyer* WM 1994, 1009; *Rodewald/Schröter* WiB 1995, 1022; *Serick* BB 1996, 857; *Vetter* WiB 1995, 986; *Weber* WM 1994, 1549; *Wiegand/Brunner* NJW 1995, 2513; zur Rückwirkung der Rechtsprechung s. *Medicus* NJW 1995, 2577) Rechtsprechung ist inzwischen durch Anrufung des Großen Senats (*BGH* vom 27.11.1997 – GSZ 1 u. 2/97 – WM 1998, 227) geklärt worden: Die Wirksamkeit einer formularmäßig bestellten, revolvierenden Globalsicherung hängt weder von der Vereinbarung einer ausdrücklichen Freigaberegelung noch von der Festlegung einer zahlenmäßig bestimmten Deckungsgrenze noch von einer Klausel für die Bewertung der Sicherungsgegenstände ab. Im Falle einer nach Abschluss des Sicherungsvertrages eingetretenen Übersicherung hat der Sicherungsgeber einen **Freigabeanspruch**, selbst wenn der Sicherungsvertrag keine ausdrückliche Freigaberegelung enthält. Eine

1093

Klausel, die die Freigabe in das Ermessen des Gläubigers stellt, ist unwirksam, berührt aber die Wirksamkeit der Globalsicherung nicht (*BGH* vom 5. 5. 1998 – XI ZR 234/95 – WM 1998, 1280). Lohnzessionen im Rahmen der Restschuldbefreiung sind danach unproblematisch.

e) Abtretungsverbote

1094 Der Wert dieser Abtretung hängt nicht nur davon ab, ob und mit welchen Einkünften der Schuldner weiter arbeitet. Vielmehr ist auch von Bedeutung, ob der Arbeitgeber als Schuldner der Lohnforderung deren Abtretung unterbinden oder ob einzelne Gläubiger Vorrechte an den Forderungen auf Arbeitsentgelt erwerben können. Die InsO versucht, dies weitgehend zu verhindern.

1095 So sind Vereinbarungen in Dienst- oder Arbeitsverträgen, die diese Abtretung ausschließen, von einer Bedingung abhängig machen oder sonst einschränken, insoweit unwirksam, als sie eine Abtretung zum Zwecke der Restschuldbefreiung vereiteln oder sonst beeinträchtigen würden (§ 287 Abs. 3 InsO).

1096 Dies betrifft vor allem **Abtretungsverbote** und Zustimmungsvorbehalte. Eine Abtretung entgegen den Bestimmungen des Dienstvertrages, die zum Zweck der Restschuldbefreiung vorgenommen wird, ist also wirksam; sie stellt keine Verletzung der Pflichten des Arbeitnehmers aus dem Dienstvertrag dar. Da es sich aber nur um eine relative Unwirksamkeit handelt, steht das Abtretungsverbot allen weiteren Abtretungen, die allerdings erst nach Ablauf der 6-Jahres-Periode in Betracht kommen dürften, entgegen.

f) Frühere Lohnzessionen

1097 Lohnzessionen oder -verpfändungen, die der Schuldner vor dem Antrag auf Restschuldbefreiung vorgenommen hat, schmälern den Wert der nunmehr notwendigen Abtretung an den Treuhänder. Deshalb hat die InsO deren Wirkung ursprünglich auf einen **Zeitraum von 3 Jahren** (§ 114 Abs. 1 InsO) begrenzt. Diese Frist hat das InsO-ÄndG auf 2 Jahre verkürzt. Die 2-Jahres-Frist gilt nur für Verfahren, die ab 1. 12. 2001 eröffnet werden, eine noch laufende 3-Jahres-Frist aus früher eröffneten Verfahren bleibt unberührt (Art. 9 InsOÄndG). Anknüpfungspunkt ist stets die Eröffnung des Insolvenzverfahrens und nicht schon das Antragsverfahren; eine Ausdehnung auf das Vorverfahren widerspricht dem Gesetzeswortlaut und dem Willen des Gesetzgebers (**a.A.** *LG Mönchengladbach* vom 14. 5. 2002 – 29 C 96/02 – ZInsO 2002, 643).

1098 Die Beschränkung der Dauer von Lohnzessionen gilt unabhängig davon, ob es letztlich zu einem Restschuldbefreiungsverfahren kommt oder ob dieses gar nicht beantragt oder versagt wird. Die Beschränkung betrifft allerdings nur Dienst- und Arbeitsverträge von natürlichen Personen, nicht aber sonstige Dienstverträge i.S.v. § 611 BGB bzw. Dienstverträge mit juristischen Personen.

1098a Der Schuldner muss in seinem Antrag auf diesen Umstand ausdrücklich hinweisen (§ 287 Abs. 2 Satz 2 InsO). Einen Nutzen hat dieser **Hinweis** für die übrigen Gläubiger nur insofern, als sie von vornherein Klarheit gewinnen, dass sie jedenfalls in den ersten 2 bzw. 3 Jahren mit keinerlei Zahlung rechnen können, wenn die Forderungen des Zessionars entsprechend hoch sind.

Zwar wird durch diese Bestimmung die Rechtsstellung des gesicherten Gläubigers **1099**
erheblich beeinträchtigt; auf der anderen Seite sieht der Gesetzgeber darin auch eine wirtschaftliche Werterhöhung, da der Schuldner durch die Aussicht auf Restschuldbefreiung stärker motiviert sei, einer geregelten Arbeit nachzugehen, und durch die Wohlverhaltensobliegenheiten in der Zeit bis zur Restschuldbefreiung davon abgehalten werde, sein Arbeitsverhältnis oder einen Teil der erzielten Einkünfte zu verheimlichen (Begr. zu § 132 RegE InsO).

Gerechnet wird die **2- bzw. 3-Jahresfrist** von dem Ende des zur Zeit der Eröffnung des **1100**
Verfahrens laufenden Kalendermonats. Dies bedeutet, dass der Inhaber einer Lohnzession seine Forderungen noch 2 bzw. 3 Jahre lang aus dem pfändbaren Teil des Arbeitseinkommens des Schuldners befriedigen kann (s. auch Rz. 1097).

g) Zwangsvollstreckungen

Um den Wert der Abtretung an den Treuhänder zu erhalten, beschränkt die InsO die **1101**
Wirksamkeit von Pfändungen:

– Pfändungen in Bezüge aus einem Dienstverhältnis, die vor Verfahrenseröffnung **1102**
ausgebracht wurden, werden mit Ende des Kalendermonats, in dem das Verfahren eröffnet wird (bei Eröffnung nach dem 15. eines Monats mit dem Ende des Folgemonats) unwirksam (§ 114 Abs. 3 InsO).

– Ein Pfändungspfandrecht, das nicht früher als im letzten Monat vor dem Eröff- **1103**
nungsantrag erlangt worden ist, wird durch die Verfahrenseröffnung rückwirkend unwirksam (§ 88 InsO), wenn der Gläubiger die Verfahrenseröffnung beantragt hat. Hat der Schuldner den Insolvenzantrag gestellt und wurde das Verfahren erst am 1.12.2001 oder später eröffnet, so werden von der Rückschlagsperre auch Pfändungen erfasst, die im 2. oder 3. Monat vor diesem Antrag ausgebracht wurden (§ 312 Abs. 1 Satz 3 InsO).

– Gläubigern, die keine Insolvenzgläubiger sind, werden Zwangsvollstreckungen in **1104**
künftige Forderungen auf Bezüge aus einem Dienstverhältnis des Schuldners untersagt (§ 89 Abs. 2 InsO).

Unberührt von diesen Vollstreckungsbeschränkungen bleiben lediglich die Vollstre- **1105**
ckungsmaßnahmen von **Unterhalts- und Deliktsgläubigern** in den erweitert pfändbaren Teil der Bezüge (§ 114 Abs. 3 Satz 3, § 89 Abs. 2 Satz 2 InsO).

h) Unterhaltsverpflichtungen

Unterhaltsverpflichtungen stellen insofern eine besondere Problematik dar, als nur **1106**
die bis zum Verfahrensbeginn aufgelaufenen Unterhaltsschulden wie andere Rückstände am Verfahren teilnehmen, während die danach anfallenden Unterhaltsschulden vom Verfahren ausgeschlossen sind und nur insoweit befriedigt werden können, wie aus der Differenz zwischen dem Tabellenbetrag des § 850c ZPO und dem notwendigen Unterhalt, der dem Schuldner nach § 850d ZPO zu belassen ist, Gelder übrig bleiben (*Henning* InVo 1996, 288; *OLG Koblenz* vom 15.5.2002 – 9 UF 440/01 – ZInsO 2002, 832). Dies kann dazu führen, dass der Schuldner während der Wohlverhaltensperiode erhebliche Unterhaltsrückstände ansammelt, die ihn nach erfolgreichem Abschluss des Restschuldbefreiungsverfahrens erneut vor einen Schuldenberg stellen (*Schmidt* InVo 2001, 8).

i) Neue Lohnabtretungen

1107 Nach Eröffnung des Insolvenzverfahrens ist es dem Schuldner verwehrt, neue Lohnabtretungen vorzunehmen, selbst wenn sie Bezüge für die Zeit nach der Beendigung des Insolvenzverfahrens betreffen. Soweit die Zession allerdings zur Sicherung von Ansprüchen von Unterhalts- und Deliktsgläubigern dient, denen die Vollstreckung in den erweitert pfändbaren Teil der Bezüge gestattet ist (§ 114 Abs. 3 Satz 3, § 89 Abs. 2 Satz 2 InsO), ist auch die Abtretung wirksam.

3. Vorschlag für einen Treuhänder

1108 Der Schuldner und die Gläubiger können dem Insolvenzgericht als Treuhänder eine für den jeweiligen Einzelfall geeignete **natürliche Person** vorschlagen (§ 288 InsO). Dies kann der bisherige Insolvenzverwalter bzw. Treuhänder sein (*Bork* Einführung in das neue Insolvenzrecht, Rz. 394), jedoch wegen unvermeidbarer Interessenkollisionen grundsätzlich keine Person, die den Schuldner im außergerichtlichen oder im gerichtlichen Schuldenbereinigungsverfahren vertreten hat. Schuldner und Gläubiger können aber auch jede andere natürliche Person vorschlagen. Ein solcher Vorschlag ist insbesondere dann zweckmäßig, wenn eine Person bekannt ist, die bereit ist, das Amt unentgeltlich auszuüben (Ausschussbericht zu § 346c RegE InsO). Dies wird am ehesten bei Verwandten und Freunden des Schuldners der Fall sein. Ihre Beziehung zu dem Schuldner schließt sie nicht automatisch von dem Amt aus. Anders als für einen Insolvenzverwalter in § 56 InsO wird für den Treuhänder in § 288 InsO nicht gefordert, dass er von dem Schuldner unabhängig ist. Um der Gefahr aus dem Weg zu gehen, dass ein vom Schuldner vorgeschlagener und mit ihm verwandtschaftlich oder freundschaftlich verbundener Treuhänder eingesetzt wird, sollten die Gläubiger eigene Vorschläge unterbreiten; die Vorstellung des Gesetzgebers von einem altruistischen und dennoch unparteiischen Treuhänder dürfte etwas blauäugig sein (*Maier/Kraft* BB 1997, 2173).

1109 Das Gericht ist an die Vorschläge nicht gebunden, selbst wenn die Gläubiger und der Schuldner sich auf einen gemeinsamen Vorschlag einigen. Im letzteren Fall wird das Gericht aber sehr triftige Gründe für eine Abweichung vorweisen müssen. Eine Abwahl des Treuhänders ist nicht möglich; auf das Recht der Gläubiger zur Wahl eines anderen Insolvenzverwalters nach § 57 InsO wird im Restschuldbefreiungsverfahren nicht verwiesen, für eine Analogie ist wegen der im Übrigen detaillierten Verweisungen kein Raum.

4. Versagungsgründe

1110 Ähnlich wie die VglO, die einem nicht „vergleichswürdigen" Schuldner den Zugang zum gerichtlichen Vergleich verwehrte (§§ 17, 18 VglO), will auch die InsO das Restschuldbefreiungsverfahren nur einem **redlichen Schuldner** zugestehen. Das Gesetz nennt deshalb eine Reihe von Versagungsgründen. Diese hat das Gericht jedoch nicht wie im Vergleichsverfahren von Amts wegen, sondern nur auf Antrag eines Insolvenzgläubigers zu berücksichtigen. Die Insolvenzgläubiger haben es also in der Hand zu entscheiden, ob sie auch einem unredlichen Schuldner (*Kraemer* DStZ 1995, 399, weist darauf hin, dass dem Fiskus hier eine besondere Rolle zukomme, weil „unrichtige oder unvollständige Angaben über wirtschaftliche Verhältnisse zum Zweck der Vermeidung von Zahlungen an öffentliche Kassen der Regelfall" und gerade in wirtschaftlichen Notlagen Steuerstraftaten noch häufiger seien) die Restschuldbefreiung ermöglichen oder verweigern wollen, weil es letzten Endes um den Verlust ihrer Forderungen geht (*Maier/Kraft* BB 1997, 2173).

Dem Antrag eines Gläubigers auf Versagung der Restschuldbefreiung kann das Gericht nur dann stattgeben, wenn einer der im Gesetz (§ 290 InsO) abschließend aufgezählten Versagungsgründe vorliegt. Demgegenüber bietet selbst ein Null-Plan keinen Versagungsgrund (*OLG Stuttgart* vom 28. 3. 2002 – 8 W 560/01 – ZInsO 2002, 836). Ein Versagungsgrund ist nur gegeben, wenn **1111**

1. der Schuldner wegen einer Straftat nach den §§ 283–283c StGB, nämlich insbesondere wegen Beiseiteschaffen oder Verheimlichen von Vermögenswerten oder Vermögensverschleuderung, Verletzung der Buchführungspflicht oder Gläubigerbegünstigung, rechtskräftig verurteilt worden ist (zur Bedeutung des Ablaufs der Tilgungsfrist im Bundeszentralregister s. *OLG Celle* vom 8. 11. 2000 – 2 W 112/00 – NZI 2001, 155). Es genügt entgegen dem Regierungsentwurf nicht, dass ein solches Verfahren anhängig ist, allein ein Verdacht reicht nicht aus. Dies bedeutet jedoch nicht, dass es dem Schuldner allein durch Verzögerung des Strafverfahrens gelingen kann, dem Versagungsgrund aus dem Wege zu gehen. Denn die rechtskräftige Verurteilung kann auch später noch geltend gemacht werden und die Restschuldbefreiung vereiteln (§ 297 InsO);

2. der Schuldner in den letzten drei Jahren vor dem Antrag auf Eröffnung des Insolvenzverfahrens oder nach diesem Antrag vorsätzlich oder grob fahrlässig schriftlich unrichtige oder unvollständige Angaben über seine wirtschaftlichen Verhältnisse gemacht hat, um einen Kredit zu erhalten, Leistungen aus öffentlichen Mitteln zu beziehen oder Leistungen an öffentliche Kassen zu vermeiden; hier werden insbesondere die Angaben, die der Schuldner gegenüber seinem Finanzamt vor allem in der letzten Phase vor der Eröffnung des Insolvenzverfahrens gemacht hat, eine bedeutende Rolle spielen (s. die zahlreichen Beispiele für die Verletzung steuerlicher Pflichten mit strafrechtlichen Konsequenzen bei *Kraemer* DStZ 1995, 399), allein der Umstand, dass der Schuldner es versäumt, überhaupt eine Steuererklärung einzureichen, kann jedoch noch nicht als unrichtige oder unvollständige Angabe über seine wirtschaftlichen Verhältnisse gewertet werden (*OLG Köln* vom 14. 2. 2001 – 2 W 249/00 – InVo 2001, 130); **1112**

3. in den letzten zehn Jahren vor dem Antrag auf Eröffnung des Insolvenzverfahrens oder nach diesem Antrag dem Schuldner Restschuldbefreiung erteilt oder nach §§ 296 oder 297 InsO versagt worden ist; **1113**

4. der Schuldner im letzten Jahr vor dem Antrag auf Eröffnung des Insolvenzverfahrens oder nach diesem Antrag vorsätzlich oder grob fahrlässig die Befriedigung der Insolvenzgläubiger dadurch beeinträchtigt hat, dass er unangemessene Verbindlichkeiten begründet oder Vermögen verschwendet; **1114**
   - hierher gehören Ausgaben für Luxusaufwendungen, aber auch die Begründung von Schadenersatzforderungen durch vorsätzliche unerlaubte Handlungen
   - oder ohne Aussicht auf eine Besserung seiner wirtschaftlichen Lage die Eröffnung des Insolvenzverfahrens verzögert hat;

1115 5. der Schuldner während des Insolvenzverfahrens Auskunfts- oder Mitwirkungspflichten nach diesem Gesetz vorsätzlich oder grob fahrlässig verletzt hat – dazu gehört z.B. auch die Mitwirkung bei dem Zugriff des Verwalters auf Auslandsvermögen – oder

1116 6. der Schuldner in den nach § 305 Abs. 1 Nr. 3 InsO vorzulegenden Verzeichnissen seines Vermögens und seines Einkommens, seiner Gläubiger und der gegen ihn gerichteten Forderungen vorsätzlich oder grob fahrlässig unrichtige oder unvollständige Angaben gemacht hat; berücksichtigt werden aber nur solche Umstände, die für die Befriedigungsaussichten der Insolvenzgläubiger von Bedeutung sind, bloße Formalverstöße reichen nicht aus (*AG Münster* vom 1.2.2000 – 71 IK 4/99 – ZInsO 2000, 235). Dazu zählt beispielsweise auch das Verschweigen nachrangiger Forderungen.

1116a Besondere Bedeutung ist den Angaben über etwaige **Abtretungen** von **Lohn-** und **Gehaltsansprüchen** zuzumessen, da diese Ansprüche die Basis für die teilweise Befriedigung der Gläubiger in der Wohlverhaltensperiode darstellen sollen. Vergisst der Schuldner, eine solche Abtretung in den vorgeschriebenen Verzeichnissen zu erwähnen, so stellt dies eine objektiv unrichtige bzw. unvollständige Angabe i.S.v. § 290 Abs. 1 Nr. 6 InsO dar. Ein grobes Verschulden kann man dem Schuldner jedoch dann nicht vorwerfen, wenn er nur leicht fahrlässig den Überblick über seine Verbindlichkeiten und erst recht über bestellte Sicherungen verloren hat (*AG Hamburg* vom 16.10.2000 – 68d IK 2/99 – NZI 2001, 46); gerade Lohn- und Gehaltsabtretungen werden schnell übersehen, da diese oft in Formularen oder allgemeinen Bedingungen im sog. Kleingedruckten enthalten sind. Wenn der Schuldner aber gezielte Nachfragen des Gerichts zu solchen Sicherungsrechten objektiv unrichtig beantwortet und trotz Aufforderung nicht oder nur ausweichend zu einer im Schuldenbereinigungsplanverfahren erörterten Gehaltsabtretung Stellung nimmt, so liegt darin zusätzlich ein tatbestandsmäßiger Verstoß gegen seine auch im Insolvenzeröffnungsverfahren geltenden Auskunfts- und Mitwirkungspflichten nach § 290 Abs. 1 Nr. 5 InsO. Dieses Verhalten ist in der Regel nur durch grobe Gleichgültigkeit gegenüber den Gläubigerinteressen und den eigenen Pflichten zu erklären und daher sowohl objektiv als auch subjektiv grob fahrlässig. Insoweit genügt bereits die Gefährdung der Rechte der Gläubiger für eine Versagung der Restschuldbefreiung nach § 290 Abs. 1 Nr. 5 InsO (*AG Hamburg* a.a.O.).

1117 Der Antrag eines Gläubigers auf Versagung ist nur zulässig, wenn ein Versagungsgrund **glaubhaft** gemacht wird (§ 290 Abs. 2 InsO). Dazu kann er sich aller Beweismittel bedienen, sofern sie präsent sind, und notfalls auch auf eine Versicherung an Eides statt zurückgreifen (§ 294 ZPO). Ein Gläubiger wird über die notwendigen Informationen in der Regel nicht selbst verfügen, sondern auf die Erkenntnisse des Insolvenzverwalters bzw. des Treuhänders im vereinfachten Verfahren (§ 313 Abs. 1 InsO) zurückgreifen müssen. Über deren Wissen muss der Gläubiger keine Versicherung an Eides statt beibringen, da der Insolvenzverwalter bzw. Treuhänder vor der Entscheidung des Gerichts zwingend anzuhören ist (§ 289 Abs. 1 Satz 1 InsO) und damit ein präsentes Beweismittel darstellt.

5. Zulassungsbeschluss

Über die Ordnungsmäßigkeit des Antrags des Schuldners, den Antrag eines Gläubigers auf Versagung der Restschuldbefreiung und ggf. die Person des Treuhänders entscheidet das **Insolvenzgericht** durch Beschluss (§ 289 Abs. 1 Satz 2 InsO). 1118

Vor der Entscheidung sind die Gläubiger und der Insolvenzverwalter zu hören (§ 289 Abs. 1 Satz 1 InsO). Die **Anhörung** soll erst im Schlusstermin stattfinden, damit für die gesamte Verfahrensdauer festgestellt werden kann, ob der Schuldner seinen Auskunfts- und Mitwirkungspflichten nachgekommen ist (Begr. zu § 237 RegE InsO). 1119

a) Versagung der Restschuldbefreiung

Wenn das Gericht den Antrag des Schuldners auf Restschuldbefreiung ablehnt, wird das Verfahren aufgehoben (§ 289 Abs. 2 Satz 2 InsO). Die Gläubiger können ihre nach der Verteilung offen gebliebenen Forderungen wieder unbeschränkt gegen den Schuldner geltend machen (§ 201 InsO). 1120

Gegen die Versagung der Restschuldbefreiung kann der Schuldner als Rechtsbehelf die **sofortige Beschwerde** einlegen (§ 289 Abs. 2 InsO). Einem Gläubiger steht dieses Beschwerderecht nicht zu. Ihm fehlt das Rechtsschutzbedürfnis, auch wenn er sich von einem Restschuldbefreiungsverfahren, das sich nach Ansicht des Gesetzgebers motivierend auf die Arbeitsbereitschaft des Schuldners auswirkt, mehr versprechen mag als von einem in dauerhafte „Schuldknechtschaft" gezwungenen Schuldner. 1121

b) Zulassung der Restschuldbefreiung

Wenn ein ordnungsgemäßer Antrag vorliegt und kein Versagungsgrund gegeben ist oder nicht in der vorgeschriebenen Form geltend gemacht wird, stellt das Gericht fest, dass der Schuldner Restschuldbefreiung erlangt, wenn er bestimmten Obliegenheiten nachkommt und nicht noch nachträglich wegen einer Insolvenzstraftat verurteilt wird oder die Mindestvergütung für den Treuhänder nicht aufbringt (§ 291 Abs. 1 InsO). Außerdem benennt das Gericht den Treuhänder, auf den die pfändbaren Bezüge des Schuldners nach Maßgabe der Abtretungserklärung übergehen (§ 291 Abs. 2 InsO). Diesen Beschluss bezeichnet das Gesetz als **„Ankündigung der Restschuldbefreiung"**. 1122

Gegen die Zulassung der Restschuldbefreiung kann nur ein Gläubiger, der im Schlusstermin die Versagung der Restschuldbefreiung beantragt hat, als Rechtsbehelf die **sofortige Beschwerde** einlegen (§ 289 Abs. 2 InsO). 1123

c) Wirkung der Zulassung

Mit Rechtskraft des Beschlusses über die Ankündigung der Restschuldbefreiung wird das Insolvenzverfahren aufgehoben (§ 289 Abs. 2 Satz 2 InsO) und zugleich der Treuhänder in seine Stellung eingesetzt. Damit wird auch die Erklärung, in der der Schuldner seine pfändbaren Bezüge abtritt, wirksam. Gleichzeitig beginnt die sog. **Wohlverhaltensperiode**, eine Periode von bisher 7, jetzt 6 Jahren, innerhalb der sich der Schuldner durch Erfüllung bestimmter Obliegenheiten die Restschuldbefreiung verdienen kann. 1124

1125 Nach seiner Rechtskraft ist dieser Beschluss zusammen mit dem Beschluss über die Aufhebung des Insolvenzverfahrens öffentlich bekannt zu machen (§ 289 Abs. 2 Satz 3 InsO).

III. Wohlverhaltensperiode

1126 Mit dem Übergang in die Wohlverhaltensperiode enden die meisten Auswirkungen des Insolvenzverfahrens bzw. des vereinfachten Insolvenzverfahrens. In der Wohlverhaltensperiode muss der Schuldner, um die in Aussicht gestellte Restschuldbefreiung endgültig zu erlangen, bestimmte Obliegenheiten erfüllen. Außerdem darf kein Versagungsgrund neu hinzutreten. Auf die Einhaltung der Wohlverhaltensperiode kann ausnahmsweise verzichtet werden, wenn die Insolvenzgläubiger vollständig befriedigt worden sind und ein absonderungsberechtigter Gläubiger es versäumt hat, seinen Ausfall nachzuweisen (*AG Rosenheim* vom 7.11.2000 – IK 58/99 – ZInsO 2001, 96).

1. Verfügungsbefugnis

1127 Mit Rechtskraft des Beschlusses über die Ankündigung der Restschuldbefreiung und der damit verbundenen Aufhebung des Insolvenzverfahrens (§ 289 Abs. 2 Satz 2 InsO) enden das Amt des Insolvenzverwalters und die Tätigkeit eines etwaigen Gläubigerausschusses. Der Schuldner erhält die Befugnis, sein zur Insolvenzmasse gehörendes Vermögen zu verwalten und darüber zu verfügen (§ 80 Abs. 1 InsO), die er mit der Eröffnung des Insolvenzverfahrens an den Insolvenzverwalter verloren hatte, zurück. Sie kann sich allerdings nur auf **Neuvermögen** erstrecken, da die massezugehörigen Vermögensgegenstände zu diesem Zeitpunkt verwertet sein müssten. Die Bildung neuen Vermögens fällt während der Wohlverhaltensperiode angesichts der Abtretung der pfändbaren Ansprüche auf Arbeitsentgelt allerdings schwer.

2. Zwangsvollstreckungen

1128 Zwangsvollstreckungen in die **Ansprüche auf Arbeitsentgelt** sind auch nach der Aufhebung des Insolvenzverfahrens weder Altgläubigern noch Neugläubigern gestattet, solange die Wohlverhaltensperiode andauert.

1129 Dagegen bleiben Zwangsvollstreckungen in das **sonstige Vermögen** durch Massegläubiger und Neugläubiger zulässig. Insolvenzgläubiger sind von der Eröffnung des Verfahrens bis zum Ablauf von 6 Jahren an der Zwangsvollstreckung in das sonstige Vermögen gehindert (§ 294 Abs. 1 InsO; *Uhlenbruck* KTS 1994, 499).

3. Aufrechnungsbefugnis des Arbeitgebers

Die **Aufrechnungsbefugnis** des **Arbeitgebers** ist eingeschränkt: **1130**

- Mit Forderungen, die der Arbeitgeber **vor** der Eröffnung des Insolvenzverfahrens **1131** erworben hatte, kann er nur gegen die Forderungen auf die Bezüge für 2 Jahre nach dem Ende des zur Zeit der Verfahrenseröffnung laufenden Kalendermonats aufrechnen (§ 294 Abs. 3, § 114 Abs. 2 InsO).

- Mit Forderungen, die der Arbeitgeber nach der Eröffnung des Insolvenzverfahrens **1132** gegen den Schuldner erwirbt, ist die Aufrechnung bis zum Ende der oben beschriebenen 2-Jahresperiode ganz ausgeschlossen (§ 114 Abs. 2 Satz 2 i.V.m. § 96 Nr. 4 InsO).

Anknüpfungspunkt für die **Fristberechnung** ist also der Beschluss über die Eröffnung **1133** des Insolvenzverfahrens, nicht etwa der Termin, in dem über die Zulassung des Schuldners zur Restschuldbefreiung entschieden wird.

(nicht besetzt) **1134**

4. Kreditsicherheiten

Andere Sicherheiten als die Abtretungen von Ansprüchen auf Arbeitsentgelt werden **1135** durch das Restschuldbefreiungsverfahren nicht berührt. Die Gläubiger können ihre Rechte z.B. aus **Sicherungsübereignungen** oder **Grundschulden**, die noch nicht verwertet sind, in vollem Umfang wahrnehmen. Zwar sollten die Sicherheiten grundsätzlich verwertet sein, bevor über den Antrag des Schuldners auf Zulassung zur Restschuldbefreiung entschieden wird (§§ 286, 289 InsO). Es ist jedoch denkbar, dass der Insolvenzverwalter Sicherheiten, aus denen ohnehin kein Übererlös für die Masse zu erwarten ist, freigibt, um das Insolvenzverfahren möglichst bald abzuschließen und dem Schuldner den Übergang in das Restschuldbefreiungsverfahren zu ermöglichen.

Aus dem Sicherheitenerlös müssen die gesicherten Gläubiger nur dann einen **Kosten-** **1136** **beitrag** abführen, wenn die Sicherheiten noch innerhalb des allgemeinen Insolvenzverfahrens verwertet oder freigegeben werden (Einzelheiten s. *Obermüller* Insolvenzrecht in der Bankpraxis, Rz. 6. 230 ff.; anders im vereinfachten Insolvenzverfahren s. Rz. 1062). Die einschlägigen Vorschriften (§§ 170, 171 InsO, § 10 Abs. 1 Nr. 1a ZVG) finden auf das Restschuldbefreiungsverfahren keine Anwendung. Aus dem Erlös einer Zwangsversteigerung, die erst nach der Aufhebung des Insolvenzverfahrens abgeschlossen wird, ist also kein Verfahrenskostenbeitrag nach § 10 Abs. 1 Nr. 1a ZVG zu entnehmen. Mit einem etwaigen Ausfall bei der Sicherheitenverwertung sind die gesicherten Gläubiger im Restschuldbefreiungsverfahren bei der Verteilung zu berücksichtigen.

5. Obliegenheiten

Den Schuldner treffen während der Wohlverhaltensperiode mehrere Obliegenheiten, **1137** deren Erfüllung ihm unterschiedliche Schwierigkeiten bereiten kann:

a) Erwerbspflichten aus abhängiger Tätigkeit

1138 Der Schuldner muss eine angemessene Erwerbstätigkeit ausüben (§ 295 Abs. 1 Nr. 1 InsO).

1139 Das Risiko einer **Arbeitslosigkeit** des Schuldners geht zwar grundsätzlich zu Lasten der Gläubiger. Schuldbefreiung wird also nicht nur dann erteilt, wenn während der Wohlverhaltensperiode ständig Beträge über den Treuhänder an die Insolvenzgläubiger abgeführt werden. Wenn der Schuldner aber ohne Beschäftigung ist, muss er sich um eine solche bemühen und darf keine zumutbare Tätigkeit ablehnen (§ 295 Abs. 1 Nr. 1 InsO). Dabei kommt es auch auf die persönlichen Verhältnisse an. So verletzt ein dreißigjähriger Schuldner, der ledig und kinderlos ist, seine Obliegenheiten, wenn er lediglich einer Teilzeitbeschäftigung nachgeht und sich auch nicht um eine angemessene Vollzeitbeschäftigung hinreichend bemüht (*AG Hamburg* vom 20.11.2000 – 68e IK 15/99 – NZI 2000, 103).

1140 An die **Zumutbarkeit** sind strenge Anforderungen zu stellen (BR-Drs. 1/92, 192). Anzunehmen ist z.B. auch eine berufsfremde Arbeit, eine auswärtige Arbeit, notfalls auch eine Aushilfs- oder Gelegenheitstätigkeit. Andererseits ist auf Pflichten des Schuldners gegenüber seinen Familienmitgliedern Rücksicht zu nehmen; z.B. kann es einer Mutter mit Kleinkindern unzumutbar sein, eine Erwerbstätigkeit auszuüben (Begr. zu § 244 RegE InsO).

1141 Ebenso ist einem Schuldner, der in seinem bisherigen Beruf oder mit seiner derzeitigen Qualifikation keine Aussichten auf eine neue Anstellung sieht, zuzugestehen, dass er **Fort- und Weiterbildungsmaßnahmen** in Anspruch nimmt. Dies kann allerdings nur zeitweilig geschehen; der Schuldner darf nicht die gesamte Wohlverhaltensperiode beispielsweise durch ein Studium überbrücken, um erst dann, wenn er seiner Schulden ledig ist, in das Berufsleben einzusteigen (diff. *AG Göttingen* vom 19.2.2002 – 74 IK 175/00 – ZInsO 2002, 385, wonach ein Verstoß gegen die Erwerbsobliegenheit jedenfalls so lange ausscheiden soll, wie das Studium im zeitlich üblichen Rahmen durchgeführt wird). Zum Ergreifen von Fort- und Weiterbildungsmaßnahmen kann der Schuldner sogar verpflichtet sein, wenn er mit seinen derzeitigen Kenntnissen lediglich Arbeiten verrichten und Einkünfte erzielen kann, die unterhalb der Pfändungsgrenzen liegen.

1142 Um eine Arbeit muss der Schuldner sich selbst bemühen und darf nicht nur abwarten, ob ihm das Arbeitsamt eine Stelle vermittelt. Er muss also zumindest die Inserate in den örtlichen Zeitungen lesen und sich ggf. bewerben; wenn seine Bemühungen erfolglos bleiben, muss er dies anhand der Absagen belegen.

1142a Die Gefahr von Missbräuchen wird durch dieses Verfahren keineswegs gemindert. Auch künftig wird es zu leider auch heute schon verbreiteten Umgehungen kommen; so lassen beispielsweise manche Unternehmer, die persönlich in die Insolvenz gefallen sind, ihren Ehepartner eine GmbH gründen und gehen bei diesem ein Anstellungsverhältnis zu einem Mindestlohn bei offiziell begrenzter Stundenzahl ein. Der Lohn wird aus taktischen Gründen so bemessen, dass er zwar knapp über den Pfändungsfreigrenzen liegt, damit eine Abführung tatsächlich möglich wird, gleichwohl aber der abzuführende Betrag so niedrig ist, dass nur die Vergütung des Treuhänders gedeckt wird, eine Befriedigung der Gläubiger dagegen nicht einmal annähernd möglich erscheint (*Kraemer* DStZ 1995, 399).

b) Erwerbspflichten aus selbstständiger Tätigkeit

Wählt der Schuldner eine **selbstständige Tätigkeit** (zur Kollision der Erwerbsverpflichtung mit den gewerberechtlichen Voraussetzungen s. *Leibner* ZInsO 2002, 61), muss er die Insolvenzgläubiger so stellen, als wenn er ein angemessenes Dienstverhältnis eingegangen wäre (§ 295 Abs. 2 InsO). Eine Vorausabtretung ist insoweit nicht möglich. Die Höhe der Zahlungspflicht bemisst sich nach der wirtschaftlichen Leistungskraft des Schuldners, die je nach den Ergebnissen des Gewerbebetriebes schwanken und dazu führen wird, dass der Schuldner wegen mangelnder Umsätze oder wegen notwendiger Investitionen zeitweise überhaupt keine Zahlungen leisten kann. **1143**

Der Schuldner darf die Gläubiger durch die selbstständige Tätigkeit nicht schlechter stellen, als wenn er ein Dienstverhältnis eingegangen wäre, das von seiner Ausbildung und von seinen Vortätigkeiten her angemessen gewesen wäre. Wenn er bei Ablauf der Wohlverhaltensperiode insgesamt den gleichen wirtschaftlichen Wert an den Treuhänder abgeführt hat, den dieser im Fall eines angemessenen Dienstverhältnisses erhalten hätte, hat der Schuldner seine Obliegenheiten erfüllt; dabei soll auch der eingetretene Zinsverlust zu berücksichtigen sein (Begr. zu § 244 RegE InsO). Sollte der Selbstständige ausnahmsweise eine Tätigkeit ausüben, bei der er mehr als im Angestelltenverhältnis verdient, so kann er diese Differenz behalten (*Trendelenburg* ZInsO 2000, 437). **1144**

Der hier vom Gesetzgeber in der Begründung vorgeschlagene Vergleich wird auf erhebliche **praktische Schwierigkeiten** stoßen und den Schuldner während der gesamten Wohlverhaltensperiode im Ungewissen lassen, ob er die Restschuldbefreiung erlangt oder ob sie ihm wegen geschäftlicher Misserfolge letztlich verweigert wird. **1145**

c) Erbschaften

Vermögen, das der Schuldner von Todes wegen, insbesondere durch eine Erbschaft oder mit Rücksicht auf ein künftiges Erbrecht erwirbt, muss er **zur Hälfte den Gläubigern überlassen** (§ 295 Abs. 1 Nr. 2 InsO). Damit sind Erbschaften auf Grund testamentarischer oder gesetzlicher Erbfolge, Vermächtnisse und u.U. auch Auflagen erfasst, sofern durch sie dem Schuldner ein Vermögenswert zufließt. Unter den Erwerb mit Rücksicht auf ein künftiges Erbrecht fällt alles, was nach dem Willen der Parteien den Erwerb von Todes wegen ersetzen soll, wie z.B. eine Grundstücksübertragung, um Erbschaftsteuer zu sparen, eine Übergabe des Hofes an den Hoferben oder eine Übertragung des Unternehmens an den Nachfolger (*Bork* Einführung in das neue Insolvenzrecht, Rz. 391 Fn. 8, die Erben dürften sich angesichts ihrer Schulden allerdings nicht gerade für die dort als Beispiele aufgeführte und hier wiedergegebene Hof- oder Unternehmensnachfolge empfohlen haben). Auch der Pflichtteil unterliegt der hälftigen Abführungspflicht, denn § 295 Abs. 1 Nr. 2 InsO verlangt keine freiwillige Zuwendung von Todes wegen. **1146**

Eine **Vorausübertragung** dieser Erbansprüche auf den Treuhänder wie bei den Ansprüchen auf Arbeitsentgelt verlangt das Gesetz nicht. Der Treuhänder erwirbt also bei Eintritt des Erbfalls keine unmittelbaren Ansprüche gegen die Erbengemeinschaft. Vielmehr ist er darauf angewiesen, dass der Schuldner ihm seinen Erbteil oder die ihm bei der Erbauseinandersetzung zugefallenen Vermögenswerte überträgt. Versäumt der Schuldner dies, so können die Gläubiger wegen des Vollstreckungsverbots **1147** des § 294 Abs. 1 InsO nicht selbst zugreifen. Die Sanktion besteht lediglich darin, dass dem Schuldner wegen dieser Obliegenheitsverletzung die Restschuldbefreiung zu versagen ist (§ 296 InsO).

1148 Durch die Pflicht, diese Vermögenswerte mit den Gläubigern zu teilen, soll dem Schuldner ein Anreiz gegeben werden, die **Erbschaft nicht auszuschlagen** bzw. einen Pflichtteilsanspruch geltend zu machen. Die Gläubiger werden dadurch nicht übermäßig benachteiligt, denn bei einer Pflicht zur Abführung der Erbschaft in voller Höhe würde im Zweifel der Erblasser nach Wegen suchen, wie er dem Schuldner seinen Anteil zukommen lassen kann, ohne dass er den Gläubigern zufällt, oder der Schuldner würde ausschlagen – möglicherweise gegen die Zusage von Vorteilen durch die Nutznießer dieser Handlung, auf die die Gläubiger nicht zugreifen können.

d) Unterrichtungspflichten

1149 Der Schuldner hat während der Wohlverhaltensperiode jeden **Wechsel des Wohnsitzes oder der Beschäftigungsstelle** unverzüglich dem Insolvenzgericht und dem Treuhänder anzuzeigen. Er darf keine von der Abtretungserklärung erfassten Bezüge und keine ererbten Vermögenswerte verheimlichen. Er muss dem Gericht und dem Treuhänder auf Verlangen Auskunft über seine Erwerbstätigkeit oder seine Bemühungen um eine solche sowie über seine Bezüge und sein Vermögen erteilen. Durch die Erfüllung dieser Obliegenheiten soll dem Treuhänder und dem Insolvenzgericht die Überwachung und Überprüfung des Verhaltens des Schuldners ohne großen eigenen Aufwand ermöglicht werden.

1150 Durch diese Auskünfte soll auch gewährleistet werden, dass die Einkünfte des Schuldners tatsächlich an den Treuhänder gelangen und dieser, falls der Arbeitgeber die Abtretung nicht kennt oder nicht beachtet, unverzüglich für eine Bereinigung sorgen kann; unabhängig davon ist auch der Schuldner zivilrechtlich verpflichtet, Gelder, die ihm sein Arbeitgeber in Unkenntnis von der Abtretung etwa ausgezahlt hat, an den Treuhänder als Zessionar weiterzuleiten (§ 816 Abs. 2 BGB).

e) Verbot von Sonderbegünstigungen

1151 Zahlungen zur Befriedigung der Insolvenzgläubiger darf der Schuldner nur an den Treuhänder leisten und keinem Insolvenzgläubiger einen Sondervorteil verschaffen (§ 295 Abs. 1 Nr. 4 InsO). Jedes **Abkommen** des Schuldners mit einzelnen Gläubigern, durch das diesen ein Sondervorteil verschafft wird, ist nämlich **nichtig** (§ 294 Abs. 2 InsO). Der Schuldner darf also nicht zulassen, dass sein Arbeitgeber einen Gläubiger vorzeitig befriedigt oder dass der Gläubiger durch Leistungen von dritter Seite einen größeren Anteil an den Zahlungen erhält. Dazu könnte es beispielsweise kommen, wenn dem Arbeitgeber die Abtretung an den Treuhänder nicht rechtzeitig bekannt gemacht wird.

6. Treuhänder

Gleichzeitig mit der Ankündigung der Restschuldbefreiung bestimmt das Gericht einen Treuhänder, auf den die pfändbaren Bezüge des Schuldners übergehen und den die Gläubigerversammlung ermächtigen kann, die Erfüllung der Obliegenheiten des Schuldners zu überwachen (§ 292 InsO). **1152**

a) Beginn und Ende der Treuhänderstellung

Die Treuhandschaft **beginnt** mit der Rechtskraft des Beschlusses über die Ankündigung der Restschuldbefreiung (§ 289 Abs. 2 Satz 2 InsO), vorausgesetzt, dass der Treuhänder schon vorher sein Einverständnis erklärt hat, anderenfalls mit der Einverständniserklärung des Treuhänders. Gegen seinen Willen kann niemand zum Treuhänder ernannt werden, auch wenn der Gesetzeswortlaut dies zuzulassen scheint. **1153**

Die Treuhandschaft **endet** mit Erteilung der Restschuldbefreiung oder mit der vorzeitigen Beendigung der Wohlverhaltensperiode wegen Versagung der Restschuldbefreiung (§ 299 InsO). Eine Abwahl des Treuhänders ist nicht möglich; auf das Recht der Gläubiger zur Wahl eines anderen Insolvenzverwalters nach § 57 InsO wird im Restschuldbefreiungsverfahren nicht verwiesen, für eine Analogie ist wegen der im Übrigen detaillierten Verweisungen kein Raum. **1154**

Das Gericht kann den Treuhänder aus **wichtigem Grund** entlassen (§ 292 Abs. 3 Satz 2, § 59 Abs. 1 InsO). Die Entlassung kann von Amts wegen, auf eigenen Antrag des Treuhänders oder auf Antrag eines Gläubigers erfolgen. Gegen die Entlassung steht nur dem Treuhänder, gegen die Ablehnung eines Entlassungsantrags steht dem Treuhänder und jedem Insolvenzgläubiger die sofortige Beschwerde zu (§ 292 Abs. 3 Satz 2, § 59 Abs. 2 InsO). **1155**

Ein wichtiger Grund liegt insbesondere dann vor, **1156**
– wenn der Treuhänder unfähig oder ungeeignet ist,
– durch Krankheit an der Ausübung des Amtes gehindert ist,
– schuldhaft seine Treuhänderpflichten verletzt hat,
– eventuell bestehende Interessenkollisionen dem Gericht nicht anzeigt oder
– seine Rechnungslegungspflichten in erheblichem Umfang verletzt (*Hess/Obermüller* Die Rechtsstellung der Verfahrensbeteiligten, Rz. 801 f.).

Nicht jede Pflichtverletzung des Treuhänders, die eine Schadensersatzpflicht begründet, ist zugleich ein **Grund zur Entlassung**. Für die Abberufung eines Treuhänders aus wichtigem Grund reicht es nicht aus, dass seitens des Treuhänders lediglich der böse Schein nicht ordnungsgemäßer Verwaltung gesetzt worden ist (*LG Halle* vom 22. 10. 1993 – 2 T 247/93 – ZIP 1993, 1739; zweifelnd *Carl* DZWiR 1994, 78 und *Pape* EWiR 1993, 1203). Voraussetzung ist vielmehr, dass – soweit es um angebliche Verfehlungen im Zusammenhang mit der Verwaltung geht – eine nicht ordnungsgemäße Verwaltung tatsächlich festzustellen ist – sei es, dass sich der Treuhänder pflichtwidrig verhalten hat, sei es, dass sich seine Ungeeignetheit herausgestellt hat. Allenfalls dann, wenn es um Verfehlungen schwerster Art geht, etwa gegen die Masse gerichtete oder anlässlich der Verwaltung begangene Straftaten, wie Unterschlagung, Untreue, Vorteilsgewährung oder Bestechung, kann eine Entlassung auch ohne Nachweis der Verfehlung in Betracht kommen (*LG Halle* vom 22. 10. 1993, a.a.O.; *Uhlenbruck* KTS 1989, 229, 246). **1157**

b) Rechtsstellung

1158 Die Rechtsstellung des Treuhänders ist der eines **Insolvenzverwalters angenähert** (*HWF* Handbuch, Rz. 10/69). Zwar erhält er formell nicht die umfassende Befugnis, das gesamte pfändbare Vermögen des Schuldners zu verwalten und darüber zu verfügen (§ 80 Abs. 1 InsO), durch die Abtretung der Ansprüche auf Arbeitsentgelt fließt ihm jedoch materiell in der Regel das gesamte Vermögen des Schuldners mit der Maßgabe zu, es für die Gläubiger zu verwenden. Darüber hinaus steht er unter der **Aufsicht** des Insolvenzgerichts, das jederzeit einzelne Auskünfte oder einen Bericht über den Sachstand von ihm verlangen und ihn zur Erfüllung dieser Pflichten notfalls durch Zwangsgelder anhalten kann (§ 292 Abs. 3 Satz 2, § 58 Abs. 1 InsO). Spätestens bei Beendigung seines Amts hat er wie ein Insolvenzverwalter dem Insolvenzgericht Rechnung zu legen (§ 292 Abs. 3 Satz 1 InsO).

c) Aufgaben

1159 Die Hauptaufgabe des Treuhänders besteht darin, die Rechte aus der Abtretungserklärung des Schuldners über seine Ansprüche auf Arbeitsentgelt durchzusetzen. Er muss zu diesem Zweck die **Zession** dem jeweiligen Arbeitgeber gegenüber **offen legen** und ihn auffordern, nur an den Treuhänder zu zahlen; falls eine wirksame Lohnabtretung zu Gunsten eines Gläubigers vorliegt, gilt dies erst nach Ablauf von 2 Jahren seit der Eröffnung des Insolvenzverfahrens (s. Rz. 1100). Er muss sich über alle Veränderungen in der Entlohnung des Schuldners informieren und darauf achten, dass der Arbeitgeber tatsächlich die jeweils pfändbaren Beträge abführt. Bei Verzug oder Minderleistung muss er den Arbeitgeber mahnen. Notfalls muss er die Ansprüche auf Arbeitsentgelt gerichtlich geltend machen. Die vereinnahmten Beträge muss er an die Gläubiger verteilen.

1160 Die Gläubiger können dem Treuhänder in der Gläubigerversammlung über den Einzug der Lohnforderungen hinaus noch **Überwachungsmaßnahmen** übertragen. In diesem Fall muss der Treuhänder zusätzlich darauf achten, ob der Schuldner etwa seine Obliegenheiten verletzt.

d) Haftung

1161 Anders als für den Insolvenzverwalter in § 60 InsO enthält das Gesetz keine Regelung über die **Haftung** des Treuhänders. Insbesondere fehlt unter den Verweisungen in §§ 292, 293 InsO eine solche auf § 60 InsO. Dies bedeutet jedoch nicht, dass der Treuhänder für Schäden, die er durch Verletzung seiner Pflichten verursacht, nicht verantwortlich gemacht werden könnte. Zwar verbietet sich eine Analogie zu § 60 InsO (a.A. *Maier/Krafft* BB 1997, 2173 ohne Begründung). Der Gesetzgeber hat nämlich aus den Vorschriften über den Insolvenzverwalter in §§ 56–66 InsO selektiv nur die §§ 58, 59, 64, 65 InsO auf den Treuhänder für anwendbar erklärt und anders als bei den Verweisungen für den vorläufigen Insolvenzverwalter (§ 21 Abs. 2 Nr. 1 InsO verweist auf die §§ 56, 58–66) § 60 InsO ausgespart.

1162 Dies macht jedoch den Weg frei für den Rückgriff auf das Bürgerliche Recht (*Maier/Krafft* BB 1997, 2173), das die insolvenzrechtlichen Sondergesetze ergänzt (*Jaeger/Weber* KO, § 82 Rz. 1; *Kuhn/Uhlenbruck* KO, § 78 Rz. 7). Die Regelungen über die

Geschäftsführung der §§ 675, 662 ff. BGB sollen nicht in Betracht kommen, da der Treuhänder nicht bloß zu einem Beteiligten in Beziehung steht, sondern allen Beteiligten verantwortlich ist (*Jaeger/Weber* KO, § 78 Rz. 5b; *Kuhn/Uhlenbruck* KO, § 82 Rz. 1; **a.A.** *Nehrkorn* KuT 1931, 120). Dies führt zu den Grundsätzen über die **uneigennützige doppelseitige Treuhand** (s. *BGH* vom 12. 10. 1989 – IX ZR 184/88 – WM 1989, 1779 für den ähnlich gelagerten Fall eines vorläufigen Vergleichsverwalters, der zur Aufrechterhaltung des Betriebs eines Generalunternehmers die Subunternehmer in der Weise sicherstellte, dass er die Zahlungen der Bauherren auf seinem Anderkonto vereinnahmte und die Weiterleitung an die Subunternehmer zusagte; vom 14. 3. 1966 – VII ZR 7/64 – WM 1966, 445 für den Treuhänder im Liquidationsvergleich; vom 10. 2. 1971 – VII ZR 203/70 – WM 1971, 969 für den Treuhänder im außergerichtlichen Stundungsvergleich). Danach ist der Treuhänder gegenüber dem Schuldner verpflichtet, die von der Sicherungsabtretung erfassten Forderungen einzuziehen und an die Gläubiger abzuführen; gegenüber den Gläubigern ist er im Wege eines Vertrages zu Gunsten Dritter zur Auszahlung der ihnen zustehenden Quote verpflichtet.

Wenn der Treuhänder die abgetretenen Forderungen auf Arbeitsentgelt pflichtwidrig nicht einzieht, haftet er den Gläubigern auch bei Fahrlässigkeit (§ 276 BGB). Falls er eingezogene Gelder nicht weiterleitet, kommt daneben auch die deliktische Haftung (§§ 823, 826 BGB) in Betracht. **1163**

e) Vergütung

Der Treuhänder hat Anspruch auf Vergütung für seine Tätigkeit und auf Erstattung angemessener Auslagen (§ 293 Abs. 1 Satz 1 InsO). Dabei ist dem Zeitaufwand des Treuhänders und dem Umfang seiner Tätigkeit Rechnung zu tragen (§ 293 Abs. 1 Satz 2 InsO). Die **Höhe** der Vergütung ist **vom Insolvenzgericht** nach Maßgabe der InsVV **festzusetzen**. Gegen den Festsetzungsbeschluss steht dem Schuldner, dem Treuhänder und jedem Gläubiger das Recht zur sofortigen Beschwerde zu (§ 293 Abs. 2, § 64 Abs. 2 InsO). **1164**

Die Kosten des Treuhänders muss grundsätzlich der Schuldner tragen. Damit sind zunächst nur die Kosten gemeint, die für die Unterrichtung des Arbeitgebers über die Gehaltsabtretung, die Einziehung der Ansprüche auf Arbeitsentgelt und deren Verteilung entstehen. Auch bei Arbeitslosigkeit muss der Schuldner in der Lage sein, wenigstens diese **Mindestvergütung** des Treuhänders aufzubringen. Anderenfalls versagt das Insolvenzgericht die Restschuldbefreiung, sofern der Treuhänder dies beantragt (§ 298 InsO). Hier hat es also der Treuhänder in der Hand, ob er dem Schuldner trotz fehlender Einkünfte die Restschuldbefreiung ermöglicht; die Gläubiger haben dagegen keinen Einfluss. **1165**

Die Gläubiger können dem Treuhänder in der Gläubigerversammlung über den Einzug der Lohnforderungen hinaus noch **Überwachungsmaßnahmen** übertragen. Zur Übernahme der Überwachung ist der Treuhänder nur verpflichtet, soweit die ihm dafür zustehende zusätzliche Vergütung gedeckt ist oder vorgeschossen wird (§ 292 Abs. 2 Satz 3 InsO). Wenn die Ergebnisse der Abtretung der Gehaltsansprüche nicht ausreichen, diese Kosten auszugleichen, stellt dies keinen Grund zur Versagung der Restschuldbefreiung dar. **1166**

f) Verwaltung der Gelder

1167 Die eingezogenen Beträge erhalten die Gläubiger nur einmal jährlich. Dies bedeutet, dass der Treuhänder während des laufenden Jahres die auf Grund der Abtretung eingezogenen Gelder einbehalten kann.

1168 Besondere Richtlinien für den Umgang mit diesen Geldern stellt die InsO nicht auf. Dem Wesen des Treuhandverhältnisses entspricht es jedoch, dass der Treuhänder die Gelder **zinsbringend** anlegt. Er ist dabei zwar nicht den gleichen Beschränkungen unterworfen wie ein Vormund, jedoch gebietet es die dem Treuhandverhältnis immanente Pflicht zur Wahrnehmung der Interessen seiner Treugeber, dass er keine riskanten Geschäfte eingeht.

1169 Der Treuhänder hat alle eingezogenen Beträge von seinem eigenen Vermögen getrennt zu halten (Begr. zu § 241 RegE InsO). Zu diesem Zweck sollte er sie auf einem **offenen Treuhandkonto** bei einer Bank anlegen. Bei einem Treuhandkonto (zur Abgrenzung von Treuhandkonten gegenüber verwandten Kontoarten vgl. *Canaris* NJW 1973, 831) handelt es sich im Zweifel um eine fiduziarische Vollrechtsinhaberschaft des Kontoinhabers und nicht nur um eine ermächtigende Treuhand i.S.v. § 185 BGB (vgl. *BGH* vom 10.1.1963 – II ZR 95/61 – BGHZ 11, 37, 43; vom 14.7.1958 – VII ZB 3/58 – WM 1958, 1044; vom 17.4.1964 – VII ZB 10/63 – WM 1964, 1038). Verfügungsberechtigt ist allein der Treuänder.

1170 In einem etwaigen **Insolvenzverfahren** über das Vermögen des **Treuhänders**, also des Kontoinhabers, steht dem Treugeber ein Aussonderungsrecht an dem Guthaben zu (*BGH* vom 10.1.1963, a.a.O.; vom 14.5.1958 – VII ZB 3/58 – WM 1958, 1044; vom 7.4.1959 – VIII ZR 219/57 – WM 1959, 686; vom 17.4.1964, a.a.O.; vom 19.11.1992 – IX ZR 45/92 – WM 1993, 83; *OLG Düsseldorf* vom 3.12.1987 – 10 U 117/87 – BB 1988, 293; *BayObLG* vom 8.4.1988 – Re-Miet 1/88 – WM 1988, 1763; *Canaris* NJW 1973, 831), da wirtschaftlich nicht der Treuhänder, sondern der Treugeber als berechtigt anzusehen ist. Voraussetzung für die Anerkennung eines Aussonderungsrechts bei offenen Treuhandkonten ist allerdings die Einhaltung des sog. Unmittelbarkeitsprinzips (s. im Einzelnen *Obermüller* DB 1973, 1833 m.w.N.). Danach muss das Treugut grundsätzlich unmittelbar aus dem Vermögen des Treugebers in das des Treuhänders geflossen sein. Bei Zahlungen auf ein Treuhandkonto genügt es, wenn Gelder von dritter Seite auf dieses Konto eingezahlt werden, sofern die den Zahlungen zugrunde liegenden Forderungen nicht in der Person des Treuhänders, sondern in der des Treugebers entstanden waren (*BGH* vom 7.4.1959 – VIII ZR 219/57 – WM 1959, 686; vom 19.11.1992 – IX ZR 45/92 – WM 1993, 83).

1171 Treugeber sind die Gläubiger als **Bruchteilsgemeinschaft** im Verhältnis ihrer Anteile. Grundsätzlich müssen sie das Aussonderungsrecht gemeinsam ausüben (§ 744 Abs. 1 BGB), notwendige Erhaltungsmaßnahmen, zu denen typischerweise die Durchsetzung des Aussonderungsrechts gegenüber dem Insolvenzverwalter des Treuhänders zählt, kann jedoch auch jeder Einzelne treffen (§ 744 Abs. 2 BGB). Subsidiär ist auch der Schuldner Treugeber. Er kann aber nicht Herausgabe an sich verlangen, sondern nur den Anspruch auf Herausgabe an die Gläubiger als Gemeinschaft geltend machen.

1172 Dieses Aussonderungsrecht können die Treugeber jedoch nicht gegenüber der Bank, sondern nur gegenüber dem Insolvenzverwalter geltend machen. Die Bank hat also auch dann, wenn ihr der **Treuhandcharakter** eines Kontos bekannt ist (zur Aufrechnungsbefugnis und zum Pfandrecht der Bank vgl. *BGH* vom 25. 6. 1973 – II ZR 104/71 – WM 1973, 895; *OLG Düsseldorf* vom 5. 5. 1983 – 6 U 192/82 – DB 1983, 1538), die Verfügungen des Insolvenzverwalters zu beachten und kann anders lautenden Weisungen der Treugeber nicht folgen. Es ist Sache der Treugeber, sich mit dem Insolvenzverwalter über die Anspruchsberechtigung im Verhältnis zu der kontoführenden Bank auseinanderzusetzen. Die Insolvenz des Treuhänders kann zwar zur Beendigung des Treuhandvertrages führen (§ 103 InsO; *OLG Köln* vom 17. 3. 1987 – 15 U 139/86 – ZIP 1987, 867), dies wirkt sich jedoch auf das Rechtsverhältnis des Treuhänders zu der Bank grundsätzlich nicht unmittelbar aus. Vielmehr kann der Treugeber nur dann direkt Ansprüche gegen die Bank geltend machen, wenn der Treuhänder ihm seine Rechte übertragen hat. Ein automatischer Übergang der Ansprüche gegen die Bank kommt ausnahmsweise in Betracht, wenn das Treugut unter der auflösenden Bedingung der Insolvenzeröffnung übertragen wurde (*OLG Köln* vom 17. 3. 1987, a.a.O.). Dies alles muss sich die Bank jedoch nachweisen lassen, bevor sie Verfügungen zulässt, die von der Regel abweichen.

Für das Recht der Bank, gegen Guthabenforderungen ihres Kunden, also des Treuhänders aus dem Treuhandkonto mit Forderungen gegen den Kunden **aufzurechnen**, ist zwischen offenen und verdeckten Treuhandkonten zu unterscheiden. Ein **offenes Treuhandkonto** liegt vor, wenn der Kunde der Bank den Treuhandcharakter bei der Kontoeröffnung aufgedeckt und ihr deutlich gemacht hat, dass dieses Konto ausschließlich zur Aufnahme von Treuhandgeldern bestimmt ist (*BGH* vom 22. 6. 1987 – III ZR 263/85 – WM 1987, 922). Für solche Konten ist in aller Regel der Ausschluss der Aufrechnungsbefugnis der Bank als vereinbart anzusehen (*BGH* vom 25. 6. 1973 – II ZR 104/71 – WM 1973, 895; vom 22. 6. 1987, a.a.O.; *OLG Düsseldorf* vom 5. 5. 1983 – 6 U 192/82 – DB 1983, 1538). Diese Vereinbarung gilt auch nach Eröffnung eines Insolvenzverfahrens. Der Zweck des Aufrechnungsverbots, dessen Wegfall u.U. eine Auslegung des Vertrages rechtfertigen würde, dass das Verbot nicht mehr greife (*BGH* vom 20. 12. 1974 – V ZR 72/73 – WM 1975, 134; vom 6. 7. 1978 – III ZR 65/77 – WM 1978, 1042; vom 12. 10. 1983 – VIII ZR 19/82 – WM 1983, 1359; vom 26. 2. 1987 – I ZR 110/85 – WM 1987, 732; vom 19. 9. 1988 – II ZR 362/87 – WM 1988, 1592; vom 14. 7. 1994 – IX ZR 110/93 – WM 1994, 1711; *OLG Frankfurt/M.* vom 22. 1. 1985 – 5 U 77/84 – WM 1985, 512), bleibt im Insolvenzverfahren unverändert erhalten. Gegenüber Forderungen aus **verdeckten Treuhandkonten** ist dagegen die Aufrechnung zulässig.

Daher hat der Treuhänder seine Treuhandstellung bei der Einrichtung des Kontos der Bank zu **deklarieren**; die Führung eines verdeckten Treuhandkontos stellt eine Pflichtverletzung des Treuhänders dar, die das Insolvenzgericht im Rahmen seiner Aufsichtspflicht zu beanstanden hat.

7. Verteilung der vereinnahmten Beträge

1175 Die Zahlungen, die dem Treuhänder aus der Abtretung der Ansprüche des Schuldners auf Arbeitsentgelt oder aus einer Erbschaft des Schuldners zugeflossen sind, dienen zunächst zur Abdeckung seiner Vergütung; der Rest ist jährlich an die Gläubiger zu verteilen. Sofern die Abtretung in einem Restschuldbefreiungsverfahren vorgenommen wird, das sich an ein nach dem 30. 11. 2001 eröffnetes Insolvenzverfahren anschließt, gibt es jedoch einen Vorrang für etwa gestundete Verfahrenskosten mit Ausnahme der Kosten für die Beiordnung eines Rechtsanwalts (§ 292 Abs. 1 Satz 2 InsO n.F.; *Fruhner* NJ 2002, 11).

a) Verteilungsmodus

1176 Während des laufenden Jahres kann der Treuhänder die auf Grund der Abtretung eingezogenen Gelder einbehalten. Eine **Ausschüttung** an die Gläubiger hat er nur im Jahresrhythmus vorzunehmen. Die Jahresfrist beginnt mit der Übernahme seines Amtes, nicht etwa mit dem ersten Zahlungseingang. Durch das Ansammeln der Gelder sollen der Aufwand und die Kosten in Grenzen gehalten werden, die insbesondere bei der Verteilung von Klein- und Kleinstbeträgen unverhältnismäßig hoch sind. Dies dürfte dann nicht gelten, wenn dem Schuldner eine bedeutende Erbschaft zugefallen ist. Selbstverständlich steht es dem Treuhänder frei, auch in kürzeren Abständen Ausschüttungen vorzunehmen, wenn genügend Gelder angesammelt sind.

1177 Aus den angesammelten Geldern hat der Treuhänder zunächst seine eigene Vergütung zu entnehmen. Die verbleibenden Beträge hat er auf Grund des Schlussverzeichnisses (§ 197 Abs. 1 Nr. 2 InsO) **quotal** an die Gläubiger zu verteilen. Es werden also nur solche Gläubiger berücksichtigt, die ihre Forderungen rechtzeitig im Verfahren geltend gemacht haben.

b) Selbstbehalt des Schuldners

1178 Die Last des Schuldners durch Beschränkung auf den pfändungsfreien Betrag seines Arbeitseinkommens wird sukzessive erleichtert. Von den Beträgen, die der Treuhänder auf Grund der Zession einzieht, hat er nach Ablauf von 4 Jahren 10 %, nach 5 Jahren 15 % und in Restschuldbefreiungsverfahren, die sich an ein vor dem 1. 12. 2001 eröffnetes Insolvenzverfahren anschließen und für die noch die 7-jährige Wohlverhaltensperiode gilt, nach 6 Jahren 20 % dem Schuldner zu überlassen. Sind die gestundeten Verfahrenskosten noch nicht berichtigt, werden Gelder an den Schuldner nur abgeführt, sofern sein Einkommen unterhalb der Grenzen für das sog. einzusetzende Einkommen nach dem in § 115 ZPO niedergelegten Berechnungsmodus liegt.

c) Sicherungsabtretung

1179 Soweit sich ein Gläubiger die Ansprüche des Schuldners auf Arbeitsentgelt vor der Eröffnung des Insolvenzverfahrens wirksam zur Sicherung hat abtreten lassen, kann dieser Gläubiger die Forderungen nach der Aufhebung des Insolvenzverfahrens während der 2 Jahre, die sie nach der Eröffnung des Insolvenzverfahrens gültig bleibt, wieder selbst einziehen; die **Einziehungsbefugnis** des Insolvenzverwalters (§ 166 Abs. 2 InsO) ist mit der Aufhebung des Insolvenzverfahrens erloschen und nicht auf den Treuhänder übergegangen.

Von den auf diese Weise vereinnahmten Beträgen muss der Gläubiger deshalb anders **1180** als während des Insolvenzverfahrens keinen **Kostenbeitrag** (§§ 170, 171 InsO) abführen (*Hess/Obermüller* Die Rechtsstellung der Verfahrensbeteiligten, Rz. 374). Die Kostenbeitragspflicht gilt nämlich nur im Insolvenzverfahren zu Gunsten des Insolvenzverwalters; eine analoge Anwendung auf den Treuhänder sieht das Gesetz nicht vor.

Soweit die Forderungen des Zessionars während dieser 2 Jahre nicht abgedeckt werden, **1181** reiht er sich mit seiner **Ausfallforderung** in den Kreis der übrigen am Restschuldbefreiungsverfahren beteiligten Gläubiger ein.

IV. Entscheidung über die Erteilung der Restschuldbefreiung

Eine positive Entscheidung über die Erteilung der Restschuldbefreiung kann erst **1182** nach Ablauf der 6jährigen Wohlverhaltensperiode, eine negative auch schon früher getroffen werden.

1. Vorzeitige Entscheidung

Die Wohlverhaltensperiode kann schon vorzeitig abgebrochen werden, wenn ein **Ver- 1183 sagungsgrund** eintritt. Versagungsgründe während der 6jährigen Wohlverhaltensperiode sind Obliegenheitsverletzungen, Verurteilung wegen einer Insolvenzstraftat und fehlende Deckung der Mindestvergütung des Treuhänders. Die Versagungsgründe des § 290 Abs. 1 Nr. 2–6 InsO können jetzt nicht mehr geltend gemacht werden, unabhängig davon, ob bei der Entscheidung über die Ankündigung der Restschuldbefreiung die Gläubiger es versäumt haben, den entsprechenden Antrag zu stellen, oder ob ihnen der Versagungsgrund damals nicht bekannt war und sie erst später davon erfahren haben.

a) Obliegenheitsverletzungen

Wenn der Schuldner während der Laufzeit der Abtretungserklärung eine seiner **1184** Obliegenheiten verletzt, versagt das Insolvenzgericht die Restschuldbefreiung (§ 296 Abs. 1 InsO). Für die Versagung reicht jedoch nicht jede noch so unbedeutende Obliegenheitsverletzung. Vielmehr ist notwendig, dass dadurch die Befriedigung der Insolvenzgläubiger beeinträchtigt wurde und den Schuldner ein Verschulden trifft. Kann nicht festgestellt werden, ob den Schuldner ein Verschulden trifft, so geht das zu seinen Lasten. Wenn der Schuldner auf die Frage nach seinem Arbeitgeber nicht antwortet, so verletzt der Schuldner zwar eine Obliegenheit. Wenn der Grund für sein Schweigen jedoch darin liegt, dass er arbeitslos geworden ist, beeinträchtigt diese Obliegenheitsverletzung die Gläubiger nicht. Auch ein Wohnsitzwechsel, den der Schuldner nicht mitteilt, stellt zwar eine Obliegenheitsverletzung, nicht aber unmittelbar eine Beeinträchtigung der Befriedigung der Gläubiger dar. Wesentlich ist demgegenüber ein nicht sofort aufgedeckter Wechsel des Arbeitgebers mit der Folge, dass die Abtretung nicht bekannt wird und der Schuldner den vollen Lohn ausgezahlt erhält. Problematisch ist insbesondere Schwarzarbeit. Auch kann es schon eine Obliegenheitsverletzung darstellen, wenn der Schuldner nach einer Beendigung eines Arbeitsverhältnisses trotz Aufforderung durch den Treuhänder keine Auskunft über seine Bemühungen, einen neuen Arbeitsplatz zu finden, gibt (Begr. zu § 245 RegE InsO).

1185 Formelle Voraussetzung ist der **Antrag** eines Insolvenzgläubigers. Dieser Antrag kann nur binnen eines Jahres nach dem Zeitpunkt gestellt werden, in dem die Obliegenheitsverletzung dem Gläubiger bekannt geworden ist. Er ist nur zulässig, wenn die Obliegenheitsverletzung, die Beeinträchtigung der Befriedigung der Gläubiger und der Umstand, dass der Gläubiger weniger als ein Jahr vor seinem Antrag von diesen Umständen Kenntnis erlangt hat, glaubhaft gemacht werden. Geschieht letzteres nicht, so ist der Antrag ohne weitere Prüfung als unzulässig abzuweisen (zu den Mitteln der Glaubhaftmachung s. Rz. 980). Wie die Insolvenzgläubiger aber Kenntnis von der rechtskräftigen Verurteilung des Schuldners erlangen können, ist nicht ersichtlich. In den wenigsten Fällen werden die Insolvenzgläubiger von einer rechtskräftigen Verurteilung des Schuldners erfahren. Um die Vorschrift des § 297 InsO nicht leerlaufen zu lassen, muss deshalb eine Meldung vom Strafgericht an das Insolvenzgericht erstattet werden (*Maier/Krafft* BB 1997, 2173).

1186 Vor der Entscheidung über den Antrag sind der Treuhänder, der Schuldner und die Insolvenzgläubiger zu **hören**. Der Schuldner hat über die Erfüllung seiner Obliegenheiten Auskunft zu erteilen und, wenn es der Gläubiger beantragt, die Richtigkeit dieser Auskunft an Eides statt zu versichern. Gibt er die Auskunft oder die eidesstattliche Versicherung ohne hinreichende Entschuldigung nicht innerhalb der ihm gesetzten Frist ab oder erscheint er trotz ordnungsgemäßer Ladung ohne hinreichende Entschuldigung nicht zu einem Termin, den das Gericht für die Erteilung der Auskunft oder die eidesstattliche Versicherung anberaumt hat, so ist die Restschuldbefreiung zu versagen.

1187 Gegen die Entscheidung steht dem Antragsteller und dem Schuldner die **sofortige Beschwerde** zu. Die Versagung der Restschuldbefreiung ist öffentlich bekannt zu machen.

b) Insolvenzstraftaten

1188 Das Insolvenzgericht versagt die Restschuldbefreiung auf Antrag eines Insolvenzgläubigers, wenn der Schuldner in dem Zeitraum zwischen Schlusstermin und Aufhebung des Insolvenzverfahrens oder während der Laufzeit der Abtretungserklärung wegen einer Straftat nach den §§ 283–283c StGB, nämlich insbesondere wegen Beiseiteschaffen oder Verheimlichen von Vermögenswerten oder Vermögensverschleuderung, Verletzung der Buchführungspflicht oder Gläubigerbegünstigung, **rechtskräftig verurteilt** wird (§ 297 InsO). Dass ein solches Verfahren anhängig war, reichte bei der Entscheidung über die Ankündigung der Restschuldbefreiung und den Eintritt in die Wohlverhaltensperiode für die Versagung nicht aus.

1189 Formelle Voraussetzung ist auch hier der **Antrag** eines Insolvenzgläubigers. Dieser Antrag kann nur binnen eines Jahres nach dem Zeitpunkt gestellt werden, in dem die Verurteilung dem Gläubiger bekannt geworden ist. Er ist nur zulässig, wenn die Verurteilung und der Umstand, dass der Gläubiger weniger als ein Jahr vor seinem Antrag davon Kenntnis erlangt hat, glaubhaft gemacht werden. Gegen die Entscheidung steht dem Antragsteller und dem Schuldner die sofortige Beschwerde zu. Die Versagung der Restschuldbefreiung ist öffentlich bekannt zu machen (§ 297 Abs. 2, § 296 Abs. 1, 3 InsO).

c) Deckung der Treuhändervergütung

Das Insolvenzgericht versagt die Restschuldbefreiung auf Antrag des Treuhänders, wenn die an diesen abgeführten Beträge für das vorangegangene Jahr seiner Tätigkeit die **Mindestvergütung** nicht decken und der Schuldner den fehlenden Betrag nicht einzahlt, obwohl ihn der Treuhänder schriftlich zur Zahlung binnen einer Frist von mindestens zwei Wochen aufgefordert und ihn dabei auf die Möglichkeit der Versagung der Restschuldbefreiung hingewiesen hat. Der Schuldner muss also überlegen, ob er die Mindestvergütung aus dem unpfändbaren Vermögen, also beispielsweise aus der Arbeitslosenunterstützung oder der Sozialhilfe abzweigen kann. Dies gilt nicht, wenn die Kosten des Insolvenzverfahrens gestundet wurden (§ 298 Abs. 1 Satz 2 InsO). 1190

Falls die Gläubiger den Treuhänder mit Zusatzaufgaben, wie z. B. der **Überwachung**, ob der Schuldner seine Obliegenheiten erfüllt, betraut haben (§ 292 Abs. 2 InsO), muss der Schuldner zwar auch insoweit für die Vergütung des Treuhänders aufkommen. Gelingt ihm dies nicht, so stellt dies jedoch keinen Versagungsgrund dar, solange er die Mindestvergütung aufbringen konnte. In diesem Fall geht die Vergütung zu Lasten der Gläubiger. Grundsätzlich sollte er sich bemühen, wenigstens die Mindestvergütung aufzubringen, denn die Konsequenz, dass wegen dieser verhältnismäßig geringfügigen Beträge eine ansonsten aussichtsreiche Restschuldbefreiung scheitert, ist hart. 1191

Vor der Entscheidung ist der Schuldner zu **hören**. Die Versagung unterbleibt, wenn der Schuldner binnen zwei Wochen nach Aufforderung durch das Gericht den fehlenden Betrag einzahlt. 1192

d) Wirkung der Versagung

Wird die Restschuldbefreiung wegen Obliegenheitsverletzungen, Verurteilung wegen einer Insolvenzstraftat oder fehlender Deckung der Mindestvergütung des Treuhänders (§§ 296, 297, 298 InsO) versagt, so **enden** die Laufzeit der Abtretungserklärung, das Amt des Treuhänders und die Beschränkung der Rechte der Gläubiger mit der Rechtskraft der Entscheidung (§ 299 InsO). 1193

Dies bedeutet, dass die Gläubiger ihre in der Tabelle eingetragenen **Ansprüche wieder unbeschränkt verfolgen** können. 1194

Das Recht zur **Zwangsvollstreckung** lebt wieder auf (*Uhlenbruck* KTS 1994, 499). Für die Gläubiger kommt es jetzt darauf an, schnell zu reagieren, denn derjenige, der die Ansprüche des Schuldners auf Arbeitsentgelt zuerst pfändet, hat zunächst einmal den Vorrang. Pfändungen und Sicherungsabtretungen, die noch vor der Eröffnung des Insolvenzverfahrens vorgenommen und durch die Verfahrenseröffnung unwirksam 1195 bzw. in ihrer Wirkung auf 2 Jahre beschränkt wurden, treten nicht wieder in Kraft. Zwar hat die InsO Pfändungen in Bezüge aus einem Dienstverhältnis, die vor Verfahrenseröffnung ausgebracht wurden, und Sicherungsabtretungen nur deshalb für unwirksam erklärt (§ 114 Abs. 3 InsO), um den Wert der Abtretung an den Treuhänder zu erhalten. Dieses gesetzgeberische Motiv findet aber im Wortlaut des Gesetzes keine konsequente Fortsetzung dahingehend, dass diese Vorzugsrechte wieder aufleben, wenn die Restschuldbefreiung scheitert.

2. Entscheidung nach Ablauf der Wohlverhaltensperiode

1196 Hat der Schuldner die **Wohlverhaltensperiode überstanden**, ohne dass es zu einer vorzeitigen Beendigung wegen Obliegenheitsverletzungen, Verurteilung wegen einer Insolvenzstraftat oder fehlender Deckung der Mindestvergütung des Treuhänders (§§ 296, 297, 298 InsO) gekommen ist, so entscheidet das Insolvenzgericht nach Anhörung der Insolvenzgläubiger, des Treuhänders und des Schuldners durch Beschluss über die Erteilung der Restschuldbefreiung.

a) Verfahren ohne Gegenantrag

1197 Stellt niemand einen Antrag auf Versagung, so ist die **Restschuldbefreiung unabhängig davon** zu erteilen, **ob** und in welcher Höhe die **Gläubiger befriedigt** wurden. Das Gericht hat also nicht von Amts wegen zu untersuchen, ob ein Versagungsgrund eingetreten ist. Ein Rechtsmittel findet nicht statt.

b) Verfahren mit Gegenantrag

1198 Obliegenheitsverletzungen und die Verurteilung wegen einer Insolvenzstraftat können die Gläubiger auch jetzt noch geltend machen, sofern die Jahresfrist seit ihrer Kenntnisnahme nicht schon verstrichen ist. Anders als für einen Antrag auf vorzeitige Beendigung ist es hier nicht erforderlich, dass die Gläubiger den Versagungsgrund glaubhaft machen. Der Treuhänder kann seinen Antrag nur darauf stützen, dass die Mindestvergütung für das vergangene Jahr nicht gezahlt wurde (§ 300 Abs. 2, § 298 Abs. 1 InsO). Sofern der Schuldner gegen die Obliegenheiten nicht schuldhaft verstoßen hat, kommt es nicht darauf an, ob und in welcher Höhe die Gläubiger befriedigt wurden.

1199 Das Insolvenzgericht versagt die Restschuldbefreiung auf Antrag eines Insolvenzgläubigers auch dann, wenn der Schuldner **Auskünfte**, um die er im Verfahren ersucht wird, oder die eidesstattliche Versicherung ohne hinreichende Entschuldigung nicht innerhalb der ihm gesetzten Frist abgibt oder trotz ordnungsgemäßer Ladung ohne hinreichende Entschuldigung nicht zu einem Termin erscheint, den das Gericht für die Erteilung der Auskunft oder die eidesstattliche Versicherung anberaumt hat.

1200 Gegen die Versagung der Restschuldbefreiung steht dem Schuldner, gegen die Erteilung jedem Insolvenzgläubiger, der bei der Anhörung die Versagung der Restschuldbefreiung beantragt hat, die **sofortige Beschwerde** zu.

c) Bekanntmachung

Die Versagung der Restschuldbefreiung zieht die gleichen Wirkungen wie eine vorzeitige Beendigung (s. Rz. 1193) nach sich.

1201

Der Beschluss ist öffentlich bekannt zu machen. Wird die Restschuldbefreiung erteilt, so ist die Bekanntmachung auszugsweise im **Bundesanzeiger** und dem für öffentliche Bekanntmachungen des Gerichts bestimmten Blatt (§ 9 InsO) zu veröffentlichen (§ 300 Abs. 3 InsO).

1202

d) Wirkung der Restschuldbefreiung

Wird die Restschuldbefreiung erteilt, so wird der **Schuldner** von den im Insolvenzverfahren und bis zum Ende der Wohlverhaltensperiode nicht erfüllten Forderungen der Insolvenzgläubiger **befreit** (§ 286 InsO). Die Restschuldbefreiung wirkt gegen alle Insolvenzgläubiger (§ 301 InsO). Anders als im Schuldenbereinigungsverfahren gilt dies auch für Gläubiger, die ihre Forderungen nicht angemeldet haben.

1203

Bestimmte Forderungen bleiben jedoch bestehen. Von der Erteilung der Restschuldbefreiung werden **nicht berührt**:

1204

– Verbindlichkeiten des Schuldners aus einer vorsätzlich begangenen unerlaubten Handlung. Hierbei sind die §§ 174, 175 InsO zu beachten, wonach bei der Forderungsanmeldung die Tatsachen angegeben werden müssen, die für eine unerlaubte Handlung sprechen. Auf Widerspruch des Schuldners kann ein isoliertes Feststellungsverfahren erfolgen;
– Geldstrafen, Geldbußen, Ordnungsgelder und Zwangsgelder sowie solche Nebenfolgen einer Straftat oder Ordnungswidrigkeit, die zu einer Geldzahlung verpflichten;
– Rechte der Insolvenzgläubiger gegen Mitschuldner und Bürgen des Schuldners;
– Rechte der Insolvenzgläubiger aus einer zu ihrer Sicherung eingetragenen Vormerkung;
– Rechte der Insolvenzgläubiger aus einem Recht, das im Insolvenzverfahren zur abgesonderten Befriedigung berechtigt.

Wie im Vergleichsverfahren (§ 82 VglO) besteht die im Restschuldbefreiungsverfahren erlassene Forderung als **natürliche**, d. h. erfüllbare, aber nicht erzwingbare **Verbindlichkeit** (Schuld ohne Haftung) fort (*Maier/Krafft* BB 1997, 2173) und bildet so die Grundlage für Bürgschaften und akzessorische **Kreditsicherheiten** (*BGH* vom 30. 10. 1967 – VII ZR 31/65 – WM 1968, 39; vom 28. 6. 1968 – I ZR 142/67 – KTS 1969, 50) und den Rechtsgrund für die Inanspruchnahme abstrakter Sicherheiten. Der Schuldner wird jedoch gegenüber dem Mitschuldner, dem Bürgen oder anderen Rückgriffsberechtigten in gleicher Weise befreit wie gegenüber den Insolvenzgläubigern.

1205

Wird ein Gläubiger nach Erteilung der Restschuldbefreiung wegen einer solchen Forderung befriedigt, obwohl er auf Grund der Restschuldbefreiung keine Befriedigung zu beanspruchen hat, so begründet dies keine Pflicht zur **Rückgewähr** des Erlangten an den Schuldner oder die übrigen Gläubiger (§ 301 Abs. 3 InsO). Das **Gleichbehandlungsgebot** des § 294 Abs. 2 InsO wirkt also nach Erteilung der Restschuldbefreiung nicht fort.

1206

V. Widerruf der Restschuldbefreiung

1207 Nicht immer wird im Zeitpunkt der Entscheidung über die Restschuldbefreiung völlige Klarheit darüber herrschen, ob die Behauptung des Schuldners, er habe sämtliche Obliegenheiten erfüllt, den Tatsachen entspricht. Falls die Gläubiger erst nach der gerichtlichen Bestätigung der Restschuldbefreiung erfahren, dass der Schuldner durch unwahre Behauptungen in den Genuss dieser Vergünstigung gelangt ist, besteht in eingeschränktem Umfang die Möglichkeit, den Schuldenerlass rückgängig zu machen.

1208 Das Insolvenzgericht kann nämlich die Erteilung der Restschuldbefreiung widerrufen, wenn sich nachträglich herausstellt, dass der Schuldner eine seiner in § 295 InsO aufgelisteten Obliegenheiten (vgl. ausführlich Rz. 1137 ff.) vorsätzlich verletzt und dadurch die Befriedigung der Insolvenzgläubiger erheblich beeinträchtigt hat (§ 303 InsO). Die Anforderungen an den Widerruf sind strenger als an die vorzeitige Beendigung der Wohlverhaltensperiode nach § 296 Abs. 1 InsO. Dort reichte zwar nicht jede noch so unbedeutende Obliegenheitsverletzung; vielmehr war notwendig, dass dadurch die Befriedigung der Insolvenzgläubiger beeinträchtigt wurde und der Schuldner schuldhaft, d. h. vorsätzlich oder fahrlässig handelte. Hier sind eine **erhebliche Beeinträchtigung** der Befriedigung und Vorsatz des Schuldners erforderlich.

1209 Das Gericht wird nur auf **Antrag** eines Insolvenzgläubigers tätig. Der Antrag des Gläubigers ist nur zulässig, wenn er innerhalb eines Jahres nach der Rechtskraft der Entscheidung über die Restschuldbefreiung gestellt und wenn glaubhaft gemacht wird, dass der Schuldner die Befriedigung der Gläubiger erheblich und vorsätzlich beeinträchtigt hat und dass der Gläubiger davon bis zur Rechtskraft der Entscheidung keine Kenntnis hatte.

1210 Vor der Entscheidung sind der Schuldner und der Treuhänder zu hören. Gegen die Entscheidung stehen dem Antragsteller und dem Schuldner die sofortige **Beschwerde** zu. Die Entscheidung, durch welche die Restschuldbefreiung widerrufen wird, ist öffentlich bekannt zu machen (§ 303 Abs. 3 InsO).

VI. Verborgenes Vermögen

1211 Die Restschuldbefreiung bietet **unredlichen Schuldnern** gewisse Möglichkeiten, sich auch ohne Verlust ihres gesamten pfändbaren Vermögens ihrer Schulden zu entledigen. Dies ist umso leichter, je länger es dem Schuldner gelingt, während des Verfahrens Vermögensstücke verborgen zu halten.

1. Zeitraum bis zur Ankündigung der Restschuldbefreiung

1212 Die Restschuldbefreiung ist wie oben erwähnt u. a. auch dann zu versagen, wenn der Schuldner seine **Auskunfts- und Mitwirkungspflichten** (§ 97 InsO) verletzt. Das Verschweigen bzw. Verstecken von Vermögenswerten stellt einen derartigen Verstoß dar. Wenn ein Gläubiger dies entdeckt, kann er den Beschluss des Insolvenzgerichts über die Zulassung zum Restschuldbefreiungsverfahren (§ 291 InsO) verhindern, indem er glaubhaft macht (§ 290 Abs. 2 InsO), dass der Schuldner der Insolvenzmasse Vermögenswerte vorenthalten hat.

2. Zeitraum nach der Ankündigung der Restschuldbefreiung

Stellt sich demgegenüber ein solcher Sachverhalt erst heraus, nachdem ein Beschluss mit der Zulassung der Restschuldbefreiung ergangen ist, so können die Insolvenzgläubiger den weiteren Fortgang des Verfahrens allein wegen des Verbergens von Vermögenswerten nicht mehr verhindern. Die InsO sieht nämlich weder die Möglichkeit einer Aufhebung dieses Beschlusses vor noch stehen die Versagungsgründe des § 290 InsO der Erteilung einer Restschuldbefreiung (§ 300 InsO) entgegen. Vielmehr kann diese, sobald ein Zulassungsbeschluss ergangen ist, nur noch aus den in den §§ 296 ff. InsO genannten Gründen versagt werden, wohingegen es auf das Verhalten des Schuldners in der Vergangenheit (Versagungsgründe gem. § 290 InsO) dann nicht mehr ankommen soll (vgl. hierzu BT-Drs. 12/2443 zu § 240 InsO). **1213**

Daher stellt sich für den Insolvenzgläubiger die Frage, inwieweit ein Zugriff auf zur Masse gehörende Vermögenswerte des Schuldners noch möglich ist. Ein Zugriff im Wege der **Einzelzwangsvollstreckung** scheitert an der Vorschrift des § 294 Abs. 1 InsO. Diese verbietet Vollstreckungsmaßnahmen einzelner Insolvenzgläubiger während der Laufzeit einer vom Insolvenzschuldner für die Dauer der Wohlverhaltensfrist von 6 Jahren abzugebenden Abtretungserklärung. **1214**

Demgegenüber bleibt ihnen die Möglichkeit, die Anordnung einer **Nachtragsverteilung** (§ 203 Abs. 1 Nr. 3 InsO) zu beantragen, wenn nachträglich Gegenstände der Masse ermittelt werden (*Obermüller/Hess* InsO, Rz. 722). Während die Einzelzwangsvollstreckung durch die Vorschriften über die Restschuldbefreiung, insbesondere durch § 294 InsO ausgeschlossen wird (§ 201 Abs. 3 InsO), gilt dies für die Anordnung einer Nachtragsverteilung nicht. Dies ergibt sich zunächst daraus, dass ein dem § 201 Abs. 3 InsO entsprechender Passus in den Bestimmungen über die Nachtragsverteilung (§§ 203 ff. InsO) fehlt. Darüber hinaus entspricht auch eine solche Auslegung allein dem Regelungszweck der Vorschriften über die Restschuldbefreiung. Insbesondere soll das Vollstreckungsverbot des § 294 Abs. 1 InsO nicht etwa den Schuldner davor schützen, dass nach Einleitung des Restschuldbefreiungsverfahrens überhaupt noch in zur Masse gehörende Vermögenswerte vollstreckt wird. Vielmehr besteht seine Aufgabe – wie aus seiner amtlichen Überschrift eindeutig hervorgeht – allein darin, die Gleichbehandlung der Insolvenzgläubiger zu gewährleisten (vgl. auch Begr. zu § 243 RegE InsO, BT-Drs. 12/2443). **1215**

3. Zeitraum nach Erteilung der Restschuldbefreiung

Da nach Beendigung des Restschuldbefreiungsverfahrens das Verbot der **Einzelzwangsvollstreckung** gem. § 294 InsO nicht mehr gilt, kommt zwar eine Einzelzwangsvollstreckung wieder in Betracht. Ein Vollstreckungstitel liegt in Form der Eintragung des Gläubigers in die Insolvenztabelle vor (§ 201 Abs. 2 InsO). Der Schuldner kann aber eine Vollstreckung aus diesem Titel im Wege einer **Vollstreckungsgegenklage** **1216** gem. § 767 ZPO verhindern. Im Rahmen einer solchen Klage kann er sich nämlich darauf berufen, dass die titulierte Forderung auf Grund der erteilten Restschuldbefreiung nicht mehr durchsetzbar ist.

1217 Diese Einrede greift zwar nicht durch, wenn ihre Erhebung als arglistig anzusehen und deshalb nach § 242 BGB unbeachtlich ist. Arglist könnte man einmal unter dem Gesichtspunkt annehmen, dass sich der Schuldner seine auf der Restschuldbefreiung beruhende Rechtsposition unter Verstoß gegen seine Informations- und Mitwirkungspflichten aus § 97 InsO verschafft hat. Bei einer derartigen Betrachtungsweise würde jedoch die gesetzliche Wertung der §§ 291 ff. InsO unterlaufen, derzufolge das Verhalten des Schuldners in der Vergangenheit für die Frage der Restschuldbefreiung keine Rolle mehr spielen soll, sobald ein Beschluss nach § 291 InsO einmal in der Welt ist. Die Insolvenzgläubiger könnten nämlich in diesem Fall in alle einschließlich der neu erworbenen pfändbaren Vermögenswerte des Schuldners vollstrecken, ohne dass dieser sich auf die ihm erteilte Restschuldbefreiung berufen könnte.

1218 Durchaus möglich ist allerdings, dass eine Berufung auf die erfolgte Restschuldbefreiung dann als arglistig ausgeschlossen wird, wenn das Verhalten des Schuldners im Insolvenzverfahren den Tatbestand einer **vorsätzlichen sittenwidrigen Schädigung** (§ 826 BGB) erfüllt, da in solchen Fällen sogar die Rechtskraft von Urteilen durchbrochen werden kann (vgl. auch Begr. zu § 243 RegE InsO, BT-Drs. 12/2443), was erst recht für die Wirkungen eines Beschlusses über die Erteilung der Restschuldbefreiung (§ 300 InsO) gelten müsste.

1219 Dagegen bleibt aber auch nach der Restschuldbefreiung noch eine **Nachtragsverteilung** nachträglich zur Masse ermittelter Vermögenswerte (§ 203 Abs. 1 Nr. 3 InsO) zulässig. Dem könnte zwar – wie auch einer Einzelzwangsvollstreckung – der Umstand entgegenstehen, dass die durch die Nachtragsverteilung zu befriedigenden Forderungen der Insolvenzgläubiger gar nicht mehr durchsetzbar sind. Gegen eine solche Annahme spricht jedoch der Umstand, dass der Vollzug der Nachtragsverteilung auf Grund des Schlussverzeichnisses des Insolvenzverfahrens erfolgt (§ 205 InsO). Danach nehmen also auch solche Forderungen an einer Nachtragsverteilung teil, die zwischenzeitlich auf Grund von Verjährung undurchsetzbar geworden sind. Nichts anderes kann dann aber für solche Forderungen gelten, die aus einem anderen Grund – etwa einem Beschluss über die Erteilung der Restschuldbefreiung – nicht mehr durchsetzbar sind. Etwas anderes ergibt sich auch nicht aus dem Zweck der Regelungen über die Restschuldbefreiung, die letztlich nur dazu dienen, die Haftung des redlichen Schuldners mit solchem Vermögen auszuschließen, das nach der Restschuldbefreiung erworben wurde.

VII. Insolvenzplan

1220 Ein persönlich haftender Unternehmer ist keineswegs gezwungen, sich den Mühen der Restschuldbefreiung zu unterziehen und sich für 6 Jahre mit dem pfändungsfreien Teil seines Einkommens zu begnügen. Das Restschuldbefreiungsverfahren wird nämlich nur auf seinen Antrag hin durchgeführt. Wenn es ihm gelingt, noch während des Regelinsolvenzverfahrens seine Gläubiger von einer anderen Lösung zu überzeugen, kann er stattdessen einen Insolvenzplan vorlegen, der ihm z.B. eine Abkürzung der 6-Jahresfrist oder einen höheren Freibetrag zubilligt.

H. Übergangsregelung bei Zahlungsunfähigkeit am 1.1.1997

Schuldner, die bereits am 1.1.1997 zahlungsunfähig waren, kommen in den Genuss einer spöttisch als Einsteigerrabatt bezeichneten Verkürzung des Zeitraums für die sog. Wohlverhaltensperiode mit Lohn- und Gehaltsabtretung auf 5 Jahre (Art. 107 EGInsO). Eine am Stichtag erst drohende Zahlungsunfähigkeit oder eine Überschuldung reichen dagegen nicht. 1221

I. Wiederaufnahme der Zahlungen

Aus dem Wortlaut des Gesetzes geht nicht eindeutig hervor, ob die Zahlungsunfähigkeit bis zum 1.1.1999 angedauert haben muss oder ob es genügt, dass sie punktuell am 1.1.1997 bestanden hat, auch wenn der Insolvenzschuldner danach seine Zahlungen wieder aufgenommen hat. Hier ist zunächst danach abzugrenzen, ob es sich um eine echte **Zahlungsunfähigkeit** oder nur um eine **Zahlungsstockung** handelt. Dazu kann auf die obigen Ausführungen (s. Rz. 1006 ff.) verwiesen werden. 1222

Wenn bis zu dem Stichtag eine **Zahlungsunfähigkeit** eingetreten war, so unterstellt der Gesetzgeber offenbar ihre **Fortdauer** bis zum In-Kraft-Treten der InsO, was in den meisten Fällen auch zutreffen wird. Die damalige 7-Jahres-Frist wurde deshalb verkürzt, weil der Gesetzgeber, der das In-Kraft-Treten der InsO entgegen den ursprünglichen Planungen um 2 Jahre, nämlich bis zum 1.1.1999 hinausgeschoben hatte, die damit verbundenen Nachteile für redliche Schuldner vermeiden wollte. Sie sollten nicht unzumutbar lange auf die Restschuldbefreiung warten müssen (Rechtsausschussbericht zu Art. 110 a EGInsO). Der Gesetzgeber ging also davon aus, dass diese Schuldner auch schon in der Zeit vom 1.1.1997 bis zum 31.12.1998 wie in der Wohlverhaltensperiode ihr pfändbares Einkommen an Gläubiger ablieferten, allerdings nicht unter den Obliegenheiten und Verteilungsgrundsätzen der Restschuldbefreiung. Dies spricht dafür, dass nur eine Zahlungsunfähigkeit, die bis zum 31.12.1998 angedauert hat, für die Verkürzung der Frist ausreicht. 1223

Dass ihre Zahlungsunfähigkeit schon am 1.1.1997 eingetreten war, mussten Insolvenzschuldner bei In-Kraft-Treten der InsO dem Gericht darlegen und **nachweisen** (*Vallender* ZIP 1996, 2058). Als **Indizien** können Mahnschreiben, Kreditkündigungen, Wechselproteste, Einstellung des Geschäftsbetriebs, Zwangsvollstreckungsmaßnahmen, die Abgabe ihrer eidesstattlichen Versicherung und Fruchtlosigkeitsbescheinigungen dienen. Dass der Insolvenzschuldner danach seine Zahlungen wieder aufgenommen hat, muss der Gläubiger beweisen. 1224

II. Überführung laufender Konkursverfahren

1225 Schuldner, über deren Vermögen **am 1.1.1999 ein Konkursverfahren anhängig** war, können bis spätestens im Schlusstermin unmittelbar die Restschuldbefreiung beantragen. Zwar fehlt eine ausdrückliche gesetzliche Regelung. Eine **analoge Anwendung des § 287 InsO** ist jedoch geboten. Anderenfalls käme man zu einer sinnlosen Verdoppelung der Verfahren: Ein persönlich haftender Unternehmer müsste nach Beendigung des Konkursverfahrens erneut ein Insolvenzverfahren beantragen, das zu keinem anderen Ergebnis als das soeben abgeschlossene Konkursverfahren führen kann, um dann in die Restschuldbefreiung überzuwechseln. Ein Verbraucher müsste zusätzlich noch das außergerichtliche und das gerichtliche Schuldenbereinigungsverfahren sowie das vereinfachte Insolvenzverfahren durchlaufen. Außer Zeitverlust, Kosten und Aufwand brächte diese Vorgehensweise nichts.

Anhang

Insolvenzordnung;
Kriterien für die Entscheidung über einen Antrag auf außergerichtliche Schuldenbereinigung (§ 305 Abs. 1 Nr. 1 InsO)

BMF vom 11.1.2002 – IV A-S 0550-1/02 – BStBl. I S. 132

Unter Bezugnahme auf das Ergebnis der Erörterung mit den obersten Finanzbehörden der Länder gilt für die Entscheidung über einen Antrag auf außergerichtliche Schuldenbereinigung (§ 305 Abs. 1 Nr. 1 InsO) Folgendes:

1. Anwendungsbereich

Natürliche Personen, die keine selbständige gewerbliche oder freiberufliche Tätigkeit ausüben oder ausgeübt haben, können das Verbraucherinsolvenzverfahren nach § 304 ff. InsO beantragen. Personen, die eine selbständige Tätigkeit ausgeübt haben, gehören dazu, wenn ihre Vermögensverhältnisse überschaubar sind und gegen sie keine Forderungen aus Arbeitsverhältnissen bestehen. Überschaubar sind Vermögensverhältnisse, wenn der Schuldner zu dem Zeitpunkt, zu dem der Antrag auf Eröffnung des Insolvenzverfahrens gestellt wird, weniger als 20 Gläubiger hat. Forderungen aus Arbeitsverhältnissen sind nicht nur die Ansprüche der ehemaligen Arbeitnehmer selbst, sondern auch die Forderungen von Sozialversicherungsträgern und Finanzämtern (z. B. Lohnsteuerforderungen). Zu den Verbindlichkeiten, die einer Schuldenbereinigung nach den Regelungen des Verbraucherinsolvenzverfahrens zugänglich sind, gehören auch Haftungsschulden des Schuldners. Der Schuldner ist jedoch verpflichtet, zuvor in Verhandlungen mit seinen Gläubigern eine außergerichtliche Schuldenbereinigung zu versuchen. Der Versuch gilt als gescheitert, wenn ein Gläubiger die Zwangsvollstreckung betreibt, nachdem die Verhandlungen über eine außergerichtliche Schuldenbereinigung aufgenommen wurden.

2. Berücksichtigung von Ansprüchen gegen Dritte bzw. von Pfandrechten

Durch einen Antrag auf das außergerichtliche Schuldenbereinigungsverfahren werden Ansprüche von Dritten noch nicht berührt. Erst durch die Zustimmung aller Gläubiger zu einem außergerichtlichen Schuldenbereinigungsplan werden Ansprüche gegen Dritte berührt, deren Schuld von der des Schuldners abhängt (z. B. Bürgen, Haftungsschuldner). Sonstige Ansprüche gegen Dritte werden nicht berührt. Unberührt bleiben Pfandrechte und Sicherheiten, die zugunsten eines Gläubigers bestehen (vgl. § 313 Abs. 3 InsO). Falls Pfandrechte bzw. Sicherheiten zugunsten des Finanzamts bestehen bzw. Dritte noch in Anspruch genommen werden können, ist das Finanzamt berechtigt, die entsprechenden Rechte geltend zu machen (vgl. auch § 191 Abs. 5 Nr. 2 AO). Auch die Anfechtung von Rechtshandlungen nach dem Anfechtungsgesetz in der Fassung des Artikels 1 des Einführungsgesetzes zur Insolvenzordnung vom 5. Oktober 1994, BGBl. I S. 2911 ff. ist weiterhin zulässig. Es ist aber auch zulässig, Regelungen über die vorstehenden Rechte in das Schuldenbereinigungsverfahren aufzunehmen.

3. Rechtsgrundlagen für einen Verzicht

Die außergerichtliche Schuldenbereinigung erfolgt im Wege von frei gestalteten Verhandlungen zwischen dem Schuldner und den Gläubigern auf der Grundlage eines vom Schuldner vorzulegenden Planes. Als Rechtsgrundlage für einen Verzicht auf Abgabenforderungen kann jedoch nur das Abgabenrecht unter Einbeziehung der Zielsetzung der Insolvenzordnung herangezogen werden. Die Frage, ob das Finanzamt einem außergerichtlichen Schuldenbereinigungsplan zustimmen kann, ist deshalb nach den gesetzlichen Bestimmungen über die abweichende Festsetzung (§ 163 AO) und den Erlass (§ 227 AO) zu beurteilen. Zu den Gesichtspunkten, die in die Ermessenserwägungen einzubeziehen sind, gehört im außergerichtlichen Schuldenbereinigungsverfahren zusätzlich die Zielsetzung der Insolvenzordnung, redlichen Schuldnern nach einer gewissen Wohlverhaltensphase und unter Einbeziehung sämtlicher Gläubiger eine Schuldenbereinigung als Voraussetzung für einen wirtschaftlichen Neuanfang zu ermöglichen.

Sachliche Billigkeitsgründe werden vom außergerichtlichen Schuldenbereinigungsverfahren nicht berührt und sind daher vorab zu berücksichtigen.

Da nach den Intentionen des Gesetzgebers für einen Verzicht nur persönliche Billigkeitsgründe in Betracht kommen, setzt eine Maßnahme nach §§ 163, 227 AO voraus, dass der Schuldner erlassbedürftig und -würdig ist. Die Auslegung des Begriffs „persönliche Unbilligkeit" hat sich hierbei an der Zielsetzung der Insolvenzordnung zu orientieren. Wegen der angestrebten Schuldenbereinigung unter Beteiligung sämtlicher Gläubiger ist bei der Anwendung der §§ 163, 227 AO im außergerichtlichen Schuldenbereinigungsverfahren zu beachten, dass der Begriff „persönliche Unbilligkeit" in diesem Verfahren anders als in anderen Billigkeitsverfahren definiert ist, in denen ausschließlich das Finanzamt und der Schuldner beteiligt sind. Das bedeutet, dass die Rechtsprechung zu §§ 163, 227 AO insoweit nicht mehr uneingeschränkt angewendet werden kann.

Bei der Entscheidung über einen außergerichtlichen Schuldenbereinigungsplan ist insbesondere zu beachten, dass im gerichtlichen Schuldenbereinigungsverfahren die Zustimmung eines Gläubigers durch Beschluss des Insolvenzgerichts ersetzt werden kann, wenn dieser im Verhältnis zu den übrigen Gläubigern angemessen berücksichtigt wird und durch den Schuldenbereinigungsplan wirtschaftlich nicht schlechter gestellt wird, als er bei Durchführung des Verfahrens über die Anträge auf Eröffnung des Insolvenzverfahrens und Erteilung von Restschuldbefreiung stünde (vgl. § 309 InsO). Andererseits soll der Schuldner im außergerichtlichen Verfahren auch nicht besser gestellt werden als bei Durchführung eines Insolvenzverfahrens mit Restschuldbefreiung. Falls das Arbeitseinkommen abgetreten oder gepfändet ist, hat daher der Schuldner bei diesem Gläubiger auf eine dem § 114 InsO entsprechende Beschränkung hinzuwirken. Dies kann auch das Finanzamt sein, wenn es Dienstbezüge gepfändet oder im Wege der Abtretung erworben hat.

Eine angemessene Schuldenbereinigung ist nicht allein deshalb auszuschließen, weil der Plan nur eine einmalige Zahlung oder überhaupt keine Zahlungen des Schuldners (Null-Plan) vorsieht.

4. Sachverhaltsermittlung

Zur Prüfung der Billigkeitsvoraussetzungen hat der Schuldner grundsätzlich die Unterlagen einzureichen, die auch im gerichtlichen Schuldenbereinigungsverfahren (§ 305 Abs. 1 Nrn. 3 und 4 InsO) erforderlich sind. Der Schuldner hat danach insbesondere einzureichen

- einen Nachweis über seine Beteiligung am Erwerbsleben (z. B. Arbeitnehmer, Rentner),
- ein Verzeichnis des vorhandenen Vermögens und des Einkommens (Vermögensverzeichnis),
- eine Zusammenfassung des wesentlichen Inhalts des Vermögensverzeichnisses (Vermögensübersicht),
- ein Verzeichnis der Gläubiger und der gegen ihn gerichteten Forderungen,
- einen Schuldenbereinigungsplan, aus dem sich ergibt, welche Zahlungen in welcher Zeit geleistet werden, zudem sind Angaben zur Herkunft der Mittel erforderlich,
- einen Nachweis,
  - ob und inwieweit Bürgschaften, Pfandrechte und andere Sicherheiten zugunsten von Gläubigern bestehen und welche Zahlungen darauf geleistet werden bzw. noch zu erbringen sind,
  - ob und ggf. welche Schenkungen und Veräußerungen in den letzten zehn Jahren an nahe Angehörige bzw. sonstige Personen erfolgt sind, die gemäß § 132 ff. InsO anfechtbar wären,

- ob Rechte und Ansprüche aus Erbfällen bestehen bzw. zu erwarten sind (z. B. Pflichtteilsansprüche),
- eine Erklärung,
  - dass Vermögen aus Erbschaften bzw. Erbrechten zur Hälfte zur Befriedigung der Gläubiger eingesetzt wird (vgl. § 295 Abs. 1 Nr. 2 InsO),
  - dass außer den im Schuldenbereinigungsplan aufgeführten Gläubigern keine weiteren vorhanden sind, kein Gläubiger Sonderrechte (außer bei Pfandrechten und Sicherheiten) erhalten hat und keinem Gläubiger solche versprochen wurden,
  - dass sämtliche Angaben richtig und vollständig sind.

5. Entscheidung über den Antrag

5.1 Erlassbedürftigkeit

Die Erlassbedürftigkeit ist nach den wirtschaftlichen Verhältnissen des Schuldners zu beurteilen. Die wirtschaftliche Lage des Ehegatten kann insoweit berücksichtigt werden, als dem Schuldner wegen des bestehenden Unterhaltsanspruchs über den pfändbaren Teil hinaus Zahlungen zuzumuten sind.

Im Hinblick auf die Zielsetzung der Insolvenzordnung ist eine Billigkeitsmaßnahme nicht deshalb ausgeschlossen, weil z. B. wegen Pfändungsschutzes eine Einziehung der Steuer ohnehin nicht möglich bzw. die Notlage nicht durch die Steuerfestsetzung selbst verursacht worden ist. Vielmehr ist zu würdigen, ob ein gerichtliches Schuldenbereinigungsverfahren bzw. ein Verbraucherinsolvenzverfahren mit Restschuldbefreiung erfolgversprechend wäre. In diesem Falle kann angenommen werden, dass der Erlass entsprechend der BFH-Rechtsprechung dem Schuldner und nicht anderen Gläubigern zugute kommt. Dies gilt insbesondere dann, wenn durch Dritte (z. B. Angehörige) zusätzliche Mittel für die teilweise Schuldenbereinigung von bisher und voraussichtlich auch künftig uneinbringlichen Rückständen eingesetzt werden. Entsprechend den Grundsätzen beim Erlass von Steuern im außergerichtlichen Vergleich ist daher für die Entscheidung des Finanzamts vor allem maßgebend, dass die Zahlungen in Anbetracht der wirtschaftlichen Verhältnisse angemessen sind, alle Gläubiger – nach Berücksichtigung u. a. von Pfandrechten, Sicherheiten – gleichmäßig befriedigt werden und insbesondere dem Schuldner ein wirtschaftlicher Neuanfang ermöglicht wird. Wurden einzelne Gläubiger in der Vergangenheit ungerechtfertigt bevorzugt, kann es angemessen sein, auf einer höheren Quote zu bestehen. Dem Schuldner ist in Anlehnung an die Regelung bei der Restschuldbefreiung zuzumuten, die pfändbaren Beträge über einen angemessenen Zeitraum an den Gläubiger abzuführen. In Ratenzahlungsfällen sollte das Finanzamt darauf hinwirken, dass künftiger Vermögenserwerb und Aufrechnungsmöglichkeiten bis zum Ablauf des Ratenzahlungszeitraums zusätzlich zu berücksichtigen sind.

Unter dem Gesichtspunkt der Erlassbedürftigkeit kann dem Schuldenbereinigungsplan zugestimmt werden, wenn

- der Schuldner sein gesamtes Vermögen (alle verfügbaren und beschaffbaren Mittel) und ggf. für eine gewisse Zeit das künftig pfändbare Einkommen zur Schuldentilgung einsetzt,
- die angebotenen Zahlungen unter Berücksichtigung des vorhandenen Vermögens und Einkommens sowie des Alters des Schuldners angemessen sind,
- bei Pfändung oder Abtretung von Bezügen aus einem Dienstverhältnis die begünstigten Gläubiger auf die pfändbaren Teile entsprechend der Regelung in § 114 InsO, Art. 107 EGInsO verzichten,
- alle Gläubiger mit der gleichen Quote befriedigt werden, es sei denn, es bestehen zugunsten einzelner Gläubiger Pfandrechte oder Sicherheiten, die in Höhe des tatsächlichen Werts vorweg befriedigt werden können,
- nach den vorliegenden Umständen damit zu rechnen ist, dass der Schuldner den vorgelegten Schuldenbereinigungsplan vollständig und fristgemäß erfüllen wird.

5.2 Erlasswürdigkeit

Im außergerichtlichen Schuldenbereinigungsverfahren richtet sich die Entscheidung über die Erlasswürdigkeit eines Schuldners danach, ob ein Antrag des Finanzamts, dem Schuldner in einem späteren Verfahrensstadium gemäß § 290 InsO die Restschuldbefreiung zu versagen, voraussichtlich Aussicht auf Erfolg haben würde. Würde dieser Antrag voraussichtlich keine Aussicht auf Erfolg haben, gilt der Schuldner im Rahmen des außergerichtlichen Schuldenbereinigungsverfahrens als erlasswürdig. Nach § 290 InsO ist die Restschuldbefreiung u. a. zu versagen, wenn der Schuldner

– wegen einer Insolvenzstraftat (§ 297 InsO) rechtskräftig verurteilt wurde,
– in den letzten drei Jahren vor dem Antrag auf Eröffnung des Insolvenzverfahrens oder nach diesem Antrag vorsätzlich oder grob fahrlässig schriftlich unrichtige oder unvollständige Angaben über seine wirtschaftlichen Verhältnisse gemacht hat, um Steuerzahlungen zu vermeiden oder unberechtigte Steuererstattungen zu erlangen (z.B. in Stundungsanträgen und Steuererklärungen); die Nichtabgabe schriftlicher Erklärungen (z.B. Steuererklärungen) steht der Abgabe unrichtiger oder unvollständiger schriftlicher Erklärungen nicht gleich,
– im letzten Jahr vor dem Antrag vorsätzlich oder grob fahrlässig die Befriedigung des Finanzamts dadurch beeinträchtigt hat, dass er unangemessene Verbindlichkeiten begründet, Vermögen verschwendet oder ohne Aussicht auf eine Besserung seiner wirtschaftlichen Lage die Eröffnung des Insolvenzverfahrens verzögert hat,
– Auskunfts- und Mitwirkungspflichten in diesem Verfahren (z.B. über Vermögen) verletzt oder unrichtige bzw. unvollständige Angaben im Erlassantrag gemacht hat.

6. Verfahren

6.1 Hat die Prüfung des Antrags ergeben, dass der Schuldner dem Grunde nach erlassbedürftig ist und im außergerichtlichen Schuldenbereinigungsverfahren als erlasswürdig gilt, kann der Erlass im Hinblick auf § 291 InsO zunächst nur verbindlich in Aussicht gestellt werden, wenn noch nicht alle Bedingungen erfüllt sind.

Dies ist z.B. der Fall, wenn

– die übrigen Gläubiger noch nicht zugestimmt haben,
– der Schuldner noch eine Teilzahlung oder Ratenzahlungen aus dem künftigen pfändbaren Einkommen zu leisten hat,
– Zahlungseingänge durch Verwertung u.a. von Pfandrechten, Sicherheiten oder Inanspruchnahme Dritter zu erwarten sind oder
– etwaige Aufrechnungsmöglichkeiten wahrgenommen werden sollen.

Während der Laufzeit der Ratenzahlungsvereinbarung ist weitere Voraussetzung für die Erlassbewilligung die Erfüllung der laufenden steuerlichen Verpflichtungen (z.B. bei selbständiger Tätigkeit). Die voraussichtlich zu erlassenden Beträge können zunächst bis zum Ablauf des Zahlungsplans und die künftig zu leistenden Beträge entsprechend der getroffenen Regelungen gestundet werden.

In Fällen, in denen eine Ratenzahlung über einen längeren Zeitraum vereinbart wurde, hat der Schuldner gegenüber dem Finanzamt jährlich über die geleisteten Zahlungen und deren Verteilung an die einzelnen Gläubiger Rechnung zu legen.

6.2 Einer Zustimmung des Bundesministeriums der Finanzen bedarf es nicht (vgl. BMF-Schreiben vom 2. Januar 2002 – IV D 2 – S 0457 – 1/02 –). Dieses Schreiben tritt an die Stelle des BMF-Schreibens vom 10. Dezember 1998 – IV D 6 – S 1900 – 45/98 – in der Fassung des BMF-Schreibens vom 3. Juli 2000 – IV A 4 – S 1900 – 51/00 –. Das Schreiben wird in das AO-Handbuch aufgenommen.

Muster 1
Insolvenzantrag verbunden mit einem Insolvenzplan

Fa. Müller-Mode, Inh. Peter Müller
Waldstraße 32
Mainz

An das
Amtsgericht
– Insolvenzabteilung –
Diether-von-Isenburg-Straße
Mainz

Mainz, den ....

Antrag auf Eröffnung des Insolvenzverfahrens und Insolvenzplan

Sehr geehrte Damen und Herren,

hiermit beantrage ich, Peter Müller, Waldstraße 32, Mainz, die Eröffnung des Insolvenzverfahrens über mein Vermögen.

Gleichzeitig lege ich als Anlage 1 einen Insolvenzplan vor[1] mit der Bitte, diesen nach Prüfung den Gläubigern zum Zwecke der Abstimmung vorzulegen.

Ich betreibe in Mainz seit Oktober 1971 ein im Handelsregister unter XXX eingetragenes Einzelhandelsgeschäft.

Seit dem 31.01.2002 bin ich zahlungsunfähig. Die Zahlungseinstellung wurde den Gläubigern mit Rundschreiben von 02.02.2002 mitgeteilt.

Ich bin seit 1989 mit Frau Lisa Müller verheiratet und habe ein Kind im Alter von 7 Jahren.

Beigefügt überreiche ich ein Gläubiger- und Schuldnerverzeichnis sowie eine Vermögensübersicht.

Mit freundlichen Grüßen

....
(Unterschrift)

---

1 Zur Vorlage eines Insolvenzplanes sind nach § 218 InsO der Schuldner und der Insolvenzverwalter berechtigt. Der Schuldner kann den Insolvenzplan mit dem Eröffnungsantrag verbinden. Der Insolvenzantrag muss spätestens zum Schlusstermin bei Gericht eingehen (§ 218 Abs. 1 Satz 3 InsO).

Anlage 1: Insolvenzplan

**Insolvenzplan im Insolvenzverfahren über das Vermögen
der Fa. Müller-Mode, Inh. Herrn Peter Müller**

1. Darstellender Teil (Sanierungskonzept)

1.1 Bei dem Unternehmen des Schuldners handelt es sich um ein alteingesessenes Familienunternehmen, das mit Oberbekleidung handelt.
Aufgrund der kalten Sommer 2000/2001 hatte das Unternehmen starke Umsatzeinbußen beim Verkauf von Badebekleidung erlitten. Das Unternehmen ist bisher stark einseitig auf den Vertrieb von Badebekleidung ausgerichtet. Daher soll in Zukunft eine exklusive Wäscheabteilung aufgebaut werden. In diesem Bereich bestehen erhebliche Wachstumsmöglichkeiten, da es bislang vor Ort nur ein Unternehmen gibt, das ein vergleichbares Sortiment führt.
Die bestehenden Kontakte zu Lieferanten können hierzu weiter genutzt und ausgebaut werden.
Die Geschäftsräume des Unternehmens befinden sich in einem Geschäftshaus in der Innenstadt, das dem Schuldner gehört und dessen Obergeschoss er selbst mit seiner Familie bewohnt.

1.2 Das Insolvenzverfahren über das Vermögen des Schuldners soll abweichend von den gesetzlichen Vorgaben der InsO auf der Grundlage eines Insolvenzplanes nach Maßgabe der §§ 217 ff. InsO abgewickelt werden.

1.3 Zum Zweck der Fortführung wird die Einzelfirma des Schuldners in eine OHG umgewandelt, in der neben dem bisherigen Inh., Herrn Peter Müller, Herr Martin Meier mit einer Beteiligung von 100.000,00 € als Mitgesellschafter fungiert.

1.4 Die Gläubiger stunden der Schuldnerin die Forderungen für die Dauer eines Jahres.

1.5 Nach Ablauf eines Jahres erhalten die Insolvenzgläubiger 30 % auf ihre Forderungen.

1.6 Für diese Quote bürgt Frau Martha Müller, Waldstraße 5, Mainz.

1.7 Der Schuldner verpflichtet sich, mit seiner Familie zum 01.01.2003 in eine ihm gehörende Dreizimmerwohnung umzuziehen, damit die bisher als Wohnraum genutzten Räume im ersten Stock des Hauses Waldstraße 5 angemessen als Büroräume vermietet werden können.

1.8 Der Schuldner, Herr Peter Müller, tritt für 3 Jahre, gerechnet ab dem Beginn des Geschäftsjahres, das der Aufhebung des Insolvenzverfahrens folgt, seine Ansprüche auf Gewinne aus der Gesellschaft und aus Mieterträgen an einen von dem Gericht zu benennenden Treuhänder ab, der diese Beträge nach Abzug seiner Kosten an die Gläubiger auskehrt.

1.9 Nach Ablauf der drei Jahre (Nr. 1.8) wird Herrn Peter Müller Restschuldbefreiung gewährt (§ 227 InsO).

1.10 Nachrangige Forderungen gelten gemäß § 225 InsO als erlassen.

2. Gestaltender Teil

2.1 Rechte der absonderungsberechtigten Gläubiger

Die absonderungsberechtigten Gläubiger überlassen dem Schuldner das Sicherungsgut zum Zweck der Betriebsfortführung.
Im Gegenzug erhalten sie nach Ablauf eines Jahres den Betrag auf ihre Forderung zuzüglich Zinsen für dieses Jahr. Hinsichtlich ihres Ausfalls erhalten sie die Quote von 30 %.

2.2 Nicht nachrangige Insolvenzgläubiger

Die nicht nachrangigen Gläubiger stunden ihre Forderungen für die Dauer eines Jahres nach Bestätigung des Insolvenzplanes.
Die nicht nachrangigen Insolvenzgläubiger erhalten für ihre Forderungen, soweit sie angemeldet und nicht bestritten wurden, 30 %.
Frau Martha Müller verbürgt sich selbstschuldnerisch für die Erfüllung der Quote.

Anhang *Muster 1*

Plananlagen:

---

1. Erklärung des Schuldners gemäß § 230 Abs. 1 InsO

Hiermit erkläre ich,

Peter Müller, Waldstraße 5, Mainz

mein Einverständnis zur Fortführung meines Einzelhandelsgeschäftes Müller-Mode auf der Grundlage des von mir vorgelegten Insolvenzplanes.

Dieses Einverständnis bezieht auch die Umwandlung der Fa. Müller-Mode in eine OHG ein, in der zu gleichen Teilen ich und mein Schwiegersohn, Herr Martin Meier, als geschäftsführende Gesellschafter agieren.

Mainz, den ....

....
(Unterschrift)

---

2. Erklärung des neu eintretenden Gesellschafters Martin Meier gemäß § 230 Abs. 3 InsO

Hiermit bestätige ich,

Martin Meier, Mühlstraße 3, Mainz

dass ich bereit bin, in der aus der insolventen Fa. Müller-Mode hervorgehenden Müller-Mode OHG einen Anteil von 50 % des Gesellschaftsvermögens in Höhe von 100.000 € zu übernehmen.

Mainz, den ....

....
(Unterschrift)

Anhang *Muster 1*

3. Erklärung der Bürgin gemäß § 230 Abs. 3 InsO

Hiermit erkläre ich,

Martha Müller, Buchenstr. 20, Mainz

meine Bereitschaft, in dem Insolvenzverfahren über das Vermögen des Herrn Peter Müller, Waldstraße 5, Mainz, die Bürgschaft über die den Gläubigern nach Ablauf eines Jahres auszuzahlende Quote in Höhe von 30 % ihrer Forderung zu übernehmen.

Mainz, den ....

....
(Unterschrift)

Muster 1   **Anhang**

4. Vermögensübersicht (§ 229 InsO)

Aktiva

A. Anlagenvermögen
Sachanlagen

Grundstücke	4.000.000,– €
Betriebs- und Geschäftsausstattung	50.000,– €
Fahrzeuge	36.000,– €

B. Umlaufvermögen

Vorräte	225.000,– €
Forderungen aus Lieferung u. Leistung	10.000,– €
sonst. Vermögensgegenstände	1.500,– €
Schecks, Kassenbestand, Konto bei Kreditinstituten	80.000,– €
nicht durch Eigenkapital gedeckter Fehlbetrag	1.097.500,– €
Summe Aktiva:	**5.500.000,– €**

Passiva

Verbindlichkeiten aus Lieferung u. Leistung	600.000,– €
Verbindlichkeiten gegenüber Banken	4.500.000,– €
Verbindlichkeiten gegenüber Arbeitnehmer	150.000,– €
Verbindlichkeiten gegenüber Gesellschaft	250.000,– €
Summe Passiva:	**5.500.000,– €**

Anhang   Muster 1

Anlage: Vermögensübersicht zum 1.1.1999

Aktiva	Buchwert	Verkehrswert	Rechte Dritter	Freie Masse
1.1 Sachanlagen				
Betriebsgrundstück	€ 3.500.000,–	€ 3.750.000,–	€ 3.250.000,–	€ 500.000,–
Lagergrundstück	€ 500.000,–	€ 1.100.000,–	€ 904.000,–	€ 0,–
1.2 Betriebs- und Geschäftsausstattung	€ 50.000,–	€ 125.000,–	€ 70.000,–	€ 55.000,–
1.3 Fahrzeuge				
6 Transporter MB	€ 0,–	(€ 7.500,– jeweils)	€ 45.000,–	€ 0,–
		€ 45.000,–		
1 BMW 850i	€ 32.500,–	€ 37.500,–	€ 22.500,–	€ 0,–
1 Opel Corsa	€ 3.500,–	€ 7.500,–	€ 7.500,–	€ 0,–
2. Umlaufvermögen				
2.1 Vorräte (DOB HOB)	€ 225.000,–	€ 225.000,–	€ 175.000,–	€ 50.000,–
2.2 Forderungen L.L.	€ 10.000,–	€ 8.500,–	€ 8.500,–	€ 0,–
2.3 sonstige Vermögensgegenstände	€ 1.500,–	€ 1.500,–	€ 1.500,–	€ 0,–
2.4 Schecks	€ 12.500,–	€ 12.500,–	€ 0,–	€ 12.500,–
2.5 Kassenbestand	€ 12.500,–	€ 12.500,–	€ 0,–	€ 12.500,–
2.6 Bankguthaben	€ 55.000,–	€ 55.000,–	€ 30.000,–	€ 25.000,–
Gesamt:	**€ 4.402.500,–**	**€ 5.380.000,–**	**€ 4.514.000,–**	**€ 851.000,–**

Passiva	Buchwert	Verkehrswert	Absonderungs-rechte	Massegläubiger	Insolvenz-gläubiger	nachrangige Gläubiger
Lieferanten	€ 600.000,–	€ 600.000,–	€ 200.000,–	€ 0,–	€ 400.000,–	€ 0,–
Banken	€ 4.500.000,–	€ 4.500.000,–	€ 4.314.000,–	€ 0,–	€ 163.500,–	€ 0,–
Arbeitnehmer	€ 150.000,–	€ 150.000,–	€ 0,–	€ 0,–	€ 150.000,–	€ 0,–
Gesellschafterdarlehen	€ 250.000,–	€ 250.000,–	€ 0,–	€ 0,–	€ 0,–	€ 250.000,–
Verfahrenskosten	€ 0,–	€ 100.000,–	€ 0,–	€ 100.000,–	€ 0,–	€ 0,–
Gesamt:	**€ 5.500.000,–**	**€ 5.600.000,–**	**€ 4.514.000,–**	**€ 100.000,–**	**€ 713.500,–**	**€ 250.000,–**

Anlage: Plan-Einnahmen/Ausgabenrechnung Fa. Müller-Mode

Monate	1.1.–31.3.2002	1.4.–30.6.2002	1.7.–30.9.2002	1.10.–31.12.2002	1.1.–30.3.2003
Umsatz	€ 2.250.000,–	€ 2.500.000,–	€ 2.325.000,–	€ 3.000.000,–	€ 2.325.000,–
Materialkosten	€ 1.575.000,–	€ 1.750.000,–	€ 1.627.500,–	€ 2.100.000,–	€ 1.627.500,–
Personal	€ 337.500,–	€ 337.500,–	€ 337.500,–	€ 400.000,– (Weihnachtsgeld)	€ 337.500,–
sonstige betriebl. Aufwendungen	€ 225.000,–	€ 225.000,–	€ 225.000,–	€ 225.000,–	€ 225.000,–
Erlöse	**€ 112.500,–**	**€ 187.500,–**	**€ 134.500,–**	**€ 275.000,–**	**€ 135.000,–**

Erlöse insgesamt: € 844.500,–

Innerhalb des Insolvenzplans zu befriedigende Forderungen:

Insolvenzgläubiger:	€ 713.500,–	
davon 30 %		€ 214.050,–
Absonderungsberechtigte (ohne Hausbank)		€ 200.000,–
zzgl. 4 % Zinsen		€ 8.000,–
Gesamt:		**€ 422.050,–**
abzüglich Massekosten		

Muster 2
Vertrag über den Betrieb einer Schreinerei
(kapitalistische Vertragsgestaltung)[1]

Der Schreinermeister A und die Schreinergesellen
B und C vereinbaren:

§ 1 Errichtung, Zweck

(1) A, B und C schließen sich zu einer Gesellschaft des bürgerlichen Rechts zusammen.

(2) Der Zusammenschluss bezweckt die gemeinsame Fortführung der bisher von A in .... (Ort, Straße) allein betriebenen Schreinerei sowie die Vornahme aller diesem Zweck förderlichen Maßnahmen und Rechtsgeschäfte.

§ 2 Dauer, Kündigung

Die Gesellschaft beginnt am .... (Datum). Sie ist auf unbestimmte Zeit errichtet. Jeder Gesellschafter kann die Gesellschaft unter Einhaltung einer Frist von einem Jahr auf Ende des Kalenderjahres mittels eingeschriebenen Briefes an die übrigen Gesellschafter kündigen, erstmals mit Wirkung vom ....

§ 3 Name, Sitz

(1) Die Gesellschaft führt den Namen
„A, B und C-Schreinerei Gesellschaft bürgerlichen Rechts".

(2) Der Sitz der Gesellschaft ist .... (Ort)

§ 4 Geschäftsjahr

Das Geschäftsjahr der Gesellschaft ist das Kalenderjahr.

§ 5 Betriebsräume

Die Gesellschaft übernimmt den derzeit von A mit der Vermietungsgesellschaft V in .... (Ort) abgeschlossenen Mietvertrag über die Betriebsräume des A. Die Vermieterin V hat ihre Einwilligung hierzu bereits erteilt.

§ 6 Einlagen

(1) A bringt das vorhandene Inventar seines Schreinereibetriebes gemäß der Liste ein, die diesem Gesellschaftsvertrag als Anlage beigefügt ist. Das Inventar wird unter Ausschluss jeder Gewährleistungshaftung eingebracht. Die Gesellschafter sind sich darüber einig, dass der Wert des Inventars € 100.000,– beträgt.

---

[1] Die beiden Vertragsmuster über einen Vertrag zur Gründung einer kapitalistischen BGB-Gesellschaft und über die Errichtung einer OHG offenen Handelsgesellschaft durch Eintritt eines persönlich haftenden Gesellschafters in das Geschäft eines Einzelhandelskaufmanns entsprechen von der Grundstruktur dem Vertragsmuster aus dem Münchener Vertragshandbuch (Band 1, 3. Aufl.), die im Hinblick auf einen Insolvenzplan gestaltet wurden.

(2) B und C erbringen ihre Einlage in Höhe von € 35.000,- bzw. in Höhe von € 20.000,- durch Umwandlung ihrer Forderungen gegen A.

(3) Im Übrigen schuldet der Gesellschafter der Gesellschaft den Einsatz seiner vollen Arbeitskraft. Nebentätigkeiten bedürfen der Zustimmung aller Gesellschafter.

§ 7 Festkapital, Beteiligung der Gesellschafter

(1) Das Gesellschaftskapital beträgt € 155.000,– als Festkapital.

(2) An diesem Kapital sind mit folgenden festen Kapitalanteilen beteiligt:
  a) Gesellschafter A mit € 100.000
  b) Gesellschafter B mit € 35.000
  c) Gesellschafter C mit € 20.000

§ 8 Gesellschafterkonten

(1) Die Gesellschaft führt für jeden Gesellschafter ein Kapitalkonto und ein Privatkonto.

(2) Auf dem Kapitalkonto werden die festen Kapitalanteile der Gesellschafter gemäß § 7 Abs. (2) gebucht. Auf dem (veränderlichen) Privatkonto werden die Gewinnanteile und die festen Tätigkeitsvergütungen sowie die über das Kapitalkonto hinausgehenden Einlagen gutgeschrieben und die Verlustanteile sowie die Entnahmen abgeschrieben. Außerdem werden auf dem Privatkonto alle weiteren Geschäftsvorfälle, die zwischen Gesellschaft und dem Gesellschafter stattfinden, aufgezeichnet.

§ 9 Verfügungen über Gesellschaftsanteile

Die Gesellschaftsanteile dürfen nur mit vorheriger Zustimmung aller Gesellschafter übertragen oder mit Rechten Dritter belastet werden. Die Veräußerung der Gesellschaftsanteile von B und C bedarf nicht der Zustimmung des A.

§ 10 Geschäftsführung, Vertretung

(1) Zur Geschäftsführung und Vertretung sind die Gesellschafter A, B und C jeweils nur gemeinschaftlich mit einem der anderen Gesellschafter berechtigt.
Das Widerspruchsrecht des § 711 BGB steht außer dem A jedem einzelnen der geschäftsführenden Gesellschafter zu. Über die Zulässigkeit einer Geschäftsführungsmaßnahme, der widersprochen wird, entscheiden die Gesellschafter durch Beschluss gemäß § 11 dieses Vertrages.

(2) Die Geschäftsführungs- und Vertretungsbefugnis bezieht sich nur auf das Gesellschaftsvermögen. Die geschäftsführenden Gesellschafter sind verpflichtet, bei jedem Rechtsgeschäft auf die Beschränkung ihrer Vertretungsmacht hinzuweisen und Rechtsgeschäfte nur unter Beschränkung der Haftung auf das Gesellschaftsvermögen abzuschließen. Ferner ist auf allen Geschäftsbögen, -briefen und sonstigen Schreiben der Gesellschaft auf die Haftungsbeschränkung hinzuweisen.

§ 11 Gesellschafterbeschlüsse

(1) Alle den Gesellschaftern durch Gesetz oder diesen Gesellschaftsvertrag zugewiesenen Entscheidungen werden durch Gesellschafterbeschlüsse getroffen.

(2) Falls im Gesetz oder in diesem Gesellschaftsvertrag nicht zwingend etwas anderes bestimmt ist, erfolgt die Beschlussfassung mit einfacher Mehrheit der zur Abstimmung berechtigten Gesellschafter. Je € 500,- fester Kapitalanteil (§ 3 Abs. 2) gewähren dem A eine Stimme. Je € 250,- gewähren dem B und C eine Stimme.

Der Zustimmung aller Gesellschafter bedürfen Beschlüsse über:

a) die Änderung der Gesellschaftsvertrages,
b) die Auflösung der Gesellschaft,
c) den Erwerb, die Veräußerung oder Belastung von Grundstücken oder grundstücksgleichen Rechten,
d) den Abschluss und/oder die Beendigung von Mietverträgen über Betriebsräume,
e) die Beteiligung an anderen Unternehmen,
f) im Übrigen alle Maßnahmen und/oder Rechtsgeschäfte, durch die die Gesellschaft im Einzelfall mit einem Betrag von mehr als € .... verpflichtet wird.

§ 12 Buchführung, Bilanzierung

(1) Die Gesellschaft hat unter Anwendung der steuerlichen Vorschriften Bücher zu führen und jährliche Abschlüsse in Form von Steuerbilanzen zu erstellen.
Diese Steuerbilanzen sind für die Rechtsverhältnisse der Gesellschafter untereinander maßgebend.

(2) Zur Buchführung sowie zur Aufstellung der Bilanzen gemäß dem vorstehenden Abs. (1) ist der Gesellschafter A berechtigt und verpflichtet. A kann sich zur Erfüllung dieser Verpflichtung zu Lasten der Gesellschaft der Mithilfe eines Angehörigen der steuerberatenden Berufe bedienen.

(3) Die Bilanz für ein abgelaufenes Geschäftsjahr ist innerhalb der ersten 6 Monate des folgenden Geschäftsjahres aufzustellen und allen Gesellschaftern vorzulegen.

(4) Die Bilanz ist von allen Gesellschaftern zu genehmigen (Bilanzfeststellung). Kommt eine Genehmigung durch alle Gesellschafter innerhalb eines Monats nach Vorlage der Bilanz nicht zustande, so wird die Bilanz auf Kosten der Gesellschaft mit für alle Gesellschafter verbindlicher Wirkung durch einen von der zuständigen Handwerkskammer zu bestimmenden Schiedsgutachter, der Angehöriger der steuerberatenden Berufe sein muss, festgestellt.

§ 13 Tätigkeitsvergütungen

(1) Die Gesellschafter erhalten für ihre Tätigkeit in der Gesellschaft, unabhängig vom Vorhandensein eines Gewinnes, folgende monatlichen Vergütungen:

Gesellschafter A € 2.500,–
Gesellschafter B € 500,–
Gesellschafter C € 500,–

(2) Die Vergütungen sind jeweils am Ende eines Kalendermonats zu zahlen und im Verhältnis der Gesellschafter zueinander als Aufwand der Gesellschaft zu behandeln.

(3) Die Tätigkeitsvergütungen von B und C werden jeweils zu Beginn eines Geschäftsjahres zwecks Anpassung an die Entwicklung der Lebenshaltungskosten mit Zustimmung aller Gesellschafter in einer schriftlichen Vereinbarung neu festgelegt. Die Tätigkeitsvergütung für A wird auf die Dauer von 5 Jahren nicht angepasst.

§ 14 Verteilung von Gewinn und Verlust

(1) Der sich aus der festgestellten Bilanz ergebende Gewinn wird entsprechend den Anteilen der Gesellschafter am Festkapital (§ 7 Abs. 2) ohne Berücksichtigung eines eventuellen Negativsaldos auf dem Privatkonto aufgeteilt und, soweit die Einlage gemäß § 6 voll erbracht ist, dem Privatkonto eines jeden Gesellschafters gutgeschrieben.

Der dem Privatkonto des A gutgeschriebene Gewinn wird 5 Jahre lang, erstmals zum ..... an den Sachwalter ...... gezahlt. Diesem obliegt es, mit diesem Betrag die festgestellten Forderungen in dem Insolvenzverfahren über das Vermögen des A quotial zu bedienen.

(2) Ein sich aus der festgestellten Bilanz ergebender Verlust wird entsprechend den Anteilen der Gesellschafter am Festkapital (§ 7 Abs. 2) – ebenfalls ohne Berücksichtigung eines eventuellen Negativsaldos auf dem Privatkonto – aufgeteilt und dem Privatkonto eines jeden Gesellschafters belastet.

§ 15 Entnahmen

(1) Jeder Gesellschafter kann diejenigen Beträge entnehmen, die er benötigt, um die auf seinen Gesellschaftsanteil entfallenden Steuerzahlungen und Steuervorauszahlungen zu begleichen.

(2) Im Übrigen sind die Gesellschafter B und C zu Entnahmen berechtigt, soweit ihr Privatkonto einen positiven Bestand aufweist.

§ 16 Urlaub, Krankheit

(1) Jeder geschäftsführende Gesellschafter hat Anspruch auf einen Jahresurlaub von 6 Wochen. Der Urlaub ist zwischen den Gesellschaftern abzustimmen.

(2) Kann ein geschäftsführender Gesellschafter infolge Krankheit oder sonstiger unverschuldeter Verhinderung seinen Geschäftsführungspflichten nicht nachkommen, so bleibt sein Anspruch auf Tätigkeitsvergütung unverändert bestehen. Dauert die Krankheit oder sonstige Verhinderung länger als 6 Monate, so sind die übrigen Gesellschafter berechtigt, auf seine Kosten bis zur Höhe der Vergütungstätigkeit eine Ersatzkraft für die restliche Dauer der Krankheit oder Verhinderung einzustellen.

§ 17 Konkurrenzverbot

Dem Gesellschafter A ist es ohne schriftliche Zustimmung der übrigen Gesellschafter gestattet, der Gesellschaft unmittelbar oder mittelbar, für eigene oder fremde Rechnung, Konkurrenz zu machen oder sich an einem anderen Unternehmen der gleichen Branche direkt oder indirekt zu beteiligen.

§ 18 Auflösung, Übernahmerecht, Fortsetzungsklausel

(1) Kündigen die Gesellschafter B und C die Gesellschaft aus einem von den übrigen Gesellschaftern nach § 276 BGB gemeinsam zu vertretenden wichtigen Grund, so können sie gleichzeitig erklären, dass sie das Unternehmen alleine weiterführen. In diesem Fall übernehmen sie das Gesellschaftsvermögen ohne Liquidation mit Aktiven und Passiven. Anderenfalls wird die Gesellschaft aufgelöst.

(2) Erklärt ein Gesellschafter – abgesehen vom Fall des Abs. (1) – die Kündigung, so scheidet er mit Zugang der Kündigungserklärung aus der Gesellschaft aus; die übrigen Gesellschafter setzen die Gesellschaft fort. Gleiches gilt im Falle des Todes eines Gesellschafters.

(3) Wird über das Vermögen des Gesellschafters B oder C das Insolvenzverfahren eröffnet, so scheidet der betreffende Gesellschafter mit Eintritt der Rechtskraft des betreffenden Eröffnungsbeschlusses aus der Gesellschaft aus. Die Gesellschaft wird in diesem Fall von den übrigen Gesellschaftern fortgesetzt.

(4) Pfändet ein Privatgläubiger eines Gesellschafters dessen Anteil an der Gesellschaft, so scheidet der betreffende Gesellschafter mit dem Ablauf des zweiten Monats nach Erlass des Pfändungsbeschlusses aus der Gesellschaft aus, wenn der Pfändungsbeschluss nicht innerhalb der Zwei-Monats-Frist wieder aufgehoben worden ist; die Gesellschaft wird von den verbleibenden Gesellschaftern fortgesetzt.

§ 19 Ausschließung

Tritt in der Person eines Gesellschafters ein wichtiger Grund ein, der die anderen Gesellschafter zu einer außerordentlichen Kündigung nach § 723 Abs. 1 Satz 2 BGB berechtigen würde, so können die Gesellschafter – anstatt die Gesellschaft außerordentlich zu kündigen – den erstgenannten Gesellschafter durch einstimmigen Beschluss aus der Gesellschaft ausschließen. Der Gesellschafter scheidet mit Zugang des Ausschließungsbeschlusses aus der Gesellschaft aus, die von den übrigen Gesellschaftern fortgesetzt wird.

§ 20 Aufnahme eines weiteren Gesellschafters

Wenn die Gesellschafter B und C es verlangen, können mehrere Gesellschafter aufgenommen werden.

§ 21 Abfindungsguthaben

(1) Scheidet ein Gesellschafter gemäß den Bestimmungen der §§ 18 oder 19 aus der Gesellschaft aus, so erhält er als Abfindung den Buchwert seiner Beteiligung (fester Kapitalanteil gemäß § 7 Abs. (2) zuzüglich anteiliger Rücklagen und Rückstellungen mit Eigenkapitalcharakter zuzüglich eines eventuellen positiven Saldos bzw. abzüglich eines eventuellen negativen Saldos auf dem Privatkonto).
Maßgebend für die Ermittlung des Buchwertes ist die letzte bereits vorliegende ordnungsgemäß festgestellte Jahresbilanz. Zwischen dem Bilanzstichtag und dem Tag des Ausscheidens noch entstandene Gewinne und Verluste bleiben bei der Ermittlung außer Betracht.
An diesen Gewinnen bzw. Verlusten ist der Ausscheidende auch sonst nicht beteiligt. Ebenso nimmt der Ausscheidende an den am Tage des Ausscheidens schwebenden Geschäften nicht teil.

(2) Für die Berechnung des Buchwertes des Gesellschaftsanteils bleibt die genannte Bilanz auch dann maßgebend, wenn sich deren Ansätze infolge einer steuerlichen Außenprüfung der Gesellschaft nachträglich ändern.

(3) Das Abfindungsguthaben des B und C ist in drei gleichen Jahresraten, beginnend mit dem ersten Tag des auf den Tag des Ausscheidens folgenden Monats, auszuzahlen.
Ein dem A zustehendes Abfindungsguthaben ist an den Sachwalter auszuzahlen. Es ist ab dem Tag des Ausscheidens mit 2 % über dem Diskontsatz der Deutschen Bundesbank zu verzinsen, wobei die angelaufenen Zinsen mit jeder Rate fällig werden.

(4) Weist das Privatkonto des Ausscheidenden am Tag des Ausscheidens einen Sollsaldo auf, der höher ist als das dem Ausscheidenden bei Zugrundelegung des festen Kapitalanteils und der anteiligen Rücklagen und Rückstellungen mit Eigenkapitalcharakter gemäß Abs. (1) gebührende Abfindungsguthaben, so hat der Ausscheidende den verbleibenden Sollsaldo unverzüglich auszugleichen.

§ 22 Salvatorische Klausel

Sollte eine Bestimmung dieses Vertrages unwirksam sein oder werden oder der Vertrag eine Lücke enthalten, so bleibt die Rechtswirksamkeit der übrigen Bestimmungen hiervon unberührt. Anstelle der unwirksamen Bestimmung gilt eine wirksame Bestimmung als vereinbart, die dem von den Parteien Gewollten wirtschaftlich am nächsten kommt; das Gleiche gilt im Falle einer Lücke.

§ 23 Schriftform

Nebenabreden zu diesem Vertrag bestehen nicht. Änderungen und/oder Ergänzungen bedürfen der Schriftform. Dies gilt auch für einen Verzicht auf dieses Schriftformerfordernis selbst.

Muster 3
Errichtung einer Offenen Handelsgesellschaft durch Eintritt eines persönlich haftenden Gesellschafters in das Geschäft eines Einzelkaufmannes

§ 1 Firma, Sitz

(1) Die Firma der Offenen Handelsgesellschaft lautet A & B Modernes Design.

(2) Sie hat ihren Sitz in .... (Ort).

§ 2 Gesellschaftszweck

(1) Gesellschaftszweck ist die Fortführung des bisher von A unter der Firma A-Modernes Design allein betriebenen Einzelhandelsunternehmens.

(2) Die Gesellschaft kann Geschäfte jeder Art tätigen, die dem Gesellschaftszweck unmittelbar oder mittelbar dienen.

§ 3 Dauer, Geschäftsjahr

(1) A (Schuldner) und B errichten die Gesellschaft hierdurch zum 01.07.2002. Die Dauer der Gesellschaft ist nicht begrenzt.

(2) Geschäftsjahr ist das Kalenderjahr. Das erste Geschäftsjahr ist ein Rumpf-Geschäftsjahr und dauert vom 1.7. bis zum 31.12.2002.

§ 4 Haftung und Einlagen

(1) Die Gesellschaft haftet für die im Geschäft entstandenen Verbindlichkeiten des bisherigen Inhabers A.

(2) A bringt in die Gesellschaft das bisher von ihm betriebene Einzelhandelsunternehmen ein.

(3) B leistet eine Bareinlage in Höhe von € 30.000,–.

§ 5 Geschäftsführung, Vertretung

(1) Zur Geschäftsführung und Vertretung sind die Gesellschafter nur gemeinsam berechtigt und verpflichtet.

(2) Beide Gesellschafter widmen ihre gesamte Arbeitskraft der Gesellschaft. A hat einen Anspruch auf 6 Wochen, B einen solchen auf 4 Wochen Urlaub je Geschäftsjahr.

§ 6 Gewinn- und Verlustverteilung

(1) Von dem Jahresgewinn erhalten bis einschließlich 31.12.2004 A 70 % und B 30 %; beginnend mit dem Geschäftsjahr 2008 erhalten A und B jeweils die Hälfte. Ein Vorzugsgewinn auf die Kapitalanteile der Gesellschafter, die nach der gesetzlichen Regelung zu bilden sind, wird nicht gezahlt.

(2) Die Gesellschafter nehmen am Verlust je zur Hälfte teil.

(3) Von Liquidationsgewinnen erhalten A 60 % und B 30 %. Für Liquidationsverluste gilt Abs. 2.

§ 7 Entnahmen

B ist berechtigt, 80 % seines Gewinnanteils (§ 6 Abs. 1) am Ende des Geschäftsjahres zu entnehmen, in dem der Gewinn erzielt wurde. 80 % des Gewinnanteils des A sind an den im Insolvenzverfahren über das Vermögen des A eingesetzten Sachwalter am Ende des Geschäftsjahres, in dem der Gewinn erzielt wurde, abzuführen. Darüber hinausgehende Entnahmen sind nur in beiderseitigem Einverständnis der Gesellschafters zulässig.

§ 8 Krankheit eines Gesellschafters

Ist ein Gesellschafter durch Krankheit oder sonstige Umstände länger als 3 Monate ununterbrochen an der Ausübung seiner Geschäfsführertätigkeit gehindert, so kann der andere Gesellschafter zu Lasten des Gewinnanteils des verhinderten Gesellschafters eine Hilfskraft einstellen.

§ 9 Kündigung

(1) Die Gesellschaft kann von B unter Einhaltung einer Frist von 6 Monaten zum Ende eines Geschäftsjahres gekündigt werden.

(2) Unabhängig von Absatz (1) kann ein Gesellschafter die Gesellschaft fristlos kündigen, wenn der andere Gesellschafter ununterbrochen acht Monate oder mehr an der Ausübung seiner Geschäftsführungstätigkeit gehindert ist.

§ 10 Ausscheiden eines Gesellschafters

(1) Der Gesellschafter B hat das Recht, das Geschäft ohne Liquidation mit Aktiven und Passiven unter Fortführung der bisherigen Firma zu übernehmen, im Falle
   a) der Kündigung durch einen Privatgläubiger des anderen Gesellschafters,
   b) des Eintretens eines Umstandes in der Person des anderen Gesellschafters, der dazu berechtigt würde, die Gesellschaft nach § 133 HGB aufzulösen, oder
   c) des Todes des Gesellschafters.

(2) Macht der nach vorstehendem Absatz (1) zur Übernahme des Geschäfts berechtigte Gesellschafter B von diesem Recht Gebrauch, so wird das Geschäft in Form eines Einzelunternehmens weitergeführt. Der Gesellschafter A scheidet aus der Gesellschaft aus. Das Abfindungsguthaben des A bestimmt sich nach seinem buchmäßigen Anteil am Gesellschaftsvermögen.

§ 11 Liquidation

Im Falle des Todes eines Gesellschafters haben dessen Erben einen gemeinsamen Vertreter als Liquidator zu bestellen. Wird dieser nicht binnen drei Monaten seit dem Tod des Gesellschafters bestellt, so erfolgt die Liquidation durch den anderen Gesellschafter.

....
(Ort und Datum)

....
(Unterschrift A)   (Unterschrift B)

Muster 4
Sanierungsplan für ein Heizkraftwerk[1]

> Die in Liquidation befindliche GmbH betrieb ein Heizkraftwerk, dessen Betrieb zum 30.06.1997 eingestellt werden sollte.
>
> Aus einer erstellten Kostenübersicht ergibt sich, dass zwischen 1992 und 1996 die Wärmeerzeugungskosten zwischen DM 35,43 (1992) und DM 30,66 (1996) betragen haben.
>
> Diese Wärmeerzeugungskosten lassen sich beim Verkauf von Wärmeenergie nicht mehr realisieren. Auf dem Markt konnten maximal DM 20,00/MWh durchgesetzt werden.
>
> Nimmt man nach umfangreichen Investitionen einen Brennstoffaustausch vor, und zwar dergestalt, dass neben Feinsteinkohle Klärschlamm und Holz Verwendung finden, so kann durch die erzielten Erlöse beim Erwerb von Klärschlamm und Holz der Wärmeerzeugungspreis auf DM 19,74/MWh gesenkt werden.
>
> Dieses Konzept will der Investor kurzfristig umsetzen, nachdem dargetan wurde, dass die Mittel für die Investitionen zur Verfügung stehen und die erforderlichen Wärmeabnahmeverträge abgeschlossen sind.

Anmerkungen:

Die nachfolgenden Vertragsmuster betreffen die Sanierung eines Betriebsteiles, mit dem ein Heizkraftwerk betrieben wird, und die Liquidation des Erstvermögens einer GmbH, die zum Zweck der Kostenoptimierung mit einer ebenfalls in Liquidation befindlichen AG verschmolzen werden soll.

1 Die Erläuterungen für die Sanierung des Heizkraftwerkes sind die Ergebnisse der Vorschläge aus dem darstellenden Teil eines Insolvenzplanes.

2 *Zum Musterschreiben „Ausgliederung von Vermögen zur Neugründung", S. 305:* Die Verträge
 – Ausgliederung von Vermögen aus einer GmbH zur Neugründung einer GmbH;
 – Anlage I, den Gesellschaftsvertrag zur GmbH-Gründungsurkunde;
 – eingebundener Kaufvertrag;
 – Vertretungsbescheinigung des Notars;
 – Vertrag über die Verschmelzung einer GmbH und einer AG durch Aufnahme;
 – Handelsregisteranmeldung an das jeweilige Amtsgericht;
 – Anmeldung des Ausgliederungsplanes;
 – Sachgründungsbericht aus Anlass der Neugründung einer GmbH im Wege der Ausgliederung gem. UmwG;
 – Gesellschafterliste der neu gegründeten Gesellschaft
 stellen die Umsetzung des gestaltenden Teils eines Insolvenzplanes dar.

3 *Zum Musterschreiben „Ausgliederung von Vermögen zur Neugründung", S. 305:* Die rechtliche Problematik der Verträge besteht u.a. darin, dass der jeweils alleinige Eigentümer einer AG und einer GmbH in Liquidation die Verschmelzung beider Gesellschaften im Wege der Aufnahme beabsichtigt.
 Die aufnehmende Gesellschaft wird ihre Liquidationstätigkeit auf Grund vielgestaltiger Verpflichtungen im Rahmen der planerischen Entwicklung der Unternehmensstandorte im Vorfeld einer Veräußerung über einen bislang noch nicht absehbaren Zeitraum betreiben. Die aufnehmende Gesellschaft erfüllt die Voraussetzungen, die für einen Fortsetzungsbeschluss erforderlich sind, der aber nach dem Willen des Anteilseigners vermieden werden soll.
 Die Frage, ob an einer Verschmelzung auch ein sich in Liquidation befindlicher Rechtsträger als übernehmende Gesellschaft beteiligt sein kann, wird in Literatur und Rechtsprechung unterschiedlich beurteilt.

1. *Lutter* (UmwG, 1996, § 3 Rz. 16) führt dazu aus, dass dieser Fall im Gesetz nicht ausdrücklich geregelt ist. Dabei war schon nach altem Recht umstritten, ob es zur Verschmelzungsfähigkeit als übernehmender Rechtsträger ausreicht, wenn dieser aufgelöst sei, aber seine Fortsetzung beschlossen werden könnte oder ob dieser vor der Verschmelzung durch einen wirksamen Fortsetzungsbeschluss wieder zum werbenden Rechtsträger geworden sein muss. Da die Formulierung des § 3 Abs. 3 UmwG in Kenntnis dieser Auseinandersetzung zu § 19 Abs. 2 KapErhG gefasst wurde, könne ein aufgelöster Rechtsträger nicht übernehmender Rechtsträger sein. Insoweit sei die Formulierung des § 3 Abs. 3 UmwG als Klarstellung zu verstehen (ebenso *Sagasser/Bula* Umwandlungen, 1995, Rz. G 5).
   Es handele sich um eine nicht analogiefähige Ausnahmevorschrift, die nur Sanierungsfusionen erleichtern, nicht aber reine Abwicklungsfusionen ermöglichen soll.
2. *Bermel* (in: Goutier/Knopf/Tulloch, UmwG, 1996, § 3 Rz. 20) führt ebenfalls aus, dass die Verschmelzung auf einen aufgelösten übernehmenden Rechtsträger im Gesetz nicht geregelt sei. Eine Verschmelzung auf einen aufgelösten übernehmenden Rechtsträger sei jedoch zulässig, sofern die Fortsetzung beschlossen werden könnte. Der Fortsetzungsbeschluss sollte ausdrücklich gefasst werden. Er könne jedoch auch im Verschmelzungsbeschluss der Übernehmerin zu sehen sein, wenn die Verschmelzung dem Abwicklungszweck diene.
3. *Dehner* (UmwG, 2. Aufl. 1996, § 3 Rz. 34) ist der Ansicht, dass der Gesetzgeber die Frage, ob auch ein aufgelöster Rechtsträger als übernehmender Rechtsträger an einer Verschmelzung beteiligt sein kann, nicht entschieden habe. Aus dem Schweigen des Gesetzes lasse sich kein Rückschluss ziehen, da in der Gesetzesbegründung auf dieses Problem auch nicht eingegangen worden sei. Da die Umstrukturierung gerade auch dann Sinn machen könne, wenn auch ein sanierungsbedürftiges Unternehmen, das die Fortsetzung als werbende Gesellschaft beschlossen habe, verschmolzen werde, stehe einer entsprechenden Anwendung von § 3 Abs. 3 UmwG auch für übernehmende Rechtsträger nichts entgegen.
4. *Neye* (in: Neye/Limmer/Frenz/Harnacke, Handbuch der Unternehmensumwandlung, 1996, Rz. 105) führt aus, dass wie nach bisherigem Recht auch die Verschmelzung bereits aufgelöster Rechtsträger zulässig sei, wenn ihre Fortsetzung beschlossen werden könnte. Wesentliche Voraussetzung hierfür sei, dass noch nicht mit der Verteilung des Vermögens an die Anteilsinhaber begonnen worden sei. Daraus lässt sich schließen, dass auch *Neye* der Auffassung zuneigt, dass ein aufgelöster Rechtsträger als übernehmender Rechtsträger an einer Verschmelzung beteiligt sein kann.
5. *Schwedhelm* (Die Unternehmensumwandlung, 2. Aufl. 1996, Rz. 976) hält auch die Verschmelzung mit einer aufgelösten GmbH als übernehmender Rechtsträger für zulässig, wenn deren Fortsetzung beschlossen werden könnte, allerdings ohne hierfür eine Begründung abzugeben.
6. *Schwarz* (in: Widmann/Mayer, UmwG, Std. Januar 1997, § 3 Rz. 4.1.) führt aus, dass sich dem Gesetzeswortlaut nicht entnehmen lasse, ob die Verschmelzung auf einen aufgelösten übernehmenden Rechtsträger möglich sei. Die Beschränkung auf übertragende aufgelöste Rechtsträger könnte den Umkehrschluss nahe legen, dass die Verschmelzung auf aufgelöste übernehmende Rechtsträger ausgeschlossen sei, wobei ein solcher Umkehrschluss allerdings nicht zwingend sei. Da § 2 Nr. 1 UmwG allgemein von einem „bestehenden" Rechtsträger als Übernehmer spräche, hätte der Gesetzgeber in § 3 Abs. 3 UmwG einen ausdrücklichen Ausschluss der Verschmelzung mit einem aufgelösten übernehmenden Rechtsträger normieren müssen. Das Fehlen einer entsprechenden Regelung deute auf die Zulässigkeit der Verschmelzung mit einem aufgelösten übernehmenden Rechtsträger hin. Nach § 339 Abs. 2 AktG a.F. wurde die Zulässigkeit der Verschmelzung auf eine aufgelöste übernehmende AG jedenfalls dann bejaht, wenn die Verschmelzung ihrem Abwicklungszweck diente (*Kraft* in: Kölner Kommentar zum AktG, 2. Aufl. 1990, § 339 Rz. 45 m.w.N.). Letztlich bedeutsam sei die Frage nur dafür, ob der übernehmende aufgelöste Rechtsträger vor der Verschmelzung einen Fortsetzungsbeschluss fassen müsse, oder ob die bloße Festsetzungsmöglichkeit für die Verschmelzungsfähigkeit ausreiche. Da der aufgelöste übernehmende Rechtsträger i.d.R. nicht gehindert sei, dem Verschmelzungsbeschluss kurz zuvor einen Fortsetzungsbeschluss vorangehen zu lassen (der in derselben Anteilsinhaberversammlung erfolgen könne), dürfte es sich für aufgelöste übernehmende Rechtsträger empfehlen, die Fortsetzung unmittelbar vor der Verschmelzung tatsächlich zu beschließen.
7. In Beschlüssen des LG Erfurt und des OLG Naumburg haben die Gerichte die Auffassung vertreten, dass § 3 Abs. 3 UmwG eine Verschmelzung auf einen aufgelösten übernehmenden Rechtsträger ausschließe, wobei das OLG Naumburg seine Auffassung ausführlich begründet.

Anhang *Muster 4*

8. Die Rechtslage kann somit nur als unklar bezeichnet werden. Aus der Begr. des RegE (abgedruckt bei *Schaumburg/Rödder* UmwG, 1995, § 3 Rz. 7 f) ergibt sich, dass nach § 3 Abs. 3 UmwG wie nach dem bisher geltenden Recht auch die Verschmelzung bereits aufgelöster übertragender Rechtsträger zulässig sei, wenn deren Fortsetzung beschlossen werden könnte. Voraussetzung hierfür sei, dass noch nicht mit der Verteilung des Vermögens an die Anteilsinhaber begonnen worden sei. Damit werde zugleich das Erfordernis in Art. 3 Abs. 2 der Dritten Richtlinie erfüllt, dass noch nicht mit der Verteilung des Vermögens an die Anteilsinhaber begonnen worden sein darf. Aus dem Wortlaut der Vorschrift ergibt sich zwar nicht, dass diese auch für den Fall der Verschmelzung mit einem aufgelösten übernehmenden Rechtsträger gelten soll. Aus der Systematik ergibt sich jedoch, dass § 3 Abs. 3 UmwG eine Ausnahme von dem Grundsatz darstellt, dass nur werbende Gesellschaften verschmolzen werden können. Dies lässt den Umkehrschluss zu, dass eine Verschmelzung mit aufgelösten übernehmenden Rechtsträgern nicht zulässig ist. Die Argumentation von *Schwarz* (in: Widmann/Mayer, a.a.O., § 3 Rz. 4.1.) erscheint uns hiergegen nicht stichhaltig.

Wenn der Gesetzgeber eine Ausnahmevorschrift in das UmwG aufnimmt, ist er nicht gehalten zu regeln, dass diese Ausnahmevorschrift nicht für die nicht geregelten Fälle gelten soll. Daher kann aus dem Fehlen eines ausdrücklichen Ausschlusses der Verschmelzungsfähigkeit aufgelöster übernehmender Rechtsträger nicht auf die Zulässigkeit der Verschmelzung mit aufgelösten übernehmenden Rechtsträgern geschlossen werden. Auch kann man nicht wie *Dehmer* (a.a.O., § 3 Rz. 34) aus der wirtschaftlich sinnvollen Verschmelzung mit aufgelösten übernehmenden Rechtsträgern deren rechtliche Zulässigkeit folgern (ebenso *OLG Naumburg* vom 12.2.1997 – 10 Wx I/97). Für das OLG Naumburg spricht, dass es sich bei § 3 Abs. 3 UmwG um eine Ausnahmevorschrift handelt und der Wortlaut dieser Vorschrift eindeutig ist. Ebenso sind die Ausführungen des OLG Naumburg zu der alten Rechtslage bezüglich § 19 Abs. 3 KapErhG und § 339 Abs. 2 AktG zutreffend. Da dem Gesetzgeber die Literaturmeinungen zur alten Rechtslage bekannt gewesen sein müssen, kann auch nicht gefolgert werden, dass § 3 Abs. 3 UmwG eine unbewusste Regelungslücke enthält. Zudem sind Ausnahmevorschriften nicht analogiefähig. Zudem würde die Verschmelzung mit aufgelösten übernehmenden Aktiengesellschaften Art. 3 Abs. 2 der Dritten Richtlinie des Rates vom 9.10.1978 betreffend die Verschmelzung von AG widersprechen, nach der eine Verschmelzung durch Aufnahme auch dann erfolgen kann, wenn sich eine der übertragenden Gesellschaften in Abwicklung befindet.

Da nach dieser Rechtslage damit gerechnet werden muss, dass das zuständige Amtsgericht einen dahingehenden Verschmelzungsantrag zurückweisen wird, enthalten die Verträge zum einen die mit der beigefügten Skizze 1 dargestellten Abspaltung/Verschmelzung und vorsorglich in der Skizze 2 den dargestellten aufschiebenden Kaufvertrag, der eine fehlgeschlagene Verschmelzung auffangen soll.

Muster 4 **Anhang**

Abspaltung / Verschmelzung EFTAG mbH i. L.

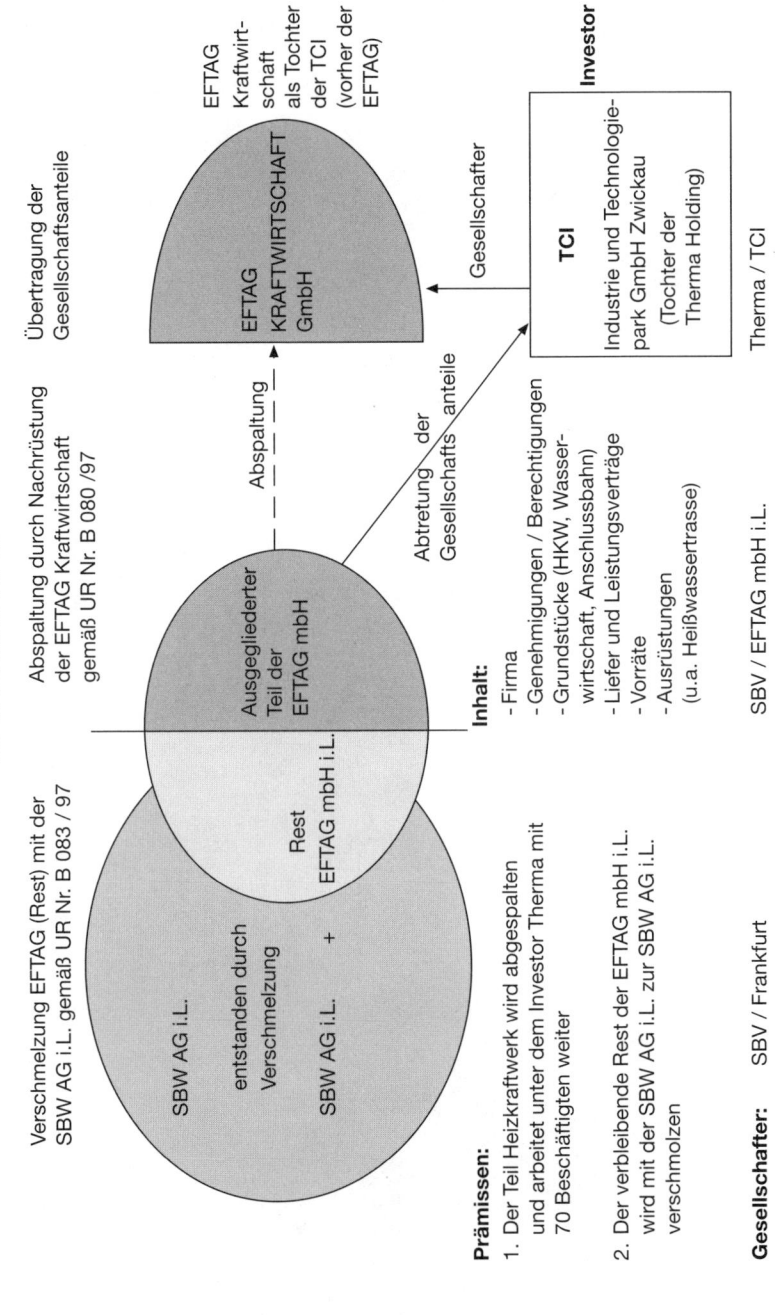

Verschmelzung EFTAG (Rest) mit der SBW AG i.L. gemäß UR Nr. B 083 / 97

Abspaltung durch Nachrüstung der EFTAG Kraftwirtschaft gemäß UR Nr. B 080 /97

Übertragung der Gesellschaftsanteile

- SBW AG i.L.
- entstanden durch Verschmelzung
- SBW AG i.L. +
- Rest EFTAG mbH i.L.
- Ausgegliederter Teil der EFTAG mbH
- Abspaltung - - - →
- EFTAG KRAFTWIRTSCHAFT GmbH
- EFTAG Kraftwirtschaft als Tochter der TCI (vorher der EFTAG)

Abtretung der Gesellschaftsanteile →

Investor

TCI
Industrie und Technologiepark GmbH Zwickau (Tochter der Therma Holding)

← Gesellschafter

Inhalt:
- Firma
- Genehmigungen / Berechtigungen
- Grundstücke (HKW, Wasserwirtschaft, Anschlussbahn)
- Liefer und Leistungsverträge
- Vorräte
- Ausrüstungen (u.a. Heißwassertrasse)

Prämissen:
1. Der Teil Heizkraftwerk wird abgespalten und arbeitet unter dem Investor Therma mit 70 Beschäftigten weiter
2. Der verbleibende Rest der EFTAG mbH i.L. wird mit der SBW AG i.L. zur SBW AG i.L. verschmolzen

Gesellschafter: SBV / Frankfurt   SBV / EFTAG mbH i.L.   Therma / TCI

Anhang *Muster 4*

Aufschiebend bedingter Kaufvertrag
für den Fall, dass das Gericht die gewollte Verschmelzung nach dem Umwandlungsgesetz ablehnt

Übertragung:
- Forderungen und Verbindlichkeiten
- Restgrundstücke
- Vermögensteile

Probleme:
- undefinierte Verbindlichkeiten
- ggf. Rechtsstreitigkeiten

Inhalt:
- Firma
- Genehmigungen / Berechtigungen
- Grundstücke (HKW, Wasserwirtschaft, Anschlussbahn)
- Liefer und Leistungsverträge
- Vorräte
- Ausrüstungen (u.a. Heißwassertrasse)

- Rest EFTAG mbH i.L.
- Ausgegliederter Teil der EFTAG mbH
- SBW AG i.L. als aufnehmende Gesellschaft festgelegt
- EFTAG KRAFTWIRTSCHAFT GmbH (EFTAG Kraftwirtschaft als Tochter der TCI (vorher der EFTAG))
- **Investor** TCI — Industrie und Technologiepark GmbH Zwickau (Tochter der Therma Holding)

Übertragung der Gesellschaftsanteile
Abspaltung
Abtretung der Gesellschaftsanteile
Gesellschafter

Gesellschafter: SBV / Frankfurt   SBV / EFTAG mbH i.L.   Therma / TCI

Ausgliederung von Vermögen aus einer GmbH zur Neugründung einer GmbH[2, 3]

Heute, den ....
erschien vor mir, dem Notaranwärter ....
als amtlich bestelltem Vertreter des Notars ....
Notar in .... in dessen Amtssitz in ....,
Parkweg 3,
– im Folgenden „Notar" genannt –,

Herr Rechtsanwalt Dr. ...., geschäftsansässig in ...., Str. .... handelnd

1. als einzelvertretungsberechtigter Liquidator der
   .... mbH Z i.L., eingetragen im Handelsregister des Amtsgerichts Z unter HRB ....;
   – im Folgenden „mbH" genannt –

2. Herr ...., geschäftsansässig ....
   in ...., handelnd als alleinvertretungsberechtigter Geschäftsführer der:

   a) .... Gesellschaft mbH, eingetragen im Handelsregister des Amtsgerichtes K, HRB ....,
   mit Sitz in ....
   – im Folgenden „GmbH" genannt –

   sowie der

   b) ATC GmbH C, eingetragen im Handelsregister des Amtsgerichtes C, HRB ....
   – im Folgenden „ATC GmbH" genannt –.

Der Erschienene zu 1. handelt zudem als **Vertreter** für ....,
bevollmächtigt auf Grund Gesellschaftsbeschluss vom .... , dessen Niederschrift bei Beurkundung in Kopie vorlag, Original nachzureichen versprechend.
– im Folgenden „Aktionär" bzw. „Gesellschafter" genannt –

Auf Grund meiner Einsichtnahme in das Handelsregister des AG C zu HRB ....
vom .... für die .... mbH Z bestätige ich, Notar, dass die Gesellschaft dort eingetragen ist und durch Herrn Dr. ....
als einzelvertretungsberechtigtem Liquidator vertreten wird.

Die Vertretungsbescheinigung für die .... mbH sowie für die ATC GmbH C erfolgt gesondert.

Herr Dr. .... ist dem Notar persönlich bekannt.

Der Erschienene zu 2. wies sich aus durch Vorlage amtlicher mit Lichtbild versehener gültiger Ausweispapiere.

Auf Ansuchen des Erschienenen beurkundete ich auf Grund ihrer vor mir abgegebenen Erklärungen was folgt:

---

2 Siehe Anmerkung S. 300: Verträge.
3 Siehe Anmerkung S. 300 ff.: Rechtliche Problematik.

Vorbemerkungen

Die .... mbH hat durch Vertrag vom .... Ur.-Nr. ....
des Notars .... – im Folgenden „Vorurkunde" genannt – die Betriebsstätte des
Heizkraftwerkes an die .... mbH verkauft. Der Vertrag ist wegen noch
ausstehender Vollzugsvoraussetzungen noch nicht zum Grundbuchvollzug eingereicht.

Unter wirtschaftlicher Aufrechterhaltung und gleichzeitiger Erweiterung des Vertragsinhaltes sowie zum Zwecke der nahtlosen Überleitung der für den Vertragsgegenstand bestehenden Rechtsverhältnisse ändern die Vertragsparteien den ursprünglichen Grundstücks-/bzw. Betriebsteilkaufvertrag wie folgt in eine

Ausgliederung
nach dem Umwandlungsgesetz mit anschließender

Geschäftsanteilsabtretung
ab:

A.
Ausgliederungsplan

Vorbemerkung

Der Erschienene zu 1. versichert als Liquidator der Gesellschaft, dass bei der GmbH mit einer Verteilung des Vermögens noch nicht begonnen worden ist, so dass ein Fortsetzungsbeschluss gefasst werden könnte (§ 3 Abs. 3 UmwG).

I.
Vermögensübertragung

1.
Die mbH gliedert aus ihrem Vermögen im Wege der Neugründung einer Gesellschaft mit beschränkter Haftung unter der Firma

„ .... mbH Kraftwirtschaft –"

gegen Gewährung des einzigen Geschäftsanteils an dieser Gesellschaft die Betriebsstätte **Heizkraftwerk** als Gesamtheit mit der Wasserwirtschaft zur Versorgung des Heizkraftwerkes und der im Vertrag vom .... definierten Wärmeversorgungsinsel auf dem Gelände „Martin Hoop" nach Maßgabe und im Umfang des Vermögens aus, wie sie Gegenstand der diesamtlichen Vorurkunde UR.-Nr. .... unter Berücksichtigung der nachfolgenden Erweiterungen/Ergänzungen ist.

Auf die Vorurkunde, die bei Beurkundung im Original vorlag und den Beteiligten bekannt ist, wird Bezug genommen; die Beteiligten verzichten auf deren nochmalige Verlesung. Die Urkunde wird in beglaubigter Abschrift dieser Urkunde beigefügt.

2.
In Erweiterung und Ergänzung des Vertragsumfangs und auch insoweit in entsprechender Aufwendung der sonstigen Regelungen der Vorurkunde überträgt die .... mbH zudem im Wege der Ausgliederung auf die neu zu gründende GmbH:

2.1.
den in der Anlage I zu dieser Urkunde, auf die Bezug genommen wird, aufgeführten Grundbesitz.

Der Grundbesitz ist den Vertragsparteien in der Natur genau bekannt und in den gesondert übergebenen Lageplänen (1–9) rot umrandet eingezeichnet.

Die Lagepläne wurden zur Durchsicht vorgelegt und von allen Beteiligten genehmigt. Sie werden nicht als Anlage zu dieser Urkunde aufgenommen.

Bei den Grundstücken handelt es sich im Wesentlichen um
– das Anschlussgleis zwischen Hauptbahnhof Z und dem Betriebsbahnhof,
– betriebsnotwendige Grundstücke der Wasserwirtschaft,
– betriebsnotwendige Ergänzungsflächen zu den in der Vorurkunde bezeichneten Grundstücken.

Mitübertragen werden alle baulichen Anlagen und Trassen auf den Grundstücken, soweit sie im Eigentum der .... mbH stehen. Hinsichtlich der unvermessenen „ca-Flächen" hat die Vermessung unverzüglich zu erfolgen.

2.2.
das Leitungsnetz für Heißwasser im Stadtgebiet Z, soweit es selbstständiges Eigentum der .... mbH ist, unter der aufschiebenden Bedingung, dass die Zustimmung der .... zur Aufhebung der Vereinbarung vom .... bezüglich des Kaufinteresses an der Trasse vorliegt. Die GmbH verpflichtet sich, das Leitungsnetz nicht ohne Zustimmung der ATC GmbH an einen Dritten zu übertragen.

Vollmachten

1.
Die Beteiligten erteilen hiermit

Herrn .... sowie Frau .... Parkweg 3 in .... jedem/r für sich allein unwiderruflich mit dem Recht der Vollmachtsübertragung sowie unter Befreiung von den Beschränkungen des § 181 BGB die Vollmacht, sämtliche Erkärungen abzugeben und entgegenzunehmen, die zum Vollzug dieser Urkunde **hinsichtlich der nicht vermessenen Teilflächen** im weitesten Sinne noch erforderlich sind oder vom Gericht oder sonstigen Behörden noch für erforderlich gehalten werden.

Der Bevollmächtigte ist insbesondere berechtigt, Bewilligungen zu erteilen und Anträge sowie Teilungsanträge zu stellen.

Auch ist durch die Vollmacht die Erklärung der Auflassung nach erfolgter Vermessung umfasst.

Die Vollmacht erlischt mit der Wahrung des Vertrages im Grundbuch.

Die persönliche Haftung des Bevollmächtigten ist ausgeschlossen, soweit er die nachfolgenden Verpflichtungen zur Abstimmung mit den Vollmachtgebern einhält.

Die Vollmacht ist im Außenverhältnis unbeschränkt. Im Innenverhältnis darf der Bevollmächtigte davon nur Gebrauch machen, wenn er die beabsichtigten Erklärungen den Vollmachtgebern schriftlich mitgeteilt hat und seither mindestens eine Woche verstrichen ist bzw. wenn er von den Vollmachtgebern schriftlich hierzu aufgefordert worden ist.

Mit der Vollmacht ist kein Auftrag verbunden.

2.
Die Vermessung einschließlich der hierfür erforderlichen Genehmigungsverfahren wird jedoch von den Beteiligten betrieben.

Im Übrigen bewilligt und **beantragt** die übertragende Gesellschaft, das Grundbuch entsprechend dem Ausgliederungsplan zu berichtigen.

Den Beteiligten ist **bekannt**, dass die Heißwassertrasse nicht auf .... Territorium verläuft und die Leitungsrechte nur teilweise in dem Grundbuch eingetragen sind.

3.
Mitübertragen sind alle Sachen, Rechte und Vertragsverhältnisse, soweit sie dem vorbezeichneten Betriebsteil im weitesten Sinne wirtschaftlich zuzuordnen sind, insbesondere

– die energierechtliche sowie ggf. anderweitig bestehende Betriebserlaubnis für das Heizkraftwerk einschließlich aller vorbezeichneten betriebsnotwendigen Anlagen sowie einschließlich der Berechtigung, den Begriff „ .... " in der Firmierung des ausgegliederten Unternehmens fortführen zu dürfen; die ...... mbH verpflichtet sich, erforderlichenfalls ihre Firmierung im erforderlichen Umfang zu ändern, um eine Fortführung der Tätigkeit unter der Firmierung „e" durch das ausgegliederte Unternehmen zu ermöglichen;

- die bestehenden Wasserentnahmerechte aus der Mulde;
- die Verpflichtung der .... mbH zum Abriss des Kraftwerkes bei Einstellung des Betriebes sowie der Anschlussbahnanlagen einschließlich der Aufbauten und Brücken, wenn der Betrieb der Anschlussbahn eingestellt wird;
- die Lieferung von Brauchwasser ab der definierten Übergabestelle an die Firma .... unter Beibehaltung der per .... geltenden Konditionen;
- der Lieferung von Fernwärme und Strom auf der Grundlage der für die .... mbH i.L. geltenden Versorgungsberechtigung nach § 5 Energieversorgungsgesetz.

4.
Die Wertnachweise für die ausgegliederten Vermögensbestandteile ergeben sich aus der gesondert übergebenen, vom Steuerberater/Wirtschaftsprüfer noch zu bestätigenden Aufstellung.

5.
Im Übrigen finden auf die Vermögensübertragung die Regelungen der Vorurkunde entsprechende Anwendung, auf die auch insoweit Bezug genommen wird.

II.
Ausgliederungsstichtag

Die Übertragung des Vermögens erfolgt im Innenverhältnis mit Wirkung zum .... , 0.00 Uhr. Die Handlungen der .... mbH nach diesem Zeitpunkt gelten, soweit sie das übertragene Vermögen betreffen, als für Rechnung der .... mbH – Kraftwirtschaft – getätigt (Ausgliederungsstichtag).

III.
Gründung der X GmbH

Die Firma der im Wege der Ausgliederung neu zu gründenden Gesellschaft lautet

.... mbH – Kraftwirtschaft –.

Ihr Sitz ist Z.

Für die .... mbH – Kraftwirtschaft – wird der in der Anlage .... zu dieser Urkunde genommene Gesellschaftsvertrag festgestellt.

Zum Geschäftsführer der Gesellschaft wird

Herr .... , Kaufmann, geb. am ....
geschäftsansässig .... , Str. ....
in K

bestellt.

Er ist stets einzelvertretungsberechtigt und von den Beschränkungen des § 181 BGB befreit.

IV.
Gegenleistung

Als Gegenleistung für die übertragenen Vermögenswerte übernimmt die ..... mbH den einzigen gebildeten Geschäftsanteil der .... mbH – Kraftwirtschaft – im Nennbetrag von 50.000,00 DM.

Besondere Rechte

1.
Weder der .... mbH als alleinigem Anteilsinhaber noch deren alleiniger Gesellschafterin werden besondere Rechte im Sinne des § 126 Abs. 1 Nr. 7 UmwG gewährt.

2.
Dem Vertretungs- wie auch dem Aufsichtsorgan der .... mbH werden keine besonderen Vorteile nach § 126 Abs. 1 Nr. 8 UmwG gewährt.

V.
Arbeitsverhältnisse

Durch die Ausgliederung ergeben sich für die Arbeitnehmer und ihre Vertretungen nachstehende Folgen:

1. individual-arbeitsrechtlich

Die im ausgegliederten Vermögensteil bestehenden Arbeitsverhältnisse werden im gesetzlichen Umfang nach Maßgabe der §§ 323, 324 UmwG i.V.m. § 613a BGB von der mbH – Kraftwirtschaft – übernommen.

2. kollektiv-arbeitsrechtlich

Der bisher für die .... mbH geltende Manteltarifvertrag behält seine Gültigkeit.

Betriebsvereinbarungen sind mit dem Betriebsrat neu abzuschließen.

Es besteht im Rahmen der gesetzlichen Voraussetzungen des § 321 UmwG ein Übergangsmandat des Betriebsrates der .... mbH.

Im Übrigen sind keine Maßnahmen geplant, die sich auf die Rechte der betroffenen Arbeitnehmer oder deren Vertretungen auswirken.

VI.
Sonstige Vereinbarungen

1.
Sollten für die Übertragung der in Ziffer I. genannten Sachen, Rechte, Vertragsverhältnisse und Verbindlichkeiten nach § 132 UmwG weitere Voraussetzungen geschaffen oder staatliche Genehmigung eingeholt werden müssen, so verpflichtet sich die .... mbH, alle erforderlichen Erklärungen abzugeben und Handlungen vorzunehmen.

2.
Sollte eine Übertragung der in Ziffer I. genannten Sachen, Rechte, Vertragsverhältnisse und Verbindlichkeiten im Wege der Spaltung auf die mbH – Kraftwirtschaft – rechtlich nicht möglich sein, verpflichtet sich die .... mbH, alle erforderlichen Handlungen vorzunehmen, die rechtlich in anderer Weise zu dem beabsichtigten Vermögensübergang auf die mbH – Kraftwirtschaft – führen.

B.
Zustimmungsbeschluss

1.

Unter Verzicht auf alle Form- und Fristvorschriften hält der Erschienene zu 1., handelnd für die X als alleinigem Gesellschafter der .... mbH, eine Gesellschafterversammlung ab und fasst folgende Beschlüsse:

> Vorstehendem Ausgliederungsplan zur Ausgliederung der mbH – Kraftwirtschaft – aus dem Vermögen der .... mbH wird einschließlich des Gesellschaftsvertrages der mbH – Kraftwirtschaft – uneingeschränkt zugestimmt.

2.

Die X als alleiniger Gesellschafter der .... mbH verzichtet hiermit unwiderruflich auf die Erstattung eines Ausgliederungsberichtes (§ 127 i.V.m. § 8 Abs. 3 UmwG) sowie auf die Anfechtung vorstehenden Ausgliederungsbeschlusses.

Eine Ausgliederungsprüfung ist nach § 125 Satz 2 UmwG entbehrlich.

C.
Abtretung der (künftigen) Geschäftsanteile an der GmbH

Vorbemerkung

Unter Aufhebung der Vorurkunde, soweit sie die Verpflichtung zur Eigentumsübertragung des Grundbesitzes auf die C-GmbH umfasst, bei gleichzeitiger Aufrechterhaltung und Überleitung aller auf Grund der Vorurkunde zu Gunsten der C-GmbH begründeten Rechte und Pflichten auf die ATC GmbH, werden die vorstehend neu gebildeten Geschäftsanteile der mbH – Kraftwirtschaft – im Einvernehmen aller Vertragsparteien in Form nachfolgender Geschäftsanteilsabtretung unter gleichzeitiger Schuldbefreiung der C-GmbH auf die ATC GmbH wie folgt übertragen:

I.
Verkauf des Geschäftsanteils

Die .... mbH

– Veräußerer–

überträgt ihren mit Vollzug der vorstehend unter A. vorgenommenen Ausgliederung entstehenden Geschäftsanteile an der mbH – Kraftwirtschaft – in Höhe von 50.000,00 DM an die ATC GmbH

– Erwerber –.

II.
Kaufpreis

1.
Der Kaufpreis beträgt .... DM zuzüglich der gesetzlichen Mehrwertsteuer.

2.
Der Kaufpreis ist in zwei Raten wie folgt fällig:

a) 2,00 DM (in Worten zwei Deutsche Mark) binnen 5 Bankarbeitstagen nach Beurkundung;

b) der Restbetrag in Höhe von .... (in Worten: ....) vorbehaltlich der Eintragung der Ausgliederung im Handelsregister zinsfrei am 31.12.1999.

Der Kaufpreis und Zinsen sind unter Bezug auf diesen Vertrag im Verwendungsnachweis auf folgendes Konto des Veräußerers zu zahlen:
Nr.: ....
BLZ: ....
Bank: A-Bank AG Z

3.
Bis zur Fälligkeit ist der Kaufpreis nicht zu verzinsen. Ab Fälligkeit ist der Kaufpreis mit .... % jährlich zu verzinsen.

4.
Wegen des Kaufpreises (ohne Zinsen) unterwirft sich der Erwerber – mehrere als Gesamtschuldner – der sofortigen Zwangsvollstreckung aus dieser Urkunde.

Vollstreckbare Ausfertigung ist auf Antrag zu erteilen, im Übrigen ohne weitere Nachweise. Gesetzliche Beweislastregeln bleiben unberührt.

5.
Zahlt der Erwerber die jeweilige Kaufpreisrate nicht bis zum Ablauf von einem Monat nach Fälligkeit, ist der Veräußerer zum Rücktritt von diesem Vertrag berechtigt, ohne dass es einer vorherigen Mahnung bedarf.
Im Falle des Rücktritts des Veräußerers hat der Erwerber die Kosten dieser Urkunde und ihres Vollzuges sowie die Kosten der Rückabwicklung zu tragen.

Eine Abschrift der Rücktrittsmitteilung des Veräußerers ist an den Notar zur Kenntnis zu richten.

6.
Dem Erwerber ist eine Aufrechnung oder Zurückbehaltung des Kaufpreises nur mit schriftlicher Zustimmung des Verkäufers oder auf Grund einer rechtskräftigen gerichtlichen Entscheidung gestattet.

III.
Abtretung des Geschäftsanteils

1.
Der Veräußerer tritt hiermit den vorstehend unter C.I. bezeichneten (künftigen) Geschäftsanteil – soweit nachfolgend nicht abweichend geregelt – mit sofortiger dinglicher Wirkung und mit allen Rechten und Bestandteilen sowie dem damit verbundenen Gewinnbezugsrecht ab dem Ausgliederungsstichtag an den Erwerber ab. Der Erwerber nimmt diese Abtretung an.

2.
Die Abtretung steht unter der aufschiebenden Bedingung der vollständigen Zahlung des Kaufpreises.
Der Notar wird von den Vertragsparteien angewiesen, dem Registergericht erst dann eine die Abtretungserklärungen enthaltene Ausfertigung dieser Urkunde einzureichen, wenn ihm die Kaufpreiszahlung durch Bestätigung des Verkäufers oder Bankbestätigung nachgewiesen worden ist.

3.
Herr .... nimmt als alleinvertretungsberechtigter Geschäftsführer der GmbH die Abtretungsanzeige entgegen und stimmt der Veräußerung des Geschäftsanteils im Namen der Gesellschaft unwiderruflich zu.

IV.
Garantiezusagen und Gewährleistungen des Veräußerers

1.
Der Veräußerer übernimmt – vorbehaltlich der Regelungen im Rahmen der Ausgliederung – keine Gewährleistung hinsichtlich der rechtlichen und wirtschaftlichen Verhältnisse der GmbH, insbesondere **nicht**

a)
für Sachmängel der zum Anlage- und Umlaufvermögen gehörenden Sachen,

b)
für den Fortbestand der bisherigen Vermögens- und Ertragslage der GmbH bzw. des ausgegliederten Vermögensbestandes.

2.
Der Veräußerer haftet lediglich dafür, dass er Inhaber des veräußerten Geschäftsanteils ist/wird und dass an diesem mit Ausnahme etwaiger auf Grund gesetzlicher Regelungen bestehender vermögensrechtlicher Anspruch aus früherem Eigentum oder sonstigem Recht („Rückübertragungsansprüche") in Bezug auf den Geschäftsanteil keine Rechte Dritter bestehen.

3.
Sollte der auf Grund vorstehender Ausgliederung zu bildende Geschäftsanteil nicht wirksam entstehen, vereinbaren die Vertragsparteien schon jetzt, dass sie alsdann einvernehmlich alle rechtlich erforderlichen Schritte und Vereinbarungen mit dem Ziel der wirksamen Begründung der Gesellschaft in dem Zustand herbeiführen, wie er nach diesem Vertrag vorausgesetzt ist.

V.
Grundbesitz

1.
Zum Vermögen der Gesellschaft soll der in der Vorurkunde sowie der weitere unter A.I. 2.1. genannte Grundbesitz gehören.

2. Vermögensrechtliche Ansprüche

Für den in der Vorurkunde bezeichneten Grundbesitz sind dem Veräußerer zum gegenwärtigen Zeitpunkt Anträge nach § 30 VermG auf Rückübertragung bekannt.

Hinsichtlich der unter A.I. 2.1. bezeichneten Grundstücke ist durch die .... ein Rückübertragungsanspruch angemeldet worden. In der Erwartung, dass die .... entsprechend einer bisher geübten Praxis der Veräußerung zustimmt und sich auf eine Erlösauskehr bei rechtskräftiger Feststellung ihres Anspruches beschränken wird, geht der Veräußerer davon aus, dass ein Verfahren nach dem Investitionsvorranggesetz nicht durchgeführt werden muss. Anderenfalls verpflichten sich die Vertragsparteien, alle Voraussetzungen für die Durchführung eines InVorG-Verfahrens einvernehmlich herbeizuführen.

Sollte ein berechtigter Rückübertragungsanspruchsteller nach § 16 Abs. 1 InVorG Zahlungen eines den Kaufpreis übersteigenden Betrages verlangen, hat der Käufer den Verkäufer sowie die mbH – Kraftwirtschaft – im Innenverhältnis insoweit freizustellen.

3.
Im Übrigen gelten alle grundstücksbezogenen Regelungen der Vorurkunde entsprechend, wobei die Regelung zur Mehrerlösabführung (§ 7 der Vorurkunde) entsprechend auf gesamte oder teilweise Veräußerung des Geschäftsanteils der mbH – Kraftwirtschaft – durch den Veräußerer anzuwenden ist.

4.
Die in der Vorurkunde erteilte Belastungsvollmacht (§ 24) wird in gleichem Umfang und mit gleicher Zweckbindung der mbH – Kraftwirtschaft – als künftigem Grundstückseigentümer erteilt.

VI.
Investitionen-, Arbeitsplatzverpflichtungen, Vertragsstrafen

Die mbH – Kraftwirtschaft – tritt allen übernommenen Verpflichtungen des Erwerbers aus den §§ 12 bis 15 der Vorurkunde in gesamtschuldnerischer Haftung mit folgender Maßgabe bei:

Die Verpflichtungen in § 12 (Investitionen), § 13 (Arbeitsplätze) der Vorurkunde gelten rein objektbezogen auf den Bestand des ausgegliederten Vermögens.

Das dem Veräußerer bei Nichterfüllung der Investitionsverpflichtung zustehende Rücktrittsrecht (§ 12 Abs. 3) gilt für die Geschäftsanteilsabtretung entsprechend. Zur vermögensmäßigen Sicherung der Rückübertragungsverpflichtung des mit der ausgegliederten mbH – Kraftwirtschaft – übertragenen Vermögens im Falle des Rücktritts bewilligen und beantragen die Beteiligten, zu Gunsten des Veräußerers eine bedingte Auflassungsvormerkung im Grundbuch von Z, Blatt .... , Flurstück .... , mit der Ausgliederung übertragenen Grundbesitz einzutragen; § 27 der Vorurkunde gilt im Übrigen entsprechend.

VII.
Haftungsabgrenzung

1.

Der Veräußerer einerseits und die mbH – Kraftwirtschaft – und der Erwerber andererseits verpflichten sich, einander wechselseitig von Verbindlichkeiten Dritter freizustellen, soweit sie nach dem Ausgliederungsstichtag in Bezug auf die jeweilig andere Vermögensmasse entstanden sind.

Der Veräußerer verpflichtet sich, bis zum Zeitpunkt des Wirksamwerdens der Ausgliederung keinerlei Maßnahmen ohne Zustimmung des Erwerbers vorzunehmen, die über den gewöhnlichen Geschäftsbetrieb hinausgehen bzw. sich unmittelbar auf den ausgegliederten Vermögensbestand beziehen.

Der Veräußerer erklärt, ab dem Ausgliederungsstichtag 01.04.1999 bis zum heutigen Tage keinerlei derartige Maßnahmen vorgenommen zu haben.

2.

Die mbH – Kraftwirtschaft – und der Erwerber verpflichten sich, den Veräußerer und die X von eventuell entstehenden Ansprüchen aus § 134 UmwG freizustellen.

3.

Im Übrigen verpflichten sich Erwerber und Veräußerer einander in Bezug auf die ausgegliederte Vermögensmasse der mbH – Kraftwirtschaft – wechselseitig haftungsmäßig so zu stellen, wie wenn das ausgegliederte Vermögen im Wege der Einzelübertragung auf den Erwerber übergegangen wäre.

VIII.
Anpassungsregelung

Im Übrigen gelten alle Regelungen der Vorurkunde in sinngemäßer Anwendung entsprechend, soweit nicht in dieser Urkunde abweichend vereinbart.

D.
Sonstiges

I.
Notarvollmacht

Der Notar ist bevollmächtigt, den Vollzug dieser Urkunde umfassend zu betreiben und den Liquidator, die Gesellschaft/Aktionär und die Gesellschaft uneingeschränkt vor Behörden und dem Registergericht zu vertreten.

Er ist insbesondere befugt, Beschwerde und sonstige Rechtsmittel einzulegen, sofern das Registergericht Beanstandungen erhebt.

Im Übrigen werden alle in der Vorurkunde erteilten Vollmachten und Vollzugsaufträge zur sinngemäßen Anwendung auf diesen Vertrag bestätigt.

II.
Kosten, Abschriften

1.
Die Kosten dieser Urkunde und ihres Vollzuges trägt, mit Ausnahme der Geschäftsanteilsabtretung unter vorstehend C., die übernehmende Gesellschaft bis zu einem Maximalbetrag von 10.000,00 DM, im Übrigen die Erschienene zu 2.b).

Sollte die Ausgliederung gemäß A. nicht wirksam werden, trägt die Erschienene zu 1. die Kosten dieser Urkunde und ihres Vollzuges.

2.
Alle sonstigen Kosten trägt die jeweilig betroffene Gesellschaft allein.

3.
Von dieser Urkunde erhalten:

– jeder Vertragsbeteiligte
– das Amtsgericht C – Registergericht
– die örtlich zuständigen Finanzämter – Körperschaftsteuerstelle
– die örtlich zuständigen Finanzämter – Grunderwerbsteuerstelle
– die beteiligten Grundbuchämter

je eine beglaubigte Abschrift.

III.
Hinweise

1.
Der Notar hat allen Beteiligten den weiteren Verfahrensablauf bis zum Wirksamwerden der Ausgliederung, den Zeitpunkt des Wirksamwerdens sowie die Rechtsfolgen der Ausgliederung erläutert.

Er hat insbesondere auch auf die Haftungstatbestände der §§ 133 f. UmwG, § 25 HGB sowie auf die Haftung für einen Fehlbetrag des Gesellschaftsvermögens gegenüber dem ausgewiesenen Stammkapital hingewiesen.

2.
Zu den steuerlichen Auswirkungen dieses Vertrages kann der Notar keine Hinweise erteilen. Die Beteiligten haben sich insoweit steuerlich beraten zu lassen.

IV.
Salvatorische Klausel

Falls einzelne Bestimmungen dieses Vertrages unwirksam sein sollten, dieser Vertrag Lücken enthält oder der Vollzug dieses Vertrages im Handelsregister bestandskräftig abgelehnt wird, wird die Wirksamkeit der Urkunde dadurch im Übrigen nicht berührt.

Die Urkunde ist in diesem Falle so auszulegen oder umzudeuten, dass eine ihrem wirtschaftlichen Sinn und Zweck entsprechende Regelung gilt, die – soweit rechtlich zulässig – dem am nächsten kommt, was die Beteiligten durch diese Urkunde haben erreichen wollen.

Soweit erforderlich, verpflichten sich die Beteiligten, bei der Beurkundung einer solchen Regelung mitzuwirken, die die Parteien so stellt, als wäre die beabsichtigte Ausgliederung und Abtretung rechtswirksam vollzogen worden.

Die Niederschrift samt Anlagen wurde den Beteiligten vom Notar vorgelesen, von ihm genehmigt und wie folgt unterschrieben:

Anlage I zur GmbH-Gründungsurkunde des Notars ....., vom .... Ur.-Nr. B .....

Gesellschaftsvertrag

§ 1
Firma und Sitz

1. Die Firma der Gesellschaft lautet

    mbH – Kraftwirtschaft –

2. Der Sitz der Gesellschaft ist Z.

§ 2
Gegenstand des Unternehmens

1.
Gegenstand des Unternehmens der Gesellschaft ist die Erzeugung, Verteilung und Abrechnung von Elektroenergie, Fernwärme und Brauchwasser, die Durchführung von Energieberatung, die Planung, Errichtung und Erstellung von Heizkraftanlagen und der Verkauf von festen Brennstoffen, des Umschlags und Transportes, die Erfassung, der Transport, die Aufbereitung und der Vertrieb von industriellen Reststoffen, Abfallprodukten und Problemrohstoffen einschließlich der Erzeugung von Baustoffen und Materialien auf dieser Basis.

Die Gesellschaft wird im Raum Z tätig.

2.
Zur Erreichung des vorerwähnten Zwecks der Gesellschaft ist diese berechtigt, sich an anderen Unternehmen zu beteiligen, diese zu erwerben und deren Geschäftsführung zu übernehmen.

3.
Die Gesellschaft kann Zweigniederlassungen errichten.

§ 3
Stammkapital, Stammeinlagen

Das Stammkapital der Gesellschaft beträgt 50.000,00 DM. Es besteht aus einer Stammeinlage in Höhe von 50.000,00 DM, welche die mbH Z in Liquidation übernommen hat.

Die neuen Stammeinlagen sind nicht in Geld, sondern dadurch zu erbringen, dass die Betriebsstätte „Heizkraftwerk" der mbH Z in Liquidation, eingetragen im Handelsregister des Amtsgerichtes C unter HRB .... als Gesamtheit mit der

1. Wasserwirtschaft zur Versorgung des Heizkraftwerkes Wärmeversorgungsinsel auf dem Gelände „MH" mit allen zurechenbaren Aktiva und Passiva nach Maßgabe des
2. Ausgliederungsplanes vom ...., Ur-Nr. .... des Notars .... gemäß § 123 Abs. 3 Nr. 2, § 131 Abs. 1 Nr. 1 UmwG als Gesamtheit auf die Gesellschaft übertragen wird.
3. Die Gesellschaft ist nicht verpflichtet, den Wert der eingebrachten Vermögensteile, der den Nennbetrag der Stammeinlagen übersteigt, den Gesellschaftern oder Dritten zu vergüten.

§ 4
Dauer der Gesellschaft, Geschäftsjahr

1.
Die Gesellschaft wird auf unbestimmte Zeit errichtet.

2.
Das Geschäftsjahr ist das Kalenderjahr.

3.
Das erste Geschäftsjahr ist ein Rumpfgeschäftsjahr, es beginnt mit dem Wirksamwerden der Ausgliederung in das Handelsregister und endet mit dem darauffolgenden 31.12. ...

§ 5
Geschäftsführung, Vertretung

1.
Die Gesellschaft hat einen oder mehrere Geschäftsführer.

2.
Ist nur ein Geschäftsführer bestellt, vertritt dieser die Gesellschaft alleine.

3.
Sind mehrere Geschäftsführer bestellt, wird die Gesellschaft durch zwei Geschäftsführer gemeinsam oder durch einen Geschäftsführer in Gemeinschaft mit einem Prokuristen vertreten.

4.
Die Gesellschafterversammlung kann jedoch einem oder mehreren Geschäftsführern die alleinige Vertretungsbefugnis übertragen.

5.
Die Gesellschafterversammlung kann einen oder mehrere Geschäftsführer von den Beschränkungen des § 181 BGB befreien.

§ 6
Gesellschafterversammlung

1.
Alljährlich hat mindestens eine Gesellschafterversammlung stattzufinden.

2.
Die Einberufung der Gesellschafterversammlung erfolgt durch die Geschäftsführung. Das Einberufungsrecht und die Einberufungspflicht steht jedem einzelnen Geschäftsführer zu.

3.
In der Gesellschafterversammlung gewähren je DM 100,00 eines Geschäftsanteiles eine Stimme.

4.
Gesellschafterbeschlüsse werden mit einfacher Mehrheit der abgegebenen Stimmen gefasst, soweit nicht dieser Gesellschaftsvertrag oder das Gesetz eine andere Mehrheit vorschreiben.

§ 7
Jahresabschluss

1.
Die Jahresabschlüsse und Lageberichte der Gesellschaft sind nach Maßgabe der §§ 316 bis 324 HGB zu prüfen.

2.
In den ersten drei Monaten eines neuen Geschäftsjahres haben die Geschäftsführer den Jahresabschluss des abgelaufenen Geschäftsjahres – Bilanz, Gewinn- und Verlustrechnung nebst Anhang und Lagebericht – aufzustellen und dem Abschlussprüfer zur Prüfung vorzulegen.

3.
Soweit nicht zwingende gesetzliche Bestimmungen entgegenstehen, darf die Geschäftsführung den Jahresabschluss mit Lagebericht auch später aufstellen, wenn dies einem ordnungsgemäßen Geschäftsgang entspricht; diese Unterlagen sind aber jedenfalls innerhalb der ersten sechs Monate eines neuen Geschäftsjahres für das abgelaufene Geschäftsjahr aufzustellen. Buchführung und Bilanzierung haben den Grundsätzen ordnungsgemäßer Buchführung unter Beachtung des Steuerrechtes zu entsprechen.

Ändert die Finanzverwaltung oder die Finanzjustiz nachträglich Ansätze des Jahresabschlusses oder ergeben sich Änderungen der Ansätze des Jahresabschlusses auf Grund sonstiger Entscheidungen der Finanzverwaltung oder Finanzjustiz, insbesondere im Zuge einer Betriebsprüfung, so ist vorbehaltlich zwingend handelsrechtlicher Bestimmungen der berichtigte Abschluss maßgebend, sofern nicht die Gesellschafterversammlung etwas Abweichendes beschließt.

Die Geschäftsführer haben der Gesellschafterin den Jahresabschluss und den Lagebericht zusammen mit dem schriftlichen Prüfungsbericht des Abschlussprüfers unverzüglich nach Aufstellung und Fertigstellung mit ihren Vorschlägen der Gewinnverwendung zur Beschlussfassung zu übersenden.

Die Feststellung des Jahresabschlusses obliegt der ordentlichen Gesellschafterversammlung.

Anhang *Muster 4*

§ 8
Gewinnverwendung

Soweit die Gesellschafterversammlung nicht etwas anderes beschließt, hat die Gesellschafterin Anspruch auf Ausschüttung des Bilanzgewinnes.

§ 9
Kündigung

1.
Das Gesellschaftsverhältnis kann durch die Gesellschafterin zum 31.12. eines jeden Jahres unter Einhaltung einer Kündigungsfrist von sechs Monaten gekündigt werden.

2.
Die Kündigung hat durch eingeschriebenen Brief zu erfolgen.

§ 10
Wettbewerbsverbot

1.
Der Gesellschafterin ist es gestattet, unmittelbar oder mittelbar im Geschäftsbereich der Gesellschaft tätig zu sein oder zu werden, wenn und soweit dies außerhalb des räumlichen Tätigkeitsbereiches der Gesellschaft geschieht.

2.
Darüber hinaus kann der Gesellschafterin durch Gesellschafterbeschluss oder Gesellschaftervertrag Befreiung von einem Wettbewerbsverbot nach einer vorzunehmenden Betriebsabgrenzung und gegebenenfalls nach Zahlung eines angemessenen Entgeltes erteilt werden.

§ 11
Gründungskosten

Die Gesellschaft trägt die mit ihrer Gründung verbundenen Kosten bis zu DM 10.000,00 zuzüglich der gesetzlichen Umsatzsteuer.

UR-Nr. .... /99

Kaufvertrag

Verhandelt in ....
Datum ....

Vor dem unterzeichnenden Notar

....

Notar mit dem Amtssitz in S, Pweg

erschien:

1. Herr ...., dienstansässig ....,
dieser handelnd als vollmachtloser Vertreter für Herrn Dr. ....
geb. ...., dienstansässig ....

   handelnd nicht für sich, sondern

   a) als vollmachtloser Vertreter X

   – nachfolgend „X" genannt

   Die X handelnd für sich selbst und gemäß § 25 Abs. 1 InVorG als gesetzlicher Vertreter der Firma .... mbH i.L. mit Sitz in Z

   – nachfolgend „Verkäufer" genannt

   und

   b) als alleinvertretungsberechtigter Liquidator der .... mbH i.L. mit dem Sitz in Z, Straße ...., Z (HRB ...., AG C).

   zur Herbeiführung der Wirksamkeit seiner Erklärung die Genehmigung der von ihm Vertretenen in der Form des § 29 GBO vorbehaltend –

2. Herr ...., dienstansässig ....,
dieser handelnd als vollmachtloser Vertreter für die .... mbH
Str. ...., K, HRB .... das AG K,
vertreten durch den alleinvertretungsberechtigten Geschäftsführer, Herrn ....

   – nachfolgend „Käufer" genannt.

Die Erschienenen zu 1. und 2. sind dem Notar bekannt.

Das Grundbuch wurde **nicht** eingesehen; die Beteiligten bestanden trotz Belehrung über die damit verbundenen Gefahren auf sofortiger Beurkundung.

Antragsgemäß beurkunde ich bei gleichzeitiger Anwesenheit der Beteiligten folgenden Vertrag:

Präambel:

Der Kaufvertrag wird zum Zwecke des Weiterbetriebes des Heizkraftwerkes „K M" nach dem 01.07.1999 mit alternativen Energieträgern abgeschlossen. Der Käufer wird die entsprechenden Umbaumaßnahmen im Rahmen seiner Investitionsverpflichtung vornehmen. Im Zusammenhang mit der Übergabe der Betriebserlaubnis ist der Verkäufer nicht für die Sicherung der umweltseitigen Zustimmungen verantwortlich. Die über die bestehende Betriebserlaubnis hinausgehenden notwendigen Genehmigungen und Erhebungen werden auf Risiko des Käufers durch diesen beschafft.

Anhang *Muster 4*

§ 1
Grundbuchbestand

Der Verkäufer ist gemäß § 11 Abs. 2 und § 23 des Treuhandgesetzes vom 17. Juni 1990 Eigentümer folgenden bebauten Grundbesitzes:

Grundbuch	Blatt Nr.	Flurstück	Gemarkung	Fläche lt. GB (in m^2)
Heizkraftwerk „K M" mit Bahnhof				
Z			Z	393.657
Z			Z	15
Wasserwirtschaft (Versorgung HKW)				
Z			Z	9.291
Z			Z	150
Z			Z	3.720
Z			Z	4.150
Z			Z	6.551
Wärmeerzeugung „M H"				
O			P	3.585

§ 2
Verkauf

Der Verkäufer verkauft aus dem in § 1 näher bezeichneten Grundbesitz eine Fläche von ca. **412.903 m^2** entsprechend nachfolgender Aufstellung:

Grundbuch	Blatt Nr.	Flurstück	Gemarkung	Fläche lt. GB (in m^2)
Heizkraftwerk „K M" mit Bahnhof				
Z			Z	393.657
Z			Z	15
			Gesamt:	**393.672**

Grundbuch	Blatt Nr.	Flurstück	Gemarkung	Fläche lt. GB (in m^2)
Wasserwirtschaft (Versorgung HKW)				
Z			Z	ca. 4.125
Z			Z	150
Z			Z	3.720
Z			Z	ca. 1.100
Z			Z	6.551
			Gesamt:	**ca. 15.646**
Wärmeerzeugung „M H"				
O			P	3.585
			Gesamt:	**3.585**

Kauffläche insgesamt: ca. 412.903 m^2

– nachfolgend „Kaufgrundstücke" genannt –

Diese sind den Vertragsparteien in der Natur genau bekannt und in den gesondert übergebenen Lageplänen rot umrandet eingezeichnet, die von den Parteien genehmigt werden.

Auf den Kaufgrundstücken befinden sich

- das Heizkraftwerk „K M" einschließlich aller technischen Anlagen zum Betrieb eines Kohlekraftwerkes,
- auf dem Gelände „M H", Grundstück .... O eine Versorgungseinrichtung für Fernwärme,
- Filterhalle und Pumpstation zur Wasserentnahme aus der Mulde sowie der Brauchwasserversorgung des Heizkraftwerkes.

Weiterhin werden übertragen:

- der Betriebsname einschließlich der Betriebserlaubnis,
- bestehende Wasserrechte zur Entnahme aus der Mulde.

§ 3
Lasten

1.
Der Kaufgegenstand ist von dem Verkäufer frei von Lasten in Abteilung II und III des Grundbuches eingetragen.

2.
Dies gilt nicht für nicht wertmindernde Rechte, für deren Löschung vom jeweils Berechtigten Bewilligungen nicht oder nur mit unverhältnismäßigem Aufwand zu beschaffen sind.

3.
Der Verkäufer beantragt die Löschung der in Abteilung II und III gegebenenfalls eingetragenen Rechte auf seine Kosten bzw. verpflichtet sich, die Löschungsbewilligungen beizubringen, soweit diese nicht vom Käufer übernommen werden.

4.
Der Käufer stimmt schon jetzt den Löschungen zu, sofern die Umschreibung vor den Löschungen erfolgt.

5.
Der Käufer übernimmt alle etwa vorhandenen aus dem Grundbuch nicht ersichtlichen Beschränkungen und Lasten sowie die durch den Verkäufer eingegangenen Verpflichtungen, insbesondere öffentlich-rechtliche, einschließlich etwaiger Baulasten.

6.
Der Käufer verpflichtet sich weiterhin, die vom Verkäufer eingegangene Verpflichtung zum Abriss des Kraftwerkes zu übernehmen, falls der Betrieb des Kraftwerkes durch ihn eingestellt wird.

§ 4
Besitzübergabe

1.
Der Verkäufer überträgt dem Käufer am .... (Übergangsstichtag) den unmittelbaren Besitz am Kaufgegenstand. Dieser Übergangsstichtag ist auch dann maßgeblich, wenn der Käufer bereits auf Grund eines Miet-, Pacht- oder sonstigen Nutzungsverhältnisses Besitzer des Kaufgegenstandes sein sollte.

2.
Soweit der Kaufgegenstand vermietet oder verpachtet ist oder Nutzungsrechte Dritter bestehen und diese am Übergangsstichtag forbestehen, übernimmt der Käufer die sich hieraus ergebenden Rechte und Pflichten.

3.
Mit dem Übergangsstichtag übernimmt der Käufer die Betriebserlaubnis des Kraftwerkes „K M".

4.
Der Käufer ist berechtigt, ab Übergangsstichtag den Firmennamen .... zu führen. Der Liquidator der .... verpflichtet sich deshalb zur Namensänderung bzw. -ergänzung der Liquidationsgesellschaft.

5.
Der Käufer übernimmt ferner alle das Kaufobjekt betreffenden Verpflichtungen und Verträge des Verkäufers, insbesondere Strom- und Wärmelieferungsverträge. Die Verträge wurden dem Käufer bereits übergeben.

6.
Der Käufer übernimmt den Teilbereich Wasserwirtschaft einschließlich der Wasserrechte Mulde. Dieser Bereich umfasst im Wesentlichen:
– Entnahmeeinrichtung aus der Mulde
– Filtereinrichtungen
– Pumpstation
– Trasse zum Heizkraftwerk

7.
Über die Nutzung eines Anschlussgleises ist unter Berücksichtigung der Gesamtvermarktung der Anlage gesondert zu entscheiden.

Im Rahmen dieser Übernahme verpflichtet sich der Käufer, bestehende Versorgungsverpflichtungen zu gleichen Konditionen abzusichern.

§ 5
Kaufpreis

1.
Der Kaufpreis für den in § 2 bezeichneten Kaufgegenstand beträgt

DM 1,00

in Worten: eine Deutsche Mark

zuzüglich der gesetzlichen Mehrwertsteuer zum Zeitpunkt der Kaufpreiszahlung.

2.
Nicht im Kaufpreis enthalten ist der Wert der Kohlevorräte zum Übergangsstichtag. Diese Vorräte werden zum Anschaffungspreis gesondert veräußert.

§ 6
Zahlung

1.
Die Zahlung des Kaufpreises einschließlich der Mehrwertsteuer erfolgt zum Übergangsstichtag.
Der Notar wird von den Parteien beauftragt, den Käufer und den Verkäufer unabhängig vom vorgenannten Zahlungsmodus über das Vorliegen aller Genehmigungen unverzüglich schriftlich zu unterrichten.

2.
Der Kaufpreis und die Zinsen sind unter Bezug auf diesen Vertrag im Verwendungsnachweis auf das folgende Konto zu zahlen:

Bank ....
BLZ ....
Konto-Nr. ....
Kontoinhaber ....

3.
Gerät der Käufer mit der Zahlung einen Monat in Rückstand, ist der Verkäufer berechtigt, ohne Nachfristsetzung vom Vertrag zurückzutreten.

4.
Dem Käufer ist eine Aufrechnung oder Zurückbehaltung des Kaufpreises nur mit schriftlicher Zustimmung des Verkäufers oder auf Grund einer rechtskräftigen gerichtlichen Entscheidung gestattet.

5.
§ 454 BGB wird abbedungen.

§ 7
Mehrerlösabführung

1.
Veräußert der Käufer den Kaufgegenstand ganz oder teilweise vor dem 31.12.1998, so hat der Käufer den über dem Kaufpreis liegenden Mehrerlös, einschließlich aller anderen geldwerten Vorteile in Höhe von 80 % an den Verkäufer abzuführen.
Bei einer Veräußerung nach dem 31.12.1998, aber vor dem 31.12.2000, sind 50 % des Mehrerlöses an den Verkäufer abzuführen.
Veräußerungszeitpunkt ist der Zeitpunkt des Vertragsabschlusses.

2.
Als Veräußerung gemäß Abs. 1 gelten alle Rechtsgeschäfte, die darauf gerichtet sind, einem Dritten Eigentum unmittelbar oder mittelbar eine dem Eigentum wirtschaftlich gleichstehende Rechtsstellung oder ein dingliches Nutzungsrecht zu verschaffen. Dies gilt auch, wenn die Käufer den Kaufgegenstand ganz oder teilweise in eine Gesellschaft einbringen, an der sie nicht mehrheitlich beteiligt sind. Eine Veräußerung ist auch dann gegeben, wenn dies unentgeltlich erfolgt.

3.
Wird der Kaufgegenstand unentgeltlich übertragen oder liegt der bei der Weiterveräußerung erzielte Erlös unter dem Verkehrswert, sind 80 % bzw. 50 % des Betrages an den Verkäufer abzuführen, um den der zum Zeitpunkt der Veräußerung bestehende Verkehrswert den im vorliegenden Vertrag vereinbarten Kaufpreis übersteigt.
Bei unentgeltlicher Übertragung ist die Differenz zwischen dem Verkehrswert zum Zeitpunkt der Weiterveräußerung und dem in § 5 dieses Vertrages vereinbarten Kaufpreis abzuführen.

4.
Ist ein Erlös für den Kaufgegenstand aus einer Veräußerung nach Abs. 2 nicht eindeutig bestimmbar, gilt der Verkehrswert als erlöst. Dies betrifft insbesondere auch die Fälle einer Übertragung der Geschäftsanteile des Käufers auf einen Erwerber oder der Einbringung des Kaufgegenstandes oder eines Teiles hiervon in eine Gesellschaft. Ein Mehrerlös ist gemäß Abs. 3 und 5 abzuführen.

5.
Falls sich die Parteien über den Verkehrswert nicht einigen können, wird dieser durch einen öffentlich bestellten und vereidigten Gutachter festgestellt. Können sich die Parteien über die Person des Gutachters nicht einigen, wird dieser auf Antrag einer der beiden Vertragsparteien vom Präsidenten der Industrie- und Handelskammer bestimmt, in dem der Kaufgegenstand gelegen ist.
Die Kosten des Gutachtens trägt der Käufer.

6.
Der Mehrerlös ist im Fall von Abs. 1 innerhalb von fünf Bankarbeitstagen nach Beurkundung des notariellen Veräußerungsvertrages fällig; im Falle von Abs. 3 bis 5 fünf Bankarbeitstage, nachdem sich die Parteien auf den Verkehrswert geeinigt haben oder ihnen das Gutachten vorliegt. Er wird ab Fälligkeit mit 4 % p.a. über dem jeweiligen Diskontsatz der Deutschen Bundesbank verzinst, ohne dass es einer Mahnung bedarf.

7.
Der abzuführende Mehrerlös umfasst nicht Wertsteigerungen, die auf Aufwendungen, insbesondere auf den vertraglich vereinbarten Investitionen des Käufers, beruhen. Auf den abzuführenden Mehrerlös werden ferner Zahlungen des Käufers an einen berechtigten Anspruchsteller gemäß § 11 Abs. 5 nicht angerechnet.

8.
Der Käufer hat dem Verkäufer unverzüglich sämtliche Umstände mitzuteilen, die einen Anspruch auf Mehrerlös begründen können. Der Käufer verpflichtet sich, durch Vorlage einer Bescheinigung eines Wirtschaftsprüfers oder Steuerberaters für die Geschäftsjahre 1997–2000 die Einhaltung der oben erwähnten Verpflichtung nachzuweisen. Die Bescheinigung ist jeweils bis zum 30. 6. des folgenden Jahres vorzulegen.

§ 8
Gefahrenübertragung

Die Gefahr des zufälligen Untergangs und der zufälligen Verschlechterung des Kaufgegenstandes geht mit der Besitzübergabe auf den Käufer über. Dem Käufer stehen von diesem Tag an auch Ansprüche aus etwaigen Versicherungen zu. Der Verkäufer übernimmt jedoch keine Gewähr dafür, dass der Kaufgegenstand ausreichend versichert und dass insbesondere der Gebäudewert durch die Feuerversicherung voll gedeckt ist.
Es ist Sache des Käufers, das Haftpflichtrisiko mit dem Tag der Übergabe oder der Eintragung als Eigentümer im Grundbuch zu decken, wobei der frühere Zeitpunkt maßgebend ist.

§ 9
Sach- und Rechtsmängelhaftung

1.
Der Kaufgegenstand wird am Übergangsstichtag übergeben, wie er steht und liegt.

2.
Dem Käufer ist der Zustand der Grundstücke und der aufstehenden Gebäude auf Grund eingehender Besichtigung bekannt.

3.
Der Verkäufer übernimmt für Größe, Beschaffenheit und Mängelfreiheit des Kaufgegenstandes keine Gewähr.

§ 10
Umweltaltlasten

1.
Der Verkäufer übernimmt keine Gewähr für die Freiheit des Kaufgegenstandes von Umweltaltlasten.

2.
Umweltaltlasten sind sämtliche Belastungen des Bodens oder des Grundwassers durch Schadstoffe aus industrieller oder gewerblicher Nutzung.

§ 11
Vermögensrechtliche Ansprüche

1.
Dem Verkäufer sind Anträge nach § 30 VermG auf Rückübertragung des Kaufgegenstandes zum gegenwärtigen Zeitpunkt nicht bekannt.

Der Kaufvertrag steht unter der aufschiebenden Bedingung, dass

– die Stelle für Investitionsvorrangentscheidungen der X einen stattgebenden Investitionsvorrangbescheid erlässt, falls wider Erwarten Restitutionsansprüche vorliegen oder

– die X-Stelle für Grundstücksverkehrsgenehmigungen die Genehmigung nach der Grundstücksverkehrsordnung erteilt und die jeweilige Stelle dies dem Notar schriftlich mitteilt. Von dieser Bedingung ausgenommen sind die Vereinbarungen in § 27 Abs. 1 und 3, §§ 18, 4 Abs. 3 und § 20 dieses Vertrages.
Die Parteien gehen davon aus, dass der Antragsteller auf die Rückübertragung verzichtet bzw. die Anträge offensichtlich unbegründet sind.

2.
Der Käufer hat alle für das Verfahren nach dem Investitionsvorranggesetz erforderlichen Unterlagen beizubringen sowie die notwendigen Auskünfte zu erteilen.

3.
Liegt die Mitteilung nach Abs. 1 nicht innerhalb einer Frist von vier Monaten nach Vertragsabschluss vor, so sind Käufer und Verkäufer berechtigt, vom Vertrag zurückzutreten. Weitergehende Rechte, insbesondere Schadensersatzansprüche – auch gegen die X –, sind ausgeschlossen.

4.
Dem Käufer ist bekannt, dass er keinen Anspruch auf einen stattgebenden Invesititonsvorrangbescheid hat. Er wird sich nicht auf § 162 BGB berufen, da die Entscheidung in einem eigenständigen Verwaltungsverfahren von einer besonderen Stelle der X getroffen wird.

§ 12
Investitionen

1.
Der Käufer verpflichtet sich, bis zum .... Mio. DM in den Kaufgegenstand zu investieren. Unabhängig von dieser Verpflichtung, strebt der Käufer an, weitere 2 Mio. DM zu investieren.

2.
Im Fall der Verzögerung von Genehmigungen, insbesondere Baugenehmigungen, die durch den Käufer nicht zu vertreten sind, verschiebt sich der Termin aus 1. entsprechend.

3.
Der Käufer verpflichtet sich, das Kraftwerk nach dem Übergangsstichtag auf alternative Brennstoffe umzurüsten und das Kraftwerk auf Basis dieser Energieträger ab 01.07.1997 fortzuführen.

4.
Erfüllt der Käufer seine Verpflichtungen nicht oder nicht vollständig, so ist der Verkäufer berechtigt, vom Vertrag zurückzutreten.

§ 13
Arbeitsplätze

Der Käufer steht dafür ein, zum Übergangsstichtag ...... Arbeitnehmer pönalbehaftet bis zum .... und .... Arbeitnehmer befristet für 2 Jahre zu übernehmen.

§ 14
Vertragsstrafenregelung

1.
Erfüllt der Käufer seine Verpflichtung aus § 12 Abs. 1 nicht, so ist der Verkäufer berechtigt, von dem Käufer eine Vertragsstrafe in Höhe von 50 % der nicht aufgewendeten Investitionssumme zu verlangen.

2.
Erfüllt der Käufer seine Verpflichtung aus § 13 nicht, so ist der Verkäufer berechtigt, eine Vertragsstrafe von 30.000 DM pro Arbeitsplatz und Jahr zu verlangen.

§ 15
Nachweis und Überprüfung der übernommenen Investitions- und Arbeitsplatzgarantien

Der Verkäufer ist berechtigt, von dem Käufer den Nachweis zu verlangen, dass die in den §§ 12 und 13 übernommenen Verpflichtungen eingehalten wurden.

Der Nachweis für die Einhaltung der Verpflichtung aus § 12 ist binnen 6 Monate nach Fristablauf, der für die Einhaltung der Verpflichtung aus § 13 jeweils bis zum 30.06. für das vorangehende Kalenderjahr zu erbringen. Dazu hat der Käufer Wirtschaftsprüfer zu beauftragen, die einen Nachweis in geeigneter Form spezifiziert führen. Erfüllt der Käufer diese Verpflichtung ganz oder teilweise nicht oder nicht rechtzeitig, ist der Verkäufer berechtigt, auf Kosten des Käufers Wirtschaftsprüfer/Steuerberater zu beauftragen, die die entsprechenden Überprüfungen vornehmen. Der Käufer verpflichtet sich in diesem Zusammenhang zur uneingeschränkten Mitwirkung und Auskunftserteilung. Dies umfasst auch das Recht der Wirtschaftsprüfer auf Einsichtnahme in die dazu erforderlichen geschäftlichen Unterlagen.

§ 16
Öffentliche Abgaben

Öffentliche Abgaben einschließlich Grundsteuern, Erschließungskosten und Anliegerbeiträge sowie sonstige Entgelte, die dem Verkäufer bis zum Stichtag für den Kaufgegenstand in Rechnung gestellt worden sind, trägt der Verkäufer. Im Übrigen trägt sie der Käufer.

§ 17
Kosten

1.
Die mit dem Abschluss, der Durchführung oder dem Rücktritt des Verkäufers von diesem Vertrag – sofern der Käufer die Ursachen für den Rücktritt gesetzt hat – entstehenden Verkehrssteuern und Kosten, einschließlich der Notar- und Gerichtskosten sowie der Vermessungskosten, trägt der Käufer.

Die Kosten für die Verkäufergenehmigung trägt der Verkäufer.

2.
Die Kosten der Löschung etwaiger Belastungen in Abteilung II und III des Grundbuches trägt der Verkäufer.

§ 18
Rechtsnachfolge

1.
Der Käufer wird im Falle einer Übertragung des Kaufgegenstandes an einen Dritten diesem sämtliche in diesem Vertrag übernommenen Verpflichtungen mit der Maßgabe auferlegen, dass auch alle weiteren Rechtsnachfolger entsprechend zu verpflichten sind. Der Käufer wird von seinen Verpflichtungen erst frei, wenn der Dritte diese verbindlich übernommen und sich vertraglich zur Weitergabe an weitere Rechtsnachfolger verpflichtet hat. Eine Übertragung von Rechten und Pflichten aus diesem Vertrag bedarf der Zustimmung der X, die insoweit für den Verkäufer handelt.

2.
Verstößt der Käufer gegen die Verpflichtung, ist der Verkäufer zum Rücktritt berechtigt.

§ 19
Unterwerfung unter die sofortige Zwangsvollstreckung

Wegen der Kaufpreisforderung nach § 5 Abs. 1 nebst Zinsen unterwirft sich der Käufer der sofortigen Zwangsvollstreckung in sein gesamtes Vermögen und ermächtigt den amtierenden Notar, dem Verkäufer jederzeit – auf einseitigen Antrag, auch ohne dass es des Nachweises der die Fälligkeit begründenden Tatsachen bedarf –, eine vollstreckbare Ausfertigung dieser Urkunde auf Kosten des Käufers zu erteilen.

§ 20
Gerichtsstand

Als Gerichtsstand gilt der gesetzliche.

§ 21
Zustimmung

Den Vertragsparteien ist bekannt, dass dieser Vertrag im Innenverhältnis des Verkäufers der Zustimmung seines Aufsichtsrates bedarf.

§ 22
Änderungen und Ergänzungen

Änderungen und Ergänzungen dieses Vertrages bedürfen der Schriftform, soweit nicht notarielle Beurkundung erforderlich ist.

§ 23
Salvatorische Klausel

Sollte eine Bestimmung dieses Vertrages unwirksam oder undurchführbar sein, so soll das die Gültigkeit des Vertrages im Übrigen nicht berühren. Die Parteien sind verpflichtet, diese durch Bestimmungen zu ersetzen, die dem wirtschaftlichen Ergebnis der unwirksamen oder undurchführbaren Bestimmung möglichst nahe kommen.

§ 24
Belastungsvollmacht

1.
Zur Finanzierung der vom Käufer in § 12 zugesagten Investitionsverpflichtungen in den Kaufgegenstand bevollmächtigt der Verkäufer den Käufer, unter Befreiung von den Beschränkungen des § 181 BGB, den Kaufgegenstand schon vor Eigentumsumschreibung, jedoch nicht bevor der Kaufgegenstand vermessen ist, mit Grundpfandrechten nach Maßgabe der folgenden Punkte zu belasten.

2.
Grundpfandrechte dürfen nur zu Gunsten des die Investitionsmaßnahmen finanzierenden Kreditinstitutes bestellt werden.

3.
Eine persönliche Zahlungsverpflichtung für den Verkäufer darf aus der Grundpfandbestellung nicht entstehen. Der Käufer trägt die Zahlungsverpflichtungen und die Kosten aus der Ausübung der Belastungsvollmacht selbst und stellt den Verkäufer für den Fall seiner Inanspruchnahme hiervon frei.

4.
Der Käufer tritt hiermit die Ansprüche auf Auszahlung der durch die bestellten Grundpfandrechte gesicherten Darlehen bis zur Höhe der noch offenen Kaufpreisforderung an den Verkäufer ab.
Dieser nimmt die Abtretung an. Beide Parteien weisen den Notar unwiderruflich an und verpflichten ihn, diese Abtretung gegenüber dem finanzierenden Kreditinstitut offen zu legen.

5.
Von dieser Belastungsvollmacht darf nur Gebrauch gemacht werden, wenn dem Veräußerer eine Erklärung des Kreditinstitutes vorgelegt wird, dass diese nur für Investitionsmaßnahmen in den Kaufgegenstand und nur nach Baufortschritt ausgezahlt werden.

6.
Von dieser Vollmacht darf nur von dem beurkundenden Notar, seinem Vertreter im Amt oder seinem Nachfolger Gebrauch gemacht werden.

7.
Der Käufer ist berechtigt, für den Verkäufer Rangänderungen zu erklären, insbesondere den Rangrücktritt der in § 28 vereinbarten Rückauflassungsvormerkung zu bewilligen und den Verkäufer der sofortigen Zwangsvollstreckung gemäß § 800 ZPO in den belasteten Grundbesitz zu unterwerfen.
Diese Berechtigung gilt nur für Belastungen in Höhe des Kaufpreises und der in § 12 zugesagten Investitionen zuzüglich 18 % Zinsen, beginnend ab Bewilligung des Rechts und einer einmaligen Nebenleistung von bis zu 10 % aus dem Grundschuldbetrag.

8.
Die Vollmacht wird unabhängig vom Vorliegen behördlicher Genehmigung erteilt.

§ 25
Dienstbarkeiten/Wegerechte

Die Grunddienstbarkeiten und Wegerechte werden im Rahmen der Messungsanerkennung nachbeurkundet.

§ 26
Auflassung, Auflassungsvormerkung

1.
Verkäufer und Käufer haben die Auflassung nach Vorliegen des amtlichen Vermessungsergebnisses zu erklären und das Ergebnis der Vermessung anzuerkennen.

2.
Zur Sicherung des Anspruchs des Käufers auf Übertragung des Eigentums an dem Kaufgegenstand bewilligen und beantragen die Vertragsparteien die Eintragung einer Auflassungsvormerkung zu Gunsten des Käufers in das Grundbuch. Der Notar wird hiermit angewiesen, den Antrag auf Eintragung der Auflassungsvormerkung unverzüglich zu stellen.

3.
Der Käufer bewilligt und beantragt schon jetzt, die vorgenannte Vormerkung zu löschen, wenn

– das Eigentum auf ihn umgeschrieben und zwischenzeitlich keine Eintragungen ohne seine Mitwirkung erfolgt oder beantragt sind,

– feststeht, dass die nach §§ 11 und 22 erforderlichen Bedingungen nicht eintreten.

Der Notar wird unwiderruflich angewiesen, die Löschung der vorgenannten Vormerkung zu beantragen, sofern eine dieser Voraussetzungen vorliegt.

§ 27
Rücklassungsvormerkung

1.
Zur dinglichen Sicherung der Verpflichtung zur Rückübertragung im Falle eines Rücktritts bewilligt der Käufer bereits jetzt und beantragen Verkäufer und Käufer hiermit, unmittelbar nach Eintragung des Käufers als Eigentümer eine Rückauflassungsvormerkung zu Gunsten des Verkäufers im Grundbuch einzutragen.

Die Vormerkung ist mit Rang nach den gemäß § 25 bestellten Grundpfandrechten vor allen sonstigen Belastungen in Abteilung II und III des Grundbuches einzutragen.

2.
Werden bis zur Löschung der Rückauflassungsvormerkung Zwangsvollstreckungsmaßnahmen in Bezug auf den Kaufgegenstand eingeleitet, so hat der Käufer dies dem Verkäufer unverzüglich schriftlich anzuzeigen.

§ 28
Ermächtigung des Notars

1.
Die Vertragsparteien beauftragen und ermächtigen den amtierenden Notar zur Einholung aller zu diesem Vertrag erforderlichen Genehmigungen – auch rechtsgeschäftlicher Natur –, Bestätigungen und Negativbescheinigungen, die mit ihrem Eingang beim Notar als allen Beteiligten zugegangen gelten und rechtswirksam sein sollen, sofern sie auflagenfrei erteilt werden. Der Notar wird weiter beauftragt und bevollmächtigt, Erklärungen zur Durchführung des Rechtsgeschäftes abzugeben und entgegenzunehmen, Anträge – auch geteilt und beschränkt – zu stellen, zurückzunehmen, abzuändern und zu ergänzen.

2.
Der beurkundende Notar wird jedoch unwiderruflich von beiden Parteien angewiesen, nur dann eine Ausfertigung der mit der Auflassungserklärung versehenen Urkunde zu erstellen bzw. bei dem Grundbuchamt einzureichen, nachdem ihm eine schriftliche Bestätigung des Verkäufers vorliegt, dass der Kaufpreis vertragsgemäß an den Verkäufer entrichtet worden ist oder dem beurkundenden Notar, falls der Verkäufer die Entrichtung des vollständigen Kaufpreises nicht bestätigt, diese Entrichtung anderweitig nachgewiesen ist. Anderenfalls sind Ausfertigungen und beglaubigte Abschriften ohne Auflassungserklärung herzustellen.

§ 29
Vollzugsvollmacht

Die Erschienenen – handelnd wie angegeben – erteilen

Frau .... und

Frau ....

dienstansässig ....

– jeder gesondert – Vollmacht zur Abgabe sämtlicher zur Vertragsdurchführung noch erforderlicher und/oder zweckmäßiger Erklärungen. Die Vollmacht erstreckt sich auch auf die Bewilligungen und Anträge betreffend die Abteilung II und III des Grundbuchamtes. Die Bevollmächtigten können Anträge zum Grundbuch stellen und auch zurücknehmen. Sie können auch Untervollmachten erteilen.

§ 30
Rechte der X Zustimmungspflicht

1.
Die Parteien sind sich darüber einig, dass die X befugt ist, im eigenen Namen die Rechte des Verkäufers aus diesem Vertrag geltend zu machen, ohne hierzu jedoch verpflichtet zu sein.

2.
Der Verkäufer beabsichtigt, gegebenenfalls zur Beschleunigung des Abschlusses der Liquidation, Rechte und Pflichten aus diesem Vertrag auf die X zu übertragen. Der Käufer stimmt einer solchen Übertragung bereits heute unwiderruflich zu.

3.
Der Vertrag bedarf zu seiner Wirksamkeit der Zustimmung der X, welche im Innenverhältnis erst nach Zustimmung der zuständigen Gremien erteilt werden wird.

§ 31
Hinweise des Notars

1.
Alle Verbeinbarungen im Zusammenhang mit diesem Vertrag müssen richtig und vollständig beurkundet werden, da dieser Vertrag sonst unwirksam sein kann.

2.
Für Kosten und etwaige Grunderwerbsteuer, die dieser Vertrag auslöst, **haften** alle Vertragspartner, auch wenn nur ein Teil die Bezahlung vorstehend übernommen hat.

3.
Von Dritten geltend gemachte Ansprüche nach dem Vermögensgesetz können den Erwerber in seinen Rechten beeinträchtigen. Die Erschienenen erklären, dass ihnen weder die Geltendmachung von derlei Rechten, noch mögliche Anspruchsteller bekannt sind.

4.
Auf dem Grundstück können nicht in das Grundbuch eingetragene Nutzungsrechte lasten bzw. an etwa auf dem Grundstück errichteten Gebäuden nicht im Grundbuch vermerktes Eigentum eines Dritten bestehen.

5.
Dieser Kaufvertrag wird erst wirksam, wenn die vorgenannten Genehmigungen erteilt werden. Investitionen des Erwerbers vor Wirksamkeit des Kaufvertrages sind riskant.

6.
Das Eigentum geht erst mit Umschreibung im Grundbuch auf den Erwerber über. In diesem Zusammenhang wurde auch auf die teilweise noch lange Dauer der Behandlung der Anträge beim Grundbuchamt und sonstigen Behörden hingewiesen.

7.
Diese Veräußerung ist unverzüglich bei der Versicherung gemäß § 71 Versicherungsvertragsgesetz anzuzeigen.

8.
Eine Unbedenklichkeitsbescheinigung des Finanzamtes ist notwendig, die nach Begleichung der Grunderwerbsteuer erteilt wird.

9.
Möglicherweise besteht ein gesetzliches Vorkaufsrecht der Gemeinde.

Vorgelesen, von den Beteiligten genehmigt und eigenhändig unterschrieben:

....
(Unterschriften)

Anhang *Muster 4*

Genehmigungserklärung

Ich, der Unterzeichnende, habe von dem Inhalt der Urkunde vom ....
UR-Nr. .... des Notars .... in .... Kenntnis genommen und trete der Urkunde in allen Teilen genehmigend und bestätigend bei.

(Ort), den ....

....
(Unterschrift)

UR-Nr. .... für 1997

Hiermit beglaubige ich die vorstehende, von mir gefertigte Namensunterschrift von

Herrn ....
geboren am .... , Kaufmann
geschäftsansässig ....
in ....

von Person bekannt.

Auf Grund heutiger Einsichtnahme in das Handelsregister des Amtsgerichtes ....
bescheinige ich hierdurch, dass der vorgenannte Herr ....
als Geschäftsführer allein zur Vertretung der dort unter HRB .... eingetragenen
Gesellschaft mit beschränkter Haftung unter der Firma ....
mit dem Sitz in .... und der Geschäftsanschrift ....
in .... , berechtigt ist.

(Ort), den ....

....
(Unterschrift Notar)

Anhang *Muster 4*

Vertrag über die Verschmelzung einer GmbH mit einer Aktiengesellschaft durch Aufnahme

Heute, den ....
erschien vor mir, dem Notaranwärter ....
als amtlich bestelltem Vertreter des Notars

....

Notar in .... in dessen Amtssitz in ....
– im Folgenden „Notar" genannt –

Herr Rechtsanwalt Dr. ...., geschäftsansässig in ....
handelnd jeweils als einzelvertretungsberechtigter Liquidator

1.
der mbH Z in Liquidation, eingetragen im Handelsregister des Amtsgerichtes Z unter HRB
.... ;
– im Folgenden „übertragende Gesellschaft" bzw. „GmbH" genannt –
und

2.
der AG in Liquidation, eingetragen im Handelsregister des Amtsgerichtes E unter HRB
....
– im Folgenden „übernehmende Gesellschaft" bzw. „AG" genannt –
sowie zu dem als **Vertreter**

3.
der X mit Sitz in B bevollmächtigt auf Grund Gesellschafter- bzw. Hauptversammlungsbeschluss vom 18.06.1999, deren Niederschrift bei Beurkundung in Kopie vorlag, Original nachzureichen versprechend.

– im Folgenden „Aktionär" bzw. „Gesellschafter" genannt –

auf Grund meiner Einsichtnahme

a) in das Handelsregister der AG zu HRB .... vom 13.05.1999 für die mbH Z
und

b) in das Handelsregister des Amtsgerichts ....
   zur HRB .... vom 22.05.1999 für die AG S

bestätige ich, Notar, dass die jeweilige Gesellschaft dort eingetragen ist und durch Herrn
Dr. ....
als einzelvertretungsberechtigten Liquidator vertreten wird.
Der Erschienene ist dem Notar persönlich bekannt.
Auf Ansuchen des Erschienenen beurkundete ich aufgrund seiner vor mir abgegebenen Erklärung was folgt:

Vorbemerkung
1. Zur AG i.L.

Nach Hauptversammlungsbeschluss vom 25.09.1997 über die Anordnung der Liquidation erfolgten Gläubigeraufrufe, die am 22., 23. und 24.02.1998 im Bundesanzeiger sowie am 03., 04. und 05.06.1998 im „Handelsblatt" veröffentlicht wurden.

Die AG betreibt nach Einstellung der Produktion von bürokommunikationstechnischen Geräten eine Standortsanierung (planerische Entwicklung, Erschließung, Vermarktung und Verwaltung) des Betriebsgeländes sowie die Ansiedlung und Betreuung von Unternehmen.

Als eine der wesentlichen über die Liquidation der Gesellschaft hinausgehende Tätigkeit betreut die Gesellschaft als Beauftragter und Vertragspartner des Erschließungsträgers die gesamte Abwicklung der Baumaßnahmen im Rahmen der Erschließung der Flächen bis hin zur Verfolgung eventueller Gewährleistungsansprüche und einschließlich der erforderlichen Neuvermessung der Flächen.

Die Gesellschaft ist zudem Verpflichteter einer Vielzahl von Sanierungsanordnungen der Umweltbehörden, deren Erfüllung von der Gesellschaft selbst betrieben bzw. von ihr überwacht und in ihrem Fortgang bis zum Abschluss gegenüber den Behörden nachgewiesen werden müssen.

Die Abschlussberichte zu den Sanierungsanordnungen, welche dem Landesverwaltungsamt vorgelegt werden müssen, werden voraussichtlich nicht vor dem Ende 2002 vorliegen.

Hinsichtlich der bislang veräußerten Betriebsflächen betreut die AG die abgeschlossenen Kaufverträge und überwacht die Einhaltung der darin von den Erwerbern eingegangenen langfristigen Verpflichtungen. Außerdem verwaltet die AG die noch nicht verwerteten Grundstücke und Gebäude mit einem Wert von .... Mio. DM.

Die Gesellschaft übernimmt mit Zustimmung der Gesellschafterin den Einzug von Forderungen und die Regulierung von Verbindlichkeiten sowie die buchhalterische Aufbereitung von Schlussrechnungsvorgängen anderer Liquidationsgesellschaften als eigenständige Aufgabe.

Das Gesamtspektrum der Tätigkeit der Gesellschaft entspricht von der Zielrichtung her der Vielgestaltigkeit der Aufgaben und dem absehbaren Zeitrahmen dem einer Grundstücksverwaltungs- und -verwertungs- und zugleich einer Projektentwicklungsgesellschaft.

Auf Grund der Entwicklung neuer Geschäftsbereiche kann jederzeit ein Fortsetzungsbeschluss in eine werbende Gesellschaft erfolgen, da mit einer Vermögensverteilung noch nicht begonnen worden und auch mittelfristig nicht damit zu rechnen ist.

2. Zur GmbH

Nach Gesellschafterbeschluss vom 25.12.1997 über die Anordnung der Liquidation erfolgten u.a. am 28.11.1998 Gläubigeraufrufe, veröffentlicht in der „Freien Presse" Z.

Die GmbH betrieb bei Anordnung der Liquidation mit ca. 225 Mitarbeitern

- das Heizkraftwerk;
- das Heizwerk;
- eine Anschlussbahn zur Versorgung mehrerer Standorte;
- die Wasserwirtschaft;
- die Verwaltung von Immobilien der Wohnungswirtschaft.

Seit Anordnung der Liquidation sind das Heizkraftwerk, das Heizwerk, die wesentlichen Teile der Anschlussbahn und der Wasserwirtschaft verkauft worden. Die sonstigen wesentlichen Immobilien sind verwertet.

Die Arbeitsverhältnisse werden per 30.06.1999 bis auf 15 Arbeitnehmer beendet oder von Nachfolgeunternehmen übernommen.

Da die Mitarbeiter der AG schon bei Anordnung der Liquidation über die GmbH die Tätigkeit der GmbH unterstützt haben, macht es wegen der zu erwartenden Synergieeffekte Sinn, im Rahmen der AG die Restliquidation auch der GmbH durchzuführen.

Dies auch deshalb, weil bei der AG alle für die Liquidation erforderlichen Mitarbeiter zur Verfügung stehen.

3. Ausgliederung von Vermögen aus der GmbH

Die GmbH hat mit diesamtlicher Urkunde vom heutigen Tage – Ur-Nr. .... /99 – im Folgenden „Vorurkunde" – aus ihrem Vermögen im Wege der Ausgliederung durch Neugründung einer GmbH einen wesentlichen Teil ihres Vermögens abgespalten. Die Urkunde, die dem Erschienenen bekannt ist, lag bei der Beurkundung im Original vor; auf sie wird Bezug genommen.

Auf Grundlage dieser Erwägungen schließen die Vertragsparteien folgende Vereinbarungen:

A.
Abtretung der Geschäftsanteile an der GmbH

§ 1
Gesellschaftsverhältnisse

Das Stammkapital der GmbH beträgt 5.000.000,00 DM (fünf Millionen Deutsche Mark). Das Stammkapital ist nach Angabe eingeteilt in einen Geschäftsanteil zu

5.000.000,00 DM,

dessen Inhaber die X ist.

Die Stammeinlage ist nach Angabe zu 100 % im Wege der Umwandlung des Rechtsvorgängers nach dem Treuhandgesetz erbracht.

§ 2
Übertragung und Abtretung des Geschäftsanteils

1.
Die X – **Veräußerer** –

überträgt ihren vorgenannten Geschäftsanteil
(5.000.000,00 DM) an der vorbezeichneten GmbH

unter Ausschluss jeglicher Gewährleistung an die AG – **Erwerber** –.

Eine gesonderte Gegenleistung ist an den Veräußerer nicht zu erbringen, da dieser sämtliche Anteile an der erwerbenden AG hält.

2.
Der Veräußerer tritt hiermit den Geschäftsanteil mit sofortiger dinglicher Wirkung und mit allen Rechten und Bestandteilen sowie dem damit verbundenen Gewinnbezugsrecht für das laufende und vergangene Geschäftsjahr an den Erwerber ab.
Der Erwerber nimmt diese Abtretung an.

3.
Herr Dr. .... nimmt als alleinvertretungsberechtigter Liquidator der GmbH die Abtretungsanzeige entgegen und stimmt der Veräußerung des Geschäftsanteils im Namen der Gesellschaft unwiderruflich zu.

4.
Der Erschienene gibt den Wert des übertragenen Geschäftsanteils mit 1.000.000,00 DM an.

B.
Verschmelzungsvertrag
Zustimmungsbeschlüsse

I. Verschmelzungsvertrag

§ 1
Vertragsgegenstand

1.
Mit diesem Vertrag wird die GmbH auf die AG durch Aufnahme verschmolzen.

2.
Alleiniger Gesellschafter der übertragenden Gesellschaft ist auf Grund der soeben erfolgten Geschäftsanteilsübertragung die AG mit einem Geschäftsanteil in Höhe von 5.000.000,00 DM.

Die Stammeinlage ist in voller Höhe im Rahmen der Umwandlung des Rechtsvorgängers der GmbH geleistet.

§ 2
Vermögensübertragung

1.
Die übertragende Gesellschaft, d.h. die GmbH, überträgt ihr **Vermögen als Ganzes, wie es sich nach Vollzug der mit der Vorurkunde UR.-Nr. .... /99 des amtierenden Notars vorgenommenen Ausgliederung darstellt**, mit allen Rechten und Pflichten und unter Ausschluss der Abwicklung auf die übernehmende Gesellschaft, d.h. die AG, im Wege der Verschmelzung durch Aufnahme.

2.
Der Verschmelzung liegt die Bilanz der übertragenden Gesellschaft auf den 31.03.1999 zugrunde.

3.
Der Erschienene versichert als Liquidator der Gesellschaften, dass bei keiner der Gesellschaften mit einer Verteilung des Vermögens begonnen worden ist, so dass ein Fortsetzungsbeschluss gefasst werden könnte.

§ 3
Gegenleistung

Die Vermögensübertragung erfolgt auf Grund der Alleingesellschafterstellung der aufnehmenden Gesellschaft ohne Gegenleistung. Auf § 5 Abs. 2 UmwG wird verwiesen.

§ 4
Verschmelzungsstichtag

Verschmelzungsstichtag ist der 01.04.1999, 0.00 Uhr.
Mit diesem Zeitpunkt
- erfolgt die Übernahme des Vermögens der übertragenden Gesellschaft im Innenverhältnis;
- gelten alle künftigen Handlungen der übertragenden Gesellschaft als für Rechnung der AG vorgenommen.

§ 5
Geschäftsführung

Die Geschäftsführung obliegt auch nach dem Wirksamwerden der Verschmelzung dem einzelvertretungsberechtigten Liquidator der AG, Herrn Dr. ....

§ 6
Besondere Rechte, Vorteile

1.
Bei der übertragenden Gesellschaft bestehen keine besonderen Rechte im Sinne des § 5 Abs. 1 Nr. 7 UmwG.
Im Rahmen der Verschmelzung werden keine besonderen Rechte gewährt.

2.
Den in § 5 Abs. 1 Nr. 8 UmwG genannten Personen (Geschäftsführung, Abschlussprüfer, Verschmelzungsprüfer etc.) wurden im Zusammenhang mit der Verschmelzung keine besonderen Vorteile gewährt.

§ 7
Arbeitnehmer

1. Individualarbeitsverhältnisse

Die übernehmende Gesellschaft übernimmt alle Mitarbeiter der übertragenden Gesellschaft auf den Zeitpunkt deren Erlöschens nach Maßgabe der bestehenden Anstellungs- und Arbeitsverträge und der unveränderten Zielrichtung der Unternehmenstätigkeit.

2. Kollektives Arbeitsrecht

2.1. Betriebsvereinbarungen/Tarifrecht

Bei der übertragenden Gesellschaft bestehende Tarifverträge und Betriebsvereinbarungen werden nach Maßgabe des § 613a Abs. 1 Satz 2 und 3 BGB Inhalt der auf die übernehmende Gesellschaft übergehenden Individualarbeitsverhältnisse.

2.2. Mitbestimmung/Aufsichtsrat

Der **übertragende** Rechtsträger hat nach den Vorschriften des Betriebsverfassungsgesetzes 1952/Montanmitbestimmungsgesetzes und des Betriebsverfassungsgesetzes einen Aufsichtsrat und einen Betriebsrat.

Der Aufsichtsrat unterliegt derzeit den Vorschriften des Montanmitbestimmungsgesetzes.

Der **übernehmende** Rechtsträger hat nach den Vorschriften des Betriebsverfassungsgesetzes 1952 und des Betriebsverfassungsgesetzes einen Aufsichtsrat und einen Betriebsrat.

Mit Vollzug der Verschmelzung im Handelsregister erlischt das Mandat des Aufsichtsrates des übertragenden Rechtsträgers, der GmbH.

Im Anschluss an die Verschmelzung ist vorgesehen, wesentliche Aufgabenfelder der Gesellschaften am Sitz der übernehmenden Gesellschaft zusammenzufassen.

Durch die Eingliederung der übertragenen Betriebseinheit in den Betrieb der übernehmenden Gesellschaft endet die Amtszeit des Betriebsrates der übertragenden Gesellschaft, ohne dass es der Bildung eines Gesamtbetriebsrates bedarf.

Ein Wirtschaftsausschuss ist nicht einzurichten, da die beteiligten Unternehmen zusammen weniger als 100 Mitarbeiter beschäftigen.

Der Entwurf dieses Verschmelzungsvertrages ist den Betriebsräten der beteiligten Rechtsträger am 22.04.1999 bzw. am 13.05.1999 fristgerecht zugeleitet worden (§ 5 Abs. 3 UmwG).

§ 8
Firma

Die Firma der Gesellschaft nach Aufnahme bleibt unverändert: AG i.L.

II. Verschmelzungsbericht

Auf Grund Alleingesellschafterstellung der übernehmenden Gesellschaft sind Verschmelzungsbericht und eine Verschmelzungsprüfung entbehrlich, § 8 Abs. 3, § 9 Abs. 3 i.V.m. § 12 Abs. 3 UmwG.

III. Haupt-/Gesellschafterversammlungen

1. AG

a) Ein Verschmelzungsbeschluss ist gemäß § 62 Abs. 1 UmwG auf Grund der Stellung der aufnehmenden Gesellschaft als Alleingesellschafter der übernehmenden Gesellschaft nicht erforderlich.

b) Die X ist alleiniger Aktionär der AG. Die Veröffentlichung eines Hinweises auf die Verschmelzung gemäß § 61 Abs. 3 Satz 2 UmwG ist damit nach dem Sinn des Gesetzes entbehrlich. Rein vorsorglich erklärt die X, dass sie auf Einhaltung der Veröffentlichungspflicht sowie die vorherige Vorlage des Vertragsentwurfes beim Register verzichtet.

c) Der Entwurf dieses Verschmelzungsvertrages ist dem Registergericht bereits übersandt (§ 62 Abs. 3 Satz 2 UmwG).

d) Die X hat mit vorgenanntem Hauptversammlungsbeschluss vom heutigen Tage Herrn Dr. .... als Liquidator der AG zum Abschluss dieses Vertrages sowie aller Folgevereinbarungen Befreiung von den Beschränkungen des § 181 BGB erteilt.

2. GmbH

Unter Verzicht auf alle Form- und Fristvorschriften hält der Erschienene eine Gesellschafterversammlung der GmbH ab und fasst folgende Beschlüsse:

Vorstehendem Verschmelzungsvertrag zwischen der AG und der GmbH wird uneingeschränkt zugestimmt.

Herrn Dr. .... als Liquidator der GmbH wird zum Abschluss dieses Vertrages sowie aller Folgevereinbarungen rein vorsorglich und Hinweis auf den Gesellschafterbeschluss des bisherigen Gesellschafters X vom heutigen Tage Befreiung von den Beschränkungen des § 181 BGB erteilt.

Weitere Beschlüsse werden nicht gefasst.

IV. Anfechtungsverzicht

Die AG als alleiniger Gesellschafter der GmbH verzichtet ausdrücklich und unwiderruflich auf die Anfechtung der unter III. gefassten Beschlüsse.

Rein vorsorglich bestätigt die X die gefassten Beschlüsse und verzichtet gleichfalls unwiderruflich auf deren Anfechtung.

V. Hinweise

1.
Der Notar hat den Beteiligten den weiteren Verfahrensablauf bis zum Wirksamwerden der Verschmelzung, den Zeitpunkt des Wirksamwerdens sowie die Rechtsfolgen der Verschmelzung erläutert.

2.
Der Notar hat darauf hingewiesen, dass es in Rechtsprechung und Literatur streitig ist, ob die übernehmende Gesellschaft ein aufgelöster Rechtsträger sein kann.
Die Beteiligten bestanden gleichwohl auf sofortiger Beurkundung.

3.
Zu den steuerlichen Auswirkungen dieses Vertrages kann der Notar keine Hinweise erteilen.
Die Beteiligten haben sich insoweit steuerlich beraten zu lassen.

VI. Salvatorische Klausel

Falls einzelne Bestimmungen dieses Vertrages unwirksam sein sollten, dieser Vertrag Lücken enthält oder der Vollzug dieses Vertrages im Handelsregister bestandskräftig abgelehnt wird, wird die Wirksamkeit der Urkunde dadurch im Übrigen nicht berührt.

Die Urkunde ist in diesem Fall so auszulegen oder umzudeuten, dass eine ihrem wirtschaftlichen Sinn und Zweck entsprechende Regelung gilt, die – soweit rechtlich zulässig – dem am nächsten kommt, was die Beteiligten durch diese Urkunde haben erreichen wollen.

Soweit erforderlich, verpflichten sich die Beteiligten bei der Beurkundung einer solchen Regelung mitzuwirken, die die Parteien so stellt, als wäre die beabsichtigte Verschmelzung rechtswirksam vollzogen worden.

C.
Ergänzende Regelungen

Mit Rücksicht auf die Hinweise des Notars (B. V. 2.) und im Willen zur Verwirklichung des angestrebten wirtschaftlichen Vertragszwecks schließen die AG und die GmbH aufschiebend bedingt durch die bestandskräftige Abweisung des Vollzuges vorstehenden Verschmelzungsvertrages und unter Aufrechterhaltung der in Teil A. dieser Urkunde vereinbarten Geschäftsanteilsabtretung folgenden

Vertrag zur Übernahme des Vermögens der GmbH durch die AG

§ 1

Die GmbH überträgt unter Ausschluss jeder Gewährleistung ihr gesamtes am heutigen Tage vorhandenes Vermögen mit allen Aktiva und Passiva auf Grundlage der Bilanz der GmbH zum 31.03.1999 auf die AG, die die Übertragung hiermit annimmt.

§ 2

Die AG übernimmt die in der Bilanz ausgewiesenen Verbindlichkeiten.

Die Parteien werden sich um die Zustimmung der Gläubiger zum Schuldnerwechsel selbst bemühen; bis dahin wird die AG die GmbH im Innenverhältnis von jeglicher Inanspruchnahme durch Dritte freistellen.

Die AG verpflichtet sich, die Gläubiger der GmbH entsprechend den Gläubigerschutzvorschriften des UmwG in gleicher Weise sicherzustellen, wie wenn die Vermögensübertragung im Wege einer Verschmelzung nach §§ 3 ff. UmwG erfolgt wäre.

Die X stimmt hiermit als nahezu alleinige Gläubigerin in der GmbH der Schuldübernahme durch die AG unter Verzicht auf Sicherheitsleistungen zu.

Auf die Regelungen des § 419 BGB hat der Notar hingewiesen.

D.
Vollmacht

Die beteiligten Gesellschaften und die X erteilen Herrn Dr. ... unter Befreiung von den Beschränkungen des § 181 BGB Vollmacht, alle für den Vollzug vorstehender Vereinbarungen erforderlichen Handlungen vorzunehmen und Erklärungen abzugeben, insbesondere

– soweit sie zum Zwecke der Eintragung des Verschmelzungsvertrages in das Handelsregister zweckmäßig oder notwendig werden, sowie

– ergänzende Vereinbarungen zu treffen, die die restlose Übertragung des Vermögens der GmbH auf die AG sicherstellen;

- Grundbucheintragungen zu bewilligen und zu beantragen;
- die Auflassung zu erklären und entgegenzunehmen sowie alle Erklärungen abzugeben und in Empfang zu nehmen, die zur Übertragung des Vermögens der GmbH auf die AG erforderlich oder zweckmäßig sind.

Diese Vollmacht wirkt auch über die Eintragung des Erlöschens eines Vertragsbeteiligten hinaus, ebenso gegenüber einem Rechtsnachfolger.

E.
Sonstiges

§ 1
Notarvollmacht

Der Notar ist bevollmächtigt, den Vollzug dieser Urkunde umfassend zu betreiben und den Liquidator, die Gesellschafter/Aktionär und die Gesellschaft uneingeschränkt vor Behörden und dem Registergericht zu vertreten. Er ist insbesondere befugt, Beschwerde und sonstige Rechtsmittel einzulegen, sofern das Registergericht Beanstandungen erhebt.

§ 2
Kosten, Abschriften

1.
Die Kosten dieser Urkunde und ihres Vollzuges sowie eine eventuell anfallende Grunderwerbsteuer trägt die übernehmende Gesellschaft.

2.
Alle sonstigen Kosten trägt die jeweilig betroffene Gesellschaft allein.

3.
Von dieser Urkunde erhalten:
- jeder Vertragsbeteiligte
- das Amtsgericht E – Registergericht
- das Amtsgericht C – Registergericht
- die örtlich zuständigen Finanzämter – Körperschaftsteuerstelle
- das örtlich zuständige Finanzamt–Grunderwerbsteuerstelle
- die beteiligten Grundbuchämter

je eine beglaubigte Abschrift.

Die Niederschrift wurde dem Beteiligten vorgelesen, von ihm genehmigt und wie folgt unterschrieben:

....
(Unterschrift)

An das
Amtsgericht
– Registergericht –
Am Johannestor 23

....

HRB ....
AG
Verschmelzung

Sehr geehrte Damen und Herren,

I.
In der Anlage wird eingereicht:

Ausfertigung des Verschmelzungsvertrages vom .... UR.-Nr. .... des beglaubigenden Notars –,

nebst dem darin enthaltenen

– Zustimmungsbeschluss der Gesellschafterversammlung der GmbH Z sowie dem
– Anfechtungsverzicht der Alleingesellschafterin.

Der Nachweis über die Zuleitung des Entwurfes des Verschmelzungsvertrages an den Betriebsrat der AG wird umgehend nachgereicht.

II.
Zur Eintragung in das Handelsregister wird angemeldet:

Die GmbH Z ist auf die AG im Wege der Verschmelzung durch Aufnahme verschmolzen.

....
(Datum)

....
(Unterschrift)

Anhang Muster 4

Die Echtheit der vorstehenden vor mir vollzogenen Namensunterschrift des Liquidators der Gesellschaft

Herrn Dr. ....

geb. ....

geschäftsansässig ....

von Person bekannt, beglaubige ich hiermit.

....
(Datum)

....
(Unterschrift Notar)

An das
Amtsgericht
– Registergericht –
R-L-Platz

....

HRB ....
GmbH Z
Verschmelzung

Sehr geehrte Damen und Herren,

I.
In der Anlage wird eingereicht:

Ausfertigung des Verschmelzungsvertrages vom .... UR.-Nr. ....
des beglaubigenden Notars –,

nebst dem darin enthaltenen

– Zustimmungsbeschluss der Gesellschafterversammlung der GmbH Z sowie dem

– Anfechtungsverzicht der Alleingesellschafterin.

Der Nachweis über die Zuleitung des Entwurfes des Verschmelzungsvertrages an den Betriebsrat der GmbH sowie die Schlussbilanz der GmbH zum .... werden umgehend nachgereicht.

II.
Zur Eintragung in das Handelsregister wird angemeldet:

Die GmbH Z ist auf die AG im Wege der Verschmelzung durch Aufnahme verschmolzen.

....
(Datum)

....
(Unterschrift)

Anhang   *Muster 4*

Die Echtheit der vorstehenden vor mir vollzogenen Namensunterschrift des Liquidators der Gesellschaft

Herrn Dr. .... geb. ....
geschäftsansässig ....
von Person bekannt, beglaubige ich hiermit.

....
(Datum)

....
(Unterschrift Notar)

An das
Amtsgericht Z
– Registergericht –
R-L-Platz
....

HRB ....
mbH Z – Ausgliederung

Sehr geehrte Damen und Herren,

I.

In der Anlage wird eingereicht:

die Ausfertigung des Ausgliederungsplanes vom .... UR.-Nr. .... des beglaubigenden Notars –,

nebst dem darin enthaltenen

– Zustimmungsbeschluss der Gesellschafterversammlung der mbH Z sowie dem

– Anfechtungsverzicht der Alleingesellschafterin.

Der Nachweis über die Zuleitung des Entwurfes des Ausgliederungsplanes an den Betriebsrat der mbH Z sowie die bestätigte Schlussbilanz der mbH Z zum .... werden umgehend nachgereicht.

II.

Zur Eintragung in das Handelsregister wird angemeldet:

Die mbH Z in Liquidation, eingetragen im Handelsregister des Amtsgerichtes C unter HRB .... hat auf Grund des Ausgliederungsplanes vom ...., UR.-Nr. .... des Notars .... in ...., die darin bezeichneten Vermögensteile als Gesamtheit auf die neu gegründete mbH – Kraftwirtschaft – mit dem Sitz in Z als übernehmenden Rechtsträger im Wege der Ausgliederung zur Neugründung übertragen, § 123 Abs. 3 Nr. 2, § 131 Abs. 1 Nr. 1 UmwG.

Ich erkläre, dass die durch Gesetz und Gesellschaftsvertrag vorgesehenen Voraussetzungen für die Gründung dieser Gesellschaft unter Berücksichtigung der Ausgliederung im Zeitpunkt der Einreichung dieser Anmeldung beim Handelsregister vorliegen.

Anhang   *Muster 4*

Nach Vollzug bitte ich um Eintragungsnachricht an die Gesellschaft und an den beglaubigenden Notar sowie um Übersendung eines beglaubigten Handelsregisterauszuges an die Gesellschaft.

....
(Datum)

....
(Unterschrift)

UR.-Nr. ....

Die Echtheit der vorstehenden vor mir vollzogenen Namensunterschrift von

Herrn Dr. ....
geb. ....
geschäftsansässig ....

von Person bekannt, beglaubige ich hiermit.

....
(Datum)

....
(Unterschrift Notar)

An das
Amtsgericht Z
– Registergericht –
R-L-Platz

....

Neugründung der mbH – Kraftwirtschaft – mit dem Sitz in Z im Wege der Ausgliederung gemäß UmwG

Sehr geehrte Damen und Herren,

I.

In der Anlage wird eingereicht:

1.
Ausfertigung des Ausgliederungsplanes vom .... UR.-Nr. ....
des beglaubigenden Notars –,

nebst dem darin enthaltenen

– Zustimmungsbeschluss der Gesellschafterversammlung der mbH Z sowie dem
– Anfechtungsverzicht der Alleingesellschafterin,
– Unterlagen über die Werthaltigkeit der übertragenen Vermögensteile.

2.
Gesellschafterliste

3.
Sachgründungsbericht

Der Nachweis über die Zuleitung des Entwurfes des Ausgliederungsplanes an den Betriebsrat der mbH Z sowie die Bescheinigung eines Steuerberaters/Wirtschaftprüfers über den Bestand und die Werthaltigkeit des ausgegliederten Vermögens werden umgehend nachgereicht.

II.

Zur Eintragung in das Handelsregister melde ich, der Unterzeichnete als einzelvertretungsberechtigter Liquidator der mbH Z in Liquidation, eingetragen im Handelsregister des Amtsgerichtes C unter HRB .... auf Grund des § 137 UmwG an:

1.
die Gesellschaft;

2.
Herr ....
geb. ....
geschäftsansässig .... in K.
Beruf: Kaufmann
als deren Geschäftsführer

3.
die Vertretungsbefugnis, die wie folgt geregelt ist:

a) **abstrakt:**
Ist nur ein Geschäftsführer bestellt, so vertritt er die Gesellschaft allein. Hat die Gesellschaft mehrere Geschäftsführer, wird sie entweder durch zwei Geschäftsführer gemeinschaftlich oder durch einen Geschäftsführer in Gemeinschaft mit einem Prokuristen vertreten.
Die Gesellschafter können durch Beschluss einem Geschäftsführer oder mehreren Einzelvertretungsbefugnis erteilen und sie von den Beschränkungen des § 181 BGB befreien.

b) **konkret**
Der unterzeichnende Geschäftsführer ist berechtigt, die Gesellschaft **stets** allein zu vertreten.
Er ist befugt, die Gesellschaft bei der Vornahme von Rechtsgeschäften mit sich im eigenen Namen und als Vertreter eines Dritten zu vertreten.

III.
Der Geschäftsführer zeichnet seine Unterschrift zur Aufbewahrung bei Gericht wie folgt:

....

IV.
Der mitunterzeichnende Geschäftsführer versichert:

1.
dass ab der Eintragung der Ausgliederung im Handelsregister der übertragenden Gesellschaft das Vermögen der durch die Spaltung entstehenden Gesellschaft sich endgültig in der freien Verfügung von deren Geschäftsführer befindet.

2.
a) dass er nicht wegen einer Straftat nach den §§ 283 bis 283 d des Strafgesetzbuches (Insolvenzstraftaten) verurteilt ist,

b) dass ihm weder durch ein gerichtliches Urteil noch durch eine vollziehbare Entscheidung einer Verwaltungsbehörde die Ausübung eines Berufes, Berufszweiges, Gewerbes oder Gewerbezweiges untersagt ist;

3.
dass er über seine unbeschränkte Auskunftspflicht gegenüber dem Registergericht gemäß § 8 Abs. 3 GmbH-Gesetz in Verbindung mit § 53 Abs. 2 des Bundeszentralregistergesetzes sowie über die Bedeutung der vorstehenden Versicherungen, insbesondere die strafrechtlichen Folgen gemäß § 82 Abs. 1 und Abs. 2 GmbH-Gesetz und die zivilrechtliche Haftung gemäß § 9 a Abs. 1 GmbH-Gesetz vom unterzeichnenden (beglaubigenden) Notar belehrt worden ist.

Die Geschäftsräume der Gesellschaft befinden sich in Z, ...

Nach Vollzug bitte ich um Eintragungsnachricht an die Gesellschaft und an den beglaubigenden Notar sowie um Übersendung eines beglaubigten Handelsregisterauszuges an die Gesellschaft.

....
(Unterschriften)

Die Echtheit der vorstehenden vor mir vollzogenen Namensunterschrift von
Herrn Dr. ....
geb. ....
geschäftsansässig .... in ....
sowie der Namenszeichnung sowie der Namensunterschrift von
Herrn ....
geb. ....
geschäftsansässig .... in K.
jeweils von Person bekannt,

beglaubige ich hiermit.

....
(Datum)

....
(Unterschrift Notar)

Anhang *Muster 4*

Liste der Gesellschafter

der Firma mbH – Kraftwirtschaft –

mit dem Sitz in Z

mbH Z in Liquidation – eingetragen beim Amtsgericht Z unter HRB ....

Stammeinlage 50.000,00 DM

....
(Datum)

....
(Unterschrift)   (Unterschrift)

Zur Ausgliederung (§ 123 Abs. 3 Nr. 2 UmwG) des Vermögensbestandes Betriebsstätte Heizkraftwerk „K M" aus dem Vermögen der mbH Z in Liquidation, eingetragen im Handelsregister des Amtsgerichtes C unter HRB .... zur Neugründung der

mbH – Kraftwirtschaft –

mit dem Sitz in Z, erstatten wir folgenden

Sachgründungsbericht

Zur Erbringung der von der mbH Z in Liquidation gehaltenen Stammeinlage in Höhe von 50.000,00 DM wurden in Anwendung von § 123 Abs. 3 Nr. 2 UmwG die gemäß dem Ausgliederungsplan vom .... , UR.-Nr. .... des Notars .... in .... bezeichneten Vermögensgegenstände auf die neu gegründete Gesellschaft übertragen.

Wegen der genauen Bezeichnung der übertragenen Vermögensgegenstände wird auf die bezeichnete Urkunde Bezug genommen.

Auf Grund der vorliegenden Wertnachweise für das eingebrachte Vermögen sowie der vorliegenden Ausgliederungsbilanz stellen wir fest, dass der Wert des eingebrachten Vermögens unter Berücksichtigung der übergehenden Verbindlichkeiten auf jeden Fall den Betrag der Stammeinlage von 50.000,00 DM erreicht, auf den sich die Stammeinlage bezieht.

....
(Datum)

....
(Unterschrift)   (Unterschrift)
mbH-Kraftwirtschaft   mbH Z i.L.

Muster 5
Vordrucke für das Verbraucherinsolvenzverfahren und das Restschuldbefreiungsverfahren

– Amtliche Fassung 3/2002 –

Inhaltsübersicht

- ➪ **Hinweisblatt zu den Vordrucken**
- ➪ Antrag auf Eröffnung des Insolvenzverfahrens
- ➪ Anlage 1 – Personalbogen – Angaben zur Person
- ➪ Anlage 2 – Bescheinigung über das Scheitern des außergerichtlichen Einigungsversuchs
- ➪ Anlage 2 A – Gründe für das Scheitern des außergerichtlichen Schuldenbereinigungsplans
- ➪ Anlage 3 – Abtretungserklärung nach § 287 Abs. 2 InsO
- ➪ Anlage 3 A – Erklärung zur Abkürzung der Wohlverhaltensperiode
- ➪ Anlage 4 – Vermögensübersicht
- ➪ Anlage 5 – Vermögensverzeichnis
    - ➪ Ergänzungsblatt 5 A zum Vermögensverzeichnis
    Guthaben auf Konten, Wertpapiere, Schuldbuchforderungen, Darlehnsforderungen
    - ➪ Ergänzungsblatt 5 B zum Vermögensverzeichnis
    Hausrat, Mobiliar, Wertgegenstände und Fahrzeuge
    - ➪ Ergänzungsblatt 5 C zum Vermögensverzeichnis
    Forderungen (z. B. aus Versicherungsverträgen), Rechte aus Erbfällen
    - ➪ Ergänzungsblatt 5 D zum Vermögensverzeichnis
    Grundstücke, Eigentumswohnungen und Erbbaurechte, Rechte an Grundstücken
    - ➪ Ergänzungsblatt 5 E zum Vermögensverzeichnis
    Beteiligungen (Aktien, Genussrechte, sonstige Beteiligungen)
    - ➪ Ergänzungsblatt 5 F zum Vermögensverzeichnis
    Immaterielle Vermögensgegenstände und sonstiges Vermögen
    - ➪ Ergänzungsblatt 5 G zum Vermögensverzeichnis
    Laufendes Einkommen
    - ➪ Ergänzungsblatt 5 H zum Vermögensverzeichnis
    Sicherungsrechte Dritter und Zwangsvollstreckungsmaßnahmen
    - ➪ Ergänzungsblatt 5 J zum Vermögensverzeichnis
    Regelmäßig wiederkehrende Verpflichtungen
    - ➪ Ergänzungsblatt 5 K zum Vermögensverzeichnis
    Schenkungen und entgeltliche Veräußerungen (§§ 132, 133, 134 InsO)
- ➪ Anlage 6
Gläubiger- und Forderungsverzeichnis
- ➪ Anlage 7
Schuldenbereinigungsplan für das gerichtliche Verfahren Allgemeiner Teil
- ➪ Anlage 7 A – Schuldenbereinigungsplan für das gerichtliche Verfahren Besonderer Teil
– Musterplan mit Einmalzahlung bzw. festen Raten –
- ➪ Anlage 7 A – Schuldenbereinigungsplan für das gerichtliche Verfahren Besonderer Teil
– Musterplan mit flexiblen Raten –
- ➪ Anlage 7 B – Schuldenbereinigungsplan für das gerichtliche Verfahren Besonderer Teil
– Ergänzende Regelungen –
- ➪ Anlage 7 C – Schuldenbereinigungsplan für das gerichtliche Verfahren – Erläuterungen zur vorgeschlagenen Schuldenbereinigung –

Muster 5 **Anhang**

1	**Antrag auf Eröffnung des Insolvenzverfahrens (§ 305 InsO) des / der**	Vorname und Name
		Straße und Hausnummer
		Postleitzahl und Ort
		Telefon tagsüber
		Verfahrensbevollmächtigte(r)

2 An das Amtsgericht
— Insolvenzgericht —

in _____

3 **I. Eröffnungsantrag**

Ich stelle den **Antrag, über mein Vermögen das Insolvenzverfahren zu eröffnen.** Nach meinen Vermögens- und Einkommensverhältnissen bin ich nicht in der Lage, meine bestehenden Zahlungspflichten, die bereits fällig sind oder in absehbarer Zeit fällig werden, zu erfüllen.

4 **II. Restschuldbefreiungsantrag**

☐ Ich stelle den **Antrag auf Restschuldbefreiung (§ 287 InsO).**   ☐ Restschuldbefreiung wird **nicht** beantragt.

5 **III. Anlagen**

Personalbogen	(Anlage 1) ☒
Bescheinigung über das Scheitern des außergerichtlichen Einigungsversuchs mit außergerichtlichem Plan	(Anlage 2) ☒
Gründe für das Scheitern des außergerichtlichen Plans	(Anlage 2 A) ☒
Abtretungserklärung nach § 287 Abs. 2 InsO	(Anlage 3) ☐
Erklärung zur Abkürzung der Wohlverhaltensperiode	(Anlage 3 A) ☐
Vermögensübersicht	(Anlage 4) ☒
Vermögensverzeichnis mit den darin genannten Ergänzungsblättern	(Anlage 5) ☒
Gläubiger- und Forderungsverzeichnis	(Anlage 6) ☒
Schuldenbereinigungsplan für das gerichtliche Verfahren:	
Allgemeiner Teil	(Anlage 7) ☒
Besonderer Teil – Musterplan mit Einmalzahlung/festen Raten	(Anlage 7 A) ☐
oder Besonderer Teil – Musterplan mit flexiblen Raten	(Anlage 7 A) ☐
oder Besonderer Teil – Plan mit sonstigem Inhalt	(Anlage 7 A) ☐
Besonderer Teil – Ergänzende Regelungen	(Anlage 7 B) ☒
Erläuterungen zur vorgeschlagenen Schuldenbereinigung	(Anlage 7 C) ☐
Sonstige: _____	☐

6 **IV. Auskunfts- und Mitwirkungspflichten**

Als Schuldner bin ich gesetzlich verpflichtet, dem Insolvenzgericht über alle das Verfahren betreffenden Verhältnisse vollständig und wahrheitsgemäß Auskunft zu erteilen, insbesondere auch jede Auskunft, die zur Entscheidung über meine Anträge erforderlich ist (§§ 20, 97 InsO).

Können solche Auskünfte durch Dritte, insbesondere durch Banken und Sparkassen, sonstige Kreditinstitute, Versicherungsgesellschaften, Sozial- und Finanzbehörden, Sozialversicherungsträger, Rechtsanwälte, Notare, Steuerberater und Wirtschaftsprüfer erteilt werden, so obliegt es mir, auf Verlangen des Gerichts alle Personen und Stellen, die Auskunft über meine Vermögensverhältnisse geben können, von ihrer Pflicht zur Verschwiegenheit zu befreien.

7 _____   _____
(Ort, Datum)   (Unterschrift)

Anhang *Muster 5*

Anlage 1
zum Eröffnungsantrag des / der _____

Personalbogen: Angaben zur Person

8 | Name | Akademischer Grad

Vorname(n) (Rufnamen unterstreichen) _____ | Geschlecht ☐ männlich ☐ weiblich

Geburtsname | früherer Name

Geburtsdatum | Geburtsort

Wohnanschrift Straße | Hausnummer

Postleitzahl | Ort

Telefon (privat) | Mobil

Telefax | E-Mail

9 | **Familienstand**
- ☐ ledig
- ☐ verheiratet seit _____
- ☐ eingetragene Lebenspartnerschaft begründet seit _____
  ☐ beendet seit _____
- ☐ geschieden seit _____
- ☐ getrennt lebend seit _____
- ☐ verwitwet seit _____

10 | **Unterhaltsberechtigte Personen**
☐ nein   ☐ ja, Anzahl: _____ , davon minderjährig: _____
(Einzelheiten siehe Ergänzungsblatt 5 J)

11 | **Beteiligung am Erwerbsleben**

Erlernter Beruf

Zurzeit oder zuletzt tätig als

☐ ehemals selbständig als

☐ zurzeit unselbständig beschäftigt als
- ☐ Arbeiter(in)
- ☐ Angestellte(r)
- ☐ Beamter/Beamtin
- ☐ Aushilfe
- ☐ Sonstiges, und zwar: _____

☐ zurzeit keine Beteiligung am Erwerbsleben, weil
- ☐ Rentner(in)/Pensionär(in) seit _____
- ☐ arbeitslos seit _____
- ☐ Schüler(in) / Student(in) bis _____
- ☐ Hausmann/Hausfrau
- ☐ Sonstiges, und zwar: _____

12 | **Verfahrensbevollmächtigte(r)**

☐ für das Verfahren insgesamt
☐ nur für das Schuldenbereinigungsplanverfahren
☐ Vollmacht liegt an
☐ Vollmacht wird nachgereicht

Name | Akademischer Grad

Vorname | Beruf

ggf. Bezeichnung der geeigneten Stelle

Straße | Hausnummer

Postleitzahl | Ort

Telefon | Telefax

E-Mail

Geschäftszeichen | Sachbearbeiter(in)

Muster 5 **Anhang**

Anlage 2
zum Eröffnungsantrag des / der _____

Bescheinigung über das Scheitern des außergerichtlichen Einigungsversuchs
(§ 305 Abs. 1 Nr. 1 InsO)

- Die Anlage 2 ist von der geeigneten Person oder Stelle auszufüllen -

13	**I. Bezeichnung der geeigneten Person oder Stelle**	Name Straße / Hausnummer Postleitzahl / Ort Ansprechpartner
14	**II. Behördliche Anerkennung der geeigneten Person oder Stelle**	☐ Ja Anerkennende Behörde: _____ Datum des Bescheids: _____ Aktenzeichen: _____ ☐ Nein, die Eignung ergibt sich jedoch aus folgenden Umständen: ☐ Rechtsanwalt ☐ Notar ☐ Steuerberater ☐ Sonstiges: _____
15	**III. Außergerichtlicher Einigungsversuch**	1. Der außergerichtliche Plan vom _____ ist beigefügt. 2. Allen im Gläubigerverzeichnis benannten Gläubigern ist dieser Plan übersandt worden. ☐ Ja ☐ Nein. Begründung: _____ 3. Der Einigungsversuch ist endgültig gescheitert am _____ . 4. Die wesentlichen Gründe für das Scheitern des Plans ergeben sich aus der Darstellung in der Anlage 2 A.
16	**IV. Bescheinigung**	Ich bescheinige / Wir bescheinigen, dass die Schuldnerin bzw. der Schuldner ☐ mit meiner/unserer Unterstützung erfolglos versucht hat, eine außergerichtliche Einigung mit den Gläubigern über die Schuldenbereinigung auf der Grundlage eines Plans zu erzielen.

_____   _____
(Ort, Datum)   (Unterschrift/Stempel der bescheinigenden Person oder Stelle)

Anhang *Muster 5*

Anlage 2 A
zum Eröffnungsantrag des / der _____

Gründe für das Scheitern des außergerichtlichen Schuldenbereinigungsplans
(§ 305 Abs. 1 Nr. 1 InsO)

|17| **I. Wesentliche Gründe für das Scheitern des Einigungsversuchs**

☐ Nicht alle Gläubiger haben dem ihnen übersandten außergerichtlichen Plan zugestimmt.

1. Anteil der zustimmenden Gläubiger nach Köpfen:

    _____ Gläubiger von _____ Gläubigern

2. Anteil der zustimmenden Gläubiger nach Summen:

    _____ EUR von _____ EUR

3. Anteil der Gläubiger ohne Rückäußerung:

    _____ Gläubiger von _____ Gläubigern

Als maßgebliche Gründe für die Ablehnung des Plans wurden genannt:

☐ Nachdem die Verhandlungen über die außergerichtliche Schuldenbereinigung aufgenommen wurden, ist die Zwangsvollstreckung betrieben worden von:

_____

Aktenzeichen des Gerichts oder Gerichtsvollziehers: _____

Amtsgericht: _____

|18| **II. Beurteilung des außergerichtlichen Einigungsversuchs und Aussichten für das gerichtliche Schuldenbereinigungsverfahren**

Der gerichtliche Plan unterscheidet sich von dem außergerichtlichen Plan

☐ nicht.   ☐ in folgenden Punkten:

Nach dem Verlauf des außergerichtlichen Einigungsversuchs halte ich die Durchführung des gerichtlichen Schuldenbereinigungsplanverfahrens für

☐ aussichtsreich.   ☐ nicht aussichtsreich.

Begründung:

Anlage 3
zum Eröffnungsantrag des / der _____

Abtretungserklärung nach § 287 Abs. 2 InsO

- Die Anlage ist nur einzureichen, wenn auf dem Hauptblatt Restschuldbefreiung beantragt worden ist -

I. Erläuterungen zur Abtretungserklärung	Die nachfolgende Abtretung umfasst alle Bezüge aus einem Dienstverhältnis oder an deren Stelle tretende laufende Bezüge, also: - jede Art von Arbeitseinkommen, Dienst- und Versorgungsbezüge der Beamten, Arbeits- und Dienstlöhne, Arbeitsentgelt für Strafgefangene, - Ruhegelder und ähnliche fortlaufende Einkünfte, die nach dem Ausscheiden aus dem Dienst- oder Arbeitsverhältnis gewährt werden, sonstige Vergütungen für Dienstleistungen aller Art, die die Erwerbstätigkeit des Zahlungsempfängers vollständig oder zu einem wesentlichen Teil in Anspruch nehmen, - Bezüge, die ein Arbeitnehmer zum Ausgleich für Wettbewerbsbeschränkungen für die Zeit nach Beendigung seines Dienstverhältnisses beanspruchen kann, - Hinterbliebenenbezüge, die wegen des früheren Dienst- oder Arbeitsverhältnisses gezahlt werden, Renten, die aufgrund von Versicherungsverträgen gewährt werden, wenn diese Verträge zur Versorgung des Versicherungsnehmers oder seiner unterhaltsberechtigten Angehörigen geschlossen worden sind, - Renten und sonstige laufende Geldleistungen der Sozialversicherungsträger oder der Bundesanstalt für Arbeit im Fall des Ruhestands, der teilweisen oder vollständigen Erwerbsunfähigkeit oder der Arbeitslosigkeit, - alle sonstigen, den genannten Bezügen rechtlich oder wirtschaftlich gleichstehenden Bezüge. Soweit Sie nach Aufhebung des Insolvenzverfahrens eine selbständige Tätigkeit ausüben, sind Sie verpflichtet, während der Laufzeit der Abtretungserklärung die Insolvenzgläubiger durch Zahlungen an den gerichtlich bestellten Treuhänder so zu stellen, wie wenn Sie ein angemessenes Dienstverhältnis eingegangen wären (§ 295 Abs. 2 InsO).
[19] **II. Abtretungserklärung**	Für den Fall der gerichtlichen Ankündigung der Restschuldbefreiung trete ich hiermit meine pfändbaren Forderungen auf Bezüge aus einem Dienstverhältnis oder an deren Stelle tretende laufende Bezüge für die Zeit von sechs Jahren nach Eröffnung des Insolvenzverfahrens an einen vom Gericht zu bestimmenden Treuhänder ab. Die von dieser Abtretungserklärung erfassten Forderungen auf Bezüge aus einem Dienstverhältnis oder an deren Stelle tretende laufende Bezüge ☐ habe ich zurzeit **nicht** an einen Dritten abgetreten oder verpfändet. ☐ habe ich bereits vorher abgetreten oder verpfändet. Die Einzelheiten sind in dem Ergänzungsblatt 5 H zum Vermögensverzeichnis dargestellt.

_____   _____
(Ort, Datum)   (Unterschrift)

Anhang *Muster 5*

Anlage 3 A
zum Eröffnungsantrag des / der _____

Erklärung zur Abkürzung der Wohlverhaltensperiode
(§ 287 Abs. 2 Satz 1 InsO, Artikel 107 EG InsO)

*– Die Anlage ist nur einzureichen, wenn Restschuldbefreiung beantragt wird
und Zahlungsunfähigkeit vor dem 1. Januar 1997 bestand –*

[20]

Ich war bereits vor dem 1. Januar 1997 zahlungsunfähig. Deshalb ist bei der gerichtlichen Ankündigung der Restschuldbefreiung und der Bestimmung des Treuhänders (§ 291 InsO) festzustellen, dass sich die Laufzeit der Abtretung nach § 287 Abs. 2 Satz 1 InsO auf fünf Jahre verkürzt.

Für die Tatsache, dass ich bereits vor dem 1. Januar 1997 zahlungsunfähig war, lege ich folgende Beweismittel vor:

☐ Kopie der Niederschrift über die abgegebene Eidesstattliche Versicherung (Offenbarungsversicherung) und des Vermögensverzeichnisses

☐ Bescheinigung des zuständigen Gerichtsvollziehers über einen erfolglosen Vollstreckungsversuch

☐ Sonstige *(bitte näher erläutern)*

Muster 5 **Anhang**

Anlage 4
zum Eröffnungsantrag des / der _____

Vermögensübersicht
(Übersicht des vorhandenen Vermögens und des Einkommens, § 305 Abs. 1 Nr. 3 InsO)

21

I. Erklärung zur Vermögenslage	Hiermit erkläre ich, dass ich über folgendes Vermögen und Einkommen verfüge. ☐ Weitergehende Angaben habe ich in den Ergänzungsblättern zum Vermögensverzeichnis (Anlagen 5 A ff.) gemacht.

22

1.	Vermögen	Ja	gemäß Ergänzungsblatt	Wert in EUR (Gesamtbetrag)	Sicherungsrechte Dritter (Ergänzungsblatt 5 H)	Nein
1.1	Bargeld *(auch in ausländischer Währung)*	☐	-		☐ nein ☐ ja, in Höhe von _____ EUR	☐
1.2	Guthaben auf Girokonten, Sparkonten, Spar- und Bausparverträgen, Wertpapiere, Schuldbuchforderungen, Darlehnsforderungen	☐	5 A		☐ nein ☐ ja, in Höhe von _____ EUR	☐
1.3	Bescheidene Lebensführung übersteigende Hausratsgegenstände, Möbel, Fernseh- und Videogeräte, Computer, sonstige elektronische Geräte, wertvolle Kleidungsstücke, sonstige wertvolle Gebrauchsgegenstände (z. B. Kameras, Waffen, optische Geräte u.ä.), wertvolle Bücher (Anzahl, Gesamtwert)	☐	5 B		☐ nein ☐ ja, in Höhe von _____ EUR	☐
1.4	Bauten auf fremden Grundstücken (z. B. Gartenhaus, Verkaufsstände etc.)	☐	5 B		☐ nein ☐ ja, in Höhe von _____ EUR	☐
1.5	Privat genutzte Fahrzeuge (PKW, LKW, Wohnwagen, Motorräder, Mopeds usw.)	☐	5 B		☐ nein ☐ ja, in Höhe von _____ EUR	☐
1.6	Forderungen gegen Dritte (Außenstände, rückständiges Arbeitseinkommen, Forderungen aus Versicherungsverträgen, Rechte aus Erbfällen)	☐	5 C		☐ nein ☐ ja, in Höhe von _____ EUR	☐
1.7	Grundstücke, Eigentumswohnungen und Erbbaurechte, Rechte an Grundstücken	☐	5 D		☐ nein ☐ ja, in Höhe von _____ EUR	☐
1.8	Aktien, Genussrechte oder sonstige Beteiligungen an Kapitalgesellschaften, Personengesellschaften oder Genossenschaften	☐	5 E		☐ nein ☐ ja, in Höhe von _____ EUR	☐
1.9	Rechte oder Ansprüche aus Urheberrechten, immaterielle Vermögensgegenstände (z. B. Patente)	☐	5 F		☐ nein ☐ ja, in Höhe von _____ EUR	☐
1.10	Sonstiges Vermögen	☐	5 F		☐ nein ☐ ja, in Höhe von _____ EUR	☐

23

2.	Monatliche Einkünfte	Ja	gemäß Ergänzungsblatt	Betrag monatlich netto in EUR	Sicherungsrechte Dritter (Ergänzungsblatt 5 H)	Nein
2.1	Durchschnittliches Arbeitseinkommen (netto) einschließlich Zulagen und Zusatzleistungen	☐	5 G		☐ nein ☐ ja, in Höhe von _____ EUR	☐
2.2	Arbeitslosenunterstützung (Arbeitslosengeld, -hilfe, Unterhaltsgeld etc.)	☐	5 G		☐ nein ☐ ja, in Höhe von _____ EUR	☐
2.3	Krankengeld	☐	5 G		☐ nein ☐ ja, in Höhe von _____ EUR	☐
2.4	Rentenversicherungen, Betriebsrenten, Versorgungsbezüge (aus öffentlicher Kasse)	☐	5 G		☐ nein ☐ ja, in Höhe von _____ EUR	☐
2.5	Private Renten-, Spar- und sonstige Versicherungsverträge	☐	5 G		☐ nein ☐ ja, in Höhe von _____ EUR	☐
2.6	Sonstige Sozialleistungen (wie z. B. Sozialhilfe, Kindergeld, Erziehungsgeld, Wohngeld etc.)	☐	5 G		☐ nein ☐ ja, in Höhe von _____ EUR	☐

Anhang   *Muster 5*

			gemäß	Betrag		
2.7	Sonstige monatliche Einkünfte (wie z. B. Einkünfte aus Unterhaltszahlungen)	☐	5 G		☐ nein ☐ ja, in Höhe von _____ EUR	☐

	3.	Jährliche Einkünfte	Ja	gemäß Ergänzung sblatt	Betrag jährlich netto in EUR	Sicherungsrechte Dritter (Ergänzungsblatt 5 H)	Nein
	3.1	Einkünfte aus nichtselbständiger Tätigkeit (z. B. Weihnachtsgeld, Tantiemen, sonstige Gratifikationen usw.)	☐	5 G		☐ nein ☐ ja, in Höhe von _____ EUR	☐
	3.2	Einkünfte aus Vermietung und Verpachtung	☐	5 G		☐ nein ☐ ja, in Höhe von _____ EUR	☐
	3.3	Einkünfte aus Kapitalvermögen	☐	5 G		☐ nein ☐ ja, in Höhe von _____ EUR	☐
	3.4	Sonstige jährliche Einkünfte	☐	5 G		☐ nein ☐ ja, in Höhe von _____ EUR	☐

4.	Sonstiger Lebensunterhalt	☐ Ich habe keine bzw. keine ausreichenden regelmäßigen Einkünfte nach Ziffer 2 und 3. Den notwendigen Lebensunterhalt bestreite ich durch: _____

	5.	Regelmäßig wiederkehrende Zahlungsverpflichtungen	Ja	gemäß Ergänzung sblatt	Betrag monatlich in EUR	Nein
	5.1	Unterhaltsverpflichtungen	☐	5 J	☐ Naturalunterhalt für ___ Personen ☐ Barunterhalt für ___ Personen in Gesamthöhe von _____ EUR	☐
	5.2	Wohnkosten (Miete etc.)	☐	5 J	_____ EUR	☐
	5.3	Sonstige wesentliche Verpflichtungen	☐	5 J	_____ EUR	☐

II. Erklärung zur Vermögens-losigkeit	☐ Hiermit erkläre ich, dass ich mit Ausnahme des unter Punkt I. 4 bezeichneten Lebensunterhalts weder über die vorstehend aufgeführten Vermögenswerte noch über sonstige Vermögenswerte verfüge (Vermögenslosigkeit).

III. Erklärung zu Schenkungen und Veräußerungen	Ich habe in den letzten vier Jahren vor dem Antrag auf Eröffnung des Insolvenzverfahrens Geld, Forderungen oder Gegenstände verschenkt (gebräuchliche Gelegenheitsgeschenke geringen Werts sind nicht anzugeben).	☐ nein ☐ ja, im Gesamtwert von _____ EUR gemäß Ergänzungsblatt 5 K
	Ich habe in den letzten zwei Jahren Vermögensgegenstände an nahe stehende Personen veräußert.	☐ nein ☐ ja, im Gesamtwert von _____ EUR gemäß Ergänzungsblatt 5 K

IV. Versicherung (§ 305 Abs. 1 Nr. 3 InsO)	Die **Richtigkeit und Vollständigkeit** der in dieser Vermögensübersicht enthaltenen **Angaben** versichere ich. Mir ist bekannt, dass vorsätzliche Falschangaben strafbar sein können und dass mir die Restschuldbefreiung versagt werden kann, wenn ich vorsätzlich oder grob fahrlässig unrichtige oder unvollständige Angaben gemacht habe (§ 290 Abs. 1 Nr. 6 InsO).

_____   _____
(Ort, Datum)   (Unterschrift)

Muster 5 **Anhang**

Anlage 5 **zum Eröffnungsantrag des / der** _____		
Vermögensverzeichnis (Verzeichnis des vorhandenen Vermögens und des Einkommens, § 305 Abs. 1 Nr. 3 InsO)		

[30]

I. **Erklärung zum Vermögensverzeichnis**	Hinsichtlich meines Vermögens und meiner Einkünfte nehme ich auf die Angaben in der Vermögensübersicht Bezug. ☐ Ich ergänze diese Angaben entsprechend den beiliegenden und in der Vermögensübersicht bereits bezeichneten Ergänzungsblättern: ☐ 5 A (Guthaben auf Konten, Wertpapiere, Schuldbuchforderungen, Darlehensforderungen) ☐ 5 B (Hausrat, Mobiliar, Wertgegenstände und Fahrzeuge) ☐ 5 C (Forderungen, Rechte aus Erbfällen) ☐ 5 D (Grundstücke, Eigentumswohnungen und Erbbaurechte, Rechte an Grundstücken) ☐ 5 E (Beteiligungen, Aktien, Genussrechte) ☐ 5 F (Immaterielle Vermögensgegenstände, sonstiges Vermögen) ☐ 5 G (Laufendes Einkommen) ☐ 5 H (Sicherungsrechte Dritter und Zwangsvollstreckungsmaßnahmen) ☐ 5 J (Regelmäßig wiederkehrende Verpflichtungen) ☐ 5 K (Schenkungen und entgeltliche Veräußerungen) **Ich versichere, dass ich in den nicht beigefügten Ergänzungsblättern keine Angaben zu machen habe.**
II. **Versicherung** **(§ 305 Abs. 1 Nr. 3 InsO)**	Die **Richtigkeit und Vollständigkeit der in diesem Vermögensverzeichnis und den beigefügten Ergänzungsblättern enthaltenen Angaben** versichere ich. Mir ist bekannt, dass vorsätzliche Falschangaben strafbar sein können und dass mir die Restschuldbefreiung versagt werden kann, wenn ich vorsätzlich oder grob fahrlässig unrichtige oder unvollständige Angaben gemacht habe (§ 290 Abs. 1 Nr. 6 InsO).

_____   _____
(Ort, Datum)   (Unterschrift)

Anhang   *Muster 5*

Ergänzungsblatt 5 A
zum Vermögensverzeichnis des / der _____

Guthaben auf Konten, Wertpapiere, Schuldbuchforderungen, Darlehnsforderungen

31				
	1.	**Guthaben auf Konten** *(Bezeichnung der Kontonummern, genaue Bezeichnung der Konto führenden Stelle)*	**Stichtag**	**Guthaben in EUR**
	1.1 / 1.1.1	Girokonten (z. B. Gehaltskonto)		
	1.2 / 1.2.1	Termin- oder Festgeldkonten		
	1.3 / 1.3.1	Fremdwährungsgeldkonten		
	1.4 / 1.4.1	Sparkonten, Sparverträge		
	1.5 / 1.5.1	Raten- und Bausparverträge		
	1.6 / 1.6.1	Sonstige Spareinlagen		

32				
	2.	**Wertpapiere, Schuldbuchforderungen und sonstige Darlehnsforderungen** *(genaue Bezeichnung: Name des Papiers, Typ, Serie, WKN, ggf. Name der Depotbank mit Depot-Nr., Fälligkeitsdatum, Name und Anschrift des Schuldners)*	**Stichtag**	**Kurs- oder Verkehrswert in EUR**
	2.1 / 2.1.1	Investmentfondsanteile		
	2.2 / 2.2.1	Pfandbriefe, Sparbriefe und ähnliche festverzinsliche Wertpapiere, Obligationen		
	2.3 / 2.3.1	Schuldbuchforderungen		
	2.4 / 2.4.1	Wechselforderungen		
	2.5 / 2.5.1	Scheckforderungen		
	2.6 / 2.6.1	Forderungen aus Hypotheken oder Grundschulden		
	2.7 / 2.7.1	Gesellschafterdarlehen		
	2.8 / 2.8.1	Sonstige Forderungen aus Darlehen oder ähnlichen Geldanlagen		

Muster 5 **Anhang**

Ergänzungsblatt 5 B
zum Vermögensverzeichnis des / der _____

Hausrat, Mobiliar, Wertgegenstände und Fahrzeuge

33		**1. Hausrat, sonstiges Mobiliar oder Wertgegenstände**	**Wert in EUR**
	1.1 1.1.1	Bescheidene Lebensführung übersteigende Hausratsgegenstände, Möbel, Fernseh- und Videogeräte, Computer, sonstige elektronische Geräte, wertvolle Kleidungsstücke, sonstige wertvolle Gebrauchsgegenstände (z. B. Kameras, Waffen, Sportgeräte, optische Geräte u.ä.)	
	1.2 1.2.1	Sonstige Wertgegenstände (wie z. B. wertvolle Bücher, Kunstobjekte, Musikinstrumente, Uhren, Schmuck, Sammlungen, Gegenstände aus Edelmetall, Edelsteine, Perlen, Goldmünzen etc.)	
	1.3 1.3.1	Bauten auf fremden Grundstücken (z. B. Gartenhaus, Verkaufsstände etc.)	

34		**2. Kraftfahrzeuge** *(Bitte Typ/Fabrikat, Kennzeichen, Baujahr, kmLeistung und Aufbewahrungsort des Fahrzeugbriefes angeben)*	**Wert in EUR**
	2.1 2.1.1	PKW	
	2.2 2.2.1	LKW	
	2.3 2.3.1	Wohnwagen, Anhänger u.ä.	
	2.4 2.4.1	Motorräder, Mopeds u.ä.	
	2.5 2.5.1	Land- und forstwirtschaftliche Maschinen, Geräte u.ä.	

|35| **3. Erklärung zu unpfändbaren Gegenständen**

☐ Die Gegenstände unter laufender Nummer _____ werden zur Fortsetzung der Erwerbstätigkeit benötigt.

Begründung:

Anhang *Muster 5*

Ergänzungsblatt 5 C
zum Vermögensverzeichnis des / der _____

Forderungen (z. B. aus Versicherungsverträgen), Rechte aus Erbfällen

	1.	Forderungen	Wert in EUR
36	1.1	**Forderungen aus Versicherungsverträgen** *(Name und Anschrift der Versicherungsgesellschaft oder Kasse und Vertragsnummer, Versicherungsleistung bzw. Beitragserstattung, ggfs. Rückkaufwert, Name des Begünstigten)*	
		Kapital-Lebensversicherungsverträge, Sterbekassen	
		private Rentenversicherungen	
		private Krankenversicherung	
		sonstige Versicherungen *(z.B. Ansprüche gegen Hausrat-, Haftpflichtversicherung, sonstige verwertbare Versicherung)*	
37	1.2	**Rückständiges Arbeitseinkommen** *Name / Firma, vollständige Anschrift des Arbeitgebers,* *Art des rückständigen Einkommens (z. B. Urlaubsgeld, Weihnachtsgeld, rückständiger Lohn von – bis)*	
	1.2.1		
38	1.3	**Steuererstattungsansprüche**	
		Finanzamt	
		Steuernummer / Die Steuererklärung wurde zuletzt abgegeben für das Kalenderjahr	
39	1.4	**Sonstige Zahlungsansprüche, z. B. aus Schadensfällen oder aus noch nicht erfüllten Verträgen** *Name / Firma, vollständige Anschrift des Schuldners* *Art des Zahlungsanspruchs (genaue Bezeichnung des Rechtsgrunds; ggf. Angaben zur Einbringlichkeit der Forderung)*	
	1.4.1		

	2.	Rechte und Ansprüche aus Erbfällen	Wert in EUR
40		*(Bezeichnung der Beteiligung bzw. des Anspruchs, z. B. Erbengemeinschaft, Pflichtteilsanspruch, Beteiligung an einer fortgesetzten Gütergemeinschaft etc.)*	

Muster 5 **Anhang**

Ergänzungsblatt 5 D
zum Vermögensverzeichnis des / der _____

Grundstücke, Eigentumswohnungen und Erbbaurechte, Rechte an Grundstücken

|41|

1. **Genaue Bezeichnung des Grundvermögens** *(evtl. gesonderte Aufstellung oder Grundbuchauszüge beifügen)*

lfd. Nr.	Lage des Objektes (Straße, Ort), Nutzungsart	Grundbuchbezeichnung (Amtsgericht, Grundbuchbezirk, Band, Blatt)	Eigentumsanteil	Verkehrswert in EUR (ca.)
1.1 1.1.1	Eigentum an Grundstücken oder Eigentumswohnungen			
1.2 1.2.1	Erbbaurechte			
1.3 1.3.1	Grunddienstbarkeiten, Nießbrauchsrechte			
1.4 1.4.1	Sonstige im Grundbuch eingetragene Rechte			

|42|

2. **Belastungen dieses Grundvermögens** *(evtl. gesonderte Aufstellung oder Grundbuchauszüge beifügen)*

lfd. Nr. zu 1.	Art der Belastung	Grundbucheintragung in a) Abteilung b) lfd. Nr.	Name des Gläubigers	Wert der derzeitigen Belastung in EUR

|43|

3. **Ist die Zwangsversteigerung oder –verwaltung dieses Grundstückes angeordnet?**

lfd. Nr. zu 1.	Zwangsversteigerung	Zwangsverwaltung	Zuständiges Amtsgericht (mit Geschäftszeichen)
	☐	☐	
	☐	☐	
	☐	☐	
	☐	☐	

Anhang *Muster 5*

Ergänzungsblatt 5 E
zum Vermögensverzeichnis des / der _____

Beteiligungen (Aktien, Genussrechte, sonstige Beteiligungen)

1. Aktien, Genussrechte und sonstige Beteiligungen an Kapitalgesellschaften (AG, GmbH, KGaA)
– *evtl. gesonderte Aufstellung oder Depotauszug beifügen* –

lfd. Nr.	a) Beteiligungsform b) Name und Anschrift der Gesellschaft c) WKN, Depot-Nr. und -bank bzw. Registergericht mit HRB-Nr.	Nennbetrag je Gesellschaft in EUR	Kurs- bzw. Verkehrswert in EUR	Fällige Gewinnansprüche in EUR
1.1				

2. Beteiligung an Personengesellschaften
(oHG, KG, Partnerschaftsgesellschaft, Gesellschaft des bürgerlichen Rechts, EWIV u.ä.)
– *evtl. gesonderte Aufstellung beifügen* –

lfd. Nr.	a) Name und Anschrift der Gesellschaft b) Eingetragen im Register des Amtsgerichts unter HRA-Nr. c) Beteiligungsform	Nennbetrag je Gesellschaft in EUR	Verkehrswert in EUR	Fällige Gewinnansprüche in EUR
2.1				

3. Beteiligungsform als stiller Gesellschafter
– *evtl. gesonderte Aufstellung beifügen* –

lfd. Nr.	a) Name und Anschrift des Unternehmens b) Eingetragen im Register des Amtsgerichts c) unter HRA/HRB-Nr.	Nennbetrag je Gesellschaft in EUR	Verkehrswert in EUR	Fällige Gewinnansprüche in EUR
3.1				

4. Beteiligungen an Genossenschaften *(auch Anteile von Genossenschaftsbanken, Spar- und Darlehnskassen)*
– *evtl. gesonderte Aufstellung beifügen* –

lfd. Nr.	a) Name und Anschrift der Genossenschaft b) Eingetragen im Register des Amtsgerichts c) unter Nr.	Geschäftsguthaben in EUR	Fällige Gewinnansprüche in EUR
4.1			

Muster 5 **Anhang**

Ergänzungsblatt 5 F
zum Vermögensverzeichnis des / der _____

Immaterielle Vermögensgegenstände und sonstiges Vermögen

|48|

1. Immaterielle Vermögensgegenstände
(z. B. Urheber-, Patent-, Verlags- oder ähnliche Rechte)

lfd. Nr.	Genaue Bezeichnung und – soweit registriert – Angabe der Registerbehörde (z. B. Deutsches Patentamt), des Geschäftszeichens der Registerbehörde; Angaben über Nutzungsverträge u.ä.	Wert in EUR
1.1		

|49|

2. Sonstiges Vermögen

lfd. Nr.		Wert in EUR
2.1		

373

Anhang Muster 5

Ergänzungsblatt 5 G
zum Vermögensverzeichnis des / der _____

Laufendes Einkommen

[50] I. Einkünfte aus nichtselbständiger Arbeit und sonstigen Dienstverhältnissen

Berufliche Tätigkeit (Aufgabenbereich)	Berufliche Tätigkeit				
Genauer Name (Firma) und Anschrift des Arbeitgebers oder der sonstigen auszahlenden Stelle	Name / Firma				
	Straße				
	PLZ		Ort		
	Personal-Nr. o.ä.				

☐ Lohn- oder Gehaltsbescheinigungen der letzten 2 Monate sind beigefügt

			Zahlungsweise	Abzweigungsbetrag bei Pfändung oder Abtretung in EUR	Auszahlungsbetrag in EUR
1. Arbeitseinkommen	☐ Nein	☐ Ja	monatlich		
2. Zulagen (durchschnittlich)	☐ Nein	☐ Ja	monatlich		
3. Zusätzliche Leistungen des Arbeitgebers (z. B. vermögenswirksame Leistungen)	☐ Nein	☐ Ja	monatlich		
4. Weihnachtsgeld	☐ Nein	☐ Ja	jährlich		
5. Urlaubsgeld	☐ Nein	☐ Ja	jährlich		
6. Einkünfte aus sonstigen Dienstverhältnissen, Aufwandsentschädigungen und gewinnabhängige Tantiemen	☐ Nein	☐ Ja	monatlich		
			jährlich		
7. Abfindungen bei Beendigung eines Dienst- oder	☐ Nein	☐ Ja	gesamt		

[51] II. Einkünfte im Rahmen des Ruhestands

			Abzweigungsbetrag bei Pfändung oder Abtretung in EUR	monatlicher Auszahlungsbetrag in EUR
1. Leistungen der gesetzlichen Rentenversicherung	☐ Nein	☐ Ja - Auszahlende Stelle und Geschäftszeichen: ☐ Rentenbescheid ist beigefügt		
2. Versorgungsbezüge	☐ Nein	☐ Ja - Auszahlende Stelle und Geschäftszeichen: ☐ Versorgungsbescheid ist beigefügt.		
3. Betriebsrenten	☐ Nein	☐ Ja - Auszahlende Stelle und Geschäftszeichen: ☐ Rentenbescheid ist beigefügt		

Muster 5 **Anhang**

4. Sonstige fortlaufende Einkünfte infolge des Ausscheidens aus einem Dienst- oder Arbeitsverhältnis	☐ Nein	☐ Ja - Auszahlende Stelle und Geschäftszeichen: ☐ Nachweis ist beigefügt			
5. Renten aus privaten Versicherungs- oder Sparverträgen	☐ Nein	☐ Ja - Auszahlende Stelle und Vertrags-Nr.: ☐ Nachweis ist beigefügt			

52 | **III. Unterhaltszahlungen**

☐ Nein	☐ Ja	Abzweigungsbetrag bei Pfändung oder Abtretung in EUR	monatlicher Auszahlungsbetrag in EUR
	Name, vollständige Anschrift der unterhaltspflichtigen Person(en)		

53 | **IV. Leistungen aus öffentlichen Kassen**

			Abzweigungsbetrag bei Pfändung oder Abtretung in EUR	monatlicher Auszahlungsbetrag in EUR
1. Arbeitslosengeld	☐ Nein	☐ Ja - Auszahlende Stelle und Geschäftszeichen: ☐ Bewilligungsbescheid ist beigefügt		
2. Arbeitslosenhilfe	☐ Nein	☐ Ja - Auszahlende Stelle und Geschäftszeichen: ☐ Bewilligungsbescheid ist beigefügt		
3. Krankengeld	☐ Nein	☐ Ja - Auszahlende Stelle und Geschäftszeichen: ☐ Bewilligungsbescheid ist beigefügt		
4. Sozialhilfe	☐ Nein	☐ Ja - Auszahlende Stelle und Geschäftszeichen: ☐ Bewilligungsbescheid ist beigefügt		
5. Wohngeld	☐ Nein	☐ Ja - Auszahlende Stelle und Geschäftszeichen: ☐ Bewilligungsbescheid ist beigefügt		
6. Unterhaltsgeld	☐ Nein	☐ Ja - Auszahlende Stelle und Geschäftszeichen: ☐ Bewilligungsbescheid ist beigefügt		

Anhang *Muster 5*

7. Kindergeld	☐ Nein	☐ Ja - Auszahlende Stelle und Geschäftszeichen: ☐ Bewilligungsbescheid ist beigefügt		
8. Berufs- oder Erwerbsunfähigkeitsrenten	☐ Nein	☐ Ja - Auszahlende Stelle und Geschäftszeichen: ☐ Bewilligungsbescheid ist beigefügt		
9. Hinterbliebenen-, Unfall-, Kriegsopferrenten	☐ Nein	☐ Ja - Auszahlende Stelle und Geschäftszeichen: ☐ Bewilligungsbescheid ist beigefügt		
10. Sonstige Leistungen aus öffentlichen Kassen	☐ Nein	☐ Ja - Auszahlende Stelle und Geschäftszeichen: ☐ Bewilligungsbescheid ist beigefügt		

|54| **V. Einkünfte aus Vermietung und Verpachtung** |

☐ Nein	☐ Ja *Bezeichnung des Miet- oder Pachtobjekts;* *Name und Anschrift der Mieter oder Pächter*	monatlich	jährlich	Abzweigungsbetrag bei Pfändung oder Abtretung in EUR	Einkünfte in EUR
		☐	☐		
		☐	☐		
		☐	☐		

|55| **VI. Zinseinkünfte und sonstige laufende Einkünfte** |

☐ Nein	☐ Ja *genaue Bezeichnung der Einkunftsart;* *Name und Anschrift der zahlungspflichtigen Person oder Stelle*	monatlich	jährlich	Abzweigungsbetrag bei Pfändung oder Abtretung in EUR	Einkünfte in EUR
		☐	☐		
		☐	☐		
		☐	☐		
		☐	☐		
		☐	☐		

Muster 5 **Anhang**

Ergänzungsblatt 5 H
zum Vermögensverzeichnis des / der _____

Sicherungsrechte Dritter und Zwangsvollstreckungsmaßnahmen

|56| **1. Eigentumsvorbehalte, Sicherungsübereignungen**

lfd. Nr.	Gegenstand	Datum des Vertrags	Name und Anschrift des Verkäufers bzw. Sicherungsnehmers	Restschuld (ca.) in EUR
1.1				

|57| **2. Lohnabtretungen, Sicherungsabtretungen**

lfd. Nr.	Abgetretene Forderung (z. B.: Lohn/Gehalt bei Fa. ..., Ansprüche aus Lebensversicherung ...)	Abtretung ist offen gelegt	pfändbarer Teil wird abgeführt	Datum der Abtretung	Name und Anschrift des Lohn- bzw. Sicherungsabtretungsgläubigers	gegenwärtige Höhe der gesicherten Schuld (ca.) in EUR
2.1		☐	☐			
		☐	☐			
		☐	☐			

|58| **3. Freiwillige Verpfändungen**

lfd. Nr.	Verpfändeter Gegenstand bzw. verpfändete Forderung	Datum der Verpfändung	Name und Anschrift des Pfandgläubigers	gegenwärtige Höhe der gesicherten Schuld (ca.) in EUR
3.1				

|59| **4. Zwangsvollstreckungen und Pfändungen**

lfd. Nr.	Gegenstand und Datum der Zwangsvollstreckung / Pfändung (mit Angabe von Gerichtsvollzieher und DR-Nr. des Pfändungsprotokolls bzw. von Gericht und Aktenzeichen des Pfändungs- und Überweisungsbeschlusses)	Datum der Pfändungsmaßnahme	Name und Anschrift des Gläubigers	Restschuld (ca.) in EUR
4.1				

Anhang *Muster 5*

**Ergänzungsblatt 5 J
zum Vermögensverzeichnis des / der** _____

		Regelmäßig wiederkehrende Verpflichtungen			

60	I. Unterhaltsleistungen an Angehörige	Name, Vorname und Geburtsdatum, Anschrift (nur, wenn sie von Ihrer Anschrift abweicht)	Familienverhältnis (Kind, Ehegatte, Eltern, Lebenspartner,)	Unterhaltsleistung	Eigene Einnahmen der Empfänger
		1.		☐ Naturalunterhalt ☐ Barunterhalt, monatlich EUR	☐ Nein ☐ Ja, monatlich netto EUR ☐ Nicht bekannt
		2.		☐ Naturalunterhalt ☐ Barunterhalt, monatlich EUR	☐ Nein ☐ Ja, monatlich netto EUR ☐ Nicht bekannt
		3.		☐ Naturalunterhalt ☐ Barunterhalt, monatlich EUR	☐ Nein ☐ Ja, monatlich netto EUR ☐ Nicht bekannt
		4.		☐ Naturalunterhalt ☐ Barunterhalt, monatlich EUR	☐ Nein ☐ Ja, monatlich netto EUR ☐ Nicht bekannt
		5.		☐ Naturalunterhalt ☐ Barunterhalt, monatlich EUR	☐ Nein ☐ Ja, monatlich netto EUR ☐ Nicht bekannt

61	II. Wohnkosten	Wohnungsgröße in qm	Kaltmiete monatlich in EUR	Nebenkosten monatlich in EUR	Gesamtmiete monatlich in EUR	Ich zahle darauf monatlich EUR	Mitbewohner zahlen monatlich EUR

62	III. Weitere wesentliche Zahlungsverpflichtungen, besondere Belastungen	Art der Verpflichtung bzw. außergewöhnlichen Belastung (z. B. Lebensversicherungsbeiträge, Verpflichtungen aus Kredit-, Abzahlungskauf- oder Leasingverträgen, Pflege- und Krankheitsaufwendungen)	Monatliche Höhe der Verpflichtung bzw. Belastung	Mitverpflichtete zahlen darauf monatlich in EUR

Muster 5 **Anhang**

Ergänzungsblatt 5 K
zum Vermögensverzeichnis des / der _____

Schenkungen und entgeltliche Veräußerungen
(§§ 132, 133, 134 InsO)

63 | **1.** | **Unentgeltliche Veräußerung von Vermögensgegenständen (Schenkungen)**

☐ Ich habe in den letzten 4 Jahren vor dem Antrag auf Eröffnung des Insolvenzverfahrens folgende Geldbeträge, Forderungen oder Gegenstände verschenkt (gebräuchliche Geschenke von geringem Wert sind nicht anzugeben):

lfd. Nr.	Name und Anschrift des Empfängers	Datum	Gegenstand	Wert in EUR
1.1				

64 | **2.** | **Entgeltliche Veräußerung von Vermögensgegenständen an nahe stehende Personen**

☐ Ich habe in den letzten 2 Jahren vor dem Antrag auf Eröffnung des Insolvenzverfahrens folgender nahe stehenden Person folgende Vermögensgegenstände (auch Forderungen) entgeltlich veräußert:

lfd. Nr.	Name der nahe stehenden Person (§ 138 InsO)	Datum	Gegenstand	Wert in EUR
2.1	☐ Ehegatte oder Lebenspartner (vor, während oder nach der Ehe oder Lebenspartnerschaft)			
2.2	☐ Lebensgefährte oder andere Personen, die mit mir in häuslicher Gemeinschaft leben oder im letzten Jahr vor der Veräußerung gelebt haben			
2.3	☐ Kinder oder Enkelkinder			
2.4	☐ meine oder meines Ehegatten Eltern, Großeltern, Geschwister und Halbgeschwister			
2.5	☐ Ehegatten der zuvor genannten Personen			

Anhang *Muster 5*

Anlage 6
zum Eröffnungsantrag des / der _____

Gläubiger- und Forderungsverzeichnis

(Verzeichnis der Gläubiger und Verzeichnis der gegen den Schuldner gerichteten Forderungen, § 305 Abs. 1 Nr. 3 InsO)

[65]

lfd. Nr. des Gläubigers im SB-Plan AT	Name/Kurzbezeichnung des Gläubigers (vollständige Angaben im Allgemeinen Teil des Schuldenbereinigungsplans)	Nahestehende Person (§ 138)	Hauptforderung in EUR (je Hauptforderung eine Zeile)	Zinsen Höhe in EUR	Zinsen berechnet bis zum	Kosten in EUR	Forderungsgrund: ggf. Angaben zum Bestand und zur Berechtigung der Forderung Hinsichtlich der Angaben zu Hauptforderung, Zinsen, Kosten, Forderungsgrund und Titulierung kann durch einen Hinweis in der Spalte „Forderungsgrund" auf beigefügte Forderungsaufstellungen der Gläubiger Bezug genommen werden (§ 305 Abs. 2 Satz 1 InsO).	Forderung tituliert	Summe aller Forderungen des Gläubigers in EUR
		☐						☐	
		☐						☐	
		☐						☐	
		☐						☐	
		☐						☐	
		☐						☐	
		☐						☐	
		☐						☐	
		☐						☐	
		☐						☐	
		☐						☐	
		☐						☐	
		☐						☐	
		☐						☐	

Muster 5 **Anhang**

lfd. Nr. des Gläubigers im SB-Plan AT	Name/Kurzbezeichnung des Gläubigers (vollständige Angaben im Allgemeinen Teil des Schuldenbereinigungsplans)	Nahestehende Person (§ 138)	Hauptforderung in EUR (je Hauptforderung eine Zeile)	Zinsen Höhe in EUR	Zinsen berechnet bis zum	Kosten in EUR	Forderungsgrund; ggf. Angaben zum Bestand und zur Berechtigung der Forderung	Forderung tituliert	Summe aller Forderungen des Gläubigers in EUR
		☐					*Hinsichtlich der Angaben zu Hauptforderung, Zinsen, Kosten, Forderungsgrund und Titulierung kann durch einen Hinweis in der Spalte „Forderungsgrund" auf beigefügte Forderungsaufstellungen der Gläubiger Bezug genommen werden (§ 305 Abs. 2 Satz 1 InsO).*	☐	
		☐						☐	
		☐						☐	
		☐						☐	
		☐						☐	
		☐						☐	
		☐						☐	
		☐						☐	
		☐						☐	
		☐						☐	
		☐						☐	
		☐						☐	

Versicherung (§ 305 Abs. 1 Nr. 3 InsO)	Die **Richtigkeit und Vollständigkeit** der in diesem **Gläubiger- und Forderungsverzeichnis** enthaltenen Angaben versichere ich. Mir ist bekannt, dass vorsätzliche Falschangaben strafbar sein können und dass mir die Restschuldbefreiung versagt werden kann, wenn ich vorsätzlich oder grob fahrlässig unrichtige oder unvollständige Angaben gemacht habe (§ 290 Abs. 1 Nr. 6 InsO).

_____ _____
(Ort, Datum)   (Unterschrift)

381

Anhang   *Muster 5*

66	Anlage 7 zum Eröffnungsantrag des / der	Vorname und Name
		Straße und Hausnummer
		Postleitzahl und Ort
		Verfahrensbevollmächtigte(r)

Schuldenbereinigungsplan für das gerichtliche Verfahren
(§ 305 Abs. 1 Nr. 4 InsO)

Allgemeiner Teil

Neben diesem Allgemeinen Teil besteht der Schuldenbereinigungsplan aus dem Besonderen Teil (Anlagen 7 A und 7 B). Dort sind für jeden Gläubiger die angebotenen besonderen Regelungen zur angemessenen Bereinigung der Schulden dargestellt. Ergänzende Erläuterungen zur vorgeschlagenen Schuldenbereinigung können in der Anlage 7 C erfolgen.

67	Datum des Schuldenbereinigungsplans: _____

68	Unter Berücksichtigung der Gläubiger-interessen sowie meiner Vermögens-, Einkommens- und Familienverhältnisse biete ich den nachstehenden Gläubigern zur Bereinigung meiner Schulden folgenden Schuldenbereinigungsplan an:	☐ Plan mit Einmalzahlung oder festen Raten gemäß dem in Anlage 7 A beiliegenden Plan und den in Anlage 7 B aufgeführten ergänzenden Regelungen ☐ Plan mit flexiblen Raten gemäß dem in Anlage 7 A beiliegenden Plan und den in Anlage 7 B aufgeführten ergänzenden Regelungen ☐ Sonstiger Plan (als Anlage 7 A beigefügt) mit den in Anlage 7 B aufgeführten ergänzenden Regelungen ☐ Erläuterungen zur vorgeschlagenen Schuldenbereinigung (Anlage 7 C)

69	**Beteiligte Gläubiger**			
lfd. Nr.	Gläubiger *(möglichst in alphabetischer Reihenfolge)*	Verfahrensbevollmächtigte(r) für das Insolvenzverfahren	Summe aller Forderungen des Gläubigers in EUR	Anteil an der Gesamtverschuldung in %
1.	Name, Vorname bzw. Firma	Name, Vorname, Firma		
	Straße, Hausnummer	Straße, Hausnummer		
	Postleitzahl, Ort	Postleitzahl, Ort		
	Geschäftszeichen	Geschäftszeichen		
	gesetzlich vertreten durch			
2.	Name, Vorname bzw. Firma	Name, Vorname, Firma		
	Straße, Hausnummer	Straße, Hausnummer		
	Postleitzahl, Ort	Postleitzahl, Ort		
	Geschäftszeichen	Geschäftszeichen		
	gesetzlich vertreten durch			
3.	Name, Vorname bzw. Firma	Name, Vorname, Firma		
	Straße, Hausnummer	Straße, Hausnummer		
	Postleitzahl, Ort	Postleitzahl, Ort		
	Geschäftszeichen	Geschäftszeichen		
	gesetzlich vertreten durch			

Muster 5 **Anhang**

lfd. Nr.	Gläubiger	Verfahrensbevollmächtigte(r) für das Insolvenzverfahren	Summe aller Forderungen des Gläubigers in EUR	Anteil an der Gesamtverschuldung in %
	Name, Vorname bzw. Firma	Name, Vorname, Firma		
	Straße, Hausnummer	Straße, Hausnummer		
	Postleitzahl, Ort	Postleitzahl, Ort		
	Geschäftszeichen	Geschäftszeichen		
	gesetzlich vertreten durch			
	Name, Vorname bzw. Firma	Name, Vorname, Firma		
	Straße, Hausnummer	Straße, Hausnummer		
	Postleitzahl, Ort	Postleitzahl, Ort		
	Geschäftszeichen	Geschäftszeichen		
	gesetzlich vertreten durch			
	Name, Vorname bzw. Firma	Name, Vorname, Firma		
	Straße, Hausnummer	Straße, Hausnummer		
	Postleitzahl, Ort	Postleitzahl, Ort		
	Geschäftszeichen	Geschäftszeichen		
	gesetzlich vertreten durch			
	Name, Vorname bzw. Firma	Name, Vorname, Firma		
	Straße, Hausnummer	Straße, Hausnummer		
	Postleitzahl, Ort	Postleitzahl, Ort		
	Geschäftszeichen	Geschäftszeichen		
	gesetzlich vertreten durch			
	Name, Vorname bzw. Firma	Name, Vorname, Firma		
	Straße, Hausnummer	Straße, Hausnummer		
	Postleitzahl, Ort	Postleitzahl, Ort		
	Geschäftszeichen	Geschäftszeichen		
	gesetzlich vertreten durch			
	Name, Vorname bzw. Firma	Name, Vorname, Firma		
	Straße, Hausnummer	Straße, Hausnummer		
	Postleitzahl, Ort	Postleitzahl, Ort		
	Geschäftszeichen	Geschäftszeichen		
	gesetzlich vertreten durch			

Anhang *Muster 5*

Anlage 7 A
zum Eröffnungsantrag des / der _____

Schuldenbereinigungsplan für das gerichtliche Verfahren
Besonderer Teil
- Musterplan mit Einmalzahlung bzw. festen Raten -

Datum des Schuldenbereinigungsplans: _____

| 70 |

In Verbindung mit den ergänzenden Regelungen gemäß Anlage 7 B biete ich den im Plan genannten Gläubigern zur angemessenen und endgültigen Bereinigung meiner Schulden die folgende Regelung an:

Gesamtverschuldung in EUR: _____
Gesamtregulierungsquote in %: _____
Gesamtregulierungsbetrag in EUR: _____
Monatliche Gesamtrate in EUR: _____

Zahlungsweise:
☐ einmalig
☐ monatlich zum _____

Anzahl der Raten: _____

☐ **Sonderzahlungen** (z. B. pfändbarer Teil des Weihnachtsgeldes)
Anzahl der Sonderzahlungen: _____
Beginn der Zahlungen: _____
Zahlungsweise: _____

Zahlungsweise und Fälligkeit

lfd. Nr. des Gläubigers im SB-Plan AT	Name/Kurzbezeichnung des Gläubigers (vollständige Angaben im Allgemeinen Teil des Schuldenbereinigungsplans)	Hauptforderung in EUR	Zinsen Höhe in EUR	Zinsen berechnet bis zum	Kosten in EUR	Forderung gesichert	Zahlungsweise und Fälligkeit (nur soweit nicht einheitlich wie oben angegeben) Anzahl der Raten p.m./p.a. zum ...	Höhe der festen Rate oder Einmalzahlung in EUR	jeweilige Höhe der Sonderzahlung(en)	Summe aller Zahlungen auf die Forderung in EUR	Regulierungsquote auf die Forderung in %
						☐					
						☐					
						☐					
						☐					
						☐					

384

Muster 5 **Anhang**

lfd. Nr. des Gläubigers im SB-Plan AT	Name/Kurzbezeichnung des Gläubigers (vollständige Angaben im Allgemeinen Teil des Schuldenbereinigungsplans)	Hauptforderung in EUR	Zinsen		Kosten in EUR	Forderung gesichert	Zahlungsweise und Fälligkeit (nur soweit nicht einheitlich wie oben angegeben) p.m./p.a. zum ... Anzahl der Raten	Höhe der festen Rate oder Einmalzahlung in EUR	jeweilige Höhe der Sonderzahlung(en)	Summe aller Zahlungen auf die Forderung in EUR	Regulierungsquote auf die Forderung in %
			Höhe in EUR	berechnet bis zum							
						☐					
						☐					
						☐					
						☐					
						☐					
						☐					
						☐					
						☐					
						☐					
						☐					
						☐					
						☐					
						☐					
						☐					
						☐					

Anhang *Muster 5*

Anlage 7 A
zum Eröffnungsantrag des / der _____

Schuldenbereinigungsplan für das gerichtliche Verfahren
Besonderer Teil
- Musterplan mit flexiblen Raten -

[71]

Datum des Schuldenbereinigungsplans: _____

Gesamtverschuldung in EUR: _____

Zahlungsweise und Fälligkeit

Gesamtlaufzeit in Monaten: _____

Beginn der Laufzeit: _____

Der Zahlbetrag ergibt sich aus
☐ dem jeweils pfändbaren Teil meines Einkommens gemäß §§ 850c ff. ZPO.
☐ den ergänzenden Regelungen in Anlage 7 B.

derzeit pfändbarer Teil des Einkommens in EUR: _____

Zahlungsweise
☐ monatlich zum ...
☐

In Verbindung mit den ergänzenden Regelungen gemäß Anlage 7 B biete ich den im Plan genannten Gläubigern zur angemessenen und endgültigen Bereinigung meiner Schulden die folgende Regelung an:

Name / Kurzbezeichnung des Gläubigers (vollständige Angaben im Allgemeinen Teil des Schuldenbereinigungsplans)	Hauptforderung in EUR	Zinsen		Kosten in EUR	Forderung gesichert	Zahlungsweise und Fälligkeit *(nur soweit nicht einheitlich wie oben angegeben)*				Anteil der Forderung am Zahlbetrag in %
		Höhe in EUR	berechnet bis zum			Anzahl der Raten	p.m./p.a.	zum ...	erstmals am ...	
lfd. Nr. des Gläubigers im SB-Plan AT					☐					
					☐					
					☐					
					☐					
					☐					

Muster 5 **Anhang**

lfd. Nr. des Gläubigers im SB-Plan AT	Name / Kurzbezeichnung des Gläubigers (vollständige Angaben im Allgemeinen Teil des Schuldenbereinigungsplans)	Hauptforderung in EUR	Zinsen Höhe in EUR	Zinsen berechnet bis zum	Kosten in EUR	Forderung gesichert	Zahlungsweise und Fälligkeit (nur soweit nicht einheitlich wie oben angegeben) Anzahl der Raten	p.m./p.a. zum ...	erstmals am ...	Anteil der Forderung am Zahlbetrag in %
						☐				
						☐				
						☐				
						☐				
						☐				
						☐				
						☐				
						☐				
						☐				
						☐				
						☐				
						☐				
						☐				
						☐				
						☐				
						☐				
						☐				

Anhang *Muster 5*

Anlage 7 B
zum Eröffnungsantrag des / der _____

Schuldenbereinigungsplan für das gerichtliche Verfahren
Besonderer Teil
- Ergänzende Regelungen -

Datum des Schuldenbereinigungsplans: _____

|72| **Ergänzende Regelungen**
(insbesondere Sicherheiten der Gläubiger, § 305 Abs. 1 Nr. 4 Halbsatz 3)

Es sollen folgende ergänzende Regelungen gelten (für die Sicherheiten der Gläubiger, z. B. Sicherungsabtretungen, Bürgschaften, vereinbarte oder durch Zwangsvollstreckung erlangte Pfandrechte, müssen Regelungen erfolgen):

Muster 5 **Anhang**

Anlage 7 C
zum Eröffnungsantrag des / der _____

Schuldenbereinigungsplan für das gerichtliche Verfahren
Erläuterungen zur vorgeschlagenen Schuldenbereinigung

Datum des Schuldenbereinigungsplans: _____

[73] Erläuterungen zur vorgeschlagenen Schuldenbereinigung

Anhang *Muster 5*

Hinweisblatt
zu den Vordrucken für das Verbraucherinsolvenzverfahren und das Restschuldbefreiungsverfahren

Lesen Sie bitte die nachfolgenden Hinweise vor dem Ausfüllen der Antragsvordrucke sorgfältig durch. Füllen Sie die Vordrucke unter Beachtung der Hinweise vollständig und gewissenhaft aus. Wenn Sie beim Ausfüllen Schwierigkeiten haben, kann Ihnen in vielen Fällen die geeignete Person oder Stelle, die das Scheitern des außergerichtlichen Einigungsversuchs bescheinigt hat, behilflich sein. Allgemeine Fragen können Sie aber auch an das zuständige Insolvenzgericht richten.

Allgemeine Hinweise

Die Vordrucke für das Verbraucherinsolvenz- und Restschuldbefreiungsverfahren können Sie mit dem Computer, mit der Schreibmaschine oder handschriftlich – bitte **in lesbarer Druckschrift** – ausfüllen. Da es sich um amtliche Vordrucke handelt, **sind inhaltliche oder gestalterische Änderungen oder Ergänzungen nicht zulässig. Sollte der Raum im Vordruck nicht ausreichen, können Sie die Angaben auf einem besonderen Blatt machen.** In dem betreffenden Feld des Vordrucks ist dann auf das beigefügte Blatt hinzuweisen.

Die vollständig ausgefüllten Vordrucke sind zunächst ohne Abschriften (Kopien) bei dem zuständigen Insolvenzgericht einzureichen. Wenn das Insolvenzgericht die Durchführung des *gerichtlichen Schuldenbereinigungsplanverfahrens* ⇨ 66 anordnet, werden Sie gesondert aufgefordert, Abschriften des gerichtlichen Schuldenbereinigungsplans (Anlage 7, Anlage 7 A und Anlage 7 B) und der Vermögensübersicht (Anlage 4) in der für die Zustellung an die Gläubiger erforderlichen Anzahl nachzureichen. **Stellen Sie deshalb unbedingt sicher, dass Sie eine vollständige, inhaltsgleiche Kopie der an das Gericht übersandten Antragsunterlagen bei Ihren Verfahrensunterlagen behalten.**

Wichtiger Hinweis zur Umstellung auf den Euro:

Seit dem 1. Januar 2002 sind **alle Beträge ausschließlich in EUR** anzugeben; dies gilt auch für **Beträge**, die **vor dem 1. Januar 2002** in DM entstanden sind oder mitgeteilt wurden. Solche Beträge **müssen Sie nach dem amtlichen Umrechnungskurs (1 EUR = 1,95583 DM) umrechnen.**

Hauptblatt
(Eröffnungsantrag)

[1] In der Kopfzeile des Hauptblattes tragen Sie bitte nur Ihren **Vor- und Nachnamen mit Postanschrift und der Telefonnummer, unter der Sie tagsüber regelmäßig erreichbar sind**, sowie ggf. den Namen Ihres Verfahrensbevollmächtigten ein; **die vollständigen Angaben** zu Ihrer Person und zu Ihrem Verfahrensbevollmächtigten **werden in der Anlage 1 (Personalbogen) erfasst.** Bitte setzen Sie Ihren **Vor- und Nachnamen** auch in die **Kopfzeile aller Anlagen zum Eröffnungsantrag** ein.

[2] Das für Ihren Insolvenzantrag **zuständige Amtsgericht** wird Ihnen in aller Regel von der geeigneten Person oder Stelle, die das Scheitern des außergerichtlichen Einigungsversuchs bescheinigt hat, genannt. Sie können das zuständige Insolvenzgericht aber auch bei jedem Amtsgericht erfragen.

[3] Mit dem **Eröffnungsantrag** erklären Sie, dass Sie nach Ihrer Einschätzung zahlungsunfähig sind oder dass Zahlungsunfähigkeit unmittelbar bevorsteht. Auf Grund des Eröffnungsantrags kann das Gericht alle Maßnahmen ergreifen, die erforderlich sind, um Ihr noch vorhandenes Vermögen zu sichern. Kommt es auf Grund Ihres Eröffnungsantrags zur Eröffnung des Insolvenzverfahrens, so wird ein **Treuhänder** eingesetzt, der Ihr pfändbares Vermögen und Einkommen an die Gläubiger verteilt. Nach Abschluss dieser Verteilung wird das Insolvenzverfahren aufgehoben und es schließt sich, falls Sie einen Antrag auf Restschuldbefreiung gestellt haben, die so genannte *Wohlverhaltensperiode* ⇨ 19 an.

[4] Der **Antrag auf Restschuldbefreiung** kann nur in Verbindung mit einem eigenen Eröffnungsantrag gestellt werden. Er ist aber nicht Voraussetzung für die Durchführung des Insolvenzverfahrens, sodass Sie an dieser Stelle eindeutig erklären müssen, ob Sie einen Restschuldbefreiungsantrag stellen oder nicht. Wenn das Insolvenzverfahren nicht bereits durch einen erfolgreichen *gerichtlichen Schuldenbereinigungsplan* ⇨ 66 beendet wird, können Sie die Befreiung von Ihren Verbindlichkeiten nur erlangen, wenn Sie den Restschuldbefreiungsantrag stellen. Andernfalls können die Gläubiger ihre Forderungen, soweit sie nicht im Insolvenzverfahren erfüllt worden sind, nach Aufhebung des Insolvenzverfahrens weiterhin geltend machen. **Von der Restschuldbefreiung ausgenommen sind die in § 302 InsO genannten Forderungen**, insbesondere also Forderungen aus vorsätzlich begangener unerlaubter Handlung sowie Geldstrafen.

[5] Diejenigen **Anlagen**, die Sie Ihrem Insolvenzantrag zwingend beifügen müssen, sind bereits angekreuzt. Wenn Sie einen Restschuldbefreiungsantrag gestellt haben, ist zusätzlich die **Abtretungserklärung (Anlage 3)** beizufügen. Als **Anlage 7 A** müssen Sie als **Besonderen Teil des Schuldenbereinigungsplans** entweder einen der beiden *Musterpläne* ⇨ 70 , 71 oder einen sonstigen Plan beifügen. Wenn Sie neben den in **Anlage 7 B** enthaltenen *Ergänzenden Regelungen* weitere Erläuterungen zu dem Schuldenbereinigungsplan machen wollen, können Sie die **Anlage 7 C** einreichen.

Welche **Ergänzungsblätter zum Vermögensverzeichnis** Sie beifügen, geben Sie nur im *Vermögensverzeichnis (Anlage 5)* ⇨ 30 an.

[6] Aufgrund Ihrer **gesetzlichen Auskunfts- und Mitwirkungspflicht** sind Sie nicht nur verpflichtet, selbst vollständig Auskunft über Ihre Vermögensverhältnisse zu erteilen; Ihnen obliegt es auch, auf Verlangen des Gerichts Dritte von ihrer Pflicht zur Verschwiegenheit zu entbinden. Ein Verstoß gegen diese Obliegenheit kann zur **Versagung der Restschuldbefreiung** führen.

[7] Ihre **eigenhändige Unterschrift** ist Voraussetzung für einen wirksamen Eröffnungsantrag. Bitte **unterschreiben Sie auch die Anlagen** zum Eröffnungsantrag, soweit dies in den Vordrucken vorgesehen ist, nämlich die Abtretungserklärung, die Vermögensübersicht, das Vermögensverzeichnis sowie das Gläubiger- und Forderungsverzeichnis.

Anlage 1
(Personalbogen: Angaben zur Person)

[8] Bitte geben Sie hier Ihre **Personalien** vollständig an; teilen Sie dem Gericht unverzüglich mit, falls sich Ihr Name, Ihre Anschrift oder sonstige Angaben im Laufe des Verfahrens ändern.

[9] Bei den Angaben zu Ihrem **Familienstand** geben Sie bitte ggf. das **genaue Datum** Ihrer Eheschließung, Scheidung usw. an.

[10] Wenn Sie anderen Personen **Unterhalt** (hierunter fällt auch der sogenannte „Naturalunterhalt" in Form von Unterkunft und Verpflegung) gewähren, geben Sie hier bitte **die Anzahl der unterhaltsberechtigten Personen** an und teilen Sie mit, ob darunter auch minderjährige Kinder sind; alle weiteren Angaben werden im *Ergänzungsblatt 5 J zum Vermögensverzeichnis* ⇨ 60 erfasst.

[11] Ihren **erlernten Beruf** sollten Sie so genau wie möglich angeben, ebenso Ihre **derzeitige oder letzte berufliche Tätigkeit**, soweit diese von Ihrem erlernten Beruf abweicht. Falls Sie früher selbständig tätig waren, müssen Sie Ihre ehemalige selbständige Tätigkeit genau bezeichnen. Sollten Sie im Zeitpunkt der Antragstellung noch selbständig tätig sein, müssen Sie die Eröffnung des Regelinsolvenzverfahrens beantragen. Die Vordrucke für das Verbraucherinsolvenzverfahren sind in diesem Fall nicht auszufüllen.

[12] Wenn Sie einen **Verfahrensbevollmächtigten** oder eine Verfahrensbevollmächtigte für das Insolvenzverfahren haben, teilen Sie bitte zunächst mit, ob sich diese Vollmacht über das gesamte Verfahren erstreckt oder auf die Durchführung des gerichtlichen Schuldenbereinigungsverfahrens beschränkt ist. Angehörige einer als geeignet anerkannten Stelle, die nicht über eine Zulassung nach dem Rechtsberatungsgesetz verfügen, sind als Verfahrensbevollmächtigte nur für das gerichtliche Schuldenbereinigungsverfahren zugelassen (§ 305 Abs. 4 InsO). Sie können eine **schriftliche Vollmacht, aus der sich der Umfang der Bevollmächtigung ergibt**, beifügen. Die Vollmacht kann auch nachgereicht werden.

Anlage 2
(Bescheinigung über das Scheitern des außergerichtlichen Einigungsversuchs)

Die **Anlage 2** ist nicht von Ihnen, sondern von einer geeigneten Person oder Stelle auszufüllen. In der Regel wird das die Person oder Stelle sein, die den außergerichtlichen Einigungsversuch begleitet hat. Der außergerichtliche Einigungsversuch darf **im Zeitpunkt des Insolvenzantrags nicht länger als sechs Monate zurückliegen**.

[13] Neben dem **Namen und der Anschrift der geeigneten Person oder Stelle** sollte insbesondere bei Schuldnerberatungsstellen der Name der Person angegeben werden, die als **Ansprechpartner** für das außergerichtliche Verfahren zuständig war.

[14] In denjenigen Bundesländern, die eine **behördliche Anerkennung** der geeigneten Stellen eingeführt haben, sind die Einzelheiten der Anerkennung mitzuteilen; im Übrigen ist die Eignung **kurz** darzulegen.

Anhang   Muster 5

[15] Hier ist zunächst das **Datum des außergerichtlichen Schuldenbereinigungsplans** einzusetzen; der außergerichtliche Plan **muss** der Bescheinigung **in Kopie beigefügt werden**. Sofern der außergerichtliche Plan – ausnahmsweise – nicht allen Gläubigern übersandt wurde, ist dies zu begründen. Das **Ergebnis des außergerichtlichen Schuldenbereinigungsversuchs** ist mit dem **Zeitpunkt des endgültigen Scheiterns** mitzuteilen.

[16] Die abschließende Bescheinigung ist **von der geeigneten Person oder einem Angehörigen der geeigneten Stelle zu unterschreiben**. Sofern ein Stempel vorhanden ist, sollte dieser zusätzlich zu der Unterschrift verwendet werden.

Anlage 2 A
(Gründe für das Scheitern des außergerichtlichen Schuldenbereinigungsplans)

[17] Die **wesentlichen Gründe für das Scheitern des Einigungsversuchs** müssen von Ihnen kurz dargelegt werden, wobei die Anlage 2 A **im Zusammenwirken mit der geeigneten Person oder Stelle**, die das Scheitern des außergerichtlichen Schuldenbereinigungsversuchs bescheinigt, ausgefüllt werden kann.

Wenn der Einigungsversuch gescheitert ist, weil nicht alle Gläubiger zugestimmt haben, ist zunächst der **Anteil der ausdrücklich zustimmenden Gläubiger** mitzuteilen. Hilfreich für die Beurteilung der Erfolgsaussichten des gerichtlichen Schuldenbereinigungsverfahrens ist auch die **Angabe der Anzahl derjenigen Gläubiger, die sich zu dem außergerichtlichen Plan nicht geäußert haben**. Die wesentlichen Gründe, die von den Gläubigern zur Begründung ihrer Ablehnung genannt wurden, sollten kurz zusammengefasst werden.

Soweit der Einigungsversuch auf Grund der **Einleitung von Vollstreckungsmaßnahmen** als gescheitert gilt (§ 305a InsO), sind der Name des vollstreckenden Gläubigers, das Aktenzeichen des Gerichts und/oder des Gerichtsvollziehers sowie das zuständige Amtsgericht zu bezeichnen.

[18] Um die **Aussichten für die Durchführung des gerichtlichen Schuldenbereinigungsplanverfahrens** beurteilen zu können, ist es für das Gericht zunächst hilfreich, zusammengefasst zu erfahren, **ob und in welchen Punkten sich der gerichtliche von dem außergerichtlichen Schuldenbereinigungsplan unterscheidet**. Wesentliche Unterschiede sollten kurz angeführt werden.

Darüber hinaus kann **Ihre Einschätzung, ob die Durchführung des gerichtlichen Schuldenbereinigungsverfahrens aussichtsreich erscheint**, für die Entscheidung des Gerichts von Bedeutung sein.

Anlage 3
(Abtretungserklärung nach § 287 Abs. 2 InsO)

[19] Die **Abtretungserklärung** müssen Sie dem Eröffnungsantrag **immer dann beifügen**, wenn Sie einen **Restschuldbefreiungsantrag** gestellt haben. **Die Abtretungserklärung müssen Sie eigenhändig unterschreiben.** Auf der Grundlage der Abtretungserklärung wird Ihr pfändbares Einkommen nach der Aufhebung des Insolvenzverfahrens für die Dauer der Wohlverhaltensperiode, die im Regelfall sechs Jahre nach der Eröffnung des Insolvenzverfahrens endet, an den **Treuhänder** abgeführt und von diesem an Ihre Gläubiger verteilt. Bitte lesen Sie die in der Anlage 3 enthaltenen **Erläuterungen zur Abtretungserklärung** gründlich und prüfen Sie, ob Sie von der Abtretungserklärung erfasste Forderungen in der Vergangenheit **abgetreten oder freiwillig verpfändet** haben.

Auf Abtretungen oder freiwillige Verpfändungen – **nicht** auf Forderungspfändungen auf Grund eines Pfändungs- und Überweisungsbeschlusses – müssen Sie in der Abtretungserklärung hinweisen; die Einzelheiten sind dann im *Ergänzungsblatt 5 H zum Vermögensverzeichnis* ⇨ [57], [58] anzugeben. Dort können Sie auch ggf. Kopien der Abtretungsvereinbarungen beifügen.

Anlage 3 A
(Erklärung zur Abkürzung der Wohlverhaltensperiode)

[20] Die **Anlage 3 A** müssen Sie **nur einreichen, wenn Sie bereits vor dem 1. Januar 1997 zahlungsunfähig waren**. Das Gericht stellt dann in dem Beschluss über die Ankündigung der Restschuldbefreiung bei Aufhebung des Insolvenzverfahrens fest, dass die Laufzeit der Abtretungserklärung nicht sechs, sondern nur fünf Jahre beträgt. Dass Sie bereits vor 1997 zahlungsunfähig waren, müssen Sie **durch Vorlage geeigneter Belege glaubhaft machen**.

Muster 5 **Anhang**

Anlage 4
(Vermögensübersicht)

21 Die Vermögensübersicht enthält mit Ihrer **Erklärung zur Vermögenslage** die gedrängte Zusammenfassung Ihres gesamten Vermögens und Einkommens. Sie dient den Gläubigern, denen das *Vermögensverzeichnis* ⇨ **30** nicht zugestellt wird, und dem Gericht dazu, sich einen **raschen und im Wesentlichen vollständigen Überblick über Ihre Vermögenssituation** zu verschaffen. Regelmäßig müssen Sie die Angaben in der Vermögensübersicht durch **weitergehende Angaben** in den *Ergänzungsblättern 5 A bis 5 K zum Vermögensverzeichnis* ⇨ **31** - **64** ergänzen.

22 Ihre Angaben zum **Vermögen** erfassen außer Ihrem **Bargeld** alle Vermögensgegenstände, die in den *Ergänzungsblättern 5 A bis 5 F zum Vermögensverzeichnis* ⇨ **31** - **49** aufgeführt sind. Um die Angaben vollständig und richtig zu machen, sollten Sie daher **diese Anlagen vor dem Ausfüllen sorgfältig durchgehen.** Der **Wert der Vermögensgegenstände** ist in der Vermögensübersicht jeweils mit dem **Gesamtbetrag** einer Vermögensgruppe anzugeben. Soweit Vermögensgegenstände **mit Sicherungsrechten Dritter belastet** sind (z. B. Pfändungen, Sicherungsabtretungen an Ihre Bank, Eigentumsvorbehalte, Grundschulden), ist in der Spalte „Sicherungsrechte Dritter" der derzeitige, ungefähre **Wert der Belastung**, der sich regelmäßig aus der Höhe Ihrer restlichen Verbindlichkeit ergibt, anzugeben. Genaue Angaben zu den Sicherungsrechten machen Sie bitte in dem *Ergänzungsblatt 5 H zum Vermögensverzeichnis* ⇨ **56**.

23 Um die Angaben zu Ihren **monatlichen Einkünften** vollständig machen zu können, gehen Sie bitte zunächst das *Ergänzungsblatt 5 G zum Vermögensverzeichnis* ⇨ **50** - **53** sorgfältig durch. Geben Sie dann jeweils den **Nettogesamtbetrag** der Einkünfte an. Soweit die Einkünfte **mit Sicherungsrechten Dritter belastet** sind (insbesondere Gehaltspfändungen und –abtretungen) ist in der Spalte „Sicherungsrechte" die ungefähre Höhe der gesicherten Schuld einzusetzen. Bestehen Sicherungsrechte zu Gunsten mehrerer Gläubiger, so sind diese zusammenzurechnen. Genaue Angaben zu den Sicherungsrechten machen Sie bitte in dem *Ergänzungsblatt 5 H zum Vermögensverzeichnis* ⇨ **56** - **59**.

24 Ihre **jährlichen Einkünfte** umfassen **alle sonstigen, regelmäßigen Einkünfte**, die im Einzelnen im *Ergänzungsblatt 5 G zum Vermögensverzeichnis* ⇨ **50**, **54**, **55** aufgeführt werden und hier mit ihrem **Jahresnettogesamtbetrag** anzugeben sind.

25 Soweit Ihre Einkünfte nicht ausreichen, um Ihren Lebensunterhalt zu bestreiten, geben Sie bitte hier an, durch welche Zuwendungen Sie Ihren **notwendigen Lebensunterhalt** bestreiten. Soweit Sie Unterstützungsleistungen von dritter Seite (z. B. durch Angehörige oder Freunde) erhalten, sind diese genau zu bezeichnen (Unterkunft, Verpflegung etc.); Bargeldzuwendungen sind mit ihrer monatlichen Durchschnittshöhe anzugeben.

26 Ihre **regelmäßig wiederkehrenden Zahlungsverpflichtungen**, insbesondere die von Ihnen **tatsächlich erbrachten** Unterhaltsleistungen und Mietzahlungen, werden im *Ergänzungsblatt 5 J zum Vermögensverzeichnis* ⇨ **60** - **62** erfasst und hier zusammengefasst.

27 Die **Erklärung zur Vermögenslosigkeit** können Sie nur abgeben, wenn Sie im Vermögensverzeichnis und in den Ergänzungsblättern **keine Angaben** zu machen haben, weil Sie **weder über Vermögen noch über regelmäßge Einkünfte** (hierunter fällt auch der Bezug von Sozialhilfe) verfügen und Ihren notwendigen Lebensunterhalt ausschließlich durch die unter **25** erläuterten Leistungen bestreiten.

28 Soweit Sie in dem *Ergänzungsblatt 5 K zum Vermögensverzeichnis* ⇨ **63** - **64** Angaben zu **Schenkungen und Veräußerungen** zu machen haben, sind diese hier mit ihrem **Gesamtwert** anzugeben.

29 Gemäß § 305 Abs. 1 Nr. 3 Halbsatz 2 InsO müssen Sie Ihren Angaben in der Vermögensübersicht, im Vermögensverzeichnis und im Gläubiger- und Forderungsverzeichnis die Erklärung beifügen, dass die darin enthaltenen Angaben richtig und vollständig sind. Die Richtigkeit und Vollständigkeit Ihrer Angaben versichern Sie mit Ihrer **Unterschrift**. Bitte **prüfen Sie daher jeweils besonders sorgfältig, ob Sie die Fragen zutreffend und umfassend beantwortet haben**. Wenn Sie bewusst oder aus Nachlässigkeit falsche oder unvollständige Angaben gemacht haben, kann Ihnen auf Antrag eines Gläubigers die **Restschuldbefreiung versagt** werden. Wer bewusst falsche oder unvollständige Angaben macht, um einen Vermögensvorteil (z. B. die Restschuldbefreiung) zu erlangen, macht sich **wegen Betruges strafbar**.

Anhang   *Muster 5*

Anlage 5
(Vermögensverzeichnis)

30 Das **Verzeichnis Ihres Vermögens und Einkommens** besteht aus den Angaben, die Sie in der Vermögensübersicht gemacht haben, und aus den weitergehenden Angaben in den *Ergänzungsblättern zum Vermögensverzeichnis* ➪ **31** - **64**, soweit Sie hierauf in der Vermögensübersicht Bezug genommen haben. **Ergänzungsblätter, in denen Sie keine Angaben zu machen haben**, weil Sie die entsprechenden Fragen in der Vermögensübersicht mit „Nein" beantwortet haben, **brauchen Sie nicht beizufügen**.

Ergänzungsblatt 5 A
(Guthaben auf Konten, Wertpapiere, Schuldbuchforderungen, Darlehensforderungen)

31 Bitte geben Sie zunächst den **genauen Namen des Kreditinstituts** (Bank, Sparkasse usw.) an, bei dem Sie das jeweilige Konto unterhalten, sodann die **genaue Kontonummer** und zu Nr. 1.2 bis 1.6 zusätzlich die **Art des Kontos**. Bei Termin-, Tagegeld- oder Festgeldkonten sowie bei Sparkonten und Ratensparverträgen ist zusätzlich der genaue Zeitpunkt der **Fälligkeit der Einlagen** anzugeben. In die Spalte „Stichtag" tragen Sie bitte den Zeitpunkt ein, zu dem Sie den Kontostand ermittelt haben. Dabei sollte die Angabe zeitnah zum Insolvenzantrag erfolgen, also zum Zeitpunkt der Antragstellung möglichst nicht älter als drei Wochen sein. Bei **Konten, die im Soll geführt werden**, ist dies in der Spalte „Guthaben" durch ein **vorangestelltes, deutlich sichtbares Minuszeichen** kenntlich zu machen. **Geschäftsanteile an Genossenschaftsbanken** sind in dem *Ergänzungsblatt 5 E* ➪ **47** anzugeben. **Zinseinkünfte** tragen Sie bitte in dem *Ergänzungsblatt 5 F* ➪ **55** ein.

32 Bitte geben Sie hier an, falls Sie **Wertpapiere** besitzen, falls Ihnen **offene Scheck- oder Wechselforderungen** zustehen oder falls Sie sonstige – auch private – **Darlehensforderungen gegen Dritte** geltend machen können. Soweit bei Wertpapieren vorhanden, sollte die **WKN** (Wertpapier-Kennnummer, auch WPKN) angegeben werden. **Aktien** sind als Beteiligungen an Kapitalgesellschaften in dem *Ergänzungsblatt 5 C* ➪ **44** aufzuführen. Sofern Sie ein **Depot** unterhalten, geben Sie bitte die Depot-Nr. und den Namen der Bank oder Einrichtung an, die das Depot führt.

Ergänzungsblatt 5 B
(Hausrat, Mobiliar, Wertgegenstände und Fahrzeuge)

33 Anzugeben sind alle **Wertgegenstände, die sich dauerhaft in Ihrem Besitz befinden**; auf die Eigentumsverhältnisse ist ggf. im *Ergänzungsblatt 5 H zum Vermögensverzeichnis* ➪ **56** einzugehen. Bitte geben Sie, soweit Sie **wertvollen Hausrat** besitzen, insbesondere also bei höherwertigen Stereoanlagen, Computern, Fernsehgeräten und anderen Geräten der Unterhaltungselektronik, **das ungefähre Alter der Geräte sowie deren Neupreis** an; der von Ihnen geschätzte **Zeitwert** ist in der Spalte „Wert" einzusetzen. Gleiches gilt für wertvolle Kleidungsstücke (insbesondere echte Pelze), Sportgeräte (z. B. Rennräder oder Sportboote) und alle übrigen Wertgegenstände in Ihrem Besitz.

34 Anzugeben sind alle **Kraftfahrzeuge, die sich dauerhaft in Ihrem Besitz befinden**. Ggf. ist auf den **gesonderten Aufbewahrungsort des Kraftfahrzeugbriefs** hinzuweisen; auf die Eigentumsverhältnisse ist ggf. im *Ergänzungsblatt 5 H zum Vermögensverzeichnis* ➪ **56** einzugehen.

35 Sofern Sie die aufgeführten Gegenstände zur **Fortsetzung Ihrer Erwerbstätigkeit** benötigen, können Sie dies hier angeben und kurz begründen.

Ergänzungsblatt 5 C
(Forderungen, Rechte aus Erbfällen)

36 Soweit Sie **private Lebensversicherungen, Berufsunfähigkeits-** oder **Rentenversicherungen** abgeschlossen haben, besteht, auch wenn die Versicherungsleistungen noch nicht fällig sind, für den Fall der Auflösung des Versicherungsvertrags regelmäßig ein **Anspruch auf Auszahlung des Rückkaufwertes**. Bitte ermitteln Sie daher bei solchen Versicherungen möglichst den derzeitigen Rückkaufwert. Die **Versicherungsbeiträge** hinsichtlich dieser Versicherungen müssen Sie als regelmäßige Zahlungsverpflichtung im *Ergänzungsblatt 5 J* ➪ **62** angeben. Im Übrigen können Forderungen aus Versicherungsverträgen etwa bestehen wegen **Beitragsrückerstattungen** oder wegen **Erstattungsansprüchen aus der Haftpflicht-, Hausrat-** oder **privaten Krankenversicherung**.

Muster 5 **Anhang**

37 Wenn Sie noch **Ansprüche gegen Ihren derzeitigen oder einen früheren Arbeitgeber** haben, die **nicht** als **laufende Einkünfte** im *Ergänzungsblatt 5 G zum Vermögensverzeichnis* ⇨ 50 anzugeben sind, geben Sie hier bitte die vollständige Anschrift des Arbeitgebers sowie die Art und die Höhe der geschuldeten Leistungen an.

38 Geben Sie bitte nicht nur bereits durch Bescheid **festgestellte Steuererstattungsansprüche** an, sondern teilen Sie auch mit, wenn Sie auf Grund einer abgegebenen Steuererklärung **mit einer Steuererstattung rechnen**.

39 Hier sind **alle sonstigen Zahlungsansprüche** anzugeben, die nicht - wie etwa Ihre Rückzahlungsansprüche aus einem privaten Darlehen *(Ergänzungsblatt 5 A zum Vermögensverzeichnis)* ⇨ 32 - bereits in einer anderen Rubrik erfasst werden. Hierunter fällt z. B. auch der Anspruch auf Rückzahlung einer von Ihnen geleisteten **Mietkaution**. Ggf. können Sie hier auch Angaben zur **Einbringlichkeit des Zahlungsanspruchs** machen, wenn etwa der Zahlungsanspruch von dem Gegner bestritten wird oder wenn sich der Schuldner der Forderung im Vermögensverfall befindet.

40 Soweit Ihnen nach einem **Erbfall** möglicherweise Rechte **als Erbe bzw. Miterbe** oder **Pflichtteilsansprüche** zustehen, teilen Sie bitte die Art und den ungefähren Wert Ihres Anspruchs auch dann mit, wenn die Rechtsnachfolge noch ungeklärt ist.

Ergänzungsblatt 5 D
(Grundstücke, Eigentumswohnungen, Rechte an Grundstücken)

41 Geben Sie bitte zunächst die **Lage des Grundbesitzes** sowie die **Nutzungsart** (selbst bewohnt, vermietet, verpachtet, gewerblich genutzt, leer stehend usw.) an. Teilen Sie dann die **genaue Grundbuchbezeichnung** mit oder fügen Sie einen **vollständigen, inhaltlich aktuellen Grundbuchauszug** bei. In der Spalte „Eigentumsanteil" tragen Sie bitte „1/1" ein, wenn Ihnen der Grundbesitz allein gehört; bei mehreren Eigentümern ist der entsprechende Bruchteil anzugeben (1/2, 1/4, 1/9 usw.). Bei **Eigentumswohnungen** ist **nur der Eigentumsanteil an dem Sondereigentum** anzugeben. Den **Verkehrswert** können Sie
– etwa unter Zugrundelegung des von Ihnen gezahlten Kaufpreises – **schätzen**.

42 Die **Belastungen des Grundvermögens** (Grundschulden, Hypotheken usw.) ergeben sich entweder aus dem von Ihnen **beigefügten Grundbuchauszug** oder sie sind aus einem inhaltlich aktuellen Grundbuchauszug in die Rubrik zu übernehmen. Auch wenn Sie einen Grundbuchauszug beigefügt haben, müssen Sie den **derzeitigen Wert jeder Belastung**, das ist die Höhe, in der die zugrunde liegende Darlehensforderung einschließlich Zinsen und Kosten noch besteht, in der dafür vorgesehenen Spalte eintragen.

43 Falls die **Zwangsversteigerung** des Grundvermögens betrieben wird oder falls **Zwangsverwaltung** angeordnet wurde, sind hier das zuständige **Amtsgericht** und das **Geschäftszeichen** anzugeben.

Ergänzungsblatt 5 E
(Beteiligungen)

44 Soweit Sie Aktien oder sonstige Beteiligungen an Kapitalgesellschaften besitzen, geben Sie bitte neben der Beteiligungsform (Aktie usw.) Namen und Anschrift der Gesellschaft und – soweit vorhanden – die **WKN (Wertpapier-Kennnummer, auch WPKN)** sowie ggf. **die Depot-Nr.** und den **Namen der Depotbank** an. **Registergericht und HRB-Nr.** sind etwa **bei GmbH-Beteiligungen anzugeben**.

45 Wenn Sie **Gesellschafter** einer offenen Handelsgesellschaft (oHG), einer Partnerschaftsgesellschaft, einer Europäischen Wirtschaftlichen Interessenvereinigung (EWIV) oder einer Gesellschaft bürgerlichen Rechts (GbR) bzw. Komplementär oder Kommanditist einer Kommanditgesellschaft (KG) sind, sind hier die erforderlichen Angaben – auch zum Wert des Gesellschaftsanteils – zu machen.

46 Falls Sie an einer Kapital- oder einer Personengesellschaft als sogenannter **stiller Gesellschafter** beteiligt sind, müssen Sie dies hier angeben.

47 Eine **Beteiligung an einer Genossenschaft** liegt auch vor, wenn Sie bei einer **Genossenschaftsbank** (Volksbank, Raiffeisenbank, Sparda-Bank usw.) ein Konto besitzen und zu diesem Zweck einen **Geschäftsanteil** erworben haben.

Anhang *Muster 5*

Ergänzungsblatt 5 F
(Immaterielle Vermögensgegenstände und sonstiges Vermögen)

48 Wenn Sie Inhaber von **Urheber- oder Leistungsschutzrechten** oder Inhaber von **Patenten, Mustern** oder sonstigen **gewerblichen Schutzrechten** sind, geben Sie die Einzelheiten hier bitte so genau wie möglich an.

49 Bitte geben Sie hier Ihr **sonstiges Vermögen** an, soweit dies nicht bereits in einer anderen Rubrik erfragt worden ist.

Ergänzungsblatt 5 G
(Laufendes Einkommen)

50 Bitte bezeichnen Sie, wenn Sie derzeit **Einkünfte aus nichtselbständiger Arbeit** haben, zunächst Ihre **genaue Tätigkeit**. Soweit sich Ihr Tätigkeitsbereich in den vergangenen zwei Jahren wesentlich geändert hat, weisen Sie darauf bitte hin. Geben Sie sodann **Namen und Anschrift Ihres Arbeitgebers** an und teilen Sie – soweit vorhanden – auch die **Personal-Nr.** mit, unter der Sie bei Ihrem Arbeitgeber geführt werden. Um Ihre Angaben zu belegen, können Sie die **Verdienstbescheinigungen der letzten zwei Monate** beifügen.

1. Tragen Sie hier bitte Ihr **regelmäßiges Monatseinkommen** mit dem **Auszahlungsbetrag** (also abzüglich Steuern, Sozialabgaben und ggf. einbehaltener Pfändungs - bzw. Abtretungsbeträge) ein. Werden Beträge auf Grund von Pfändungen oder Lohnabtretungen einbehalten, so tragen Sie den **Abzweigungsbetrag** bitte ebenfalls ein. Nähere Angaben zu Pfändungen und Abtretungen machen Sie in diesem Fall bitte im *Ergänzungsblatt 5 H* ⇨ **57** - **59**.

2. Soweit Sie **regelmäßige Zulagen** (Überstunden-, Nachtzuschläge usw.) erhalten, geben Sie bitte den **durchschnittlichen Monatsbetrag** ebenfalls mit dem Auszahlungsbetrag und ggf. mit dem Abzweigungsbetrag ein.

3. Soweit Ihr Arbeitgeber Ihnen **zusätzliche Leistungen** gewährt (z. B. vermögenswirksame Leistungen, Fahrtkostenzuschüsse, Verpflegungs- oder Unterkunftszuschüsse), tragen Sie diese bitte hier ein.

4. und 5. Soweit Sie im laufenden oder im vergangenen Jahr **Weihnachtsgeld** oder **Urlaubsgeld** erhalten haben, tragen Sie die zuletzt erhaltenen Zahlungen bitte hier ein.

6. Soweit Sie im Rahmen Ihrer Beschäftigung oder eines sonstigen Dienstverhältnisses **Tantiemen, Provisionen** oder zusätzliche **Aufwandsentschädigungen** erhalten, sind diese hier anzugeben, und zwar bei monatlicher Zahlungsweise in der Rubrik „monatlich", im Übrigen in der Rubrik „jährlich".

7. Sofern Sie infolge der Beendigung Ihres Arbeitsverhältnisses einmalig oder vorübergehend **Abfindungszahlungen** oder **Zahlungen aus einem Sozialplan** erhalten, geben Sie diese Zahlungen hier bitte **mit ihrem Gesamtbetrag** an.

51 Wenn Sie **Altersrente, Ruhestandsbezüge** oder sonstige **rentenähnliche Leistungen** erhalten, tragen Sie diese bitte hier mit ihrem **Auszahlungsbetrag** (also abzüglich Steuern, Sozialabgaben und ggf. einbehaltener Pfändungs - bzw. Abtretungsbeträge) ein. Werden Beträge auf Grund von Pfändungen oder Lohnabtretungen einbehalten, so tragen Sie den **Abzweigungsbetrag** bitte ebenfalls ein. Nähere Angaben zu Pfändungen und Abtretungen machen Sie in diesem Fall bitte im *Ergänzungsblatt 5 H* ⇨ **57** - **59**. *Berufs- und Erwerbsunfähigkeitsrenten* sowie *Hinterbliebenen- und Unfallrenten* tragen Sie bitte weiter unten in der Rubrik *Leistungen aus öffentlichen Kassen* ⇨ **53** ein.

52 Soweit Sie **laufende Unterhaltszahlungen** (Barunterhalt) erhalten, sind Name und Anschrift der unterhaltspflichtigen Person(en) sowie die Höhe des regelmäßig gezahlten Unterhalts anzugeben. Werden Beträge auf Grund von Pfändungen oder Lohnabtretungen einbehalten, so tragen Sie den **Abzweigungsbetrag** bitte ebenfalls ein.

53 Hier sind Ihre regelmäßigen **Leistungen aus öffentlichen Kassen** anzugeben, also insbesondere **Arbeitslosengeld** sowie alle **Sozialleistungen** und alle **Renten mit Ausnahme der Altersrente**, die als *Leistung der Rentenversicherung* ⇨ **51** zu erfassen ist. Werden Beträge auf Grund von Pfändungen oder Lohnabtretungen einbehalten, so tragen Sie den **Abzweigungsbetrag** bitte ebenfalls ein.

Muster 5 **Anhang**

54 Wenn Sie einen Gegenstand, ein Grundstück oder eine Wohnung **verpachten oder vermieten** (auch Untermiete), geben Sie hier bitte zunächst das Miet- oder Pachtobjekt sowie Namen und Anschrift der Mieter oder Pächter an. Ihre **Einkünfte** geben Sie bitte mit dem monatlichen oder jährlichen **Gesamtbetrag** (Bruttomiete einschließlich aller Vorauszahlungen auf Nebenkosten etc.) an.

55 Wenn Sie **Zinseinkünfte** haben, geben Sie den ungefähren Jahresbetrag dieser Einkünfte hier an. Daneben ist hier Raum für **weitere laufenden Einkünfte**, die nicht in einer anderen Rubrik erfasst sind.

Ergänzungsblatt 5 H
(Sicherungsrechte Dritter und Zwangsvollstreckungsmaßnahmen)

56 Wenn Sie Gegenstände (z. B. Ihren PKW) **unter Eigentumsvorbehalt erworben** oder **zur Sicherung übereignet** haben, geben Sie dies bitte hier an. Teilen Sie auch mit, wie hoch die gesicherte **Restschuld** derzeit noch ist. Nähere Angaben zum Wert des Sicherungsgegenstands machen Sie bitte im *Ergänzungsblatt 5 B* ⇨ **33** - **34** .

57 Gleiches gilt, wenn Sie (etwa zur Sicherung eines Bankkredits) **Ihren Lohn** oder sonstige Forderungen **abgetreten** haben. Geben Sie hier bitte zusätzlich an, ob die Abtretung bei Ihrem Arbeitgeber offen gelegt ist, und ob der pfändbare Teil der Einkünfte abgeführt wird. Die **Höhe des Abzweigungsbetrags** ergibt sich aus Ihren Angaben im *Ergänzungsblatt 5 G* ⇨ **50** - **55** .

58 Soweit Sie Gegenstände oder Forderungen **freiwillig verpfändet** haben (z. B. in einem **Pfandleihhaus**), geben Sie dies bitte hier an. Teilen Sie auch mit, wie hoch die gesicherte **Restschuld** ist. Nähere Angaben zum Wert des Sicherungsgegenstands machen Sie bitte im *Ergänzungsblatt 5 B* ⇨ **33** - **34** .

59 Wenn Gegenstände im Wege der Zwangsvollstreckung **vom Gerichtsvollzieher gepfändet** wurden oder wenn Ihr Lohn oder sonstige Forderungen durch einen **Pfändungs- und Überweisungsbeschluss** des Vollstreckungsgerichts gepfändet wurde, ist dies im Einzelnen hier anzugeben. Die **DR-Nr.** (das ist das Aktenzeichen des Gerichtsvollziehers) ergibt sich aus dem Pfändungsprotokoll, **Name und Aktenzeichen des Vollstreckungsgerichts** befindet sich auf der Ihnen zugestellten Ausfertigung des Pfändungs- und Überweisungsbeschlusses.

Ergänzungsblatt 5 J
(Regelmäßig wiederkehrende Verpflichtungen)

60 Wenn Sie dritten Personen **tatsächlich regelmäßigen Unterhalt leisten**, geben Sie hier bitte die Personalien der Unterhaltsempfänger, das Familienverhältnis sowie Art und Höhe der regelmäßigen Unterhaltsleistung an. Soweit die Empfänger eigene Einnahmen haben, ist die Höhe dieser Einnahmen – soweit bekannt – mitzuteilen.

61 Ihre **Wohnkosten** ergeben sich regelmäßig aus Ihrem **Mietvertrag**. Anzugeben sind die darin ausgewiesene Kaltmiete und die Mietnebenkosten. Wenn die Nebenkosten nicht gesondert ausgewiesen werden, ist in der Rubrik „Kaltmiete" die Gesamtmiete und in der Rubrik „Nebenkosten" ein Strich einzutragen. Soweit neben Ihnen weitere Personen Teile der Miete zahlen, ist neben Ihrer Mietzahlung der Anteil Ihrer Mitbewohner anzugeben. Eine von Ihnen geleistete **Mietkaution** ist als *sonstiger Zahlungsanspruch* ⇨ **39** weiter oben zu erfassen.

62 **Weitere regelmäßige Zahlungsverpflichtungen** sind nur aufzuführen, soweit es sich nicht um unwesentliche Ausgaben im Rahmen der normalen Lebensführung handelt. Anzugeben sind etwa Verpflichtungen aus **Kredit-, Abzahlungskauf- oder Leasingverträgen** sowie **Lebensversicherungsbeiträge** ⇨ **36** und außergewöhnliche Belastungen (z. B. Mehraufwendungen bei Vorliegen einer Behinderung, regelmäßige Pflege- und Krankheitsaufwendungen usw.).

Ergänzungsblatt 5 K
(Schenkungen und entgeltliche Veräußerungen)

63 Wenn Sie in den vergangenen vier Jahren **Geld- oder Sachgeschenke** von nicht geringem Wert gemacht haben, die nach Ihren Lebensverhältnissen nicht als übliche Gelegenheitsgeschenke (Geburtstags-, Weihnachtsgeschenke usw.) anzusehen sind, müssen Sie hier den Empfänger sowie Gegenstand und Wert der Geschenke angeben.

Anhang   Muster 5

64 Wenn Sie innerhalb der vergangenen zwei Jahre Gegenstände oder Forderungen an eine der im Antragsvordruck im Einzelnen aufgeführten **nahe stehenden Personen veräußert** haben, müssen Sie ebenfalls den Empfänger, den veräußerten Gegenstand und den Wert dieses Gegenstandes bzw. der von Ihnen erhaltenen Gegenleistung mitteilen.

Anlage 6
(Gläubiger- und Forderungsverzeichnis)

65 In dem Gläubiger- und Forderungsverzeichnis müssen Sie **alle Ihre Gläubiger mit allen gegen Sie gerichteten Forderungen** aufführen. Dabei genügt hier die **Kurzbezeichnung des Gläubigers**; die vollständigen Angaben zu den Gläubigern müssen Sie im *Allgemeinen Teil des Gerichtlichen Schuldenbereinigungsplans* ⇨ **69** erfassen. Achten Sie bitte darauf, dass die **lfd. Nr.** des Gläubigers im Schuldenbereinigungsplan und im Gläubigerverzeichnis jeweils übereinstimmt.

Zu jedem Gläubiger müssen Sie die Forderungen erfassen, die gegen Sie geltend gemacht werden, auch wenn Sie eine Forderung für unbegründet halten. Wenn ein Gläubiger **mehrere rechtlich selbständige Forderungen** gegen Sie geltend macht, ist **jede Hauptforderung in eine neue Zeile** nach folgendem Beispiel einzutragen:

lfd. Nr.	Name des Gläubigers	Hauptforderung	Zinsen Höhe	Zinsen bis zum	Kosten	Forderungsgrund	Summe aller Forderungen
1	Mustermann	12.600,00	504,00	18.1.02	366,00	Vertrag vom ...	
		6.000,00				Schadenersatz wegen ...	19.470,00
2	Musterfrau GmbH	3.000,00	66,00	18.1.02	15,00	Warenlieferung vom ...	3.081,00

Die einzelnen Forderungen sind nach dem Betrag der **Hauptforderung**, den hierauf beanspruchten **Zinsen** und den vom Gläubiger geltend gemachten **Kosten** aufzuschlüsseln. Bei der **Berechnung der Zinsen** sollte möglichst für alle Gläubiger ein **einheitlicher Stichtag** zugrunde gelegt sein. Der Tag, bis zu dem die Zinsen berechnet sind, ist anzugeben. Wenn Sie die Forderung ganz oder teilweise für unbegründet halten, können Sie dies in der Spalte „Forderungsgrund" anmerken. In der letzten Spalte ist die **Summe aller Forderungen eines Gläubigers** einschließlich aller Zinsen und Kosten anzugeben.

Die **zweite Seite** des Gläubiger- und Forderungsverzeichnisses müssen Sie bei einem handschriftlichen Ausfüllen wegen der darauf befindlichen **Versicherung nach § 305 Abs. 1 Nr. 3 InsO** auch einreichen, wenn alle Angaben zu Gläubigern und Forderungen auf der ersten Seite Platz finden. Sollten mehr als 26 Forderungen einzutragen sein, kann die erste Seite des Verzeichnisses kopiert und eingelegt werden. Wenn der Vordruck mit dem Computer ausgefüllt wird, dürfen hier nach Aufhebung des Dokumentenschutzes Zeilen eingefügt oder gelöscht werden.

Anlage 7
(Schuldenbereinigungsplan für das gerichtliche Verfahren - Allgemeiner Teil)

Der **gerichtliche Schuldenbereinigungsplan** enthält Ihre Vorschläge zu einer einvernehmlichen Einigung mit Ihren Gläubigern. Wenn das Gericht eine solche Einigung für möglich hält, ordnet es die Durchführung des gerichtlichen Schuldenbereinigungsplanverfahrens an. Es verzichtet auf die Durchführung, wenn eine Einigung unwahrscheinlich ist. Vor der Entscheidung des Gerichts erhalten Sie Gelegenheit zur Stellungnahme.

Eine **Annahme des Schuldenbereinigungsplans** im gerichtlichen Verfahren ist auch nach dem Scheitern eines inhaltsgleichen außergerichtlichen Einigungsversuchs möglich, **weil im gerichtlichen Verfahren das Schweigen der Gläubiger als Zustimmung zu dem Plan gilt**, und **weil das Gericht die Widersprüche einzelner Gläubiger auf Ihren Antrag hin ersetzen kann**, sofern die Mehrheit der Gläubiger dem Plan zugestimmt hat und die zustimmenden Gläubiger mehr als die Hälfte der Summe der gesamten Forderungen auf sich vereinigen.

66 Sie müssen in der Kopfzeile des Schuldenbereinigungsplans Ihren **Namen** und Ihre **vollständige Anschrift** einsetzen, weil der angenommene Schuldenbereinigungsplan wie ein gerichtlicher Vergleich einen Vollstreckungstitel darstellt, in dem die Beteiligten vollständig erfasst sein müssen.

67 Als **Datum des Schuldenbereinigungsplans** setzen Sie bitte zunächst das Datum des Insolvenzantrags ein. Wenn Sie im Verlauf des gerichtlichen Verfahrens einen **geänderten Schuldenbereinigungsplan** einreichen, ist hier jeweils das Datum der aktuellen Fassung einzusetzen.

Muster 5   **Anhang**

68 In der **inhaltlichen Gestaltung** des Schuldenbereinigungsplans sind Sie weitgehend frei. Das Gesetz bestimmt lediglich, dass der Plan **Regelungen über die Sicherheiten der Gläubiger** enthalten muss. Deshalb sind neben dem *Allgemeinen Teil* stets auch die *ergänzenden Regelungen (Anlage 7 B)* ⇨ **72** einzureichen. Ob Sie für Ihr Angebot an die Gläubiger daneben den *Musterplan mit Einmalzahlung oder festen Raten* ⇨ **70** , den *Musterplan mit flexiblen Raten* ⇨ **71** oder einen von diesen Vorgaben abweichenden *sonstigen Plan* verwenden, ist Ihnen freigestellt. Für **Gestaltung und Inhalt eines sonstigen Plans** bestehen **keine zwingenden Vorgaben**. Sie sollten aber stets darauf achten, dass sich aus dem Plan genau ergibt, wem Sie welche Leistungen zu welchem Zeitpunkt anbieten. Der Plan sollte präzise, verständlich und nachvollziehbar sein, damit Ihre Gläubiger und das Gericht zweifelsfrei erkennen können, **welche Rechte und Pflichten durch den Plan begründet werden**. Bitte beachten Sie auch, dass Ihren Gläubigern außer dem Plan nur die Vermögensübersicht zugestellt wird, sodass **sich alle wesentlichen Informationen zu Ihren Verbindlichkeiten** auch aus dem Plan ergeben sollten.

69 Jeder Ihnen **bekannte Gläubiger** ist mit seiner **vollständigen, zustellungsfähigen Anschrift** und, soweit – etwa bei Gesellschaften (GmbH, KG usw.) oder bei Minderjährigen – geboten, unter **Angabe des gesetzlichen Vertreters** anzugeben. Die **Angabe von Postfachanschriften ist nicht zulässig.** Soweit Ihnen ein Verfahrensbevollmächtigter des Gläubigers bekannt ist, können Sie diesen gleichfalls hier angeben. Die Gläubiger sind fortlaufend zu nummerieren. Aus Gründen der Übersichtlichkeit empfiehlt es sich, die Gläubiger **in alphabetischer Reihenfolge** zu sortieren. Zu jedem Gläubiger ist die **Gesamthöhe seiner Forderungen** sowie deren **prozentualer Anteil an der Gesamtverschuldung** mitzuteilen.

Bitte achten Sie darauf, dass Sie die **Nummerierung** auch im *Gläubiger- und Forderungsverzeichnis* ⇨ **65** und im *Besonderen Teil des Schuldenbereinigungsplans* ⇨ **70** , **71** **einheitlich verwenden**.

Anlage 7 A
(Schuldenbereinigungsplan für das gerichtliche Verfahren
Besonderer Teil - Musterplan mit Einmalzahlung oder festen Raten)

70 Den **Musterplan mit Einmalzahlung bzw. festen Raten** können Sie verwenden, wenn Sie Ihren Gläubigern eine einmalige oder mehrere regelmäßige (meist monatliche) Zahlungen anbieten. Bitte geben Sie in der dem eigentlichen Zahlungsplan vorangestellten Rubrik zunächst Ihre **Gesamtverschuldung** (die Summe aller Forderungen Ihrer Gläubiger aus dem *Gläubiger- und Forderungsverzeichnis*), den **Gesamtregulierungsbetrag** (die Summe aller im Plan angebotenen Zahlungen) sowie die sich hieraus ergebende **Gesamtregulierungsquote** an. Bei Ratenzahlungen geben Sie bitte auch an, wie hoch die **monatliche Gesamtrate** (die Summe Ihrer monatlichen Zahlungen) ist.

Für die Durchführung des Plans besonders wichtig ist die Angabe der **Anzahl der Raten**, der **Zahlungsweise** und des **Zahlungsbeginns**. Auch **Sonderzahlungen**, die Sie zusätzlich zu den regulären Ratenzahlungen leisten wollen, sind hier genau zu bezeichnen. Soweit diese Angaben **für alle Gläubiger** in gleicher Weise gelten, machen Sie die Angaben bitte **nur in der** hierfür vorgesehenen **allgemein gültigen Rubrik „Zahlungsweise und Fälligkeit"**. Nur wenn für einzelne Gläubiger unterschiedliche Regelungen gelten sollen, müssen Sie die Spalte „Zahlungsweise und Fälligkeit" für diese Gläubiger ausfüllen.

Bitte beachten Sie bei der **Bestimmung des Zahlungsbeginns**, dass Sie die Zahlungen erst aufnehmen können, wenn das Gericht die **Annahme des Schuldenbereinigungsplans festgestellt** hat. Es empfiehlt sich daher, für den Beginn der Zahlungen keinen festen Zeitpunkt, sondern **eine auf die Annahme des Schuldenbereinigungsplans bezogene Regelung** vorzusehen (z. B.: „monatlich zum 3. Werktag, erstmals in dem auf die Feststellung der Annahme des Schuldenbereinigungsplans folgenden Monat").

Geben Sie in dem nachfolgenden Zahlungsplan nach der **lfd. Nr.** aus dem *Allgemeinen Teil des Schuldenbereinigungsplans* ⇨ **69** und der **Kurzbezeichnung** des Gläubigers die **Forderungen des Gläubigers**, wie im *Gläubiger- und Forderungsverzeichnis* ⇨ **65** erläutert, **jeweils nach Hauptforderung, Zinsen und Kosten** aufgeschlüsselt an. Die Aufschlüsselung dient hier zur Information der übrigen Gläubiger, denen das Gläubiger- und Forderungsverzeichnis nicht zugestellt wird. Geben Sie bitte auch an, ob die Forderung des Gläubigers **gesichert ist** (z. B. durch eine Lohnabtretung, eine Sicherungsübereignung, ein Pfandrecht oder eine Bürgschaft oder Mithaftung Dritter). Soweit dies der Fall ist, **müssen Sie** in den *Ergänzenden Regelungen (Anlage 7 B)* ⇨ **72** angeben, **inwieweit diese Sicherungsrechte von dem Plan berührt werden**.

Anhang   *Muster 5*

Aus Gründen der Einheitlichkeit und Übersichtlichkeit sind auch im Schuldenbereinigungsplan **mehrere rechtlich selbständige Hauptforderungen eines Gläubigers** getrennt aufzuführen. Entsprechend ist die **Höhe der Einmalzahlung oder Rate für jede Forderung gesondert** anzugeben. Auch kann die **Regulierungsquote** (der prozentuale Anteil aller von Ihnen angebotenen Zahlungen an der Gesamtforderung des Gläubigers) bei mehreren Hauptforderungen eines Gläubigers unterschiedlich sein (etwa wegen nur teilweise bestehender Sicherungsrechte oder bei einer Forderung, deren Berechtigung Sie nicht oder nur teilweise anerkennen).

Anlage 7 A
(Schuldenbereinigungsplan für das gerichtliche Verfahren
Besonderer Teil - Musterplan mit flexiblen Raten)

| 71 | Der **Musterplan mit flexiblen Raten** ist für die Fälle gedacht, in denen Sie Ihren Gläubigern keine festen Raten anbieten können oder wollen. Die Grundlage für die Berechnung der flexiblen Raten bildet dabei der **pfändbare Teil Ihres Einkommens**. Sie können Ihren Gläubigern **zusätzlich** zu dem pfändbaren Einkommensteil auch einen **Teil Ihres unpfändbaren Einkommens** anbieten oder bestimmen, dass Ihnen nach einer gewissen Laufzeit des Plans ein Teil des pfändbaren Einkommens verbleiben soll. Soweit der von Ihnen angebotene Zahlbetrag nicht dem jeweils pfändbaren Teil Ihres Einkommens entsprechen soll, müssen Sie dies in einer *Ergänzenden Regelung (Anlage 7 B)* ⇨ 72 eindeutig bestimmen.

Bitte geben Sie beim flexiblen Plan zunächst Ihre **Gesamtverschuldung** (die Summe aller Forderungen Ihrer Gläubiger aus dem *Gläubiger- und Forderungsverzeichnis*) sowie den **derzeit pfändbaren Teil Ihres Einkommens** an.

Für die Durchführung des Plans besonders wichtig ist die Angabe der **Gesamtlaufzeit des Plans**, der **Zahlungsweise** und des **Beginns der Laufzeit**. Soweit diese Angaben **für alle Gläubiger** in gleicher Weise gelten, machen Sie die Angaben bitte **nur in der** hierfür vorgesehenen **allgemein gültigen Rubrik** „Zahlungsweise und Fälligkeit". Nur wenn für einzelne Gläubiger unterschiedliche Regelungen gelten sollen, müssen Sie Spalte „Zahlungsweise und Fälligkeit" für diese Gläubiger ausfüllen.

Bitte beachten Sie bei der **Bestimmung des Beginns der Laufzeit**, dass Sie Zahlungen erst aufnehmen können, wenn das Gericht die **Annahme des Schuldenbereinigungsplans festgestellt** hat. Es empfiehlt sich daher, für den Beginn der Laufzeit keinen festen Zeitpunkt, sondern **eine auf die Annahme des Schuldenbereinigungsplans bezogene Regelung** vorzusehen (z. B.: „monatlich zum 3. Werktag, erstmals in dem auf die Feststellung der Annahme des Schuldenbereinigungsplans folgenden Monat").

Geben Sie in dem nachfolgenden Zahlungsplan nach der **lfd. Nr.** aus dem *Allgemeinen Teil des Schuldenbereinigungsplans* ⇨ 69 und der **Kurzbezeichnung** des Gläubigers bitte zunächst an, ob die Forderung des Gläubigers **gesichert ist** (z. B. durch eine Lohnabtretung, eine Sicherungsübereignung, ein Pfandrecht oder eine Bürgschaft oder Mithaftung Dritter). Soweit dies der Fall ist, **müssen Sie** in den *Ergänzenden Regelungen (Anlage 7 B)* ⇨ 72 regeln, **inwieweit diese Sicherungsrechte von dem Plan berührt werden**.

Sodann sind die **Forderungen des Gläubigers**, wie im *Gläubiger- und Forderungsverzeichnis* ⇨ 65 erläutert, **jeweils nach Hauptforderung, Zinsen und Kosten aufgeschlüsselt** anzugeben. Die Aufschlüsselung dient hier zur Information der übrigen Gläubiger, denen das Gläubiger- und Forderungsverzeichnis nicht zugestellt wird.

Aus Gründen der Einheitlichkeit und Übersichtlichkeit sind auch im Schuldenbereinigungsplan **mehrere Forderungen eines Gläubigers** getrennt aufzuführen. Auch kann der **Anteil des Gläubigers am Zahlbetrag** bei mehreren Hauptforderungen eines Gläubigers unterschiedlich sein (etwa wegen nur teilweise bestehender Sicherungsrechte oder bei einer Forderung, deren Berechtigung Sie nicht oder nur teilweise anerkennen).

Anlage 7 B
(Schuldenbereinigungsplan für das gerichtliche Verfahren
Besonderer Teil – Ergänzende Regelungen)

[72] Soweit Forderungen der Gläubiger **gesichert sind** (z. B. durch eine Lohnabtretung, eine Sicherungsübereignung, ein Pfandrecht, eine Bürgschaft oder Mithaftung Dritter), müssen Sie hier regeln, **inwieweit diese Sicherungsrechte von dem Plan berührt werden.** Sie können hier z. B. bestimmen, dass während der Laufzeit alle **Pfändungsmaßnahmen und Abtretungen ruhen** und **nach vollständiger Erfüllung des Plans wegfallen.** Auch können Sie regeln, ob und in welchem Umfang die **Mithaftung anderer Personen** (z. B. Bürgen) entfallen soll.

Falls gegen Sie die Zwangsvollstreckung betrieben wird und das Gericht im Anschluss an Ihren Insolvenzantrag die **Zwangsvollstreckung vorläufig einstellt**, sollten Sie hier auch regeln, ob die vorläufig nicht an die Gläubiger ausgezahlten Pfändungsbeträge beim Zustandekommen des Schuldenbereinigungsplans an die Pfändungsgläubiger ausgekehrt oder im Rahmen des Zahlungsplans anteilig an die Gläubiger verteilt werden sollen.

Ob und in welchem Umfang Sie darüber hinaus **ergänzende Regelungen** in Ihren Schuldenbereinigungsplan aufnehmen, ist Ihnen überlassen. Über die vielfältigen Gestaltungsmöglichkeiten kann Sie die Person oder Stelle beraten, die den außergerichtlichen Schuldenbereinigungsversuch begleitet hat. In Betracht kommen insbesondere **Verschlechterungs- oder Besserungsklauseln**, die einerseits Sie bei einer Verschlechterung Ihrer wirtschaftlichen Situation davor schützen, Ihre Zahlungsverpflichtungen aus dem Plan nicht mehr erfüllen zu können, andererseits den Gläubigern das Recht geben, bei einer deutlichen Besserung Ihrer Vermögensverhältnisse eine Anpassung der Zahlungen zu verlangen. Sinnvoll im Hinblick auf die mögliche **Zustimmungsersetzung durch das Insolvenzgericht** kann darüber hinaus die Aufnahme einer **Verfallklausel** sein, wonach die Gesamtforderung Ihrer Gläubiger für den Fall, dass Sie Ihre Zahlungspflichten aus dem Plan nicht erfüllen, unter bestimmten Voraussetzungen wieder in voller Höhe auflebt.

Anlage 7 C
(Schuldenbereinigungsplan für das gerichtliche Verfahren
Erläuterungen zur vorgeschlagenen Schuldenbeeinigung)

[73] Die **Erläuterungen zur vorgeschlagenen Schuldenbereinigung** sind **kein notwendiger Bestandteil des Schuldenbereinigungsplans**. Sie dienen dazu, einzelne Regelungen des Schuldenbereinigungsplans für die Gläubiger verständlich zu machen. So kann es sich beispielsweise empfehlen, die quotenmäßige Besserstellung eines Gläubigers zu erklären, um Einwendungen der schlechter gestellten Gläubiger entgegenzuwirken.

Entscheidungsregister

Reichsgericht (RG)

22.02.1882	– I 668/81 –	RGZ 6, 96
20.10.1888	– Rep I 214/88 –	RGZ 22, 153
22.01.1892	– III 317/91 –	RGZ 29, 76
24.05.1895	– III 58/95 –	RGZ 35, 81
09.12.1895	– Rep VI 244/95 –	RGZ 36, 96
15.12.1899	– Nr. 240/99 III –	JW 1900, 73
17.12.1901	– VII 386/01 –	RGZ 50, 41
27.11.1903	– Rep VII 312/03 –	RGZ 56, 70
05.12.1905	– VII 114/05 –	JW 1906, 92
12.05.1908	– VI 401/07 –	JW 1908, 459
24.04.1909	– V 61/09 –	RGZ 71, 40
30.04.1909	– II 615/08 –	RGZ 71, 40
06.07.1909	– VII 85/09 –	JW 1909, 466
23.11.1909	– VII 39/09 –	JW 1910, 29
01.06.1911	– VII 582/10 –	JW 1911, 724
06.10.1911	– Rep V 221/11 –	RGZ 78, 71
22.01.1919	– Rep I 216/18 –	RGZ 94, 290
28.02.1920	– VII 93/20 –	RGZ 100, 65
24.09.1926	– VI 185/26 –	JW 1927, 386
25.05.1927	– IV 2/27 –	RGZ 117, 143
12.12.1931	– IX 310/31 –	RGZ 135, 295
19.01.1933	– IV 390/32 –	RGZ 139, 252
10.11.1933	– II 162/33 –	RGZ 142, 206
04.01.1934	– VI 384/33 –	RGZ 143, 100
31.01.1936	– II 209/35 –	RGZ 150, 163
08.02.1937	– VI 291/36 –	RGZ 153, 345
06.03.1939	– V 194/38 –	RGZ 159, 385

Bundesgerichtshof (BGH)

15.03.1951	– IV ZR 9/50 –	BGHZ 1, 294
16.06.1952	– IV ZR 131/51 –	BGHZ 6, 232; NJW 1952, 1009
13.01.1956	– V ZB 49/55 –	BGHZ 19, 355
09.05.1956	– IV ZR 318/55 –	BB 1956, 573; LM Nr. 1 zu § 9 VglO; NJW 1956, 1200
14.05.1956	– II ZR 229/54 –	BGHZ 20, 363; NJW 1956, 118
05.11.1956	– III ZR 139/55 –	BB 1957, 8; KTS 1957, 12; LM Nr. 4 zu § 839 (Fi) BGB; WM 1957, 67
27.06.1957	– VII ZR 220/56 –	NJW 1957, 1319
14.07.1958	– VII ZB 3/58 –	WM 1958, 1044
29.09.1958	– VII ZR 198/57 –	BGHZ 28, 171
07.04.1959	– VIII ZR 219/57 –	BB 1959, 573; LM Nr. 3 zu § 771 ZPO; MDR 1959, 659; NJW 1959, 1223; WM 1959, 686
13.04.1961	– III ZR 223/59 –	KTS 1961, 136; NJW 1961, 1352
26.04.1961	– VIII ZR 165/60 –	KTS 1961, 139
10.07.1961	– III ZR 76/60 –	BB 1961, 952; LM Nr. 2 zu § 85 VglO; MDR 1961, 918; NJW 1961, 1862; WM 1961, 1048

Entscheidungsregister

10.01.1963	– II ZR 95/61 –	BGHZ 11, 37
27.05.1963	– III ZR 200/61 –	BB 1963, 996; KTS 1963, 170; WM 1963, 916
15.01.1964	– VIII ZR 236/62 –	BGHZ 41, 17; JZ 1964, 460; NJW 1964, 1277; WM 1964, 196
17.04.1964	– VII ZB 10/63 –	WM 1964, 1038
14.03.1966	– VII ZR 7/64 –	NJW 1966, 1116; WM 1966, 445
30.10.1967	– VII ZR 31/65 –	WM 1968, 39
28.06.1968	– I ZR 142/67 –	BB 1968, 1053; KTS 1969, 50
27.11.1968	– VIII ZR 204/66 –	KTS 1969, 97; LM Nr. 6 zu § 10 KO; MDR 1969, 389; WM 1969, 97
25.05.1970	– II ZR 183/68 –	MDR 1970, 827; NJW 1970, 1921
10.02.1971	– VII ZR 203/70 –	WM 1971, 969
10.11.1971	– VIII ZR 43/70 –	KTS 1972, 97
25.06.1973	– II ZR 104/71 –	BGHZ 61, 72; NJW 1973, 1754; WM 1973, 894
21.09.1973	– III ZR 153, 154/72 –	NJW 1974, 719
23.11.1973	– V ZR 23/72 –	LM Nr. 2 zu § 193 KO; MDR 1974, 299; NJW 1974, 147
20.12.1974	– V ZR 72/73 –	WM 1975, 134
23.10.1975	– II ZR 109/74 –	DB 1976, 141
24.11.1975	– II ZR 81/73 –	WM 1976, 151
05.05.1976	– IV ZB 49/75 –	VersR 1976, 928
10.11.1977	– III ZR 39/76 –	WM 1978, 235
18.01.1978	– VIII ZR 262/76 –	BB 1978, 1544; BGHZ 74, 379; DB 1978, 1124; FamRZ 1978, 235, 335; JZ 1978, 278; KTS 1978, 220; LM Nr. 37 zu § 242 BGB, Nr. 1 zu § 101 KO, Nr. 37 zu § 242 (Be) BGB, Nr. 8 zu § 37 KO, Nr. 1 zu § 100 KO; MDR 1978, 751; NJW 1978, 1002; WM 1978, 373
06.07.1978	– III ZR 65/77 –	BB 1978, 1278; DB 1978, 1927; LM Nr. 4 zu AGB der Banken Ziff. 2; MDR 1979, 37; NJW 1978, 224; WM 1978, 1042
18.06.1979	– VII ZR 187/78 –	BGHZ 75, 26; NJW 1979, 2101
05.05.1981	– 1 StR 487/80 –	NStZ 1981, 351
23.09.1981	– VIII ZR 245/80 –	KTS 1982, 222; WM 1981, 1206; ZIP 1981, 1229
13.01.1983	– III ZR 88/81 –	DB 1983, 1486; LM Nr. 17 zu § 6 KO; LM Nr. 65 zu § 387 BGB; MDR 1983, 824; NJW 1983, 2018; WM 1983, 500; ZIP 1983, 589
30.06.1983	– V ZB 20/82 –	BB 1983, 2072; BGHZ 88, 62; DB 1983, 2762; DNotZ 1983, 679; MDR 1983, 922; NJW 1983, 2262; WM 1983, 960; ZIP 1983, 1128
12.10.1983	– III ZR 19/82 –	BB 1984, 495; DB 1984, 610; LM Nr. 67 zu § 387 BGB; MDR 1984, 482; NJW 1984, 357; WM 1983, 1359; ZIP 1983, 1473
10.01.1985	– IX ZR 4/84 –	BB 1985, 1925; DB 1985, 1468; EWiR 1985, 195 (*Merz*); JuS 1985, 646; JZ 1985, 352; LM Nr. 46 zu § 30 KO; MDR 1985, 832; NJW 1985, 1785; WM 1985, 396; WuB VI B § 30 KO 2.85 (*Uhlenbruck*); ZIP 1985, 372
14.01.1985	– II ZR 103/84 –	BB 1985, 821; BGHZ 93, 246; DB 1985, 906; EWiR 1985, 307 (*K. Schmidt*); JuS 1985, 733; JZ 1985, 1001; LM Nr. 14 zu § 172 HGB; MDR 1985, 556; NJW 1985, 1776; WM 1985, 455; ZIP 1985, 609
30.05.1985	– III ZR 112/84 –	EWiR 1985, 533 (*Krohn*); WM 1985, 1136; WuB I Nr. 17 AGB Banken 2.85

18.12.1985	– VIII ZR 297/84 –	WM 1986, 322
22.05.1986	– IX ZR 108/85 –	BB 1986, 1323, 2308; DB 1986, 1615; EWiR 1986, 983 (*Schwank*); JuS 1987, 66; LM Nr. 29 zu § 128 HGB; MDR 1986, 1020; NJW 1986, 2308; WM 1986, 850; WuB I F Nr. 1 a Bürgschaft 12.86 (*Sturm*); ZIP 1986, 1240
26.02.1987	– I ZR 110/85 –	DB 1988, 548; EWiR 1987, 417 (*Rabe*); LM Nr. 289 zu § 242 BGB; MDR 1987, 816; WM 1987, 732
09.03.1987	– II ZR 186/86 –	BB 1987, 918; BGHZ 100, 126; DB 1987, 1083; EWiR 1987, 613 (*Schücking*); JuS 1987, 750; KTS 1987, 485; LM Nr. 2 zu § 211 KO; MDR 1987, 647; NJW 1987, 1893; WM 1987, 571; WuB II E § 128 HGB, VI B § 211 KO 1.87 (*Blaurock*); ZIP 1987, 572
04.05.1987	– II ZR 211/86 –	BGHZ 101, 26; DB 1988, 43; DNotZ 1988, 359; JuS 1988, 568; LM Nr. 19 zu § 745 BGB; MDR 1987, 1001; NJW 1987, 3177; NJW-RR 1988, 11; WM 1987, 1220
22.06.1987	– III ZR 263/85 –	BB 1987, 1627; DB 1987, 2633; EWiR 1987, 857 (*Hadding*); LM Nr. 26 zu § 166 BGB; MDR 1988, 31; NJW 1987, 3250; WM 1987, 922; WuB I C 3 Sonderkonto 4.87 (*Wolff*); ZIP 1987, 971
26.05.1988	– III ZR 115/87 –	WM 1988, 1223
19.09.1988	– II ZR 255/87 –	BGHZ 105, 168; DB 1988, 2141; EWiR 1988, 1095 (*Fleck*); GmbHR 1989, 19; KTS 1989, 114; LM Nr. 4 zu § 32 a GmbHG; MDR 1989, 43; WM 1988, 1525; WuB II C. § 32 a GmbHG 2.88 (*Rümker*); ZIP 1988, 248
19.09.1988	– II ZR 362/87 –	AnwBl. 1989, 163; DB 1989, 41; EWiR 1988, 1171; KTS 1989, 124; LM § 767 ZPO Nr. 76; MDR 1989, 44; WM 1988, 1592; WuB IV § 387 BGB 1.89; ZIP 1988, 1132
16.03.1989	– III ZR 37/88 –	WM 1989, 595
22.06.1989	– III ZR 72/88 –	BB 1989, 1503; BGHZ 108, 98; DB 1989, 2265; DNotZ 1989, 621; EWiR 1989, 837; JZ 1989, 847; MDR 1989, 889; NJW 1989, 2363; WM 1989, 1086; WuB I F. 4.-4.89; ZIP 1989, 968
22.06.1989	– IX ZR 164/88 –	BGHZ 108, 123; EWiR 1989, 919 (*Hanisch*); KTS 1989, 870; LM Nr. 3 zu § 69 KO; MDR 1989, 989; NJW 1989, 3155; Rpfleger 1989, 473; WM 1989, 1186; WuB VI B. § 69 KO 2.89 (*Sundermann*); ZIP 1989, 926
12.10.1989	– IX ZR 184/88 –	BB 1989, 2212; BGHZ 109, 47; DB 1990, 423; EWiR 1989, 1235 (*Canaris*); JZ 1990, 241; KTS 1990, 95; LM Nr. 6 zu § 42 VglO; MDR 1990, 238; NJW 1989, 45; WM 1989, 1779; WuB IV B. § 43 KO 1.90; ZIP 1989, 1466
29.11.1989	– VIII ZR 228/88 –	BB 1990, 229; BGHZ 109, 240; DB 1990, 269; EWiR 1990, 215 (*Wolff*); JZ 1990, 490; KTS 1990, 267; LM Nr. 27 zu § 9 (Bl) AGBG; MDR 1990, 331; NJW 1990, 716; WM 1990, 51; WuB I A Nr. 19 AGB-Banken 3.90, IV B § 9 AGBG 5.90; ZIP 1990, 25
28.03.1990	– VIII ZR 258/89 –	BB 1990, 955; BGHZ 111, 97; DB 1990, 1277; EWiR 1990, 439; MDR 1990, 911; NJW 1990, 1655; WM 1990, 873; WuB IV § 151 BGB 2.9; ZBB 1990, 161; ZIP 1990, 566
26.04.1990	– VII ZR 39/89 –	EWiR 1990, 863 (*Weber*); NJW-RR 1990, 1459; WM 1990, 1326; ZIP 1990, 852

Entscheidungsregister

22.11.1990	– IX ZR 103/90 –	AnwBl. 1991, 267; DB 1991, 492; EWiR 1991, 227 (*Wellensiek/Oberle*); KTS 1991, 279; LM Nr. 52 zu § 30 KO; MDR 1991, 627; NJW 1991, 980; WM 1991, 152; WuB VI B. § 30 Nr. 2 KO 3.91; ZIP 1991, 39
06.12.1990	– VII ZR 334/89 –	EWiR 1991, 227 (*Weber*); WM 1991, 276; ZIP 1991, 152
18.04.1991	– IX ZR 149/90 –	EWiR 1991, 597 (*Gerhard*); KTS 1991, 424; LM Nr. 12 zu § 31 KO; MDR 1991, 622; NJW 1991, 2144; WM 1991, 1273; WuB VI B § 31 Nr. 1 KO 1.92, I F 4 Sicherungsabtretung 7.92, I F 5 Sicherungsübereignung 3.92; ZIP 1991, 807
07.05.1991	– IX ZR 30/90 –	BB 1992, 337; BGHZ 114, 315; EWiR 1991, 697 (*App*); KTS 1991, 431; LM Nr. 14 zu § 30 KO; MDR 1991, 860; NJW 1991, 2147; Rpfleger 1991, 384; WM 1991, 1227; WuB VI B § 30 Nr. 1 KO 1.91; ZIP 1991, 737
19.06.1991	– VIII ZR 244/90 –	BB 1991, 1515; DB 1991, 1927; EWiR 1991, 867 (*Weber*); KTS 1991, 579; LM Nr. 13 zu AGBG § 9 (Cg), Nr. 34 zu § 9 (Bl) AGBG; MDR 1992, 25; NJW 1991, 2768; WM 1991, 1499; WuB I F 4 Sicherungsabtretung 2.92; ZIP 1991, 997
11.07.1991	– IX ZR 230/90 –	DB 1991, 2659; EWiR 1991, 1107 (*Flessner*); KTS 1991, 589; MDR 1991, 962; NJW 1992, 624; WM 1991, 1570; WuB VI B § 30 Nr. 1 KO 2.91 (*Thode*); ZIP 1991, 1014
05.12.1991	– IX ZR 270/90 –	BGHZ 116, 222; DB 1992, 419; EWiR 1992, 307 (*Henckel*); JZ 1992, 739; MDR 1992, 294; NJW 1992, 830; WM 1992, 366
23.01.1992	– IX ZR 94/91 –	EWiR 1992, 489 (*Molkenbur*); KTS 1992, 271; LM Nr. 2 zu KO § 67; MDR 1992, 475; NJW 1992, 2091; NZA 1992, 653; Rpfleger 1992, 311; WM 1992, 619; WuB IX B. § 9 BetrAVG 1.92 (*Hess*); ZIP 1992, 342
30.01.1992	– IX ZR 112/91 –	BB 1992, 600; BGHZ 117, 127; EWiR 1992, 335 (*Rümker*); KTS 1992, 275; LM Nr. 57 zu § 305 BGB; MDR 1992, 367; NJW 1992, 2093; Rpfleger 1992, 312; WM 1992, 501; WuB I f. 1 c Patronatserklärung 1.92 (*Obermüller*); ZIP 1992, 338
07.04.1992	– X ZR 119/90 –	WM 1993, 2011; WuB IV a. § 244 BGB (*Teichmann*)
09.04.1992	– IX ZR 304/90 –	BB 1992, 456; BGHZ 118, 71; EWiR 1992, 615; MDR 1992, 664; NJW 1992, 1834; WM 1992, 885; ZIP 1992, 708
19.11.1992	– IX ZR 45/92 –	BB 1993, 96; DB 1993, 728; EWiR 1993, 162 (*Paulus*); WM 1993, 83; ZIP 1993, 213
25.11.1992	– VIII ZR 176/91 –	BB 1993, 96; DB 1993, 728; EWiR 1993, 162; MDR 1993, 735; NJW-RR 1993, 307; WM 1993, 213; WuB VI B § 43 KO 1.93; ZIP 1993, 123
08.12.1993	– VIII ZR 166/93 –	BB 1994, 308; DB 1994, 574; EWiR 1994, 729 (*Wissmann*); KTS 1994, 264; MDR 1994, 269; NJW 1994, 445; WM 1994, 104; ZIP 1994, 114
13.01.1994	– IX ZR 2/93 –	BB 1994, 457; BGHZ 124, 371; DB 1994, 1280; DNotZ 1994, 467; JuS 1994, 524; JZ 1994, 734; KTS 1994, 355; LM Nr. 18 zu § 9 (Cg) AGBG; MDR 1994, 365; NJW 1994, 861; NJW-RR 1994, 557; WM 1994, 419; WuB I F 5.-3.94 (*Eckert*); ZIP 1994, 309

13.01.1994	– IX ZR 79/93 –	BB 1994, 459; BGHZ 124, 380; DB 1994, 1282; EWiR 1994, 209 (*Serick*); JuS 1994, 525; JZ 1994, 736; KTS 1994, 272; LM Nr. 19 zu § 9 (Cg) AGBG; MDR 1994, 771; NJW 1994, 864; NJW-RR 1994, 557; Rpfleger 1994, 266; WM 1994, 414; WuB I F 5.-3.94 (*Eckert*); ZIP 1994, 305
28.04.1994	– IX ZR 248/93 –	BB 1994, 1167; DB 1994, 1412; EWiR 1995, 139 (*Grub*); MDR 1994, 909; NJW 1995, 1068; WM 1994, 1161; ZIP 1994, 939
10.05.1994	– XI ZR 65/93 –	BB 1994, 1241; EWiR 1995, 173 (*Pape*); MDR 1994, 908; NJW 1994, 1978; WM 1994, 1273; ZIP 1994, 1010
14.07.1994	– IX ZR 110/93 –	DB 1994, 2335; DNotZ 1995, 295; EWiR 1995, 959; KTS 1995, 76; MDR 1995, 139; NJW 1994, 2885; WiB 1994, 832; WM 1994, 1711; WuB I F. 5.-8.94; ZBB 1994, 341; ZfBR 1994, 281
09.11.1994	– II ZR 270/93 –	WM 1994, 2220
15.12.1994	– IX ZR 153/93 –	BGHZ 128, 184; DB 1995, 365; DNotZ 1995, 532; EWiR 1995, 109; GmbHR 1995, 221; JZ 1995, 728; KTS 1995, 304; NJW 1995, 659; WM 1995, 450; ZIP 1995, 134
17.01.1995	– XI ZR 192/93 –	BB 1995, 2013; BGHZ 128, 295; DB 1995, 671; EWiR 1995, 313 (*Gerhardt*); KTS 1995, 334; NJW 1995, 1068; WM 1995, 375 ; ZIP 1995, 367
02.02.1995	– IX ZR 250/93 –	KTS 1995, 431; NJW-RR 1995, 748; WM 1995, 695; WuB I F.5.-4.95; ZBB 1995, 188
16.03.1995	– IX ZR 72/94 –	EWiR 1995, 429; KTS 1995, 304; NJW 1995, 1668; ZIP 1995, 630
11.05.1995	– IX ZR 170/94 –	BB 1995, 1500; DB 1995, 1804; EWiR 1995, 837 (*Knothe*); KTS 1995, 663; MDR 1996, 135; NJW 1995, 2348; WM 1995, 1394; ZIP 1995, 1078
18.05.1995	– IX ZR 189/94 –	BB 1995, 2610; BGHZ 130, 38; DB 1995, 1960; EWiR 1995, 795; JZ 1996, 531; KTS 1995, 668; MDR 1995, 1225; NJW 1995, 2738; ZIP 1995, 1204
30.05.1995	– XI ZR 78/94 –	BB 1995, 1556; BGHZ 130, 59, DB 1995, 1806; KTS 1995, 692; MDR 1995, 1024; NJW 1995, 2219; VersR 1995, 970; WiB 1995, 804; WM 1995, 1219; WuB I F. 4.-5.95; ZBB 1995, 299; ZIP 1995, 1071
27.06.1995	– XI ZR 8/94 –	BB 1995, 1554; BGHZ 139, 115; DB 1995, 1801; EWiR 1995, 767; MDR 1995, 1022; NJW 1995, 2221; WM 1995, 1264; ZIP 1995, 1167
09.11.1995	– IX ZR 179/94 –	BB 1996, 14; DB 1996, 33; EWiR 1996, 147 (*Tiedke*); KTS 1996, 143; MDR 1996, 245; NJW 1996, 253; WM 1995, 2173; ZIP 1995, 1973
21.11.1995	– IX ZR 255/94 –	BB 1996, 130; DB 1996, 204; EWiR 1996, 193; KTS 1996, 149; MDR 1996, 273; NJW 1996, 388; WM 1996, 56; ZIP 1996, 17
16.04.1996	– XI ZR 234/95 –	BB 1996, 902; LM Nr. 51 b zu § 138 BGB; NJW 1996, 2852; WM 1996, 902; ZIP 1996, 957, 1997, 230
14.05.1996	– XI ZR 257/94 –	BB 1996, 1402; BGHZ 133, 25; DB 1996, 1717; MDR 1996, 805; NJW 1996, 2092; WM 1996, 1128; ZIP 1996, 1164
11.07.1996	– IX ZR 74/95 –	BB 1996, 1789; DB 1996, 1771; KTS 1996, 546; LM Nr. 51d zu § 138 (Aa) BGB; NJW 1996, 2786; NJW-RR 1996, 1398; WM 1996, 1439; ZIP 1996, 1429

Entscheidungsregister

11.07.1996	– IX ZR 234/95 –	BB 1996, 1854; KTS 1996, 570; NJW 1996, 2790; WM 1996, 1436; ZIP 1996, 1577
10.10.1997	– V ZR 74/96 –	LM Nr. 55a zu § 138 (A) BGB; NJW-RR 1998, 590; WM 1998, 513
27.11.1997	– GSZ 1 u. 2/97 –	BB 1998, 438; BGHZ 137, 212; DB 1998, 358; DStR 1998, 256; DZWiR 1998, 198; JZ 1998, 456; KTS 1998, 238; LM BGB § 138 (Bb) Nr. 86; NJW 1998, 671; WM 1998, 227; WuB I F 4 Sicherungsabtretung 2.98; ZIP 1998, 235
05.05.1998	– XI ZR 234/95 –	BB 1998, 1439; BGHZ 138, 367; DB 1998, 1404; KTS 1998, 589; LM BGB § 242 (Ba) Nr. 98; MDR 1998, 916; NJW 1998, 2206; WM 1998, 1280; WuB I F 4 Sicherungsabtretung 3.98; ZIP 1998, 1066
16.03.2000	– IX ZB 2/00 –	DZWiR 2000, 290; InVo 2000, 261; KTS 2000, 405; LM InsO § 6 Nr. 1; MDR 2000, 779; NJW 2000, 1869; NZI 2000, 260; Rpfleger 2000, 346; VuR 2000, 212; WM 2000, 892; WuB VI C § 7 InsO 1.00; ZInsO 2000, 280; ZIP 2000, 755
10.05.2001	– XII ZR 60/99 –	NJW 2001, 2324; WM 2001, 1526; ZIP 2001 1329;
10.05.2001	– VII ZR 356/00 –	DB 2001, 2091; DZWiR 2001, 502; NJW 2001, 2325; WuB IV A § 151 BGB 2.01

Bayerisches Oberstes Landesgericht (BayObLG)

19.06.1950	– II a 2/1950 –	NJW 1950, 697
08.04.1988	– Re-Miet 1/88 –	BayObLGZ 1988, 109; BB 1988, 1915; DB 1988, 1212; EWiR 1988, 703; KTS 1988, 370, 546; MDR 1988, 675; NJW 1988, 1796; Rpfleger 1988, 423; WM 1988, 1763; WuB VI B § 30 Nr. 1 KO 1.89, IV B § 43 KO 1.89; ZIP 1988, 789
28.07.1999	– 4 Z BR 1/99 –	BB 1999, 2102; DZWiR 1999, 456; InVo 1999, 344; KTS 2000, 524 NJW-RR 1999, 1570; NZI 1999, 412; Rpfleger 1999, 557; ZIP 1999, 1767
30.09.1999	– 4 BR 4/99 –	DB 1999, 2408; DZWiR 1999, 507; InVo 2000, 120; KTS 2000, 528; NJW 2000, 220; NZI 1999, 451; Rpfleger 2000, 81; ZInsO 1999, 645; ZIP 1999, 1926
02.12.1999	– 4 Z 8/99 –	DZWiR 2000, 156; InVo 2000, 269; KTS 2000, 134; NJW-RR 2000, 1217; NZI 2000, 129; ZInsO 2000, 161; ZIP 2000, 320
11.12.2000	– 4 Z BR 21/00 –	DZWiR 2001, 118; InVo 2001, 90; KTS 2001, 166; NZI 2001, 145; Rpfleger 2001, 195; ZInsO, 2001, 170; ZIP 2001, 204

Oberlandesgerichte (OLG)

Kammergericht (KG)

21.02.1933	– 8 W 1400/33 –	JW 1933, 863
23.01.1981	– 1 W 4527/80 –	ZIP 1981, 436

OLG Braunschweig

19.12.2000	– 2 W 268/00 –	ZInsO 2001, 227

OLG Celle

16.10.2000	– 2 W 99/00 –	InVo 2001, 93; NZI 2001, 254; ZInsO 2000, 601
30.10.2000	– 2 W 97/00 –	NZI 2001, 27; ZIP 2001, 385
08.11.2000	– 2 W 112/00 –	NZI 2001, 155; ZInsO 2000, 667
09.02.2001	– 2 W 19/01 –	InVo 2001, 128
14.02.2001	– 2 W 249/00 –	AGS 2001, 161; InVo 2001, 130
04.04.2001	– 2 W 38/01 –	DZWiR 2001, 299; InVo 2002, 321; ZInsO 2001, 374
02.05.2001	– 2 W 51/01 –	DZWiR 2001, 488; InVo 2002, 219; KTS 2002, 622; NZI 2001, 369; ZInsO 2001, 468; ZIP 2001, 1063
14.01.2002	– 2 W 96/01 –	InVo 2002, 178; NZI 2002, 270; Rpfleger 2002, 375; ZInsO 2002, 285; ZVI 2002, 62

OLG Dresden

14.10.1998	– 8 U 2209/98 –	WM 1999, 488; WuB IV A § 151 BGB 2.99

OLG Düsseldorf

08.10.1968	– 19 U 33/68 –	KTS 1969, 108
05.11.1982	– 5 Ss 418/82 – 315/82 I –	DB 1983, 168
05.05.1983	– 6 U 192/82 –	DB 1983, 1538
03.12.1987	– 10 U 117/87 –	BB 1988, 293; EWiR 1988, 385 (*Eckert*); KTS 1988, 370; MDR 1988, 780; OLGZ 1988, 454; Rpfleger 1988, 202; ZIP 1988, 449

OLG Frankfurt/M.

02.12.1953	– 6 W 581/52 –	NJW 1953, 1835
27.10.1966	– 11 U 42/66 –	OLGZ 1967, 13
22.10.1974	– 5 U 6/74 –	DB 1974, 2245
22.01.1985	– 5 U 77/84 –	WM 1985, 512; WuB VI B § 53 KO 1.85 (*Obermüller*); ZIP 1985, 559
13.01.1992	– 4 U 80/90	WM 1992, 1018; WuB I A Nr. 17 AGB-Banken
05.01.2000	– 15 W 114/99 –	KTS 2000, 379; NJW-RR 2000, 1501; NZI 2000, 219; ZInsO 2000, 296
09.03.2000	– 26 W 162/99 –	InVo 2000, 345; NJW-RR 2001, 560; NZI 2000, 473; ZInsO 2000, 288
29.08.2000	– 26 W 61/00	DZWiR 2001, 32; InVo 2000, 424, 2001, 439; NJW-RR 2001, 189; NZI 2000, 531; ZInsO 2000, 614
04.12.2001	– 26 W 167/01	NZI 2002, 266

OLG Hamm

05.06.1998	– 30 U 163/97 –	WM 1998, 2155
06.01.1998	– 15 W 407/97 –	DB 1998, 1178; NJW-RR 1998, 611; Rpfleger 1998, 303; ZIP 1998, 746

OLG Jena

09.11.1995	– 1 U 456/95 –	ZIP 1996, 34
06.02.2002	– 2 U 1033/01 –	NZI 2002, 435; ZInsO 2002, 233; ZIP 2002, 538

OLG Karlsruhe

16.11.1931	– II ZBS 251/31 –	JW 1933, 133
16.11.1971	– 1 U 124/71 –	KTS 1972, 111

12.06.1998	– 9 U 127/97 –	WuB IV A § 151 BGB 2.99; ZIP 1998, 1879
16.09.1999	– 8 U 224/98 –	WM 2000, 414; WuB IV A § 151 BGB 2.00; ZIP 2000, 534
20.12.1999	– 9 W 82/99 –	KTS 2001, 602; NJW-RR 2000, 1216; NZI 2000, 163; ZInsO 2000, 219
16.03.2000	– 9 W 1/00 –	NZI 2000, 375
18.03.2000	– 9 W 1/00 –	ZInsO 2000, 238
26.06.2001	– 9 W 34/01 –	NZI 2001, 422; ZInsO 2001, 913

OLG Koblenz

17.11.1988	– 5 U 720/88 –	BB 1990, 1160; EWiR 1989, 1219; WM 1989, 1816; WuB I D 3.-390, VI C § 106 KO 1.90 (*Obermüller*); ZIP 1989, 1593
15.05.2000	– 9 UF 440/01 –	ZInsO 2002, 832

OLG Köln

31.01.1935	– 5 W 4/35 –	JW 1935, 1725
18.03.1969	– 2 W 5/69 –	KTS 1970, 54
21.10.1969	– 15 U 91/69 –	MDR 1970, 150
22.05.1970	– Ss 69/70 –	KTS 1971, 51
19.10.1978	– 7 U 1/78 –	KTS 1979, 323; WM 1979, 1342
17.03.1987	– 15 U 139/86 –	EWiR 1987, 661; WM 1987, 1279; WuB IV B. § 23 KO 1.87; ZIP 1987, 867
08.09.1999	– 13 U 42/99 –	NJW-RR 2000, 1073
02.11.1999	– 2 W 137/99 –	DB 1999, 2464; DZWiR 2000, 29; InVo 2000, 16; NJW 2000, 223; NZI 1999, 494; Rpfleger 2000, 32; WuB VI C § 305 InsO 2.00; ZIP 1999, 1927
23.02.2000	– 2 W 21/00 –	DZWiR 2000, 206; NJW-RR 2000, 927; NZI 2000, 217; Rpfleger 2000, 288; ZIP 2000, 548
24.05.2000	– 2 W 76/00 –	InVo 2000, 303; NJW-RR 2000, 1578; NZI 2000, 367; Rpfleger 2000, 417; ZInsO 2000, 334; ZIP 2000, 1628
18.08.2000	– 2 W 155/00 –	DZWiR 2001, 29; InVo 2000, 420; NJW-RR 2001, 191; NZI 2000, 529; ZInsO 2000, 499
28.08.2000	– 2 W 37/00 –	DB 2000, 2426; InVo 2000, 410; NZI 2000, 596; ZInsO 2000, 519; ZIP 2000, 2263
15.09.2000	– 11 W 56/00 –	InVo 2001, 169; NZI 2001, 262
04.10.2000	– 2 W 198/00 –	InVo 2000, 412; NJW-RR 2001, 416; NZI 2000, 587; Rpfleger 2001, 41; ZInsO 2000, 608; ZIP 2001, 252
06.10.2000	– 2 W 172/00 –	ZInsO 2000, 606
09.10.2000	– 2 W 190/00 –	NZI 2001, 58; ZInsO 2001, 34
16.10.2000	– 2 W 189/00 –	InVo 2000, 422; NZI 2000, 590; Rpfleger 2001, 92; ZInsO 2000, 603; ZIP 2000, 2074
01.12.2000	– 2 W 202/00 –	InVo 2001, 125; NJW-RR 2001, 266; NZI 2001, 88; Rpfleger 2001, 143; ZInsO 2001, 85; ZIP 2000, 2312
05.01.2001	– 2 W 228/00 –	NZI 2001, 660; ZInsO 202, 330
09.02.2001	– 2 W 19/01 –	InVo 2001, 128; NJW-RR 2001, 772; NZI 2001, 211; ZInsO 2001, 230; ZIP 2001, 754
14.02.2001	– 2 W 249/00	DZWiR 2001, 333; InVo 2001, 130; NJW-RR 2001, 911; NZI 2001, 205; Rpfleger 2001, 259; ZInsO 2001, 229; ZIP 2001, 205
29.08.2001	– 2 W 105/01 –	InVo 2001, 405; NZI 2002, 594; WuB VI C § 309 InsO 1.02; ZInsO 2001, 807

OLG München

01.08.1990 – 14 W 173/90 – DB 1990, 1916; EWiR 1990, 1035 (*Feuerborn*); WM 1990, 1591; ZIP 1990, 1128

OLG Naumburg

31.07.2000 – 5 W 64/00 – DZWiR 2001, 121; InVo 2001, 18; ZInsO 2000, 567

OLG Schleswig

01.02.2000 – 1 W 53/99, 1 W 56/99 – NJW-RR 2000, 865; NZI 2000, 164; ZInsO 2000, 156
01.02.2000 – 1 W 51/99 – NJW-RR 2001, 340; NZI 2000, 165; ZInsO 2000, 170

OLG Stuttgart

22.11.1984 – 8 W 240/84 – KTS 1985, 349; WM 1985, 1371; WuB IV C § 106 KO 1.86
17.03.1993 – 1 U 116/92 – NJW 1994, 3303; NJW-RR 1994, 1023; WM 1993, 2020
28.03.2002 – 8 W 560/01 – ZInsO 2002, 836

OLG Zweibrücken

30.01.2002 – 3 W 235/01 – InVo 2002, 230; Rpfleger 2002, 327; ZInsO 2002, 287; ZVI 2002, 327

Landgerichte (LG)

LG Baden-Baden

29.04.1999 – 1 T 13/99 – NJW-RR 1999, 993; NZI 1999, 234

LG Bayreuth

01.09.1997 – 2 O 348/97 – WM 1998, 1446; WuB IV A § 151 BGB 2.98

LG Berlin

31.05.2000 – 86 T 287/00 – ZInsO 2000, 404

LG Bielefeld

16.06.1999 – 23 T 208/99 – KTS 2000, 83; ZInsO 1999, 603; ZIP 1999, 1275
30.11.2001 – 23 T 365/01 – ZInsO 2002, 198; ZIP 2002, 951; ZVI 2002, 77

LG Bückeburg

31.10.2001 – 4 T 122/01 – ZInsO 2001, 1166; ZVI 2002, 78

LG Dessau

28.04.2000 – 9 T 218/00 – KTS 2001, 606; NZI 2000, 605; ZInsO 2000, 466
05.07.2000 – 9 T 327/00 – DZWiR 2001, 390; Rpfleger 2000, 512; ZInsO 2001, 1167

LG Detmold

15.06.1976 – 2 T 146/76 – KTS 1977, 126

LG Dresden

15.04.1996 – 10 T 28/96 – DtZ 1996, 356; InVo 1996, 266; KTS 1997, 59, 235; ZIP 1997, 207
21.08.1996 – 10 T 659/96 – EWiR 1996, 1079 (*Uhlenbruck*); KTS 1997, 71; ZIP 1996, 1671

Entscheidungsregister

LG Düsseldorf
26.07.2000 – 5 O 302/99 – ZInsO 2000, 519

LG Duisburg
24.03.1964 – 7 T 26/64 – KTS 1964, 187

LG Frankfurt/M.
05.07.1962 – 2/9 T 473/62 – KTS 1962, 188
06.04.2000 – 6 (a) 407/99 – ZInsO 2000, 290

LG Frankfurt/Oder
06.04.2000 – 6 (a) 407/99 – ZInsO 2000, 290

LG Göttingen
24.07.2000 – 10 T 61/00 – NZI 2000, 487; ZInsO 2000, 485

LG Halle
22.10.1993 – 2 T 247/93 – DZWiR 1994, 74; ZIP 1993, 1739

LG Hamburg
09.02.1982 – 64 O 9/82 – ZIP 1982, 336
01.10.1999 – 321 T 85/99 – NZI 1999, 504; Rpfleger 2000, 37; WuB VI C § 313 InsO; ZInsO 1999, 659
09.08.2001 – 327 O 83/01 – NZI 2002, 114

LG Itzehoe
27.11.2000 – 4 T 375/00 – NZI 2000, 100

LG Kassel
25.05.1999 – 3 T 325/99 – KTS 2000, 270; ZInsO 1999, 421, 604

LG Koblenz
13.06.2000 – 2 T 162/00 – ZInsO 2000, 507
01.08.2000 – 2 T 432/00 – InVo 2000, 347; NZI 2000, 488; Rpfleger 2000, 510; WuB VI C § 4 InsO 1.01; ZInsO 2000, 457

LG Köln
19.10.2000 – 19 T 111/00 – DZWiR 2001, 81; NZI 2001, 43; ZInsO 2000, 677

LG Lübeck
14.04.1997 – 12 O 137/97 – WM 1997, 2223; WuB IV A § 151 BGB 1.98

LG Magdeburg
25.04.2001 – 3 T 12/01 – NZI 2001, 327; ZInsO 2001, 475

LG Memmingen
07.03.2000 – 4 T 329/00 – NZI 2000, 233; ZInsO 2000, 411

LG Mönchengladbach

26.07.2001	– 5 T 23/01 –	ZInsO 2001, 1115
14.05.2002	– 29 C 96/02 –	ZInsO 2002, 643

LG München I

13.03.1997	– 22 O 1048/97 –	WM 1997, 2213; WuB IV A § 151 BGB 1.98
24.06.1997	– 23 O 1860/97 –	WM 1997, 2214; WuB IV A § 151 BGB 1.98
23.03.2000	– 14 T 22166/99 –	NZI 2000, 382
11.08.2000	– 14 T 10247/00 –	ZInsO 2000, 628
05.10.2001	– 14 T 17 126/01 –	ZInsO 2001, 1018

LG München II

08.08.2000	– W 5 KLs 65 Js 15531/99 –	ZInsO 2000, 677

LG Münster

08.03.2001	– 5 T 83/01 –	InVo 2001, 325
02.05.2002	– 5 T 426/02	ZInsO 2002, 777
13.12.2002	– 5 T 967/01 –	DZWiR 2002, 261; InVo 2002, 231; NZI 2002, 215; ZVI 2002, 117

LG Neubrandenburg

13.03.2001	– 4 T 42/01 –	ZInsO 2001, 1120

LG Oldenburg

16.06.2000	– 6 T 50/99 –	NZI 2000, 490

LG Saarbrücken

25.04.2000	– 5 T 22/00 –	NZI 2000, 380

LG Stuttgart

31.07.1995	– 12 O 53/95 –	BB 1995, 2026; KTS 1996, 118; WM 1996, 154; ZIP 1995, 1406, 1997, 882

LG Waldshut-Tiengen

17.10.1998	– 1 150/97 –	WM 1998, 1448

LG Wuppertal

10.11.2000	– 6 T 818/00 –	ZInsO 2001, 328

Amtsgerichte (AG)

AG Aschaffenburg

30.06.1999	– IK 4/99 –	ZInsO 1999, 482

AG Baden-Baden

25.01.1999	– 11 IK 7/99 –	NZI 1999, 125; ZInsO 1999, 240

AG Dortmund

25.01.1999	– 254 IK 1/99 –	ZInsO 1999, 118; ZIP 1999, 456

AG Duisburg

06.11.2000	– 43 IK 16/99 –	NZI 2001, 106; Rpfleger 2001, 261; ZInsO 2001, 273
15.08.2001	– 43 IN 40/00 –	NZI 2001, 605

AG Düsseldorf

03.09.1980	– 61 M 2693/80 –	DGVZ 1981, 92

AG Ebersberg

15.05.1997	– 4 C 66/97 –	NJW-RR 1997, 1546; WM 1997, 1597; WuB IV A § 151 BGB 2.97

AG Elmshorn

04.02.2000	– 60 M 1961/98 –	NZI 2000, 329

AG Essen

19.03.1999	– 162 IK 11/99 –	DB 1999, 1010; InVo 1999, 148; ZInsO 1999, 239

AG Frankfurt/M.

23.06.1999	– 816 IK 11/99 –	InVo 1999, 313

AG Gießen

24.03.2000	– 6 IK 28/00 –	ZInsO 2000, 231

AG Göttingen

05.02.1999	– 74 IK 12/99 –	NZI 1999, 124; ZInsO 1999, 183
21.07.1999	– 74 IK 33/99 –	KTS 2000, 85; ZInsO 1999, 477; ZIP 1365, 1366
05.11.1999	– 74 IK 25/99 –	InVo 2000, 310
25.02.2000	– 74 IK 60/99 –	ZInsO 2000, 233
19.12.2001	– 74 IN 112/00 –	ZIP 2002, 953; ZVI 2002, 127
19.02.2002	– 74 IK 175/00 –	InVo 2002, 232; ZInsO 2002, 385; ZVI 2002, 81

AG Halle

14.12.2000	– SG IK 61/00 –	DZWiR 2001, 127; ZInsO 2000, 185

AG Hamburg

10.09.1999	– 68 g IK 10/99 –	NZI 1999, 419
21.10.1999	– 68 d IK 24/99 –	KTS 2000, 390; WM 2000, 895; WuB VI C § 306 InsO 1.00; ZInsO 1999, 659
24.01.2000	– 67 g IN 13/00 –	KTS 2000, 391; ZIP 2000, 323
25.02.2000	– 68 d IK 36/99 –	NZI 2000, 283
31.08.2000	– 68 ba IK 52/00 –	NZI 2001, 48; ZInsO 2001, 279
16.10.2000	– 68 d IK 2/99 –	NZI 2001, 46; ZInsO 2001, 330
20.11.2000	– 68 e IK 15/99 –	NZI 2000, 103; ZInsO 2001, 278

AG Kassel

14.01.1999	– 660 IK 2/99 –	ZInsO 1999, 119
27.08.1999	– 73 IK 15/99 –	ZIP 2000, 83

AG Köln

31.03.1999	– 73 IN 20/99 –	DZWiR 2000, 80; KTS 2000, 538; NZI 1999, 241; ZInsO 1999, 422
14.01.1999	– 73 IK 2/99 –	DZWiR 1999, 123; KTS 1999, 346; NZI 1999, 147; ZInsO 1999, 119; ZIP 1999, 147
19.01.1999	– 72 IK 1/99 –	DZWiR 1999, 127; NJW-RR 1999, 1642; NZI 1999, 83; Rpfleger 1999, 192; ZInsO 1999, 11; ZIP 1999, 245
27.08.1999	– 73 IK 15/99 –	KTS 2000, 275; ZIP 2000, 83
28.07.2000	– 72 IK 80/99 –	DZWiR 2000, 524; KTS 2001, 606; NZI 2000, 441; ZInsO 2000, 461; ZIP 2000, 1544

AG Leipzig

26.01.2000   – 93 IK 26/99 –   DZWiR 2000, 216

AG Lüneburg

17.02.1999   – 3 T 11/99 –   NJW-1999, 2287; NZI 1999, 203; WM 1999, 1234; WuB VI C § 305 InsO 2.99; ZIP 1999, 372

AG Mönchengladbach

16.03.2000	– 32 IK 79/99 –	ZInsO 2000, 232
31.10.2000	– 32 IK 59/00 –	ZInsO 2001, 187
23.11.2000	– 19 IK 68/00 –	NZI 2001, 163; ZInsO 2001, 48

AG München

07.12.1998   – 152 AR 220/98 –   DZWiR 1999, 119; InVo 1999, 83; NJW 1999, 432; NZI 1999, 31; Rpfleger 1999, 92; ZInsO 1999, 46; ZIP 1998, 2172

AG Münster

01.02.2000   – 71 IK 4/99 –   DZWiR 2000, 258; NZI 2000, 555; ZInsO 2000, 235

AG Potsdam

24.01.2000   – 35 IK 150/99 –   DZWiR 2000, 256; ZInsO 2000, 234

AG Regensburg

16.08.2000   – 2 IK 345/99 –   ZInsO 2000, 516

AG Rosenheim

07.11.2000   – IK 58/99 –   ZInsO 2001, 48, 96

AG Saarbrücken

07.08.2001   – 61 IK 167/00 –   ZInsO 2002, 151; ZVI 2002, 15

AG Siegen

28.12.1999   – 25 IN 161/99 –   NZI 2000, 236

Entscheidungsregister

AG Stuttgart

17.03.1999	– 3 IK 2/99 –	NZI 1999, 243; ZInsO 1999, 608
15.01.2001	– 10 IK 110/00 –	NZI 2001, 328; ZInsO 2001, 381

AG Waiblingen

15.05.1997   – 4 C 66/97 –   n.v.

AG Wolfratshausen

01.04.1999   – 2 IK 27/99 –   DZWiR 1999, 302; InVo 1999, 242; KTS 2000, 469; NZI 1999, 329; ZInsO 1999, 721; ZIP 1999, 721

AG Würzburg

15.05.1997	– 4 C 66/97 –	n.v.
19.01.1999	– 2 IK 8/99 –	KTS 1999, 346; ZInsO 1999, 119; ZIP 1999, 454

Bundesarbeitsgericht (BAG)

17.02.1993   – 4 AZR 161/92 –   AP Nr. 4 zu § 823 ZPO; AR-Blattei ES 1130 Nr. 73; BAGE 72, 238; DB 1993, 1245; EzA § 832 ZPO Nr. 1; JuS 1994, 80; NJW 1993, 2699; NZA 1993, 813; WuB § 832 ZPO 2.94; ZIP 1993, 940

Landesarbeitsgerichte (LAG)

LAG Hamm

20.06.1974   – 8 Ta 56/74 –   NJW 1974, 1920

Verwaltungsgerichte (VG)

VG Mainz

04.05.2000   – 1 K 1312/99 –   ZInsO 2000, 463

Stichwortverzeichnis

Die Fundstellen beziehen sich auf die Randnummern.

Absonderungsberechtigte
- Eingriffe in Rechtspositionen 213
- Entscheidung über das Stimmrecht 137 f.
- Rechte im Insolvenzplanverfahren 211 ff.
- Schlechterstellung durch den Insolvenzplan 212
- Stimmrecht 136, 139
- Verwertungsbefugnis im Verbraucher 1014 ff.

Absonderungsrechte
- Verwertung von Grundstücken 1026

Abstimmung
- Berechnung der Mehrheit 253
- einfache Mehrheit 282
- einheitliche Rechte 194
- Gläubiger einer unteilbaren Leistung 270
- in Gruppen 247
- Mehrheit 248
- Schutz der überstimmten Minderheit 282
- Stimmen des PSVaG 282

Abstimmungstermin
- Anhörung 310
- gesonderte Ladung 129
- schriftliche Abstimmung 128

Akzessorisch persönliche Gesellschafterhaftung
- Inhalt des Insolvenzplans 793

Allgemeines Verfügungsverbot
- Begriff 946
- gutgläubiger Erwerb 949
- Leistungen an den Schuldner 954
- Rechtsfolgen 947
- verbotswidrige Verfügungen 948

Änderung sachenrechtlicher Verhältnisse
- Insolvenzplan 90

Anfechtung
- im Verbraucherinsolvenzverfahren 1027
  - Berechtigung 1028
  - Gegner 1031 f.
  - Grund 1033 f.
  - Kostentragung 1029 f.

Anfechtungsrechtsstreit
- Aufhebung des Insolvenzverfahrens 493

Arbeitgeber
- Aufrechnungsbefugnis 1130 f.

Arbeitnehmer
- Abstimmungsgruppe 156

Auffanggesellschaft
- rechtliches Ziel 956
- Rechtsformen 757
- Rechtsnachfolge 758

Aufhebung des Insolvenzverfahrens
- Anfechtungsrechtsstreite 493
- Berichtigung der unstreitigen Masseansprüche 482
- nach Insolvenzplanbestätigung 481
- Rückübertragung der Verwaltungs- und Verfügungsbefugnis 493

Aufrechnung
- im Verbraucherinsolvenzverfahren 1035
- mit einer bedingten Forderung 1038
- mit nicht fälligen Forderungen 1036
- Unzulässigkeit 1039
- Währungsverschiedenheit 1037

Aufrechnungsbefugnis
- Arbeitgeber 1130 f.

Aufschiebend betagte Forderungen
- Anspruch auf Sicherstellung 354

Aussetzung der Verwertung
- Dauer 120b
- Durchführung des Insolvenzplans 118

Außergerichtliches Schuldenbereinigungsverfahren s. Schuldenbereinigungsversuch

Außergerichtlicher Schuldenbereinigungsplan
- Anspruch auf Zustimmung 893a
- Anspruch gegen Mitschuldner 894b
- Antragsrecht des Gläubigers 889
- Beratungskostenhilfegesetz 907g
- Erlassfalle 896
- Fiktion des Scheiterns der Zwangsvollstreckungsmaßnahmen 887c
- Nachbesserung 897
- sachwidrige Erwägungen 893a
- Schweigen des Gläubigers 895
- Verfahrensgang 892
- Vollständigkeit des Plans 890a
- Wirkung der Zustimmung 894
- Zinsen 888
- Zustimmung der Finanzbehörde 893b
- Zwangsvollstreckungsmaßnahme 887a

Außergerichtlicher Schuldenbereinigungsversuch
- außergerichtliches Kündigungsrecht der Banken 886
- wesentliche Verschlechterung seines Vermögens 886

Aussonderungsberechtigte
- Berücksichtigung im Insolvenzplan 256

Aussonderungsrecht
- Bruchteilsgläubiger 1171
- im Insolvenzverfahren des Treuhänders 1170

Beiordnung eines Rechtsanwalts
- Verfahrenskostenstundung 907q

Beschwerdebefugnis
- Versagungsbeschluss 341

Beschwerdefrist
- Versagungsbeschluss 343

Besserungsklausel
- im Insolvenzplan 229

Bestätigung des Insolvenzplans
- auflösend bedingter Insolvenzplan 327 f.
- durch das Insolvenzgericht 309 ff.
- Ermessen des Insolvenzgerichts 324
- Ersetzung fehlender Garantieerklärungen 771
- Planmodifikation 325
- Sinn und Zweck 322 f.
- sofortige Beschwerde 318 ff.
- Verkündung 315, 316 f.
- Versagung durch das Insolvenz 322
- Voraussetzungen 326

Betriebsfortführung
- durch den Schuldner 782
- mit Gesellschafterwechsel 784 f.

Betriebsrat
- Ladung 122b

Betriebsübernahmegesellschaften
- Begriff 747
- Neugründungen zwecks Betriebsfortführung 752
- rechtliches Ziel 753
- Rechtsformen 754
- Rechtsnachfolge 755

Bewertung der Vermögensgegenstände
- Insolvenzplan 98

Branche
- Unternehmensanalyse 526

Bürge
- ausgeschlossene Forderung 240

Bürgschaftserklärung
- Anfechtung wegen etwaiger Willensmängel 768
- Bindung des Insolvenzplanbürgen 767
- im Insolvenzplan 232, 761
- Wirksamwerden 766

Darstellender Teil 66 ff.
- Angabe der gesellschaftsrechtlichen Beteiligungsverhältnisse 75
- behördliche Genehmigung 77
- Inhalt 506 ff.
  - des Insolvenzplans 66
- Nichtangabe von Insolvenzstraftaten 73
- Sanierungskonzept 68
- Sanierungsplan 67
- Veränderung der gesellschaftsrechtlichen Struktur 76

Deliktsgläubiger
- Restschuldbefreiung 1105

Eigenverwaltung
- Insolvenzplan 15a
- Sachwalter 18

Erbschaft
- Überlassung an die Gläubiger 1146

Erfolgskrise
- Begriff 544
- Beispiele 547
- Erkennbarkeit 551

Erfolgspotenziale
- Begriff 509

Erlassfalle
- Begriff 896

Erlassvertrag
- Rechtswirkungen 365

Eröffnetes Verbraucherinsolvenzverfahren
- Verfahrenskostenstundung 907i

Eröffnungsverfahren
- Verfahrenskostenstundung 907i

Erörterungs- und Abstimmungstermin
- Abänderung einzelner Planregelungen 124
- öffentliche Bekanntmachung 122
- Verbindung mit Berichtstermin 123b
- Vertagung 122

Erörterungstermin
- Ladung der Beteiligten 123
- wesentlichen Planänderungen 127

EU-Beihilfe
– Forderungsverzicht 287a
Existenzbedrohende Krise
– Beispiele 555 f.
– Krisenstadium 553
Existenzminimum
– Sicherung 851
Exogene Erfolgskrise
– Beispiele 632
Exogene Liquidationskrisen
– Beispiele 636 ff.

Forderungsaufstellung
– Muster 847
Forderungsverzicht
– EU-Beihilfe 287a
Fortführungsgesellschaft
– Aktiengesellschaft 810
– Arten 747
– Begriff 746 ff.
– BGB-Gesellschaft 796
– GmbH 803
– GmbH & Co KG 802
– Kommanditgesellschaft 800
– OHG 797
– Zweckerreichung 805
Fortsetzungsbeschluss
– der Gesellschafter 113
– Inhalt des Insolvenzplans 795a
Freigabeklausel
– Erfordernis bei Sicherungsrechten 1092 f.
Frühere Lohnzession
– InsO-Änderungsgesetz 1097

Geeignete Stelle für Schuldenbereinigung
– Rechtsanwälte 913
– Schuldenberatungsstelle 916
Geldstrafen
– Berücksichtigung im Insolvenzplan 243
Gemeinschaft
– Abstimmung über den Insolvenzplan 273
Genossenschaft
– Fortsetzungsbeschluss 328a
Genossenschaftsinsolvenz
– Anhörung
  – des Genossenschaftsverbandes 117
  – des Prüfungsverbandes 310
– Gläubigergruppen 154

Gerichtliches Schuldenbereinigungsverfahren
– Änderungswünsche der Gläubiger 969
– Antrag des Schuldners 901
– Ersetzung fehlender Zustimmungen 971
– Kopfmehrheit 971a
– Summenmehrheit 971b
– Verfahrenskostenstundung 907i
Gesamtgläubiger
– Abstimmung über den Insolvenzplan 271
Gesamthandsgläubiger
– Abstimmung über den Insolvenzplan 273
Gesamtwirtschaft, Weltwirtschaft
– Unternehmensanalyse 525
Gesellschafter
– Mitwirkung im Insolvenzplanverfahren 22
Gestaltender Teil 78 ff.
– Änderung sachenrechtlicher Verhältnisse 89 ff.
– Beispiele 773 ff.
– Bestellung von Grundpfandrechten 90
– Forderungserlass 87
– Fortführung von Anfechtungsrechtsstreiten 493
– gesellschaftsrechtliche Maßnahmen 88, 791 ff.
– Gleichbehandlungsgrundsatz 84
– Gruppenbildung 83 ff., 153 ff.
– Inhalt 759 ff.
– inhaltliche Gestaltungsmöglichkeiten 86
– Kapitalherabsetzung 778
– kumulative Sanierungsmaßnahmen 788 ff.
– Übereignung
  – von beweglichen Sachen 90
  – von Grundstücken 90
– Überwachung der Planerfüllung 85
– Umwandlung des schuldnerischen Unternehmens in eine GmbH 804
Gestaltung schuldrechtlicher Vorgänge
– Inhalt des Insolvenzplans 790a
Gewährleistungsansprüche 10a
Gewährleistungsbeschränkung
– Rücklagen 10a
Gewinn- und Verlustrechnung
– Mustergliederung 100
– Plananlage 96
Glaubhaftmachung
– Versagungsgrund 1117
– Widerspruch gegen Schuldenbereinigungsplan 980
Gläubiger
– Beauftragung des Insolvenzverwalters 16a, 45

Stichwortverzeichnis

- Durchsetzung eines Insolvenzplan 49
- Erstellung einer Forderungsübersicht 922 ff.
- indirekte Insolvenzplaninitiative 44 ff.
- Masseverwertung 1062
- negatives Planinitiativrecht 51
- Zielvorgabe 46

Gläubigerausschuss
- Verbraucherinsolvenzverfahren 1055 f.

Gläubigerbefriedigung
- Kondiktionsanspruch 372

Gläubigerversammlung
- Einberufung 1054
- schriftliches Verfahren 1053
- Verbraucherinsolvenzverfahren 1052 ff.

Gläubigerverzeichnis
- Folgen der Nichtaufnahme 929a
- Forderungsverzicht 921a

Gleichbehandlung
- Beweislast 143

Gleichbehandlungsgrundsatz
- Geltungsbereich 144
- Rechtsfolgen im Insolvenzplanverfahren 141

Grundstücke
- Einigung und Eintragungsbewilligung 92
- Eintragung der dinglichen Rechtsänderungen 94
- Übertragung im Insolvenzplan 91 ff.
- Willenserklärungen 93

Gruppenbildung
- Abgrenzungskriterien 154
- abschließend 154a
- Absonderungsberechtigte 153
- Arbeitnehmer 156
- Bauträger 153
- Bildung mehrerer Gruppen 179 ff.
- Differenzierung 153
- Einzelfälle 204 ff.
- gestaltender Teil 83, 158a, 160
- im amerikanischen Insolvenzrecht 191 ff.
- Inhaltskontrolle 54a f., 210a, 162 ff.
  - Einschränkung 181
- Kleingläubiger 157
- Manipulationsmöglichkeiten 160 ff.
- nachrangige Gläubiger 153
- Prüfung durch das Insolvenzgericht 165
- PSVaG 155
- sachgerechte Abgrenzung 154
- Typenbegrenzung 210a
- verfassungsrechtliche Relevanz 168 ff.

- Werthaltigkeit der Forderungen 183 ff.
- wirtschaftliche Werthaltigkeit 210a

Haftung
- Treuhänder 1161 ff.

Handelsregisteranmeldung
- gesellschaftsrechtliche Sanierungsmaßnahmen 815

Inhalt des Insolvenzplans
- akzessorische persönliche Gesellschafterhaftung 793
- Einschränkung von Absonderungsrechten 759a
- Fortsetzungsbeschluss 795a
- Gestaltung schuldrechtlicher Vorgänge 790a
- Klarstellungsklauseln 759a
- Regelungen um Schutz von Minderheiten 759a
- Sanierungsbeiträge von Gesellschaftern 795a
- Schutzklauseln 759a
- Zusammenstellung der Gruppen 759a
- Zwangseingriffe in die Kapitalstruktur 793

Insolvenzabwicklung
- Deregulierung 791

Insolvenzantragspflicht
- bei Überschuldung 542
- bei Zahlungsunfähigkeit 541

Insolvenzforderungen
- Wirkungen des rechtskräftig bestätigten Insolvenzplans 351

Insolvenzgericht
- Aussetzung der Verwertung 118
- Bestätigung des Insolvenzplans 309
- Detailprüfung des Insolvenzplans 62
- Konfrontation mit komplizierten betriebswirtschaftlichen Zusammenhängen 39
- neuer Abstimmungstermin bei Verfahrensfehlern 337
- Plausibilitätskontrolle 61
- Vorprüfungskompetenz im Eröffnungsverfahren 38

Insolvenzgläubiger
- Rechtsänderungen im Insolvenzplan 216

Insolvenzgründe
- Verbraucherinsolvenzverfahren 1006

Insolvenzmasse
- Arbeitseinkommen 1022a
- im Verbraucherinsolvenzverfahren 1057 ff.
  - Verteilung 1065
  - Verwertung 1057

Insolvenzordnung
- gesetzgeberische Zielsetzung 818

Insolvenzplan
- Ablehnung durch den Gläubigerausschuss 117c
- Abstimmung nach Gruppen 247
- Abstimmungsmehrheiten 248 ff.
- Abstimmungszeitpunkt 32
- abweichender Kostenbeitrag 213
- Alternativpläne 236
- Änderungen als Ausnahmefall 125
- Anhörung des Betriebsrats 309
- Arten 7
- aufschiebende Bedingung 772
- Auslegung 120
- Aussetzung der Verwertung und Verteilung 118, 119a
- Auswirkungen auf die Rückgriffsansprüche der Mithaftenden 364
- bedingter Vorschlag 228
- beratende Mitwirkung 19
- Besserungsklausel 229
- Bestätigung s. *Bestätigung des Insolvenzplans*
- Bestimmtheit 759
- Bestimmtheitserfordernis 222
- Bestimmtheitsgebot 88
- Betriebsfortführung
  - durch den Schuldner 782 f.
  - erfolglose 59
  - in einer Auffanggesellschaft 784 f.
- Bevorzugung einzelner Gläubiger 140bf.
- Bürgschaftsübernahme 232
- darstellender Teil s. *dort*
- Detailprüfung
  - Insolvenzgericht 62
- Differenzierung nach vier Grundtypen 79
- Durchführung
  - Aussetzung der Verwertung 118
- Eigenverwaltung 15a
- Einbeziehung
  - der Aussonderungsberechtigten 220
  - der Massegläubiger 220
  - Dritter 78

- einheitlicher Erörterungs- und Abstimmungstermin 121
- Einschränkung der Verwalterbefugnisse 118a
- Einsetzung eines Treuhänders 234
- Eintritt von dinglichen Rechtsänderungen 368
- Erfüllbarkeit 63
- Erklärung der Auflassung 215
- Erlass nachrangiger Forderungen 358 f.
- Erlösverteilungsregeln 213
- erneute Zurückweisung 64
- fehlender Schuldnerunterhalt 63
- fehlende Stellungnahme des Gläubigerausschusses 117b
- Forderungsverzicht 15
- Gesamtabgeltungsklausel 229
- gesellschaftsrechtliche Vorgänge 791 ff.
- gesonderter Abstimmungstermin 128
- gestaltender Teil s. *dort*
- Gestaltungsfreiheit 218 f.
- Gewerbeuntersagung 63
- Gleichbehandlungsgrundsatz 140 ff.
- Gruppenbildung 153 ff.
- Haftung
  - des persönlich haftenden Gesellschafters 14, 380 ff.
  - des Kommanditisten 386 f.
  - des Schuldners 395 ff.
  - für die Erfüllung 760
- Heilung von Ladungsmängeln 332 f.
- Hinweis auf die Niederlegung 331
- Inhalt s. *Inhalt des Insolvenzplans*
- inhaltliche Anforderungen 54
- inhaltliche Ergänzungen 126
- Inhaltskontrolle in Bezug auf Gruppenbildung 162 ff.
- Inhaltsvermutungen 217
- Konsultationspflichten 19
- Liquidationsplan 226
- Masseverbindlichkeitendeckung 63
- Minderheitenschutz 344 ff.
- Mischformen 227
- Mitwirkung der Gesellschafter 22
- Modalitäten zur Verwertungsbefugnis 213
- Nachreichung der Garantieerklärungen 764
- neues Insolvenzverfahren vor Planerfüllung 414 ff.

Stichwortverzeichnis

- Nichterfüllung der Gläubigeransprüche 62
- Nichtigkeit von Sonderabkommen 152 ff.
- Nullplan 80
- Nutzungsbefugnis 213
- Obstruktionsverbot 282 ff.
- persönliche Ansprüche des Gläubigers gegen Dritte 356
- Plananlagen 95 ff.
- Planliquiditätsrechnungen 101
- Plankonkurrenz 51b
- Plausibilitätsprüfung 36
- Rechtshandlungen
  - tatsächliche 370
- Rechtsnatur 5a
- Rechtswirkungen 350 ff.
  - im Hinblick auf Absonderungsberechtigte 360 ff.
  - in Bezug auf unstreitige Masseansprüche 355
- Regelungen über Betriebsfortführung 30
- Regelungsbeispiele 221
- Regelungsinhalt 10
- Rechtskraft 452
- Restschuldbefreiung 13
- Rückgewährpflicht bei Überzahlung 371 ff.
- sachenrechtliche Formvorschriften 369
- salvatorische Klausel 86
- Sanierung 15a
- Sanierungsgesellschaft 12
- Sanierungsgewinn 62a
- Sicherheitenpool 254
- Sicherstellung
  - der Masseverbindlichkeiten 486 f.
  - der Planerfüllung 230 f.
- Stellungnahme
  - der amtlichen Berufsvertretungen 117d ff.
  - durch den Gläubigerausschuss 117c
  - zu dem Plan 117a
- Stundungsvergleich 224
- Teilerlass 225
- Überlassung der Planunterlagen 120a
- Übersendung an die Gläubiger 329
- übertragende Sanierung 8
- Überwachung der Planerfüllung 495 ff.
- Umfang der Rechtswirkungen 353
- unübliches Sanierungskonzept 60
- Verbindlichkeitenerlass 773
- Verbot des Sonderabkommens 140d, 145 ff.
- Vergleichsrechnung 72
- Verhältnis zur Restschuldbefreiung 1220
- Verkündung der Planbestätigung 316
- Vermögensübersicht 95
- Verpfändung 233
- Versagung der Planbestätigung 313
- Versagungsgründe 288, 334
- Vollstreckungsverfahren 480
- von Amts wegen 61
- Vorbereitung des Erörterungs- und Abstimmungstermins 117 ff.
- Vorlage
  - der Plananlagen 56
  - durch den Schuldner 24
  - wiederholte 64
- Vorprüfung durch das Insolvenzgericht 52 ff.
- weitere Plananlagen 110 ff.
- Widerspruch des Schuldners 304 ff.
- Wiederauflebensklausel 389 ff.
- Wirkungen einer Vormerkung 357
- wirtschaftlich gleichwertige Behandlung 142
- Würdigkeitsvoraussetzungen 73a, 792
- Zurückweisung
  - bei Nichtbeachtung der gesetzlichen Vorgaben 53
  - bei offensichtlicher Aussichtslosigkeit 58 ff.
  - nach § 231 InsO 29 ff.
  - nur auf Antrag 64a
  - wegen Pflichtverletzung des Schuldners 57a
- Zusatzleistung 348
- Zustimmung
  - der Gesellschafter 793
  - des Schuldners 303
- zustimmungsbedürftige Rechtsgeschäfte 429 ff.
- Zustimmungserfordernis 289
- Zustimmungserklärung der Beteiligten 55
- Zwangsvollstreckung 452 ff.
- Zwangswirkung 352

Insolvenzplanbedinge Leistungsstörung
- Wiederauflebensklausel 389

Insolvenzplanerstellung
- Haftungsrisiken 25
- Unterrichtungspflicht 20

Insolvenzplaninitiative s. Planinitiative

Stichwortverzeichnis

Insolvenzplanverfahren
- Anordnung von vorläufigen Sicherungsmaßnahmen 31
- Aufwendungsersatzanspruch der Mitwirkenden 23
- bei Rücknahme des Eröffnungsantrages 28
- Beteiligte 82
- Betriebsstilllegung im Eröffnungsverfahren 33
- Entscheidungen im Eröffnungsstadium 33
- Fristsetzung zur Mangelbehebung 57
- Heilung von Ladungsmängeln 332
- Ladung der Beteiligten 122b, 333
- nachträgliche Terminsbestimmung 123b
- öffentliche Bekanntmachung des Erörterungstermins 112a
- Rechtsmittel gegen Stimmrechtsentscheidung 134a
- Schlussrechnungslegung 482
- Stimmrecht 132 ff.
- Terminsverbindung 123a
- vorgezogene Realisierung im Eröffnungsverfahren 33

Insolvenzstraftat
- Zweifel an der Zuverlässigkeit des Schuldners 74

Insolvenzverwalter
- Ausarbeitung eines Planentwurfs 48
- Betriebsfortführung 11
- Frist zur Planvorlage 18
- Planinitiative 16
- Schlussrechnungsregelung 482
- Verletzung der Mitwirkungspflicht 21
- Vorlage eines Alternativplans 50

Kapitalerhöhung
- Änderung des Gesellschaftsvertrages 806
- durch Sacheinlagen 807

Kapitalersetzende Darlehen
- im Insolvenzplan 244

Kapitalherabsetzung
- im Rahmen der Sanierung 808 f.

Kleingläubiger
- Abstimmungsgruppe 157

Kooperationspflichten
- gegenüber Gläubiger 5

Kreditgeber
- Kreditkündigung 884 f.
- Vorschlag der einvernehmlichen Regelung 839

Kreditrahmen
- s. auch Plafondskredit
- Begrenzung 440
- Insolvenzplan 435
- kapitalersetzendes Darlehen 444
- öffentliche Bekanntmachung 448
- rangmäßige Begünstigung 439
- Rechtsklarheit 441
- Schutz der Neugläubiger 440
- Zweitinsolvenzverfahren 434 ff.

Kreditsicherheiten
- Restschuldbefreiungsverfahren 1135

Krisenanalyse
- Inhalt 639

Krisenarten
- Ausprägung der konkreten Zielbedrohung 539
- Begriff 536
- zeitliche Verknüpfung 549

Krisenfaktoren
- Absatzstockungen 619
- Abziehung von Eigenkapital 616
- Aufkäufe maroder Firmen 501, 617
- Auftreten von Billigpreiskonkurrenten 634
- Bilanzmanipulationen 592
- Billigimporte 629
- charakterliche Mängel der Führungskräfte 577
- einseitige Abhängigkeit von wenigen Lieferanten 583
- endogene Erfolgskrisen 593
- endogene Liquiditätskrisen 610
- exogene Erfolgskrisen 632 ff.
- exogene Liquiditätskrisen 636 ff.
- exogene strategische Krisen 620
- extreme Abhängigkeit von einem Abnehmer 628
- falsche Diversifikationspolitik 571
- falsche Investitionspolitik 582
- falsche oder stark eingeschränkte Werbemaßnahmen 602
- Fehlen eines Controllingsystems 590
- fehlende Liquiditäts-/Finanzierungsreserven 611
- fehlende Nachkalkulation 589
- fehlende Vorkalkulation 589
- Fehlplanung 618
- Fehlprognosen 569
- fiskalische Maßnahmen 633
- Führungsebene 576

- gesetzgeberische Maßnahmen 629
- Hingabe ungesicherter Kredite 613
- hohe Zinslasten 607
- ineffizienter Verwaltungsapparat 574
- Kampfpreise 597
- Konzeptionslosigkeit 573
- mangelhafte Qualifikation 576
- mangelhafte Qualitätskontrollen 585
- Marktsättigungen 627
- pessimistische Äußerungen von Geschäftsleitungsmitgliedern 615
- planlose Produktentwicklung 581
- Produkte mit ungünstigem Preis-Verhältnis 594
- Rezessionen 624
- Saisonschwankungen 570, 626
- schlechte Finanzdisposition 612
- schlechte Materialwirtschaft 603 f.
- sinkende reale Kaufkraft 623
- Sortimentsbreite 568
- Standortwahl 565
- steigende Organisations- und Verwaltungsaufwendungen 606
- überalterte Anlagen 587
- überhöhte Personalkosten 605
- überhöhte Preisforderungen 596
- Überkapazitäten 586
- ungenügende Abdeckung betrieblicher Risiken 618
- ungeprüfte Kreditvergabe 638
- ungünstige Belegschaftsstruktur 575
- unklare Aufbauorganisation 572
- Unterschlagungen 609
- unzureichende Bewältigung von Wachstumsschwellen 580
- unzureichende Debitorenüberwachung 612
- unzureichende Qualifikation mitarbeitender Familienangehöriger 578
- veraltete Produktpalette 595
- Veränderungen im Kaufverhalten 622
- Verlust von Auslandsmärkten 635
- verlustbringende Großprojekte 598
- verminderte Fixkostendeckung 599
- Versorgungsschwierigkeiten 635
- Wahl des Vertriebsweges 566
- Wechselkursänderungen 630
- zu große Investitionen 614
- zu große Lieferantenzahl 584
- zu hohe Gewinnausschüttungen 591

Krisenherd
- Begriff 535

- endogene Krise 538
- exogene Krise 538

Krisenmanagement
- Verpflichtete 510

Krisenmerkmale
- Ermittlung 557

Krisenstadium
- Begriff 537, 553
- existenzbedrohende Krise 554
- existenzvernichtende Krise 554

Krisenursachen
- endogene strategische Krisen 565 ff.

Lagebeurteilung
- als Voraussetzung der Sanierung 561
- Fragestellungen 562

Lieferantenpool
- Begriff 255
- Stimmabgabe 260
- verlängerter Eigentumsvorbehalt 259

Liquiditätskrise
- Begriff 543
- Beispiele 546
- Offenkundigkeit 550

Liquiditätsplan
- Plananlage 96

Lohnzession
- frühere 1097
- im Verbraucherinsolvenzverfahren 1025

Massegläubiger
- Berücksichtigung im Insolvenzplan 290 ff.

Massekosten
- Verbraucherinsolvenzverfahren 1067

Masseschulden
- im Verbraucherinsolvenzverfahren 1068

Masseunzulänglichkeit
- im Verbraucherinsolvenzverfahren 1071
- Planinitiativrecht 291

Masseverbindlichkeiten
- Gewährleistungsansprüche 10a
- Rückgriffsansprüche 10a

Minderheitenschutz
- Absicherung 348 f.
- Funktion 346
- Geltendmachung 345
- Glaubhaftmachung der Schlechterstellung 345
- Insolvenzplan 344

- Reichweite 347
- Schutz einzelner Gläubiger 344

Mindestvergütung
- Treuhänder 1165

Nachforderungsrecht
- Beschränkung 817
- Regelung in der KO 823 f.

Nachrangige Gläubiger
- Abstimmung 298 f.
- Berücksichtigung im Insolvenzplan 237
- Kosten der Teilnahme am Verfahren 241
- Ladung 122b
- Obstruktionsverbot 295
- Zinsen 238
- Zustimmungsfiktion 301

Nachrangvereinbarung
- eigenkapitalersetzendes Darlehen 246a

Neugläubiger
- Nachrang gegenüber Kreditgläubigern 447

Nicht betroffene Forderungen des Insolvenzplans
- absonderungsberechtigte Gläubiger 360
- Geldstrafen 359
- kapitalersetzendes Darlehen 358
- Masseansprüche 355
- persönliche Ansprüche 356
- Schenkungsversprechen 358
- Vormerkung 357

Nießbrauch
- Stimmrecht 279

Null-Plan
- Begriff 80
- Bewilligung von Prozesskostenhilfe 81
- Schuldenbereinigungsplan 866 ff.
- Verbraucherinsolvenzverfahren 1075

Obliegenheiten des Schuldners
- Teilzeitbeschäftigung 1139

Obliegenheitsverstöße
- Verfahrenskostenstundung 907p

Obstruktionsverbot
- angemessene Berücksichtigung der widersprechenden Gläubiger 287
- bei Betriebsfortführung 293
- Entscheidung über die Voraussetzungen 302
- nachrangige Gläubiger 296
- salvatorische Klausel 286

- Schlechterstellung einer Gläubigergruppe 285 f.
- Schuldenbereinigungsplan 973
- Stimmenmehrheit 283a
- Tilgungsaussetzung 289
- Zustimmung einer anderen Abstimmungsgruppe 295

Öffentliche Bekanntmachung
- Ankündigung der Restschuldbefreiung 1125
- Kreditrahmen 448
- Restschuldbefreiung 1202

Pensions-Sicherungs-Verein
- als Gruppe im Insolvenzplan 155
- Stimmrecht 282
- Wiederauflebensklausel 427

Pfandrecht
- Eintritt der Pfandreife 277

Plafondskredit
- Begrenzung des Kreditrahmens 439
- eigenkapitalersetzende Darlehen 443 f.
- Forderungen aus gesetzlichen Schuldverhältnissen 450
- Funktion 435
- kapitalersetzende Darlehen 443
- Kreditarten 438
- Nachrang von Neugläubigern 447 ff.
- neues Insolvenzverfahren 451
- schriftliche Bestätigung des Insolvenzverwalters 442
- Vorrang 436

Plananlagen
- Erklärung
  - bestimmter Gläubiger 114
  - des persönlich haftenden Gesellschafters 111 f.
  - des Schuldners 111
  - Dritter 115
- Fortsetzungsbeschluss der Gesellschafter 113
- Gewinn- und Verlustrechnung 96
- Liquiditätsplan 96
- Planbilanz 96
- Vermögensübersicht 95

Planänderung
- gesonderter Abstimmungstermin 125

Planbilanz
- Gliederung 99
- Plananlage 96

Planerfüllung
- erheblicher Rückstand 395 ff.

Plangarant
- Einreichung der Garantieerklärung 752
- Haftungsbegrenzung 472
- Herabsetzung der Garantiehaftung 769
- Teilbürgschaft 770
- Übernahme
  - eigener Verpflichtungen 468
  - einer dinglichen Haftung 469
- Umfang der Haftung 473
- Vorbehalt der Vorausklage 470
- Zwangsvollstreckung aus dem Insolvenzplan 466 ff.
  - vollstreckbare Ausfertigung 358 ff.
  - Voraussetzungen 467

Planinitiative
- Einschränkung 16e
- Gläubigerversammlung 16a
- Insolvenzverwalter 16 f.
- Mitwirkung Dritter 20a
- späterer Zeitpunkt 17
- vorläufiger Insolvenzverwalter 16

Planinitiativrecht
- Auftrag der Gläubigerversammlung 16a ff.
- bei juristischen Personen 25
- einzelne Gläubiger 16e
- Gestaltungsfreiheit 46
- Masseunzulänglichkeit 291
- negatives 51a
- Sachverwalter 18a f., 41
- Verbindung mit Insolvenzantrag 16b

Planliquiditätsrechnung
- Muster 101

Planmodifikation
- Auswahlentscheidung der Gläubiger 51b
- Insolvenzgericht 52
- Planbestätigung 51b

Plan,- Gewinn- und Verlustrechnung
- Plananlage 96

Planvorlageberechtigung
- vorläufiger Insolvenzverwalter mit Verwaltungs- und Verfügungsmacht 16

Plausibilitätskontrolle
- Insolvenzgericht 61

Prozesskostenstundung
- s. *Verfahrenskostenstundung*

Prüfungstermin
- Verbraucherinsolvenzverfahren 1052 ff.

Rechtsanwalt
- Bescheinigung über außergerichtlichen Schuldenbereinigungsversuch 913 ff.
- geeignete Stelle für Schuldenbereinigung 913

Rechtsbeschwerde
- Verfahrenskostenstundung 907t

Regelinsolvenzverfahren
- Selbstständige 836b
- Verfahrenskostenstundung 907c

Restschuldbefreiung
- Abtretung des Arbeitsentgelts 1086 f.
- Abtretungsverbote 1094 ff.
- Anhörung 1119
- Antrag auf Einleitung des Verfahrens 1083
- Anwendungsbereich 837, 1076 f.
- Bestimmtheit der Zession 1088 ff.
- dauernde Einrede 1205
- Deliktsgläubiger 1105
- Einführung durch die InsO 827
- Entscheidung des Insolvenzgerichts 1182
- Entscheidung nach Ablauf der Wohlverhaltensperiode 1196
  - Verfahren mit Gegenantrag 1198 ff.
  - Verfahren ohne Gegenantrag 1197
- Form des Zulassungsantrags 1085
- frühere Lohnzession 1097
- Geltungsbereich 1204 f.
- gewillkürte Wohlverhaltensphase 781
- im Fall der vereinfachten Verteilung 1073
- im Insolvenzplanverfahren 378 ff.
- In-Kraft-Treten der Zession 1087b
- innerhalb des Planliquidationsverfahrens 780
- Insolvenzplan 13
- Kenntnis der Gläubiger 1189
- Lohnabtretungen nach Verfahrenseröffnung 1107
- Nachtragsverteilung 1215, 1219
- Nullplanregelung 827
- öffentliche Bekanntmachung 1202
- österreichisches Abschöpfungsverfahren 828
- persönlich haftende Unternehmer 1081, 1083
- Rechtswirkungen 1201 ff.
- Rückschlagsperre 1103
- Sicherung des Existenzminimums 1091
- sofortige Beschwerde gegen Veräußerung 1121

Stichwortverzeichnis

- Überführung laufender Konkursverfahren 1225
- Übergangsregelung bei Zahlungsunfähigkeit am 1.1.1997 1221
- Umfang der Zession 1091
- Umgehungsmöglichkeiten 1134
- Unterhaltsansprüche 1089
- Unterhaltsgläubiger 1105 f.
- Unwirksamkeit von Pfändungen 1102
- verborgenes Vermögen 1211 ff.
    - bis zur Ankündigung der Restschuldbefreiung 1212
    - nach der Ankündigung der Restschuldbefreiung 1213
    - nach Erteilung der Restschuldbefreiung 1216 ff.
- Verbraucher 1080, 1124
- Verbraucherinsolvenzverfahren 1072
- Verfahrenskostenstundung 907i
- Verfahrensschritte 1078
- Verhältnis zum Insolvenzplan 1220
- Verletzung steuerlicher Pflichten 1116
- Versagungsgründe 1110 ff.
    - Falschangaben 1112
    - Glaubhaftmachung 1117
    - Insolvenzstraftaten 1111
    - unrichtige Vermögensangaben 1116
    - Verletzung der Mitwirkungspflichten 1115
    - Verschwendung 1114
    - vorangegangene Restschuldbefreiung 1113
- Verwirkung der InsO 828a
- Vorausabtretung künftiger Forderungen 1088
- Versagung 1120, 1183 ff.
    - Anhörung 1186, 1192
    - Antrag eines Insolvenzgläubigers 1185, 1189
    - im Verbraucherinsolvenzverfahren 1074
    - Insolvenzstraftaten 1188
    - Obliegenheitsverletzungen des Schuldners 1184
    - sofortige Beschwerde 1187
- Verzicht auf die Wohlverhaltensphase 1126
- Vollstreckungsverbot 1104
- Vorrang des Insolvenzverfahrens 1079 ff.
- Widerruf 1207 f.
    - Antrag 1209
    - Voraussetzungen 1208
- Wirksamkeit der Zession 1092
- Wirkung
    - der Versagung 1193 ff.
    - der Zulassung 1124
- Zulassung 1122
    - Zulassungsbeschluss 1118
    - Zulassungsverfahren 1082
- Zwangsvollstreckungen 1101

Restschuldbefreiungsverfahren
- Anhörung 1119
- Ankündigung
    - Verfahrenskostenstundung 907i
- Aufrechnungsbefugnis 1130 f.
- Ausschüttung an die Gläubiger 1176
- Auswahl des Treuhänders 1108 f.
- Berücksichtigung von Ausfallforderungen 1181
- Einziehungsbefugnis bei bestehenden Sicherungsabtretungen 1179
- Kostenbeitrag der Absonderungsberechtigten 1180
- Kreditsicherheiten 1135
- Obliegenheiten des Schuldners 1137 ff.
- quotale Befriedigung 1177
- Selbstbehalt des Schuldners 1178
- Treuhänder 1152
- Verfügungsbefugnis 1127
- Wohlverhaltensperiode 1126
- Zwangsvollstreckung 1128

Rückgriffsansprüche 10a

Rückschlagsperre
- Restschuldbefreiung 1103

Sachmängelgewähr
- Verwertung eines Warenbestandes 10a

Sachwalter
- beratende Mitwirkung 42
- Insolvenzplaninitiative 41
- Neutralität 32
- Überwachung der Planerfüllung 42

Salvatorische Klauseln
- Insolvenzplan 86

Sanierung
- des Unternehmensträgers 95

Sanierungsbeiträge von Gesellschaftern
- Inhalt des Insolvenzplans 795a

Sanierungsgesellschaft
- Begriff 747
- Insolvenzplan 12
- Kapitalzuführung 748
- Rechtsformen 750

427

Stichwortverzeichnis

- Rechtsnachfolge 751
- Ziel 749
Sanierungskonzept
- Begriff 68
- Beschreibung der Krisenursachen, Krisensymptome 70
- darstellender Teil 68
- Prüfung 69
- Schwachstellenanalyse 71
- Unternehmensanalyse 70
Sanierungsmaßnahmen
- Abbau betrieblicher Sonderleistungen 693 ff.
- Abbau von Forderungen 649 ff.
  - Beschleunigung der Fakturierung 653
  - Intensivierung des Mahnwesens 650
  - Schaffung von Liquidität 652
  - Verkürzung des Zahlungsziels 651
- Abbau von Vorräten 644 ff.
  - Ableitung von Unterzielen 646
  - Festlegung der Zielvorgabe 645
  - konkrete Bestandssenkungsmaßnahmen 648
  - Schaffung einer klaren Aufbau- und Ablauforganisation 647
- Änderung der bisherigen Unternehmensform 744 f.
- Aufhebungsverträge 685
- Auflösung stiller Reserven 645
- aufwandssenkende Maßnahmen 663
  - Arten 665
  - Begriff 663
  - Personalaufwendungen 678
  - produktionsabhängige Aufwendungen 671
  - strukturelle Aufwendungen 666
  - Vorbildfunktion der obersten Führungsebene 664
- Aufwandssenkung in der Verwaltung 706
- Ausgabenstopp 658 ff.
- betriebsbedingte Kündigungen 690
- Diversifikation 733 ff.
- Einstellungsstopp 682
- erlöserhöhende Maßnahmen 718 f.
  - Gutschriften 714
  - Preiserhöhungen 729
- gesellschaftsvertragliche Vereinbarungen 795
- gezielte Urlaubsplanung 687
- Kurzarbeit 684
- Preispolitik 736 ff.

- Leistungsdifferenzierung 740
- Preis- und Konditionskontrolle 742
- Preissenkungen 739
- vorsichtige Preisanhebungen 741
- Ruhen von Arbeitsverhältnissen 689
- stille Beteiligung 812
- Straffung des Zahlungsverkehrs 655 ff.
- strategische Maßnahmen 716 ff.
  - Absatzanalyse 722
  - Bearbeitung der Absatzmärkte 718 ff.
  - Einführung der Deckungsbeitragsrechnung 731 f.
  - Produktionsentwicklung 723
  - Sortimentsbereinigung 727 ff.
- Überprüfung der tariflichen Eingruppierungen 696
- Überstundenverbot 683
- Umwandlung von Unternehmensformen 714
- Umwandlung von Voll- in Teilzeitverträge 688
- Unternehmensverträge 713
- verhaltens- oder personenbedingte Kündigungen 691
- Verkauf des nicht betriebsnotwendigen Vermögens 643
- Verminderung der spezifischen Kosten der Arbeitskräfte 692
- vorzeitige Pensionierung 686
Sanierungsplan
- Bauträger 67
- Feststellung der Sanierungsmaßnahmen 640 ff.
- Unternehmensanalyse als Voraussetzung 511 ff.
- Voraussetzungen 508 ff.
Schenkungsansprüche
- Berücksichtigung im Insolvenzplan 244
Schlussverteilung
- Zeitpunkt 1075a
Schuldenbereinigungsplan
- Abstimmung 963
  - im schriftlichen Verfahren 965
- Anfechtung 999
- Angabe
  - der Einkommensverhältnisse 848
  - der Familienverhältnisse 851
- angemessene Beteiligung der Gläubiger 975 ff.
- Annahme durch die Gläubiger 966

Stichwortverzeichnis

- Anpassung des Plans an veränderte Umstände 986
- Antragsmuster 937
- Aufhebung 998
  - von Sicherungsmaßnahmen 994
- Auswirkung auf Schuldverhältnisse 995 f.
- Auswirkungen auf Sicherheiten 932
- Beispiel 877
- Benachteiligung gegenüber Restschuldbefreiung 982 f.
- Beratungshilfe 853
- Bescheinigung des Arbeitgebers 848
- Beteiligung an Zessionserlösen 934
- Drittsicherheiten 935
- Einbeziehung Dritter 873
- Einzelmaßnahmen 855
- Ergänzung nach erster Ablehnung 968
- Ersetzung fehlender Zustimmungen 972
- erste Ablehnung 967
- Form 842
- Garantievertrag 936
- Gebühren 854
- Gleichbehandlungsgebot 876, 975
- Inhalt 862 ff., 930
- Kostenerstattungsanspruch 993
- Lohnabtretung 933
- Mindestangaben 842
- Mitwirkung von Beratern 852
- Null-Plan 866 ff.
- Obstruktionsverbot 973
- privatautonome Regelungen 931
- Rechtsfolgen 992
- Rechtsmittel gegen Zustimmungsersetzung 988
- Rechtswirkungen 894
- Schuldenverzeichnis 846
- Stundungsvorschlag 875
- überobligatorische Leistungen 869
- Verfahrensfolgen 992
- Verfallklausel 870
- Vergleichsrechnung 984
- Verhandlungsspielraum 864
- Vermögensverzeichnis 843
- Verzicht auf den Pfändungsschutz 869
- Verzug mit der Planerfüllung 997
- Vollstreckbarkeit 1000 f.
- vollstreckungsfähiger Inhalt 862
- Vorschlag auf Basis der Restschuldbefreiung 865
- Widerspruch 980
- Zustellung durch das Insolvenzgericht 958 f.
- Zustimmung sämtlicher Gläubiger 893
- Zustimmungsfiktion 966
- Zweite Abstimmung 970 f.

Schuldnerberatungsstelle
- geeignete Stelle 916

Schuldenbereinigungsverfahren
- Anordnung von Sicherungsmaßnahmen 944
- Antrag des Schuldners 901 f.
- Aufforderung an die Gläubiger zur Stellungnahme 960
- außergerichtliches 840
- Dauer 943
- Einsetzung eines vorläufigen Insolvenzverwalters 945
- Ergänzung des Antrags 939 ff.
- Erlass eines allgemeinen Verfügungsverbots 944
- ernsthafter Einigungsversuch 841
- Fristen 962
- gerichtliches 899 ff.
- homogene Gläubigergruppen 877
  - Antragsrecht der Gläubiger 903
  - Rangordnung 1069
- Masseunzulänglichkeit 1071
- Planinitiative 904
- Prozesskostenhilfe 906
- Ruhen des Insolvenzantragsverfahrens 938, 942 f.
- unangemessene Benachteiligung 877
- unterschiedliche Befriedigungsvorschläge 877
- Verfahrensfortgang
  - bei Planablehnung 990
  - nach Verteilung 1072
- Vermittlungsverfahren 956
- Zustellungen des Schuldenbereinigungsplans 958
- Zustellungserleichterungen 959

Schuldenbereinigungsversuch
- Ablehnung des Plans 897
- Eingriff in Gläubigerrechte 881
- Einigung 893
- Erlassfall 896
- geeignete Stelle 912 ff.
- Insolvenzantrag 891
- Kündigungen 882 ff., 950
- Rechtswirkungen 881 ff.
- Schweigen des Gläubigers 895

429

Stichwortverzeichnis

- unvollständige Angaben 926 ff.
- Verfahrensgang 892
- Vollständigkeit des Schuldenbereinigungsplans 890 f.
- Vollstreckungsverbot 887
- Zinsen für die Zeit der Verhandlungsperiode 888

Schuldknechtschaft
- historische Entwicklung 821 ff.

Schuldner
- Behandlung im römischen Recht 822
- erheblicher Zahlungsrückstand 395 ff.
  - Bringschuld 398
  - Geldschulden 397
  - Nebenpflichten 399
- Erstellung einer Forderungsübersicht 922
- Masseverwertung 1059
- Missmanagement Fehlverhalten 40
- Obliegenheitsverletzung 1184
- Restschuldbefreiung im Insolvenzplan 375
- spätester Zeitpunkt des Planinitiativrechts 28
- unangemessene Beeinträchtigung 305
- Verwaltungs- und Verfügungsbefugnis bei Teilbetriebsfortführung 37
- Vorlage mehrerer Insolvenzpläne 26
- Widerspruch 304 ff.

Schuldnerübernahme
- im Insolvenzplan 232

Sekundäranspruch gegen die Staatskasse
- bei Verfahrenskostendeckung 907h

Selbstständige
- Regelinsolvenzverfahren 836b

Sicherheitenpool
- Abstimmungsergebnis 262 ff.
- Abstimmungsklausel 258
- Berücksichtigung bei der Abstimmung 254
- Obstruktionsverbot 258

Sicherung des Existenzminimums
- Sozialhilfebedarf 1022b

Sicherungsabtretung
- BGH-Rechtsprechung 1092 f.

Sofortige Beschwerde
- Insolvenzplanbestätigung 318 ff.
- Verfahrenskostenstundung 907ir
- Versagung der Restschuldbefreiung 1121
- Zulassung der Restschuldbefreiung 1123
- Zurückweisung des Insolvenzplans 65
- Zustimmungsersetzung 988

Sonderabkommen
- Bereicherungsanspruch 152 g
- Einzelfälle 147, 152e
- insolvenzplanwidrige Erfüllung von Ansprüchen 148
- Kausalitätserfordernis 149 f.
- nach Planbestätigung 152h
- Nichtigkeit 151 ff.
  - Umfang 152d
- offene oder heimliche 146
- schwebende Unwirksamkeit 152
- Verbot
  - im Insolvenzplan 145
  - im Restschuldbefreiungsverfahren 1151
- weitergehende dingliche Sicherstellung aller Absonderungsrechte 148

Sprecherausschuss der leitenden Angestellten
- Ladung 122b

Stille Reserven
- Auflösung 641 f.

Stimmrecht
- Absonderungsberechtigte 136
- bestrittene Forderungen 133
- Entscheidung über bestrittene Forderungen 134
- Forderungsgemeinschaft 276
- im Insolvenzplanverfahren 132 ff.
- nachrangige Gläubiger 135
- Nießbrauch 279
- Pfandrecht 277
- PSVaG 282
- Teilabtretung 282a
- Teilgläubigerschaft 274
- Teilpfändung 278
- Teilzession 282a
- voll befriedigte Gläubiger 139

Stundungsvergleich
- im Insolvenzplan 224

Strategische Krise
- Begriff 545
- Beispiele 548
- Erkennbarkeit 552

Summenmehrheit
- Berechnung 972a

Teilbürgschaft
- Plangarant 770

Teilgläubigerschaft
- Abstimmung über den Insolvenzplan 274

Treuhänder
- Abwahl 1109
- Anfechtung 1028
- Anfechtungsaufgaben 1028
- Aufgaben 1159
- Beendigung des Treuhandvertrages in der Insolvenz 1172
- Beginn der Treuhandschaft 1153
- Ende der Treuhandschaft 1154
- Entlassung 1155
- Entlassungsgrund 1156 f.
- Geldanlegung 1168 f.
- Haftung 1161
- Insolvenz 1170
- Masseverwertung 1058
- Mindestvergütung 1165
- offenes Treuhandkonto 1169, 1173
- Rechtsstellung 1158
- Restschuldbefreiungsverfahren 1152
- Übertragung von Überwachungsmaßnahmen 1160, 1166
- Verbraucherinsolvenzverfahren 1050 f.
- verdecktes Treuhandkonto 1173
- Vergütung 1051, 1164
- Verteilung der vereinnahmten Beträge 1175
- Verwaltung der Gelder 1167 ff.
- Vorschlagsrecht 1108

Treuhandkonto
- Deklarationspflicht des Treuhänders 1174
- offenes 1169, 1173
- verdecktes 1173

Übernahmegesellschaft
- Überwachung 429

Überwachung der Planerfüllung
- Anzeigepflicht des Insolvenzverwalters 504 f.
- Befugnisse des Insolvenzverwalters 501
- bei Eigenverwaltung 499
- des Insolvenzplans 495 ff.
- durch den Insolvenzverwalter 496
- Einsetzung eines Sachwalters 497
- Erweiterung
  - der Auskunftspflichten 502
  - der Mietvertragspflichten 502
- Gläubigerschutz 500
- Übernahmegesellschaft 500
- Umfang 500
- Vereinbarung einer Verfügungsbeschränkung 502
- Zustimmungserfordernis 498

Unterhaltsansprüche
- Restschuldbefreiung 1089

Unterhaltsgläubiger
- Restschuldbefreiung 1105

Unternehmensanalyse
- absatzwirtschaftliche Unternehmensdaten 518
- als Voraussetzung des Sanierungsplans 511
- Analysedaten, qualitative 515 ff.
- Beschreibung von Wirkungszusammenhängen 513
- Branche 526
- Branchen- und Marktdaten 517
- Ergebnisdaten und -kennziffern 522
- finanzwirtschaftliche Kennzahlen 521
- Inhalt 512
- Leistungs- und Kostendaten und -kennziffern 520
- produktspezifische Daten 519
- quantitative Daten 525
  - Absatzmarkt 527
  - Arbeitsmarkt 530
  - Beschaffungsmarkt 528
  - Branche 526
  - Gesamtwirtschaft, Weltwirtschaft 525
  - Kapitalmarkt 529
  - Leistungserstellungsbereiche 531
  - Organisation und Führung 532
  - Sanierungskonzept 70
  - Struktur und Erscheinungsbild 533
- Schaffung der Entscheidungsgrundlagen 563
- Unternehmenswerte 524
- Vermögens- und Kapitalstruktur 523
- Ziel 514

Unternehmenskrise
- Begriff 508
- Ermittlung 534

Unternehmenssanierung
- betriebswirtschaftliche Literatur 507

Unternehmensstatus
- Sinn und Zweck 560

Unternehmensziele
- wesentliche 540

Unternehmer
- persönlich haftende 833

Unternehmerinsolvenz
- Stufenplan 831

Unterrichtungspflicht
- des Schuldners im Restschuldbefreiungsverfahren 1149

Verbindlichkeitenerlass
- Absonderungsgläubiger 777
- Arbeitnehmer 776
- Einbeziehung aller Gläubiger 774
- Höhe 775
- Insolvenzplan 773

Verbraucher
- Abgrenzungskriterien 834
- außergerichtliches Schuldenbereinigungsverfahren 838 ff.
- Definition 836 ff.
- Restschuldbefreiung 833
- Schuldenbereinigungsplan-Verfahren 833

Verbrauchereigenschaft
- Zeitpunkt der Insolvenzantragstellung 836

Verbraucherinsolvenzantrag
- Antrag auf Restschuldbefreiung 918
- Antragsmuster 937
- Drittsicherheiten 935
- Einholen von Auskünften 939
- Einstellung der Zwangsvollstreckung 954
- Vermittlungsverfahren 956
- Vermögensübersicht 920
- Vermögens- und Schuldenverzeichnis 920
  - Inhalt 921
  - Folgen fehlender Berichtigung 926
  - Unterstützungspflicht der Gläubiger 922

Verbraucherinsolvenzverfahren
- Absonderungsrechte 1024
- Abtretung des Arbeitsentgelts 1087
- Anfechtung 1027 ff.
- Anfechtungsberechtigter 1028
- Anfechtungsgegner 1031 f.
- Anfechtungsgrund 1033 f.
- Antrag auf Restschuldbefreiung 918
- Anwendungsbereiche 835
- Aufrechnung 1035
- Aufträge des Schuldners 1042
- Aussonderungsrechte 1023
- Ausübung des Anfechtungsrechts 1015
- Berichtstermin 1015
- Bescheinigung über außergerichtlichen Schuldenbereinigungsversuch 910
  - geeignete Person oder Stelle 912
- Bestellung eines Treuhänders 1017
- einheitliche Anforderungen 908 ff.
- erneuter Insolvenzantrag 1004
- eröffnetes
  - Verfahrenskostenstundung 907i
- gegenseitige Verträge 1040
- Geschäftsbesorgungsverträge des Schuldners 1042
- Gläubigerausschuss 1055 f.
- Gläubigerversammlung 1052 ff.
- Insolvenzgründe 1006
- Insolvenzverfahren 1015
  - Forderungen aus Arbeitsverhältnissen 836c
- Kosten der Anfechtung 1029 f.
- Kostendeckung 1014
- Lohnzession 1025
- Massebestandteile 1022
- Massekosten 1067
- Masseschulden 1068
- Null-Plan 1069
- Prüfungstermin 1018, 1052 ff.
- Rücknahme des Insolvenzantrags 1003
- Sicherungsmaßnahmen 1012
- Stufenplan 830
- Treuhänder 1028, 1050
- Überschaubarkeit der Vermögensverhältnisse 836d
- vereinfachte Verteilung 1019
- Verfahrensablauf 1015 ff.
- Verfahrensbeteiligte 1049 ff.
- Verfahrenskostenstundung 907c
- Verfahrensschritte 829
- verkürztes Verfahren 1016
- Verlust der Verfügungsbefugnis des Schuldners 1021
- Vermögensübersicht 920
- Verteilung der Insolvenzmasse 1065
- Verwertung 1026 ff.
  - Absonderungsrechte 1026
  - Insolvenzmasse 1057 ff.
  - Verwertungsbefugnis 1015
  - Verzicht 1015
- vorläufiger Insolvenzverwalter 1013
- Wahlrecht des Treuhänders 1041
- Wirkungen der Verfahrenseröffnung 1020
- Zulassung des Antrags 1005
- Zwangsvollstreckungsmaßnahmen 1043
  - nach Verfahrenseröffnung 1044
  - vor Verfahrenseröffnung 1046 f.

Vereinfachtes Verfahren
- Aufnahme nach Scheitern der Schuldenbereinigung 1002 ff.

Verfahrenskosten
- Anfangsliquidität 1014

Verfahrenskostenstundung
- Ankündigung des Restschuldbefreiungsverfahrens 907i
- Anpassung der Ratenzahlungen 907n
- Auslagen des vorläufigen Insolvenzverfahrens 907 g
- Beiordnung eines Rechtsanwalts 907 g, 907q
- eröffnetes Verbraucherinsolvenzverfahren 907i
- Eröffnungsverfahren 907i
- Fälligkeit der Kostenansprüche 907b
- gerichtliches Schuldenbereinigungsverfahren 907 g, 907i
- Gerichtskosten 907 g
- Insolvenzrechtsänderungsgesetz 907a
- Insolvenzstraftat 907f
- Katalog der Aufhebungsgründe 907l
- Obliegenheit des Schuldners 907o
- Obliegenheitsverletzung 907f
- Obliegenheitsverstöße 907p
- Prozesskostenhilfe 907a
- Regelinsolvenzverfahren 907a
- Rechtsbeschwerde 907t
- Restschuldbefreiung 907i
- Restschuldbefreiungsantrag 907e
- Rückzahlung der gestundeten Kosten 907j
- sofortige Beschwerde 907r
- Stundung der Gerichtskosten 907e
- Umfang 907f
- Unabänderbarkeit der Bewilligungsentscheidung 907 m
- Verbraucherinsolvenzverfahren 907c
- Vergütung
  - der Gläubigerausschussmitglieder 907 g
  - des Treuhänders 907 g
- Vergütungsansprüche
  - des Insolvenzverwalters 907 g
  - des vorläufigen Insolvenzverwalters 907 g
- wirtschaftlicher Neuanfang 907k
- Wohlverhaltensphase 907i
- zinsfreier Zahlungsaufschub 907d

Verfahrensmangel
- fehlende Zustimmung der Gläubiger 313a
- fehlerhafte Feststellung des Abstimmungsergebnisses 313a
- Gläubigerbegünstigung 313b
- Manipulation der Abstimmungsmehrheiten 313c
- Missachtung des Gleichbehandlungsgebots 313a
- nicht durchgeführte öffentliche Bekanntmachung 313a
- Nichtanhörung des genossenschaftlichen Prüfungsverbandes 313a
- Nichteinhaltung von Verfahrensregeln 313a

Verfallklausel
- im Schuldenbereinigungsplan 870
- rechtliche Zulässigkeit 871

Verfügungsbefugnis
- Restschuldbefreiungsverfahren 1127

Vergütung
- Festsetzung durch das Insolvenzgericht 483
- Treuhänder 1164

Vermittlungsverfahren
- Verbraucherinsolvenzantrag 956

Vermögensübersicht
- Gliederung 98
- Inhalt 97, 921a

Vermögensverzeichnis
- Angabe der Einkommensverhältnisse 844
- außergerichtliches Schuldenbereinigungsverfahren 843

Versagungsbeschluss
- Anfechtung 338
- Beschwerdebefugnis 341 f.
- Beschwerdefrist 343

Versagungsgrund
- bei unlauteren Abstimmungsmanipulationen 339
- Berücksichtigung 335
- fehlende Steuererklärungen 1112
- Formalverstöße 1116
- im Beschwerdeverfahren 335
- Insolvenzplan 334
- wesentliche Verfahrensmängel 336

Verteilung
- bei Abwicklung des Verfahrens 1066
- bei Einstellung des Verbraucherinsolvenzverfahrens 1070 f.

Verwertung
- Ausgleichszahlung 1063
- Anhörung der Gläubiger 1061
- durch den Gläubiger 1062
- durch den Schuldner 1059
- durch den Treuhänder 1058
- eines Warenbestandes 10a

Verwertungs- und Verteilungsmoratorium
– Aufhebung 119
– Festsetzungsbeschluss 119
Vollstreckungsgericht
– Insolvenzgericht 462
Vollstreckungsklausel
– Anbringung auf dem Tabellenauszug 479
– Erteilung an die Plangläubiger 478
– Rechtsmittel des Planschuldners 477
– Versagung 476
Vollstreckungsschutz
– im Gesamtvollstreckungsverfahren 826
Vollstreckungstitel
– Begriff 455 f.
– Feststellungsvermerk in der Tabelle 454
– Inhalt 457
  – begünstigte Vollstreckungsgläubiger 461
  – Vollstreckung gegen Plangaranten 466
  – Vollstreckungsschuldner 462 ff.
– Vollstreckungsgegenklage 459
Vollstreckungsverbot
– Restschuldbefreiung 1104
Vorläufiger Insolvenzverwalter
– Insolvenzplaninitiative 16
– Verbraucherinsolvenzverfahren 1013
Vorläufiger Insolvenzverwalter mit Verwaltungs- und Verfügungsmacht
– Planvorlageberechtigung 16

Widerruf
– Restschuldbefreiung 1207 ff.
Widerspruch
– Schuldner 304 ff.
Widerspruchsführer
– Antrag auf Versagung der Planbestätigung 314
Wiederauflebensklausel
– Abbedingung 390 f.
– abweichende Regelungen 393
– Auswirkungen auf Plansicherheiten 410 ff.
– erheblicher Rückstand 395, 401 ff., 417, 422
  – Ausfallforderungen 422
  – bei streitigen Forderungen 417
  – Forderungsstundung 394
  – Geltungsbereich 405
  – Mahnung 401 ff.
– Geltungsbereich 394
– Pensions-Sicherungs-Verein 427
– Pflichtverstoß 394
– zwingendes Recht 392

Wohlverhaltensperiode
– Abbruch 1183
– Restschuldbefreiungsverfahren 1126
Wohlverhaltensphase
– Obliegenheiten des Schuldners 1137 ff.
  – Ausübung einer angemessenen Erwerbstätigkeit 1139 ff.
  – Erwerbspflichten aus selbstständiger Tätigkeit 1143
  – Überlassung von Erbschaften 1146
– Verfahrenskostenstundung 907i

Zahlungsstockung
– Begriff 1011
Zahlungsunfähigkeit
– Definition 1007
– Fortdauer bis zum In-Kraft-Treten der InsO 1223
– Indizien 1224
– für eine Zahlungseinstellung 1008
– Neudefinition im Verbraucherinsolvenzverfahren 1010
– vereinzelte Zahlungen 1009
– Wiederaufnahme der Zahlungen 1222 ff.
Zession
– Abtretungsverbote 1094 ff.
– Begrenzung 1098
– Bestimmtheit 1088
– frühere Lohnzession 1097 ff.
– In-Kraft-Treten 1087
– Umfang 1091
– Unterhaltsansprüche 1089
Zinsansprüche
– Berücksichtigung im Insolvenzplan 238 ff.
Zustimmungsbedürftige Rechtsgeschäfte
– gutgläubiger Erwerb 433
Zustimmungsersetzung
– Abzinsfaktor 972b
– Änderungen der Pfändungsgrenzen 984
– allgemeine Unzufriedenheit 980a
– Amtsermittlungsgrundsatz 980a
– anfechtbare Vermögensverschiebungen 977
– angemessene Beteiligung 975
– Anpassungsklausel 986
– Befriedigungsquote 978
– gesicherte Gläubiger 976
– Gleichbehandlungsgebot 978
– Kleinforderungen 980
– Null-Plan 972a

- Obstruktionsverbot 973
- Quotenerhöhung durch Dritte 982
- Rechtsnatur der Forderung 974
- Rechtswirksamkeit von Sicherheiten 976
- streitige Forderungen 977
- Wiederauflebensklausel 972a
- Zurückstufung des Kostenerstattungs- anspruchs 978

Zustimmungsfiktion
- nachrangige Gläubiger 297, 301
- Schuldner 304 ff.

Zwangseingriffe in die Kapitalstruktur
- Inhalt des Insolvenzplans 793

Zwangsvollstreckung
- aus dem Insolvenzplan 461 ff., 474
  - Glaubhaftmachung der Vollstreckungs- maßnahmen 475 ff.
- Einstellung durch das Insolvenzgericht 953 f.
- im Schuldenbereinigungsverfahren 952
- Insolvenzplan 452
- Restschuldbefreiung 1101
- Umfang der Haftung 473

Zwangsvollstreckungsmaßnahmen
- Rückschlagsperre 1046